本刊受上海市高水平地方高校（学科）建设项目资助

CSSCI来源集刊

法律方法

Legal Method

第35卷

主　编·陈金钊　谢　晖
执行主编·杨知文

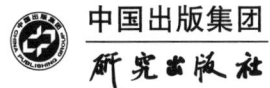

图书在版编目(CIP)数据

法律方法 . 第 35 卷 / 陈金钊, 谢晖主编 . -- 北京：研究出版社, 2021.11
ISBN 978-7-5199-0038-0

Ⅰ . ①法… Ⅱ . ①陈… ②谢… Ⅲ . ①法律 – 文集 Ⅳ . ① D9-53

中国版本图书馆 CIP 数据核字 (2021) 第 230641 号

出 品 人：赵卜慧
责任编辑：张立明

法律方法（第 35 卷）

FALV FANGFA（DI 35 JUAN）

作　　者	陈金钊　谢　晖
出版发行	研究出版社
地　　址	北京市朝阳区安定门外安华里 504 号 A 座（100011）
电　　话	010-64217619　　64217612（发行中心）
网　　址	www.yanjiuchubanshe.com
经　　销	新华书店
印　　刷	北京中科印刷有限公司
版　　次	2021 年 6 月第 1 版　2021 年 6 月第 1 次印刷
开　　本	787 毫米 ×1092 毫米　1/16
印　　张	29.75
字　　数	606 千字
书　　号	ISBN 978-7-5199-0038-0
定　　价	98.00 元

版权所有，翻印必究；未经许可，不得转载

法律方法

（第35卷）

主　编
陈金钊　谢　晖

学术顾问
（以姓名拼音为序）

郝铁川	胡玉鸿	蒋传光	季卫东
李桂林	刘作翔	舒国滢	沈国明
孙笑侠	王　申	熊明辉	叶　青
於兴中	张斌峰	张继成	郑成良

编辑委员会
（以姓名拼音为序）

陈金钊	戴津伟	杜文静	黄　涛
黄　炎	金　梦	蒋太珂	刘风景
吕玉赞	宋保振	吴冬兴	杨铜铜
杨知文	郑　菲		

本卷执行主编
杨知文

序　言

　　人们不能总是消费别人的信任而不断地进行压服，司法裁判只有阐明裁判结论的形成过程和正当性理由，才可能提高裁判的可接受性，实现法律效果和社会效果的有机统一。法律方法就是站在维护法治的立场上，把法律作为修辞进行说服的纠纷解决方法，其包括但不限于法律发现、法律解释、利益衡量、漏洞填补、法律推理以及法律论证。而法律方法论则是对法律如何被运用的一系列解释、论证和推理的技巧、规则、程序、原则的系统思考。由于对逻辑思维的轻视，我国对法律方法论的研究起步较晚。但自21世纪初以来，随着对思维方式的体系化改造，法律方法论研究逐渐成为我国法学研究中的一门显学。

　　创刊于2002年的《法律方法》，迄今已经出版35卷，为法律方法论人才的培育，法律方法论研究的普及、深化、繁荣，提供了专业化的学术交流、切磋平台。多年来，幸赖学界同仁的支持、出版界同仁的合作，《法律方法》与学界同仁一道，共同推动了中国法律方法论的研究，见证了法律方法论研究的繁荣。

　　法律方法论研究的持续繁荣蕴含着研究契机的转换。随着裁判文书上网、案例指导制度的建立，学界越来越关注司法实践发展出来的教义规则及其方法支撑。法律方法论的研究正从以译介消化域外相关理论为特色的学说继受阶段，转向以本国立法、司法实践的教义学化为契机的本土化时代。面对这一新的发展趋势，我们认为，促进法治中国建设、生成法学教义规则，理应成为今日法律方法论研究的出发点和落脚点。法律方法论研究也应当在继续深挖法律方法的基础理论之上，提炼能够回应我国实践需求的命题。

　　因而，我们需要继续深挖法律方法的基础理论，拓展法律方法论的应用研究。

　　一是法律方法与法治的关系。法律方法依托于法治，没有法治目标，要不要法律方法都无所谓。基于何种法治立场、实现何种法治目标、讲述何种法治故事，是奠定法律方法论价值取向的前提性问题。如果忽略对这些问题的研究，法律方法的研究、运用必将沦为方法论上的盲目飞行。

　　二是法律方法与逻辑的关系。逻辑是思维的规律和规则。法律方法表现为各种具体的法律思维规则，法律思维规则构成了法律方法的骨架。如今，逻辑学经历了传统的形式逻辑向实质逻辑的转向。结合逻辑学的新变化，建构法律解释、法律推理、法律论证模型，对夯实法律方法论的逻辑基础，强化法律方法论的实践指向，具有重要的理论和实践意义。

三是回应实践的需要，提炼新的命题。面对法律供给不足的现实，我们应当坚持"持法达变"思维，把法律当成构建决策、裁判理由的主要依据，重视体系思维，将宪法中的"尊重和保障人权"原则融入法律思维或者法律方法之中，以防止"解释权"的误用、滥用。这意味着法律规范的供给不足隐含的是法律方法或者说法律思维规则供给不足。因此，面对法治实践的需要，应不断提炼出反映中国法治实践需要、满足中国法治实践需要的新的理论命题或者规则。

在法律方法研究重点发生转向的新时代，《法律方法》将"不忘初心，牢记使命"，继续秉持"繁荣法律方法研究，服务中国法治实践，培养方法论学术新进"的宗旨，为我国法律方法研究的繁荣、法律方法研究的实践取向，以及法律方法人才的培养做出应有的贡献。同时也希望各位先达新进不吝赐稿，以法律方法论研究为支点，共同推动中国法治建设。

陈金钊

目 录　　　　法律方法（第35卷）

序　言　　　　　　　　　　　　　　　　　　　　　　　　　　陈金钊／Ⅰ

域外法律方法论

制定法解释与立法意图的反事实检验　　　　　［美］李文泽著　孙晋坤译／3
法律解释与自然法　　　　　　　　　　　［美］马克·格林伯格著　冷建兵译／16
社会科学证据在宪法裁判中的运用：路径选择与理论反思
　　　　　　　　　　　　　　　　　　　　［德］尼尔斯·皮特森著　曹瑞译／48
习惯法的修辞——辩证观　　　　　　　　　　　　［南非］德里克著　王伊林译／71
法律文本中的叙事：司法判决书及其叙事　　　　［加］西蒙·斯特恩著　成潇玉译／86
条约演化解释：合法性、语义学分析及近似概念
　　　　　　　　　　　　　　　　　［挪］桑德雷·托普·赫尔默森著　黄炎译／100
置于语境或断章取义：法律解释与澳大利亚版权法
　　　　　　　　　　　　　　　　　　［澳］马里·塞恩斯伯里著　刘冰琪译／118

法律方法基础理论

类案同判的司法裁判方法分析
　　——以"类比的运用"为考察点　　　　　　　　　　　　　　　金彦宇／139
"意义"的意义及法律解释理论的选择　　　　　　　　　　　　　　张洪新／160
司法裁判如何援引"常理"：问题审视与规则建构
　　——以行政裁判为中心的考察　　　　　　　　　　　　　　　赵剑文／178
从德性内在到审慎行动：一种立法者的方法论　　　　　　　　　　周宇骏／196
论立法社会学研究方法：立场、优势与挑战　　　　　　　　　　　王起超／211

分配正义视角下个人信息公平权益法律保障　　　　　　　　宋保振 / 224

法律方法评论

形式正义的前瞻性要求：麦考密克的后果推理
　　　　　　　　　　　　　　［英］马克西米利安·德尔马著　黄柳译 / 239
方法问题即宪法问题
　　——克莱默的《法律方法论》评述　　　　　　　　　　周万里 / 260
论法律的确定性、妥当性与交谈合理性
　　——评《法律解释学》"法律确定性问题"部分　　　　刘亦艾 / 272
裁判中存在"唯一正解"吗
　　——对《司法裁判中的道德判断》的批判性研读　　　　沈宏彬 / 294

部门法方法论

刑事合规的基本面向与本土建构　　　　　　　　　　　　　张　伟 / 311
拒绝履行隔离义务的刑法规制
　　——妨害传染病防治罪的教义学分析　　　　　　　　　姚　瑶 / 333
计算法学视域下网络诽谤犯罪的审查方式　　　　　　　　　金鸿浩 / 347
滥用职权罪的结果归责的构造　　　　　　　　　　　　　　蒋太珂 / 366
宪法解释与实践客观性　　　　　　　　　　　　　　　　　杨　陈 / 380
行政机关负责人出庭应诉主体的规范构造　　　　　　　　　李店标 / 390
中国古代司法论证中儒家价值的理由类型及适用　　　　　　杜军强 / 405
离婚经济帮助制度的规范目的及其适用规则　　　　　　　　王玮玲 / 419
电子数据分析证据的审查与运用
　　——对法官"认知—决策"经验的理性分析　　　　　　杨　林 / 431
国际法向国内法的"变形规则"是"基础规范"吗
　　——对凯尔森"一元论"的检讨　　　　　　　　　　　吴倚汐 / 450

附：《法律方法》稿约　　　　　　　　　　　　　　　　　　　　 / 463

域外法律方法论

制定法解释与立法意图的反事实检验

[美] 李文泽* 著　孙晋坤** 译

摘　要　本文研究了里格斯诉帕尔默案中所运用的立法意图的反事实检验方法，并对德沃金在《法律帝国》中提出的言说者意图与建构性解释两种制定法解释方法之间的区别做了阐释。我认为，德沃金低估了反事实检验在合理化言说者意图解释方法方面的可能性。此外，德沃金在《法律帝国》一书中提出的摒弃反事实检验的理由，要么过于单薄，要么根本站不住脚。本文提出了之所以拒绝将反事实检验作为言说者意图解释方法之一的深层次原因。以及反事实检验与在解释中同样运用了反事实条件的其他立法意图检验之间的区别。

关键词　制定法解释　里格斯诉帕尔默案　立法意图　反事实检验方法

一、前言

许多法官和律师认为，有关制定法含义的问题可以通过我称之为"反事实检验"的方法解答。以哈特所举的一个事例的变体为例，要确定一个在公园里骑三轮车的孩子是否应该因为违反禁止在公园里开车的法令而被罚款，我们只需要确定，立法机关在制定该法令时，若意识到了这种情形，是否会增加一个明确将儿童三轮车包括在内或排除的"车辆"定义。更一般地说，反事实检验是一种通过追问立法机关如果想到这个问题是否会赞成，来检验法规适用是否有效的方法。本文将对该检验方法进行详细研究。

罗纳德·德沃金在其著作《法律帝国》中，拒绝将反事实检验作为一种制定法解释方

---

* 李文泽（Win-Chiat Lee），维克森林大学哲学系主任、教授，普林斯顿大学哲学博士，康奈尔大学哲学学士。原文发表于《Law and Philosophy》1989年第8期。

** 孙晋坤，男，山东枣庄人，华东政法大学政治与公共管理学院博士研究生，研究方向为立法学、法政治学、法律方法论。

法。① 虽然反事实检验本身就值得关注，但以德沃金的著作为背景对其可靠性进行讨论尤为重要。在《法律帝国》一书中，德沃金进行了法律理论上的"解释学转向"，法律被认为是一个"解释性概念"。法学诸理论均被视作对作为社会实践的法律的竞争性解释，并以此进行比较。② 支撑德沃金法律的整全性理论的论据，在于其最符合并更好地解释了法律实践活动。简而言之，在法律的整全性理论看来，一个共同体在其法律实践中应被视为同一个道德主体，且依照一套统一且融贯的正义和公平原则行事。③ 德沃金之所以主张其法律的整全性理论是优于其他竞争者的总体性制定法解释理由，部分地因为他认为该观念在法的各专门性领域中均表现更优。

在成文法领域，与"法律的整全性理论"相竞争的是德沃金所称的"言说者意图理论"④（The speaker's meaning theory），后者将成文法完全等同于立法机构通过法规条文所希望实现的内容。德沃金认为，言说者意图理论应该让位于法律的整全性理论，因为言说者意图理论存在许多问题，只有通过法律的整全性理论才能成功克服。然而，正如我将在这篇论文中指出的那样，反事实检验有可能使言说者意图理论远比德沃金所声称的更有吸引力也更可信。

此外，正如我同样要指出的，德沃金拒绝反事实检验的理由要么过于薄弱，要么站不住脚。既然德沃金的方法是比较性的，那么对他来说，必须找到一个更好的拒绝反事实检验的理由。

在这篇论文中，我首先要论证的是，成文法的言说者意图理论使得反事实检验具有必要性和吸引力。接下来，我将检视德沃金拒绝反事实检验的理由。我想说的是，尽管德沃金的批评并不总是成功的，但反事实检验从根本上来说是有缺陷的，原因更明显，但也更深刻。也就是说，即使可以成功地展示一个特定的法规适用通过了反事实检验，我们仍然不知道它是否是一个立法者所期望的，或者仅仅是一个立法者已经预见到但并不希望发生的适用。正如我将要讨论的，鉴于其将之作为先决条件的关于成文法性质的观点，不能区分上述两种情形将是言说者意图理论的致命问题之一。最后，我对反事实检验与似乎也利用了反事实条件其他制定法解释方法作了区分。

二、言说者意图与建构性解释

德沃金对两种理解法律的方式做了比较。⑤ 一种是将法律视为一种以可能并不完美的方式，向我们表明其作者的意图的客体。更具体地说，成文法是立法者为了实现他们心中

---

① R. 德沃金：《法律帝国》，哈佛大学出版社 1986 年版，第 325－327 页。
② R. 德沃金：《法律帝国》，第 2 章和第 3 章。
③ 参见 R. 德沃金：《法律帝国》，第 164－167 页，第 6 章和第 7 章。
④ 参见 R. 德沃金：《法律帝国》，第 311－27 页，关于言说者意图理论的讨论。
⑤ 基于德沃金所区分的制定法解释的两种一般理论，参见前注第 49—53 页。

的目标而制定的,因此成文法代表了立法者通过法规希望实现的目标。这就是德沃金所说的制定法解释的"言说者意图理论"。按照这种方式理解,制定法规被认为类似于向法官和其他各方当事人发表讲话,指示他们以特定方式处理或决定案件。一项法规的意义或者说立法意图,进而被认为是立法者通过法官对该立法意图的识别,而希望在听众(特别是法官群体)中引起的一套信念或行动。① 法官应该以法规文本及其立法史(如委员会报告)作为证据,来揭示这一套信念或行动。因此,立法意图,或曰成文法的意义,是独立于解释而存在且先于解释而存在,因此常被视为立法者在立法时的某种心理状态。这一种方式因此也要求(allow for)对制定法进行解释的正确性,即如果一项关于法规的解释符合该法规所表达的内容,即立法者的意图,它就是正确的。

理解法规的另一种方式是,不将其视作是立法者意图的表达,而是解释者本身感兴趣的东西。在这种方法的视野里,一项法规的文本及其立法史,是解释需要适应并说明的对象,而不应被视为其他事物(即立法者的意图)的证据。也就是说,即使以某种方式对立法者的意图有绝对正确的认识,我们仍然不会因此认为该法规的意义已经确定。这就是德沃金所说的对制定法的"建构性解释"。一般而言,建构性解释试图使解释对象成为其所属类型的最佳范例。按照这个方法,解释一项法规时,我们尝试去讲述所能讲述的"最好的故事",作为成文法的一个事例。相比较于立法者的意图,构成一个好的事例,更多地取决于解释者的定位,即解释者对法律尤其是制定法目的之解释。②

将德沃金法律的整全性理论应用到建构性方法中,制定法解释也就相当于对法规的一种理解,意即将对法规的最好解释转换为整体性的国家或者共同体通过立法所采取的政治行动。也就是说,对一项法规的解释必须尽可能准确地揭示包含在该法规中的政策和原则,同时,尽可能地展现拥有该法规的国家或者共同体在对与这些原则保持一致的立法机关所享有的政治权力进行适当理解的基础上,以一系列统一且融贯的正义和公平原则为行动基础。③ 由此观之,制定法解释正是建构性的,因解释者的目的即在于将一项法规视作指导解释活动的国家或者共同体整体性的例证,无论立法者在制定法规时是否真的考虑到这一点。

---

① 同样地,在日常的演讲中,根据格赖斯对言说者意图的阐释,我们试图通过听众对某意图的认同,让他们产生一套信念或行动。参见 H. P. 格赖斯:《意图》,载《哲学评论》第66卷(1957):,第377—388页。

② 为了得到一个建构性的解释,必须确定一个法律的文本是用一种特定的语言所书写,而且这个法规也实际上被颁布。这种情况下,建构性解释可以认为与立法者的意图有关,因为,如果该法律在特定的语言环境下可以被理解且依照一套特定的程序而制定,我们就可以假定立法者打算使用该语言并颁布该法律,除非我们有理由相信事实并非如此。但是,按照建构性解释方法,引入立法者的意图来解决这些问题,只能意味着通过这些问题进行进一步的建构性解释将会无果而终,因为它是不可能的,就像被认为是用流利的英语书写而读起来像是糟糕的拉丁文的法律被认为会一项更好的立法。我很感激一位本刊的匿名推荐人提出了这篇短文表达出的这个问题。

③ 参见 R. 德沃金:《法律帝国》,哈佛大学出版社1986年版,第316页,关于德沃金的方法的总结。同时参见第167页和第217-219页关于德沃金将整体性主张细分为两个实践性原则,即立法上的整体性原则和司法上的诚信性原则。

以建构性解释方法来看，不存在所谓正确的制定法解释，只存在更好或者更坏的解释。一个解释有多好，相对而言，取决于其符合法规文本和立法史等相关资料的程度，取决于在虑及解释者关于法及其价值的观念影响的情况下更好地将那个法令呈现为法，以及解释者关于法及其价值的观念如何更好地转化为一般意义上的法的解释。以此观之，立法意图，或者说某个成文法的意义，只不过是我们对一项成文法进行解释而得出的构想，而并非某种先于解释存在且解释活动应当适从的确定性内容。

这两种方法并不总是容易区分，不仅因为建构性解释往往被伪装成"发现立法者的意图"，也因为德沃金遵循许多哲学家的意义观，认为言说者意图方法最终会瓦解为建构性解释，即发现立法者的意图往往是一种伪装的建构性解释。

立法者在其立法行为中，很可能认为他们在某种意义上正是对我们"说话"。但这并不意味着我们应该跟随解释上的言说者意图理论，除非我们也持有成文法只不过是立法者通过法规文本表达的一种希望而法官应当遵守该种希望（在宪法约束下）的法理论。这种理论可以在诸如约翰·奥斯丁的著作中发现，他把一般的法律当作命令，即君主通过明确的声明或者含蓄的默许表达的意志。① 哈特的理论也将同样适用于对制定法体系的分析，只要在该制定法体系中有一个公认的承认规则，即承认立法机关的意志为法律，而立法机关则按照该规则所规定的程序进行立法。②

另一方面，德沃金以整体性为基础的建构性解释方法以其将整体性视为共同体法规的本质的法学观点为先决条件。该观点认为，一个共同体的法规要证明其正当性，就必须表明其是在一套统一且融贯的正义和公平原则的基础上使用强制力量。因此，成文法若要证明其正当性，也许只包含与赋予共同体整体性的这一系列原则相一致的政策和原则，不管立法者是否有意这样做。

我的观点是，不同的制定法解释方法以不同的法学观点为前提。因此，在评估这些不同的制定法解释方法时，我们需要记住，我们也在评估关于法律性质的不同观点。

三、反事实检验与"埃尔默案"

作为制定法解释方法之一的言说者意图理论存在一个严重的问题。即便我们能够读懂

---

① 约翰·奥斯丁：《法理学的范围》，韦登菲尔德和尼科尔森出版社1954年版，第一讲。奥斯丁经常被批评人士指责用成文法作为分析一般法律的模型。如果这些批评是正确的，那么奥斯丁当然认为他对成文法的分析尤其正确。

② "H. L. A 哈特：《法律的概念》克莱伦登出版社1961年版。参见第92-93页关于哈特对承认规则的阐释。虽然哈特没有提到或讨论过任何类似于我在这篇文章中提到的承认规则，但没有理由说这种承认规则在法律体系中不存在。科尔曼将承认规则的概念区分为两种不同的意义，即语义意义和认识论意义。在语义意义上，一个识别规则确定了法律命题的真值条件，而在认识论意义上，承认规则规定了识别法律命题或检验其有效性的标准。参见科尔曼：《消极的与积极的实证主义》，载《法学研究》第11期（1982年），第139—164页，第140-141页。因为语义意义上的承认规则设定了法律命题的真值条件，一个人可以很容易地想象出一个法律体系中的承认规则，该规则主张一件法规只有在它表达了立法者希望通过法规所命令的主要义务规则时才成其为法律，尽管它不需要同时是认识论意义上的承认规则。

立法者的想法，但其在制定法规时通常也没有考虑到法规适用的所有可能情形。事实上，如果他们对典型适用情形有任何清晰的想法的话，他们很少有意识地去设想更多的典型适用情形。但是，仅以立法者实际考虑过的方式来适用法规，不仅似乎太过局限，而且可能导致的结果也不如立法者期望通过法规实现的效果。因此，对于那些认为制定法是立法机关所表达的意志的人，最重要的是找到一种立法者从未想过但又忠实于他们表达的意愿的制定法适用方法。有一种符合该要求的方法看上去很有前景，这就是反事实检验。

在埃尔默案（即著名的里格斯诉埃尔默案，1898年上诉至纽约上诉法院）中，厄尔法官在其多数意见中使用了反事实检验方法。① 在该案中，法院将裁决埃尔默·E. 帕尔默是否有资格依据其祖父的最后一份遗嘱获得遗产，后者被其以明显地从遗嘱中获利的动机而杀害。法院做出了不利于埃尔默的判决，理由是纽约遗嘱法不允许一个人因其犯罪行为而从遗嘱中受益。但是，法院所使用的这一原则在法规的任何地方都没有明确说明。

但这并没有给厄尔法官带来任何问题。他引用了培根的话，写道，"这是一个熟悉的标准的结构，即一个事物在立法者的意图之内，就像它在法规的字里行间之内一样；而法规条文所规定的事物不属于法规所规定的范围，除非它是出于立法者的意图"。② 很明显，厄尔法官同意培根的观点，即"法规是立法机关以书面形式体现的意志"③。他在法规的"文字"和立法者通过法规所表达意图之间所作的区分是合理的；同样，对于一个人的言语和他真正想要通过言语表达的意思之间的区别，我们都很熟悉。

假设我对一个朋友说："我们今晚去看电影吧。"我想说的不只是这些词的字面意思。可以肯定的是，我说的这些话确实（相对地）有我所不能决定的文本意义。说这些话，在大多数情况下，不可能是想建议我的朋友今晚去跳舞或明晚去看电影。但是，仅仅通过了解我所说的话的字面含义，并不能完全了解我想要表达的意思。还有一点清楚的是，我说这些话，并不是有意要提出比如任何电影都可以的建议。

我的朋友很了解我，他也知道我说这些话并不是真地想把《蓝波3》作为今晚可能看的电影之一。他之所以知道这些，是因为他知道话语的语境，也就是说，他知道说这些话的人是我，知道我的心境和往常一样。同样，我们可以说，纽约的立法者并不是真地打算让像帕尔默这样的人因为自己的罪行而从遗嘱中受益，尽管这在法规条文中并不存在。立法者在制定法规时的意图也许只能通过了解立法者本身来获得，即立法者在制定遗嘱法时并未超出其自身的观念范围，而且，一般来讲，他们尊重包括不能让人从自己的错误中获益原则在内的普通法则。

---

① 里格斯诉帕尔默案，115 N. Y. 506, 22 N. E. 188（1889）。参见 R. 德沃金：《法律帝国》哈佛大学出版社1986 年版，第 15–20 页，德沃金对本案的解释。

② 里格斯诉帕尔默案。这基本上是引用马太·培根的话，《一个第九部法律的新删节本》（费城：T。&J。W。约翰逊和有限公司，1856 年），第 247 页。

③ 培根以这句话开始了他的法定解释部分内容。马太·培根的话，《一个第九部法律的新删节本》，第 212 页。

假设厄尔将立法者的意图视为权威是正确的,① 那么还有一个更大的问题有待解决。在"埃尔默案"中,我们根据对纽约立法者的了解,推断他们有意将某人排除在因其犯罪行为而获得的继承权之外。纽约的立法者甚至可能都没有想到过这种情况。同样,当我对我的朋友说"今晚我们去看电影吧"时,我可能并没有意识到要把《蓝波3》排除在要看的电影范围之外。我可能根本就没想过排除任何电影。②

因此,按照言说者意图的路径,我排除《蓝波3》的真正意图只能是以下意义上的一种反事实心理状态。我可以说我真的想排除《蓝波3》,因为如果想到《蓝波3》,我就会排除它。若我们知道我的朋友建议去看《蓝波3》时我会说不,那么我们就会有这种反事实心理状态的证据。这似乎是一个合理的解释,因为如果我的朋友真地建议去看《蓝波3》,我肯定会回答说,我并不是真地想把《蓝波3》作为一个可能的选择。

同样,厄尔法官建议通过以下反事实的问题来找出纽约立法者的真正意图:如果纽约立法者考虑到了埃尔默案,他们会怎么做?厄尔接着强调:"如果他们想到了这种情况,并且认为有必要制定一些法规条文来回应这种情况,那么毫无疑问,他们会为此作出规定的。"③ 根据我们对纽约立法者的了解,厄尔对这一反事实声明真实性的推论似乎是合理的。通过反事实声明发现立法意图的整个过程,我称之为"反事实检验"。

四、德沃金对反事实检验的拒绝

德沃金在关于"蜗牛鱼案"(即田纳西流域管理局诉希尔案)的讨论中,对反事实检验提出了批评。④ 1973年,美国国会通过了《濒危物种法案》,赋予内政部长将某些物种列为濒危物种的权力,并要求政府的所有机构和部门采取"必要的行动,以确保其认可、赞助或执行的行动不会危及这些濒危物种的继续生存"。一群环保主义者急于叫停TVA大坝的建设。他们发现,快要完工的TVA水坝会破坏蜗牛镖的唯一栖息地,尽管这种小鱼没有特别的美丽外形、生物学价值或生态学上的重要性。这群环保主义者成功地说服了内政部长将蜗牛鱼(即蜗牛镖鲈〈Snail Darter〉,也叫"田纳西淡水镖鲈",拉丁学名为Percina tanasi,是一种濒临灭绝的淡水鱼,隶属于脊索动物门,脊椎动物亚门,辐鳍鱼纲,鲈形目,鲈科,小鲈属。)列为濒危物种,然后提起诉讼,要求停止大坝的建设。

1978年,该案诉至美国联邦最高法院,最高法院下令停止大坝的建设。该案中,法官面临很多问题,其中之一就是是否可以对《濒危物种法案》授予内务部长的权力进行广义

---

① 格雷法官不同意这个观点。参见他在里格斯诉帕尔默案中的反对意见。
② 很明显,问题不在于我说的"电影"到底是什么意思。即使问题在于"电影"这个词的意义,因为类似于"电影"这样的一般概念的范围可能因特殊的目的,比如将《蓝波3》排除在外,而被我所限定,但在这种特殊情形下,问题依然存在,即是否我真地像将《蓝波3》排除在外这样对概念的范围作了限定,因为我对限定概念范围并没有明确的想法。由此视之,问题依然存在。
③ 里格斯诉帕尔默案。
④ 田纳西流域管理局 v 希尔案,437U. S. 15,、185(1978)。

解释,以至于即使当所保护的濒危物种相对不是很重要时,也拥有叫停即将竣工的建设工程的权力,或者进行狭义解释从而不包括该种权力。在这种情况下,反事实检验似乎非常有用。法官们也许会问,如果国会通过了一项修正案,明确规定对内政部长的权力进行狭义的解释,那么《濒危物种法案》是否还会通过。这个反事实检验,除了能够回答立法者在他们可能根本没有考虑过的问题上的意图这一显著优势之外,还避免了许多德沃金将之与言说者意图理论相联系的复杂问题。一方面,我们不必担心如何整合个别立法者在对某项法规进行投票时的想法,以组成整个立法机构在通过法规时的想法。在反事实检验中需要做的全部工作,就是推测个体立法者如何对反事实检验情况下的修正案进行投票。考虑到我们在现实世界中对立法者包括法规的立法史在内的相关了解,进而累加个体立法者的投票情况,以考察修正案是否能够在反事实情况下通过。

理想情况下的话,运用反事实检验方法,我们必须首先确定,如果某项特定的修正案被提出,每个立法者将如何投票。现在让我们想象一下德沃金让我们所想象的———位投票支持《濒危物种法案》的参议员史密斯。参议员史密斯从来没有考虑过对内政部长的权力应作广义还是狭义的解释。让我们来问一个关于史密斯的反事实的问题:如果提出了一项修正案,明确规定部长无权在快完工时叫停大坝的建设,她会投票赞成吗?德沃金不认为法官拥有任何对此类反事实问题进行推测以得到似是而非答案的职责。① 但这并不是因为德沃金认为这类反事实的问题永远不可能有确定的答案。相反,他认为,即使通过对史密斯的了解我们可以确定,如果提出修正案,她会投赞成票,我们仍然不能确定她的立法意图。因为她可以有各种各样的理由投赞成票。如果她是出于对连任的担忧或出于对其所在政党的忠诚而投票支持该修正案,那么修正案就不可能被用来表达她的立法意图。②

我不认为德沃金这个批评站得住脚。如果确实提出了修正案,而且史密斯投了赞成票,那么毫无疑问,不管她投赞成票的理由是什么,她都希望对部长的权力进行狭义解释。事实上,我们总是可以用以下的方法来应用反事实检验。每当我们想知道一项法规应该如何适用于一个特定的案例时,我们总是可问:立法者会如何对这个特定的案例进行投票?如果我们对每一个个案都有这个问题的答案,那么,我们就能够知道在每 个个案中该如何解释某项法规,无论立法者的投票方式基于何种理由。

按照言说者意图的方法,我们常常需要知道立法者以某种方式投票的理由,因为这有助于我们确定在没有完美地表达自己时,他们想通过法规达到什么目的。例如,我们可能需要知道立法者实际投票的理由,以便发现他们在反事实情形下会如何进行投票。但一旦通过反事实检验确定了立法者在每个个案中想要达到的目的,我们就已经掌握了所有需要

---

① 尽管德沃金总体上不同意首席大法官沃伦·伯格的意见,但他们在这一点上是一致的。伯格写道,"我们不能推测,更不用说采取行动,如果国会已经预料到这个案件的具体事件,它是否会改变立场"(田纳西流域管理局诉希尔案)。德沃金在《法律帝国》一书中也提到了这一点,第22页。

② 德沃金,《法律帝国》,第326页。

通过言说者意图方法了解的法规内容，并且立法者之所以以某种方式投票的理由将不再被使用。

反事实检验还解决了德沃金发现的言说者意图方法的另一个问题。德沃金认为，如果史密斯在为《濒危物种法案》投票时，希望内政部长的权力被狭义地解释，但是可以预料到法院将对其进行广义解释，那么到底是其希望还是预期应当被视作她投票时的意图将不再清晰。① 但是，如果我们能够确定，如果当一项对部长权力进行狭义解释的诸如此类的修正案被提请时，她会投票支持，那么我们就可以说，她的希望应该被视为其真正意图。

德沃金反驳说，立法者被要求就具体问题进行投票的可能性非常小。他说："我以为，史密斯是被要求对一项明确规定TVA项目不受部长的控制的修正案进行投票。但如此具体的修正案，不太可能提出。"② 我不明白德沃金的意思。我们的目的是通过推测立法者在注意到某些问题时的想法或行为来推断立法意图，而不是这些问题出现在他们脑海中的实际可能性或他们对这些问题的反应所致他们实际的心理状态。十九世纪的立法者几乎不可能想到飞机。但如果通过反事实检验将一项十九世纪的法规适用于与飞机相关的案件是不合法的话，只能是因为这些十九世纪的立法者对飞机的反事实性思考与法规的真正含义无关。认为19世纪的立法者不太可能想到飞机而反对在这种情况下使用反事实检验，似乎没有抓住问题的关键。

德沃金进一步辩称，史密斯是否会投票支持修正案，取决于修正案的措辞和提出方式。如果修正案以某些特定的方式措辞或者提出，她就会投票赞成；如果措辞或提出是以其他方式，她则会投票反对它。根据德沃金的说法，我们没有很好的理由倾向于任何一种修正案的措辞或者提出方式。进一步讲，在反事实检验中要求史密斯无论修正案的措辞和提出方式，均对所涉修正案投赞成票，则过于严格。几乎没有哪项修正案能通过这样的考验，因为几乎没有哪项修正案是史密斯或其他任何人将会投票赞成的，无论它是以何种方式措辞或提出的。③

尽管这个对反事实检验的批评比前一个要好得多，但仍然需要被限定。首先，批评还不够深入。德沃金的观点是正确的，他认为，更严格的检验要求史密斯对修正案投赞成票而不论修正案的措辞或提出方式，确实太过严格，而且作为制定法解释的一般方法也不是很有用。但德沃金的批评并未涉及是否一项实际上会通过更严格检验的修正案应该用来表达立法意图。尽管不太可能实际发生，即史密斯强烈希望对部长的权力进行狭义解释，因而不论该类修正案的表述形式和提出方式其均会投票赞成时，德沃金的批评并未言明我们为何不能因此而获知史密斯的立法意图。

---

① 德沃金，《法律帝国》，第322–324页。
② 德沃金，《法律帝国》，第326–327页。
③ 德沃金，《法律帝国》，第326页。德沃金更坚定地宣称，没有任何修正案能通过这一严格的考验。但人们想知道德沃金是如何知道这些的。

第二，我们不清楚为什么不能排除修正案措辞或提出的非任意方式。我们也不清楚是否需要找到一个关于修正案应当如何措辞或提出的明确说明。按照大卫·刘易斯对反事实句式的分析，如果在一件修正案被提起且与实际情形相类似的任何可能情形下，史密斯会投赞成票，我们就可以确定史密斯在这件修正案被提起时会投票赞成。① 这意味着，运用反事实检验时，如果有不止一种修正案措辞或提出的方式，我们只需要审查所有那些在最大程度上与实际情况相似者。如果事实证明在所有这类情况下，史密斯都会对修正案投赞成票，那么我们就可以通过修正案来表达史密斯的立法意图。即使我们能够准确地知道哪些可能的情形与实际情况最相似，这个检验可能还是会过于严格，因为很少有修正案能通过它。但至少我们知道，在反事实检验方法的应用中，不需要考虑某些与实际事态不够接近的可能事态。因此，在我们的例子中，我确实打算排除《蓝波3》这一说法，并不会受到"如果我能得到1000美元的奖励，我就会同意看这部电影"的严重挑战。同样，主张史密斯确实希望内政部长的权力被狭义解释，也并不会被如果该类反事实性的修正案作为庞大的限制所有政府部门权力的修正案之一部分被提起则她将不会投票支持的辩称严重挑战。

五、反事实检验的一个更深层次的问题

不管德沃金的批评有多充分，他都忽略了反事实检验作为制定法解释方法存在的一个更深层次的问题。想想下面这个关于一个假想的法案的反事实主张：如果这个虚构的法案在1962年被提交到国会，它就已经被颁布。即使我们可以肯定这个反事实性主张的真相，我们仍将不会有理由使用假想的法案来裁决案件。这是因为，一项法规只有在实际颁布的情况下才具有法律效力，而在反事实性颁布的情况下则并不具有。这是很明显的一点，我们不必赘言。

但是，如果我们的反事实检验不能确立假想的法案的法律效力，它又如何能确立对真实法案的假想修正案的法律效力呢？无论如何，对法案提出与其并没有多大关系的修正案，对于立法者来说并不少见。假设有一项关于太阳能利用的修正案作为《濒危物种法案》的修正案被提出，它就会被实际颁布。但是，这并不能确立这一反事实的太阳能利用修正案的法律效力。所以，人们会想为什么史密斯对关涉部长权力范围的反事实修正案的反事实接受，会影响到对《濒危物种法案》的解释。答案是，在后一种情况下，我们并非试图反事实地确立一项假想立法；相反，我们使用一个反事实的问题来查明一个已经颁布的法规所包含的真实意图。但由于反事实的问题在这两种情况下形式相同，仅仅通过查问该类反事实的问题并为其发现一个好的答案，仍旧不能判断是为了反事实地确立一项假想立法，还是仅仅测试已经实际颁布的法规所包含的内容。

---

① 参见大卫·K.刘易斯：《反事实》，哈佛大学出版社1973年版，第1页。

在可以将反事实问题的答案称之为对法规意图的反事实检验之前，人们需要知晓，反事实问题中描述的修正案是打算列入《濒危物种法案》的，也就是说，需要对该法案做出解释。我们知道，关于太阳能修正案为何被国会通过的反事实主张，并没有确定《濒危物种法案》的立法意图，只是因为我们对法案的已有解释确定了该法案不可能与太阳能利用有任何关系。

但是，如果我们已经有某种方式可以解释或确定某项法规的意图，我们就不需要反事实检验了。因此，作为一种确定立法者意图的方法，厄尔所采用的反事实检验是无用的。

同样，当我对我的朋友说："今晚我们去看电影吧"时，反事实检验在确定我是否希望把《蓝波3》作为一个可能的选择时也是没用的。即使我真的会说不，但若《蓝波3》被作为建议选项时，下面的情况仍然属实。可能在最初的表述中我并没有将《蓝波3》排除在外的希望，但如果有人建议去看，我无论如何都会拒绝。所以，即便知道我会拒绝《蓝波3》的建议，人们仍然无法通过陈述知晓我是否真的希望排除这部电影，或者如果它引起了我的注意，我是否真的不想看它。更重要的是，即使是我，仅仅知道那个反事实的句子是真的，也不能确定情况如何。

如果我们在这里所处理的这种反事实陈述，不仅被作为主张立法者立法意图的证据，而且还被用来分析这些主张的含义，那么就会出现一个更严重的问题。当我这么说的时候，我确实希望将《蓝波3》排除在可能选项之外，尽管它从来没有浮现在我的脑海中。也许所有人都能意识到，如果我想到《蓝波3》就会将其排除在可能选项之外。但后者也意味着我无论如何都不想去看《蓝波3》，尽管我从未想到它。因此，在我们的例子中，以下说法并无区别：（1）我真的想通过我的话语来排除《蓝波3》；（2）我并不是真的想通过我的话语来排除观看《蓝波3》的可能性，但无论如何我也不想看。（作为对朋友之后请求我去看《蓝波3》的回应，在我的回答，"我没讲清楚，我并不是真的想把《蓝波3》也包括在内"，和"既然你已经提到了，我认为我不希望看到《蓝波3》"之间，确定存在差别吗），同样地，在下面的说法中也不存在区别：（3）在制定遗嘱法时，纽约的立法者们实际上意图将类似于埃尔默案的案件排除在外，尽管他们从来没有想到过它；（4）纽约的立法者无意将埃尔默这样的案例排除在遗嘱法令之外，但他们无论如何都希望将其排除在外，尽管他们从未想过这一点。

通过这样的分析，我们似乎在类似于埃尔默案的案件中无法区分解释法规和制定法规。如果我们把埃尔默排除在外，理由是这确实是纽约立法者的意图，那么我们只是在解释法规。但是如果我们排除埃尔默，理由是尽管不是希望通过遗产法实现但他们无论如何都想要将埃尔默排除在外，我们将以纽约立法者的名义篡夺了其制定法规的权力。但通过分析，上述两个排除埃尔默的理由被证明具有相同的意义。因此，把埃尔默排除在外，似乎是在同时适用法规并制定法规。这个故事的寓意正是如此。或者我们不应该对法官运用假想的立法感到反感，只要这些立法在被提出的情况下，无论如何都将会被立法者实际颁布；或者我们在解释立法意图时，应拒绝使用立法者的反事实心理状态。如果我们强烈反对不执行假想立法，我们的选择应该是明确的。

但是，必须指出，这一问题是在将法规视为立法机关所表示的意志的法学理论范围内提出的。如果法规不单单被当作立法机关所表达的意志，就像在"法律的整全性"这一理论中，那么什么构成了解释法规，什么构成了制定法规，很可能会被理解成不同的概念。也就是说，在法律性质的另一种观念上，法规适用并非立法者本意的事实并不因此成为立法实例。此外，在法律的整全性理论中，由于制定法解释是一种建构性解释，只考虑较好的或较差的解释，而不区分正确或错误的解释，因此，在任何情况下都不能对成文法的制定与解释做出明确的区分，反事实检验的这个特征也就没有什么不寻常的。①

但正如我在本文开头所阐述的，反事实检验的使用动机首先是将法规视作立法机关表达的意志的理论。因此，该法律理论应作为判断反事实检验这一制定法解释方法有效性的标准。正如我所表明的，当这个标准被应用时，反事实检验并不能作为制定法解释的有效方法。

六、其他类型的反事实检验

在"埃尔默案"中，厄尔法官使用了另一种论点，似乎把它同我所讨论的论点混淆了。② 通常认为，制定一项法规时，如果立法者是理性的，就应该按照他们所希望它具有的意涵来进行。因此，在"埃尔默案"中，厄尔认为，如果纽约的立法者是理性的，他们将希望他们的法令将像埃尔默这样的人排除在遗产之外。让我们将其称之为"公平检验"，以区别于我所说的"反事实检验"。然而，通过公平检验方法适用纽约遗嘱法，需要放弃言说者意图理论，因为在使用公平检验方法时，假定构成法规的是符合正义和公平原则的对法规的理性的或者公平的解释，可能是也可能不是立法者所希望的。③

公平检验方法与反事实检验方法常常相混淆的原因是后者同样经常假设立法者是理性的。在对纽约遗嘱法进行反事实检验时，我们假定制定该法规的纽约州立法者是理性的，只是因为我们没有理由怀疑纽约立法者实际并不理性，至少在其制定遗嘱法涉及遗产问题

---

① 德沃金写道："……法律作为一个整体，拒绝承认法官是否发现或发明法律这个古老的问题是无益的；它表明，我们理解法律推理，只有通过看到他们既发现又不创造的意义。"（《法律帝国》第225页）

② 厄尔的混淆并不完全只有他有，因为从他的观点可以看出，他非常依赖培根的权威，而培根也存在完全相同的混淆。参见《新法律的删节本》关于衡平法结构的讨论，第248页。厄尔法官在里格斯诉帕尔默案中详细引用了该讨论。

③ 在里格斯诉帕尔默案中，厄尔法官引用布莱克斯通的话，"如果出现了[成文法]以间接的方式产生任何荒谬的后果，明显地与普通理性相矛盾，就这些间接后果而言，它们是无效的"（威廉·布莱克斯通，《英格兰法律评论》，第12版，第一卷，斯特兰德出版社1793年版，第90页）。显然，厄尔并不担心布莱克斯通的这一观点与他自己先前的主张法规只是立法者的意愿之间的一致性。此外，布莱克斯通还区分了法规的"主要目标"和"附属事项"。根据布莱克斯通的说法，只有在附属事项的规定导致荒谬的结果时，法官才会认为法规无效。厄尔从未表明"埃尔默案"只是一个"附属事项"；事实上，厄尔像是认为法律应该总是被公平地解释。

时。如果我们没有理由相信它们实际上是理性的，我们就不会在使用反事实检验方法时假定它们是理性的。也就是说，在运用反事实检验方法时，我们感兴趣的是保护实际立法者的身份及其心理连续性，因为通过特定反事实条件下他们会做什么的知识所要试图发现的，正是这些实际立法者的意图。

但纽约立法者制定遗嘱法时是否事实上是理性的，在公平检验方法适用时，我们将假定他们是理性的，因为公平检验方法的目的就是去发现理性的立法者通过法规所预示的内容。也就是说，在将公平检验方法应用于一项法规时，我们不需要保护颁布该法令的实际立法者的身份或心理连续性。在公平检验中，我们完全可以接受那些我们试图揭示其心理状态的理性立法者完全是虚构的。

人们可能会有这样的印象：德沃金自己理解法律的方法也暗含着某种类型的反事实检验。这种印象也许是有正当理由的，因为在德沃金看来，事实是，立法意图不一定是立法者有意识地实际设想的，因而可能是立法者在某些反事实条件下想到的。在法律的整全性理论中，即使立法者在制定法规时没有考虑到社会的整体性，在解释成文法时，法官也应该按照立法者已经考虑到那样对待他们。因此，也许我们可以把德沃金的观点理解为，立法意图是立法者希望制定的法规能够实现的目的，前提是他们意识到社会会以一种有原则的方式使用强制力。

但值得注意的是，我们也许可以将其归因于德沃金的，绝不是一种检验方法，以查明某一法规的制定者究竟打算通过该法规向我们传达什么心理状态，无论是事实的还是反事实的。在这方面，德沃金的检验方法类似于公平检验。这两种检验都没有兴趣通过了解实际立法者在某些反事实条件下会怎么做以发现其在立法中所表达的意愿，因为它们都没有将实际制定法规的立法者的意图通过法规呈现给我们。在这些情况下，反事实条件的运用最好被视为一种建构性解释的、不附加形而上学的启发式手段。因此，它们不受我在反事实检验中发现的那种问题的影响。

七、结论

从我一开始的讨论中就可以清楚地看出，作为一种法定解释方法，反事实检验的有效性已将超出它的范围。反事实检验的失败也应该使制定法解释的言说者意图方法和它所预设的法学观点受到怀疑。这是因为反事实检验可能是言说者意图方法唯一的希望，它可以使法规的创新适用超越立法者有意识地设想的范围，而不需要进行某种建构性的解释。但是，将法规的适用范围限制在立法者有意识地设想的范围内是不可取的。首先，它使适用法规的工作变得不可能，因为立法者对成文法的一般适用最多只有简要的想法，并不总是能够囊括特定案件的复杂性和独特性。但正是在这些特殊情形下，才更应当适用法规。其次，将法规的适用范围限制在立法者有意识地设想的范围内，并不一定是更严格地遵循立法者的意愿，因为在大多数情况下，立法者确实希望他们制定的法规具有比他们有意识地设想的更广泛的适用范围。

因此，言说者意图方法为自身设定了一项不可能完成的任务，因此不能成为一种好的制定法解释方法。这使我们有理由相信，制定法解释的合理性解释方法至少应该包含建构性解释的某些方面。也就是说，制定法解释考虑立法意图时，必须至少在一定程度上取决于解释者对法规及其目的的最合理解释。这为德沃金的法律的整全性理论打开了大门。

它将需要另一篇论文来评估作为制定法解释方法的法律的整全性理论。但至少我们知道法律的整全性理论，不仅允许，而且还要求我们运用立法者没有设想到的方法适用法规，只要这样做将更好地实现法规，或能够更好地表明社会是按照一系列统一且融贯的原则体系运行的。很明显，法律的整全性理论在法院关于"埃尔默案"的判决中有一个简单、直接的阐释。[1]

（编辑：吕玉赞）

---

[1] 感谢拉尔夫·肯尼迪、查尔斯·刘易斯、艾伦·帕米特和理查德·萨维奇对本文先前草稿所作的评论。1989年3月24日，在美国哲学协会太平洋分部会议上发表了这篇论文的一个简短版本，作为答辩人的我从理查德·沃纳的评论中受益颇多。

法律解释与自然法[*]

[美] 马克·格林伯格^{**} 著　冷建兵^{***} 译

摘　要　文本主义作为制定法解释的重要方法,拥有广泛而持久的影响力。但是经过细致地分析与澄清可以发现,文本主义的核心主张充满着混乱,对其主张的辩护也并不适格。法律解释过程中,人们总是会问:哪种解释方法是正确的?要想回答这一问题,不可避免地要先解决更为根本的问题:法律解释的构成性目的是什么?本文主张,法律解释本质上寻求的,是制定法和宪法条文对法律内容的贡献。据此要点,本文提出质疑,文本主义者、意图主义者及其他理论家基于民主、公平等的论证,是否能作为他们为法律解释方法辩护而提出的正确论证?哈特、拉兹等学者提出的法理论都不支持这些论证,而道德影响理论这样的自然法理论,则使得解释了这些论证是讲得通的。法律解释理论其实隐含地预设了某种类似于道德影响理论这样的前提。

关键词　文本主义　法律解释　道德影响理论　自然法

引　言

二十多年以前,安东尼·斯卡利亚(Antonin Scalia)大法官写道,在制定法解释领域,"普遍存在严重的混乱"。① 如今,斯卡利亚大法官的文本主义方兴未艾。在过去的三十年中,文本主义在法院和学术文献中的影响力不断扩大。②

---

*　原文刊载于《福特汉姆法律评论》2020年第89卷(Mark Greenberg, 89 Fordham L. Rev. 109, 2020)。此译文经过原文作者及其同事的认真审校,多处翻译建立在他们所提出的宝贵评议基础之上,在此向他们衷心致以谢意和敬意。但译文如有疏漏或错讹之处,依然由译者本人负责。——译者注

**　加利福尼亚大学洛杉矶分校(UCLA)法学与哲学教授。

***　冷建兵,男,江苏沭阳人,华东政法大学研究生教育院博士研究生,研究方向为法哲学。

①　ANTONIN SCALIA, A MATTER OF INTERPRETATION: FEDERAL COURTS AND THE LAW 16 (1997).

②　See, e.g., Jonathan T. Molot, *The Rise and Fall of Textualism*, 106 COLUM. L. REV. 1, 23–42 (2006). 我这里使用"文本主义"这个术语,同时包含制定法解释和宪法解释方面的文本主义。参见以下关于"文本主义"的注释。

在我讨论的第一部分，我将表明，尽管文本主义对其做出的提议满怀信心，但它仍是极其混乱的。事实上，文本主义者究竟主张解释者应使用什么方法，这一点完全不清楚。此外，文本主义和它的竞争对手意图主义一样，最常基于民主理由而得到辩护，但文本主义者提出的基于民主的论证，对于澄清其核心主张来说并无助益。

在我论及的第二部分，我将从根源上提出一种全新的法律解释思考方式。在"什么样的解释方法才是正确的方法"这个常见问题背后，隐藏着一个更为根本的问题：法律解释就其本质而言，到底寻求什么？我将主张，普遍共享的前提指示了一个简单明了的答案——粗略地说，法律解释寻求的，是制定法和宪法条文对法律内容做出的贡献。①

在我论述的最后部分，我将表明，根据这个基本要点，法律解释领域看起来会非常不同。为了说明该领域被重新配置的方式，我将集中讨论一个问题，即理论家提出的基于民主、公平及诸如此类的论证，甚至是否算得上为解释方法辩护的正确论证类型。

我将简要讨论一些有关如何确定（determine）②法律内容的最有影响的理论，并表明它们并不支持文本主义者、意图主义者及其他论者通常提出的诸种论辩。

然而，有另一个关于如何确定法律内容的理论"族群"，最近已受到颇为广泛的关注。这一理论族群包括当代非实证主义理论或自然法理论，它们认为法律规范是道德规范的一个子集。在这些理论中，我将着重关注我自己的理论——道德影响理论（Moral Impact Theory）。③事实证明，道德影响理论使得法律解释理论家基于民主做出的诸种论证是讲得通的。因此，有种观点认为，法律解释理论家隐含地预设了某种类似于道德影响理论这样的前提。我会就道德影响理论对于法律解释的意义得出一些结论。

一、文本主义及其混乱

在制定法与宪法解释中，文本主义者给予相关文本以优先性。④ 文本主义通常与意图

---

① 我在这里集中讨论对制定法和宪法条文的解释，但我的论点是，法律解释就其本质而言，寻求条文对法律内容的贡献，这一论点经过适当更改，也适用于对其他种类法律文件的解释，包括像合同和遗嘱这样的私人文件。在这些条文的情形下，由于合同和遗嘱不被自然地理解为影响法律内容，条文对法律内容的贡献就需要适当扩展为条文的法律影响（a provision's legal impact）这样的内涵。

② 通篇文章，我在其构成性意义上而非认识论意义上使用"确定"这个词。

③ See generally Mark Greenberg, *The Moral Impact Theory, the Dependence View, and Natural Law*, in THE CAMBRIDGE COMPANION TO NATURAL LAW JURISPRUDENCE 275 (George Duke & Robert P. George eds., 2017).

④ 文本主义通常被用来专门指称制定法解释而非宪法解释上的一种立场。但是宪法解释方向有相对应的立场，而且如上面指出的，我同时在制定法解释的文本主义和宪法解释的文本主义两个方面使用这个术语。后者也被称作公共含义原意主义（public meaning originalism）。方便起见，我经常以制定法为例，但我的论点既适用于制定法解释，也适用于宪法解释。原则上，文本主义与原意主义是可区分的，因为人们可以在不给予文本的原始含义以优先性的情况下着重于该文本。然而在实践中，文本主义者关心的是原始含义，而不是语词在之后的意思，所以宪法文本主义在实践中是原意主义的一种形式，它主张一项宪法条文的相关原始方面是该条文的原始含义。See SCALIA, A MATTER OF INTERPRETATION: FEDERAL COURTS AND THE LAW 37-38 (1997). 强调"原始公共含义"的一个杰出阵营是"新原意主义"。

主义或目的主义相对立,因为至少在文本中根本找不到立法意图或更一般法定目的的程度上,它们拒绝探寻这些意图或目的。如果一个文本的含义被认为是清楚的,那么,即使当该含义与明显的立法目的发生紧张时,文本主义者也拒绝诉诸其他资源以修正或背离该含义。①

在弄清(ascertain)文本含义的过程中,文本主义者通常会接受一套优选的文本方法,包括使用词典、某些传统解释准则,以及关注其他条文中相同词汇的用法。当代文本主义者承认,文本外的语境与弄清含义是相关的。② 但当代文本主义的显著特征是拒绝诉诸立法历史,他们认为立法历史是不可靠且可操纵的。③

文本主义最普遍、最重要的论点可能始于这样的观念,即在民主制度中,法院应是立法机关的忠实代理人。④ 值得注意的是,这一论点可能也是意图主义者——文本主义最有力的对手——的最重要起点。意图主义者认为,民主制度中选举立法者的要旨,在于尊重他们关于制定何种法律的决定。因此,意图主义者得出结论称,民主要求我们根据立法者意图来解释法律。

与意图主义者一样,文本主义者认为,民主需要法院作为立法机关的忠实代理人。但至少在造成严重解释性分歧的各种疑难问题方面,当代文本主义者对是否存在融贯且可发现的立法意图持怀疑态度。⑤ 为节省笔墨,我将不继续重复"在造成严重解释性分歧的各

---

① SCALIA, A MATTER OF INTERPRETATION: FEDERAL COURTS AND THE LAW 17–23 (1997); William N. Eskridge Jr., *The New Textualism*, 37 UCLA L. REV. 621, 686 (1990); John F. Manning, *Textualism and the Equity of the Statute*, 101 COLUM. L. REV. 1, 7, 17 (2001) [hereinafter Manning, *Textualism*]; John F. Manning, *What Divides Textualists from Purposivists?*, 106 COLUM. L. REV. 70, 92–93, 110 (2006) [hereinafter Manning, *What Divides Textualists from Purposivists?*].

② Manning, *What Divides Textualists from Purposivists?*, 106 COLUM. L. REV. 78–85 (2001); see also KEITH E. WHITTINGTON, CONSTITUTIONAL INTERPRETATION: TEXTUAL MEANING, ORIGINAL INTENT, AND JUDICIAL REVIEW 60, 176–79 (1999).

③ SCALIA, A MATTER OF INTERPRETATION: FEDERAL COURTS AND THE LAW 29–37 (1997); ANTONIN SCALIA & BRYAN A. GARNER, READING LAW: THE INTERPRETATION OF LEGAL TEXTS 376–78 (2012); see Frank H. Easterbrook, *Text, History, and Structure in Statutory Interpretation*, 17 HARV. J. L. & PUB. POL'Y 61, 64–65 (1994) [hereinafter Easterbrook, *Text, History, and Structure*]; John F. Manning, *The New Purposivism*, 2011 SUP. CT. REV. 113, 123–24. See generally Frank H. Easterbrook, *What Does Legislative History Tell Us?*, 66 CHI.-KENT L. REV. 441 (1990) [hereinafter Easterbrook, *Legislative History*].

④ John F. Manning, *The Absurdity Doctrine*, 116 HARV. L. REV. 2387, 2393–94, 2394 n. 18 (2003); Manning, *What Divides Textualists from Purposivists?*, 106 COLUM. L. REV. 100–01 (2001); see also Frank H. Easterbrook, *Judges as Honest Agents*, 33 HARV. J. L. & PUB. POL'Y 915, 915 (2010); Keith E. Whittington, *Constructing a New American Constitution*, 27 CONST. COMMENT. 119, 129 (2010) [hereinafter Whittington, *New American Constitution*]; Keith E. Whittington, *Originalism: A Critical Introduction*, 82 FORDHAM L. REV. 375, 399–400 (2013) [hereinafter Whittington, *Originalism*].

⑤ See, e.g., Frank H. Easterbrook, *Role of Original Intent in Statutory Construction*, 11 HARV. J. L. & PUB. POL'Y 59, 63–64 (1988) [hereinafter Easterbrook, *Role of Original Intent*]; Frank H. Easterbrook, *Statutes' Domains*, 50 U. CHI. L. REV. 533, 540–41 (1983) [hereinafter Easterbrook, *Statutes' Domains*]; Manning, *Absurdity Doctrine*, 116 HARV. L. REV. 2408–19 (2003) (认为"立法过程的复杂性,使得这么说毫无意义:立法'意图'与已制定文本的明确社会含义所表达的意图不符); Manning, *Textualism*, 101 COLUM. L. REV. 71–721 (2001); see also Frank H. Easterbrook, *Foreword* to READING LAW: THE INTERPRETATION OF LEGAL TEXTS xxi, xxii (2012); SCALIA & GARNER, READING LAW: THE INTERPRETATION OF LEGAL TEXTS 392–93 (2012).

种疑难问题方面"的限定条件，而会简单地将之视为始终被理解的内容。

对立法意图的这种怀疑论有相当充分的理由，这些理由也许是人所共知的。① 简言之，尽管看似合理的是，小型的、合作性的和凝聚性的团体可能具有集体意图，但有许多令人信服的理由认为当代民族国家多成员的（multimember）——更确切地说，多成分的（multicomponent）——立法机关，通常缺乏有助于解决上诉法院诸种争议的集体意图。个体成员甚至一般都没有阅读过相关文本，也没有考虑过引起争议的疑难问题。而且就他们"已经"考虑过的这些疑难问题而言，不同成员往往会有不一致的和相竞争的意图。

文本主义者指出，在当代立法机关的境遇中，为了使立法得以通过，往往有必要做出妥协。例如，鉴于美国宪法组织立法程序的方式，少数派有权力（power）阻止立法。当相互竞争的利益以语词形式达成一致时，它们可能有极为不同的意图。实际上，这些语词常常是为了绕开立法过程中的障碍而精心设计的。② 它们很可能无法反映一个前后一致的根本目的。③ 正如最为著名的文本主义者约翰·曼宁（John Manning）所言："现实情况是，措辞的法定转变，无论其产生的结果是如何令人尴尬，都可能很好地反映了一种未经记录的妥协，或反映了这样一种需求，即或宽泛或严密地精心设计语言，以清除法律制定过程中遇到的各种否决权。"④

有鉴于这一现实，如果解释者将一般目的归于一部制定法，继而为实施该目的而解释之，那么解释者很可能会推翻经过认真协商而达成的妥协。因此，解释者必须对文本的细节非常敏感——那是解释者能推定为实际已达成一致的一切。⑤

文本主义对文本的强调，必须被理解为对文本的语言学含义的强调，而不是仅仅对页

---

① See, e.g., RONALD DWORKIN, A MATTER OF PRINCIPLE 162–64 (1985); SCALIA & GARNER, READING LAW: THE INTERPRETATION OF LEGAL TEXTS 391–96 (2012); Paul Brest, *The Misconceived Quest for Original Understanding*, 60 B. U. L. REV. 204, 214–22, 229–31 (1980); Easterbrook, *Role of Original Intent*, 11 HARV. J. L. & PUB. POL'Y 62–66 (1988); Easterbrook, *Statutes' Domains*, 50 U. CHI. L. REV. 547–48 (1983); Easterbrook, *Text, History, and Structure*, 17 HARV. J. L. & PUB. POL'Y 67–68 (1994); Heidi M. Hurd, *Sovereignty in Silence*, 99 YALE L. J. 945, 968–76 (1990); Manning, *Absurdity Doctrine*, 116 HARV. L. REV. 2408–19 (2003); Michael Moore, *The Semantics of Judging*, 54 S. CAL. L. REV. 151, 246–70 (1981); Max Radin, *Statutory Interpretation*, 43 HARV. L. REV. 863, 870–72 (1930); Jeremy Waldron, *The Dignity of Legislation*, 54 MD. L. REV. 633, 645–56 (1995); Lawrence B. Solum, *Semantic Originalism* 14–15 (Univ. of Ill. Coll. of L. Ill. Pub. L. & Legal Theory Series, Research Paper No. 07–24, 2008).

② 对于有趣的经验性证据，see Abbe R. Gluck & Lisa Schultz Bressman, *Statutory Interpretation from the Inside—an Empirical Study of Congressional Drafting, Delegation, and the Canons Part I*, 65 STAN. L. REV. 901, 934 (2013).

③ See Manning, *Absurdity Doctrine*, 116 HARV. L. REV. 2390, 2394–95, 2409–24 (2003); Manning, *Textualism*, 101 COLUM. L. REV. 18–21, 70–78 (2001); Manning, *What Divides Textualists from Purposivists?*, 106 COLUM. L. REV. 99–109 (2006).

④ Manning, *Absurdity Doctrine*, 116 HARV. L. REV. 2417 (2003).

⑤ See id. at 2395 ("udges can rarely, if ever, tell if a law's specific wording ... was instead crafted to navigate the complex legislative process."); Manning, *What Divides Textualists from Purposivists?*, 106 COLUM. L. REV. 74 (2006)（"一部制定法的最终措辞可能反映了未经记录的立法妥协，它可能——也可能没有——捕捉到一类融贯的目的"）。

面上符号的强调。我说"语言学含义"是为了澄清自己并非在某种更宽松的意义上——例如在这样的意义上：当发现某人正在做他不应该做的某事时，人们可能会说，"这是什么意思（meaning）？"①——使用"含义"一词。

存在两种基本类型的语言学含义：语义内容与语用性传达的内容（pragmatically conveyed content）（或简称为语用内容）。粗略言之，语义内容是惯例性地编码进语词中的内容。换言之，它大致相当于字面含义。②语用内容是言说者或作者经由在特定语境中的特定情形下说出语词，设法传达超出或不同于语词语义内容的内容。③语用内容的核心在于言说者的沟通意图。当医生在急诊室中对病人说"放心，你不会死"时，她可能意图传达的是病人不会因这种伤害（或近似于这种伤害的事情）而死亡的信息，而病人可能会认识到这个意图，尽管医生所说语词的字面含义是这个病人不会死。

从表面上看，鉴于文本主义者对立法意图持怀疑态度，就他们所追求的东西而言，语用内容似乎是一个糟糕的候选项（尽管我们将看到，他们的很多讨论都仍然指向语用内容）。

考虑到文本主义者对文本和客观含义的强调，我们很自然地期待它会以语义内容为重点。④但主要的文本主义者却明确拒绝字面含义。⑤用斯卡利亚大法官的话说："优秀的文本主义者不是直译主义者。"⑥约翰·曼宁则这样阐述此观点："与他们在'显明含义'

---

① 对于"含义"（meaning）一词不同意义的讨论，see Mark Greenberg, *The Moral Impact Theory of Law*, 123 YALE L. J. 1288, 1296 – 97, 1296 n. 18 (2014) [hereinafter Greenberg, *The Moral Impact Theory of Law*]. See also Response, Mark Greenberg, *What Makes a Method of Legal Interpretation Correct?*: *Legal Standards vs. Fundamental Determinants*, 130 HARV. L. REV. F. 105, 107 n. 5 (2017) [hereinafter Greenberg, *What Makes a Method*].

② 将"字面含义"理解为语义内容，能最好地抓住文本主义者使用这一术语的方式。正如下论及的例子所表明的，文本主义者拒绝字面含义，其部分原因是语境中的言说者试图传达不同于语词语义内容信息的方式。本文将以标准方式使用"语义内容"这个术语。不幸但可以理解的是，法律理论家们是以不同方式使用该术语的。例如，约翰·曼宁似乎用"语义内容"或"语义含义"来表示某种形式的语用性传达的内容。See, e. g., Manning, *What Divides Textualists from Purposivists?*, 106 COLUM. L. REV. 76 (2006); see also Mitchell N. Berman & Kevin Toh, *On What Distinguishes New Originalism from Old*: *A Jurisprudential Take*, 82 FORDHAM L. REV. 545, 548, 562 (2013). 鉴于哲学用法中的"语义内容"通常与语用性传达的内容相反，这个领域的读者必须对用法方面的这种差异保持警惕。这里可以忽略的一个难题是，进一步区分固定或恒久的语词含义与语义内容。根据普遍观点，言说者的语义意图决定了诸如歧义表述的意思和指示代词的所指这些问题，从而产生出语义内容。

③ See Kepa Korta & John Perry, *Pragmatics*, in THE STANFORD ENCYCLOPEDIA OF PHILOSOPHY (Edward N. Zalta ed., 2020), https://plato.stanford.edu/archives/spr2020/index.html [https://perma.cc/XAJ2 – 28QS].

④ 尽管语义内容确实依赖于词法意图和语义意图，比如关于该用什么语词的意图，但它完全不依赖于沟通意图。参见以上关于"语义内容"的注释。

⑤ See SCALIA, A MATTER OF INTERPRETATION: FEDERAL COURTS AND THE LAW 23 – 24 (1997); Easterbrook, *Text, History, and Structure*, 17 HARV. J. L. & PUB. POL'Y 64, 67 (1994); Manning, *Absurdity Doctrine*, 116 HARV. L. REV. 2457 – 58 (2003); Manning, *What Divides Textualists from Purposivists?*, 106 COLUM. L. REV. 108 – 11 (2006); see also WHITTINGTON, CONSTITUTIONAL INTERPRETATION: TEXTUAL MEANING, ORIGINAL INTENT, AND JUDICIAL REVIEW 176 – 77 (1999).

⑥ SCALIA, A MATTER OF INTERPRETATION: FEDERAL COURTS AND THE LAW 24 (1997).

（plain meaning）学派的直译主义前辈们相比，现代文本主义者反对这样的观点，即解释能够在一部法规的'四角范围内'发生。"①

此时我们应该保持警觉。尽管文本主义者强调文本的含义，他们却拒绝语义内容，而且他们的立法意图怀疑论使得其难以诉诸语用内容。如果既不是语义内容，也不是语用内容，那么文本主义者寻求的是什么呢？

当代"新文本主义者"坚持认为，他们寻求的是一种合理解读，而非字面解读。② 再次引用斯卡利亚大法官的话说："一个文本不应该被严格解读……；它应该被合理解读，以含括其所有合理含义。"③

一种合理的解读；初看上去，这个提议似乎很难引起非议。但是，"合理"这一正面的弦外之意（warm overtones）遮蔽了一个事实，即什么是合理的，取决于人们寻求什么（以及取决于人们知道或相信什么）。文本主义者并未明确指出一位合乎情理的（reasonable）读者应该寻求什么，部分原因是，他们还没意识到这里有个亟须处理的问题。

文本主义的文献提出了至少三个迥然各异的、合乎情理的读者可能追求的东西：(1) 立法机关意图传达什么信息，(2) 立法机关意图采纳何种法律规范，或 (3) 立法机关意图如何将法律规范适用于当前争议的事实——也即，立法机关意图如何解决特定的案件或案件类型。④ 这些候选项都涉及立法机关的不同意图：有关沟通什么信息的意图（沟通意图），有关创制何种法律规则的意图（法律意图），以及有关将法律适用于特定案件

---

① Manning, *Absurdity Doctrine*, 116 HARV. L. REV. 2456 (2003).

② *See* SCALIA, A MATTER OF INTERPRETATION: FEDERAL COURTS AND THE LAW 23 – 24 (1997); Easterbrook, *Text, History, and Structure*, 17 HARV. J. L. & PUB. POL'Y 64, 67 (1994); Manning, *Absurdity Doctrine*, 116 HARV. L. REV. 2457 – 58 (2003); Manning, *What Divides Textualists from Purposivists?*, 106 COLUM. L. REV. 108 – 11 (2006); *see also* WHITTINGTON, CONSTITUTIONAL INTERPRETATION: TEXTUAL MEANING, ORIGINAL INTENT, AND JUDICIAL REVIEW 176 – 77 (1999).

③ *See* SCALIA, A MATTER OF INTERPRETATION: FEDERAL COURTS AND THE LAW 23 (1997).

④ 如下文所述，文本主义者通常未对不同种类的立法意图做出清晰区分。有关文本主义者聚焦于第一个候选项的证据，参见关于日常沟通的讨论，*See* Mark Greenberg, *Legislation as Communication?*: *Legal Interpretation and the Study of Linguistic Communication*, in PHILOSOPHICAL FOUNDATIONS OF LANGUAGE IN THE LAW 217, 241 – 44 (Andrei Marmor and Scott Soames eds., 2011) [hereinafter Greenberg, *Legislation as Communication?*]. 对于不同类型立法意图之区分的进一步详细阐述，*see* Mitchell N. Berman, *The Tragedy of Justice Scalia*, 115 MICH. L. REV. 783, 796 – 99 (2017). *See also* Mark Greenberg, *Legal Interpretation*, in THE STANFORD ENCYCLOPEDIA OF PHILOSOPHY (forthcoming 2020) [hereinafter Greenberg, *Legal Interpretation*]. 508 U. S. 223, 226, 228 – 31, 242 (Scalia, J., 持异议) (1993); *see also* Manning, *Absurdity Doctrine*, 116 HARV. L. REV. 2460 (2003). 依赖日常对话模式的另一个例子，*see* Manning, *Textualism*, 101 COLUM. L. REV. 111 n. 434 (2001), 及以上著述的附随文本。有关提出第二和第三候选项中的一个或另一个证据，这一点可能尤其难以理清，see, for example, Easterbrook, *Statutes' Domains*, 50 U. CHI. L. REV. 533, 540 – 41 (1983); Easterbrook, *Text, History, and Structure*, 17 HARV. J. L. & PUB. POL'Y 62 (1994); Manning, *Absurdity Doctrine*, 116 HARV. L. REV. 2457 – 58, 2457 n. 258, 2470 n. 308 (2003); Manning, *Textualism*, 101 COLUM. L. REV. 109, 113 – 14 (2001); Manning, *What Divides Textualists from Purposivists?*, 106 COLUM. L. REV. 78, 80 – 82, 84 – 85, 85 nn. 53 – 54 (2006); Whittington, *Originalism*, 82 FORDHAM L. REV. 386 (2013). *See also* WHITTINGTON, CONSTITUTIONAL INTERPRETATION: TEXTUAL MEANING, ORIGINAL INTENT, AND JUDICIAL REVIEW 186 – 87 (1999).

类型的意图（适用意图）。①

我将重点讨论第一个候选项，文本主义著作最为拥护的大概就是它了：合乎情理的读者寻求的是立法机关意图沟通的信息。正如我们会看到的，其余两个候选项面临着与之相同的核心难题。很多文本主义者的讨论都依赖日常沟通（ordinary communication）中的事例，而有些文本主义者则明确将日常沟通作为一种模式。在日常沟通过程中，比如在配偶一方向另一方解释一句话的过程中，目的通常是识别言说者或作者意在沟通的信息。因此，在对话情境中，合理解释就是这样一种解释：鉴于听者对言说者与该情境的信念，合理地用以还原言说者沟通意图的解释。

我来举例说明文本主义者对源自日常沟通——尤其是对话——之事例的依赖方式。在著名的史密斯诉合众国（Smith v. United States）②一案中，史密斯曾提出用枪支交易可卡因。③ 一部制定法规定，如果被告在毒品交易或暴力犯罪中"使用武器"（using a firearm）将加重刑罚，美国最高法院对于依据该项规定对史密斯量刑是否适当存在分歧。④ 在一个广受引用的异议意见中，斯卡利亚大法官指出，"当有人问你，'你用拐杖吗？'，他不是在询问你是否拥有你祖父陈放于门厅的银柄拐杖；他想知道的是，你是否用拐杖走路。"⑤ 这个事例表明，日常沟通中的很多情形下，一个说出问题中那些语词的人可能意在问你，你是否用拐杖走路。因此，如果听者正确识别出了该意图，这个沟通便是成功的。⑥

文本主义者也会赞同运用解释的语言学准则，如 *expressio unius est exclusio alterius*

---

① 我在其他地方已经表明，这三种意图不仅是不同的，而且在实际案例中还可能有不一致的内涵。See Mark Greenberg, *Legislation as Communication?*: *Legal Interpretation and the Study of Linguistic Communication*, in PHILOSOPHICAL FOUNDATIONS OF LANGUAGE IN THE LAW 217, 241 – 44 (Andrei Marmor and Scott Soames eds., 2011). See Mitchell N. Berman, *The Tragedy of Justice Scalia*, 115 MICH. L. REV. 783, 796 – 99 (2017). See also Mark Greenberg, *Legal Interpretation*, in THE STANFORD ENCYCLOPEDIA OF PHILOSOPHY (forthcoming 2020)。

② 508 U. S. 223 (1993).

③ *Id.* at 226.

④ *See id.* at 228 – 31.

⑤ *See id.* at 242 (Scalia, J., 持异议); *see also* Manning, *Absurdity Doctrine*, 116 HARV. L. REV. 2460 (2003)。

⑥ *See* 1 SCOTT SOAMES, *Interpreting Legal Texts*: *What Is*, *and What Is Not*, *Special About the Law*, in PHILOSOPHICAL ESSAYS: NATURAL LANGUAGE (2009), at 403, 413 – 15 [hereinafter SOAMES, *Interpreting Legal Texts*]; Greenberg, *The Moral Impact Theory of Law*, 123 YALE L. J. 1327 (2014); Scott Soames, *Toward a Theory of Legal Interpretation*, 6 N. Y. U. J. L. & LIBERTY 231, 237 – 39 (2011) [hereinafter Soames, *Toward a Theory*]. *See generally* Neale, Textualism with Intent (Nov. 4, 2008)（未出版稿）, https://sites.google.com/site/nicosstavropoulos/NealeExcerpt.pdf [https://perma.cc/H9NY – 5PPV], 及上述著述的附随文本。依赖日常对话模式的另一个例子, see Manning, *Textualism*, 101 COLUM. L. REV. 111 n. 434 (2001)。

——明示其一即排除其他。① 正确理解的话,这种语言学准则与语词含义相反,是用以推论言说者可能意图沟通何种信息的经验法则。再看斯卡利亚大法官举的另一个例子:"如果你看到一个标志,上面写着十二岁以下的孩子可以免费入场,那你就无需询问你十三岁的孩子是否必须付款。包含一类则隐式排除另一类。"② 十二岁及以上的人必须付款这一结论不属于语词含义;它毋宁是在日常沟通中写下这些语词的人通常想要传达的意思(而且是读者可能认识到的作者意在传达的意思)。用当代语言哲学术语来说,它是一种"隐含意"(implicature)。

总之,文本主义著作的一个重要主题,无论是明确的还是暗含的,都是日常沟通模式。该模式下妥当的研究是,对言说者意在沟通的意思作何理解会是合理的,尽管文本主义者没有充分认识到这一点。事实上,文本主义者经常把语词的意思等同于合乎情理的人所理解到的言说者意在沟通的意思。③ 类似地,文本主义者经常说,他们研究的是"客观化的"(objectified)法律意图,即在特定语境下的合理之人,会对立法机关的意图作何理解。④ (与其他法律解释的作者们一样,文本主义者一般不区分不同类型的立法意图——沟通意图,法律意图,适用意图,语义意图等。)

合乎情理的人会将言说者意图沟通的意思作何理解,这种观念是融贯的,但在当代语言研究中,该观念并不是语词或话语含义观念的重要竞争者。⑤ 然而关键点在于,依照文本主义者自己的看法,认为立法机关在立法的情形下有意图传达任何事情这一主张是不合理的。请记住,文本主义的核心教义是,不存在解决制定法和宪法解释中争议性议题所需要的那种融贯且可发现的立法意图。因此,除非假定合乎情理的读者对立法机关深感困惑,否则,如果我们追问合乎情理的读者认为立法机关意在沟通什么,答案便是:什么都

---

① See, e.g., SCALIA, A MATTER OF INTERPRETATION: FEDERAL COURTS AND THE LAW 25 – 26 (1997). 文本主义者也赞成使用解释准则及解释性实践和惯例,它们都不是任何种类语言学含义的确定方式。See, e.g., id. at 27 – 28; SCALIA & GARNER, READING LAW: THE INTERPRETATION OF LEGAL TEXTS 376 – 78 (2012); Manning, *Absurdity Doctrine*, 116 HARV. L. REV. 2466 – 67, 2469 – 70 (2003)。

② SCALIA, A MATTER OF INTERPRETATION: FEDERAL COURTS AND THE LAW 25 (1997).

③ See, e.g., SCALIA & GARNER, READING LAW: THE INTERPRETATION OF LEGAL TEXTS 16, 56 (2012).

④ 文本主义者和非文本主义者常常援引斯卡利亚大法官在客观化意图上的观点,似乎斯卡利亚赞同这一立场似的,尽管尚不清楚他的意思确实如此:"我们寻找一种客观化的意图——合乎情理的从与法典其余部分并列的法律文本中收集到的意图。" SCALIA, A MATTER OF INTERPRETATION: FEDERAL COURTS AND THE LAW 17 (1997); see, e.g., Larry Alexander & Saikrishna Prakash, "*Is That English You're Speaking?*": Why Intention Free Interpretation Is an Impossibility, 41 SAN DIEGO L. REV. 967, 968 (2004); Randy Barnett, *An Originalism for Nonoriginalists*, 45 LOY. L. REV. 611, 620 – 21 (1999); Richard H. Fallon, *The Meaning of Legal Meaning and Its Implications for Theories of Legal Interpretation*, 82 U. CHI. L. REV. 1235, 1275 (2015); Manning, *What Divides Textualists from Purposivists?*, 106 COLUM. L. REV. 70, 79 (2006)。

⑤ 一种当代观点认为,仅当言说者的意图能被合乎情理的听者辨识出的情况下,该意图才能确定内容。See, e.g., Jeffrey King, *Speaker Intentions in Context*, 48 NOÛS 219 (2014)。

没有。①

文本主义者未曾辨识到这个难题,部分原因在于他们误解了源于日常沟通的事例所表明的内容。他们认为,存在一类含义——他们称之为"语境中的含义"或"公共含义"——它随语境的不同而变化,并且认为该类含义就是我们在日常沟通中试图发现的。

像许多法律解释方面的作者一样,文本主义者认为语词含义理所当然地由语境决定②:"语词从语境中获取其含义,语境中有很多——其他语词,社会和语言惯例,作者正处理的问题。文本吸引着听者群体,而我们有目的地使用它们。目的和含义,将随着语境变化和时间推移而发生改变。"③ 语词含义依赖于语境并因此随着语境的不同而改变,

---

① 理论家们声称他们追求法律文本的语言学含义,却又认为立法机关(宪法批准者等等)缺乏融贯且可发现的意图,对于这些理论家面临的难题,有一种更一般化、更技术化的解释方式。许多当代语言研究的一个重要教训是,句子固定或恒久的含义不能决定完全的命题。这种不完全决定性(underdetermination)是多种不同现象的结果,这些现象包括,例如词汇和结构上的歧义、指示语以及更隐蔽形式的语境敏感性和限缩(compression)。对于大量文献的小部分样本,see generally ROBYN CARSTON, THOUGHTS AND UTTERANCES: THE PRAGMATICS OF EXPLICIT COMMUNICATION (2002); 1 SCOTT SOAMES, PHILOSOPHICAL ESSAYS: NATURAL LANGUAGE (2009); Kent Bach, *Conversational Impliciture*, 9 MIND & LANGUAGE 124 (1994); Kent Bach, *Semantic Slack: What Is Said and More*, in FOUNDATIONS OF SPEECH ACT THEORY 267 (Savas L. Tsohatzidis ed., 1994); Robyn Carston, *Implicature, Explicature, and Truth – Theoretic Semantics*, in MENTAL REPRESENTATIONS: THE INTERFACE BETWEEN LANGUAGE AND REALITY 155 (Ruth M. Kempson ed., 1988); Greenberg, *The Moral Impact Theory of Law*, supra note 17, at 1327; François Récanati, *The Pragmatics of What Is Said*, in PRAGMATICS: A READER 97 (Steven Davis ed., 1st ed. 1991); Stephen Neale, Textualism with Intent (Nov. 4, 2008) (未出版稿), https://sites.google.com/site/ nicosstavropoulos/NealeExcerpt.pdf [https://perma.cc/H9NY – 5PPV]。

关于语义充实(enrichment)和语用充实——指的是对由语词的固定或恒久含义确定的框架性内容加以充实的过程——有着激烈的争论,但是对于当前目的而言,关键点在于,根据广泛的主流观点,言说者的意图起到重要作用。这种充实产生了语义内容,以及用某些理论的话说,所说的内容(what is said)。举一个简单的例子,根据通行观点,语义意图在确定诸如指示代词("this"和"that")等表述的所指上,发挥着关键作用。类似地,当一个言说者使用"帕特的书"这种短语时,她的意图在确定其所说的内容上起着核心作用,例如,她所说的内容可能是帕特所写的书、帕特拥有的书或者帕特选择的书。参见以下讨论意图在确定敏感于语境之表述的语义内容方面所起的作用的相关注释。

在我看来,虽然立法机关避免使用很多需要充实的语词和表述,并在必要时通常会补充明确的说明,但实践中完全避免充实的需要是不可能的。因此,即便文本主义者愿意选择语义内容(或者不同地,选择所说的内容),对他们而言这也是很成问题的选择,因为如果不诉诸至少某些立法意图,很多情形中的相关文本就不会产生完整的内容。

② 再次强调,我只在构成性意义上使用"确定"这个词。参见本文第三部分,(一)。正如接下来几个段落澄清的,至关重要的是区分以下两种主张:(独立于意图的)语境构成性地确定文本内容的主张,与这种语境被用于弄清文本内容的主张。而且,文本主义者对立法意图的拒绝,使语用性被传达的内容更加成问题。

③ Easterbrook, *Text, History, and Structure*, 17 HARV. J. L. & PUB. POL'Y 61 (1994).

这一观点在文本主义者的作品中非常普遍。① 实际上,文本主义者有时甚至认为,语词只有在语境中才拥有含义。② 而且他们进一步假定,"语词在语境中的通常含义"或语词的"公共含义"这种观念是没有疑问的,且不需要做出什么说明。③

但事实上,语言哲学和语言学中的标准观点是,语境敏感性(context sensitivity)比文本主义者所假定的要弱得多。④ 正如下文所阐明的,文本主义者将之理解为独立于意图

---

① See, e.g., Barnett, *An Originalism for Nonoriginalists*, 45 LOY. L. REV. 632 – 33, 644 (1999); Randy Barnett, *The Gravitational Force of Originalism*, 82 FORDHAM L. REV. 411, 419 (2013); Easterbrook, *Legislative History*, 66 CHI. – KENT L. REV. 443 (1990); Manning, *Absurdity Doctrine*, 116 HARV. L. REV. 2457 – 65 (2003); Manning, *Textualism*, 101 COLUM. L. REV. 108 – 11 (2001); Manning, *What Divides Textualists from Purposivists?*, 106 COLUM. L. REV. 75, 78 – 85 (2006); Keith E. Whittington, *The New Originalism*, 2 GEO. J. L. & PUB. POL'Y 599, 610 (2004); *see also* SCALIA & GARNER, READING LAW: THE INTERPRETATION OF LEGAL TEXTS 56 (2012). Barnett 建议,与合同解释一样,宪法解释应该运用"客观方法","着眼于合乎情理的人添加到语境中这些语词上的公共含义"。Barnett, *An Originalism for Nonoriginalists*, 45 LOY. L. REV. 632 – 33 (1999). 很多文本主义的例子涉及这样一些情形,在其中,读者运用语境来推定言说者想要使用一个语词或词组的哪种意义。See, e.g., Manning, *Absurdity Doctrine*, 116 HARV. L. REV. 2458 n. 262 (2003). 曼宁用塞缪尔·冯·普芬道夫(Samuel von Puffendorf)所举的一部规定对"大街上流血"(drew blood in the streets)的任何人都要施加刑罚的中世纪制定法的例子,以此说明不同语境中语词含义的变化方式。*Id.* at 2461. 曼宁写道:然而,现代文本主义者会在不同语境中对"流血"(drew blood)一词进行不同解释。在有些语境中,该词指用利器刺穿皮肤……但是在不同语境中,它可能指医疗过程……据此,在对文本解释的现代理解下,驳回对普芬道夫的外科医生的指控,将符合语境中制定法的通常含义。*Id.* at 2461 – 62. 需要说明的是,将"drew blood"译为"流血"可能无法完全表达其英文意思,这是由中英文自身的语言特性决定的。在英文中,"to draw blood"是个歧义词,既可以指"使某人流血",例如用刀刺穿皮肤致其流血;也可能指"用针抽血",例如为了血液检测而用针抽血。作者此处要表明的正是这层意思,但是在中文中比较难体现出来,特此说明。——译者注

② Manning, *What Divides Textualists from Purposivists?*, 106 COLUM. L. REV. 77 (2006).

③ See, e.g., Whittington, *The New Originalism*, 2 GEO. J. L. & PUB. POL'Y 609 – 10 (2004). 例如,巴内特接受罗伯特·博克(Robert Bork)的观点并引用道:"当立法者使用语词时,由此产生的法律,就是这些语词通常所指的意思。" Barnett, *An Originalism for Nonoriginalists*, 45 LOY. L. REV. 620 – 21 (quoting ROBERT H. BORK, THE TEMPTING OF AMERICA: THE POLITICAL SEDUCTION OF THE LAW 144 (1990)). 这段话混淆了两种含义,即语词的含义与听者通常会认为特定语境下说出这些语词的言说者所要表达的含义。

④ 有一些激进的语用论者,他们认为语境敏感性无处不在。例如,查尔斯·特拉维斯(Charles Travis)可能是这个阵营中最著名的理论家,他否认句子(与语境中的话语相反)具有确定的真值条件。See, e.g., Charles Travis, *Meaning's Role in Truth*, 105 MIND 451 (1996) [hereinafter Travis, *Meaning's Role*]; Charles Travis, *On What Is Strictly Speaking True*, 15 CAN. J. PHIL. 187 (1985) [hereinafter Travis, *Strictly Speaking*]. 这一立场面临着众所周知的反对意见,而且与文本主义者似乎做出的假定背道而驰的是,它们与正统观念相去甚远。特拉维斯没有对一种机制提供详细说明,而该机制决定了敏感于语境之表达的语义值。值得注意的是,由于激进的语用主义立场并未具体说明语境如何决定内容的细节,如果文本主义者采取这一立场,将使他们难以在相互竞争的解释之间做出裁断。告诉我们内容由多种细微的语境性因素决定,对于弄清争议案件中内容的方案而言,没有多大帮助。理解以下这点很重要,即激进的语用论者——以及实际上更一般意义上的语用主义理论家——不致力于提出弄清话语含义或内容的方法。毋宁,人类极其擅长快速、自动地做出语用推理,而语用理论则试图说明我们如何做到这一点。法律解释理论的立场与此截然不同,因为准确地说,它们是试图详述用以解决争议性案件——人们对相关推理不能达成一致意见的案件——的方法。此外,尚不清楚的是,特拉维斯在什么程度上否认言说者的意图是相关语境的一部分。See, e.g., Travis, *Meaning's Role*, *supra*; Travis, *Strictly Speaking*, *supra*. 如下文所述,在关于语境敏感性的讨论中,言说者意图一般被理解为语境的重要组成部分。一种观点的罕见例子,试图说明如何在不依赖言说者意图的情况下确定敏感于语境表达的语义值,对于该例子,see Christopher Gauker, *Zero Tolerance for Pragmatics*, 165 SYNTHESE 359 (2008). Gauker 认为,言说者意图在确定指示代词("this"和"that")的所指上不起任何作用。See *id.* at 363. 相反,所指是最能满足几项标准的对象,这几项标准包括显著性、话语中的优先指涉、相关性和指向性。*Id.* at 364.

（intention – independent）的语境决定了文本含义的诸多现象，最好被理解为言说者的意图决定了由文本话语所表达的内容。

当代学术文献中，理论家们主张了不同类别术语的语境敏感性，包括可分级形容词、情态动词、数量词，以及诸如"相关"（relevant）和"充分"（enough）这样的术语。人们远未普遍认同所有语词都是敏感于语境的（context sensitive），甚至对于非常特定类别术语的这种语境敏感性主张，也存在极大争议。①

此外，文本主义者及其他法律理论家认为，语境并不包括言说者的意图（实际也不包括言说者的任何精神状态）。这就是文本主义者尽管对言说者意图持怀疑态度，但依然能愉快地谈论"语境中的含义"的原因。

因此理解这一点至关重要，即在讨论语境敏感性时，语言哲学家和语言学家对语境的理解，通常包括言说者的意图。② 所以，主张一个术语敏感于语境，并不是主张言说者由说出这个术语所表达的内容是独立于其意图而被确定的。③

概言之，从语言学和语言哲学普遍的理解方式来看，语境敏感性对文本主义者没有多大帮助。"语境中的含义"不会为文本主义者提供替代性的一类独立于言说者意图的含义或内容。

总之，不是语词含义随着（独立于意图的）语境的改变而变化，而是言说者意图在变化——他们想要使用哪些语词（或语词的意义），他们打算指称什么，以及他们意在传达什么。而听者则利用语境来推断言说者的意图。举个非常简单的例子，当言说者钓鱼时说出"bank"一词时，她不是意指"河岸"，以及当言说者在华尔街说出"bank"一词时，

---

① *See generally* David Braun, *Indexicals*, in THE STANFORD ENCYCLOPEDIA OF PHILOSOPHY; Jeff Speaks, *Theories of Meaning*, in THE STANFORD ENCYCLOPEDIA OF PHILOSOPHY.

② 举一个相当典型的例子，Daniel Rothschild 和 Gabriel Segal 认为某些谓词，例如"红色"，是敏感于语境的。就语境是什么这个问题，他们说："我们没有语境理论，但关键之处在于，它们必须包含言说者的指示性意图。如果有人坚持问我们语境是什么，那么我们会说，它是话语和宇宙其余部分有序的一对 Daniel Rothschild & Gabriel Segal, *Indexical Predicates*, 24 MIND & LANGUAGE 467, 471 n. 10 (2009). 其他人不将言说者意图作为语境的一个组成部分，但仍然认为这些意图在决定涉及敏感于语境表达的话语内容中发挥着核心作用。*See*, *e. g.*, Kent Bach, *Context ex Machina*, in SEMANTICS VERSUS PRAGMATICS 15 (Zoltán Gendler Szabóed., 1st ed. 2005); Kent Bach, Why Speaker Intentions Aren't Part of Context (2009) (unpublished compilation), http://userwww. sfsu. edu/kbach/ Bach. Intentions&Context. pdf [https://perma. cc/5R6D – FWNT].

③ 关于决定敏感于语境表述的语义内容的机制，其当代争议往往是关于言说者意图是起全部作用，还是只起部分作用。比较 Jeffrey C. King, *Speaker Intentions and Objective Metasemantics*, in THE ARCHITECTURE OF CONTEXT AND CONTEXT – SENSITIVITY 55, 56 (Tadeusz Ciecierski & Pawel Grabarczyk eds., 2020) (arguing that speakers' recognizable intentions are the mechanism that determines the content of context – sensitive words other than indexicals), 与 Michael Glanzberg, *Indirectness and Intentions in Metasemantics*, in THE ARCHITECTURE OF CONTEXT AND CONTEXT – SENSITIVITY, *supra*, at 29, 45 (认为在敏感于语境的可分级形容词情形中，意图在决定语义值方面只起到有限的作用。) 对于主张特定类型术语语境敏感性的论者而言，通常会留下据以确定语境中语义内容的确切机制问题。对于这种不可知论的明确表述，see Zoltán Gendler Szabó, *Adjectives in Context*, in PERSPECTIVES ON SEMANTICS, PRAGMATICS, AND DISCOURSE 119, 143 n. 32 (Istvan Kenesei & Robert M. Harnish eds., 2001)。

她不是意指"金融银行";毋宁,言说者的意图决定着她在使用两个同音异义词中的哪一个——或如果你将"bank"视为一个单独的歧义词的话,决定着她在使用该词的哪种意义。随后听者利用语境,来尝试推断言说者的意图。一个例证:如果你在河岸边钓鱼,那么使用"bank"来表示"金融银行"将不会有什么困难。你的听众在推断你意指何物时可能有困难,也可能没有困难,但这是另外的问题。

文本主义者对史密斯案的讨论说明了这种误解。约翰·曼宁写道:"斯卡利亚大法官着眼于'使用武器'在犯罪语境中的含义,只是通过简单地解读文本,要求只有在与毒品交易有关的情况下挥动枪支才可加重刑罚。"① 但是,"使用武器"这些语词,并不具有在"犯罪语境中"用作武器或用于其预期用途这样一个特定的、狭义的含义。② 相反,正如"使用拐杖"的例子所表明的,言说者可能会运用像"用作枪支"(use as a gun)这样的短语,意在传达比该语词的固定含义更为狭义的内容,或者与之不同地,意在使用一个多义词相对有限的意义。而听者则利用语境来推断言说者的意图。

结果便是,如果将日常沟通作为我们的模式,那么诉诸合理解读就会让我们无所适从。正如上文所强调的,如果立法机关缺乏融贯且可发现的意图,逻辑思维的人就不会认为立法机关意图传达了任何东西。而且要注意,如果逻辑思维的人应该寻求的是文本主义者有时似乎想到的、另外两种立法意图之一的内容(立法机关创制特定法律规则的意图,或者,当相关法律规则被适用于某类案件时,立法机关想要获得特定结果的意图),那么同样的问题依然适用。无论哪种方式,一个认识到立法机关缺乏融贯且可发现意图的逻辑思维的人,都不会认为立法机关意图了任何东西。

尽管文本主义者不能诉诸取决于逻辑思维的人如何看待立法机关意图的观念,但通过规定有关言说者或情境的错误假设(false assumption)来建构关联性内容,却是完全可能的。显然,有很多这些基于反事实的观念,它们取决于我们如何确切地规定各种反事实假设。③ 例如,我们有可能问,如果文本是由一位条理清晰的言说者以传递消息为目的、在日常对话中说出的,那么逻辑思维的人会如何看待该言说者的沟通意图。

需要注意的是,如上文所述,这个问题的答案很可能是不确定的——也就是说,如果没有更详细的规定,就不存在关于逻辑思维的人会如何看待言说者意图这个问题的事实。在日常对话中,听者通常会拥有大量信息,凭此得以推断出言说者的沟通意图:有关情境

---

① Manning, *Absurdity Doctrine*, 116 HARV. L. REV. 2461 (2003)(重点补充)。

② *See* 1 SCOTT SOAMES, *Interpreting Legal Texts*, *in* PHILOSOPHICAL ESSAYS: NATURAL LANGUAGE 403, 413 – 15 (2009); Greenberg, *The Moral Impact Theory of Law*, 123 YALE L. J. 1327 (2014); Scott Soames, *Toward a Theory*, 6 N. Y. U. J. L. & LIBERTY 231, 237 – 39 (2011). *See generally* Neale, Textualism with Intent (Nov. 4, 2008)(未出版稿), https://sites.google.com/site/nicosstavropoulos/NealeExcerpt.pdf [https://perma.cc/H9NY – 5PPV]。

③ Larry Alexander, *Simple – Minded Originalism*, *in* THE CHALLENGE OF ORIGINALISM: THEORIES OF CONSTITUTIONAL INTERPRETATION 87, 91 – 93 (Grant Huscroft & Bradley W. Miller eds., 2011)。

的信息;直至目前的对话过程;言说者的信念、兴趣和目的;言说者与听者间的共同知识。文本主义者没有提出过认为这些信息是可有可无的任何理由。逻辑思维的听众成员应该具有怎样的特征?最重要的是,这个逻辑思维的人对于虚构性对话的历史和目的、以及对于言说者的信念和兴趣是如何认为的?① 为了详尽规定一个确定的内容,就必须回答这些问题。此外,以一种特定的方式而非不确定多数的其他答案回答这些问题,需要有正当理由加以证成。

对于文本主义者而言,一个替代性路径是诉诸语用内容的当代说明,例如对主张了什么加以说明。语用内容具有客观的投射(cast),部分地依赖于沟通规范或惯习,而不依赖于言说者的沟通意图。② 例如,鉴于特定语境中有效的规范,言说者即使并非意在传达某一项内容,也需要为该内容负责。(一种解释该责任概念的一种方式是,如果一个言说者为了遵从相关规范而不得不意图某一内容,那么该言说者需要为该内容负责。)困难在于,在实际语境中,相关规范或惯习是立法起草和法律解释的那些规范或惯习,这只是让我们回到了这样的问题,即哪些原则支配着起草和解释。③ 抑或,相关规范或惯习可能被视为某种反事实语境的那些规范或惯习,比如日常沟通的规范或惯习,这又将把我们带回到反事实内容。

一旦根据对言说者或语境的反事实假定来说明"合理解读"这一概念,那么它的相关性或吸引力就消失了。一个读者对文本的作者身份或对说出文本的语境持某种错误假设,解释者为什么还应该将关注重点放在对于该读者而言什么会是合理的上面呢?

例如,让我们回到日常对话模式,它在文本主义者的讨论中占有突出位置。人们为什

---

① 诉诸在讨论敏感于语境之表达的语义内容如何确定时的理想化听众问题,对于这些问题的有趣论述,see Ethan Nowak & Eliot Michelson, *Who's Your Ideal Listener*?, AUSTRALASIAN J. PHIL. (forthcoming 2020), https://philarchive.org/rec/NOWWYI [https://perma.cc/K23E – HXSS]。

② 根据 Paul Grice 的经典论述,听众通过假设说话者试图遵守有关日常对话的规范,来推断出言说者的意图。See Paul Grice, *Logic and Conversation*, in 3 SYNTAX AND SEMANTICS:SPEECH ACTS 41, 49 – 51 (Peter Cole & Jerry L. Morgan eds., 1975)。因此,建构客观内容的另一种方式,是通过询问说话者为了遵守那些规范而必须具有什么意图。See Greenberg, *Legislation as Communication*?, in PHILOSOPHICAL FOUNDATIONS OF LANGUAGE IN THE LAW 230 – 31, 248 – 49 (Andrei Marmor and Scott Soames eds., 2011), . Scott Soames 在这个方向上做出了提示,尽管尚不清楚他认为该如何确定相关内容,尤其是它们在多大程度上取决于言说者的沟通意图。See SOAMES, *Interpreting Legal Texts*, in PHILOSOPHICAL ESSAYS:NATURAL LANGUAGE (2009); Scott Soames, *Deferentialism: A Post – originalist Theory of Legal Interpretation*, 82 FORDHAM L. REV. 597 (2013); *see also* Soames, *Toward a Theory*, 6 N. Y. U. J. L. & LIBERTY 239 – 43 (2011)。

③ 还有一个问题,即相关原则到底是那些实际上被普遍遵守的原则,还是那些适合于立法起草和法律解释的原则,而不管它们是否被遵守。如果是前者,它们将不会带我们走多远——例如,它们将无助于解决任何争议性议题。至于后者的可能性,我在第三部分 E 小节做出简要讨论。有关详细论述,see Greenberg, *Legislation as Communication*?, in PHILOSOPHICAL FOUNDATIONS OF LANGUAGE IN THE LAW 250 – 56 (Andrei Marmor and Scott Soames eds., 2011); Mark Greenberg, *The Communication Theory of Legal Interpretation and Objective Notions of Communicative Content* 6 – 10 (UCLA Sch. of L. Research Paper No. 10 – 35, 2010), https://papers.ssrn.com/sol3/papers.cfm?abstract_id = 1726524 [https://perma.cc/95Z9 – HE7N]; *see also* Andrei Marmor, *The Pragmatics of Legal Language*, 21 RATIO JURIS. 423, 435 – 40 (2008)。

么应该问：鉴于对话情境、言说者等各种虚构性规定，如果文本已然在日常对话中被说出，那么将言说者的意图视为什么才是合理的？法律解释应当以日常对话解释为模式，这一假定是颇成问题的。立法有着与日常对话极为不同的目标、预设和条件。① 例如，有效交换信息的共同目的在对话情形中起着至关重要的作用。② 日常对话的核心特征在于以弄清言说者意在传达什么信息为目标，其原因正在于此。考虑到立法机关内部以及立法机关与各部分听者之间的交叉目的而且缺乏合作，很难看出立法机关和听者共享着什么贯穿全部立法的类似目的。③

经过直至目前的讨论，应该清楚的是，文本主义者陷入了麻烦。文本主义者拒绝这样的观点，即法律解释者寻求（search）的是最客观形式的含义——语义内容。并且，鉴于其对立法意图持怀疑态度，文本主义者不可能认为法律解释者寻求的是语用内容。文本主义者所谓的"公共含义"必须依据对语境和言说者的错误假设加以重构。这种反事实内容：（1）与文本主义者的修辞相反，不是语词的含义，以及（2）严重欠缺规定（underspecified），因此需要更多说明来确定一个唯一内容。

让我们后退一步，并问一下，我们是如何通过对言说者和语境作出虚构性假定，从而开始投身于内容建构活动的。我们开始于当代文本主义者的出发点——在民主制度中，法官必须充当立法机关忠实代理人的角色，他们有义务实施这个委托人的意图。这一论点对回答以下问题毫无帮助：在不存在立法意图的情况下，应如何理解"文本的合理解读"？如果立法协商（legislative bargaining）的结果仅仅是在一种语词形式上达成一致意见，那么根据假设，就不存在任何可供忠实代理人实施的意图。

简而言之，语词就是协议。因此，贯彻协议就要求贯彻语词。但是，贯彻语词是什么意思呢？我们能领会到，为什么人们可能认为，贯彻一种字句上的（verbal）妥协指向根据语词含义来解释文本的方向。毕竟，你不可能仅仅将语词视为纸面上无意义的符号。

贯彻语词涉及以语词含义为法律解释的终点，这种想法远非一个有说服力的论点。在接下来的部分，我将论辩，问题是——伴随着特定语词的一项条文的制定，对法律的内容做出了什么贡献。相互竞争的法理论在这个问题上持不同立场。但是无论如何，合乎情理的读者根据某些虚构性假定而理解到的，与文本主义者的修辞相反，不是语词的含义。

我们已经看到，"语境中文本的合理解读"是欠缺规定的。文本主义者因此面临着一个挑战，即如何规定一个一致且唯一的内容——比如，一种基于对言说者或语境作出确切

---

① Greenberg, *Legislation as Communication?*, in PHILOSOPHICAL FOUNDATIONS OF LANGUAGE IN THE LAW 241-56 (Andrei Marmor and Scott Soames eds., 2011).

② PAUL GRICE, STUDIES IN THE WAY OF WORDS 28 (1989).

③ *See* Marmor, *The Pragmatics of Legal Language*, 21 RATIO JURIS. 429, 435-40 (2008); Greenberg, *The Communication Theory of Legal Interpretation and Objective Notions of Communicative Content* 6 (UCLA Sch. of L. Research Paper No. 10-35, 2010), https：//papers.ssrn.com/sol3/papers.cfm? abstract_id = 1726524 [https：//perma.cc/95Z9-HE7N].

反事实规定的内容。但更为根本的挑战是，说明为什么法律解释应该侧重于如此建构起来的内容，而不是侧重于诸多候选内容之一。诉诸忠实代理人理论并挥舞民主之手，并没有让我们走得很远。也许，基于民主、法治和公平的更为充分的论证可以应对挑战。

现在，我想通过询问这样的问题开启一个崭新的开端：当我们为法律解释方法辩护时，这些规范性论证甚至是否算适当的论证。我希望这些关于文本主义困境的简要评论，已经让你体会到，为什么我们需要这种崭新的开端。

现在转向我讨论的第二个主要部分。

二、法律解释寻求什么

律师和法官熟悉各种相互竞争的法律解释理论或方法——文本主义，意图主义，目的主义，实用主义，原意主义，活的宪法主义（living constitutionalism），如此等等。哪种理论是正确的，以及不同理论的优缺点，这些问题固然重要。但还有一个更根本的问题很少被触及：法律解释是什么？更具体地说，法律解释本质上追求什么？它的构成性目的是什么？[①]

很多活动，部分是根据其目的来定义或建立的。医学实践就是一个例子。一个检查病人、开具药方和实施手术的人，除非他的这些活动是为了适当的目的——某种与治愈疾病和增进健康近似的目的——否则他就不是在从事医学。想象一下，例如，某人从事这些活动，并将之作为其伤害"病人"计划的一部分。当然，个别医生可能有很多其他目的，比如为了赚钱或想出名，但这些目的并不是医学实践本质上所追求的。

法律解释起始于特定的"输入"（input），如法律文本和法律实践。而且法律解释产生了一种"输出"（output）——一种解释。显然，把法律解释仅仅看作任何输入法律文本并产生输出结果的过程，都是不充分的。如果输出结果的产生是任意的或是为了消遣娱乐，那么该过程就不是法律解释。我认为这里缺失的是这项活动的构成性目的，正如有人为了害人而开药品和做手术中的情形一样。

要注意的是，人们熟悉的争论关涉到从输入到输出哪种方法是正确的：文本主义？意

[①] 我想预先避免一个可能的混淆。在上文，我考虑了三种不同的事物，它们是文本主义讨论可能提出的合乎情理的读者要追求的事物。我的这个讨论并不关心文本主义者如何理解法律解释的构成性目的，而是关心他们如何理解文本主义方法，尤其是他们对合理解读的诉诸。参见以上关于合乎情理的读者可能诉诸的三种不同事物的注释。当作者们谈及法律解释寻求什么时，他们最好被理解为处理一个不那么根本的问题，即哪种实质性的法律解释方法是正确的。See AHARON BARAK, PURPOSIVE INTERPRETATION IN LAW 8 – 9 (2005); SCALIA, A MATTER OF INTERPRETATION: FEDERAL COURTS AND THE LAW16 (1997); Alexander & Prakash, "*Is That English You're Speaking?*": *Why Intention Free Interpretation Is an Impossibility*, 41 SAN DIEGO L. REV. 991 (2004); Larry Alexander, *Originalism, the Why and the What*, 82 FORDHAM L. REV. 539, 540 (2013); Fallon, *supra* note 36, at 1279, 1297; Caleb Nelson, *What Is Textualism?*, 91 VA. L. REV. 347, 348, 351 – 57 (2005); Soames, *Deferentialism*, 82 FORDHAM L. REV. 597 (2013); Whittington, *New American Constitution*, 27 CONST. COMMENT. 120, 121 n. 3 (2010).

图主义？实用主义？原意主义？但是要成为一种方法，必然是为了达到某个目的。除了法律解释方法是实现法律解释目的的一个好方式以外，什么才能使一种法律解释方法是正确的呢？

因此，更基本的议题涉及的不是从输入到输出哪种方法是正确的，而是输出结果应该是什么——法律解释就其本质而言追求什么。① 这里有三个主要候选项②：(1) 相关条文的语言学内容，③ (2) 条文对法律内容的贡献，④ 以及 (3) 争议的最佳解

---

① 简洁起见，我一般会省略"就其本质而言"的限定。

② 简单起见，我不把立法意图作为一个候选项目包括在这里，但是将语言学含义排除出法律解释构成性目的的论证，也适用于立法意图。See Greenberg, *What Makes a Method*, 130 HARV. L. REV. F. 110 (2017), 及附随文本。

③ 通常来说，法律解释争论的各方，表面上都同意这种争论涉及特定法律文本的"含义"。See Berman & Toh, *On What Distinguishes New Originalism from Old: A Jurisprudential Take*, 82 FORDHAM L. REV. 547 n. 11 (2013); Kent Greenawalt, *Constitutional and Statutory Interpretation*, in THE OXFORD HANDBOOK OF JURISPRUDENCE AND PHILOSOPHY OF LAW 268, 275 - 77 (Jules Coleman & Scott J. Shapiro eds., 2004); Greenberg, *The Moral Impact Theory of Law*, 123 YALE L. J. 1297 n. 19 (2014); see also, e. g., BARAK, PURPOSIVE INTERPRETATION IN LAW 3 (2005); Alexander & Prakash, *"Is That English You're Speaking?": Why Intention Free Interpretation Is an Impossibility*, 41 SAN DIEGO L. REV. 991 (2004); Reed Dickerson, *Statutory Interpretation: A Peek into the Mind and Will of a Legislature*, 50 IND. L. J. 206, 217 (1975); Fallon, *The Meaning of Legal Meaning and Its Implications for Theories of Legal Interpretation*, 82 U. CHI. L. REV. 1237, 1297 - 1307 (2015); Owen M. Fiss, *Objectivity and Interpretation*, 34 STAN. L. REV. 739, 743 - 45 (1982); Jeffrey Goldsworthy, *Constitutional Interpretation: Originalism*, 4 PHIL. COMPASS 682, 683 (2009); Gary Lawson, *On Reading Recipes... and Constitutions*, 85 GEO. L. J. 1823, 1824 (1997); Whittington, *New American Constitution*, 27 CONST. COMMENT. 121 (2010). 但这个表面上的同意事实上并未告诉我们多少东西。"含义"（及其同源词）这个术语时常被不精确地使用，并且在任何情形中它都有好几种意义，而语言学含义只是其中一种。此外，关于什么是语言学含义也存在广泛的混淆，且通常将条文对法律内容的贡献与该条文的语言学含义相混淆，或者不同地，通常假定条文的贡献由其语言学含义构成。甚至谨慎区分不同种类语言学含义的老练的理论家，也没能在条文的语言学含义与它的贡献之间做出区分。例如，Richard Fallon 未经论证地假定说，相互竞争的法律解释理论所寻求的项目，是各种各样的语言学含义。See Fallon, *The Meaning of Legal Meaning and Its Implications for Theories of Legal Interpretation*, 82 U. CHI. L. REV. 1241 - 42 (2015). 类似地，Samuel C. Rickless 认为寻求某种语言学含义是理所当然的，并且认为相关种类的语言学含义是变化的。See Samuel C. Rickless, *A Synthetic Approach to Legal Adjudication*, 42 SAN DIEGO L. REV. 519, 521 (2005); see also SOAMES, *Interpreting Legal Texts*, in PHILOSOPHICAL ESSAYS: NATURAL LANGUAGE (2009), at 403 (认为法律解释寻求制定法的全部语言学含义是理所当然的)。

④ Mitchell Berman 建议我使用另一种措辞，"条文对其作出贡献的法律规范"（"the legal norms to which the provision contributes"）。对于当前目的而言，他的表述可能比"条文对法律内容的贡献"（"the provision's contribution to the content of the law"）更好，因为法律解释寻求的不仅仅是条文对法律规范的贡献，而是法律规范本身。它比简单用"法律内容"或"法律规范"要更好，因为它抓住了法律解释着眼于特定条文的方式。但是，为了便于说明，我通常不那么精确地说法律解释寻求的是"条文对法律的贡献"，或者简单地说"法律内容"。文献中有个朝向一种立场的明显趋势，此立场认为法律解释寻求法律内容。See generally Greenberg, *Legislation as Communication?*, in PHILOSOPHICAL FOUNDATIONS OF LANGUAGE IN THE LAW 217, 241 - 44 (Andrei Marmor and Scott Soames eds., 2011); Greenberg, *The Moral Impact Theory of Law*, 123 YALE L. J. 1288, 1296 - 97, 1296 n. 18 (2014); Greenberg, *What Makes a Method*, 130 HARV. L. REV. F. 105, 107 n. 5 (2017); Mark Greenberg, Principles of Legal Interpretation (Aug. 2016) (unpublished manuscript), https://philosophy.ucla.edu/wp-content/uploads/2016/08/Principles-of-Legal-Interpretation-2016.pdf [https://perma.cc/8AUB-6HGJ]. 有影响力的文本主义和原意主义运动已经越来越依赖这样的论点，即文本主义和原意主义准确识别了法律内容。

决方案。①

该议题之所以较之"哪种解释方法是正确的"这个更常见的问题更为根本,是因为何种方法是正确的,取决于什么是法律方法所寻求的。如上所述,方法是为了达到目的。总之,一种方法有多好,取决于该方法是为了什么。一种研究方法是不是好的,取决于人们是否在研究黑洞、老虎或病毒。对于备战马拉松是好的体能训练方法,对于备战相扑摔跤来说却可能非常糟糕。

回到法律解释,例如发现一个文本语言学含义的恰当方法,可能与找到争议最佳解决方案的恰当方法极为不同。类似地,如果法律解释寻求语言学含义,那么一种方法是公平的或民主的这个事实,可能根本就无关紧要;但如果法律解释寻求争议的最佳解决方案,那么这一事实可能就是高度相关的。然而,在评价法律解释方法时,作者们倾向于诉诸其认为有价值的任何考量,而不去处理法律解释是为了什么目的。②

有一种直接而有力的论点,即法律解释追求法律条文对法律内容的贡献。③这个论点开

See Mitchell N. Berman, *Our Principled Constitution*, 166 U. PA. L. REV. 1325, 1340 – 44 (2018); *see also* Whittington, *The New Originalism*, 2 GEO. J. L. & PUB. POL'Y 608 – 09 (2004). 正如 Randy Barnett 所说,"文本的原始含义提供了法律决策者受之约束的法律"。Barnett, *he Gravitational Force of Originalism*, 82 FORDHAM L. REV. 417 (2013); *see*, *e. g.*, Steven G. Calabresi & Saikrishna B. Prakash, *The President's Power to Execute the Laws*, 104 YALE L. J. 541, 552 (1994); *see also* ROBERT H. BORK, THE TEMPTING OF AMERICA:THE POLITICAL SEDUCTION OF THE LAW 4, 144 (1990); SCALIA, A MATTER OF INTERPRETATION:FEDERAL COURTS AND THE LAW22 (1997); SCALIA & GARNER, READING LAW:THE INTERPRETATION OF LEGAL TEXTS 383, 397 – 98 (2012); Charles L. Barzun, *The Positive U – turn*, 69 STAN L. REV. 1323 (2017); William Baude & Stephen E. Sachs, *Grounding Originalism*, 113 NW. L. REV. 1455, 1460 (2019); Berman & Toh, *On What Distinguishes New Originalism from Old:A Jurisprudential Take*, 82 FORDHAM L. REV. 545, 548, 562 (2013); Easterbrook, *Text*, *History*, *and Structure*, 17 HARV. J. L. & PUB. POL'Y 61, 82 (1994).

① 法律解释寻求争议的最佳解决方案这个观点,通常没有得到明确辩护。事实上,最近出现了一种坚持区分裁判——被理解为涵盖了法院为解决争议而必须做的一切——与解释的趋势。*See*, *e. g.*, Lawson, *On Reading Recipes... and Constitutions*, 85 GEO. L. J. 2155 – 62 (1997); Rickless, *A Synthetic Approach to Legal Adjudication*, 42 SAN DIEGO L. REV. 521 (2005). 但是,法律解释方面的传统著作以及许多当代著作,都采取一种折中的方式来捍卫和评价解释方法,呼吁一种解释方法的任何方面或后果都是有价值的和可欲的。*See*, *e. g.*, Molot, *supra* note 2, at 64 – 65; Richard A. Posner, *Legal Formalism*, *Legal Realism*, *and the Interpretation of Statutes and the Constitution*, 37 CASE W. RSRV. L. REV. 179, 201 (1986). *See* Richard A. Primus, *When Should Original Meanings Matter?*, 107 MICH. L. REV. 165 (2008). 比起识别弄清法律文本的语言学含义或条文对法律的贡献,这种方式似乎更适合于识别解决争议的最佳方法。另一方面,这种方式的使用仅反映了一个事实,即大多数作者都没有认真考虑过法律解释寻求什么这个问题。

② 例如,Philip Frickey 提出,评价目的主义的方式,是询问"这个理论产生的解释对于一个法体系来说,是否比直译主义或意图主义的解释要更有价值"。Philip P. Frickey, *Structuring Purposive Statutory Interpretation:An American Perspective*, 80 AUSTRALIAN L. J. 849, 851 – 52 (2006). 同样,在做出"美国法院没有可理解的、公认的及被一致适用的制定法解释理论"这个常被引用的主张之后,Hart 和 Sacks 提出,"一种理论最可能被期待的",除了立基于经验和良好实践之外,"它还将很好地服务于法律的终极目的"。HENRY M. HART & ALBERT M. SACKS, THE LEGAL PROCESS:BASIC PROBLEMS IN THE MAKING AND APPLICATION OF LAW 1169 (William N. Eskridge & Philip P. Frickey eds., 1994).

③ 我对这一论点的阐述与之前有些不同,Greenberg, *Legal Interpretation*, *in* THE STANFORD ENCYCLOPEDIA OF PHILOSOPHY。

始于法律解释理论家普遍共享的几个命题：（1）他们的法律解释理论往往产生决定性的解释——也就是说，他们告诉法官如何解决法律争议；（2）在解决争议过程中，除了极端反常的情形——例如严重不正义或迫切威胁生命的情形——法官必须遵循法律；以及（3）法律的内容对于解决争议通常是充分确定的。准确起见，应当澄清的是，理论家们认为其法律解释理论能够在其中产生决定性解释的案件，属于有充分法律依据用以解决纠纷的案件。也就是说，法律解释理论并非只在没有法律的案件中才会产生决定性解释。① 相反，它们通常在有法律的案件中产生决定性解释。

鉴于这些命题，法律解释的输出结果，必然至少包括法律内容。如果它不包含法律内容，那么，考虑到往往是有法律的且法院通常必须遵循法律，法律解释一般将无法解决争端。

可能有人提出异议说，法律解释理论无需识别法律内容也能定纷止争——它们能够不用关注法律是什么而不正确地解决争议。但是这一异议误解了理论家们达成的共识。在存在决定性法律的案件中，理论家们运用自己的理论得出正确的解决方案。既然他们一致同意法院必须遵循法律（在反常情况下除外），那么他们的理论必定以识别相关法律标准为旨归。

这一点立即排除了法律解释构成性目的的这些候选项：法律文本的语言学含义或立法机关意图。为了识别法律内容，很可能有必要识别其他项目，例如文本的语言学含义或立法者的意图。但是，无论法律解释沿着这个过程必须找到什么，它都不能在未弄清法律内容的情况下止步。②

对于法律解释寻求法律内容这一主张，剩下的另一选择是，它追求法律内容以及一些更多的东西。明显的可能性尤其会是，法律解释寻求争议的最佳解决方案。解决争议不仅仅是弄清楚法律是什么。考虑到有法律时法院必须遵循法律，纠纷的解决必须以设法搞清法律是什么开始。但是它涉及更多的东西，因为有些案件依据可适用的法律将得不到完全解决，而且在极端不正义或可能造成极大伤害的情况下，即使存在解决问题的可适用法律，还存在一个进一步的问题，即是否应拒绝遵守法律。

因此，如果法律解释寻求的是争议的最佳解决方案，那么除了要弄清法律是什么以外，它还必须包含几项活动。例如，它必须包含：（1）做出不受决定性法律标准约束的自由裁量，比如根据规定了可允许量刑范围的法规来判刑；（2）形成新的法律标准；以及

---

① "没有法律"（no law），是争议性问题上没有充分的法律用以解决案件的简称。
② See Greenberg, *What Makes a Method*, 130 HARV. L. REV. F. 110 (2017). 可能有反对意见说，比如发现相关法律文本的语言学含义确实解决了争议，因为语言学含义构成条文对法律的贡献。这个反对意见承认法律解释寻求条文对法律的贡献，并假定该贡献由语言学含义构成。因此，它应被理解为采取这样的立场，即法律解释本质上寻求条文对法律内容的贡献，并进一步认为，基于有关如何确定法律内容的一个争议性实质主张，法律解释的正确方法是弄清语言学含义。不管怎样，一个涉及法律解释构成性目的的立场，不应取决于有关如何确定法律内容的争议性实质主张。

(3) 在异常情形下,决定是否拒绝遵守法律。这些活动与弄清法律是什么大相径庭,因此要求的方法也截然不同。所以,如果法律解释寻求争议的最佳解决方案,那么法律解释理论将必须具有多重组成部分——包括做出自由裁量部分,决定是否遵守法律部分,等等。

但是我们法律解释的范式理论,似乎并不具有多重组成部分;它们提供统一的"处方"(prescriptions)。而且这些理论甚至还未着手处理多种问题,而这些问题在关于如何解决争议的理论中是必须加以处理的。例如,如何在法定范围内确定被告的刑罚、如何形成新的法律标准、或在极端不正义或迫切危险的案件中是否要违背法律,对于这些问题,意图主义、目的主义和文本主义不置一词。①

总之,既然法律解释不得不解决争议——法院必须遵循的法律标准所调节的争议,那么,法律解释就必须至少产生法律内容。既然法律解释的范式理论不是多重组成部分的理论——这种多部分理论包括做出其他类型决定的方法,而这些方法是一个完整争议解决方法的一部分,那么,法律解释范式理论就最好被理解为追求法律内容。②

从这里开始,我将把法律解释最好被理解为寻求法律内容视作既定的。这一结论意味着,我们应当根据法律解释方法如何很好地弄清法律内容,来对这些方法做出评价。一种方法,除非它能可靠地得出法律内容,否则它就不可能是一个好方法。

现在转向我探讨的最后一个实质部分。

三、法理论及其对法律解释的意义

在这个部分,我检视法律解释寻求法律内容这一结论的意涵。鉴于这一结论,至关重要的问题是,如何弄清一项条文的制定对法律内容的影响。因此我们需要理解,一项条文的制定是如何影响法律内容的。这就是我所称的法理论领域。

(一)法律解释与如何确定法律内容

让我们用"法律事实"一词来指称有关法律内容的事实——例如这样的事实:在加利福尼亚州,除非以书面形式,否则土地买卖合同无效。③ 法律事实不属于最基本的宇宙事实。它们由更基本的事实决定,例如有关各种人和机构(包括立法机关和法院)已经说了什么、做了什么和决定了什么的事实,以及某些观点认为的道德事实或其他规范性事实。

---

① See id. at 110n. 16.
② See generally Berman & Toh, *On What Distinguishes New Originalism from Old: A Jurisprudential Take*, 82 FORDHAM L. REV. (2013); Greenberg, *The Moral Impact Theory of Law*, 123 YALE L. J. (2014); Greenberg, *Legislation as Communication?*, in PHILOSOPHICAL FOUNDATIONS OF LANGUAGE IN THE LAW (Andrei Marmor and Scott Soames eds., 2011), *What Makes a Method*, 130 HARV. L. REV. F. (2017), Principles of Legal Interpretation (Aug. 2016) (unpublished manuscript), https://philosophy.ucla.edu/wp-content/uploads/2016/08/Principles-of-Legal-Interpretation-2016.pdf [https://perma.cc/8AUB-6HGJ].
③ See CAL. CIV. CODE § 1624 (West 2020).

一个重要的术语要点是："确定"（determine, determination, determining 等）一词，在一种形而上学意义（即确定法律内容，就是使得（make）法律内容是其所是）与一种认识论意义（即确定法律内容，就是弄清法律内容是什么）之间是有歧义的。为了避免混淆，我专指在形而上学意义上使用这个术语。

用这些术语来说，一种法律解释理论是一种关于如何弄清（ascertain）法律内容的理论，而不是关于如何确定法律内容的理论。我用"法理论"这个标签来指称对更基本的、决定性的事实如何确定法律事实的说明，也就是说，对如何使得法律事实是其所是的说明。不同的法理论对于决定性事实是什么以及它们如何相结合以确定法律事实持不同观点。著名法理论的范例，包括哈特的法实证主义理论，① 拉兹那种排他性实证主义理论，② 德沃金颇具影响的整全法（law – as – integrity）理论。③

即使在我们开始详细探究法理论之前，我们也能看到"法律解释寻求法律内容"这一结论对法律解释方法之争的影响。例如，考虑一种常见的论调，该论调始于这样的命题：除非具有某种关键特征，例如寻求识别言说者或作者的意图，否则没有什么能称作解释。④ 鉴于法律解释追求的是法律内容，仅当言说者意图与法律内容相关，并且在其与法律内容相关的程度上，这些意图才会与法律解释相关。被恰当称作"解释"的活动是否必须谋求识别言说者的意图，这一点无关要旨；如果法律解释依据这个标准——就像海马不是马、电脑病毒不是病毒一样的标准——而不是一种解释，那它不是也罢。无论冠以什么名称，（法律解释的）目标都是弄清楚法律的内容。

同样，在近期的法律解释文献中，关于语言和沟通如何运行的主张驱使着一种常见的论证。⑤ 例如，当我们解释语言学文本时，我们一般寻求的是该文本的全部语言学内容，而不是其语义内容。⑥ 这个论证假定，法律解释是一种语言学解释。因此，该论证的结论是，当我们解释法律文本时，目的是识别文本的全部语言学内容。再次地，鉴于法律解释寻求的是法律内容，这种论证错失了焦点。关于语言和沟通如何运行的事实，仅在其与如

---

① H. L. A. HART, THE CONCEPT OF LAW (2d ed. 1994).
② JOSEPH RAZ, *Authority*, *Law*, *and Morality*, in ETHICS IN THE PUBLIC DOMAIN: ESSAYS IN THE MORALITY OF LAW AND POLITICS 210 (1994); JOSEPH RAZ, *Legal Positivism and the Sources of Law*, in THE AUTHORITY OF LAW: ESSAYS ON LAW AND MORALITY 37 (2d ed. 2009); see also SCOTT J. SHAPIRO, LEGALITY 271 – 81 (2009); Brian Leiter, *Realism*, *Hard Positivism*, *and Conceptual Analysis*, 4 LEGAL THEORY 533, 535 – 36 (1998).
③ RONALD DWORKIN, LAW'S EMPIRE (1986).
④ See Stanley Fish, *Intention Is All There Is: A Critical Analysis of Aharon Barak's Purposive Interpretation in Law*, 29 CARDOZO L. REV. 1109, 1133 (2008); Stanley Fish, *There Is No Textualist Position*, 42 SAN DIEGO L. REV. 629, 643 – 47, 650 (2005).
⑤ See Greenberg, *Legislation as Communication?*, in PHILOSOPHICAL FOUNDATIONS OF LANGUAGE IN THE LAW 224 – 26 (Andrei Marmor and Scott Soames eds., 2011).
⑥ See Soames, *Interpreting Legal Texts*, in PHILOSOPHICAL ESSAYS: NATURAL LANGUAGE (2009), at 403.

何确定法律内容具有相关性的程度上,才与法律解释相关。

总的要点是,解释方法的任何论证类型,都只在它与如何弄清法律是什么有关的程度上才是适当的。因此,法律解释方法的任何论证,都不得不通过关于如何确定法律内容的主张而进行。语言学考量对于法律解释很可能具有高度相关性,但其作用却是次要的——它们之所以会是相关的,是由于法律内容依赖于语言或含义的特定方面。

如前文所述,规范性论证可能是文本主义者及其他法律解释理论家提出用以支持其优选的法律解释方法的最常见论证。典型的论证是,一种方法由某种价值——比如民主——支持,因为该方法将法律渊源作为具有该价值所要求的意涵。我会在这里重点讨论这些论证。特别是,这些论证适当吗?也就是说,鉴于我们得出的"法律解释追求条文对法律内容的贡献"这一结论,它们是辩护法律解释方法的妥当方式吗?

例如,一种法律解释方法以公平所支持的方式将一项条文视作贡献于法律,仅当公平与该方法在一项条文对法律内容做出贡献方面的识别力相关时,这一事实才是支持该方法正确性的论据。然而,公平以这种方式是否相关,取决于如何确定法律内容。因此,典型的规范性论证是否适当,取决于如何确定法律内容。例如,如果规范性因素在确定法律内容方面不起作用,那么便很难看出,一种解释方法以公平的方式将一项渊源视作贡献于法律,此事实如何与该方法是否准确地识别一项条文对法律内容的贡献有关。

(二)有影响力的法理论

我们可以通过考虑一些有影响力的法理论的意义来详尽阐述这一要点。让我们从哈特的实证主义理论开始,这可能是最被广泛接受的法理论,至少在法学院是如此。[1]

在哈特看来,法律内容在最根本层面上,是由法官及其他官员的趋同(convergent)实践确定的。[2] 用哈特的著名术语来说,法官的趋同实践和态度构成了承认规则,这项承

---

[1] 许多法律解释理论家声称接受哈特的实证主义。See William Baude, *Is Originalism Our Law?*, 115 COLUM. L. REV. 2349, 2364-65 (2015); Stephen E. Sachs, *Originalism as a Theory of Legal Change*, 38 HARV. J. L. & PUB. POL'Y 817, 825-26 (2015); Stephen E. Sachs, *The "Constitution in Exile" as a Problem for Legal Theory*, 89 NOTRE DAME L. REV. 2253, 2261 (2014); see also RICHARD H. FALLON JR., LAW AND LEGITIMACY IN THE SUPREME COURT 90-91 (2018); Alexander, supra note 50; Baude & Sachs, *Grounding Originalism*, 113 NW. L. REV. 1455, 1460 (2019); William Baude & Stephen E. Sachs, *The Law of Interpretation*, 130 HARV. L. REV. 1079 (2017); Goldsworthy, *Constitutional Interpretation: Originalism*, 4 PHIL. COMPASS 682, 683 (2009)。

[2] See Mark Greenberg, *Hartian Positivism and Normative Facts: How Facts Make Law II*, in EXPLORING LAW'S EMPIRE: THE JURISPRUDENCE OF RONALD DWORKIN 265, 271-76 (Scott Hershovitz ed., 2006). 说在最根本层面以一种特定方式决定法律内容,就是说以该方式来决定法律内容,并且不是某种其他决定因素以该方式决定法律内容。诸如哈特和德沃金这样的法理学理论,对如何在最根本层面确定法律内容提供了论述。See Greenberg, *The Moral Impact Theory, the Dependence View, and Natural Law*, in THE CAMBRIDGE COMPANION TO NATURAL LAW JURISPRUDENCE 279-81 (George Duke & Robert P. George eds., 2017)。

认规则规定如何确定法律内容。①

因此，根据哈特的理论，像民主这样的规范性因素在决定如何确定法律内容的过程中要能发挥作用，当且仅当：（1）在诸法官中间存在一个共识，即规范性因素是相关的；或者（2）有效的法律渊源，如制定法和宪法——其自身以承认规则为基础——使得那些规范性因素与确定法律内容相关。具体来说，我将侧重讨论民主，不过同样的观点也适用于其他价值。

首先，美国或英国的法官中间当然不存在如此这般的共识，即制定法和宪法条文以及司法决定对法律做出的任何贡献，都是民主最为支持的贡献。（法官中间也不存在这样的共识，即正确的解释方法，就是民主最为支持的方法。）

第二，有效法律渊源使得民主与确定法律相关，证明这一观点最有希望的方式是论证：宪法要求制定法条文与司法决定对法律做出的任何贡献，都最为民主所支持。该观点实际上便是，宪法要求我们使用民主最为支持的解释方法。

然而，拥护这一主张会是一番很具挑战性的事业。首先，为了论证宪法施加了这项要求，人们不得不依赖一种有争议的法律解释方法，因此潜藏着一个严重的循环论证问题。② 此外，宪法中承载的民主观念，至少从表面上看，出于人们知悉的原因是有很大缺陷的。争辩说尽管表面如此，但宪法还是要求了真正理解民主所需的无论什么内容，那就太牵强了。③

归根结底，如果哈特的理论是对的，那么法律解释方法受民主价值支持这一事实，就与该方法是否准确地弄清法律内容无关。的确，正如我和其他学者已经指出的，如果哈特的理论是对的，那么，在美国法体系情形中，任何有争议的解释方法都不可能正确。④（结果，在任何疑难问题上都根本不会有法律。）然而为了当前目的，要点只是，哈特的理论在辩护法律解释理论上，并不支持诉诸民主论证及其他规范性论证。

与哈特这样的包容性理论相反，法的排他性实证主义理论主张，规范性因素在确定法

---

① HART, THE CONCEPT OF LAW (2d ed. 1994), at 100 - 10. 我在此处是粗线条勾勒。有关更多细节讨论，see Greenberg, *Hartian Positivism and Normative Facts*: *How Facts Make Law II*, in EXPLORING LAW'S EMPIRE: THE JURISPRUDENCE OF RONALD DWORKIN 271 - 73 (Scott Hershovitz ed. , 2006). 我通常只写法官，而不考虑其他官员。

② 这类问题一般地适用于任何这样的尝试，即主张以承认规则为基础的法的一个有效渊源，要求最得到民主支持的任何解释方法——例如，它适用于18世纪习俗如此要求的论点。

③ 另一方面，试图表明宪法要求某种解释方法，在不同层面上是很成问题的，因为宪法特定的、有缺陷的民主观念需要它。当问题是民主真正要求什么时，人们能简单地诉诸这个真理——人们能就如何理解民主做出最佳论辩。但是，当人们试图确立特定的、有缺陷的民主观念要求什么时，不能简单地诉诸有关民主的最佳论辩。考虑到宪法的语言是如此简洁，要明确阐明其有缺陷的民主观念对法律解释的具体要求，会是一个相当棘手的问题，而宪法从未明确触及这一问题。而且，我们被要求使用一种不为民主所支持、而为有缺陷的民主理解所支持的法律解释方法，这样的论辩可以说极其缺乏吸引力。也许正是由于这两种问题，我们很少看到有理论家走这条路。

④ See Greenberg, *What Makes a Method*, 130 HARV. L. REV. F. 114 - 17 (2017).

律内容的任何层面上都不起作用。根据这些理论，规范性论证对解释理论是否为真没有影响。制定法或宪法条文应如何影响我们的义务，就这个问题而言，"民主说了什么"与"法律是什么"无关。因此，一种解释方法将条文视作以民主支持的方式贡献于法律，并没有向我们说明该方法是否是弄清条文对法律所做贡献的好方式。

德沃金的整全法理论使得规范性论证具有相关性。根据德沃金的理论，表明一种解释方法准确地识别了渊源如何贡献于法律的方式，就是表明该方法产生出法律实践的最佳证成原则。（除了其他方面，法律实践包括制定法和宪法条文以及司法决定。）① 然而，方法产生法律实践最佳证成理由的论证，相当不同于通常提出的那类支持法律解释理论的规范性论证。德沃金本人已经广泛阐述了他认为是依循其法理论的解释方法。② 概言之，他首先识别足够符合（fit）成为合理候选项目的相关实践的原则。③ 他接着询问哪种候选原则在道德上最佳证成了这些实践。④

（三）道德影响理论

一种法理论——实际上是一个理论族群——为典型规范性论证提供了很自然的说明。现在，我将集中讨论我自己的理论，即道德影响理论，它是这个理论族群的一员。

我可以最好地通过类比来快速解释这个理论。当一个人做出承诺或表示同意时，该行动改变了其义务和权利。比如我做出了一个承诺，确切地说它是如何改变我的义务的？例如，语词的字面含义是决定性的吗？或是我意图沟通的信息？或者不同地，是一个合乎情理的人基于语境会认为我正意图沟通的信息？如果受诺人知道那不是我正意图传达的意思怎么办？这些都是棘手的问题，有一整套应对它们的文献。我不打算在这里处理这些问题。要旨仅在于，在回答承诺对我们的义务有怎样的影响时，我们不得不处理一系列复杂的道德问题，包括公平、避免伤害等等。

个人实施诸如做出承诺、表示同意这些影响自己真正义务（genuine obligations）的行动，而法律机构也采取诸如制定法律法规和裁决案件这些更一般地影响我们义务、权利、权力等的行动。（简单起见，我泛泛地将侧重于义务。）根据道德影响理论，粗略地说，以

---

① *See generally* DWORKIN, LAW'S EMPIRE (1986).
② *See generally* RONALD DWORKIN, FREEDOM'S LAW: THE MORAL READING OF THE AMERICAN CONSTITUTION (1996); DWORKIN, LAW'S EMPIRE (1986).
③ *See, e. g.*, DWORKIN, LAW'S EMPIRE (1986), at 240-41.
④ *See, e. g.*, *id.* at 242-50, 284-85, 387-88; RONALD DWORKIN, TAKING RIGHTS SERIOUSLY 34-42 (1997); *see also* Greenberg, *The Moral Impact Theory of Law*, 123 YALE L. J. 1303 (2014). 正如文中的描述所清楚表明的，德沃金的解释方法与他的法理论十分吻合。他没有考虑这样的可能性，即弄清法律的最佳方式可能与如何确定法律内容相分离。对于德沃金的理论之于法律解释方法的意义还有更多的话要说，但这个主题超出了本文的范围。关于德沃金的整全法理论与道德影响理论的关联，*see* Greenberg, *The Moral Impact Theory, the Dependence View, and Natural Law, in* THE CAMBRIDGE COMPANION TO NATURAL LAW JURISPRUDENCE 296-300 (George Duke & Robert P. George eds., 2017).

这些方式产生的真正义务是我们的法律义务。(当我说"真正的"义务时,我在说我们真地(really)被要求去做的任何事情。我可以用"道德的"一词代之,但有的人狭义地使用这个术语,而且它的内涵很可能造成混淆。依照某些观点,当你负有一项法律义务时,总是存在一个进一步的问题,即根据那项法律义务,你是否负有一项真正义务。但依据道德影响理论,法律义务是真正义务。)

换句话说,法律义务指的是那些作为法律机构的行动后果或行动影响的义务。(因此:道德影响理论。)所以,举例来说,根据公平、民主、法治及任何其它相关价值,制定法对法律内容的贡献,就是其制定对我们义务的影响。道德影响理论是非实证主义法理论,因为其主张,法律内容依赖于规范性因素或道德因素。然而它不同于传统自然法理论,因为其不主张,由于一则规范是好的或正义的,所以该规范是法律。诸如公平和民主等道德因素的作用更具程序性——一部制定法或一项司法判决影响法律的方式,取决于它如此影响法律是公平的或民主的方式。

(四)道德影响理论的意义

如果道德影响理论是对的,那么,为了弄清一项法律条文对法律内容的贡献,就必须弄清该条文的制定对我们真正义务、权利等的影响。因此,至少初看上去,辩护一种解释方法的适当方式,就是辩护该方法是弄清制定(enactment)对我们义务的影响的好方法。例如,人们可能通过表明存在民主理由——这些理由解释了该方法所关心的意图是我们义务和权利的决定因素——来为一种特定的意图主义方法辩护。值得注意的是,这样一种论证,与理论家们为其优选的解释方法提供的典型规范性论证,看起来极为相似。

我应强调的是,我并未在此处为道德影响理论提供论证(尽管我在其他地方已为之做了大量辩护)。我代之以提出理由认为,道德影响理论为证明基于解释方法而提出的典型规范性论证的相关性,提供了一种很有前景的方式——比那些最广被接受的法理论提出的方式更有前景。在本节剩余部分,我将更详细地探讨道德影响理论对于法律解释的意义。对于不赞同这一理论的人而言,这样的讨论作为法律解释与法理论之间关系的一种个案研究,可能仍然具有启发性。例如,我将主张,由于法律解释者通过遵循相对简单的方法,而非试图直接适用正确的法理论,他们在准确识别法律方面可能会做得更好,所以,在法律解释理论与法理论之间存在一定的空隙(space)。

道德影响理论提升了我们对法律解释很多方面的理解。[①] 举例来说,法官在法律解释过程中诉诸很多因素,但他们却几乎不讨论这些因素的相关性。例如在史密斯案——"使用枪支"案——中,法院的大多数法官和异议意见均诉诸:"使用"一词的普通含义,[②]

[①] 我详细阐述道德影响理论之于法律解释的意义,包括此处提到的一些要点,in Greenberg, *The Moral Impact Theory of Law*, 123 YALE L. J. 1325 – 37 (2014)。

[②] *See* Smith v. United States, 508 U. S. 223, 230 (1993).

该词的词典定义,① 人们通常依据特定语境中语词或短语表示的意思,② 国会想如何解释该用语,③ 如何最合理地解读该法定短语,④ 国会是否希望其用语涵盖此情形,⑤ 国会是否意图让相关类型交易受到加重处罚,⑥ 联邦量刑指南、⑦ 过往司法判决、⑧ 制定法修订历史⑨以及从宽处理规则⑩这些其它法律文件中如何运用"被使用"这个词。道德影响理论说明了,在对制定法进行解释时,一个事实之所以相关,是由于其与制定法对我们道德义务的影响相关。例如,词典定义和普通用法,似乎是普通人如何理解该法定短语的证据;而且民主和公平考量可以说使得其相关。同样,公平有助于说明从宽处理规则的基础,以及过往案件中判决的相关性。

根据道德影响理论,我们该如何为一种法律解释方法辩护呢?有人可能认为,如果道德影响理论是对的,那么,关于法律解释所能说的一切,便是它必须识别出法律文件如何影响我们的真正义务。为了辩护一种解释方法,我们仅仅必须表明,这个方法准确地识别了条文如何影响我们的义务。的确,人们可能认为道德影响理论没有为更具体的程序(比如在制定法条文的显明含义很清楚的情况下,根据该含义解释此条文)留下空间。⑪

这条思路之所以过于简单,有两个原因。其一,道德影响理论与以下可能性是一致的,即在相对具体方面详细规定法律制定(legal enactments)如何影响我们义务的原则的可能性。其二,法律解释理论可能与法理论是分离的。因为法律解释者不是通过在每个案件中直接适用法理论,而是通过遵循实际上是启发式方法或经验法则的更简单方法,由此得以更准确地识别法律内容。我将依次讨论这两点。

首先,道德影响理论并不主张这一观点,即不存在有关法律制定之道德影响的一般性真理,也就是说,每项制定对我们义务的影响,完全是一个个殊化(individualized)或个案性(case - specified)问题。何种程度上存在有关法律制定之道德影响的一般原则,这是一个开放性问题。有强有力的理由——如对于公平和民主而言可预测性与可理解性的重要性——推动这些原则。而且,从关于所有法律机构行动(legal institutional action)影响义务之方式的完全一般性的原则,到关于特定法律体系中特定类型条文——如刑法或抽象宪法条文——之影响的原则,存在着各种可能程度的一般性。最高程度的一般性可能是,

---

① *Id.* at 228 – 29, 240.
② *Id.* at 230.
③ *Id.* at 235.
④ *Id.* at 236.
⑤ *Id.* at 235.
⑥ *Id.* at 232 – 33, 235.
⑦ *Id.* at 243.
⑧ *Id.* at 239.
⑨ *Id.* at 236.
⑩ *Id.* at 239 – 40.
⑪ See Greenberg, *The Moral Impact Theory of Law*, 123 YALE L. J. 1334 – 36 (2014).

例如，法律制定的道德影响从来不取决于仅是隐含规定而非明确规定的内容。或者最低程度的一般性可能是，在刑法情形中，如果没有压倒性因素，已制定文本的某种特殊反事实内容捕捉到了条文的影响。

第二，直至目前，我们已经假定，解释理论直接对应于法理论。也就是说，我们已经假定，如果正确的法理论认为法律内容是由因素 X 确定的，那么，确定法律内容的方式就是试图识别 X。据此观点，法理论和法律解释理论之间不存在空隙。法的道德影响理论主张，法律义务是真正义务，是某些机构行动的后果。因此，法律解释理论主张，我们应当通过弄清法律机构行动对我们真正义务产生怎样的后果，继而解释这些行动。

然而，由于法律解释理论和法理论回应不同的问题，因此二者是有可能相互分离的。即使我们熟谙正确的法理论，也不能假定说，人类搞清楚法律内容的最佳方式，就是试图适用这种理论。

对有限理性（bounded rationality）的讨论中，我们了解到一个要点。考虑到时间限制、有限认知能力以及可预测的人类偏见，主体通过遵循相对容易适用但并不完全准确的方法，较之通过试图直接回答终极问题，从长远看，能更好地回答具体问题。①

就法律解释而言，如果法官依循相对简单的方法——启发式方法——而非尝试直接弄清每个条文对我们道德义务的影响，那他们就能更准确地弄清楚法律。② 仅出于说明的目的，我们可以想象，就刑法条文而言，经验证明，比如在含义清楚的情况下坚持字面含义方法的法官，要比在每个案件中试图弄清条文对我们义务之影响的法官，在识别该影响方面实际上做得更好。（情况可能就是这样，因为正确遵循方法相对容易，而且清楚的字面含义大致相当于条文的道德影响。）

此处实际上有截然不同的两个要点。第一，除准确性之外，可能还存在对研究施以限制的其他价值。例如，保护包括时间在内的稀缺资源是重要的。举一个不那么单调的例子，在为什么某些决策者的错误比其他决策者的错误更严重，或者为什么解释者在一个方向上犯错比在其他方向上犯错要更糟糕的这些例子里，可能存在道德原因（比如民主原因）。第二，即使唯一相关的价值是准确性，鉴于作为人类的解释者认知上的局限和偏见，他们通过遵循一种更简单的方法而非试图直接弄清法律，可能会更好地弄清法律。

---

① See id. at 1335 – 36.

② Fred Schauer 和 Adrian Vermeule 都认为，显明含义实际上可以被视为一种启发式方法——即从长远看，法官遵循显明含义，要比试图直接识别真理，可能会获得更准确的结果。See ADRIAN VERMEULE, JUDGING UNDER UNCERTAINTY: AN INSTITUTIONAL THEORY OF LEGAL INTERPRETATION 183 – 229 (2006); Fred Schauer, The Practice and Problems of Plain Meaning: A Response to Aleinikoff and Shaw, 45 VAND. L. REV. 715, 729 – 32 (1992). 但是二者都没有说明启发式方法是为了何种显明含义，即正确答案的依据是什么。正如下文所论及的，如果没有这样一个说明，那么遵循显明含义较之依照其它方法是否会产生更准确的结果，对此人们不可能做出评价。Vermeule 论辩道，实践中所有似乎合理的、理想的法律解释理论，都会产生同样的启发式方法。See VERMEULE, supra, at 183 – 229. 但是考虑到法律解释理论的多样性，以及考虑到我们对不同机构参与者如果遵循不同方法可能会产生的结果所知甚少，那么任何这样的主张都带有倾向性且为时尚早。

有些人可能会拒绝这样的提议，即在法官应当做什么与法律是什么之间可能存在如此一条鸿沟（gap）。经由类比的方式，思考另外一个例子也许是有帮助的，这个例子涉及法院应当做什么与法院简单适用法律二者可能相互分离的方式。一个众所周知但仍充满争议的观点是，宪法的内容可能超出了法院应执行的范围。① 由于法院的制度性限制，它们不适合实施某些类型的宪法规范——例如，实施某些规范，要求在极为不同的执行手段之间做出选择、要求对竞争性利益划分优先等级次序、以及要求创设复杂的机制办法。但是，仅仅因为法院不应当对立法机关发出命令——比如命令它采取一项特定行动，这并不意味着该行动不是宪法授权的。立法机关和执行机关可能负有司法上不可执行的宪法义务，并且宪法规范可能通过除直接司法执行以外的诸多法律后果来体现其存在。② 这个例子是一种类比，不是通过遵循启发式方法来更准确发现法律的实例。但它帮助阐明了，法官应当做什么与实质性法律规范二者之间，存在着相互分离的可能性。

也许有人反对说，无论人们怎样考虑法院不应实施的宪法规范的可能性，如果最佳的解释方法被正确适用，那么该方法得出的一定是法律。为了理解这一观点不可能正确，需要注意的是，具有不同能力和持有不同偏见的不同法律解释者，可能站在不同的立场，且受到不同种类的限制。举一个极端的例子，考虑正在执勤的警察，他们必须实时地解释法律以做出决定——例如决定制止还是逮捕。在这种情形下，警察们如果遵循简单的经验法则，而非试图直接从相关制定法或案例中弄清法律标准的内容，那么他们在可靠地识别法律方面可能会做得更好。这固然不意味着，如果正确适用，这些简单经验法则的产出结果构成法律内容。就经验法则的本质而言，即使正确适用，它们也可能得出错误答案，但是全面遵守它们则会产生良好结果，因为正确适用这些经验法则，要比直接回答根本问题容易得多。③

我已经讨论过两个因素，它们使道德影响理论之于法律解释的意义变得复杂。根据这番讨论，我们能看出，一种解释方法有三类辩护方式。第一，人们可能主张，该方法抓住了条文基于民主、公平等影响我们义务的方式。

第二，人们可能主张，尽管该方法不完美地反映了条文影响我们义务的方式，但解释者——或者某类解释者，比如法官——通过遵循该方法来弄清条文影响我们义务的方式，

---

① See Lawrence Gene Sager, *Fair Measure: The Legal Status of Underenforced Constitutional Norms*, 91 HARV. L. REV. 1212 (1978).

② See id.; Lawrence Sager, *Material Rights, Underenforcement, and the Adjudication Thesis*, 90 B. U. L. REV. 579 (2010)。

③ 现在可能有人进一步提出反对说，被恰当理解的"法律解释"这个术语，应被限定于一种理想的法律解释，它是对于缺乏基础且具有无限时间和认知能力的人而言的一种法律解释。我在此不想争论该术语的恰当用法。我的要点只是引起以下两者之间分离可能性的注意：关于如何弄清法律内容的论说，与关于什么决定了法律内容的理论。是否给这些关于如何确定法律内容的论说贴上"法律解释"的标签，不是我关心的重点。

长远来看，比试图直接这么做要更为准确。①

第三，人们可能主张，其他价值为遵循一种方法提供了理由，尽管事实是其不会产生最高的准确性。如上文指出的，之所以某些决策者的错误比其他决策者的错误更为严重，可能是因为存在民主理由。例如，不允许法院作出某些类型判决的价值，或者法院对更成问题的判决中少量错误的避免，也许要比法院因在特定条件下顺从行政机关而犯的预期错误在准确性上的代价更为重要。通过类比的方式，人们普遍相信：错误判定有罪的不正义要比错误宣告无罪的不正义严重得多，这一点证明了刑事审判中因"超出合理怀疑"证据标准而付出的准确性代价是合理的。

第一类论证是规范性的。如上所述，由文本主义者、意图主义者等提出的以民主为出发点的常见论证，恰好与此相符。然而，道德影响理论能够改善我们对这种规范性论证的理解。例如，理论家通常会提出某种规范性因素——比如某种特定的民主观念——以支持其优选的解释方法。道德影响理论清晰指出，某种规范性因素并不足以支持将条文视为以特定方式贡献于法律；一种解释方法必须受到所有相关价值的总体性（on balance）支持。

另一个要点涉及哪些规范性因素是相关的，以及哪些不相关。道德影响理论澄清，相关的规范性因素是那些与我们的义务、权利、权力等有关的因素。例如，考虑法律解释文献中的共同主题，即在民主国家，非民选法官的作用应受到严格约束。由于这一观念与条文如何影响我们的义务无关，而只与民主国家法官的作用有关，所以它与第一类论证不相关。

第二类论证是经验性的。考虑到关于法律制定如何影响我们义务的规范性事实，解释者通过遵循一种方法而非另一方法是否会更好地识别法律制定对义务的影响，这是一个经验性问题。

最后，第三类论证既有规范性成分，也有经验性成分。规范性成分是显而易见的，因为这类论证诉诸道德理由，比如支持一种给定方法而非更准确方法的民主理由和公平理由。同样也有一个经验性成分，因为在全然不知一种给定方法可能会产生什么结果的情况下，人们无法对这一点做出评价，即其他价值是否比由于遵循一种给定方法而造成的准确性上的损失更为重要。

重要的是应看清，第二和第三类论证依赖于第一类论证的成果，并因此各自可以被视为发生在这一研究的不同阶段。这种依赖性的理由很简单。其一，假如法官试图直接识别法律内容，而人们不对其将得出什么答案做出判断，且不对哪些答案才是正确的进行理解，那么，人们就无法对这一点做出评价，即运用一种更简单启示性方法的法官在识别法律方面是否做得更好。其二，被推荐方法的道德理由是否比该方法在准确性上的代价更为

---

① 因此，与德沃金的观点不同，我的说明与法律解释中的不完美启发式方法相容，并因此不易遭受这样的反对，即它总是要求赫拉克勒斯式的道德推理。

重要,要对这一点做出评价,需要我们估算因遵循此方法造成的准确性上的损失——因此把我们带回了第二类论证,如上所述,它依赖于第一类论证。

这一讨论引发了这样一个问题,即在何种程度上,法律解释方法必须包含规范性判断。到目前为止,我们一直在讨论解释方法的规范性论证,而不是在讨论这些方法的适用是否包含道德判断或其它规范性判断。文本主义和意图主义的典型论证似乎假定了,援用民主或其他价值是为了支持一种方法,但随后我们不必诉诸这些价值也能适用该方法。不过道德影响理论提出了这样的问题,即法律解释是否必须具有更普遍的规范性。

出于几个理由,法律解释不需要在所有案件中都包含规范性判断。首先,我们看到,可能存在一些原则,它们具体规定不同类型法律制定影响我们义务的方式。① 这些原则本身在何种程度上包含规范性观念,这是一个开放性问题。例如,情况可能是,当一部刑法的字面含义很清楚的时候,该字面含义捕捉到了条文的道德影响。(当然,必须有一些更进一步的原则,它们在字面含义不清楚的情况下也可适用。)确立这种原则的真值(truth)要求道德论证,但适用该原则却没有这样的要求。

其次,即使不考虑刚才描述的这种原则的可能性,由于所有初步合理的道德论证都指向同一方向,所以很多案件中的法律解释也不要求道德推理。正如我在另一篇文章中表明的:

在一系列案件中,所有关于民主、公平等初步合理的说明,都支持相同的结果。因此,为了解决这些案件,不必转向基本的道德考量。这就是之所以大多数案件都是简单案件的原因。即使在疑难案件中,也只有在候选的说明支持手头案件的一个不同结果的程度上,才有必要排除这种说明。②

第三,上文对于遵循简单经验法则之益处的讨论,在此处是相关的。规范性判断往往很难。而且这些判断可能尤其容易受到可预测人类偏见的扭曲。由于这些原因,通过遵循对规范性判断要求相对较少的方法,长远来看,我们可能会更好地获得终极规范性问题的答案。这些方法要求对相关规范性研究的替代性问题进行探究,正如特定年龄限制大致可以作为这一规范性判断的替代性问题,即某人是否已成熟到足以享有某些权利或特权。

(五)重估文本主义主题

最后,我将简要回到文本主义者的观点,以总结说明这番讨论的蕴含。一旦我们理解了法律解释本质上不是追求文本的语言学含义——不是追求语义内容,也不是追求所说的内容(what is said),也不是寻求言说者的意思或某些其他语用内容——文本主义者的核心困境就化解了。一方面,一种占主导地位的文本主义观点是,法律解释的目标在于识别

---

① 参见本文第三部分,(三)。
② Greenberg, *The Moral Impact Theory of Law*, 123 YALE L. J. 1335 (2014).

文本的含义。另一方面,正如我们已经看到的,居于文本主义方法论核心的那类反事实内容并不是文本的含义。

道德影响理论意味着,我们应该放弃对发现语言学含义的坚持。法律解释寻求的是条文对法律内容的贡献,而且没有理由假定说,一项条文对我们义务的影响等同于它的语言学含义。有了这一澄清,文本主义者就可以追求他们对于以下两点的洞识,即妥协在立法过程中的作用以及妥协的民主意涵,同时不会受到他们试图坚称其青睐的方法是识别文本含义的方法这一扭曲性影响。(也许有人疑惑,对于一种并不寻求识别文本含义的理论而言,"文本主义"是否算一个好名称,但我将搁置这个标签问题。)

由于立法机关达成的共识可能仅仅是一种语词形式而非一个根本目的,因此文本主义者得出结论说,作为立法机关忠实代理人的法院,必须尊重语词而不是探求语词背后的目的。很容易看出,这种见解是如何强化"法律解释应聚焦于文本"这个观点的。

然而,一如我们所见,忠实代理人模式是没有助益的。要成为忠实代理人,就要忠实于被代理人的意图。如果立法机关缺乏融贯而可发现的意图,那么诉诸忠实代理人模式并不会让我们走得很远。我们可以说,法院应该忠实于立法机关制定的法律规范,但这只是重申了条文对法律内容的贡献问题。

道德影响理论使我们能够追问正确的问题:根据民主、公平及其他相关价值,民选代表制定了这部法案——在这种情形下、以这些语词——这个事实是如何影响到我们的义务、权利和权力等的?因此,文本主义者诉诸民主是走在正确的轨道上。但我们需要的是更为精细的民主思考,而非仅仅是这样的观念,即既然达成合意的是语词,那么我们必须运用传统的文本方法忠实地解释这些语词。假设文主义者是对的,即我们不能寄望于在法律解释引起的各种疑难问题上存在着集体意图,但我们仍然需要立法者在这些情况下能够创制和修改法律规范。我们因此需要理解,就我们的立法者在没有共同意图的情况下如何能做到这一点而言,民主到底意味着什么。①

在重估文本主义观点过程中,问题变成了:被正确理解的民主和公平,是否使得情况确实如此:制定法和宪法条文的影响,由文本主义者所青睐的那类反事实内容构成。而且,如果确实如此,确切地说哪种反事实内容受到相关价值的总体性支持?该反事实内容是否是文本的含义,则是无关紧要的。

---

① 有时人们会说,如果民选立法者不能制定他们有意制定的任何法律,那么拥有这些立法者是没有意义的。See JOSEPH RAZ, *Intention in Interpretation*, in BETWEEN AUTHORITY AND INTERPRETATION: ON THE THEORY OF LAW AND PRACTICAL REASON 265, 274-75 (2009). 但这过于言过其词了。对于拥有立法者的应有意义,其所有必要条件就是立法者们理解如何影响立法的方向。与养育孩子做对照:任何为人父母者都会告诉你说,如果你认为除非让孩子按照你所希望的方式成长,否则养育孩子就没有意义,那么你的这个想法就是愚蠢的。See Mitchell Berman, *For Legal Principles*, in MORAL PUZZLES AND LEGAL PERPLEXITIES: ESSAYS ON THE INFLUENCE OF LARRY ALEXANDER 241, 257-58 (Heidi Hurd ed., 2018); Mitchell Berman, *Originalism Is Bunk*, 84 N.Y.U.L.REV.1, 73-75 (2009); Greenberg, *Legislation As Communication*?, in PHILOSOPHICAL FOUNDATIONS OF LANGUAGE IN THE LAW 255 (Andrei Marmor and Scott Soames eds., 2011).

在构建相关内容时,我们已经看到,文本主义者往往将日常对话作为模式。我已经给出了几个理由,以说明该模式对立法者来说不是一个合适的模式。回到斯卡利亚大法官的例子,说"十二岁及以下儿童免费入场"从而暗指十三岁的人必须付费,是方便且有效的。但是这种隐含意在税法和刑罚中可能很成问题。公平和民主提供了很强的理由,来说明为什么在没有明确规定的情况下不应限制自由。立法机关不应通过运用隐含意来逃避责任。①而且与日常对话相反的是,规范必须在多年以后可适用于背景各异、对原初语境所知甚少的人。(也许正是因为这些理由,我们在规范创制方面的期待似乎不同于我们对日常对话的期待。规范正被创制的语境中,我们并不直接将暗含在日常对话中的无论什么意思都纳入规范之中。)

实际上,以日常对话为模式,就是把相关内容看作这样的内容,即在特定情形下说出法律文本语词的言说者,为了遵循日常对话规范而不得不意图的内容。取而代之的是,文本主义者可能会问,要遵循适合于立法的规范,言说者必须要有怎样的意图。弄清楚哪些规范是合适的,是一项与标准文本主义方案——将源自日常对话的事例和关于语词含义的主张同传统文本方法混合在一起——极为不同的任务。②

四、结语

在文章开头,我引用了20世纪90年代后期斯卡利亚大法官的话,他谈到制定法解释领域"普遍存在严重的混乱"。③我已经证明,如果该领域最有影响力理论的状况是某种迹象的话,斯卡利亚大法官的宣告起码在当下也同样是对的。

当代文本主义的核心是混乱的。它说我们应当追求含义,但事实上,它提出的方法论并不寻求任何可被辨识为含义的东西。这种观点建立在对语言和沟通的根本混淆之上。它提议我们寻求一种严重欠缺规定的反事实构想。为该观点提供的证成理由是于事无补的。也许具有讽刺意味的是,斯卡利亚本人在传播这些混乱中发挥着巨大作用。他和其他人一样,对如今法律解释的糟糕现状负有责任。④

斯卡利亚大法官的这段话接下来实际是这样:"美国制定法解释是如此不完善,以至

---

① 关于利用隐含意逃避责任,see Greenberg, *Legislation as Communication*?, supra note 27, at 240 – 41, 245.

② See Greenberg, *Legislation as Communication*?, in PHILOSOPHICAL FOUNDATIONS OF LANGUAGE IN THE LAW 250 – 56 (Andrei Marmor and Scott Soames eds., 2011); Greenberg, *The Communication Theory of Legal Interpretation and Objective Notions of Communicative Content* 8 – 14 (UCLA Sch. of L. Research Paper No. 10 – 35, 2010), https: // papers. ssrn. com/sol3/papers. cfm? abstract_ id = 1726524 [https: // perma. cc/95Z9 – HE7N]. 对于相关讨论,see Andrei Marmor, *Can the Law Imply More than It Says?: On Some Pragmatic Aspects of Strategic Speech*, in THE PHILOSOPHICAL FOUNDATIONS OF LANGUAGE IN THE LAW, 83, 96 – 104 (Andrei Marmor & Scott Soames eds., 2011); Marmor, *The Pragmatics of Legal Language*, 21 RATIO JURIS. 439 (2008).

③ SCALIA, A MATTER OF INTERPRETATION: FEDERAL COURTS AND THE LAW16 (1997).

④ See generally Berman, *The Tragedy of Justice Scalia*, 115 MICH. L. REV. 783, 796 – 99 (2017).

于其方法论是不明确的,甚至其目的也不清楚。"① 我已经论证了这种说法是真的,从某种层面来说,它比任何斯卡利亚大法官所想到的要更为深刻。我证明了存在一个简单而有力的论点,即法律解释就其本质而言,寻求制定法条文或宪法条文对法律内容的贡献。这一简单结论提出了一个新的起点———一种重新思考法律解释的方式。

这个结论意味着,哪种解释方法是正确的,取决于制定法和其他材料对法律内容的贡献方式。鉴于此,我转向了关于如何确定法律内容的最著名理论。它们都不支持为支撑法律解释理论而提出的最常见的论证类型。

然而,道德影响理论,能很好地符合法律解释理论家们运用规范性论证来捍卫其理论的方式。鉴于法律解释追求的是法律内容,除非法律内容以某种类似于道德影响理论所主张的那种方式依赖于规范性论证,否则那些规范性论证就是不相关的。因此,可能令人惊讶的是,以民主为基础的论证以及其他被提出以支持文本主义、意图主义、原意主义等的规范性论证,可能都预设了一种类似于法的道德影响理论的非实证主义或自然法理论。

我想,大多数文本主义者和意图主义者都会拒绝任何这样的提议,即他们预设了道德影响理论或与之类似的某种理论。他们通常会说自己是法律实证主义者。

但对于他们而言,这个观点并不像它看起来那么陌生。文本主义者时常这样总结他们的观点:"文本即法律。"② 而且正如我们所见,他们以民主为根据捍卫文本主义。将这两个观念放在一起,那么他们正在主张的就是,法律内容是以基于民主理由——按他们的观点尤其是通过文本——的方式而确定的。所以,他们含蓄地承认了,确定法律内容的方式,以类似于道德影响理论所主张的那种方式依赖于规范性理由。

(编辑:吕玉赞)

---

① SCALIA, A MATTER OF INTERPRETATION: FEDERAL COURTS AND THE LAW 16 (1997).
② *See*, *e.g.*, Easterbrook, *Legislative History*, 66 CHI. - KENT L. REV. 445 (1990).

社会科学证据在宪法裁判中的运用：
路径选择与理论反思

[德] 尼尔斯·皮特森[*] 著 曹 瑞[**] 译

> **摘 要** 一百多年前，美国联邦最高法院开始在其判决中引用社会科学证据，但这并没有引发美国以外的宪法法院，特别是欧陆国家宪法法院的共鸣。本文的目的有二：一方面，本文试图说明，宪法上的法律推理经常以实证假设作为基础，因此对社会科学有强烈的使用需求；但是另一方面，宪法法院在应对实证问题时，常常缺乏必要的专业知识。因此，我将讨论三种运用社会科学证据的可能策略。法官们可以自己解释社会事实，他们可以赋予立法机关自由裁量余地，或者他们可以把问题转交给社会科学专家。本文认为，这三种策略都无法完全令人满意，因此法院必须综合运用这些不同的策略。为了证明这一主张，我将对包括美国、加拿大、德国、南非在内的不同法域的判决进行讨论。
>
> **关键词** 社会科学证据 宪法裁判 法律推理 实证假设

一、导论

关于社会科学在宪法裁判中的作用之讨论，已经有很长一段历史。早在一百多年前，美国联邦最高法院就明确表示，社会科学证据可以在宪法解释中发挥重要作用。① 在 *Muller v. Oregon* 案中，法院要决定基于妇女保护目的的劳动规制是否违反了美国宪法第十四

---

[*] 尼尔斯·皮特森（Niels Petersen），德国明斯特大学公法、国际法与欧盟法讲席教授。本文原标题为 Avoiding the Common-Wisdom Fallacy: The Role of Social Sciences in Constitutional Adjudication，载《国际宪法期刊》（International Journal of Constitutional Law）2013 年第 11 卷第 2 期，第 294—318 页。

[**] 曹瑞，男，山东新泰人，山东师范大学法学院讲师，法学博士，研究方向为法理学。

① 关于美国联邦最高法院运用社会科学的历史，参见 Paul L. Rosen, The Supreme Court and Social Science (1972)。

修正案的正当程序条款。① 法院以社会科学证据作为立论基础,这些证据表明妇女需要劳动保护,得出立法机关有合理根据通过这部法律的结论。近半个世纪以后,最高法院又在另一个突破性判决的关键之处运用了社会科学证据。在 Brown v. Board of Education 案中,法院运用心理学证据证明,学校的种族隔离会对黑人学生造成心理伤害,因此违反了第十四修正案的平等保护条款。②

但是,社会科学证据运用于美国宪法的悠久历史并没有在其他国家的宪法法院那里引发共鸣。特别是在欧洲大陆国家的宪法裁判中,社会科学路径仅仅扮演着毫不起眼的角色。尽管经济分析对欧洲大陆的私法和反垄断法研究产生了一定影响,③ 但是在宪法领域却看不到同样的情况。④ 有两个重要的原因或许能够解释这一现象。一方面,法学研究中最流行的社会科学路径是法律的经济分析。这种经济分析通常是以微观经济学理论为基础的,而微观经济学理论讨论的是个人之间的互动。宪法通常面对的是更为宏大的社会现象,微观经济学的理论工具对此并不适用。另一方面,法律论证中的"是"与"应当"之间有严格的界分。法学研究主要关注的是规范问题,即应然的世界。因此,对于社会科学路径的引入存在普遍的担忧,担忧其夹带着一种隐蔽的规范性议题,即后果主义推理优先于义务论推理。

但是这些担忧并不合理。宪法上的法律推理的确不是纯粹后果主义的,但它也不全然是义务论式的。本文将表明,宪法的论证结构中经常包含后果主义的元素。规范性主张经常是以有待澄清的实证假设作为基础的。此外,法律的社会科学路径并不局限于微观经济学理论。宪法学人可以运用政治科学、社会学,或者认知和社会心理学来证明其规范模型的实证假设。

本文从四个不同的法域选取案例,以展现和强调在宪法裁判中运用社会科学的必要性及其困难之处。我选择了两个极不情愿与社会科学发生关联的法域(德国和南非),以及两个社会科学在宪法上的运用被经常讨论和反思的法域(加拿大和美国)。本文的论证将分两个步骤展开。第一部分将证明,规范性论证常常建立在隐含的实证假设之上。这一部分将用实例来证明宪法法院经常回避对这些实证假设进行二次猜测,尽管这些假设是它们的论证所不可或缺的要素。第二部分将比较宪法法院在应对其判决中涉及的实证问题时所采取的三种不同策略:法院可以赋予立法机关自由裁量余地;可以将判决中涉及的实证问

---

① Muller v. Oregen, 208 U. S. 412 (1908).
② Brown v. Board of Education of Topeka, 347 U. S. 483 (1954).
③ 参见 Kristoffel Grechenig & Martin Gelter, The Transatlantic Divergence in Legal Thought: American Law and Economics vs. German Doctrinalism, 31 *Hastings International and Comparative Law Review* 295 (2008) (承认经济分析尽管日渐流行,但是远未成为主流)。
④ 例外情形参见 Anne van Aaken, "Rational Choice" in Der Rechtswissenschaft Zum Stellenwert Der Ökonomischen Theorie Im Recht (2003); Christoph Engel, Herrschaftsausübung bei offener Wirklichkeitsdefinition, in Das Proprium der Rechtswissenschaft 205 (Christoph Engel & Wolfgang Schön ed. , 2007)。

题委托给专家证人；或者可以自行回答这些实证问题。但是，这三种策略中的每一种都存在严重的缺点。因此，法院需要综合运用这些策略。

二、宪法裁判中的实证考量

（一）规范判断与实证评估

从理论上讲，"是"的领域和"应当"的领域是严格分开的。一方面，法律人和哲学家们总是在警惕一种自然谬误（natural fallacy）的危险。① 不能仅凭事实观察就推导出规范性判断。从强权在各国之间的国际关系中发挥着重要作用这一事实，我们不能得出如下结论：仅仅因为强权国家有权力这么做，它们所做的就总是正确的。另一方面，还存在一种规范谬误（normativist fallacy）。② 我们不能仅凭一条规范所作出的一项特别规定，就自动得出如下结论：这个世界看起来真的就像这一规范所规定的那样。

但是，即便我们不能从"是"得出"应当"的结论，也不能从"应当"得出"是"的结论，这也并不意味着这两个领域是截然不同的。相反，它们以各种不同的方式联系在一起。首先，规范范畴型塑着我们看待现实的方式。对社会现象的认知通常取决于我们的解释。③ 我们关于这个世界的知识不仅来自经验，还有赖于我们观察现实时所采取的视角。④ 这种视角经常受到我们的规范观念的影响。让一个一生中从来没有接触过棒球的欧洲人观看洋基队和红袜队之间的一场比赛，他看到的是一个人扔球，另一个人则试图击中这个球并绕着圈跑。但是，关于棒球比赛规则的知识将会赋予他看到的景象不一样的含义。此外，对投球技巧和进攻策略的进一步了解则会影响到他观看比赛时的关注点。因此，观看同一场洋基队对阵红袜队比赛的两名观众，他们所看到的或许是截然不同的景象。

其次，我们的规范观念也受到我们对这个世界的认知的影响。在不同的选项之间作出规范性选择，预设着我们对可能的选项是知晓的。此外，规范模型通常是以实证假设作为基础的。因此，如果一个规范性主张建立在错误的实证假设之上，它的实践性结论将是误导性的。我来举例说明一下。如今，人们似乎已经达成了一项共识，即民主是我们已知的

---

① 一部有重要影响力的作品是 George Edward Moore, Principia Ethica (1959)。
② 关于法学研究中规范性谬误的危害，参见 Anne van Aaken. Funktionale Rechtswissenschaftstheorie für die gesamte Rechtswissenschaft, in Rechtswissenschaftstheorie 79, 88 (Matthias Jestaedt & Oliver Lepsius eds., 2008)。
③ See Clifford Geertz, Thick Description: Toward an Interpretive Theory of Culture, in *The Interpretation of Culture* 3, 6 (Clifford Geertz ed., 1973).
④ Hans - Georg Gadamer, Wahrheit und Methode. Grundzüge Einer Philosophischen Hermeneutik 270 - 312 (1960); Charles Taylor, Interpretation and the Sciences of Man, 25 *The Review of Metaphysics* 3, 10 - 17 (1971).

最好的政体形式。① 但是，对于民主政体是否需要具备诸如经济发展水平②、种族和宗教的同质性③、文化背景④等特定的经济社会先决条件，政治科学文献中有大量生动鲜活的讨论。如果我们要为某个国家的政治改革进程出谋划策，那么对经济社会先决条件问题的回答就决定了我们是推荐直接引入竞争性选举还是采取分步走的办法。

如果我们假设民主政体确实需要某些必备的先决条件，而这些先决条件现在还未能达到，那么这种政体形式就失去了（至少是暂时失去了）吸引力。或者，我们也可以得出相反的结论：由于民主政体在规范上是可欲的，因此必然会变成现实——这就犯了上述规范主义的谬误。即使我们假定，原则上，无论其经济社会状况如何，每个社会都可以建立某种形式的民主政体；我们为之谋划的具体制度设计也会根据事实情况的不同而具有显著的差异。一个同质性的民族国家与一个分裂的社会⑤，抑或一个超国家实体，它们所采取的民主政体形式将大不相同。⑥

（二）法律中的实证考量

实证考量不能不加修正就直接引入到法律论证的场域中。就算是有社会科学的证据来质疑一项法律规范的适当性，法律人也不能无视这一规范。⑦ 德国宪法第20条明确规定，德国是一个民主国家，全部主权来自人民。⑧ 即使我们假设德国缺少一个稳定的民主政体

---

① Armin von Bogdandy, Globalization and Europe: How to Square Democracy, Globalization, and International Law, 15 *European Journal of International Law*, 885, 890 (2004).

② 一部有重要影响力的作品是 Seymour Martin Lipset, Some Social Requisites of Democracy: Economic Development and Political Legitimacy, 53 *American Political Science Review* 69 (1959). 实证研究文献对该问题的讨论存在巨大分歧，参见 Kenneth A. Bollen, Political Democracy and the Timing of Development, 44 American Sociological Review 572 (1979); Kenneth A. Bollen & Robert W. Jackman, Economic and Noneconomic Determinants of Political Democracy in the 1960s, 1 *Research in Political Sociology* 27 (1985); Larry Diamond, Economic Development and Democracy Reconsidered, in Reexaming Democracy, Essays in Honor of Seymour Martin Lipset 93 (Gary Marks & Larry Diamond eds., 1992); Robert J. Barro, Democracy and Growth, 1 *Journal of Economic Growth* 1 (1996); John Benedict Londregan & Keith T. Poole, Does High Income Promote Democracy?, 49 *World Politics* 1 (1996); Robert J. Barro, Determinants of Democracy, 107 *Journal of Political Economics* 158 (1999); Adam Przeworski, Michael E. Alvarez, José Antonio Cheibub & Fernando Limongi, Democracy and Development: Political Institutions and Well-Being in the World, 1950 – 1990 (2000); Carles Boix & Susan C. Stokes, Endogenous Democratization, 55 *World Politics* 517 (2003); Daron Acemoglu & James A. Robinson, Economic Origins of Dictatorship and Democracy (2006); David L. Epstein et al. Democratic Transitions, 50 *American Journal of Political Sciences* 551 (2006).

③ 参见 John Stuart Mill, Considerations on Representative Government (1861).

④ 这是萨缪尔·亨廷顿等人的假设，The Clash of Civilizations?, 72 Foreign Affairs 22 (1993).

⑤ 参见例如 Arend Lijphart, Democracy in Plural Societies (1977).

⑥ 参见 Joseph H. H. Weiler, Ulrich Haltern & Franz C. Mayer, European Democracy and Its Critique, 18 Western European Politics 4 (1995); Fritz W. Scharpf, Governing in Europe: Effective and Democracy? (1999); Niels Petersen, The Democracy Concept of the European Union – Coherent Constitutional Principle or Prosaic Declaration of Intent?, in The Unity of the European Constitution 97 (Philipp Dann & Michal Rynkowski eds., 2006).

⑦ Christoph Möllers, Gewaltengliederung – Legitimation und Dogmatik Im Nationalen Und Internationalen Rechtsvergleich 37 (2005).

⑧ Grundgesetz für die Bundesrepublik Deutschland, May 23, 1949, at art. 20 para. 1.

所必须具备的各项经济社会先决条件，合乎宪法的政体形式仍然只能是民主制的。社会科学论据不能突破（trump）法律规范。

但是，这并不意味着社会科学证据与宪法上的法律论证毫不相干。除非可以把后果主义推理从法律论证中完全排除出去，否则我们就不能把社会科学证据当作不相干之物丢弃掉。一旦把后果视为法律论证的内在组成部分之一，我们就需要一个基于社会科学的方法论工具箱来评估这些后果。在以下三个领域，后果主义的考量有可能会成为宪法推理的组成部分。

第一个领域的事项涉及平等保护条款的适用。如果一项平等保护条款不仅涉及直接歧视，也涉及间接歧视，我们就必须对潜在的歧视措施之后果进行考察。如果一项旨在促进某个公共善的措施对一项个人权利构成了限制，法院通常要在两个相互冲突的价值之间进行权衡。但是，如果不对这一措施给个人权利和公共善所造成的积极和消极后果进行考察，法院就无法作出这种权衡。最后，宪法规范的用语常常是模糊不定的。目的论推理或功能主义推理是确定宪法规范之范围的通行做法。但是，不论是目的论论证还是功能主义论证，它们都关注某一特定解释方案所具有的影响或后果，因此我们还是得诉诸实证评估的各种方法。在这一部分，我们将对上述三个领域的宪法裁判案例进行分析，以此来证明这一点。但是，在考察这些案例之前，我们还必须回应一下宪法上的后果主义推理所遭遇到的一个根本性的反对意见。

1. 后果主义论证与权利的义务论特征

上文中提到的后果主义宪法解释观，受到了20世纪最为重要的两位法律和政治哲学家——罗纳德·德沃金和尤根·哈贝马斯的猛烈批判。他们的批判尤其集中在个人权利语境下的推理。相较于德沃金，哈贝马斯的观点更为偏狭，他主张个人权利有一种义务论式的特质，因此不能将其纳入权衡或比例原则测试的成本—收益分析之中。① 只有把权利摆到一个比作为其竞争对手的公共利益更高的层级上，权利的规范价值才能真正获得尊重，而权衡测试的运用则是将两者放到了同一个层级上。② 因此，他像德沃金一样也把权利视为王牌，并试图绕开比例原则测试，转而采用对争议中的各项权利进行解释的方式来化解冲突。③

这样一种权利观会给我们的论证造成重大影响。如果我们把宪法原则本身视为价值，而不仅仅是达致某些深层目的的手段，对这些原则的目的论解释将根本无法实现，因为我

---

① Jürgen Habermas, Between Facts and Norms: Contributions to a Discourse Theory of Law and Democracy 260 (1996) [Original: Faktizität und Geltung 316 (1992)]. 另请参见 Ronald Dworkin, Taking Rights Seriously 193 (1977)（主张"对于功利主义的利益的期望，不能够作为阻止一个人做他有权利做的事情的正当理由"）。

② Jürgen Habermas, Between Facts and Norms: Contributions to a Discourse Theory of Law and Democracy 259 (1996).

③ Jürgen Habermas, Between Facts and Norms: Contributions to a Discourse Theory of Law and Democracy 260 (1996).

们缺少一个明确的终极目的（telos）。在此种权利观之下，对民主政体在某些情形下的运行状况的考量将变得无关紧要，因为民主政体的维持也是一项价值，而非促成某种形式的良善之治的手段。但是，这种权利观会引发如下问题：为什么某些特定的规范应当获得如此强势的保护。即便是宪法规范也需要获得证成，如果不拿信仰或意识形态说事的话。因此，仅仅考虑证成规范之创生而不考虑证成其解释，就显得有些不讲道理了。

就比例原则而言，一种纯粹的义务论式的权利观会使人们根本无法证成那些出于公共善的目的而对个人权利作出的限制。个人权利与促成某些公共目标之间的冲突，只能通过对该权利的范围进行解释而得以解决。此种权利观的终极目标是获得逻辑上的一致性。① 为了打造一个具有逻辑一致性的宪法规范体系，相互竞争的规范之间的冲突只能通过抽象的方式加以解决。② 但是在一个复杂的现代社会中，此种价值位阶的抽象排序几乎是不可能的。③

基于这一原因，德沃金弱化了他的绝对主义权利观，承认有必要对权利作出某些限制。限制一项个人权利的最重要的理由，是保护另一项与之相竞争的权利。④ 此外，他还承认，可能存在对权利进行限制的"迫切理由"⑤：

> 一旦权利得到认可，就不能仅仅因为社会将为这个权利的行使付出进一步的代价而取消一项权利。这个进一步的代价，必须有什么特殊之处，或者，这个案件必须有什么特点，能够证明虽然社会曾保证为这个最初的权利的行使付出代价，但是，这个代价是不必要的。⑥

但是，德沃金无法解释为什么权利可以给社会施加一种额外的负担，无论这些权利的内容究竟是何物。⑦ 他为自己的强个人权利观（strong conception of individual rights）提示了两点理由。首先，他诉诸康德式的人性尊严观，主张"承认一个人是人类社会的完整的成员，同时又以与此不一致的方式来对待他，这样的对待是极不公正的。"⑧ 但是，此种论证的结果是，权利本身并不被视为是强势的，它的强势与否取决于其能在多大程度上促

---

① 对比 Ronald Dworkin, *Law's Empire* 225 (1986)。
② Jürgen Habermas, Between Facts and Norms: Contributions to a Discourse Theory of Law and Democracy 261 (1996)。
③ Mattias Kumm, Liberale Gerechtigkeitstheorien und die Struktur der Grundrechte, in Juristische Grundlagenforschung 218, 220 (Robert Alexy ed., 2005). 另请参见 Christoph Engel, Inconsistency in the Law: In Search of a Balanced Norm, in Is there Value in Inconsistency? 221, 230 (Christoph Engel & Lorraine Daston eds., 2006)。
④ Ronald Dworkin, Taking Rights Seriously 193 (1977).
⑤ Ronald Dworkin, Taking Rights Seriously 200 (1977).
⑥ Ronald Dworkin, Taking Rights Seriously 200 (1977).
⑦ François Du Bois, Rights Trumped? Balancing in Constitutional Adjudication, 2004 *Acta Juridica* 155, 174 (2004).
⑧ Ronald Dworkin, *Taking Rights Seriously* 198 (1977).

进人的尊严。其次，他坚信权利可以带来政治上的平等，因为它保护着社会的弱势群体。① 但事实并不必然如此，因为有些权利也平等地保护着社会的特权阶层。② 与诉诸人性尊严观一样，这种论证本身也无法为一种强权利观提供证成。

由此可见，并不存在令人信服的道德理由可以使权利的保护如此代价高昂，而不论权利的内容为何。③ 真正的理由只可能是形式上的。权利的保护之所以代价高昂，是因为全社会都同意把权利保护的代价定得高高的。通过法定的形式，权利获得了强势的地位。④ 但是，这也意味着，一个社会也有自由赋予个人权利不那么强势的地位。南非和加拿大在其宪法权利篇章中加入一般性限制条款的做法就是如此。其他国家则选择了一种更为复杂的路径，比如在德国，有些个人权利条文中包含着明确的限制条款；而其他权利则只有在为了保护与之相竞争的另一项权利时才可以被限制。⑤ 因此，纯粹义务论式的权利观既没有令人信服的道德理由作为支撑，在现实世界的法律实践中也没有获得认可。

2. 平等保护条款及其效果评估

平等保护条款的适用和解释，从表面上看是一个纯粹的规范性操作。很多时候，只要读一下规范文本就能够判断某一群体是否遭受了有别于其他群体的对待。但是，并非每一种区别对待都必然是不正当的。法律规范总是将那些展现出某些特质的人纳入其调整范围并将其他人排除在外，因此区别对待是不可避免的。⑥ 只有当所欲实现之目的是非正当的时候，区别对待才是有问题的。许多国家的宪法中明确列举了若干条理由，基于这些理由的区别对待仅在极特殊的情况下才能获得证成。比如，德国宪法第3条第3段就禁止基于性别、种族、语言、出身、宗教以及残障的区别对待。在其他法域，宪法法院也发展出了类似的标准。比如，当区别对待的标准是种族、国籍、原籍国或性别时，美国联邦最高法院就会对其进行严格审查。⑦

目前，法律规范基于不正当标准所为之区别对待主要有两种。一方面，它们可以把有问题的特质作为区别对待的标准，从而直接进行歧视。另一方面，它们也可以间接地歧

---

① Ronald Dworkin, Taking Rights Seriously 198 – 199 (1977).

② Christoph Möllers, Legalität, Legitimität und Legitimation des Bundesverfassungsgerichts, in Das entgrenzte Gericht. Eine kritische Bilanz nach sechzig Jahren Bundesverfassungsgericht 281, 342 (Matthias Jestaedt, Oliver Lepsius, Christoph Möllers & Christoph Schönberger eds., 2011).

③ 类似观点可参见 Péter Cserne, Consequence – Based Arguments in Legal Reasoning: A Jurisprudential Preface to Law & Economics, in Efficiency, Sustainability, and Justice to Future Generations 31, 41 – 44 (Klaus Mathis ed., 2011).

④ François Du Bois, Rights Trumped? Balancing in Constitutional Adjudication, 2004 *Acta Juridica* 155, 176 (2004).

⑤ 即便是在美国，虽然没有针对宪法权利的明示的限制条款，但是联邦最高法院也经常对个人权利限制网开一面；参见 Richard H. Pildes, Why Rights Are Not Trumps: Social Meanings, Expressive Harms, and Constitutionalism, 27 *Journal of Legal Studies* 725, 729 (1998).

⑥ Winfried Brugger, Grundrechte und Verfassungsgerichtsbarkeit in den Vereinigten Staaten von Amerika 163 (1987).

⑦ 参见例如 City of Cleburne, Texas v. Cleburne Living Center, Inc., 473 U.S. 432, 439 – 441 (1985).

视。间接歧视是一种以"中立的"区分标准为基础，但却具有歧视性效果的区别对待，这种歧视性效果体现为某一族群或性别的人将因此获益或受损。是否存在歧视性效果的问题不仅预设了一种规范意义上的两分，也包含着此种两分对于被区分之两大群体所产生的效果的实证评估。

就此而言，最著名的例子就是上文中已经提及的美国联邦最高法院在 Brown v. Board of Education 案中所作的判决。① 在 Brown 案中，法院要对种族隔离学校的合宪性作出判断：在一些南方州，黑人学生和白人学生必须就读不同的学校，这一事实是否违反了第十四修正案的平等保护条款？与此相关的最重要的先例是 Plessy v. Ferguson 案的判决，在该案中最高法院判定种族隔离并不违反平等保护条款。② 法院主张，如果提供给白人和黑人的设施具有同等品质，他们就获得了形式上的平等对待——这就是著名的"隔离但平等教义"。

在 Brown 案中，法院认为黑人儿童和白人儿童在形式上是平等的，因为提供给他们的所有设施都具有同等的品质。③ 因此，法院转向对"种族隔离本身对公共教育的影响"④这一问题的讨论。法院发现，种族隔离会对黑人儿童造成不利影响，因为与隔离政策如影随形的常常是强加在某一群体身上的低人一等的屈辱感，这种屈辱感会影响儿童的学习动机。⑤ 为了支持其实证主张，法院引用了相关的心理学文献。⑥ 该案表明，为了决断歧视案件，法院必须时常诉诸对实证效果的评估。⑦

3. 比例原则与相互竞争的价值之权衡

宪法对几乎所有个人权利的保障都是非绝对的。很多宪法都有相关规定，允许为了促进公共利益而对个人权利进行限制。例如，《加拿大权利与自由宪章》第 1 条就明确规定，《宪章》开列的各项权利"只服从在自由民主社会中能够确凿证明正当的并且由法律规定的合理限制"⑧。又如《南非宪法》第 36 条规定：

> 权利法案中的权利只能根据普遍适用的法律进行限制，并且对权利的这种限制在一个以人的尊严、平等和自由为基础的自由、民主、开放的社会里被认为是合理的和公平的。⑨

---

① Brown v. Board of Education of Topeka, 347 U. S. 483 (1954).
② Plessy v. Ferguson, 163 U. S. 537 (1896).
③ Brown v. Board of Education of Topeka, 347 U. S. 483, 492 (1954).
④ Brown v. Board of Education of Topeka, 347 U. S. 483, 492 (1954).
⑤ Brown v. Board of Education of Topeka, 347 U. S. 483, 494 (1954).
⑥ Brown v. Board of Education of Topeka, 347 U. S. 483, 494 (1954).
⑦ 但是罗纳德·德沃金却主张法院不需要将其论证建立在因果主张之上，法院可以运用解释主义的社会科学作为替代。参见 Ronald Dworkin, Social Sciences and Constitutional Rights – the Consequences of Uncertainty, 6 Journal of Law & Education 3, 4 – 5 (1977).
⑧ Canadian Charter of Rights and Freedoms, Part I of the Constitution Act, 1982, being schedule B to the Canada Act 1982, ch. 11 (U. K.).
⑨ Constitution of the Republic of South Africa 1996.

在这类案件中，法院经常被要求解决相互竞争的权利与公共善之间的冲突。比例原则是各国宪法法院在解决这类冲突时最普遍运用的测试（test）。① 根据比例原则，对一项个人权利的限制能够获得证成，如果其追求的是一项正当的目的，如果手段和目的之间存在合理联结，如果没有效果相同但限制程度更小的其他手段，如果限制所促成之目的的重要性超过了对个人权利的保护。

比例原则测试的实证意涵是显而易见的。② 比例原则测试的后三个阶段都包含着实证考量。首先，某一特定的手段能否真正促成它本该促成的目的，这基本上就是一个实证问题。其次，最小损害测试要逐一比较不同手段的效果。当然，在讨论一项手段对个人权利的限制程度是大还是小时，需要作出规范性的判断。但是，这种规范性的判断也是以对各种手段的实证效果的知晓为前提的。

最后，权衡，这是比例原则测试的最后一个阶段，也包含至关重要的事实性意涵。固然，权衡主要涉及的是从规范层面对人们的相互竞争的价值偏好作出评估。但是，法官在适用比例原则测试时，不需要从抽象层面对相互冲突的利益进行排序。相反，权衡取决于每个个案的具体情况。具体来说，这些情况包括涉案手段对个人权利的限制程度，这是权衡的一方；涉案手段对公共利益的促进程度，这是权衡的另一方。这两个方面，至少部分地涉及由实证证据所证实的事实。

有两个案件——一个来自加拿大最高法院，另一个来自南非宪法法院——可以展现比例原则的实证意涵。S v. Makwanyane 案是南非宪法法院成立后审理的首批案件之一，法院在该案中要对死刑的合宪性作出判断。③ 法院认为，死刑违反了禁止残忍、不人道或有辱人格的待遇之规定，并侵犯了生命权。判决的关键问题在于，这种违反能否根据南非宪法的一般性限制条款获得证成。

时任院长 Arthur Chaskalson 在其判决中指出，死刑有两个主要目标——威慑和惩罚。④ 他在这两大目标和潜在的死囚犯的各项权利之间进行了权衡。权衡的结果部分地取决于各项实证考量。死刑是否比长期监禁刑更能显著地震慑犯罪，这一点对于我们的规范性判断

---

① 参见 Entscheidungen des Bundesverfassungsgerichts [BVerfGE] 7, 377 (F. R. G.); R v. Oakes, [1986] 1 S. C. R. 103 (Can.); Bank Hamizrahi Hameuchad v. Migdal, C. A. 6821/93, PD 49 (4) 221 (1994) (Isr.); S v. Makwanyane and Mchunu (CCT3/94), 1995 (3) SA391 (S. Afr.).

② Brun – Otto Bryde, Tatsachenfeststellungen und soziale Wirklichkeit in der Rechtsprechung des Bundesverfassungsgerichts, in Festschrift 50 Jahre Bundesverfassungsgericht, Band I 533, 555 (Peter Badura & Horst Dreier eds., 2001); Christoph Engel, Das legitime Ziel als Element des Übermaßverbots, in Gemeinwohl in Deutschland, Europa und der Welt 103, 113 (Winfried Brugger, Stephan Kirste & Michael Anderheiden eds., 2002); Mark Elliott, Proportionality and Deference: The Importance of a Structured Approach, in Effective Judicial Review: A Cornerstone of Good Governance 264, 270 (Christopher Forsyth, Mark Elliott, Swati Jhaveri, Michael Ramsden & Anne Scully – Hill eds., 2010). 另请参见 Indra Spiecker gen. Döhmann, Staatliche Entscheidungen Unter Unsicherheit at ch. 4, part III, 2013.

③ 参见 S v. Makwanyane and Mchunu (CCT3/94), 1995 (3) SA 391 (S. Afr.).

④ S v. Makwanyane and Mchunu (CCT3/94), 1995 (3) SA 391 (S. Afr.), at ¶ 116 – 131.

非常重要。Chaskalson 认为，没有证据能够证明死刑比监禁刑更具威慑性。① 此外，死囚犯的生命权以及人道主义待遇比惩罚犯罪本身更为重要。基于这一原因，法院判决死刑有违宪法。

足以证明实证考量在比例原则适用中的重要性的第二个例子，是加拿大最高法院在 *Harper v. Canada* 案中所作的判决。② 在 *Harper* 案中，法院要判断一部限制第三方选举广告开支的法律的合宪性。由于对私主体在选举过程中公开表达其政治观点的机会构成了限制，这部法律被认为违反了《宪章》第 2（b）条所保障的表达自由。问题在于，这一限制能否根据《宪章》第 1 条获得证成。对此，加拿大最高法院运用比例原则进行了测试。

限制开支的目的是为了保证选举的公正性。立法机关试图阻止富人在政治辩论中，进而很可能在选举结果上，坐享比中等收入群体更大的影响力。本案中，法官争论的关键问题是实证性的：选举广告——也就是财富——能在多大程度上左右选举结果？少数派法官声称，不存在结论性的证据可以证明，不受经费限制的选举广告会扭曲选举进程。③ 由于尚不清楚这部法律是否能够充分地服务于其目的，即保证选举过程的公正性，少数派法官主张，保障政治表达自由的分量要重于选举广告经费限制所追求的目标。④

与之相反，多数派法官则强调，财富是平等参与政治辩论的一块绊脚石。⑤ 他们承认，要科学地估判选举的不公正性及其后果，是几乎不可能的。⑥ 但是他们认为，应对这种实证不确定性是议会的职责所在，因为"选举体制……反映的是一种政治选择，其具体内容最好还是留待议会决断。"⑦ *Harper* 案的争论带给我们两个方面的重要启示。一方面，它凸显出实证考量对于宪法判决以及在比例原则的指引下所做出之决策的重要性。另一方面，它也说明，如何应对实证不确定性的问题是至关重要的。多数派法官和少数派法官都同意，没有充分的证据能够证明选举广告开支的多寡会给选举结果带来何种影响。但在如何评估这一实证不确定性时，他们却分道扬镳了。本文第三部分还会回过头来讨论这个问题。

4. 宪法条文的开放结构及其模糊性

康德哲学教育我们，不能仅通过对抽象法律概念的纯粹逻辑推导就得出法律结论。⑧

---

① S v. Makwanyane and Mchunu（CCT3/94），1995（3）SA 391（S. Afr.），at ¶ 127.
② Harper v. Canada（Attorney General），[2004] 1 S. C. R. 827.
③ Harper v. Canada（Attorney General），[2004] 1 S. C. R. 827，at ¶ 34（McLachlin C. J. and Major J. in part dissenting）.
④ Harper v. Canada（Attorney General），[2004] 1 S. C. R. 827，at ¶ 35.
⑤ Harper v. Canada（Attorney General），[2004] 1 S. C. R. 827，at ¶ 62（Bastarache J.）.
⑥ Harper v. Canada（Attorney General），[2004] 1 S. C. R. 827，at ¶ 79.
⑦ Harper v. Canada（Attorney General），[2004] 1 S. C. R. 827，at ¶ 87.
⑧ Immanuel Kant, Critique of Pure Reason 106 – 113（John Miller Dow Meiklejohn trans., Colonial Press 1900）（1781）[German: Kritik der reinen Vernunft A 130 – 147（Wissenschaftliche Buchgesellschaft Darmstadt 1983）(1781)].

这一点对于宪法中经常出现的开放结构条文（open - textured provisions）来说尤为正确。在我们所生活的这个世界中，我们经常会观察到很多样态不同、程度各异的现象。与之相反，法律的概念通常是非常明确的。它要求我们在是与否、合法与非法之间作出二选一的决断。规范文本很多时候不能帮助我们确定那个临界点。

以我们提到过的民主政体为例，民主政体的制度设计不是千篇一律的。相反，民主政体有很多不同的样态。有些政府形式确定无疑属于民主政体，而另外一些政府形式则可以被我们毫不费力地排除到民主政体之外。但是，还有很多处于中间地带的政府形式，它们是否属于民主政体还存在争议。① 在这种情况下，为了使宪法上的抽象法律概念具体化，宪法法院就必须时常诉诸目的论式的或功能主义的论证。但是，这种目的论式的推理与上文提及的一般化的规范推理并没有太大程度的区别，因此实证假设仍然起着至关重要的作用。②

德国宪法法院新近审理的一个案件或许可以说明这一点。在 *Lisbon* 案中，法院要对《里斯本条约》的合宪性作出判断，该条约对欧盟的组织结构进行了调整，将成员国的某些权力转交给了欧盟的相关机构。③ 本案的问题在于，该条约是否违反了德国宪法上的民主原则，根据这一原则，所有的主权权力都来自人民。申请人主张，欧盟的相关机构不具有充分的民主正当性，因此由欧盟来行使这些主权性的权力将会侵犯他们的投票权。

尽管宪法法院认为，里斯本条约并没有违反德国宪法，但它还是对未来主权性权力向欧盟的移交设定了某些限制。法院划定了某些权力领域，为了尊重民主原则，这些领域的权力必须被保留在民族国家之内。④ 就我们的分析来说，有趣的是法院的推理过程。这一论证是纯粹演绎式的，法院仿佛是完全从相关的宪法规范得出其结论的。法院主张，公共辩论是民主政体的关键性和本质性要素之一。⑤ 但是，根据法院的判决，对政治议题的公共辩论在很大程度上是与"和民族国家、语言、历史以及文化相关的认同模式"⑥ 紧密相连的。因此，德国宪法法院得出如下结论：由欧盟这样的超国家组织来行使民族国家的某些核心权力将会导致一种结构性的民主赤字。⑦

法院据以得出其主要结论的两个前提都属于实证假设。对于第一个假设——民主有赖于公共辩论——法院至少提供了一个看似合理的常识性论证。公共辩论对于评判政府和议

---

① 关于民主政体的渐变性，请参见 Giovanni Sartori, The Theory of Democracy Revisited 184 – 185 (1987)。

② Christoph Engel, The Difficult Reception of Rigorous Descriptive Social Science in the Law, in Who Owns Knowledge? – Knowledge and the Law 169, 192 (Nico Stehr & Bernd Weiler eds., 2008).

③ Bundesverfassungsgericht [BVerfG] [Constitutional Court] June 30, 2009, 123 Entscheidungen des Bundesverfassungsgerichts 267 (F. R. G). English translation at http://www.bundesverfassungsgericht.de.

④ 关于这一判决的"创新之处"，参见 Daniel Halberstam & Christoph Möllers, The German Constitutional Court says "Ja zu Deutschland!" 10 *German Law Journal* 1241, 1250 (2009).

⑤ BVerfG, June 30, 2009, 123 BVerfGE 267 (F. R. G.), at ¶250.

⑥ BVerfG, June 30, 2009, 123 BVerfGE 267 (F. R. G.), at ¶251.

⑦ BVerfG, June 30, 2009, 123 BVerfGE 267 (F. R. G.), at ¶254.

会的政治产出，以及问责相关的政治人物是必不可少的。① 更有问题的是第二个假设。法院断定，公共辩论必须要和民族国家绑定在一起。② 此外，它还含蓄地提出了一种假设，即只有在全欧洲范围内存在统一的政治辩论，对欧盟层面的政治人物的问责才有可能实现。但是，法院并没有用证据证明这一点。在判决书中，我们只找到了如下断言，即公共辩论所具有的鲜明民族性"不能被忽视"③。法院似乎认为这一实证假设在直觉上就是非常可靠的，因为我们寻遍了整个判决书，也没有找到一点论证的蛛丝马迹。④ 但是，直觉不能取代论证——尤其是当潜在的实证问题如本案一般充满争议时。

三、应对实证问题的可能策略

法官不是社会科学家。他们通常接受的是规范推理和文本（语境）解释训练，但是并不必然接受因果推断技术和社会现象解释方面的训练。尽管如此，在应对其规范推理背后的实证问题时，还是有三种可能的方式供宪法法院选择。首先，他们可以把对实证问题的评估留给自己，依靠他们的直觉或是现成可用的社会科学证据。这种策略尤其受到德国宪法法院的追捧。⑤ 但是，这种路径有其不足之处。因为法官们大多没有受过实证研究的训练，他们对其潜在的陷阱并不知晓。我将通过分析德国联邦宪法法院近期作出的一项关于禁止在酒吧和饭店吸烟的判决来说明这一点。

剩下的两种路径都是让与式的（deferential）。一方面，法院可以把评估社会事实的自由裁量余地（margin of appreciation）授予立法机关。这似乎是加拿大最高法院比较青睐的一种策略。但这种路径也是有问题的，因为要确定立法机关自由裁量余地的界限是很困难的。为了证明这一点，我们将对加拿大最高法院的几个判决展开分析。另一方面，法院还可以委托专家证人对实证问题开展评估。但即使在这类案件中，法官也必须要有能力对专家的意见进行去伪存真。

（一）司法专长与俗智谬误（common-wisdom fallacy）

在大陆法系，社会事实的评估和解释通常被视为是司法领域的组成部分。德国宪法法

---

① BVerfG, June 30, 2009, 123 BVerfGE 267 (F. R. G.), at ¶ 268.
② 该主张可追溯至 Dieter Grimm, Does Europe Need a Constitution?, 1 *European Law Journal* 282, 292 – 297 (1995).
③ BVerfG, June 30, 2009, 123 BVerfGE 267 (F. R. G.), at ¶ 251.
④ 参见 Brun – Otto Bryde, Tatsachenfeststellungen und soziale Wirklichkeit in der Rechtsprechung des Bundesverfassungsgerichts, in Festschrift 50 Jahre Bundesverfassungsgericht, Band I 533, 560 (Peter Badura & Horst Dreier eds., 2001)（批判性地指出，此种策略乃是在规范考量的指引下对现实图景所进行的建构）。这并不是德国宪法法院独有的一个问题。美国联邦最高法院在评判心理学证据对陪审团决策之影响效果时也采取了类似的策略，参见 J. Alexander Tanford, The Limits of a Science Jurisprudence: The Supreme Court and Psychology, 66 Indiana Law Journal 137, 144 (1990).
⑤ 参见 Oliver Lepsius, Sozialwissenschaften im Verfassungsrecht – Amerika als Vorbild?, 60 *Juristenzeitung* 1, 4 (2005).

院审理的 Lisbon 案已经表明，大陆法系的法官经常将规范性判断建立在他们关于社会以及社会关系的直觉上。由于大部分法官缺少社会科学训练，他们可能还没有做好充分的准备来应对社会科学研究的潜在危险。德国宪法法院近期的一个案件或许可以证明这一点。

在"禁烟案"中，法院要审查德国柏林州和巴登—符腾堡州制定的禁烟法的合宪性。[1] 这些法律原则上禁止在饭店、酒吧和夜店内吸烟，少数特例除外。部分上述行业的从业者采取行动抵制这些禁令，因为他们担心营业收入遭受巨大损失，并因此认为这些禁令侵犯了他们的职业自由。根据德国宪法，每个德国公民都有权自由地追求他或她的职业。[2] 禁烟法对这一宪法性保障构成了限制，因为它对上述行业的从业者所能提供的服务类型施加了限制。[3] 因此，判决的关键问题就在于这一限制能否根据职业自由规定中的限制条款得到证成。

德国宪法法院个人权利裁判中的限制条款分析，其核心通常也就是比例原则分析的最后一个步骤——在所追求的公共善与受侵犯的个人权利之间的权衡。[4] 因此，在"禁烟案"中，法院要在被动吸烟者的健康保护与酒吧、饭店业者的职业自由之间进行权衡。这一权衡要求法院对禁烟法的实证效果有所了解。禁烟在多大程度上能够保护被动吸烟者的健康？吸烟仅仅是件讨人厌的事情，还是真的会对人体健康构成严重的长期危害？在硬币的另一面，法院还要考察禁烟法对餐饮行业的营收状况所造成的影响。对营收状况造成的影响越小，禁烟法的正当性就越足。

在健康保护方面，为了查明立法机关是否将法律建立在坚实的事实基础之上，法院援引了专业的医学观点。[5] 虽然承认被动吸烟对健康的负面影响程度在科学上还存在若干不确定性，法院还是赋予了立法机关自由裁量余地，把证据存疑的利好（benefit of the doubt）留给了民选的立法机关。[6]

与依靠专业医学知识来确定禁烟法的健康影响不同，法院认为应当由其自身基于其专业知识对限制职业自由的严厉程度所造成的社会影响进行评估。总的来说，法院就该问题所发表的意见是以德国联邦统计局发布的一份新闻稿为基础的。[7] 德国各州并没有同时引入禁烟法。这份新闻稿对比分析了引入禁烟法的各州与没有引入禁烟法的各州的营收情

---

[1] BVerfG, July 30, 2008, 121 BVerfGE 317 (F. R. G.).
[2] Grundgesetz für die Bundesrepublik Deutschland, May 23, 1949, at art. 12.
[3] BVerfG, July 30, 2008, 121 BVerfGE 317 (F. R. G.), at 345.
[4] 参见 Dieter Grimm, Proportionality in Canadian and German Jurisprudence, 57 *University of Toronto Law Journal* 383, 393 (2007).
[5] BVerfG, July 30, 2008, 121 BVerfGE 352 (F. R. G.).
[6] BVerfG, July 30, 2008, 121 BVerfGE 352 (F. R. G.), at 352 – 353. 对该医学专业评估的批判，请参见 Stefan Brink, Tatsachengrundlagen verfassungsgerichtlicher Judikate, in Linien der Rechtsprechung des Bundesverfassungsgerichtserörtert von den wissenschaftlichen Mitarbeitern 3, 24 – 26 (Hartmut Rensen & Stefan Brink eds., 2009).
[7] 参见 Pressemitteilung des Statistischen Bundesamtes 207/08 (June 6, 2008).

况。它指出,与没有引入禁烟法的各州相比,引入禁烟法的各州在营收上有更大幅度的下降。① 根据这份新闻稿,宪法法院得出了禁烟法对餐饮行业的营收有负面因果关系影响的结论,② 这成为法院最终推翻禁烟法,宣布它们违宪的原因之一。

但是,这一结论的得出是草率的。营收数字差异的原因是多方面的。餐饮行业的营收状况受多种不同因素的影响,这些因素在各个州并不必然是相同的。因此,法院如果不考察营收上的差别是否具有统计显著性,就不能通过对比得出坚实的结论。如果这种差别不具有统计显著性,那么这种差别很可能是由于与禁烟的引入所不相关的其他因素的影响。这些因素可能是特定州的天气,或者整体的经济发展水平。

遗憾的是,我无法从联邦统计局那里得到相关的信息来计算这种显著性。但好在我们还能从各州的统计部门那里获得一些数据,这些数据能够启发我们为什么联邦宪法法院的结论是有问题的。③ 如果作为比较对象的禁烟州和不禁烟州,它们的营收差距相对较小,在这种情况下,禁烟和营收下降之间至少存在某种相关性的说法才可能具有直觉上的合理性。较小的差距意味着各州具有相当程度的同质性,也意味着其他可能起作用的因素对各州都产生了同等的影响。但是,较大的差距则表明,影响每个州营收状况的其他因素在很大程度上是各不相同的。因此,如果我们观察到较大的差距,禁烟令就不太可能是造成营收差距的罪魁祸首。

2007年第三季度,被观察各州的营收增幅在-1.9%(巴登—符腾堡州,该州禁烟)到-21.7%(梅克伦堡—前波美拉尼亚州,该州不禁烟)之间。2007年第四季度,各州的营收增幅在-2.5%(荷尔斯泰因州,该州不禁烟)到-14.9%(下萨克森州,该州禁烟)之间。可见,各州之间的差距是相当大的。2007年第三季度的差距达到了近20个百分点。此外,最糟糕的营收状况并不总是出现在禁烟州。相反,2007年第三季度的最佳营收出现在一个禁烟州。这些因素表明,宪法法院不应该得出其根据新闻稿所得出的那种结论。

该判决带给我们的教训非常简单。社会科学已经发展出了很多有用的规则,据此来评判我们究竟能从观测结果中得出何种结论。④ 或许这些观测结果是某种更为普遍的社会规律的外在表达,表明我们观测到的特定现象之间存在某种因果关系。但是,这些现象的同

---

① 2007年第三季度,禁烟的两个州营收下降了9.8%,不禁烟的十四个州营收只下降了6.8%。2007年第四季度,禁烟的三个州营收下降了14.1%,不禁烟的十三个州营收下降了8.8%。
② BVerfG, July 30, 2008, 121 BVerfGE 355 (F. R. G.), at 355 and 364.
③ 这些数据来源于 Niels Petersen, Braucht die Rechtswissenschaft eine empirische Wende?, 49 Der Staat 435, 449 – 450 (2010)。
④ 当然,社会科学研究并不局限于因果关系推断。社会科学领域还存在着一个解释主义的流派;参见 Charles Taylor, Interpretation and the Sciences of Man, 25 The Review of Metaphysics 3, 10 – 17 (1971); Ronald Dworkin, Social Sciences and Constitutional Rights – the Consequences of Uncertainty, 6 Journal of Law & Education 3, 3 – 4 (1977); David Dessler & John Owen, Constructivism and the Problem of Explanation, 3 Perspective on Politics 597 (2005)。

时出现也可能只是机缘巧合，或是由于我们无法观测到的一些其他因素。如果法律人对这些规则一无所知，还自认为具备评判社会事实的专业知识，他们很可能会把规范结论建立在可疑的事实假设之上。①

（二）让与式策略之一：立法机关的自由裁量余地

应对实证不确定性难题的第二种策略是赋予立法机关自由裁量余地，以决定和评估其决策的事实基础。允许立法机关对其决策的实证基础进行评估，这背后的主要假设在于与法院相比，立法机关作为民选机构有更高程度的正当性来决定这些问题。因此，让与意味着对民选政治机构展现某种形式的服从，并将政治决策留给政治分支。② 但是，这种大而化之的论述方式有陷入循环论证的危险。此处，我不想参与到有关合宪性审查之正当性的讨论中。③ 但是如果假定宪法法院在管控立法机关方面能够起到正当的作用，我们就不能从立法机关有更大程度的正当性这一点得出法院存在能力上的局限的结论，因为这是自相矛盾的。

如果我们仔细观察就会发现，政治决策通常包含两个不能全然分开的组成部分。④ 一方面，我们面对多种政策选项，它们应当体现了各种集体偏好。虽然不存在一种能将加总后的个人偏好转译成集体偏好的完美机制，⑤ 议会却是从事这种转译工作的最佳机构。另一方面，我们有各种执行策略，它们囊括了用以实现已确定之政策选项的所有手段。从理论上讲，我们能够分清哪些执行手段更有效，哪些执行手段不那么有效。至少就个人权利而言，议会不能随意地放着更有效的手段不用，反而去选择不那么有效的手段。⑥ 相反，比例原则的成本—收益分析结构要求立法机关作出最合乎理性的决策。

事实预测的准确性是执行策略之合理性的一个重要方面。以武断的实证假设为依据的手段，其本身并不比该假设更合理。在一个不存在实证不确定性的世界中，没有理由赋予立法机关任何对其决策之事实基础的自由裁量余地。但是，我们生活的世界充满了事实的

---

① 另请参见 Andreas Voβkuhle, Das Konzept des rationalen Staates, in Governance von und durch Wissen 13, 24 (Gunnar Folke Schuppert & Andreas Voβkuhle eds., 2008)（警告不要盲目相信定量事实）。

② 参见 David M. Beatty, Law and Politics, 44 *American Journal of Comparative Law* 131, 134 (1996)。

③ 相关讨论请参见 Alexander M. Bickel, The Least Dangerous Branch (1962); John Hart Ely, Democracy and Distrust (1980); Ulrich Haltern, Verfassungsgerichtsbarkeit, Demokratie Und Misstrauen (1998); Jeremy Waldron, Law and Disagreement (1999); David M. Beatty, The Ultimate Rule of Law (2004); Dimitris Kyritsis, Representation and Waldron's Objection to Judicial Review, 26 *Oxford Journal of Legal Studies* 733 (2006); Richard Bellamy, Political Constitutionalism: A Republican Defense of the Constitution of Democracy (2007); Michael J. Perry, Constitutional Rights, Moral Controversy and the Supreme Court (2009); Grégoire C. N. Webber, The Negotiable Constitution (2009); David Robertson, *The Judge as Political Theorist* (2010)。

④ Anthony Downs, An Economic Theory of Democracy 4 (1965)。

⑤ 参见 Kenneth J. Arrow, A Difficulty in the Concept of Social Welfare, 58 *Journal of Political Economy* 328 (1950)。

⑥ 参见 Anne van Aaken, "Rational Choice" in Der Rechtswissenschaft Zum Stellenwert Der Ökonomischen Theorie Im Recht 315 – 333 (2003)。

不确定性。很多时候，我们根本无法判断一项事实假设到底是对还是错。因此有些学者主张，法院不应当对立法决策的实证基础进行二次猜测。因为相比法院来说，议会通常掌握着更为丰富的资源，因此更适合厘清实证的不确定性。①

但是，这并不意味着我们可以合理地假定立法机关作出的事实预测都是适当的。② 政治动因是立法机关未能充分利用其预测资源的原因之一。举个例子来说明一下。假设性暴力犯罪引发了社会公愤。基于这一原因，政府和议会的多数派制定了一部法律，对性犯罪者处以死刑。政府主张，此举可以威慑潜在的犯罪者并降低犯罪行为的数量。对于支持这一倡议的政治人物来说，事实是否真的如此并不重要。重要的是公众相信这是真的。因此，政府就缺乏对其背后的实证假设展开研究的动因。

所以，如果不想把司法审查变成一把钝器，我们就必须清晰地划定立法机关自由裁量余地的边界。③ 对于能否清晰地界定立法机关在实证问题上的自由裁量余地，现有的法学文献还存在争议。④ 接下来，我将讨论两种可能的让与模式。一方面，法院可以在社会科学证据不具有结论性时赋予立法机关自由裁量余地。另一方面，法院也可以不评判立法机关之实证预测的具体内容，仅对其进行一种纯粹的程序性管控。

1. 社会科学证据的非结论性

可供法院使用的第一种策略是，当社会科学证据不具有结论性时，将决定权拱手奉送给立法机关。如我们所知，实证不确定性是赋予立法机关自由裁量余地的主要依据。在此种情形下，事实假设的作出就不再是一个理性多寡的问题，而是一个事关社会风险偏好的问题。为了说明这一点，我们回到上文的"禁烟案"。假设被动吸烟会对健康产生负面影响的社会科学证据是非结论性的，我们根据这一证据所能得出的结论就取决于我们是更倾向于谨慎对待被动吸烟对健康的潜在负面影响，还是认为这种负面影响不值一提。这不是一个科学能够回答的问题，⑤ 而是一个只能由对全体选民负责的政治机构——而非法院——才能回答的规范偏好问题。⑥

---

① Jeffrie G. Murphy & Jules L. Coleman, Philosophy of Law: An Introduction of Jurisprudence 228 (1990). 另请对比 Horst Eidenmüller, Effizienz als Rechtsprinzip 428 (1995).

② Joseph H. H. Weiler, Comment: Brazil - Measures Affecting Imports of Retreaded Tyres (DS32), 8 *World Trade Review* 137, 144 (2009).

③ Julian Rivers, Proportionality, Discretion and the Second Law of Balancing, in *Law, Rights and Discourse: The Legal Philosophy of Robert Alexy* 167, 183 (George Pavlakos ed., 2007).

④ 参见 Julian Rivers, Proportionality and Variable Intensity of Review, 65 *Cambridge Law Journal* 174, 202 - 206 (2006); Mark Elliott, Proportionality and Deference: The Importance of a Structured Approach, in *Effective Judicial Review: A Cornerstone of Good Governance* 264, 272 - 276 (Christopher Forsyth, Mark Elliott, Swati Jhaveri, Michael Ramsden & Anne Scully - Hill eds., 2010).

⑤ 另请参见 Joseph H. H. Weiler, Epilogue: Towards a Common Law of International Trade, in *The EU, the WTO, and the NAFTA: Towards A Common Law of International Trade?* 201, 222 - 223 (Joseph H. H. Weiler ed., 2000).

⑥ 参见 Ulrich Haltern, Europarecht: Dogmatik im Kontext ¶ 1646 (2nd ed. 2007).

在社会科学证据不具有结论性时赋予立法机关自由裁量余地,此种路径在加拿大最高法院的多个判决中都有所体现。① 在 Irwin Toy 案中,法院要判断魁北克省立法机关制定的一部法律是否违反了被庄严载入《加拿大权利与自由宪章》的表达自由,该法禁止任何针对 13 周岁以下儿童的商业广告。② 法院认为,该禁令构成对表达自由的限制,因此需要对此种限制能否根据《宪章》第 1 条获得证成进行分析。

广告禁令的目的在于保护少年儿童免受商业广告的操控效应之影响。在评判这是否属于 Oakes 测试(即加拿大版本的比例原则测试)中的紧迫且重要之事项时,美国联邦贸易委员会的一份科学报告成为法院的主要依据。③ 这份报告发现,6 周岁以下的儿童无法区分现实和虚构,因此很容易受到商业广告的引诱。此外,该报告还指出,儿童在 7 岁到青春期的某个时间点上才能逐步发展出足以识别广告之劝说性的认知能力。④

基于这一科学证据,法院必须要判断把 13 周岁作为划界年龄是否是武断的。它主张

> 如果立法机关已经就在何处划线最为妥当这一问题作出了合理的评估,尤其是当该评估涉及对相互冲突的科学证据进行权衡并以此为基础对稀缺资源进行配置时,法院不得对其进行二次猜测。那样做无异于用一种估算取代另一种估算。⑤

因此,法院赋予立法机关"根据略微不具有结论性的社会科学证据来形成正当目标"⑥ 的自由裁量余地。

但是,这种路径存在一个根本性的问题。社会科学证据是否具有结论性,要由法院说了算。法院必须对社会科学证据作出自己的评判。因此,他们必须对上文中在讨论德国宪法法院的"禁烟案"判决时曾提到过的社会科学的陷阱有所了解。此外,社会科学证据是结论性还是非结论性的判断标准也要由法院来确定。但是,鉴于几乎所有的问题都存在科学上的争议,确定这样的判断标准也是很困难的。由此带来的结果是,加拿大最高法院的法官们经常在社会科学证据是否是非结论性的问题上产生严重的分歧。⑦

在 RJR - MacDonald 案中,法院要对全面禁止烟草广告的合宪性作出判断。⑧ 法院表示,禁止烟草广告侵犯了《加拿大权利与自由宪章》所保护的表达自由,因为商业表达自

---

① 欧洲法院也采取了类似的路径,"只要在现有的科学研究水平下还存在不确定性",就赋予各成员国在公民保护水准方面的自由裁量权(Case 174/82, Sandoz, 1983 E. C. R. 2445, at ¶ 16)。
② Irwin Toy Ltd v. Quebec (Attorney General), [1989] 1 S. C. R. 927.
③ Irwin Toy Ltd v. Quebec (Attorney General), [1989] 1 S. C. R. 927, at 988.
④ Irwin Toy Ltd v. Quebec (Attorney General), [1989] 1 S. C. R. 927, at 989.
⑤ Irwin Toy Ltd v. Quebec (Attorney General), [1989] 1 S. C. R. 927, at 990.
⑥ Irwin Toy Ltd v. Quebec (Attorney General), [1989] 1 S. C. R. 927, at 990.
⑦ Sujit Choudhry, So What Is the Real Legacy of Oakes? Two Decades of Proportionality Analysis under the Canadian Charter's Section 1, 34 *Supreme Court Law Review* 501, 527 – 528 (2006).
⑧ RJR - MacDonald v. Canada (Attorney General), [1995] 3 S. C. R. 199 (Can.).

由也属于表达自由。① 因此，本案的关键问题又一次落在了这一限制能否获得证成上。在对《加拿大权利与自由宪章》第 1 条的分析中，法官们要判断烟草广告是否真的促进了香烟的销量。多数派法官区分了生活方式型广告和其他形式的广告，比如信息型广告，外包装提示，焦油含量比较，以及新品牌推广等。多数派法官发现，缺乏科学证据证明后一种形式的广告会带动香烟销量的增加。② 他们要求立法机关承担举证责任，提出这方面的相关证据。由于立法机关没有提供任何证据，多数派法官因此判定，广告禁令未能通过合理联结测试③和最小损害测试④。

Gérard La Forest 大法官代表少数派的三位法官发表了反对意见。他承认，在所有形式的烟草广告是否都会对潜在的香烟消费者造成损害这一点上，现有的社会科学证据是非结论性的。但是，他得出了截然相反的结论。他提醒多数派法官不要忘了 *Irwin Toy* 案的判决，主张在社会科学证据是非结论性的情况下，应当赋予立法机关自由裁量余地。⑤ 根据他的观点，在有害和无害的烟草广告方式之间划清界限，不是法院的职责所系。这一推理遭到了多数派法官的严词拒绝。McLachlin 大法官发表的多数派意见认为

> 受挑战的法律不能被视为一种独特的社会—经济现象，议会才是其最佳的决断者。这将弱化议会证成其对宪章权利所施加之限制的义务。⑥

她继续说道

> 把司法尊重（judicial deference）推展到仅仅因为问题很严重、解决起来很棘手就完全接受议会观点的程度上，将会削弱法院在宪法过程中的作用。⑦

举证责任和自由裁量余地是效果截然相反的两个概念。由立法机关承担举证责任暗示着，要弄清楚作为争论焦点的实证问题并非不可能。只不过，立法机关在为其决策寻找事实依据时工作并没有做到位。⑧ 因此，证据存疑的利好就归于主张个人权利受到侵害的申诉者了。相反，赋予立法机关自由裁量余地的做法则假定，立法机关根本不可能拿出必要的证据来。因此，摆在立法机关面前的不是判断对错的实证问题，而是个确定状态下的风险偏好决断难题。既然如此，证据存疑的利好就应当归于立法机关。

---

① RJR – MacDonald v. Canada (Attorney General), [1995] 3 S. C. R. 199 (Can.), at ¶124 (McLachlin J.).
② RJR – MacDonald v. Canada (Attorney General), [1995] 3 S. C. R. 199 (Can.), at ¶159.
③ RJR – MacDonald v. Canada (Attorney General), [1995] 3 S. C. R. 199 (Can.), at ¶159.
④ RJR – MacDonald v. Canada (Attorney General), [1995] 3 S. C. R. 199 (Can.), at ¶163.
⑤ RJR – MacDonald v. Canada (Attorney General), [1995] 3 S. C. R. 199 (Can.), at ¶104 (La Forest J. dissenting).
⑥ RJR – MacDonald v. Canada (Attorney General), [1995] 3 S. C. R. 199 (Can.), at ¶134 (McLachlin J.).
⑦ RJR – MacDonald v. Canada (Attorney General), [1995] 3 S. C. R. 199 (Can.), at ¶136.
⑧ *RJF MacDonald* 案中就有这方面的迹象，因为政府拒绝披露一项其已经开展的、关于全面广告禁令的替代性方案的研究；参见 RJR – MacDonald v. Canada (Attorney General), [1995] 3 S. C. R. 199 (Can.), at ¶166.

综上所述，为了决定社会科学证据是否具有结论性，法院必须要对社会科学上的争论加以分析。如果政府没有提供充分的证据，原因可能有两个。要么是因为在为其决策寻找实证基础时政府的工作没有做到位。在这种情况下，由立法机关承担举证责任似乎是合理的。要么是因为由于科学上的不确定性根本不可能举出充分的证据。在这种情况下，赋予立法机关自由裁量余地似乎是正当的。但是，如果法官们不对实际的科学争论有所考察，他们就很难判断其面临的是哪种情况。即便他们查明了是哪种情况，他们也必须提出适当的判断标准，以此来确定什么样的社会科学证据才是真正非结论性的。

2. 立法决策的程序性控制

与评估社会科学证据是否具有结论性所不同的，是一种程序性的路径。此种路径并不关注赋予立法机关自由裁量余地的实质性前提条件是否获得了满足，而是关注立法机关是否采取了必要的程序性保障措施，以确保其决策是建立在合理的实证基础之上。因此，法院要调查清楚一部法律是否是经由一个可靠的立法前事实发现和专家意见咨询程序而产生的。[1] 它们必须确保议会已经充分利用了其所掌握的优渥资源。但是，对事实的评估则全部留给了立法机关。

虽然宪法和人权学界对此种程序性路径不乏赞许之声，[2] 但这没有引发宪法裁判实践的共鸣。在加拿大最高法院的 Chaoulli 案判决中，Ian Binnie 和 Louis LeBel 两位大法官发表了反对意见，从中可以找到一些程序性路径的蛛丝马迹。[3] 在 Chaoulli 案中，申请人指责公共卫生服务体系导致某些类型的手术的等待时间过久，并主张能够提供更好服务的、替代性的私人医疗保险体系的阙如侵犯了他的生命权。魁北克省政府主张，引入平行的私人体系会引发逆向选择并因此降低公共体系的服务质量，因此对私人卫生服务体系的禁止是正当的。

因此，本案最主要的事实问题就在于，平行的私人卫生服务体系会对公共卫生服务体系产生何种影响。法院的多数派认为，没有足够的证据证明禁止私人卫生服务体系是正当的。它指责政府的主张并没有建立在合理的证据之上，而是单纯建立在"医疗服务的改善有赖于排他性这一常识性论断"[4] 之上。打破平衡的主要因素是来自于加拿大其他省份以

---

[1] Julian Rivers, Proportionality and Variable Intensity of Review, 65 *Cambridge Law Journal* 174, 204 (2006).

[2] 参见 Sujit Choudhry, So What Is the Real Legacy of Oakes? Two Decades of Proportionality Analysis under the Canadian Charter's Section 1, 34 *Supreme Court Law Review* 501, 534 (2006); Julian Rivers, Proportionality and Variable Intensity of Review, 65 *Cambridge Law Journal* 174, 204 (2006); Oliver De Schutter & Françoise Tulkens, Rights in Conflicts: The European Court of Human Rights as a Pragmatic Institution, in Conflicts between Fundamental Rights 169, 208 (Eva Brems ed., 2008). 另请参见 Brun - Otto Bryde, Verfassungsentwicklung: Stabilität Und Dynamik Im Verfassungsrecht Der Bundesrepublik Deutschland 328 (1982).

[3] Chaoulli v. Quebec (Attorney General), [2005] 1 S.C.R. 791. 2005 S.C.C. 35.

[4] Chaoulli v. Quebec (Attorney General), [2005] 1 S.C.R. 791. 2005 S.C.C. 35, at ¶ 136 (McLachlin C.J. and Major J.).

及其他 OCED 国家的证据，在这些国家或省份，如果立法机关采取措施保证公共计划不被滥用，公私体系是可以和谐共存的。① Deschamps 大法官代表法院撰写了判决理由，他甚至拒绝给予立法机关任何自由裁量余地。他主张，Chaoulli 案是"一个法院具备全部必要的工具来评判政府之举措的案件"，因此没有任何让与的空间。②

在其反对意见中，Binnie 大法官和 LeBel 大法官赞成赋予立法机关自由裁量余地。他们的推理过程流露出程序性路径的一些痕迹。他们对专家出具的证明文件表示信任，魁北克省政府就是依据这些证明文件作出的决策，③ 主张魁北克省立法机关投入了大量资金，形成了一系列权威性报告，这些报告都建议保留单轨制的卫生服务体系。④ 他们因此强调如下事实，即立法机关已经下了很大力气来为其决策搭建事实基础，对相关建议也已从善如流。基于这一原因，他们主张尊重立法机关的决定。

德国联邦宪法法院的一些判决中也能找到程序性路径的若干要素。其中最为明显的，是"职工参与权案"的判决。在"职工参与权案"中，法院要决定职工参与权的引入是否侵犯了企业主和企业股东的基本权利。⑤ 法院承认，德国立法机关在对该法的经济效果作出事实性预判上享有自由裁量余地。⑥ 为了划定立法自由裁量权的边界，法院对立法程序进行了审查，还追问立法机关是否用尽并合理解释了所有可能的信息资源。⑦ 但是，在后续的案件中，法院没有一以贯之地发展这种路径。⑧

程序性路径认为，事实不确定性问题和风险偏好问题并不像非结论性证据路径所暗示的那样可以截然分开。没有一种客观的方法可以判断我们是否处在一种"真正的"不确定性状态。因此单从概念上讲，程序性路径似乎是更合理的一个视角。但是，其实际的有效性却要取决于立法事实发现程序之评判标准的优劣。这也许是一项困难的任务。⑨ 我们如何知道议会是否做足了立法事实发现的相关工作？我们是否要求举行专家听证或开展科学研究？我们如何判断议会听取的是"正确的"专家意见，供其参考的科研成果在研究方法上是合理的？虽然程序性路径具备一些闪光之处，但它似乎也分享了我们在实质性路径中发现的很多问题。因此，无怪乎到目前为止，各国法院都不太情愿把重心放到程序性管控上。程序性路径若要成为检验立法决策之实证基础的当仁不让的黄金标准，仅程序性审查

---

① Chaoulli v. Quebec (Attorney General), [2005] 1 S. C. R. 791. 2005 S. C. C. 35, at ¶ 82 (Deschamps J.).
② Chaoulli v. Quebec (Attorney General), [2005] 1 S. C. R. 791. 2005 S. C. C. 35, at ¶ 96.
③ Chaoulli v. Quebec (Attorney General), [2005] 1 S. C. R. 791, 2005 S. C. C. 35, at ¶ 214 (Binnie and LeBel JJ. dissenting).
④ Chaoulli v. Quebec (Attorney General), [2005] 1 S. C. R. 791, 2005 S. C. C. 35, at ¶ 258.
⑤ Bundesverfassungsgericht [BVerfG] [Constitutional Court] March 1, 1979, 50 Entscheidungen des Bundesverfassungsgerichts 290 (F. R. G.).
⑥ BVerfG, March 1, 1979, 50 BVerfGE 290 (F. R. G.), at 332 – 333.
⑦ BVerfG, March 1, 1979, 50 BVerfGE 290 (F. R. G.), at 334.
⑧ Klaus Messerschmidt, Gesetzgebungsermessen 845 (2000).
⑨ 参见 Klaus Messerschmidt, Gesetzgebungsermessen 871 (2000) (主张对程序合理性的检验不能完全取代对立法决策的实质性管控）。

标准这一项，就还有太多未解的难题需要攻克。

（二）让与式策略之二：诉诸专家

应对法律问题中的社会科学因素的最后一种方式，是将社会科学问题转交给专家。在这一路径之下，法院就一个明确界定好的问题求教于一位社会科学家，并以其建议作为判决的依据。这种纯粹委托模式的许多弊端已经广为人知，很多别的文章对此也已有所指摘。① 最重要的一个问题或许在于，很难确定一项社会科学研究成果是否可靠。如果对某一领域及其研究方法不甚了解，法官就不可能对研究设计及所采用的研究方法的可靠性作出评判。此外，他也无从知晓这些研究成果是反映了学界的共识，还是具有高度的争议性。

但是，在本文的这一部分我想强调的是另外一个重点，一个迄今为止尚未获得法学界太多关注的重点。它主要涉及的是实证研究的规范意涵。② 假设我们要对一项旨在削减贫困的立法提案之效果做出评判。对于这类研究，我们必须要把被分析的变量概念化和操作化。③ 就贫困而言，这意味着我们首先要给贫困下一个定义，接着我们还要找到相应的指标，以测量我们所界定的贫困之水平。其中，尤以第一个步骤，给贫困下定义，的规范意涵更为强烈。

界定贫困的方式大致有三种。第一，我们可以采用一种绝对主义的贫困标准。根据这种绝对主义的标准，我们可以宣布，任何月收入低于某一固定数额的人都必须被视为穷人。第二，我们也可以采用一种相对主义的贫困标准，根据这一标准，如果他/她的可支配收入低于月收入中位数的50%，我们就将其认定为穷人。第一种标准假定每个人都需要一定数量的金钱才能过上合宜的生活，第二种标准则更关注分配问题。如果社会收入差距扩大，穷人的数量也将随之增加。

最后，还有一种主观主义的方式可以界定贫困。我们可以问人们，他们上个月真正负担得起的东西有哪些，他们能否付得起房租，等等。这种主观主义的贫困定义还将节约能力考虑在内。如果一个人将大把的钞票花在喝酒和赌博上，虽然他的收入已经超出了其他

---

① 参见 John Hagan, Can Social Science Save Us? The Problems and Prospects of Social Science Evidence in Constitutional Litigation, in Charter Litigation 213 (Robert J. Sharpe ed., 1987); Katherine Swinton, What do the Courts Want from the Social Science?, in Charter Litigation 187 (Robert J. Sharpe ed., 1987); Christoph Engel, Verhaltenswissenschaftliche Analyse: Eine Gebrauchsanweisung für Juristen, in Recht und Verhalten 363 (Christoph Engel, Markus Englerth, Jörn Lüdemann & Indra Spiecker gen. Döhmann eds., 2007); Jörn Lüdemann, Netzwerke, Öffentliches Rechts und Rezeptionstheorie, in Netzwerke 266 (Sigrid Boysen et al. eds., 2007); Jörn Lüdemann, Rechtsetzung und Interdisziplinarität in der Verwaltungsrechtswissenschaft, in Öffentliches Recht und Wissenschaftstheorie 125 (Andreas Funke & Jörn Lüdemann eds., 2009).

② 另请参见 Christoph Engel, The Difficult Reception of Rigorous Descriptive Social Science in the Law, in Who Owns Knowledge? – Knowledge and the Law 169, 176 (Nico Stehr & Bernd Weiler eds., 2008) （关注的是社会科学结果解释方面的规范意涵）。

③ Royce A. Singleton & Bruce C. Straits, *Approaches to Social Science* 115 – 125 (5th ed. 2010).

两种标准所划定的贫困线，但他可能连购买日常生活用品的钱都拿不出来。

没有哪种界定贫困的方式是唯一"正确"的。我们如何界定这一概念，取决于我们想知道什么。第一种概念化的方式旨在了解人们是否享有过上一种合宜生活的物质机会，第二种概念化的方式更关注分配问题。最后，主观主义的贫困概念则认识到，具备过上一种合宜生活的物质能力并非真的过上这种生活的充分条件。法官必须充分知晓这些概念之间的差异，因为他们所理解并据以作出判决的贫困概念，可能与其所参考的研究成果中的贫困概念完全不同。如果法官想要知道过上一种合宜的生活在理论上应当具备什么能力，这正是绝对贫困标准所要表达的，一项根据相对贫困标准而得出的贫困增加或减少的研究成果就不能为司法判决提供任何有用的信息。所用的术语是一样的，但概念却是不同的。因此，把社会科学当作是黑箱，或者是可以被轻易地裁剪并堆砌到司法判决中的多功能砖块，这种想法是很危险的。如果想要准确地运用社会科学，法官不可避免地要掌握一些该领域及其研究方法的基本知识。

四、结论

在宪法裁判中，法官不能完全忽视社会科学。宪法解释以及在相互竞争的宪法价值之间所展开的权衡经常以实证假设作为基础。但是，即便我们同意宪法裁判必须将社会科学考虑在内，以何种样貌将其考虑在内的问题仍然很复杂。法律人通常接受的是文本解释、规范比较以及如何作出合乎逻辑的价值判断等训练。然而，他们并不是推断因果关系、从客观现象中抽象出规律性的行家里手。

在本文中，我讨论了应对宪法裁判中的实证问题的三种不同策略——自主解释社会事实，赋予立法机关自由裁量余地，委托外部专家评估社会事实。其中，有的策略比其他的策略要好一些，但是没有哪个策略能够完美地回答如何应对法律决策中的实证问题这个难题。最接近一种整全性解决方案的策略，至少在理论上是如此，或许是对立法决策进行一种纯粹的程序性管控，它只审查立法机关在为其制定的法律搭建事实基础时是否遵循了适当的程序。但是，法院在实践中很少运用这一策略，其原因也不难想见。最主要的问题在于，我们需要明确有效的管控标准，而要做到这一点，还有太多未解的难题需要攻克。

在我们发展出此类标准之前，综合运用上述几种策略似乎是应对宪法裁判中的社会科学问题的最佳方式。我们无法避免地要赋予立法机关一些评估社会事实的自由裁量余地。我们生活在一个不确定的世界中，应对不确定性不全然等同于发现事实真相。它还是一个社会风险偏好问题，而法院不是决定这些偏好的适当机构。但是，为了不让自由裁量蜕变成恣意妄为，法院就必须对议会自由裁量的疆界进行管控。只有当社会科学证据是非结论性的时候，立法机关才享有自由裁量余地。

为了查明立法机关的决策是否具有合理根据，法院必须请教专家证人或者自行展开相关的社会科学研究。但是，无论怎么做，法官都需要对社会科学的方法论有基本的了解。

如果他们独立开展数据评估，他们必须要知晓从其观察到的事实中能得出何种结论。如果他们查阅社会科学文献，他们必须对其所参考之研究成果的局限性有所了解，并能够评估潜在的竞争性理论。即使他们把问题转交给专家证人，他们也必须对实证研究的规范意涵有所了解。固然，法官不需要变身成为社会科学家。但是，他们也不能对社会科学方法一无所知。

这一任务要求我们重新思考学术研究在未来法学教育中所能扮演的角色。法院似乎不可避免地要参与到某些实证论证中，而正如我所主张的，即使是对立法特权之至高无上性的制度性尊崇也不能将法院从对某些实证问题的评估中抽身而出，哪怕只是确认立法过程已经妥当地化解了实证不确定性难题。这意味着现在需要，未来也将继续需要一些能够游走在法律和社会科学之间的法学工作者。[①] 这些法学工作者可以在社会科学证据的帮助下发现问题，并将经济学、心理学以及政治科学的洞见引入到法学学科内部，以此来影响法学界的讨论。另一方面，为了避免在应对社会科学问题时落入陷阱，年轻的法律人不可避免地要接受一些社会科学方法上的基础性训练。北美的各所法学院已经朝着正确的方向迈步前进了，欧陆的各大高校则仍处在这一转型之中。

（编辑：蒋太珂）

[①] Christoph Engel, The Difficult Reception of Rigorous Descriptive Social Science in the Law, in *Who Owns Knowledge? - Knowledge and the Law* 169, 204 (Nico Stehr & Bernd Weiler eds., 2008).

习惯法的修辞—辩证观

[南非] 德里克* 著　王伊林** 译

摘　要　福斯特的《霍华德庄园》与德沃金的《法律帝国》在主题上存在惊人的相似之处。德沃金试图厘清构成和限制了法律论证的政治价值的维度，试图提倡一种具有整体性、社区性和博爱的政治，并把这当作创造适用的法律的基本要求。福斯特也探讨了政治和道德价值的维度是如何构成和限制人际关系的，他还描述了整体性、社区性和博爱的价值。在现代社会，法律的显明事实观主导了司法决策。在过去的两百年，就司法对法官职能所持的态度而言，显明事实观一直处于支配地位，不过法律的诠释观如今主导着进步的法律理论。实际上，对法律本质的理解已经从文本转向了实践，从既定事实转向了不断修正，法律既不显明，也不是事实。法律的学说只是组成了现实的语言建构，法律和法律实践本质上是一种论证实践。论证是一种语言建构。许多问题对最终决定论证性法律实践的本质产生了十分重要的影响，这些问题成为西方哲学研究的核心。古希腊人最先思考论证的本质和方法，而古希腊的修辞—辩证传统从根本上影响了西方的法学，要把法律理解成论证性实践就必须从理解论证性实践的起源开始。

关键词　《霍华德庄园》　《法律帝国》　法律的诠释观　法律的显明事实观　论证　修辞—辩证观

"当然，法律是一种社会现象。法律的复杂性、功能及其带来的后果都取决

---

* 德里克（Dererk Van Der Verwe），南非兰德阿非利加大学（Rand Afrikaans University）法学院院长。本文于2001年在Tydskrif vir die Suid-Afrikaanse Reg（TSAR 南非法学期刊）上发表。作者撰写了关于《习惯法的修辞—辩证观》的一系列文章，本文是该系列的一个导论。

** 王伊林，女，湖北石首人，四川大学锦城学院讲师，研究方向为语言、文化和法律。

于法律结构的一个特殊的特征。和其他许多社会现象不同的是,法律实践是论证性的。"

——罗纳德·德沃金《法律帝国》

《霍华德庄园》(*Howard End*)在 1910 年首次出版。①在这本广受好评的小说中,福斯特(EM Forster)探讨了两个家庭之间的关系。迥然不同的政治观、道德价值观和社会态度支配着两个家庭的行为和思想。两个家庭之间的关系,无论是好还是坏,都影响了他们表面舒适而富足的生活。这些关系引起了价值观和态度上的冲突,冲突导致摩擦和紧张,而摩擦和紧张又削弱甚至摧毁了这些关系并同时允许其他不那么脆弱且更持久的关系得到发展。

小说的主人翁是威尔考克斯(Wilcox)一家和施莱格尔(Schlegel)一家。威尔考克斯一家坚忍而有个性,行为和行动驱使着他们。他们不鼓捣社会改革和慈善事业,当他们询问显明的问题时,他们希望得到显明的答案。他们是商人,是帝国的一员,他们掌握了其中的奥妙,知道该干什么以及该派谁去干。他们按部就班地工作,勤勤恳恳;他们知道自己的责任所在,了解并接受事物该有的秩序,也知道驱动这些秩序的自然力量。他们是绅士,意志坚强,自信而果断,他们肩负着强加在他们身上的责任。他们不愿追寻自己的灵魂,认为个人的、情感的以及亲密的东西只会令人烦恼,故而对此不予理会。他们"如此了解,可相互之间的联结又如此之少。"②而在另一方面,施莱格尔一家具有想象力,有文化,为思考和反思所驱使。他们关爱彼此也关爱他人,他们享受文学和艺术,沉溺于聪明诙谐的谈话以及就社会和政治问题进行辩论,而且他们相互联结。他们质疑自己所处的社会的本质,积极地运用自己的社会良知,并认为公共生活应该反映生活中美好的东西。然而,施莱格尔一家不切实际,缺乏商业头脑;他们优柔寡断,顺从,无法承担巨大的责任。他们相信,除了个人的自尊和朋友的自尊之外,其他东西都无关紧要。

当年轻而急躁的海伦·施莱格尔受邀前往霍华德庄园拜访威尔考克斯一家时,她被这个地方的浪漫气息迷住了。海伦和同样年轻而又冲动的保罗·威尔考克斯陷入了爱河并许下婚约。双方家庭都极力反对并设法终止这桩婚事。施莱格尔一家的处理方式如下,起初他们有些焦急,后来他们派了一位姑姑前往霍华德庄园和海伦谈论此事。威尔考克斯一家的处理方式是这样的,他们只是在早餐桌上把这定义为年轻人的愚蠢之举,他们既不容忍也不会继续讨论这件事。当海伦在早餐时刻闯入威尔考克斯家时,她发现保罗又羞又怕。此时此刻,海伦意识到,他们的婚事难以继续,因此决意解除婚约。海伦迅速修正了自己对威尔考克斯一家的好感,她总结到,除了理智、善良和优渥的生活之外,威尔考克斯一

---

① 我使用了 1989 年的 *Penguin Twentieth Century Classics* 版本。
② *Penguin Twentieth Century Classics*, 204.

家"什么都没有……有的只是恐惧和空虚"。①

保罗和海伦之间短暂的关系为新近丧偶的威尔考克斯先生和施莱格尔家的姐姐玛格丽特逐渐建立关系拉开了序幕。他们之间的关系主导了小说接下来的内容。威尔考克斯先生富有、自信并且渴望陪伴,玛格丽特机智的谈吐深深地吸引了他,他有一种保护玛格丽特的愿望。玛格丽特青春不再,也不是特别迷人,威尔考克斯先生的关注让她受宠若惊;威尔考克斯先生表现出来的自信以及他在商业领域取得的让玛格丽特羡慕的成就深深地吸引着玛格丽特,在这方面,玛格丽特既无天赋也无野心。威尔考克斯先生和玛格丽特订婚了(违背了两家人的意愿),以一种幽默而不浪漫的方式。玛格丽特打算在散文和激情之间"保持均衡",②不要去计较肉眼不见之物(施莱格尔一家倡导的内心生活)要比肉眼可见之物(威尔考克斯一家倡导的外部生活)优越多少。玛格丽特相信自己可以让威尔考克斯先生变成她钟爱的那类人,威尔考克斯先生的整洁、决断和德性反过来也让玛格丽特的灵魂"不至于变得懒散"。③

玛格丽特确实慢慢爱上了威尔考克斯先生,可是她无法改变他。威尔考克斯先生不会因"自己的内心而烦恼",他的内心由一种"不完整的禁欲主义"④统治着。威尔考克斯先生为人公正、善良,不过缺乏慷慨的精神。他冷静地观察生活,但无法窥其全貌。他为自己的专注力而自豪,可是却缺乏一种简单的能力,那就是察觉其眼界之外的事物的能力。威尔考克斯先生为穷人感到难过,然而他却认为贫富差距是生活斗争中不可避免的一部分,而且这场斗争受巨大的自然力量的影响。

列奥拉多·巴斯特(Leonard Bast)是个不名一文的年轻职员,施莱格尔一家一向以朋友待他;然而,在这位年轻人的就业问题上,施莱格尔姐妹听从了威尔考克斯先生随意而错误的建议并敦促这位年轻人采取行动,致使他如今变得穷困潦倒。在威尔考克斯最小的孩子伊薇(Evie)举行婚礼的那天,海伦带着巴斯特和他那粗俗的年轻妻子来到接待处,海伦认定威尔考克斯先生应该纠正他对巴斯特犯下的错。玛格丽特介入此事并让亨利保证尽他所能为这位年轻人做些什么。然而,巴斯特夫人认出亨利就是以前在塞浦路斯与她来往多年的情人。玛格丽特决定实际一点儿。她用怜悯代替了愤怒,原谅了亨利的不道德行为,并知会巴斯特夫妇自己不能为他们做什么。尽管对玛格丽特感激不已,但是亨利的悔改并非出自真心,他并没有表现出真正的懊悔:他"无法忍受被人理解的滋味。"⑤真正值得谴责的一点——即对前妻不忠——也从未引起亨利内心的震动。他坦白了一切并得到了宽恕,真正重要的事情是忘记失败,重新过上体面的生活。孤独而迷茫的列奥拉多和

---

① *Penguin Twentieth Century Classics*, 40.
② *Penguin Twentieth Century Classics*, 195.
③ *Penguin Twentieth Century Classics*, 112.
④ *Penguin Twentieth Century Classics*, 187–188.
⑤ *Penguin Twentieth Century Classics*, 237.

懊恼而感性的海伦一起度过了一个夜晚。海伦随后离开此地前往欧洲大陆。

玛格丽特和亨利结为伉俪。玛格丽特欣然承担了顺从而本分的妻子角色。文学和艺术对她越来越没有吸引力,她"从言语转向了事物"。①此时,海伦显然在国外过着漂泊无依的生活。因为害怕海伦一路颠沛流离,玛格丽特让亨利策划一番,以便让海伦回到霍华德庄园。当海伦抵达那里时,她怪异的举止产生的原因是再明显不过了:她怀孕了,这是她和列奥拉多·巴斯特待了一夜的后果。海伦的处境让亨利震惊,他决定做"正确的事":他和儿子查理(Charles)必须把诱奸者找出来,逼他娶海伦,让海伦赢得尊重,否则就把诱奸者打个半死。然而,玛格丽特唯一关心的就是妹妹的幸福。在海伦回到德国之前,玛格丽特请求亨利允许姐妹俩在霍华德庄园过夜。亨利拒绝了,他害怕以后很难让海伦离开庄园;如果他允许这个堕落的女人进入这所宅院,那对他的社会地位是有损的,他必须为他的孩子和亲爱的妻子着想。面对这样的伪善和言不由衷,玛格丽特终于失去了往日的平静,对亨利进行了猛烈的抨击。

面对激烈的指责声,威尔考克斯先生只能说他的行为和海伦的行为之间不存在什么联系,而且他怀疑妻子试图敲诈他。威尔考克斯先生向儿子查理表达了这样的观点:"这个问题和更重要的事情相关,那就是财产权。"②

玛格丽特和海伦无视威尔考克斯先生,一起在霍华德庄园过了一夜。玛格丽特决定离开威尔考克斯先生,和海伦一道前往德国。查理被派去处理这个问题。当查理到达时,他发现年轻的巴斯特也在场。巴斯特为自己和海伦的越轨行为懊悔不已,特意来霍华德庄园向玛格丽特坦白一切。查理袭击了年轻的职员。长达几个月的苦难已让巴斯特憔悴不堪,而这顿毒打则让他命丧黄泉。查理被逮捕了,被判谋杀罪,并被处以三年监禁。威尔考克斯先生为此一蹶不振。除了自信而克制的外表外,他一无所有,有的只是恐惧和空虚。威尔考克斯先生无法忍受任何人,除了玛格丽特;判决下达后,他跌跌撞撞地走向玛格丽特,请求她和自己一道,做一些力所能及的事。宽宏大量的玛格丽特和亨利、海伦以及海伦的孩子在霍华德庄园安定下来。年老而疲惫的亨利酷爱他的妻子和海伦的孩子,玛格丽特操持这个家,一切是那么宁静而安详。

另一本同样广受欢迎的作品是德沃金(Ronald Dworkin)的《法律帝国》(*Law's Empire*)。该书在七十五年后也就是1986年出版。③该书的主旨是,"法律推理是关于建构性诠释(constructive interpretation)的一种练习,我们的法律存在于从整体上对我们的法律实践进行最佳证立(justification),还存在于那些尽可能地对这些实践进行诠释的叙述性故事之中。"④

---

① *Penguin Twentieth Century Classics*, 258.
② *Penguin Twentieth Century Classics*, 317.
③ 我使用了 *Fontana Masterguides* (ed F Kermode) 这个版本。
④ *Fontana Masterguides* (ed F Kermode), vii (preface).

如果我们理解了（并恰当地评估了）渗透着法律诠释的政治价值的不同维度，那么我们就可以更好地理解法律论证的结构和限制。最具有建构性的法律诠释是那种以"具有整体性（integrity）、社区性（community）和博爱的政治"① 为基础的法律诠释。

德沃金描述了这样一种法律诠释观，在这种法律诠释观中，法律被当作一种"诠释性概念（interpretive concept）"（"诠释性精神"或者"诠释性态度"）。②这种法律诠释观认为，"和其他许多社会现象不同的是，法律实践是论证性的"，③而且通过"参与者内在的观点"才能最好地理解它。④法律并非已经存在，它只是一个论证过程，对自己提供的对策负有道德责任的决策者通过这种方式并利用可获得的法律材料（规则、原则、概念、学说和制度）对法律对策进行了建构性诠释。为了做到这点，他们力图把这样的意义强加给那些可获得的法律材料，以便让这些材料的价值、目的或潜藏的原则变得清晰明了——其主旨就是证立它们的存在——并尽可能对它们进行诠释。法律的主旨是引导和约束政府的权力，换言之，是为了证立政治权力的实施。⑤这意味着，对这些材料进行持续的评估并把它当作一种诠释（通过扩展、修改、定性或限制这些材料），就是在为每一个案件提供最佳的对策。最好的诠释就是在决策过程中采用论证性实践，论证性实践认为法律在各个方面都符合整体性。法律的整体性确保了一个真正平等的社会，它建立在明确的个人和政治道德原则之上，而这些原则又是从整个法律制度中提炼出来的，证立了政治权力的实施。这是对当代法律实践——它被当作一个正在展开的政治叙事——的一种诠释。⑥

法律诠释观与法律的显明事实观（plain fact view of law）⑦ 形成了鲜明的对比。法律的显明事实观是这样的一种观点，它坚持认为，"在关于法律是什么的法律问题和关于法院是否应该实施法律的政治问题之间存在明确的分析性差异。"⑧法律总是被看作是关于"历史事实的问题，且从来不依赖道德"，⑨法律是关于"法律制度……在过去做出了什么判决"的问题。⑩律师知道"法律"意味着什么，因为他们都使用公认的、可识别的语言标准来决定什么样的主张（proposition）和什么样的依据（ground）构成了"法律"。⑪支

---

① *Fontana Masterguides*（ed F Kermode），vii–viii（preface）。
② *Fontana Masterguides*（ed F Kermode），50, 87, 90, 410, 413。
③ *Fontana Masterguides*（ed F Kermode），13.
④ *Fontana Masterguides*（ed F Kermode），14.
⑤ *Fontana Masterguides*（ed F Kermode），93–94. 也可以参考 *Fontana Masterguides*（ed F Kermode），109–110, 127 400–401。
⑥ "法律的整体性"这个概念是德沃金思想的核心：*Fontana Masterguides*（ed F Kermode），95–96, ch7以及410–412，还可以参考 ch6（整体性是普通政治的一个优点，它和其他的优点例如公正和公平有所不同）。
⑦ 请参考 *Fontana Masterguides*（ed F Kermode）6–11 中的讨论，也可以参考 *Fontana Masterguides*（ed F Kermode）31–43。
⑧ *Fontana Masterguides*（ed F Kermode），356.
⑨ *Fontana Masterguides*（ed F Kermode），9.
⑩ *Fontana Masterguides*（ed F Kermode），7.
⑪ *Fontana Masterguides*（ed F Kermode），31–33.

配着任何特殊的事实情况（factual situation）的法律总是在确定的原始资料中存在，而该原始资料在法律界已经得到承认并被视作权威（也就是说，包含了法律）。司法权威授予了个人一种职能，那就是通过公认的、正式的流程寻找法律，其目的在于揭示什么是适用的法律，一旦关于一场特殊纠纷的事实得到了令人满意的判定，它就把这些事实归入适用的法律。如果一位行家在寻找了法律方面的原始资料后发现法律对某个纠纷保持了沉默，那么法官的职能就是行使裁量权，填补法律的空白或者让模糊的法律变得更加准确。① 在法律是什么这个问题上存在分歧的法官们要么是在已被发现的法律（discovered law）到底说了些什么这个问题上存在分歧，要么是在那些主张（proposition）该具有什么特性以便让它们成为法律主张这个问题上存在分歧。关于法律的显明事实观，第一种分歧是很普通的关于事实问题（matter of fact）的分歧。而第二种分歧不是关于法律而是关于法律应该是什么样子的分歧，因此是一个关于道德的分歧。②

这两本著作几乎在各个方面都是迥然相异。《霍华德庄园》由爱德华时代的一位小说家写于二十世纪初，汽车的出现没有给小说家留下深刻的印象，他沉浸在一个为僵化的阶级差别和帝国设计所统治的世界里，人类在知识和信息方面取得的辉煌成就以及这个世纪的民众将继续忍受的骇人的暴力、贫困和苦难并没有触及他。《法律帝国》由一位美国法学家写于二十世纪末，这个世纪的知识进步和由知识进步带来的社会、政治良知对法学家产生了极大的影响。在《法律帝国》一书中，德沃金和他那个时代的许多政治理论家和法学理论家一样，试图更深入、更全面地理解法律是什么、法律在做什么以及律师们怎么样、为什么在法律问题上继续持不同的看法。

然而，小说家和法学家在各自的作品中探讨的主题却有着令人惊异的相似之处。③ 对于构成和限制了法律论证的政治价值的维度，德沃金试图让它们变得清晰明了并试图理解它们；德沃金试图提倡一种具有整体性、社区性和博爱的政治，并把这当作创造适用的法律的基本要求。福斯特也在探讨政治和道德价值的维度以及不同的社会态度是如何构成和限制人际关系的，另外，他描述了整体性、社区性和博爱的价值，认为它们对于尽可能地创造最佳的人际关系来说是基本的条件。

德沃金描述的法律显明事实观在威尔考克斯一家的人生态度中得到了体现。显明事实观的律师（plain fact lawyer）设想了一套法律体系，像威尔考克斯一家一样，他们希望在该法律体系中为显明的问题找到显明的答案。在法律领域，律师们了解事物该有的秩序，接受驱动这个秩序的自然力量。这套体系让律师清楚他们应该去寻找什么规则、哪里去找这些规则以及如何使用这些规则。威尔考克斯先生展现了整洁、果断和顺从的美德，这样

---

① *Fontana Masterguides*（ed F Kermode），8 – 9。
② *Fontana Masterguides*（ed F Kermode），7；也可以参考 *Fontana Masterguides*（ed F Kermode），31。
③ 当比较法官在诠释过去的判定时所使用的方法和作家在撰写所谓的连环小说时所使用的方法时，德沃金对法官和小说家做了一个著名的类比。请参考 *Fontana Masterguides*（ed F Kermode），228 – 238。

的美德顾及到了决策的确定性以及对权威的尊重；对于在商业领域取得成功和在帝国存活下来，这两者必不可少。威尔考克斯一家为人公正，冷静地观察生活以及统治着生活的法则，他们承认一种道德，然而仔细分析这种道德，就会发现它只不过是一种不完整的禁欲主义罢了。

德沃金描述的和提倡的法律诠释观在施莱格尔一家的生活态度中得到了体现。就像施莱格尔一家一样，德沃金的诠释性律师对待法律的态度是富于想象力的，是深思熟虑的。这些律师认为并为之争论，社会和政治问题是他们诠释法律材料时不可缺少的部分。就像施莱格尔一家一样，当这些律师采用参与者内在的观点来寻找解决法律问题的方法时——他们为此承担相应的道德责任，他们积极运用了自己的社会良知。这些律师试图把一些意义强加给法律材料，他们相信，法律，就像公共生活一样，应该反映生活中美好的东西。对他们而言，自尊和"联结"的能力十分重要，就如他们试图将法律解释为在各个方面都符合整体性一样重要，这种整体性建立在明确的私人和公共道德原则之上，并产生了一个平等的社会。

"我们生活在法律之中并依照法律生活，"德沃金写道："它造就了我们……我们是法律帝国的臣民。"①当对一些棘手的案件——对法官来说比较常见——做出判决时，与让我们相信德沃金的理论区分相比，把法律帝国的臣民采用的显明事实观和诠释观区分开来似乎更加困难。然而，大多数法学理论家大体上都承认这个区分是相对准确的。因为它反映了人们在自己所处的世界以及在自己所面临的处境中所采用的独特的适应方式，即使这种方式几乎没有贯彻始终，极少保持一致，而且常常自相矛盾。尽管已经过去了近一个世纪，《霍华德庄园》仍然吸引着我们，因为它如此准确地描绘了"显明的事实"和不同的生活"诠释"方式以及因它们产生的均衡，我们很容易从自己和他人身上发现这点。在福斯特的威尔考克斯先生和德沃金的"显明事实"观的法官之间，在福斯特的施莱格尔姐妹和其进步事业得到了德沃金的支持的诠释性律师之间，我们发现他们在价值观和态度上存在着共同之处。在事实（actuality）和有效性（validity）② 之间，在事物和言语之间，在科学和哲学之间，在是（Sein）和应当（Sollen）之间，在权威和理性之间，在规则和标准之间，在形式理性（formal rationality）和实质理性（substantive rationality）之间，在合法性和正当性之间，在法学和政策学之间，在个人主义和利他主义之间，③这种区别是永恒的，并不可避免地会相互作用，不过同一个主题会有许多变体。

在现代社会，法律的显明事实观主导了司法决策。它根源于启蒙运动中的政治哲学。

---

① *Fontana Masterguides*（ed F Kermode）vii（preface）。
② Habermas *Faktizität und Geltung*（1994）241-242："Die dem Recht immanente Spannug zwischen Faktizität und Geltung manifestiert sich innerhalb der Rechtsprechung als Spannung zwischen dem Prinzip der Rechtssicherheit und dem Anspruch, richtige Entscheidungen zu fällen."
③ 关于个人主义和利他主义之间的区别，肯尼迪（Kennedy）有一个经典讨论："私法裁定的形式和实质"，1976 *Harvard LR* 1766-1777。

法国贵族孟德斯鸠（1689－1755 年）在 1748 年出版的《论法的精神》中设想了高效的现代政府的基础。在该书中，孟德斯鸠阐述了著名的权力分立学说。孟德斯鸠坚持认为，法官不过是"*la bouche, quiprononce les paroles de la loi*"（"宣布法之言语的那张嘴巴"）。① 因此，法官起到了立法意志（legislative will）的执行者的作用。这意味着司法裁决在逻辑上是由法律决定的。这反过来为行使司法职能提供了民主的合法性。②

法官只是立法意志的执行者而法律是最高统治者的命令和特权，这个概念逐渐主导了十九世纪的法律思想。在孟德斯鸠之后的一个世纪即 1847 年，在比较权威的罗特克（Rotteck－Welkers）《国家词典》（*Staatslexikon*）中，德国法学家罗特克撰写了一篇关于公正的文章；在此文中，罗特克声称，在德国各州，司法决策实际上并不等同于行使州的权力。这只是由州任命的行家在法律问题上做出裁决和判断，然后进行宣告。③ 法学理论家和政治理论家满足于把法律理想化，把它看作一套理性的体系，该体系包含了可公开访问的且可以根据经验加以辨别的权威性规则以及一些固定的文字形式，通过它们，客观的法律关系被构思出来并根据它们得到判决。法学理论家和政治理论家相信法律有能力保证个人的自由，相信法官可以找到并清楚地表述确定的法律形式，通过这种形式，自由可以得到实施。④

这种态度解释了科兹（Kotze CJ）于 1897 年——孟德斯鸠将法官描述为纯粹的立法意志的执行者之后的一百五十年——在著名的布朗诉麦迪逊（*Brown v Leyds*）宪法案中采用的方法。⑤ 当抵制奥斯丁（Austinian）宪法理论以及追随在马伯里诉麦迪逊案（*Marbury V Madison*）中得到明确表达的美国宪法学说时，即使面对苛刻的反对势力，科兹还是勇敢地坚称，法庭有权检验法规的宪法有效性。⑥ 然而，科兹谨慎地限制了用来检验有效性的权利，他还坚称，一旦法规通过了检验，"法院就不能探究法律在政策意义上的内在价值，而只能探究其在法律意义或法律问题上的内在价值。"⑦ 一百年之后即在二十世纪的最后十年，我们仍然可以发现许多法官出人意料地坚持声明，在提出诉讼（ius dicere）的

---

① BK 11ch 6（on 271 of the French ed of 1769 – Säcker "Zur demokratischen Legitimation des Richter – und Gewohnheitsrechts" 1971 [IV 7] Zeitschrift für Rechtspolitik 145 n 3）.

② 请参考萨克（Säcker）的讨论，BK 11ch 6（on 271 of the French ed of 1769 – Säcker "Zur demokratischen Legitimation des Richter – und Gewohnheitsrechts" 1971 [IV 7] Zeitschrift für Rechtspolitik 145 n 3），147。

③ 请参考 "Justiz" in Rotteck – Welker *Staatalexikon* (1847)，就如萨克引用过的，BK 11ch 6（on 271 of the French ed of 1769 – Säcker "Zur demokratischen Legitimation des Richter – und Gewohnheitsrechts" 1971 [IV 7] Zeitschrift für Rechtspolitik 145 n 3），147 n 17。

④ 请参考我在《罗马－荷兰法律：从虚拟现实到宪法资源》（"Roman – Dutch law：From virtual reality to constitutional resource"）1998 *Acta Juridical* 117，123－124。

⑤ (1897) 4 OR 17 31.

⑥ 请参考我在《布朗诉麦迪逊案回忆：宪法由什么构成以及宪法构成了什么？》中对此案的讨论，1995 *THRHR* 661－672。

⑦ 请参考维塞尔斯（Wessels Jin）于 1912 年在塞内卡诉苏斯坎和萨寇案（*Selika v Suskin and Salkow*）中做出的类似声明，1912 TPD 258 270："这的确会导致巨大的欺骗以及让事情陷入令人讨厌的状态，但是作为法官的我与此毫无关系……我的职能是提出诉讼（ius dicere），而不是引起什么（ius facere）。"

司法功能和引起什么（ius facere）的立法功能之间存在明确的区别；这种态度很显然可以追溯到法律总是和历史事实相关且绝不依赖道德的显明事实观。①

尽管在过去的两百年，就司法对法官职能所持的态度而言，显明事实观一直处于支配地位，但是法律的诠释观从早期开始就有拥护者，而且目前在法律理论话语中也处于支配地位。法律的诠释观重复了也包含了在19世纪中期就被类似耶林（Rudolph von Jhering）的主要理论家阐述过的观点。早在1877年，在《法律中的目的》（*Der Zweck im Recht*）一书中，耶林强烈支持用利益法学（*Interessenjurisprudenz*）——即法律制度的内容和功能是由它们所服务的社会生活的利益所决定的——来取代萨维尼（Von Savigny）的概念法学（*Begriffsjurispruenz*），概念法学把法律结构看作关于国家意识的、被揭示的文化现象（他更早以前支持法学）。②20世纪30年代，领导美国现实主义运动的莱韦林（Karl Llewellyn）宣称，"用规则来判决案件的理论一个世纪以来似乎不仅愚弄了图书馆里的隐士（教授）而且也愚弄了法官。"③在20世纪60年代，富勒（Lon L Fuller）在《法律的道德性》（*Morality of Law*）④中写道："法律是一项有目的的事业，它的成功取决于执法者的精力、洞察力、智慧和责任感。"法律不只是"关于社会权威或权力的明显事实，我们应该研究它是什么或做什么的，而不是它想做什么或会成为什么"。同样也是在20世纪60年代，德国法学理论家拉伦兹（Karl Larenz）明确表示："Dass die Anwendung der Gesetzesregeln *nicht anderes* als eine logische Subsumtion unter begrifflich geformte Obersätze sei, kann…im Ernst niemand mehrbehaupten."⑤在20世纪90年代，作为这个观念——即把法律看作一项关于修辞劝说的事业是最有利的——在美国的主要倡导者，怀特（James Boyd White）把法律看作，当从"从内部"看时，"律师和法官必须学习和使用的一种话语体系；我们可以问，法律为我们的个体和集体生活创造了什么意义或者让我们为我们的个体和集体生活创造了什么意义。"⑥

法律的诠释观如今主导着进步的法律理论。这个观点的拥护者有一个共同点，那就是

---

① 请参考我对南非法官继续坚持 *iudicis est ius dicere*, *non dare* 的法则展开的讨论，它最初由英国学者弗朗西斯·培根明确地表达出来（1561-1626）："*iudicis est ius dicere*, *non dare*: judicial law-making by institutional development of the common law " in Van Wyk and Van Oosten (eds) *Nihil Obstat. Essays in Honour of WJ Hosten* (1996) 225-236。

② 请参考我对耶林和萨维尼进行的讨论，in "*Es lässt sich nicht lessen*—Reflections on the status and continued relevance of the South African common law " 1994 TSAR 660 669-676。

③ 请参考 "The Constitution as an institution" 1934 Columbia LR 7. 具有相似风格的是他的另一个声明，即"处理一些纠纷，合理地处理纠纷，就是法律要做的事……据我看来，［法律］官员怎么处理纠纷就是法律本身"——*The Bramble Bush: On Our Law and its Study* (1951) 8-10。

④ (rev ed 1969) 145.

⑤ "没有人仍非常严肃地持有这种观点，即法律规则的使用只与确定的指导原则下的逻辑包容（logical subsumption）有关。"——Larenz *Methodenlehre der Rechtswissenschaft* (1975) 154 (as quoted by Alexy *Theorie der juristischen Argumentation* [1991 Suhrkamp ed] 17)。

⑥ "Imagine the law" in Sarat and Kearns (ed) *The Rhetoric of Law* (1994), 29.

拒绝实证主义的法律的显明事实观,然而,在法律推理的诠释性质上,他们的观点呈现多样化的表达,甚至得到了更多样化的证实。有些人接受德沃金的建构性诠释理论,其他人则为德沃金提供有保留的支持。①然而,许多人拒绝德沃金的建构方法,认为它完全只是形式主义推理的改良版本,这种理论支持法律的显明事实观——它指向不受欢迎的法律关系客体化。②

二十世纪后半叶社会和法律理论的"语言转向"迫使法学理论家认识到,我们对语言和社会关系的理解以及我们赋予文本或事件的意义和重要性,基本上都是通过语言实践来建构的。③威尔克斯一家因不充分的证立（justification）和冷漠的不公而产生的"恐慌和空虚"——往往源自法律的显明事实观的"不完全禁欲主义"——如今已经被一种希格利雅式（Schlegelian）的想象、文化以及"联结"的愿望所取代。维特根斯坦（Wittgenstein）、伽达默尔（Gadamer）、哈贝马斯（Habermas）、罗蒂（Rorty）、卢曼（Luhmann）、德里达（Derrida）等人的政治、社会和语言理论为那些否定法律的事实性（facticity）并试图用想象以及合理而实际的话语来替代恐慌和空虚的法学理论家们带来了启示。他们追寻法律到底是什么,如何最好地了解法律,以及理解和应用这些法律的最合适的方法是什么。不懈的努力所取得的成就让我们充分领悟了正确理解法律的本质以及在现代社会行使社会权威和权力是多么地复杂。

不管这些理论家在解释法律推理时所使用的方法是多么的形形色色,不管法律推理的诠释本质是多么的多样化,他们一起迫使我们承认,我们对法律本质的理解已经从文本转向了实践,从既定事实转向了不断修正。④如今,我们意识到,法律既不显明,也不是事实。实际上,法律的学说只是组成了现实的语言建构,而后者必然由对我们的理解产生影

---

① 关于德沃金的理论的概述、德沃金对现代法律理论产生的影响以及他的作品为他招致的批评,可以在以下资料中找到：Davies and Holderoft *Jurisprudence*, *Texts and Commentary* (1991) 73 – 108; Morrison *Jurisprudence*: *From the Greeks to Post – modernism* (1997) 415 – 448 and Guest *Ronald Dworkin. Jurist*: *Profiles in Legal Theory* (1997)。

② 关于批评德沃金的人,可以参考以下内容,Unger "Legal analysis as institutional imagination" 1996 *MLR* 8 – 19（也可以参考我对昂格尔［Unger］的观点进行的讨论,"Roman – Dutch law: From virtual reality to constitutional resource", 1998 *Acta Juridical*, 127 – 130）。尽管许多学者对于德沃金接受把诠释方法用于法律表示欢迎,但是他们发现他们无法相信德沃金的一个声明,那就是,对于每一个法律问题,都可以在现存的法律材料中找到正确的答案；他们还攻击了德沃金的"帝国主义"假设,即法律的建构性诠释会在法律体系内——该体系在一定程度上由一个联合的政治社团构成——产生一种整体性。例如请参考 MacCormick "Law and philosophy. The rediscovery of practical reason" Thomas (ed) *Legal Frontiers* (1996) 41, 48 – 51 以及 Christodoulidis "The suspect intimacy between law and political community" 1994 *ARSP* 1 ff. 支持德沃金的观点的人有 Mureinik "Dworkin and apartheid" in Corder (ed) *Law and Social Practice in South Africa* (1988) 181 ff。

③ 请参考 Van der Walt and Van der Merwe "Introduction" in Bradfield and Van der Merwe (eds) "*Meaning*" in *Legal Interpretation* (1998) vii xi。

④ 例如 Christodoulidis,请参考 Christodoulidis "The suspect intimacy between law and political community" 1994 *ARSP* 1 ff, 3。

响的价值观和利益来决定并因此依赖它们。①当试图把法律解释成修辞学——被理解成一种"组成文化和社区"的艺术——的一个分支时，美国的法律修辞观的主要倡导者怀特（Boyd White）写道：

"修辞学家……不是从处于想象中的孤立状态的想象个体开始的，就如依照社会契约进行思考的政治哲学家一样；也不是从那个除了思考之外与一切经历隔离开来的自我开始的，就如保持笛卡尔哲学传统的形而上学学者一样；而是从维特根斯坦告诉我们的那个地方开始的，并运用我们在语言、姿势和意义方面的能力。"

这些语言建构就是设计法律论证的原材料，这些原材料必定让法律实践家和法律界学者——当然包括这些原材料的设计对象即法律主体——相信，针对一个实实在在的、潜在的或可能很快发生的冲突提出的解决方案具有正确性或可接受性。律师们对法律进行争论是因为，在法律是什么的问题上他们存在分歧，或者往好处说，他们试图就目前尚不存在的法律达成协议。②现在，我们承认，社会交往的复杂性和多维性永远无法完全由一个封闭的、关于法律规范的理论体系来表现或者来决定。试图这样做总是会（不只是偶尔）压制系统外和系统内极其重要的且具有广泛政治性的因素。③实际存在的分歧据说是围绕着这个问题，即（立法者或审判员）该在何时以及该如何恳求权威的力量阻止修改中的诠释过程——像玛格丽特·施莱格尔的心灵一样——变得草率。

我们逐渐接受，法律、法律实践与理解、意义和重要性有关，因此本质上是一种论证（*argumentative*）（审议［*deliberative*］或者推论［*discursive*］）实践。然而，什么是论证呢？

人们可以把论证定义为指向一个人或更多的人的一系列陈述，而这个人或更多的人旨在通过从陈述中得出的结论来说服或劝阻另一个人相信一个命题或一个观点的真实性或有效性。论证是一种语言建构。这种结构展示了一种构图、一种结构和一种发展。论证由包含了原材料——观察到的事实、价值观、信仰、规则和观念——的陈述组成，而论证就是根据这些原材料建构的。一个论证的结构就是安排这些陈述时所使用的形式和风格。一个

---

① 早在1909年，格雷（John Chipman Gray）在他著名的作品《法律的性质与渊源》（*The Nature and Sources of Law*）（1924）viii的前言中写下如下文字："法学学生偶尔会被这样的想法困扰，那就是，他应对的不是事情而是言语，在文字游戏里，他忙于弄清对立面的形态和大小。"关于这个深刻见解的历史，有一个简短而有用的总结，可以参考托马斯（Thomas）"*Fin de slècle of funksionele Romeinse reg*？" 1997 *THRHR* 202 205-207。

② "一项［法律］规则的意义从来都不只是——它是让人们争论的东西而不是争论的来源。作为传统问题和社会问题，规则的意义和使用具有情境性，因此也是开放的"——Hutchinson "The postmodern's Hart: Taking rules sceptically" 1995 *MLR* 788 797。

③ "政治"在此处指的是争论一连串行动的实际理由，这些行动包含了社会权威和权力的挪用和实施。

论证的发展过程就是一个结论产生的方式,对论证所指向的人来说,这个结论是可接受的(即具有说服力、令人信服或者是可能的)。许多问题对最终决定论证性法律实践的本质产生了十分重要的影响,这些问题来源一些基本的发现:论证是如何建构起来的?存在哪些类型的论证?人们如何知道该使用什么论证以及什么时候使用论证?如何让一个人相信某个论证是可以接受的呢?

这些问题是西方哲学研究的核心,西方哲学研究是在古希腊建立和发展起来的。实际上,作为对哲学研究方法进行更广泛地探讨的其中一部分,古希腊人最先思考论证的本质和方法。苏格拉底(公元前469－399年)及其追随者——其中最著名的和最具影响力的是柏拉图(公元前427－347年)——通过展示持相反观点的支持者之间的一场谈话对形而上学主张的有效性进行了严格的哲学研究。①在公元前第五世纪和第四世纪的雅典,修辞学得到了蓬勃发展。这个术语首次出现在柏拉图的谈话作品《高尔吉亚》(*Gorgias*)中并且属于苏格拉底的圈子。在雅典和其他城邦,参与性民主的本质是,普通公民可以参加政治辩论,并代表自己在司法集会上发言,在这些集会上,两百多名陪审团对法律和事实做出裁决。高吉亚把修辞定义为"劝说的代理人,其目的是让人相信……是与非的问题,②以及培养说话和说服的能力;因此,修辞学是在政治集会和法庭上取得成功的有力工具。一批专业的修辞学教师和智术师(在柏拉图的《高尔吉亚》中批评修辞学的高尔吉亚就是一位智术师)出现了,对于获得绝对的真理以及获得判断是非的普遍原则的可能性,他们深表怀疑。他们教授辩论中论证性劝说的技巧,并提供通向政治影响力和权力的途径。③他们所关注的以及苏格拉底和他的圈子所关注的就是民众对社会道德的信仰和态度,以及如何改变这些信仰或如何利用这些信仰来谋取政治利益或事业的发展,他们所关注的并不是真正的哲学追求——即在真正的知识中或为了真正的知识追求道德德性(moral virtue)。④为了防止受智术师启发的辩论倾向堕落成空洞的文字游戏和肤浅的学问并因此让那个时代的道德滑坡,苏格拉底和他的追随者开创了一种丰富的传统,即对谈话式辩论的性质和方法进行形而上学的研究,从而产生关于真正的德性和知识的一些专家意见。他们称这种哲学研究的模式为辩证法,而让辩证研究的成果得到使用的劝说艺术,他

---

① 苏格拉底的追随者自然而然地用文学形式处理这场谈话并用它来表达他们的哲学观点。当然,柏拉图的作品最好地表现了这种体裁。实际上,柏拉图的大多数作品是以谈话的形式撰写的,即使这个术语包含了各种不同的作品。在诸多的谈话中,其中一位主角必然是苏格拉底。早期的谈话或许最能展示历史上的苏格拉底的观点,然而在后来的谈话中,被称作苏格拉底的那个人物更像是柏拉图的观点的代言人。请参考塔兰特(Tarrant)的讨论,in "General introduction" to *Plato*: *The Last Days of Socrates*(1993 Penguin Classics ed [translated by Tredennick and Tarrant]) ix – xvi.

② 请参考 *Gorgias* 455a 1 – 2 in *Plato*: *Gorgias* (1994 Oxford World Classics ed [transl by Waterfield] 17).

③ "修辞,"高尔吉亚说道,"为个人的自由负责,并且让一个人在他的社团获得政治权利": Gorgias 452 d 7 – 9 (请参考 Waterfield 翻译的版本的13页 [*Plato*: *Gorgias* 1994 Oxford World Classics ed transl by Waterfield]).

④ 请参考 Kennedy *A New History of Classical Rhetoric* (1994) 3 – 8 15 – 20 and ch 3. 也可以参考 Waterfield 为 *Plato*: *Gorgias* 写的简介 (*Plato*: *Gorgias* [1994 Oxford World Classics ed transl by Waterfield] 17), ix – xvii.

们称之为修辞学。①

亚里士多德（公元前 384 – 322 年）继承了这种研究传统。亚里士多德通常被认为是西方思想史上第一个系统而综合地分析劝说艺术中（修辞学）辩论（辩证法）的构图、结构和发展方法的人。②因此，亚里士多德常常被当作逻辑学研究——研究论证的结构与原则——的发起人以及形式逻辑的创始人。两千多年以来，古希腊的辩证—修辞传统从根本上影响了西方文学里的知识研究的本质和模式。它还从根本上影响了西方的法学。因此，要把法律理解成论证性实践就必须从理解论证性实践的起源开始，正如亚里士多德在其关于辩证法的《论题篇》中诠释过的。

亚里士多德写了六部关于逻辑学、语言和哲学方法的著作。这些著作都致力于研究语义学是什么或者研究语言是如何传递意义和促进理解的。拜占庭的评论家把它们收集起来做成一个集子，并称之为《工具论》（*Organon*）。③《工具论》由以下作品组成：《范畴篇》（*Categories*）、《解释篇》（*On Interpretation*）、《前分析篇》（*Prior Analytics*）、《后分析篇》（*Posterior Analytics*）、《论题篇》和《辩谬篇》（较后的一部作品被当作《论题篇》的附录或者是《论题篇》的"第九本书"）。由八本书组成的《论题篇》是关于论证的本质和方法的实用性论述。实际上，它是《工具论》里唯一的实用性论述，从某种意义上来说，它是为亚里士多德在吕克昂（*Lyceum*）学园的学生撰写的，它被设计成了说明书，而不是哲学论述。即使在《工具论》中排列第五，许多学者还是相信《论题篇》是亚里士多德最早的论述，因此也是现存的最早的逻辑学作品。④自古代晚期以来，《论题篇》（以及《辩谬篇》）引起的学术上的兴趣远不如其他逻辑学论述。实际上，数世纪以

---

① 塔兰特（"General introduction" to *Plato*: *The Last Days of Socrates* [1993 Penguin Classics ed translated by Tredennick and Tarrant]）xⅡ – xⅢ（《简介》）指的是"反驳论证 [*elenchus*]"和"辩证法 [*dialectic*]"之间的区别。反驳论证是真正的"苏格拉底方法"，是检查其他观点的可靠性的方法，而不是展示正误的方法。它揭示了信仰存在的问题以及信仰的反复无常，并且大量使用了归纳论证。辩证法这个术语来源于动词"交谈"，它适用于通过面对面讨论根深蒂固的信仰而得到彻底陈述的理由，以便展示——在劝说的意义上而不是证据的意义上——这样的信仰的真实性。

② 亚里士多德自己也声称他是第一个这样做的人。《论题篇》（*Topics*）及其附录，还有《辩谬篇》（*Sophistical Refutations*），代表着亚里士多德首次对谈话式辩论的本质和方法进行综合性概述（在后面的系列中会讨论这点）。在《辩谬篇》的总结部分，亚里士多德写道："至于我们的研究，其情况和以前研究过的部分和没有研究过的部分不一样：更准确地说，什么都不存在。"请参考 *Sophistical Refutations* 183b 35 – 36 (XXXIV par 6), in the translation of Smith (Smith *Aristotle Topics* [*Books I and VIII with excerpts from related texts*] [1997])。

③ 是"instrument"或"tool"对应的希腊语。

④ 有迹象表明，《论题篇》的八本书没有形成一个整体，一个连贯的整体，而且《论题篇》本身就是由几篇小型的论述编辑而成。有些学者试图确定《论题篇》的年代，请参考 Brunschwig I *Aristote. Topiques* (1967) lxxxiii – xc。关于《论题篇》属于亚里士多德的早期作品的一般性观点，存在批评意见，请参考 Evans *Aristotle's Concept of Dialectic* (1977) 1 – 6。

来，亚里士多德关于论证性劝说艺术的其他实用性论述，即《修辞学》，更受欢迎。①自二十世纪50年代以来，《论题篇》在学术方面引起的兴趣高涨。②法律学识亦是如此。在1953年，德国法学家菲韦格（Theodor Viehweg）出版了一本只有75页的书，书名为《语序学与法学》（*Topik und Jurisprudenz*）。在这本书中，菲韦格试图展示亚里士多德的《论题篇》在更加深刻地理解法律论证方面存在的价值。该书的主要目的是表明，自罗马时代以来，"论题"风格的论证对欧洲法学思想产生了广泛的影响，以及宣传与体系性思考（*Systemdenken*）形成对比的问题性思考（*Problemdenken*）——基于法律论证的论题风格。二十世纪60年代末和70年代初，《语序学与法学》在德国法学理论家中间掀起了一场广泛而激烈的关于法律论证之"论题"本质的辩论。③菲韦格的书出了四版并且被翻译成多种语言，其中包括最近的1993年的英译本。④帕尔曼（Claim Perelman）在二十世纪60年代和70年代撰写的许多文章进一步强化了人们对亚里士多德的《论题篇》的法律学识的兴趣，这些文章是关于"新修辞学"之法理学的隐含意义，它们受了亚里士多德的《论题篇》（以及《修辞学》）的启发，试图为了现代哲学讨论而重新理解古老的修辞艺术

---

① 在里程碑式的并拥有巨大影响力的 I - IV *Geschichte der Logik im Abendlande*（1855 - 1867）（1955 reprint），柏兰特（Prant）在第一卷里花了260页来讨论亚里士多德的逻辑学作品。其中只有六页致力于《论题篇》和《辩谬篇》，和柏兰特讨论其他的论述时表现出的丰富性和密度相比，这个讨论没有其他的进步，除了对内容进行概述之外。

② 帕尔曼（Perelman）出版了（和泰特卡［Olbrechts - Tyteca］一道）诸多论述"新修辞学"的出版物，在1958年，第一本面世了，这本书很有影响力，它重新理解了亚里士多德的论证理论 in the *Topics*：*La Nouvelle Rhetorique*，*traite de l' argumentation*（在1969年被翻译成英文 *The New Rhetoric*，*a Treatise on Argumentation* by Wikinson and Weaver）。在1968年，第三部《亚里士多德论丛》（*Symposium Aristotelicum*）全部都在讨论《论题篇》：请参考 Owen *Aristotle on Dialectic*：*The Topics*（关于第三部《亚里士多德论丛》的论文集）（1968）。就在最近的1997年，关于《论题篇》（或者它的一部分）的新英译本和德译本（都有详细的简介和综合的文本评论）也出版了。这些是 Smith *Aristotle Topics*（*Books I and VIII with excerpts from related text*s）（1997）以及 Zekl *Aristoteles Topik*；*Topik*，*neuntes Buch oder Über die sophistischen Widerlegungsschlüsse*（1997）。后者是《工具论》的四卷译本和评论中的第一卷（其他三卷在1998年面世）。史密斯（Smith）和扎克尔（Zekl）提供的精选传记证实了人们最近对《论题篇》高涨的热情。人们对《论题篇》的学术兴趣史，可以参考 Evans（n 56）1 - 6 以及 Zekl lxxviii - lxxx。也可以参考 Rehbock *Topik und Recht*，*eine Standortanalyse unter besonderer Berücksichtigung der aristotelischen Topik* in Lehmann（gen ed）CLXXXII *Rechtswissenschaftliche Forschung und Entwicklung*（1988）6 - 15，它概述了德国各个学科最近对《论题篇》展开的学术研究。

③ 请参考雷博克（Rehbock）提供的概述（Rehbock *Topik und Recht*，*eine Standortanalyse unter besonderer Berücksichtigung der aristotelischen Topik* in Lehmann（［gen ed］CLXXXII *Rechtswissenschaftliche Forschung und Entwicklung*［1988］12 - 15）以及他在 2 n 4、5 和 6 提供的参考书目。由菲韦格（Viehweg）发起的关于法律论证的"论题"本质的辩论反过来在德国法学理论中促使了法学方法论（*juristische Methodenlehre*）的两个分支的产生："修辞理论"和"话语（或者论证）理论"，请参考 Pawlowski *Methodenlehre fur Juristen. Theorie der Norm und des Gesetzes*（1999）76n 68，以及参考 Alexy，*Theorie der juristischen Argumentation*（1991 Suhrkamp ed），43。

④ 第五版在1974年面世。在第四版的序言中，菲韦格引用了许多并非来自德国的学者，他们把主题—问题的书籍合并成他们的出版物。这本书在1962年被翻译成意大利语，在1965年被翻译成西班牙语。杜拉姆（Cole Durham）把它翻译成了英文，题目为《论题和法律》（*Topics and Law*）。雷博克（Rehbock）在1988年的博士论文中（参考上注③）证明了，在德国，人们对《论题篇》有着持续的学术兴趣。

的价值。①

  在这个系列的未来的部分，我会继续讨论亚里士多德的论证性实践理论，并试图从讨论中为现代的法律论证观获得一些深刻见解。我会通过西塞罗的作品以及罗马古典法学家所使用的法律论证的"辩证"风格来追溯亚里士多德的辩证论题对罗马法学产生的影响力。这个系列将通过集中讨论亚里士多德辩证法对欧洲罗马法学家产生的起起伏伏的影响以及集中讨论重新理解亚里士多德的论证性法律实践理论对现代法学论证理论的重要性——就现代法律论证观而言——来进行总结。

（编辑：黄涛）

---

① 参考从法文翻译成英文的并被编辑成两个文集的文章，它们是 The New Rhetoric and the Humanities. Essays on Rhetoric and its Applications（in CIL Synthese Library）. Studies in Epistemology, Logic, Methodology, and Philosophy of Science [1979]）以及 Justice, Law and Argument. Essays on Moral and Legal Reasoning (1980)。

法律文本中的叙事：司法判决书及其叙事

[加] 西蒙·斯特恩* 著　成潇玉** 译

摘　要　判决书这种最为熟悉、特色鲜明的法律书面表达，缺少达到文学叙事诱惑力的两个关键因素，即在不确定性及期盼的驱使下，引导读者走向结论的推动力；以及读者观察、思考他人心理状态所获得的乐趣。这两个因素占据了小说认知魅力的主要部分。这些特征的缺失警示我们，理所当然地将判决书视作与小说、电影等叙事形式具有根本相似性的另一种叙事形式，这一前提本身便具有可疑性。本文运用叙事研究中的一些基本概念，包括情节的定义及"真实效应"的力量（笔者建议其类比物为"合法性效应"），提出通过将法律判决视为拥有相区别的叙事特征，而非简要地将其与文学叙事混为一谈，如此能够得出什么样的结论。笔者认为这些结论能够帮助理解理论分析及判决的正式结构。

关键词　司法判决书　法律叙事　文学叙事　情节　法律分析　真实效应

一、引言

从辩护、协商到对证据及冲突判决的解释，叙事对于法律实践及写作的方方面面至关重要。事实上，英语中对"叙事人"最早的解释可以追溯到 13 世纪，表示负责背诵当事

---

* 西蒙·斯特恩（Simon Stern），多伦多大学法学院教授。文章来源：*Narrative and Metaphor in Law*, Cambridge University Press, 2018, pp. 121 - 139. 感谢 Andrew Bricker, Peter Brooks, Monika Fludernik, Catherine Gallagher, Suzanne Keen, Jim Phelan 及 Bob Spoo 对早期草案的宝贵意见。

** 成潇玉，女，山西晋城人，华东政法大学外语学院 2020 级翻译硕士研究生，研究方向为法律翻译。本文在硕士生导师李明倩副教授指导下完成。

方陈述的辩护人或高级律师。① 然而,判决书这种最为熟悉、特色鲜明的法律书面表达,缺少造成文学叙事诱惑力的两个关键因素——即在不确定性及期盼的驱使下,引导读者走向结论的推动力;以及读者观察、思考他人心理状态所获得的乐趣。这两个因素占据了小说认知魅力的主要部分。② 这些特征的缺失警示我们,理所当然地将判决书视作与小说、电影等叙事形式具有根本相似性的另一种叙事形式,这一前提本身便具有可疑性。

在法律中,采用叙事通常是为了辩论,而非出于其自身叙事目的。有时律师能够以叙述故事为目的实现其目标,但有时叙事并不属于此种用途,因其已经嵌入到法律程序(如审判)中。③ 若说审判是一种叙事,在审判法官的裁判及上诉裁判中叙事却仅占次要部分,这表明带有明确法律目的之叙事仅表述裁判的特定方面,如证明责任认定的合理性或表明规则需要修订的理由。法律判决为我们提供了辩论形式的典型例子,即运用极具叙事性的材料推进一系列争论。在叙事(运用修辞)时,法官可能并不擅长实现,或无意中破坏其自身目的,结果便是未能制造引人入胜的情节。寻找法官更多失误的读者与评价并接受法官判决书的读者有同样的分析差距,两者与沉浸故事中、被人物吸引并对人物命运好奇的读者截然不同。

通过认识到判决书与文学叙事在重要方面有所不同,我们能够更好地理解判决书独特叙事的特点。在以下内容中,笔者阐述了一些基本叙述概念并且说明它们如何提出关于判决书的新的思考方式。首先,笔者简短陈述了在法学学派中叙事研究的地位,尽管其似乎有跨学科导向,但这一系列研究甚少涉及叙事学者所提出的问题。之后,笔者转向司法判决书的叙事质量,并建议我们应将其视作两种相关讲述的组合:关于导致诉讼的事件讲述(事实讲述),关于其规则决议的讲述(法律讲述)。④ 这些叙述经常混作一谈,笔者的目的在于简单地呈现如何区分这些讲述,尽管这具有暂时性,但也可警示我们在审判中可能

---

① Paul Brand, "The language of the English legal profession: The emergence of a distinctive legal lexicon in insular French" in Richard Ingham (ed.), *The Anglo - Norman Language and Its Contexts* (York: York Medieval Press, 2010), pp. 94 - 101, 97. 杰出的理论讨论参见 A. C. Spearing, "What is a narrator? Narrator theory and medieval narratives," *Digital Philology*, 4 (2015), 59 - 105, 67, 书中指出在这种用途下,"不同于现代理论中的叙事人","叙事人处于故事的外部。对于诉讼当事人而言,一名外部叙事人或辩论人便在战略上可取,因"他的语言在当事人接受这些话前对其没有约束力",从而有"两次正确辩护的机会",而非以第一人称叙事所允许的一次机会。Sir Frederick Pollock and Frederic William Maitland, *The History of English Law before the Time of Edward I*, 2 vols. (Cambridge, UK: Cambridge University Press, 1895), vol. I, p. 191。

② 关于情节与人物如何共同吸引读者的方式参见 David Herman, *Story Logic: Problems and Possibilities of Narrative* (Lincoln, NE: University of Nebraska Press, 2002); Ross Chambers, *Story and Situation: Narrative Seduction and the Power of Fiction* (Minneapolis, MI: University of Minnesota Press, 1990); Lisa Zunshine, *Why We Read Fiction: Theory of Mind and the Novel* (Columbus, OH: Ohio State University Press, 2006)。

③ 关于审判叙事质量的有益讨论参见 Robert Weisberg, "Proclaiming trials as narratives: Premises and pretenses" in Peter Brooks and Paul Gewirtz (eds.), *Law's Stories: Narrative and Rhetoric in the Law* (New Haven and London: Yale University Press, 1996), pp. 61 - 83。

④ 分析部分通常包括如何创造或修改特定学说之故事;这些讲述具有研究价值,但笔者在此集中于一般分析的叙事特征,无论其是否包含学说传记。

被忽略的至关重要的叙事。托多罗夫（Todorov）及利科（Ricoeur）的著作能够帮助我们理解在这两类讲述中，情节意味着什么。托多罗夫对情节的定义中包括破坏平衡这一点，表明在一些判决中对于法律问题的处理具有无情节性。对于具有解释性导向的叙事方式而言，利科对于"准情节"的定义则为更准确地描述判决书法律故事中的事件和人物提供了方法。据此，这一概念带领我们思考如何在阅读法律案件的同时关注叙事研究中最为显著的问题——即关于叙事人、讲述、人物及读者之间关系的问题。

最后一节中，笔者思考了巴特（Barthes）称之为"真实效应"（现实主义小说将自身真实化的方式）的一些法律应用。巴特认为将看似多余的细节包含在内，实为证明其自身（以及文本）的逼真程度，并且这一观点有助于理解诉讼预审阶段出现的无关的细节，以及该阶段结束时这些细节消失的过程。向日益正式、技术性语言的转变，以及将事实细节附加到法律结论中的明确结构，揭示了影响审判过程的叙述能量经济。使得法律叙事能够令人信服的特点主要存在于预审及初审阶段；而之后做出的书面判决将其中一部分特点转化为法律分析，在此过程中，那些能够使我们沉浸于故事中的特点已被清除，但是一些其他特点有所保留。

法律及文学学者通过暗示叙事在法律表现及文学表现中的基本共性对其进行模糊的描述。追问法律判决书如何以独特的方式运用叙事，并非为阻止此类研究，而是为了更精确地探索相似性与区别性，提出更多关于情节、人物以及对读者的法律约束等新问题。

二、法律中的叙事

尽管转向叙事研究并非法学界最近的发展，但该研究很大程度上局限于某些领域（如庭审辩护、"局外人"法理学、以及搜查与扣押等偶有主题和对宪法的"宏大"叙述）。①另外，在这些讨论中发挥作用的叙事概念仍然较少，并且很少考虑以下基础性问题：叙述人是否是故事中的人物，读者怎样靠近各种各样的人物和事件，以及何为决定事件先后顺序的因素。在众多案例中，这些问题能够推进新的研究以补充和改善对于争议案件传统且教条的分析。因为这些问题并不适用于其他案例，所以在其他案例中并未提及这些问题。法学学者们在表述诸如图像、概念、描写或意识形态等其他事项时经常使用"叙事"。通常，这些标签仅仅意味接下来即将进行解释——其含义是仅叙事需要解释，但是一旦获得解释的许可，所叙述的问题不再激发任何进一步的兴趣。跨学科领域的一些学者利用不同

---

① 关于法律与一般叙事研究的概述参见 Greta Olson, "Narration and narrative in legal discourse," in Peter Hühn et al. (eds.), *Handbook of Narratology*, 2nd ed. (Berlin: de Gruyter, 2014), vol. I, pp. 371 – 383. 关于叙事在法律学术中之用途的有益讨论参见 Brooks and Gewirtz (eds.), *Law's Stories*; Jane Baron and Julia Epstein, "*Is law narrative?*" Buffalo Law Review 45 (1997), 141 – 187; Jane Baron, "Law, literature, and the problems of interdisciplinarity," Yale Law Journal, 108 (1999), 1059 – 1085, 1066 – 1071; Julie Stone Peters, "Law, literature, and the vanishing real," PMLA, 120 (2005), 442 – 453, 446 – 448; Bernadette Meyler, "The myth of law and literature," Legal Ethics, 8 (2005), 318 – 325.

领域的研究方法，其他学者则脱离自身领域以寻求研究主题而非研究方法；因为后者完全专注于叙事，对法律及叙事的研究更倾向于后者的形式。

这种状况略显不幸，因为叙事学中一些核心概念与法律理论家熟悉的争论有关。例如，学者们长期争论主体与客体在法律分析与裁判过程中的作用，且借助多种学科探索这些问题，但是并未质疑语言中主体的叙事性理解是否有所贡献。有人认为关于主体的文本及语言表达能够明晰法官如何描述及适用客观和主观标准。因为"理性人"是表达该标准的典型方式，所以导致这一缺失更为明显，若这一人物并非无处不在，则其人格化本身理所当然地将促使我们进行叙事研究。① 多数法律标准避免人格化，而依赖于"不当负担""独创性""理性基础"等抽象概念，并在其评判模式中有意避开人的因素从而追求客观性。通过将理性人视作一个"人物"，法律评论员们认识到人格化的奇怪之处，但是似乎既未采取明显措施追问该人物与构成文学叙事的人物有何相似和区别之处，也并未告知我们人物的叙事功能可能提供什么信息。②

并且，尽管反事实推理在法律辩论以及法律逻辑模型中发挥至关重要的作用，但对于反事实推理的叙事研究还未曾为这一领域的研究提供参考。法律反事实推理的文本语料库主要由案例中的材料而非法律辩论的材料组成。若非借助叙事概念，这两类材料则看似完全相同，但是我们可以快速发现其不同之处。在大众汽车公司诉伍德森（Worldwide Volkswagen Corporation v. Woodson）一案中，③ 美国最高法院拒绝将宪法规定的"长臂"管辖权扩展至一种可预见的情况，即被告人的产品进入另一管辖区这一情况：

> 若将可预见性作为标准，一个加利福尼亚州的轮胎零售商可能被迫去往发生爆胎事件的宾夕法尼亚州进行辩论（见 Erlanger Mills, Inc. v. Cohoes Fibre Mills, Inc., 239 F. 2d 502, 507 (CA4 1956)）；一个在威斯康星州售卖有缺陷的汽车千斤顶的销售商可能在新泽西州一个遥远的法院就其损害进行诉讼（Reilly v. Phil Tolkan Pontiac, Inc., 372 F. Supp. 1205 (N. J. 1974)）；一个佛罗里达州的软饮料经营商可能会被传唤至阿拉斯加州解释该地发生的损害（见 Uppgren

---

① 语言中主体性概念的提出最初是为描述"说话人将自己假定为'主体'的能力"，这"创造了人的范畴"。Emile Benveniste, "Subjectivity in language," *Problems in General Linguistics* (Princeton, NJ: Princeton University Press, 1971), p. 224. 因此将"理性人"视作代表该标准之工具有助于显示为何本威尼斯特（Benveniste）之概念具有法律意义。关于其对叙事的影响的经典讨论参见 Ann Banfield, *Unspeakable Sentences: Narration and Representation in the Language of Fiction* (London: RKP, 1982); Monika Fludernik, *The Fictions of Language and the Languages of Fiction* (London: Routledge, 1993)。

② 然而，一些文学评论家对这一观点进行了有益探索；关于极其明确且激烈的讨论参见 Elizabeth Fowler, *Literary Character: The Human Figure in Early English Writing* (Ithaca: Cornell University Press, 2003), pp. 24 – 26; 亦参见笔者关于法律与文学的评论 Markus Dirk Dubber (ed.), *The Oxford Handbook of Criminal Law* (Oxford, UK: Oxford University Press, 2014), pp. 111 – 130, 129 – 130。

③ 444 U. S. 286 (1980)。

v. Executive Aviation Services, Inc., 304 F. Supp. 165, 170 – 171（Minn. 1969））。每一位出售动产的人都可以指定动产代理人负责送达法律文书,其对诉讼的适应性随动产而变化。①

从表面上看,每一种情况都有促使读者思考后续情节的可能性,恰恰发挥了反事实推理的法律评论一贯探索的未来导向、提出假设之功能。事实上,文本并未包含以下功能:这些引文从修辞及叙事上将读者置于已拒绝上述可能性的案件中,从而排除相关选项。

根据杰拉德·普林斯（Gerald Prince）关于"否定叙述"事件——"并未发生却在叙事文本中（以否定或假设的方式）提及的事件"——的著作,我们可以对这一模式进行思考。②普林斯将否定叙述这一特定用法与现实主义（一种通过反对牵强的可能性来强调其描写的精确性的讲述）与情况的可叙述性（因否定叙述未能创造值得阅读的情节,所以被排除在外）结合起来。③该解释通过类比的方式表明,法院的否定叙述不仅涉及已被否定的事物,并且增强了所选方式的可取性,如此便将规则植入情节中,而该情节通向法律中合理的世界——这一世界通过与叙事性否定进行对比创造并成为现实。反事实推理与闻之有理的相竞争的备选方案存在显著差异。当然,如普林斯所言,否定叙述能够指向真正的可能性;只有通过对比这些不同的影响,而不是将其视同一律,我们才能够理解假设在辩论及法律判决书中的不同作用。

理性人及反事实推理之例为思考法律判决书如何将叙事特点包含在内提供了两种方法。第一,将叙事逻辑渗入审判观点中,因为其通常指向大量规则及裁判程序,而法官适用这些规则、参与这些过程时便会重复相同的逻辑。第二,在司法判决中,平凡的手段却可能产生重大的影响,因其遵循特定的叙事惯例并将叙事技巧作为推进辩论的手段。现有许多关于法律及叙事的研究——并非所有研究都明确地以此为题——都采取第一种方法解决法律中的叙事逻辑问题,其中"法律叙事"的"法律"包括规则、分析过程、以及解释模式。通过探究关于回溯性预言的时空悖论,彼得·布鲁克斯（Peter Brooks）阐释了已完成搜索的叙事逻辑如何排除搜索中所不需要的其他可能的故事,并思考这一逻辑在解释、证据及规则上的表现形式。④与之相关,大卫·维勒曼（David·Velleman）认为合适的结论带来的满足感诱使我们相信一个故事,并且使我们更易接受它从而达到其表达目的。⑤近来一些讨论探讨了全知视角的叙事人如何巩固搜查与扣押法的某些方面,并对法

---

① Ibid. at 296.
② Gerald Prince, "The disnarrated," Style, 22 (1988), 1 – 8, 2.
③ Ibid., 5.
④ Peter Brooks, "Inevitable discovery—Law, narrative, retrospectivity," *Yale Journal of Law & the Humanities*, 15 (2003), 71 – 102; Peter Brooks, "Narrative transactions—Does the law need a narratology?" *Yale Journal of Law & the Humanities* 18 (2006), 1 – 38.
⑤ J. David Velleman, "*Narrative explanation*," *Philosophical Review*, 112 (2003): 1 – 25.

定解释的原则产生影响。① 并且,关于一个内在一致、合理发展之故事的综合模式为"叙事连贯性"作为法律事实认定及分析标准提供了多种依据:通过对斯坦利·费希(Stanley Fish)的观点进行转述,我们可以说最成功的审判叙事及对先例的解释,便是致力于解释争取法律意义的细节并赋予其含义。② 能够将犯罪现场杂乱无主的脚印推给对手的被告人比只会说"我是被陷害的"的被告人高明得多。③

与描述叙事逻辑普遍影响的著作相比,司法判决书的叙事特征却鲜少得到关注。关于法庭言语中叙事的研究已涉及相关问题,并对证人证言与法律辩论中关于叙事人、归属的明示和暗示标志等问题进行分析。④ 但是上述讨论集中于话语而非书面文件,并且其很少追问叙事手法与法律规则如何关联,笔者则试图对此进行研究。例如,评估这些手法的一种方法便是表明视角、时态、指示及叙事能见性如何改变并适应判决的规则分析。因为篇幅有限,笔者将从托多罗夫、利科以及巴特的叙事理论出发,重点关注叙事研究中有较大影响力的理论。

三、叙事与庭审判决书——从庭审到判决书

多种形式的法律文书与法律解释中包含大量的叙事特征——更不必说大众文化中提及对法律的众多描述——判决书作为法律证明其结论、描述其过程的唯一的方法,对律师及公众有重要影响,因此更因得到关注。关于法律与文学的大量调查证实判决书与富有想象力的叙事之间存在紧密联系,但这些调查却几乎不承认限制类比也存在差异。有人可能认为判决书降低了叙事欲望,但是只有极少数读者像期待一本小说或一部电影一般期待判决

---

① Simon Stern, "The third party doctrine and the third person," *New Criminal Law Review*, 16 (2013), 364 – 412 (2013); Karen Petroski, "Fictions of Omniscience," *Kentucky Law Review* 103 (2015), 477 – 528.

② 费希表示解释是通过显示一部作品在"更大程度上"显示迄今未被承认的文学特质而获得认可。(*Is There a Text in This Class?* (Cambridge: Harvard University Press, 1980), p.351); 通常的程序是在迄今为止被忽略的细节中找到这些特点。对于法律中叙事连贯性的处理参见 Bernard S. Jackson, "Narrative Theories and Legal Discourse" in Cristopher Nash (ed.), *Narrative in Culture* (London: Routledge, 1990), pp. 23 – 50; Nancy Pennington and Reid Hastie, "A cognitive theory of juror decision making: The story model," *Cardozo Law Review*, 13 (1991), 519 – 557; Neil MacCormick, "Coherence in legal justification" in Aleksander Peczenik et al. (eds.), *Theory of Legal Science* (Dordrecht: Springer, 1984), pp. 235 – 251. 尽管并非总是从叙事的角度进行阐述,但裁定事实的评论员们更为普遍地采用相同的观点,参见 Dan Simon, "A third view of the black box: Cognitive coherence in legal decision making," *University of Chicago Law Review*, 71 (2004), 511 – 586.

③ 关于证据的学术研究通常以概率而非叙事的角度看待陷害之故事(以及评价它的难度),但这些可被视作同一问题的不同方面。参见 Ronald J. Allen and Michael S. Pardo, "The problematic value of mathematical models of evidence," *Journal of Legal Studies*, 36 (2007): 107 – 140, 109 – 110; Lawrence H. Tribe, "Trial by mathematics: Precision and ritual in the legal process," *Harvard Law Review*, 84 (1971), 1329 – 1393, 1363 – 1365.

④ E. g., Jieun Lee, "Interpreting reported speech in witnesses' evidence," *Interpreting*, 12 (2010), 60 – 82; Elisabetta Cecconi, "Witness narratives in 17th century trial proceedings" in Nicholas Brownlees et al. (eds.), *The Language of Private and Public Communication in a Historical Perspective* (Newcastle upon Tyne, UK: Cambridge Scholars Publishing, 2010), pp. 245 – 262; Laura Wright, "Third person plural present tense markers in London prisoners' depositions, 1562 – 1623," *American Speech* 77 (2002), 242 – 263.

书,因此并未降低任何叙事欲望。尽管判决书通常预先宣布结论,而读者们在别处看到对结果的阐释,无论如何总会知道结果。读者的好奇心与辩论技巧和证据支撑有关,而无关叙事欲望。

即使一些人在没有任何预知的情况下了解事实陈述,他们也不可能认为其具有叙事吸引力。与规则分析相似,事实陈述并非为其自身目的而讲述故事:首先它强调能够得出特定规则结论的细节,其次推进使得结论合理的分析,从而服务于辩论目的。如评论员们所强调,这意味着要根据能够解决案件的理论来选择事实。同样重要的是转达事实的模式也反映上述目标。然而事实陈述中不允许存在使得读者进入小说情节的技巧——这些技巧提供了直达人物内心世界的途径,暗示即将到来的挫折,并鼓励读者猜测主人公的未来。法官按照充满怀疑的读者的预期进行写作,同时他们需要支撑其最初的想法。① 这一审慎而费力的风格使得读者保持警觉而未能沉浸于虚构的叙事中,即"沉迷书本"。

并且,sjuzhet(叙述的故事)与fabula(发生的故事)间的基本差别似乎对审视判决的事实性叙事毫无作用,因为法官(通过运用时态、视角及时间顺序)暗示所提供的故事仅为所发生的故事,且并无任何潜在的故事值得挖掘和比较。只有天真的读者才会接受这一点,因为他们考虑到草拟陈述时的深思熟虑;重点不在于某人相信判决书是以模拟的准确性阐述事实,也不在于某些人被动的相信判决书代表事实,而在于判决书避免使用任何可能导致另一版本故事的叙事技巧。仅仅因为出现在精心加工的文本中,甚至最平淡的事实叙述也需在更原始的材料中索引其基础。若sjuzhet涉及叙事技巧的影响,则判决书仅体现sjuzhet而未体现fabula便会自相矛盾。法官没有理由区别它们,因为这只会使人对判决书的合理性徒增怀疑罢了。

诚然,对事实的陈述在过去一个半世纪发生了巨大的变化:十九世纪中叶以前,法庭偶尔或简要地陈述细节,并且通常一开始不隐藏所述细节。然而彼时司法叙事的变革并未使得陈述拥有叙事吸引力。在十九世纪,英美法系逐渐注重探索心理状态,以此作为解决多种规则问题的方法;② 这些发展对法庭辩护以及审判过程(包括证据规则)有重要影响,但并未促使法官借用或模仿小说的写作手法对思想意识进行陈述。探索司法判决书与文学体裁之间关系的学者们已不再对文学及司法陈述技巧(如倒叙和自由间接引语)进行类比,而集中于修辞及结构的问题。③

---

① 因此,律师与法官一样,提出了一种潜在的对抗性的叙事,"构建……(预期)一个或多个备用方案,并可能从叙事人未曾预料到的方向竞争"。James Phelan, "Narratives in contest; or, another twist in the narrative turn," PMLA, 123 (2008), 166-175, 168。

② Lisa Rodensky, *The Crime in Mind: Criminal Responsibility and the Victorian Novel* (New York, NY: Oxford University Press, 2003); Jonathan Grossman, *The Art of Alibi: English Law Courts and the Novel* (Baltimore, MD: Johns Hopkins University Press, 2002); 参见 Rex Ferguson, *Criminal Law and the Modernist Novel* (New York: Cambridge University Press, 2013)。

③ 参见 Robert Ferguson, "The judicial opinion as literary genre," *Yale Journal of Law & the Humanities*, 2 (1990), 201-219。

若司法判决书不能够为程序、惊悚小说以及法庭小说的狂热者带来满足感,为何首先要将法律描述为一种叙事性工作?与判决书不同,庭审(以及导致庭审的事件)拥有使得叙事引人入胜的诸多特点。对于悬而未决的冲突而言,裁决便是其终点,但这些冲突将唤起书面判决中所摒弃的叙事欲望。自庭审手册问世,便宣扬一个"好故事"的力量。近来的一个讨论强调律师"有意识运用讲故事的工具"时最有效率。① 一本1901年的手册建议律师们向"叙事大师"学习,他们能够教授其"讲故事的艺术"。② 近一个世纪以前,一位专注于律师辩论能力的评论员观察到,一名有效率的出庭律师能够将"一个长而复杂并且充满细枝末节的故事"转述为通俗易懂的故事。③ 这些事例都反映了一种思考,即审判过程就是一种叙事过程。

然而,庭审的叙事维度并非对所有观察员都平等可见。叙事的连续性取决于参与人的视角:律师询问的问题以及对方辩护律师的反对都会中断任何证人证言的陈述,如此对方辩护律师便可成功阻止叙事进程并使其完全搁置。如同律师们利用其委托人的案件及证据的叙事空间一般,他们也试图阻止从对立面讲述故事。对于陪审员及包括当事方在内的其他听众,证人证言的叙述会因法官与律师的私人会议中断。也许利用参与者较少注意的叙事空间的最好方式便是将庭审中重述的材料与了解所有局部视角的叙事人相结合。④ 这一处理冲突和观点的方式不限于法庭小说与"真实犯罪"报道中:亚历山大·威尔士(Alexander Welsh)认为庭审为证据提供了情节以及辩论方式,该证据在小说故事发展中起决定作用,这在亨利·菲尔丁(Henry Fielding)的汤姆·琼斯(1749)一书中体现得淋漓尽致。⑤ 乔纳森·格罗斯曼(Jonathan Grossman)和丽萨·罗登斯基(Lisa Rodensky)也已展现出十九世纪的小说如何运用并扩展这些途径以设置和解决冲突。⑥

在庭审到判决书的过程中,论辩逐渐占据叙事的上峰。也许一些逼真的戏剧性时刻偶尔也会像布丁里的葡萄干让人享受——并且将上述事例独立并夸大其频次成为一种可理解的趋势。出于判决书之目的,此类场景(它们偶尔出现)适用于辩论结构,而非悬念或好奇。一起案件通常有其具体内容,尽管具体内容能够上诉中进行重述,但是法院都会注意诉讼当事人的故事如何促成合法的故事。一个包含具体内容的案件是集体中的一部分,是更大集合中的一个例子,它形成规则、学说、范畴,或可能成为上述几项内容中可识别

---

① Philip N. Meyer, *Storytelling for Lawyers* (New York, NY: Oxford University Press, 2013), p. 2.
② George Rose, "Literature and the bar," *Law Notes*, 5 (1901), 107 – 110, 110.
③ John Payne Collier, *Criticisms on the Bar* (London: Simpkin, 1819), p. 159.
④ 关于这些重述的文献目录参见 Steve Haste, *Criminal Sentences: True Crime in Fiction and Drama* (London: Cygnus Arts, 1997)。为比较审判记录与现代主义小说从而进行有益讨论,"现代小说放弃了通俗的满足感以便发出……不同的声音……为自己发声",参见 Steven Connor, "Transcripts: Law, literature and the trials of the voice," *New Formations*, 32 (1997), 60 – 76, 67。
⑤ Alexander Welsh, *Strong Representations: Narrative and Circumstantial Evidence* in England (Baltimore, MD: Johns Hopkins University Press, 1992).
⑥ Grossman, *The Art of Alibi*; Rodensky, *The Crime in Mind*.

的一种。以法官的角度来看,正是法律结果而非具体细节证明了案件的重要性。

凯瑟琳·加拉格尔(Catherine Gallagher)认为小说的成立理由,包括塑造人物的要求(尽管要求塑造高度个性化的人物,但是能够吸引读者),能够例证关于人物的一般范畴。① 法律判决书形成了鲜明的对比,其中个性化的例子倾向于一般化,并且在帮助理解争端的法律轮廓的情况下允许保留细节。事实是为了证明普遍的主张并展示抽象性。这一典型的指示性的功能作为连接当事方之讲述与法律故事的桥梁,解释了前者如何进行叙述以及后者如何完结这两类讲述。②

四、判决书的情节

根据上述讨论的意见,我们将事实陈述与法律分析视作拥有不同情节的不同叙事。③ 判决书中一个重要的体裁特征包括其时态和情节作用,因为它们均涉及事实概述以及随后的法律分析。评论员们据实强调了引导判决书叙事轨迹的结果驱动结构之重要性,④ 但却忽略了这一结构的组成要件。判决书包含两部分重叠叙事,并以一个结论结束这两种叙事。以过去时态叙述的关于当事人的故事让步于以现在时态叙述的法律故事。诉讼当事人的讲述与法律故事相似,表示法律结果能够解决其冲突,也表示其冲突可能变为法律故事中的一个事件,即该冲突也是一个具有"具体内容"的案件。这一陈述及运用事实或分析结构的方式连接了法律判决与其他形式的案件研究——尤其是社会科学领域的研究文章——并且对于叙事的处理方式可能对其他种类的文本也存在影响。⑤

法律讲述可能是一种静态的讲述,其中的先例可以轻易解决当事人的冲突,抑或是一种动态的讲述,即当法官采取与其他学说相对立的学说或修改法律时,应借鉴政策和类

---

① Catherine Gallagher, "George Eliot: Immanent Victorian," *Representations*, 90 (2005), 61-74.
② 关于典范性与法律叙事的更多信息参见 Maksymilian Del Mar, "Exemplarity and narrativity in the common law tradition," *Law & Literature*, 25 (2013), 390-407。
③ 美国联邦初审法院必须区分事实与法律的要求来自 1929 年颁布的《衡平规则》第 701/2 条,并于 1935 年在《联邦民事诉讼规则》第 52 条 a 款第 1 节中正式确立,参见 281 U.S. 773 (1929)。关于这两条规则历史的学术研究探索了法律与衡平法的审查标准,但在这些规则适用前却并未调查司法写作实践。然而,20 世纪 40 年代末的讨论表明审判法官经常未能遵守第 52 条规则;参见"The law of fact: Findings of fact under the federal rules," *Harvard Law Review*, 61 (1948), 1434-1444, 1434-1436。
④ E.g., Max Radin, "The theory of judicial decision: Or how judges think," American Bar Association Journal, 11 (1925), 357-362, 359; Jerome Frank, *Law and the Modern Mind* (New York: Brentano's, 1930), 101; Bruce Anderson, "*Discovery*" in Legal Decision-Making (Dordrecht: Kluwer, 1996), 30; Brooks, "*Inevitable Discovery*", 99.
⑤ 参见 Barbara Czarniawska, *Writing Management: Organization Theory as a Literary Genre* (New York, NY: Oxford University Press, 1999), pp. 69-70; John Swales, *Genre Analysis: English in Academic and Research Settings* (Cambridge, UK: Cambridge University Press, 1990), pp. 110-176; Mary S. Morgan, "Case studies: One observation or many? Justification or discovery?" *Philosophy of Science*, 79 (2012), 667-677.

比。① 在要求"最低限度的完整情节"的情况下，托多罗夫（Todorov）的解释能够帮助我们明晰这一区别。据托多罗夫的观点，一个情节以一种"令人不安的稳定状况"为开局，之后过渡到"均衡阶段"，最终达到与第一种均衡"相似"却"不相同"的新的均衡。② 因此静态的（先例主导的）法律故事缺少情节，因其法律均衡始终不曾变化。

在多数初审及上诉判决书中对诉讼当事人故事的完整情节进行描述，却不对解决案件的法律分析进行描写。然而，这些案件我们较少遇见，因为除当事人之外，几乎没有读者阅读判决书。词形变化的形式在美国联邦上诉法院未公开的"处理备忘录"有所体现：这些容易解决的案件都以简洁的风格为特点，完全将法律的适用敷衍了事，并且通常仅对事实进行简单处理。③

据爱德华·摩根·福斯特（E. M. Foster）观察，情节将一系列事件按照因果顺序排列，通过将这一观点与托罗多夫的定义进行对比，我们能够理解其定义的效力。④ 福斯特甚至认为在静态的分析中，情节完全依赖于先例，因为法律推理能够明确表示因果关系（一种促使当事人胜诉或败诉的原则）。另一方面，托多罗夫的观点则是通过叙事之区别完全能够区分由类推引导的法律分析和由先例主导的法律分析。后者的观点并没有为规则的稳定性提出一种威胁预期：它仅仅说明先例如何发挥作用。那些由教科书或条约收录、新闻报道中的案例则以更复杂的法律故事为特点，其中每一阶段的判决书都拥有完整的情节。这些判决书通常拥有其他叙事性的重要特征，因为当法官认为有必要更改法律时，他们不可避免地会将自己当作所更改法律相关的叙事人。

"情节"这一术语似乎对法律分析抽象概念中的某种活动言过其实，则我们可以遵循利科的观点称其为"准情节"。在解释历史学家提出的因果关系的本质时，利科将历史学家比作法官："他们将自己置于纠纷的真实或潜在情况中，试图证明一种解释优于另一种。"⑤ 历史学家们并非通过"讲述进行解释"，而是"将解释本身视作一个问题，从而将其置于听众（起初由与历史学家地位相同的人组成）的讨论或判决书之中"。对于严格审查的期盼将历史学家与文学叙事人区分开来（并且再次显示法官的位置）：小说家们"期

---

① 在这一对比下，参见 Frederick Schauer, *Thinking Like a Lawyer* (Cambridge, MA: Harvard University Press, 2009), 91. 从叙事角度讨论先例参见 Andrew Bricker, "*Is narrative essential to the law? Precedent, case law and judicial emplotment,*" Law, Culture & Humanities, forthcoming.

② Tzvetan Todorov, *The Poetics of Prose*, trans. Richard Howard (Ithaca, NY: Cornell University Press, 1977), p. 11. 与希利斯·米勒（J. Hillis Miller）的方法相对比，"必须存在一种最初情况，一种导致改变或扭转该情况的顺序，以及因情况逆转而产生的启示"。J. Hillis Miller, "Narrative" in Frank Lentricchia and Thomas McLaughlin (eds.), *Critical Terms for Literary Study*, 2nd ed. (Chicago, IL: University of Chicago Press, 1995), 66–79, 75. 这一定义几乎提出同样的要求，并可与托多罗夫之观点适用同样的效果。

③ Joseph L. Lemon, Jr., *Federal Appellate Court Law Clerk Handbook* (Chicago, IL: ABA, 2007), pp. 42–44.

④ E. M. Forster, *Aspects of the Novel* (New York, NY: Harcourt, 1927), p. 130.

⑤ Paul Ricoeur, *Time and Narrative*, trans. Kathleen McLaughlin and David Pellauer (Chicago, IL: University of Chicago Press, 1984), vol. 1, p. 175. 更多参考文献引用于括号内。

待公众能够,(以柯勒律治(Coleridge)常用的表达)'自愿终止怀疑'",但是"历史学家将自己视为持有怀疑态度的读者,不仅期望其叙事,同样期望其证明叙事的真实性"。利科写到,历史学家的解释必须证明为何是"一个特定因素而不是其他因素"导致了一系列事件,这一解释才算成功。支持这一要求的解释的形式跨越了逻辑证明与"情节化的解释",后者取决于理解而非蕴涵的逻辑。利科称其为能够达成两个目的"过渡结构",而"准情节"因通过随意安排事件来辅助理解,尽管其依赖于历史事件而非虚构事件,但仍发挥与文学情节相同的作用。①

利科在强调准情节与"论证过程"的紧密关系时,再次将历史学家比作法官。准情节被视作论述,而非实事求是的描述,因为历史学家们"清楚我们会以其他方式解释结果。他们能够得出上述结论,因为他们如法官一般处于争论和审判的环境中,并且他们的抗辩从未结束"。这些评议认为司法判决书甚至比历史学家的写作更符合准情节。利科也暗示了以现在时态描写法律分析的一个原因,对于律师而言,显而易见的原因便是这些规则未来仍旧适用;② 就此而言,利科继续补充说明现在时态能够表示判决书形式是一种持续进行的争论。

最后,利科以"准人物"补充准情节的概念,指出"在基本叙事语句'X 做出 R 行为'中存在一个动作,叙事中的任何人或任何事被视作这一动作的语法主语"。在历史著作中,准人物包括"民族、国家以及阶级";法律分析的准情节包括规则,法官(在此范围中他们负责做出决定),政策以及原则——即任何推动准情节发展的动因。由此看来,法律分析我们在小说故事中提出的同类问题相似,例如与角色相关的读者如何定位,何种角色能够相互影响,何种信息以难以理解的方式呈现,以及为什么有些细节能够直接描述而另一些则需间接描述。对上述问题的回答可能提出一种新方法,即从体裁的角度分析法律判决书,以及帮助理解特定的问题是如何引导使得法律混乱而非明晰的叙事趋势。对于任何以观念及说服为目的的叙事而言,最主要的问题之一便是树立叙事人权威的方式,接下来笔者将通过思考巴特"真实效应"的类似法律情况,转而思考这一问题的其中一方面。

---

① 相反,唐纳德·波金霍恩(Donald Polkinghorne)认为当一个解释涉及"既定法则"时,即使它使用了一些叙事资源,也不能认为它通过"情节"进行该过程。他写道,当解释涉及一个既定法则时,"解释的力量便来自其将时间从特定的背景中抽取出来的能力,无论空间及时间背景如何,它能够发现所有事例间的关系",然而"以叙述的方式进行解释通常与背景相关"。*Narrative Knowing and the Human Sciences* (Albany: SUNY Press, 1988), 21。

② 乔治·库德(George Coode)关于立法语言持相同观点,指出"法律的生效应视为法律不断在说话"。George Coode, On *Legislative Expression*; or, *The Language of the Law* (London: Benning, 1845), p. 63. 因此,他补充说成文法应使用现在时态描述立法涵盖的情形,使用过去时态描述"其实施前的事实先例"(例如,对于一个先前的罪名,立法对第二次以及之后的罪名加以惩罚)。结果便是"叙事应出现在叙述性语言中",而不是使用立法的命令性语言进行叙述,否则便会"混淆事实与法律"。Ibid., p. 65. 因此库德提出一种类似于我们在判决书中发现的以时态区分事实与法律的方法。

五、法律中的真实效应

正如我们所见，充斥审判之前或审判过程中的潜在叙事需求在裁判期间逐渐减少。由纠纷到诉讼再到解决的变化过程同样也体现了另一过程：参与者选择特定细节向其律师描述，律师选择特定细节在法庭上展示，法官选择特定细节写入判决书中——每一次选择的细节都取决于当时的论证目的。巴特有一个著名的观点，即他认为存在不可论证的细节，这种"在（叙事）结构中没有位置"的缺乏目的之细节创造了"真实效应"："此种叙述似乎与叙事'奢侈'有所联系，它提供大量'无用的'细节，从而增加了叙事信息的成本。"① 但是我们沉迷于这些细节，巴特解释是因为它们"指出了通常被称作'具体真实'的概念"。这些细节最显著的无用性在于其证明理由本身：若提到的细节不为任何目的服务，则这一细节定然已被包含在内，因为这便是它"真实发生"的方式。② 在之前描述的法律模式中，因为每一阶段的细节更加活跃，所以真实效应有所减小，而法律的基本原理对所描述的各个方面的控制也逐渐加强，若判决中包含不可论证的细节，或缺乏足够的细节推进结论，则真实效应将成为一种常规缺陷。③ 先前提及的对叙事连贯性的要求体现了对法律文书中无用细节的反对；因此，在审判过程中，能够补救巴特所谓"无用"细节的案件理论将优先于未能进行挽救的理论，在这种程度上，"无用"细节便有机会写入判决书，其目的也清晰可见。

在某种意义上，出现在法律可见性临界点的任何细节都具有潜在目的；毕竟，委托人正是出于这一原因向律师咨询诉讼的可行性，而这一目的贯穿于委托人的所有话语中。但是这种对时间的叙述仍体现了巴特的"奢侈"，因为尽管这些细节不能被视作未经整合的细节，但其确实未接受规则逻辑的专业编选。此外，了解如何树立证人可信性的任何律师都致力于在发表证言的过程中引出毫无目的性的细节，巴特提出：没有任何事物能够像无关紧要的细节一样证明一个人的可信程度，因为这些细节仅仅是由证人碰巧记住而提及。并且，一位律师在审判中的精心修改过的叙事，仍旧带有试探性；无人知道所提供的何种细节会在消除它们的反对声以及证据争论中幸存，也无人知道哪种细节能够保留并被法官写入事实摘要中。与此相对，法官的判决将抹除中断辩护以及证词发表的赘索，选取一项可审理的权利主张以及支撑论据，并组织适合该案所适用的法律框架相关细节。

由于一起案件已由时下的争端转变为书面的决议，然后进入上诉阶段，因此对于政策

---

① Roland Barthes, "The reality effect" (1968) in *The Rustle of Language*, trans. Richard Howard (New York, NY: Hill & Wang, 1986), pp. 141–148, 141.

② Ibid. p. 146.

③ 以后者为例，怀特（White）大法官抱怨一个草案意见就像"一本糟糕的神秘小说一样不令人满意"，因为分析并没有为拟议的理论解决方案铺平道路："我们在最后一页了解到迄今未知的嫌疑人以先前未曾披露的原因伤害受害人"。引自 Richard Sherwin, "Law frames: Historical truth and narrative necessity in a criminal case," *Stanford Law Review*, 47 (1994), 39–83, 66。

及规则的关注持续增加,这便引出审判过程中一种节约叙事能量的方式。在更早的阶段中,哪些事实更为重要尚未明了,当各当事方争取证人,搜集书面证据以及考虑各种能够胜诉的故事线时,便会使得叙事能量激增。一些备选方案在法庭上不予采用,因为细节并不能够支撑它们,而另一些则在审判过程中被删除,因为法官运用了证据排除规则,对方律师的证据也已排除特定选择,并且律师需在须臾之间做出关键决策。

当审判进入到文本表述阶段,这一叙事能量便会减少。一旦法官将纠纷简述为文字形式,大量汹涌的叙事能量将从事实中清除,文本便是征集此类事实以满足自身论证目的。在上诉中,事实内容将被进一步削减。例如,初审判决通常包括足够的事实论据以支撑证明法官结论的任意备用理论方案,然而上诉判决则集中于特定的规则问题,而较少提及发挥作用的事实问题。随着叙事能量从纠纷事实争辩中过滤,尽管其中一部分能量在形式上发生显著的变化,但仍迁移到法律分析中。依上所言,该阶段中推进工作、产生冲突并促使改变的积极动因首先是规则而非人类参与者。法官既将自己视作叙事人,又将自己视作参与者,取决于他们是受法律强制陈述结果,还是权衡备用方案深思熟虑之后做出选择。与审判前便已传播的能量不同,分析中呈现的叙事能量通常都有所减弱。因此经济并非是简单将叙事能量从一种争论转移到另一种争论中:转移过程中大部分能量都已消散。因此,巴特提出的概念为理解审判中现实主义的表现及其在诉讼过程中的转变提供了一种有用的方式。

尽管在初审及上诉法官判决中尤为缺少真实效应,但其提供了我们称之为"合法性效应"的一种类比。如果小说世界中的真实效应指出文本的真实性,则其同样指出叙事人的可靠性或权威性。记录"非必要"信息的文本能够提供大量细节;该文本由了解书面记录及更多内容的人编撰。(一个人能够猜测来自不可靠叙事人的真实效应,但若如此,这些"非必要"的细节就会产生目的性,使我们怀疑其准确性并对叙事人产生质疑。)正如真实效应证明叙事人拥有关于虚幻世界的渊博的知识,合法性效应在判决书的分析部分发挥同样的作用。

虽然早期的说法将非必要的法律细节视作常规缺陷,但是在法律分析中却通常充斥着大量非必要细节。例如,法院并非完全就争议问题发表意见(评论家们称为法官附带意见),且引用较该案件所需更多的规则,并对特定的法律领域进行解释而非集中于解释法律问题。这些表现实际上被视为"增加叙事信息的成本",[①] 但是有人可能怀疑,正如小说家虽完全意识到"无用的"细节有其无用性却仍旧对其进行描写,法官同样意识到形式的要求并努力为之。在早期现代,习惯法被视为独立于法官判决的存在,这一材料能够为类比目的而服务:详细叙述非必要规则之论点可能成为强调文本法律准确性以及法官全面的法律知识之路径,并证实法官作为"法律神谕"的地位。

---

① Barthes, "*The reality effect*," p. 141.

尽管当代法学家对法律的渊源持不同观点,但对于知识和权威的看法则保持一致。由叙事语言所表达的合法性效应强化了法官在法律理论中作为全知叙事者的地位。该效应也强化了支配法律分析的传统的全知模式。这一模式近似于与维多利亚时期小说相关的充满自信的全知模式。在小说叙事中,多种多样的技巧——包括真实效应——共同作用,创造出一位叙事人并赋予其特权,使其能够了解人物的历史、思想以及动机;相应地,判决书设定一名司法叙事人能够自信地陈述原则起源、目的及局限——即此叙事人通过宣称一种规则发挥某一特定作用实现以上目的。正如我们思考利科的准情节时指出的那样,法官的陈述必然会招致挑战,但这仅意味着法官无法保证其证明的合理性;此处我们关注判决书怎样树立这一权威,而非它是否能抵挡其他判决书的攻击,反之其他判决书也会用同样的手段树立自己的权威。

如小说中过度的描述为读者呈现"真实"一般,判决书规则性的冗词赘句为读者展现了"法律"。法官通过将不构成论点的法律信息囊括进来,为读者提供了一个相对准确而熟悉的框架以包含构成争论且有其目的之观点。在此,无可置疑的真实的法律细节是为保证后续认定的稳固。此外,正如20世纪真实效应已呈现出新的表现(例如,包括使用照片、其他种类的文件及伪证明文件),① 合法性效应也有新的表现。几乎在同一时期,在美国司法文书写作中形成一种传统,即在判决书的分析部分对大量其他的判决书进行简短引用(包括被广泛接受而成为陈词滥调的判决书),以证明每个独立的论点。与之相反,加拿大的判决书中则有另一种趋势,即长篇大论地引用其他判决书,有时一次引用两至三页,还包括一些嵌套引用。在上述两国案例中,这种表现通常不会推进分析,但却尤其能够证明法官陈述规则的流畅性。通过从叙事手法的角度对判决书进行审视,我们能够——如果这并非合理——为其他似乎浪费空间,挑战读者耐心的判决找到一个解释。

一旦我们认为判决书有其显著的特点,而不认为其与使用情节和人物吸引我们并使我们愉悦的充满想象力的写作形式能够互换,叙事研究中最基础的问题便呈现出新的可能性。我们并非在未经讨论的情况下假设判决书情节与小说情节相似,而是我们有能力直接研究这一问题并辨别法律情节。因为这一方法会对判决书推理性及规则性结论产生影响,它不仅对法学和文学学者提出问题(尤其是将"法律作为文学"进行研究的学者)而且对更广泛的法律学者提出问题。

(编辑:吴冬兴)

---

① 一些相关示例参见 Todd Herzog, "Crime stories: Criminal, society, and the modernist case history," Representations, 80 (2002): 34 – 61, 这些示例以修订形式出现在《犯罪故事:刑事学幻想及魏玛德国的文化危机》(Crime Stories: Criminalistic Fantasy and the Culture of Crisis in Weimar Germany (New York, NY: Berghahn, 2009))一书的第二章中。

条约演化解释：合法性、语义学分析及近似概念*

[挪] 桑德雷·托普·赫尔默森** 著　黄　炎*** 译

摘　要　演化解释通过演变条约术语本身的语言意义而实现。国际法院为演化解释方法确立了一项规则，将其适用于解释长期或无期限条约中的通用术语，但并未就何为通用术语做出确切定义。国际法院的模糊态度意味着关于演化解释的讨论仍将持续。演化解释不同于时际法或者《条约法公约》中的相关国际法规则。对于价值驱动术语、非价值驱动术语和非演化术语而言，演化解释方法的适用路径各异。演化解释方法有助于解决条约中的模糊表述问题，但无法解决歧义问题。

关键词　演化解释　当事方意图　通用术语　语义学

一、引言

本文的主题是条约的演化解释方法，① 旨在澄清条约演化解释方法的概念及其在习惯国际法中的地位，并有助于我们对该概念的分析理解。本文共五个部分，第一部分是引

---

* 本文受华东政法大学科学研究项目（批准号：20HZK018）资助。

** 桑德雷·托普·赫尔默森（Sondre Torp Helmersen），男，特罗姆瑟大学副教授，剑桥大学法学硕士、奥斯陆大学法学博士，研究兴趣为国际公法，尤其是国际法渊源。本文原文发表于《欧洲法律研究杂志》2013 年第 6 期。

*** 黄炎，女，安徽安庆人，华东政法大学国际法学院讲师，法学博士，研究方向为国际公法。

① "演化解释"，又称"动态解释"，参见 Malgosia Fitzmaurice：《条约法的实践》（*The Practical Working of the Law of Treaties*），载 Malcolm D Evans 主编：《国际法（第三版）》，牛津大学出版社，2010 年，第 188 页。Pierre–Marie Dupuy 采纳的是"演化解释"这一术语，参见 Pierre–Marie Dupuy：《条约的演化解释：超越记忆和预言》，载 Enzo Cannizzaro 主编：《超越〈维亚纳条约法公约〉的条约法》，牛津大学出版社，2011 年，第 123 页。本文将采用"演化解释"的说法，"evolutive"用作形容词，"evolutively"作副词。

言，第二部分主要通过重新审视常设国际法院和国际法院的实践，澄清演化解释方法在习惯国际法中的地位，并区分与之相关的三类术语。第三部分探讨演化解释中的语义学问题。第四部分试图将演化解释与类似或相关的概念区分开来，表明其既不是"时际法理论"，也不是《维也纳条约法公约》① 第 31 条第 3 款（c）项的内容。第五部分是结论。

首先，演化解释是指随着时间流逝，赋予某个术语不同含义的解释方法。② 与所有其他解释方法一样，术语的演化解释与其应用是不同的。③ 在新的情势下适用某个术语，而术语的含义保持不变，这并非演化解释。解释者想法的改变也并非演化解释。另外，在解释一个有多种含义的术语时，法院可以在一个案件中选择一种含义进行解释，而在以后的案件中选择另一种含义进行解释。如此，这个术语的含义可以说是随着时间的推移而改变了。然而，若这种变化并非由当事人有意推动的，就不是演化解释，而只是法院的意见。

通常情况下，演化解释是通过演化术语本身的语言意义而实现的。④ 不过，条约解释本质上是一个主观的过程；若当事方意图演变术语的含义，那么该术语是否在语言上进行演变是无关紧要的。⑤ 演化解释的反义词可以称为"静态解释"（即术语的含义不会随着时间的推移而改变）。在条约解释过程中，有必要区分条约解释的援引依据、条约解释方法和条约解释的潜在结果。解释条约时援引的依据包括《条约法公约》第 31 至 33 条中提到的要素，⑥ 如通常含义、上下文、宗旨和目的、后续实践等。⑦ 条约解释方法是解释条约时使用的方法总称，⑧ 习惯国际法规定了一系列方法，⑨ 何时和如何进行演化解释是其

---

① 《维也纳条约法公约》（Vienna Convention on the Law of Treaties）（1969 年 5 月 23 日通过，1980 年 1 月 27 日生效），下文简称《条约法公约》。

② 参见欧洲人权法院案例判决：Feldbrugge（人名）诉荷兰案，1986 年，第 266 页，第 24 段。

③ 分别是"确定文本的意义"以及"确定文本意义的后果"。参见 Richard Gardiner：《条约解释》（Treaty Interpretation），牛津大学出版社 2008 年版，第 29 页。

④ "演化术语"（evolving terms）。

⑤ Georg Ress 认为演化解释是"基于语言学的解释"。这种观点只适用于能够在语言上演化的术语。参见 Georg Ress：《宪章的解释》（The Interpretation of the Charter），载 Bruno Simma 主编：《联合国宪章评述（第二版）》，牛津大学出版社 2002 年版，第 23 页。

⑥ 本文使用的是"要素"（factors），Ole Kristian Fauchald 采纳的是"论证"（arguments），Ulf Linderfalk 采纳的是"方法"（means）。参见 Ole Kristian Fauchald：《ICSID 仲裁庭的法律推理——实证研究》，载《欧洲国际法杂志》第 19 期，2008 年，第 301 页；Ulf Linderfalk：《维也纳条约法公约第 31 和 32 条的条约解释方法之适用是否有先后顺序？》，载《荷兰国际法评论》第 54 卷 2007 年版，第 133、135 页。

⑦ 如下文脚注 24 所述，《维也纳条约法公约》第 31－33 条规定了条约解释的"原则"（而不是规则）。因此，这些条款提到了解释因素，并规定了是否、何时和如何使用这些因素的原则。

⑧ Alexander Orakhelashvili：《国际公法中的行为与规则解释》（The Interpretation of Acts and Rules in Public International Law），牛津大学出版社 2008 年版，第 309 页。

⑨ 传统观点认为条约解释有三种"方法"或"流派"："文本"、"技术"和"目的"。参见联合国国际法委员会：《国际法委员会 1966 年年刊》，第 218 页，第 2 段；Martin Dixon 在著作中增加了"有效性原则"，Villiger 增加了"历史解释方法"和"逻辑解释方法"，参见 Martin Dixon：《国际法教科书》（Textbook on International Law），牛津大学出版社 2007 年第六版，第 71－72 页；Mark E. Villiger：《1969 年维也纳条约法公约评述》（Commentary on the 1969 Vienna Convention on the Law of Treaties），博睿出版社 2009 年版，第 435 页。

中的一部分。对条约术语进行演化解释时，条约内容也将随着时间的推移而演变，这是解释的潜在结果。除了所有法律文本都需要解释这一事实之外，① 同样重要的是现实也在不断演变。条约一旦缔结往往保持静态，即便可以修改，在实践中也是相当困难的。② 与此同时，条约所适应的现实总是不断变化的，经济、政治、文化和技术现实都在变化。在诸多领域，法律必须灵活才能保持相关性和有效性。反过来，灵活性必须与稳定性保持平衡，这是法治的一个重要方面。③

演化解释能够解决的问题并不局限于国际法；它能够普遍适用于所有法律制度。因而，这一概念在国内法中广为人知。④ 尽管如此，国内法和国际法之间的区别在于，国内法的制定和修改比起草和修订条约更为灵活，因而，在国际法领域适用演化解释方法的必要性相对更强。

二、习惯国际法中的演化解释方法

（一）概述

这一部分的目标是确定演化解释方法在习惯国际法中的地位。这需要回答两个问题：第一，应在何时（即何种条件下）对法律术语进行演化解释？第二，这些术语应当如何（即以何种标准）演化？条约解释受到习惯国际法和《条约法公约》的规范。根据《国际法院规约》⑤第 5 条和第 38 条第 1 款（b）项⑥的规定，可以在国家实践和司法意见中寻找习惯国际法存在的证据。⑦ 然而，现实中往往很难确定习惯国际法的内容，⑧ 特别是在不确定的、⑨ 有争议

---

① 这是基于语言本身的局限性和现实的不可预测性。参见 HLA Hart：《法律的概念》（*The Concept of Law*），剑桥大学出版社 2007 年第 2 版，第 262 页。

② Anthony Aust：《现代条约法与实践》（*Modern Treaty Law and Practice*），牛津大学出版社 2007 年第 2 版，第 262 页。

③ 时际法（Intertemporal Law），参见《马克思·普朗克国际公法百科全书》（*The Max Planck Encyclopedia of Public International Law*），www.mpepil.com。

④ Soren C Prebensen：《〈欧洲人权公约〉的演化解释》（*Evolutive Interpretation of the European Convention of Human Rights*），载 Paul Mahoney 等主编：《保护人权：欧洲的观点》（Protection des droits de l'homme：la perspective europienne），Carl Heymanns Verlag 出版社 2000 年版，第 1126 页。

⑤ 《国际法院规约》（1945 年 6 月 26 日通过，同年 10 月 24 日生效）。

⑥ Ian Brownlie：《国际法原则》（*Principles of International Law*），牛津大学出版社，2008 年第 7 版，第 5 页；Malcolm N Shaw：《国际法》（*International Law*），牛津大学出版社 2008 年第 6 版，第 70 页。

⑦ 1969 年国际法院"北海大陆架案"判决，第 3 页，第 77 段。

⑧ Martti Koskenniemi：《从辩护到乌托邦：国际法论证的结构》（From Apology to Utopia：The Structure of International Legal Argument），牛津大学出版社 2005 年第 2 版，第 396 页。

⑨ 例如，Richard A Falk 认为国际协议需要在整个并不稳定的国际社会中进行解释。参见 Richard A Falk：《法律在国际社会中的地位》（*The Status of Law in International Society*），普林斯顿大学出版社 1970 年版，第 372 页。

的、①规制松散的②领域。关于条约解释，《条约法公约》第 31 至 33 条是被广泛接受的法律依据。③其拘束力并非来源于条约，而是来源于习惯法，这是因为《条约法公约》的规定已被国际社会接受而演变成为习惯法规则。④《国际法院规约》第 38 条第 1 款还提到另外两项依据，即"司法判例"与"权威公法学家的学说"。

《条约法公约》第 31 至 33 条提供了条约解释的法律依据。⑤其中，"通常含义"（第 31 条第 1 款）可能会随着时间的推移而改变，但该公约并未规定应以缔结条约时的"通常含义"还是解释条约时的"通常含义"为准。"善意"和"目的与宗旨"标准（第 31 条第 1 款）可能要求对一个术语进行演化解释，并影响其演变方式。"嗣后协议"（第 31 条第 3 款 a 项）可以决定一个术语是否应当演变，以及应当如何演变，"嗣后惯例"（第 31 条第 3 款 b 项）⑥和"相关国际法规则"（第 31 条第 3 款 c 项）⑦也是如此。不演变的术语可被赋予"特殊含义"（第 31 条第 4 款）。不过，总体而言，《条约法公约》第 31 至 33 条提供的有关演化解释的指导作用仍然有限。

国际司法判例中不乏适用演化解释方法的情形。在里程碑式的 1978 年"Tyrer 诉联合王国案"⑧判决中，欧洲人权法院⑨对《欧洲人权公约》⑩第 3 条做出动态解释，裁定鞭笞青少年这个马恩岛上的传统处罚方式不再符合现代欧洲对于人权的理解。法院指出，《欧洲人权公约》是需要"根据当前条件加以解释"的"活的文书"。此外，欧洲法院⑪、

---

① Vaughan Lowe 认为从条约文本到具体案例的推理过程中的每一个步骤都存在争议。参见 Vaughan Lowe：《国际法》（*International Law*），牛津大学出版社，2007 年，第 73 页。

② 条约解释"在某种程度上是一种艺术，而不是严格意义上的科学"，这种观点最初是由联合国国际法委员会有关条约的评注意见提出，参见《国际法委员会关于条约法的评注意见》（*ILC Draft Articles on the Law of Treaties with Commentaries*），第 218 页。

③ 例如国际法院 1994 年"利比亚/乍得领土争端案"判决，第 6 页，第 41 段；国际法院 1996 年"伊朗/美国石油平台案"判决，第 803 页，第 23 段。

④ 参见国际法院 1984 年"尼加拉瓜/美国关于尼加拉瓜境内和针对尼加拉瓜的军事和准军事活动案"判决，第 392 页，第 73 段。

⑤ 与"规则"相反，"原则"不规定自动遵循的法律后果，而"规则"以全有或全无的方式适用。参见 Ronald Dworkin：《认真对待权力》（*Taking Rights Seriously*），达克沃斯出版社，1978 年，第 24 - 25 页。即使《条约法公约》第 31 条本身使用了"规则"，该条约的条款也足够灵活，使得"原则"（或甚至"手段"）成为更合适的单词。参见 Richard Gardiner：《条约解释》（*Treaty Interpretation*），牛津大学出版社，2008 年，第 36 - 38 页。进一步说，严格的解释"规则"的概念在理论上是有问题的，如同 George Letsas 所说，没有条约可以告诉我们如何解释条约。参见 George Letsas：《斯特拉斯堡的解释伦理：给国际律师的教训》（*Strasbourg's Interpretive Ethic: Lessons for the International Lawyer*），载《欧洲国际法杂志》2010 年第 21 期，第 509、534 页。

⑥ 国际法委员会已经注意到演化解释与条约嗣后行为的关系，演化解释是一种以目的为导向的解释方法，由狭义和广义的后续实践、缔约国的具体实践以及国际关系或社会的其他发展为依据。参见国际法委员会第 63 届工作报告（*Report on the Work of its Sixty - Third Session*），联合国 A/66/10 号文件，第 283 页。

⑦ 有关演化解释与《维也纳条约法公约》第 31 条第 3 款 c 项的关系参见下文。

⑧ Tyrer 诉联合王国案判决，第 31 段。

⑨ 参见《保护人权及基本自由公约》，即《欧洲人权公约》。

⑩ Robin CA White & Clare Ovey：《欧洲人权公约》，牛津大学出版社 2010 年第 5 版，第 64 页。

⑪ 欧洲法院"Gavardo SpA 诉卫生部案"判决，1982 年，第 20 段。

美洲人权法院①、联合国人权事务委员会②、国际海洋法法庭③以及世界贸易组织④的相关判决、裁决、报告中也适用了演化解释方法。⑤ 国际法院在1970年"纳米比亚咨询意见案"、⑥ 1978年"爱琴海大陆架划界案"⑦ 和2009年"航行权利和相关权利案"⑧ 中采纳了演化解释方法。另外，国际法院在以下案例中还指出了演化解释方法的价值：一是"突尼斯/摩洛哥国籍法令案"，⑨ 法院在该案判决中指出，"判断一个事项是否完全属于一方国内事务本质上是相对的"，并且"取决于国际关系的发展"。⑩ 二是"爱琴海大陆架划界案"，法院在该案中将"权利"一词称为"通用术语"，指出其含义应当根据"国际关系的发展"进行演变。⑪ 最后，在"匈牙利/斯洛伐克项目案"⑫ 中，法院给某些条约条款贴上"不断演变"（evolving）的标签，认为"条约并不是一成不变的，而是适应新出现的国际法规范"，考虑到环境保护的"现行标准"。⑬ 不过，国际法庭也会适用静态解释方法，例如"喀麦隆/尼日利亚陆地和海洋边界案"、⑭ "阿根廷/智利边界案"⑮以及"厄立特里亚/埃塞俄比亚边界案"。⑯

---

① 正当法律程序保障框架下的领事协助知情权，参见美洲国家间人权法院咨询意见（Advisory Opinion, OC – 16, Inter – American Court of Human Rights Series A No 16 (1 October 1999), para. 114.)。
② 联合国人权委员会："Roger Judge（人名）诉加拿大案"，2003年，第10.3段。
③ 参见2011年国际海洋法法庭判决（Responsibilities and obligations of States sponsoring persons and entities with respect to activities in the Area, Seabed Disputes Chamber of the International Tribunal for the Law of the Sea, Advisory Opinion ITLOS/Case 17, para 117.）。
④ "比利时诉荷兰钢铁莱茵仲裁案"裁决，2005年，第79段。
⑤ WTO "美国虾及虾制品进口限制案"，上诉机构报告 WT/DS58/AB/R，2001年10月22日，第130段；WTO "中国影响某些出版物和视听娱乐产品的贸易权和分销服务措施案"，上诉机构报告 WT/DS363/AB/R，第397段。
⑥ "南非在纳米比亚持续军事存在的法律后果"（Legal Consequences for States of the Continued Presence of South Africa in Namibia），国际法院1971年报告，第16页，第53段。
⑦ 国际法院"爱琴海大陆架划界案"判决，1978年，第3页，第77段。
⑧ 国际法院"哥斯达黎加/尼加拉瓜航行及相关权利案"判决，2009年，第213页，第64－66段。
⑨ 常设国际法院"突尼斯和摩洛哥国籍法令案"，1921年。
⑩ 常设国际法院"突尼斯和摩洛哥国籍法令案"，1921年，第24页。然而，"国内管辖权"并不像"神圣信托"、"领土地位"和"商业"那样随着时间的推移而变化；"国内管辖权"的含义与1923年时相同。
⑪ 国际法院"爱琴海大陆架划界案"判决，1978年，第78页。然而，与"国内管辖权"类似，"权利"是一个不能说随着时间的推移而改变其含义的术语。新的权利被创造出来，旧的权利不复存在，但它们都是这个术语最初意义上的"权利"。Hugh Thirlway 也持相同观点。参见 Hugh Thirlway：《国际法院的法律与程序：1960－1989 第一部分》（The Law and Procedure of the International Court of Justice 1960－1989 Part One），载《英国国际法年刊》（总）第60期，第141页。
⑫ 国际法院"匈牙利/斯洛伐克项目案"判决，1997年，第7段。
⑬ 国际法院"匈牙利/斯洛伐克项目案"判决，1997年，第112、140段。这（或许可以说）不是法院不断演变的解释；它只是建议当事各方在重新谈判条约时考虑到目前的环境标准。Bedjaoui 法官对这三个条文进行了演化解释，参见他在本案审理中的"不同意见"第17段。
⑭ 国际法院"喀麦隆/尼日利亚领土与海洋划界案"判决，2002年，第159段。
⑮ "阿根廷与智利边界仲裁案"裁决，第130段。
⑯ "厄立特里亚与埃塞俄比亚边界划界案"裁决，第3－5段。

公法学者也认可演化解释方法，他们倾向于在条约的概念①、术语②、宗旨与目的③以及意图④中探寻演化解释的基础。同时，演化解释又被称为"条约解释中最有争议、广泛讨论的问题之一"，⑤它与《条约法公约》第31至33条的兼容性存疑。⑥国际法庭适用演化解释的方法论备受质疑，⑦这一概念的规范性也遭遇批评。⑧下文将讨论国际法院的相关判决，它们是习惯国际法的最佳表现形式。⑨与其他国际法庭不同的是，国际法院就何时适用演化解释方法提供了相对详细的指示。

（二）当事方意图

国际法院适用演化解释方法的所有情形——至少从表面上看——都是由条约缔约方的意图推动的。在"纳米比亚案"中，国际法院需要澄清南非管理纳米比亚的任务终止后，

---

① Jennings & Watts：《奥本海国际法》（Oppenheim's International Law），朗文出版社1992年版，第1282页。

② Ian Sinclair：《维也纳条约法公约》（The Vienna Convention on the Law of Treaties），曼彻斯特大学出版社1984年第2版，第140页。

③ Rudolf Bernhardt：《〈欧洲人权公约〉的演化解释》（Evolutive Treaty Interpretation, Especially of the EuropeanConvention on Human Rights），载《德国国际法年刊》1999年第42期，第16-17页。

④ Frank Engelen：《国际法下的税收条约解释："维也纳条约法公约"第31、32和33条及其对税收条约的适用研究》（Interpretation of Tax Treaties under International law: A Study of Articles 31, 32 and 33 of the Vienna Convention on the Law of Treaties and Their Application to Tax Treaties），IBFD出版社2004年版，第285-286页；Bruno Simma & Theodore Kill：《协调投资保护和国际人权：迈向方法论的第一步》（Harmonizing Investment Protection and International Human Rights: First Steps Towards a Methodology），牛津大学出版社2009年版，第694页。

⑤ Malgosia Fitzmaurice：《条约法的实践》（The Practical Working of the Law of Treaties），载Malcolm D Evans主编：《国际法（第三版）》，牛津大学出版社2010年版，第188页。

⑥ John H Jackson：《主权、世界贸易组织以及不断演变的国际法原则》（Sovereignty, the WTO, and Changing Fundamentals of International Law），剑桥大学出版社2006年版，第187页；Petros C Mavroidis：《没有法律外包？世贸组织法的实践》（No Outsourcing of Law? WTO Law as Practiced by WTO Courts），载《亚洲国际法杂志》2008年（总）第102期，第421、445页。

⑦ Martin Dawidowicz：《条约解释中时间流逝的效果：哥斯达黎加诉尼加拉瓜案评述》（The Effect of the Passage of Time on the Interpretation of Treaties: Some Reflections on Costa Rica V. Nicaragua），载《莱顿国际法杂志》2011年第24期，第201、221-222页，Duncan French：《条约解释以及外部法律规则的适用》（TreatyInterpretation and the Incorporation of Extraneous Legal Rules），载《国际比较法季刊》2006年（总）第55卷，第281、296-300页。

⑧ 他所说的"演化论"（在美国宪法的范围内）是"不可行的宪法哲学"，因为"无法就演化论的指导原则达成一致"。Antonin Scalia：《大陆法系中的普通法法院：美国联邦法院在解释宪法和法律方面的作用》（Common-Law Courts in a Civil-Law System: The Role of United Stated Federal Courts in Interpreting the Constitution and Laws），载Amy Gutmann主编：《解释问题：联邦法院与法律》（A matter of Interpretation: Federal Courts and the Law），普林斯顿大学出版社1997年版，第44-45页。

⑨ 参见例如Hersch Lauterpacht：《国际法庭对于国际法的发展》（The Development of International Law by the International Court），Stevens & Sons出版社，1958年，第22页；Rosalyn Higgins：《问题与过程：国际法及其适用》（International Law and How We Use It），牛津大学出版社1994年版，第202页；Alain Pellet：《第38条》（Article 38），载Andreas Zimmermann, Christian Tomuschat, and Karin Oellers-Frahm主编：《〈国际法院规约〉：评论》（The Statute of the International Court of Justice: A Commentary），牛津大学出版社2006年版，第789-790页。也有不同的观点，参见例如Jorg Kammerhofer：《国际公法中行为和规则的解释》（The Interpretation of Acts and Rules in Public International Law），载《欧洲国际法杂志》2009年第20期，第1282页。

继续维持其军事存在的法律后果。为此，法院必须解释《国际联盟公约》第 22 条第 1 款。① 法院认为，"现代社会的艰苦条件"、"民众的福祉和发展"以及"神圣的信托"等术语的定义"不是静态的，而是演变的"。② 法院注意到，"根据当事方在缔结条约时的意图"，在没有相反的决定性证据的情形下，应当认为"当事方已经接受术语演变"。③ 这就意味着南非对于纳米比亚民众的义务受到《国际联盟公约》起草以来"现实变化"的影响。④ 法院最终得出结论，"神圣信托的最终目标是人民自决和独立"，⑤ 尽管在起草该公约时，独立权并不存在——甚至可能没有被考虑过。

"爱琴海大陆架划界案"源于希腊和土耳其之间的爱琴海争端。希腊方面请求国际法院对两国之间的大陆架边界争端做出裁决，而法院是否享有该案管辖权取决于如何解释希腊加入"总体法"时的保留条款。⑥ 保留条款排除了"根据国际法完全属于一国国内管辖范围的争端，尤其是与希腊领土地位有关的争端，包括与其港口和交通主权有关的争端"。⑦ 希腊方面认为，在起草"总体法"（1928 年）和希腊加入之时（1931 年），"大陆架的概念还完全不为人所知"。⑧ 这一论点暗示，该条款的含义在时间上被冻结。法院并不认同此观点，而是确立了一项"推定"，即"领土地位"的含义"根据法律的演变而发生变化"，最终认定其对此项争端并无管辖权。与"纳米比亚案"一样，国际法院并未审查这一推定意图在当事方起草或加入条约时是否已得到明确承认。

"哥斯达黎加/尼加拉瓜航行权利及相关权利案"涉及两国之间 1858 年条约⑨的解释。⑩ 该条约以西班牙语起草，赋予哥斯达黎加在两国边境的圣胡安河上的"商业"（comercio）航权。尼加拉瓜方面认为应当以缔约时的原意为准，"comercio"一词在 1858 年只包括实物运输。⑪ 哥斯达黎加方面则辩称，应将其解释为"出于商业目的的贸易运输"，将航行自由扩大到更广阔的范围。法院引证"爱琴海案"，⑫ 指出"一项条约必须依据当事方的共同意图来解释"，然而，其意图可能是"赋予所使用的术语一种能够演变的含义或内容"。当事方意图不一定非得是明确的，而是"可以推定的"。⑬

国际法院判例表明，参照当事方意图，法院需要对条约术语进行演化解释。条约起草

---

① 《国际联盟盟约》（1919 年 6 月 28 日通过，1920 年 1 月 10 日生效）。
② 参见国际法院"纳米比亚案"咨询意见，第 53 段。
③ 参见国际法院"纳米比亚案"咨询意见，第 53 段。
④ 参见国际法院"纳米比亚案"咨询意见，第 53 段。
⑤ 参见国际法院"纳米比亚案"咨询意见，第 53 段。
⑥ 《国际争端和平解决公约》（1928 年 9 月 26 日通过，1929 年 8 月 16 日生效）。
⑦ 参见国际法院"爱琴海大陆架划界案"判决，第 48 段。
⑧ 参见国际法院"爱琴海大陆架划界案"判决，第 77 段。
⑨ 《哥斯达黎加与尼加拉瓜条约》（1858 年 4 月 15 日）。
⑩ 参见国际法院"航行权利与相关权利案"判决，第 56 段。
⑪ 参见国际法院"航行权利与相关权利案"判决，第 63 段。
⑫ 参见国际法院"航行权利与相关权利案"判决，第 64 段。
⑬ 参见国际法院"航行权利与相关权利案"判决，第 65 段。

者并不能预见到未来的解释者将如何解释条约。① 即使起草者无法控制和预测条约的发展，条约术语也会不断演化。②

（三）一般规则

国际法院在"航行权利及相关权利案"中确立了一项"一般规则"，通过该规则可以确定何时须推定演化意图：③

（1）当事方使用了"通用术语"，此种情形下，双方"必然知道这些术语的含义可能会随着时间的推移而演变"；

（2）条约"已经存续很长时间"。

本案中，法院依据该"一般规则"认为"comercio"一词是"通用术语"，同时哥斯达黎加与尼加拉瓜之间的条约期限是"无限制的"，继而推定"comercio"的含义发生了演化。④ 该案中的"一般规则"建立在"爱琴海案"判决基础之上，在"爱琴海案"中，国际法院指出领土地位的"通用术语"性质导致其含义随着时间推移发生演化，并且当事方之间条约已持续相当长的时间。⑤ 国际法院在"纳米比亚案"中并未适用"一般规则"。法院发现，其解释的术语"在定义上而言是演化的"，⑥ 当事方"必须被视为接受了这一点"。⑦ 同时，法院认为"一项条约必须在整个国际法制度框架内解释和适用"。⑧ 这段引语似乎援引自《条约法公约》第 31 条第 3 款（c）项中的"体系解释原则"，⑨ 或者说

---

① 《欧洲人权公约》起草者在起草该公约时并没有设想到建立欧洲人权法院，但该事实本身并不表示后来建立的欧洲人权法院不在公约的框架之下。参见"Matthews 诉英国案"，载《欧洲人权报告》，1999 年，第 361 页，第 39 段。

② 当 Bernhardt 在《欧洲人权公约》的"起草者意图"与"国家和社会不断变化的条件和意见的相关性"之间提出二分法时，可能会引起混淆。从这个意义上说，演化解释不一定要从各方的意图中"抹去"。参见 Rudolf Bernhardt：《〈欧洲人权公约〉的演化解释》（Evolutive Treaty Interpretation, Especially of the European Convention on Human Rights），载《德国国际法年刊》1999 年第 42 期，第 16–17 页。

③ 参见国际法院"航行权利与相关权利案"判决，第 66 段。

④ 参见国际法院"航行权利与相关权利案"判决，第 67 段。

⑤ 参见国际法院"爱琴海人陆架划界案"判决，第 77 段。

⑥ 参见国际法院"纳米比亚案"咨询意见，第 53 段。

⑦ 参见国际法院"纳米比亚案"咨询意见，第 53 段。

⑧ Ulf Linderfalk：《论条约的解释：1969 年〈维也纳条约法公约〉所表达的现代国际法》（On the Interpretation of Treaties: The Modern International Law as Expressed in the 1969 Vienna Convention on the Law of Treaties），施普林格出版社 2007 年版，第 83 页；Oliver Dorr：《第 31 条：条约解释通则》（Article 31: General Rule of Interpretation），载 Oliver Dorr and Kirsten Schmalenbach 主编：《〈维也纳条约法公约〉：评论》（Vienna Convention on the Law of Treaties: A Commentary），施普林格出版社 2011 年版，第 560 页。

⑨ Isabelle Van Damme：《管辖权、可适用的法以及法律解释》（Jurisdiction, Applicable Law, and Interpretation），载 Daniel Betlehem 等主编：《牛津国际贸易法手册》（The Oxford Handbook of International Trade Law），牛津大学出版社 2009 年版，第 330 页。根据国际法委员会的研究，这一原则超越了《条约法公约》第 31 条第 3 款（c）项。参见国际法委员会《"国际法碎片化：国际法多样化和扩张化带来的困难"报告》（Fragmentation of International Law: Difficulties arising from the Diversification and Expansion of International Law），A/CN.4/L.682，2006 年，第 415 段。Van Damme 引用了国际法委员会报告的第 38 段来支持她的论点。然而，报告的这一部分与"纳米比亚案"判决涉及不同的事情：报告提到的是"以前的条约义务"，而"纳米比亚案"判决涉及的是"解释时的现行规则"。

"协调原则"。①

在描述"一般规则"时,国际法院使用了"必须"一词。因此,进行演化解释是解释者的一项义务,而非一种选择。"一般规则"具有溯及力,适用于以往的条约,例如"航行权利及相关权利案"中当事方早在1858年缔结的条约。另外,《条约法公约》限制追溯适用(第28条),但不限制追溯解释。由于习惯法的不断发展,这一问题具有现实意义。② 国际法院认为,因适用演化解释方法而增加一国义务的情形并不违反国家同意原则。③ 国家同意原则源于常设国际法院的"荷花号案"判决,④ 近些年来拘束力式微。⑤ 尽管"一般规则"可以普遍适用,但它并不是解决所有条约解释问题的通用方案。⑥ 当满足"一般规则"的两项条件时,应推定当事方有演化意图。这意味着一方面,即使满足了这两项条件,演化意图的推定也可以被其他论点驳斥;另一方面,这并不排除在条件不满足的情形下,基于其他论点构建演化意图。此外,"一般规则"似只适用于(语言上)能够演化的术语,至于本身不能演化的术语,该规则没有提供指导。该规则只涉及何时对条约术语进行演化解释,而并未提及应当如何演化解释。

有学者批评"一般规则"可能存在催生"拟制意图"(fictional intentions)的风险,⑦ 认为"脱离当事各方意图的演化解释将致使国际法庭拥有不受限制的自由裁量权"。⑧ 就此,"在当事方无意的情形下进行演化解释"与"在当事方有意演化的情形下进行静态解释"有着类似的负面效果。不过,这种拟制意图的风险在某种程度上得到了抑制,国际法院在"航行权利及相关权利案"中引用了三个相关案例。⑨ 一是"美国国民在摩洛哥的权利案"。⑩ 国际法院在该案中指出,美国与摩洛哥之间的1836年条约⑪中的"争端"一词涵盖民事和刑事争端,这在条约起草时摩洛哥法律体系中得到了验证。⑫ 二是"卡西基里

---

① 参见 Malgosia Fitzmaurice:《条约法的实践》(The Practical Working of the Law of Treaties),载 Malcolm D Evans 主编:《国际法(第三版)》,牛津大学出版社2010年版,第129页。
② 参见 Richard Gardiner:《条约解释》(Treaty Interpretation),牛津大学出版社2008年版,第51-69页。
③ 参见国际法院"航行权与相关权利案"判决,第47段。
④ 常设国际法院"荷花号案"判决,1927年,第18页。
⑤ Luigi Crema:《限制性解释的消失与新发现》(Disappearance and New Sightings of Restrictive Interpretation),载《欧洲国际法杂志》2010年第21期,第681、686-688页。
⑥ 演化解释的概念还有待"一些普遍而明确的结论"。参见 Malgosia Fitzmaurice:《条约的动态/演化解释》(Dynamic/ Evolutive Interpretation of Treaties),载《海牙国际法年刊》2008年(总)第21卷,第101、153页。
⑦ 参见 Hugh Thirlway:《国际法院的法律与程序:1960-1989 第一部分》(The Law and Procedure of the International Court of Justice 1960-1989 Part One),载《英国国际法年刊》(总)第60期,第142页;Duncan French:《条约解释以及外部法律规则的适用》(Treaty Interpretation and the Incorporation of Extraneous Legal Rules),载《国际比较法季刊》2006年(总)第55卷,第296-297页。
⑧ 参见 Duncan French:《条约解释以及外部法律规则的适用》(Treaty Interpretation and the Incorporation of Extraneous Legal Rules),载《国际比较法季刊》2006年(总)第55卷,第300页。
⑨ 参见国际法院"航行权利与相关权利案"判决,第63段。
⑩ 国际法院"美国民众在摩洛哥的权利案"判决,1952年,第176段。
⑪ 《美国与日不落帝国和平友好条约》,1836年9月16日。
⑫ 国际法院"美国民众在摩洛哥的权利案"判决,1952年,第189段。

/塞都岛边界争端案"。① 该案系争问题所涉条约由前德意志帝国和英国在1890年达成，有德文和英文两个版本。② 在解释"主要通道的中心"的"中心"一词时，国际法院发现德文版和英文版条约中的用语在案件判决时含义不同，③ 但在1890年条约缔结时是相同的。④ 法院因此认定当事双方的意图一致，换言之，尽管该术语的含义在条约缔结以后发生了变化，但缔约双方并未产生"拟制含义"的意图。三是"石油发展有限公司/阿布扎比谢赫仲裁案"。⑤ 虽然该案并非国际法院审理，但值得注意的是，国际法院在"爱琴海案"中将两者区分开来。⑥ 前者涉及对1939年一份合同的解释，该合同赋予石油开发公司从"属于阿布扎比统治者及其属地的土地"和从"属于该地区的所有岛屿和海水"开采石油的权利。⑦ 仲裁员认为，"大陆架"的概念在1939年还不为人所知，因此"海水"必须限于距离海岸3英里的"领海及其底土"。⑧ 另一种观点认为，"海水"是一个不断演变的术语，它包括任何时候在酋长主权之下的"海水"（及其相应的大陆架）。在审理"爱琴海案"时，国际法院引用了该仲裁案，并指出两个案例之间存在"本质的区别"：一个放弃财产权的人应被推定为"只打算转移他当时拥有的权利"，而一个国家在同意接受除协议以外的强制和平解决程序时，应被推定为"对于未来属于保留范围内的任何事项做出保留"。⑨

总而言之，上述案例表明，当条约术语的含义随着时间的推移发生演变，而当事各方并没有明显的演化解释意图，或者演化解释意图的推定并不可信时，国际法院并不愿意采纳演化解释方法。

（四）条约术语之分类

为了更好地阐述演化解释方法，条约术语可以作两种重要的区分。一种分类是将术语区分为"价值驱动术语"和"非价值驱动术语"，前者离开价值判断就无法进行解释，如"不人道的惩罚""公平审判""人民的福祉和发展"；后者则不依赖于价值判断，如"领土地位""商业运输"。另一种分类是以条约术语的语言学含义能否演化为标准，区分为"演化术语"和"非演化术语"。

当价值驱动术语的含义发生演变时，法庭似乎接受这种演变是因当事人的意图，而不要求进一步的理由。这是因为价值观不可避免地会随着时间的推移而改变，新一代人对于

---

① 国际法院"波斯瓦纳（卡西基里岛）诉纳米比亚（塞都都岛）案"判决，1999年，第1045页。
② 1890年《美—德协议》。
③ 国际法院"波斯瓦纳（卡西基里岛）诉纳米比亚（塞都都岛）案"判决，1999年，第24段。
④ 国际法院"波斯瓦纳（卡西基里岛）诉纳米比亚（塞都都岛）案"判决，1999年，第25段。
⑤ "石油公司诉阿布扎比酋长案"，1951年国际法报告，第144页。
⑥ 参见国际法院"爱琴海大陆架划界案"判决，第77段。
⑦ "石油公司诉阿布扎比酋长案"，1951年国际法报告，第151页。
⑧ "石油公司诉阿布扎比酋长案"，1951年国际法报告，第152页。
⑨ 参见国际法院"爱琴海大陆架划界案"判决，第77段。

什么是"不人道""公平"会有新的见解。同时，非价值驱动术语的演变并非不可实现，国际法院的实践证明了这一点。在以上列举的三个国际法院适用演化解释方法的案例中，仅有"纳米比亚案"涉及的法律术语需要价值判断，该案也是唯一的国际法院不认为需要适用"一般规则"，而仅依据术语本身的性质就能确立演化意图的案例。人权法庭也经常运用演化解释方法来解释价值驱动术语的含义。① 如本文第二部分所述，依据《条约法公约》第 31 条第 4 款的规定，对于非演化术语进行演化解释的唯一方式是赋予其"特殊含义"。术语分类如下图所示：

类别	方法	举例说明
价值驱动术语	可以拟制推定演化意图	纳米比亚案、人权法院案例
非价值驱动术语	综合性评估基础上构建演化意图	爱琴海案、航行权利即相关权利案
非演化术语	必须基于特定含义进行演化解释	《条约法公约》第 31 条第 4 款

三、演化解释方法与语义学

（一）通用术语

国际法院将"通用术语"作为适用演化解释方法之"一般规则"的两项条件之一，认为"通用术语"指的是某一类事物，② 例如"大陆架"③、"商业行为"④。这一部分将讨论国际法院认定"通用术语"的路径。语言哲学中有个概念叫作"一般指代"（generic reference），⑤ 它可以用来断言"一般命题"（generic proposition）。⑥ 一般命题的对象是不特定的事物或个人。⑦ "一般指代"不同于"单一指代"（singular reference）或"泛指"（general reference），⑧ 单一指代和泛指的对象既可以是确定的，也可以是不确定的。⑨ 国际法院对于"领土地位"和"商业运输"的解释似乎符合类属的哲学定义。"领土地位"指的是一类问题，"商业运输"指的是一类活动，它们都不是特定的事项，而是恰好具有某些特征的事项。"狮子是友好的野兽"是一个一般命题，⑩ 在这里，"狮子"不是指任何一群狮子，而是指狮子本身。然而，这一词语不太可能像"神圣信托""领土地位"那样

---

① 参见《国际法委员会关于条约法的评注意见》（ILC Draft Articles on the Law of Treaties with Commentaries），第 218 页。
② 参见国际法院"哥斯达黎加/尼加拉瓜航行及相关权利案"判决，2009 年，第 67 段。
③ 参见国际法院"爱琴海大陆架划界案"判决，1978 年。
④ 参见国际法院"哥斯达黎加/尼加拉瓜航行及相关权利案"判决，2009 年。
⑤ Lyons：《语义学》，剑桥大学出版社，1977 年，第 193-197 页。
⑥ Lyons：《语义学》，剑桥大学出版社，1977 年，第 194 页。
⑦ Lyons：《语义学》，剑桥大学出版社，1977 年，第 194 页。
⑧ Lyons：《语义学》，剑桥大学出版社，1977 年，第 178 页。
⑨ Lyons：《语义学》，剑桥大学出版社，1977 年，第 178 页；Ulf Linderfalk：《论条约的解释：1969 年〈维也纳条约法公约〉所表达的现代国际法》（On the Interpretation of Treaties: The Modern International Law as Expressed in the 1969 Vienna Convention on the Law of Treaties），施普林格出版社 2007 年版，第 75-76 页。
⑩ Lyons：《语义学》，剑桥大学出版社 1977 年版，第 194 页。

随着时间推移而演变。狮子永远是狮子，其"通常含义"不太可能发生改变。假如所有狮子都死去，新的狮子诞生，新的狮子也是这个命题最初意义上的"狮子"。

这就不可避免地引出一个结论，即哲学意义上的类属并不必然导致法律意义上的演化，而该结论必须与国际法院在"航行权利和相关权利案"中的声明相协调。国际法院在该案判决中指出，当缔约方在条约中使用通用术语时，必然知晓通用术语的含义可能会随着时间的推移而演变。① 但同时，通用术语（在本案中）指的是"一类"活动，② 并不是所有的通用术语都有可能演变。法院不能从"comercio"指的是一类活动这一事实推断出，该术语的含义可能会随着时间的推移而演变。③ 似乎有三种方式可以调和国际法院的声明。第一种是用演化解释方法解释所有（哲学意义上的）通用术语，无论它们是否在语言上演化了。这种方式是不可行的——如果一个术语并没有被赋予演化的"特殊含义"，就不能对其进行演化解释。第二种方式是将演化解释规则应用于所有演化的术语，而不影响非演化的术语（尽管这些术语也可以是通用的）。从应然法角度来看，此种方式将仍然适用于所有通用术语，包括不能演化的术语，因此这种解决方案难以令人满意。最后一种方式是在"演化对象是通用术语、条约是长期或无限期"这两项条件之外，为推定演化意图引入一项新的条件，即术语演化后的含义比起条约缔结之前的术语含义更加符合事实。④ 这种方式在应然法层面似乎更为可取，但其并未反映在国际法院的规条之中。⑤

国际法院案例表明，可以推定演化意图的仅限于通用术语。这是合理的；当术语不是通用的，则是唯一的或者普遍的。当条约缔约方使用唯一性或普遍性术语时，他们所指的是特定的事物，通常并不打算在条约缔结之后改变其含义。国际法院"喀麦隆/尼日利亚陆地和海洋边界案"即为一例。喀麦隆和尼日利亚两国在系争条约中提到"伊贝伊河的河

---

① 国际法院"哥斯达黎加/尼加拉瓜航行及相关权利案"判决，2009年，第66段。
② 国际法院"哥斯达黎加/尼加拉瓜航行及相关权利案"判决，2009年，第67段。
③ 正如"狮子是友好的野兽"这一命题是通用的，并不意味着"狮子"的含义会随着时间的推移而改变。
④ Thirlway批评国际法院在"纳米比亚案"中的推理，认为没有证据表明经过演化解释的术语之含义与条约缔结时该术语的含义相同。Dawidowicz基于同样的理由批评"航行权利和相关权利案"判决，赞同斯科特尼科夫法官的单独意见。这些批评意见是合理的，引入第三个条件会使举证要求更为明确。参见 Hugh Thirlway：《国际法院的法律与程序：1960 – 1989 第一部分》（The Law and Procedure of the International Court of Justice 1960 – 1989 Part One），载《英国国际法年刊》（总）第60期，第137页；Martin Dawidowicz：《条约解释中时间流逝的效果：哥斯达黎加诉尼加拉瓜案评述》（The Effect of the Passage of Time on the Interpretation of Treaties：Some Reflections on Costa Rica V. Nicaragua），载《莱顿国际法杂志》2011年第24期，第221 – 222页。
⑤ 最接近的是 Higgins 法官在"波斯瓦纳（卡西基里岛）诉纳米比亚（塞都都岛）案"中的观点，她将"通用术语"定义为"一个已知的法律术语，当事人预期其内容将随着时间的推移而变化"。参见国际法院"波斯瓦纳（卡西基里岛）诉纳米比亚（塞都都岛）案"判决，1999年，第2段。Dorr 赞成 Higgins 法官的观点。参见 Oliver Dorr：《第31条：条约解释通则》（Article 31：General Rule of Interpretation），载 Oliver Dorr & Kirsten Schmalenbach 主编：《〈维也纳条约法公约〉：评论》（Vienna Convention on the Law of Treaties：A Commentary），施普林格出版社2011年版，第534页。国际法院也持此种观点，认为只有在"可以证明所解释的事物是一种通用的指称表达，而当事人认为其指称是可以改变的"情况下，演化解释才是被允许的。参见 Ulf Linderfalk：《论条约的解释：1969年〈维也纳条约法公约〉所表达的现代国际法》（On the Interpretation of Treaties：The Modern International Law as Expressed in the 1969 Vienna Convention on the Law of Treaties），施普林格出版社，2007年，第95页。

口",国际法院认为,"河口"是单一术语,在条约缔结之时,两国意图表明的就是唯一的那个河口,① 并无进一步讨论的空间。同样地,"阿根廷与智利边界案"和"厄立特里亚与埃塞俄比亚边界划界案"的仲裁庭也遵循了静态解释方法。仲裁庭在"阿根廷与智利边界案"中指出,"分水岭"是单一术语,其含义不会因为用法和语言的演变而发生任何变化。② "厄立特里亚与埃塞俄比亚边界划界案"中,仲裁庭认为,应"参照条约缔结时的情况"解释条约,这就意味着"赋予条约中的表述(包括名称)当时应有的含义"。③ 名称通常是单一指代,就此而言静态解释是最为合理的。

(二)歧义性问题与模糊性问题

条约解释关涉两个层面的问题,一是消解存在歧义的问题,二是消解模糊性问题。这两者的区别在于:"一个模糊的词语仅有一种含义;而一个存在歧义的词语则有多种含义。"④ 奥格登和理查兹的"三角参照图"可以用来阐释该问题。这三角分别是"符号"(symbols)、"指称"(references)和"指代"(referents)。"符号"是字词,"指称"是符号所象征的思想,"指代"是思想所指的现象。⑤ 一个符号可以象征几个不同的指称,而每个指称只有一个拟制或非拟制的指代。⑥ 三角图如下所示。⑦

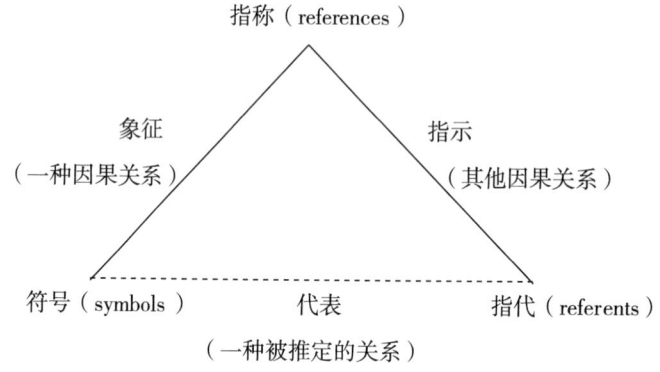

---

① 国际法院"喀麦隆/尼日利亚领土与海洋划界案"判决,2002年,第59段。
② "阿根廷与智利边界仲裁案"裁决,第130段。
③ "厄立特里亚与埃塞俄比亚边界划界仲裁案"裁决,第3-5段。
④ Timothy AO Endicott:《法律的模糊性》(*Vagueness in Law*),牛津大学出版社2000年版,第54页;关于该问题,Jeremy Waldron 在论文中有更加详细的解释。参见 Jeremy Waldron:《法律和语言中的模糊性:一些哲学问题》(*Vagueness in Law and Language: Some Philosophical Issues*),载《加利福尼亚法律评论》1994年(总)第82期,第509、512-513页。
⑤ Ogden and Richards:《意义的意义》(*The Meaning of Meaning*),Routledge & Kegan Paul 出版社1949年第10版,第9-11页。
⑥ 例如,"拿破仑"这个符号象征着法国第一位皇帝,也象征着乔治·奥威尔1945年的中篇小说《动物农场》中的"猪"。这个符号分别象征真实的人和虚构的猪。
⑦ Ogden and Richards:《意义的意义》(*The Meaning of Meaning*),Routledge & Kegan Paul 出版社1949年第10版,第11页。

结合这一理论可以发现,首先,只有符号可能会产生歧义(当象征多项指称时),其次,只有指称可能会是模糊性的(当指称的外延不明晰时)。"歧义"与"模糊"之间的区别可以启发我们对于演化解释概念的理解。条约(以及所有其他法律渊源)均由符号所组成。符号可能是模棱两可的,但其初始意图总是用来象征单一的指称。指称的模糊性可能是有意为之,也可能并非有意。某些指称的含义随着时间的推移而改变,此种情形下,适用演化解释方法是合理的。例如,"残酷和不寻常的惩罚"(在美国宪法"第八修正案"中)总是象征着相同的指称,但在不同时代,"残忍"或"不寻常"等指称的含义却在发生变化。

符号也可能随着时间的推移而改变,在某种意义上,符号可能会变成会象征新的指称。例如"gay"一词,它以前主要象征轻松愉快无忧无虑的感觉,如今,它是同性恋的象征。演化解释不能用来应对存有歧义的问题,原因有两点。首先,预测指代的改变通常比预测符号的改变更加容易,例如,含有价值驱动术语的指代会随着时间的推移而变化。非价值驱动的术语也可能改变其指代,例如前文中的"comercio"。其次,预测指代如何改变比预测符号如何改变更加简单。当指代发生变化时,它通常是以前的变体(例如,一种曾经是"人道的"惩罚形式随着时间推移变得"不人道")。然而,当符号发生改变时,新的符号可能与旧的符号并没有什么相似之处。职是之故,若条约解释旨在解决存有歧义的问题,则演化解释方法几乎发挥不了任何作用。该方法的功能在于解释模糊性问题。

国际法院适用演化解释方法均与模糊性问题有关,"航行权及相关权利案"很好地说明了这一点。该案中,"con objetos de comercio"存在歧义,法院在处理歧义问题时并未适用演化解释方法;而"comercio"则存有模糊性,对此法院运用了演化解释方法。WTO上诉机构也是如此。在"海龟海虾案"中,上诉机构需要对《关税与贸易总协定》[①] 第20条d项中的"自然资源"做出解释。[②] 当事各方一致认同自然资源是从自然界获取的资源,但对于此概念的确切外延各执一词,尤其就"自然资源是否涵盖生物资源"存在争议。在"出版物和视听娱乐产品案"中,当事双方对于《中国入世服务贸易承诺表》[③] 中的"录音分销服务"存在争议。"录音"的两种内涵:一是录制声音的物理媒介,二是无形的声音本身。[④] 由于上述两种内涵完全相悖,事关歧义问题,因而无法诉诸演化解释方法。可见,演化解释方法在"海龟海虾案"最终报告中占据相当大的比重,[⑤] 与之形成对

---

① WTO《关税与贸易总协定》,1994 年 4 月 15 日通过,1995 年 1 月 1 日生效。
② WTO "美国虾及虾制品进口限制案",上诉机构报告 WT/DS58/AB/R,2001 年 10 月 22 日,第 125 – 127 段。
③ 《中华人民共和国服务贸易具体承诺减让表》,WT/ACC/CHN/49/Add. 2,2001 年 10 月 1 日生效。
④ WTO "中国影响某些出版物和视听娱乐产品的贸易权和分销服务措施案",上诉机构报告 WT/DS363/AB/R,第 349 – 350 段。
⑤ WTO "美国虾及虾制品进口限制案",上诉机构报告 WT/DS58/AB/R,2001 年 10 月 22 日,第 130 – 131 段。

比的是,"出版物和视听娱乐产品案"上诉机构运用的是平义解释、上下文解释以及目的与宗旨解释方法。①

四、演化解释的近似概念

（一）时际性学说

演化解释不同于国际法中的"时际性学说"（doctrine of intertemporality），尽管两者存在某些相似之处。② 时际性学说在"帕尔马斯岛仲裁案"③ 中得以确定,旨在回答"在不同时期盛行的不同法律制度中,何种法律制度适用于某一特定案件"的问题。该案仲裁员认为该原则由两个要素所组成。第一,法律事实必须根据事实发生时的法律,而不是争端出现或解决时施行的法律来理解。第二,一项权利的存在应遵循法律演变所要求的条件。④ 其中,第一项要素涉及对于既定的法律事实适用何种法律制度的问题,⑤ 而演化解释则涉及的是如何解释条约的问题。两者截然不同。⑥ 相较而言,该原则的第二项要素更难以确定。从表面上看,一项权利可以因为国际法后续的发展而受到限制或消灭,⑦ 但如何维护权利的问题显然不同于如何解释条约的问题。⑧

时际性学说和演化解释方法之间的区别似乎并没有定论。⑨ 国际法院在"爱琴海大陆

---

① WTO"中国影响某些出版物和视听娱乐产品的贸易权和分销服务措施案",上诉机构报告 WT/DS363/AB/R,第 398 段。

② Martti Koskenniemi:《从辩护到乌托邦:国际法论证的结构》（*From Apology to Utopia: The Structure of International Legal Argument*）,牛津大学出版社 2005 年第 2 版,第 455 页。

③ "荷兰/美国帕尔马斯岛案",国际仲裁裁决,1928 年,第 829 页。

④ "荷兰/美国帕尔马斯岛案",国际仲裁裁决,1928 年,第 845 页。

⑤ "司法事实"可以定义为"具有司法相关性的事实"。参见 Rosalyn Higgins:《对国际法时际规则的一些观察》,载 Jerzy Makarczyk 主编:《21 世纪初的国际法理论:纪念斯库比舍夫斯基的论文》（Theory of International Law at the Threshold of the 21st Century: Essays in honour of KrysztofSkubiszewski）,施普林格出版社 1996 年版,第 173 页。

⑥ 国际法委员会:《国家对国际不法行为的责任的条款草案及其评述》（Draft articles on Responsibility of States for Internationally Wrongful Acts, with Commentaries）,载 2007 年《国际法委员会年度报告》,第 9 段至第 13 条。"比利时诉荷兰钢铁莱茵仲裁案"裁决显然试图将这两个概念联系起来,将"时际性规则"视为《条约法公约》第 31 条第 3 款（c）项下的"相关国际法规则"。这种做法令人困惑,法庭所称的"时际性规则"默认适用于所有条约,没有必要适用第 31 条第 3 款（c）项。参见"比利时诉荷兰钢铁莱茵仲裁案"裁决,2005 年,第 79 段。

⑦ Rosalyn Higgins:《时间与法律:一个古老问题的国际视角》（Time and the Law: International Perspectives on an Old Problem）,载《国际法与比较法季刊》1997 年（总）第 46 期,第 501、516 页; Richard Gardiner:《条约解释》（*Treaty Interpretation*）,牛津大学出版社 2008 年版,第 253 页。

⑧ Rosalyn Higgins:《时间与法律:一个古老问题的国际视角》（Time and the Law: International Perspectives on an Old Problem）,载《国际法与比较法季刊》1997 年（总）第 46 期,第 178 页; Ulf Linderfalk:《为正确理由做正确的事——为什么在解释条约时应该采取动态或静态的方法》（Doing the Right Thing for the Right Reason – Why Dynamic or Static Approaches Should be Taken in the Interpretation of Treaties）,载《国际社会法律评论》2008 年第 10 期,第 109、118 页。

⑨ John H Currie:《国际公法》（*Public International Law*）,Irvin Law 出版社 2008 年第 2 版,第 166 页。

架划界案"中将演化解释称为"时际法在条约解释中的应用",① 这混淆了法律适用和法律解释的不同过程。时际性学说可以决定在特定情况下适用何种条约解释法,但只有条约解释法本身才能决定是否应当对条款进行演化解释。② 除了"时际性学说"之外,"时际法"(intertemporality law)也经常在不同的上下文中出现。从文本上分析,时际法是指"任何与时间流逝有关的法律"。根据该定义,时际性学说和演化解释方法是时际法的两个例子,③ 其他例子诸如条约追溯规则和司法后验规则。问题是,"时际性学说"和"时际法"并不总是区分开来,前者有多种称谓,如"时际法规则"、④"时际性规则"⑤、"时际性原则"⑥ 等。⑦ 另一个相关的术语是"当代性原则"(principle of contemporaneity)。⑧ 根据该原则,条约术语需要根据当前的语言习惯,而非条约缔结时的含义加以解释。⑨

---

① Taslim O Elias:《时际法的学说》(The Doctrine of Intertemporal Law),载《亚洲国际法评论》1980 年(总)第 74 期,第 285、301 页。
② Ulf Linderfalk:《国际法律规范在不同时期的适用:时际法的第二分支》(The Application of International Legal Norms over Time: The Second Branch of Intertemporal Law),载《荷兰国际法评论》2011 年(总)第 58 期,第 147 页。
③ Campbell McLachlan 认为,演化解释是"时际性问题适用于条约"的表现。参见 Campbell McLachlan:《体系解释原则与〈维也纳条约法公约〉第 31 条第 3 款(c)项》,载《国际法与比较法季刊》2005 年(总)第 54 期,第 279、316 页。Malgosia Fitzmaurice 提出"时际法理论"的概念,此概念包含时际法理论与演化解释方法。参见 Malgosia Fitzmaurice:《条约的动态/演化解释》(Dynamic/ Evolutive Interpretation of Treaties),载《海牙国际法年刊》2008 年(总)第 21 卷,第 113 页。Rosalyn Higgins 称演化解释为"条约解释中的时间问题"。参见 Rosalyn Higgins:《问题与过程:国际法及其适用》(International Law and How We Use It),牛津大学出版社 1994 年版,第 797 页。
④ 虽然语言差异不一定会导致法律分歧,但有一个风险,那就是时际性原则被以最广泛的方式解读。在这种情况下,Higgins 的理论是正确的,因为该原则以最广泛的方式被解读,并产生了其从未有意的后果。参见 Rosalyn Higgins:《时间与法律:一个古老问题的国际视角》(Time and the Law: International Perspectives on an Old Problem),载《国际法与比较法季刊》1997 年(总)第 46 期,第 516 页。
⑤ 参见 Rosalyn Higgins:《时间与法律:一个古老问题的国际视角》(Time and the Law: International Perspectives on an Old Problem),载《国际法与比较法季刊》1997 年(总)第 46 期,第 515 页。
⑥ Gardiner 将"时际法""时际性规则""时际性原则"作为同义词使用。参见 Richard Gardiner:《条约解释》(Treaty Interpretation),牛津大学出版社 2008 年版,第 252 页。
⑦ Joost Pauwelyn 首先将时际性学说等同于一般意义上的"时际法",其次将该学说的另一部分等同于演化解释。参见 Joost Pauwelyn:《国际公法中的规范冲突:世贸组织法与国际法其他规则的关系》(Conflict of Norms in Public International Law: How WTO Law Relates to other Rules of International Law),牛津大学出版社 2003 年版,第 266 页。
⑧ Gerald Fitzmaurice:《国际法院的法律与程序(1951 - 1954 年):条约解释与其他条约问题》(The Law and Procedure of the International Court of Justice 1951 - 4: Treaty Interpretation and Other Treaty Points),载《英国国际法年刊》1958 年(总)第 34 卷,第 203、212 页。Carlos Ferndindez de Casadevantey Romani:《主权与国际规则的解释》(Sovereignty and Interpretation of international Norms),施普林格出版社 2007 年版,第 153 页。
⑨ Dorr 认为静态解释是一项"普遍性规则"。参见 Oliver Dorr:《第 31 条:条约解释通则》(Article 31: General Rule of Interpretation),载 Oliver Dorr and Kirsten Schmalenbach 主编:《〈维也纳条约法公约〉:评论》(Vienna Convention on the Law of Treaties: A Commentary),施普林格出版社 2011 年版,第 533 页。Romani 认为静态解释是"普遍性规则"而演化解释则是"例外"。这是不准确的,"普遍性规则"应当是:条约应根据其起草者的意图进行解释,无论是演化的还是静态的。参见 Carlos Ferndindez de Casadevantey Romani:《主权与国际规则的解释》(Sovereignty and Interpretation of international Norms),施普林格出版社 2007 年版,第 153 页。

(二)《条约法公约》第 31 条第 3 款 (c) 项

《条约法公约》第 31 条第 3 款 (c) 项允许在解释条约时考虑"适用于当事方之间的任何相关国际法规则"。学界对于该条款的各项要素存在争议,① 但本文并不涉及这些内容。本文重点将探讨第 31 条第 3 款 (c) 项与演化解释方法的关系问题。一种拟制观点是,后者的适用受到前者限制,② 换言之,适用演化解释方法应当受限于适用于当事方之间的相关国际法规则。③ 然而,此种观点并不正确,因为演化解释事实上独立于第 31 条第 3 款 (c) 项。④

两者的不同之处显而易见,后者是依据其他国际法规则进行解释,而前者则是依据国际法规则的当代意义进行解释。这意味着确定术语演变相关论据的范围往往比"相关国际

---

① 参见 Richard Gardiner:《条约解释》(*Treaty Interpretation*),牛津大学出版社 2008 年版,第 259 – 265 页。
② Gabrielle Marceau:《呼吁国际法协调一致:对 WTO 争端解决中禁止"临床隔离"的赞誉》(A Call for Coherence in International Law: Praises for the Prohibition Against "Clinical Isolation" in WTO Dispute Settlement),载《世界贸易杂志》1999 年第 5 期,第 87、120 – 122 页;Joost Pauwelyn:《国际公法中的规范冲突:世贸组织法与国际法其他规则的关系》(*Conflict of Norms in Public International Law: How WTO Law Relates to other Rules of International Law*),牛津大学出版社 2003 年版,第 265 – 266 页;Anthony Aust:《现代条约法与实践》(*Modern Treaty Law and Practice*),牛津大学出版社 2007 年第 2 版,第 243 – 244 页;Stefan Zleptnig:《WTO 法中的非经济目标:GATT、GATS、SPS 和 TBT 协议中的正当性规定》(*Non – Economic Objectives in WTO Law: Justification Provisions of GATT, GATS, SPS and TBT Agreements*),Martinus Nijhoff 出版社 2010 年版,第 75 – 77 页;Vassilis PTzevelekos:《〈维也纳条约法公约〉第 31 条第 3 款 c 项在〈欧洲人权公约〉判例法中的适用:是有效的反分裂工具,还是强化人权目的论的选择性漏洞?在演化解释与系统整合之间》(The Use of Article 3 1 (3) (C) of the VCLT in the Case Law of the ECtHR: An Effective Anti – Fragmentation Tool or a selective Loophole for the Reinforcement of Human Rights Teleology? Between Evolution and Systemic Integration),载《密歇根国际法杂志》2010 年第 31 期,第 621、660 页;Matthias Herdegen:《国际法的解释》(Interpretation in International Law),载《马克思·普朗克国际公法百科全书》(*The Max Planck Encyclopedia of Public International Law*),第 22 段,www. mpepil. com,2013 年 4 月 28 日访问;Bugge Thorbjorn Daniel 认为《条约法公约》第 31 条第 3 款 (c) 项包含演化解释规则,参见 Bugge Thorbjorn Daniel:《第三章:解释、法律渊源与先例》(Chapter 3: Interpretation, sources of law and precedent),载 Birgitte Egelund Olsen, Michael Steinicke& Karsten Engsig Sorensen 主编:《世贸组织法——欧洲的视角》(*WTO Law – from a European perspective*),克劳威尔国际法出版社 2006 年版,第 83 页。
③ Richard Gardiner 赞同此观点,参见 Richard Gardiner:《条约解释》(*Treaty Interpretation*),牛津大学出版社 2008 年版,第 251、259 页。
④ Regan 指出《条约法公约》第 31 条第 3 款 (c) 项赋予解释"规范意义",与将其视为"经验证据"截然不同。参见 Donald H Regan:《国际裁决:对保卢斯的回应——法院、习惯、条约、制度和世贸组织》(*International Adjudication: A Response to Paulus – Courts, Custom, Treaties, Regimes, and the WTO*),载 Samantha Besson & John Tasioulas 主编:《国际法的哲学》(*The Philosophy of International Law*),牛津大学出版社 2010 年版,第 235 页。McGrady 认为,决策者何时可以在条约解释中考虑无关条约的问题不同于第 31 条第 3 款 (c) 项何时约束决策者这样做的问题。Benn McGrady:《国际法的碎片化或条约制度的"系统一体化":欧共体生物技术产品与"维也纳条约法公约"第 31 条第 3 款 c 项的正确解释》(Fragmentation of International Law or 'Systemic Integration' of Treaty Regimes: EC – Biotech Products and the Proper Interpretation of Article 31 (3) (C) of the Vienna Convention on the Law of Treaties),载《世界贸易杂志》2008 年第 42 期,第 589、593 页。Dorr 也发表了类似观点,他认为即使不适用第 31 条第 3 款 (c) 项,"条约之外的规则"也可能被采纳。参见 Oliver Dorr:《第 31 条:条约解释通则》(Article 31: General Rule of Interpretation),载 Oliver Dorr and Kirsten Schmalenbach 主编:《〈维也纳条约法公约〉:评论》(Vienna Convention on the Law of Treaties: A Commentary),施普林格出版社 2011 年版,第 566 页。

法规则"宽泛得多。此外，由于演化解释主要基于当事方的初衷，其植根于《条约法公约》第31条而非第31条第3款（c）项，① 因此，即使当事方援引的规则对当事方并没有拘束力，且不是相关的国际法规则，根据此种规则对特定术语进行演化解释也是合理的。② 不过，演化解释与"相关国际法规则"在实践层面仍有相互影响的空间。③ "相关国际法规则"可能有助于确定是否应当演化地解释某个术语；如果认为"相关国际法规则"是不断演化的，那么被解释的术语也应当是演化的。

五、结论

本文引言部分提出了两个目标：澄清演化解释的概念，加深对于演化解释的理解。关于演化解释方法在国际法中是否占据一席之地的讨论在实然法和应然法两个层面展开。实然法层面本可经国际法院确立的"一般规则"加以解决，法院提出，"可以通过演化的方法来解释长期限或无期限条约中的通用术语"。该项规则貌似明确但实则笼统，其未就何为"通用术语"做出确切定义。国际法院的模糊态度意味着这场讨论仍将持续。另一个明显的理论混淆点是，将演化解释与"时际法"以及《条约法公约》第31条第3款（c）项中的"相关国际法规则"混为一谈。尽管三者可能在实践层面相互影响，但却是截然不同的概念。为了加深对于演化解释的理解，本文指出对于价值驱动术语、非价值驱动术语和非演化术语而言，演化解释方法的适用路径各异。本文还提出，演化解释方法可能有助于解决条约中的模糊表述问题，但无法解决歧义问题。

（编辑：杨知文）

---

① 国际法院"航行及相关权利案"判决中阐明了这一点："一种能够演化的意义或内容，不是一劳永逸地固定下来的，而应当考虑到国际法的发展。"参见国际法院"哥斯达黎加/尼加拉瓜航行及相关权利案"判决，2009年，第213页，第64段。Ress曾提出类似的观点，他认为"演化解释理论没有对某些类型的法律行为、声明或情况有任何特别的限制"。参见 Georg Ress：《宪章的解释》（The Interpretation of the Charter），载 Bruno Simma 主编：《联合国宪章评述（第二版）》，牛津大学出版社2002年版，第25页。

② Lorand Bartels：《关贸总协定第20条与域外管辖权问题——以人权保护的贸易限制措施为例》（Article XX of the GATT and the Problem of Extraterritorial Jurisdiction: The Case of Trade Measures for the Protection of Human Rights），载《世界贸易杂志》2002年第36期，第353页。

③ 例如国际法院"纳米比亚案"；在解释一个演化的术语时，《条约法公约》第31条第3款（c）项可以作为一项支撑性论据。参见 Ulf Linderfalk：《论条约的解释：1969年〈维也纳条约法公约〉所表达的现代国际法》（On the Interpretation of Treaties: The Modern International Law as Expressed in the 1969 Vienna Convention on the Law of Treaties），施普林格出版社2007年版，第83页；Oliver Dorr：《第31条：条约解释通则》（Article 31: General Rule of Interpretation），载 Oliver Dorr and Kirsten Schmalenbach 主编：《〈维也纳条约法公约〉：评论》（Vienna Convention on the Law of Treaties: A Commentary），施普林格出版社2011年版，第560页。

置于语境或断章取义：
法律解释与澳大利亚版权法

[澳] 马里·塞恩斯伯里[*] 著　刘冰琪[**] 译

摘　要　本文研究了澳大利亚高等法院最近对《1968年版权法》进行解释的方法，尤其是在这种解释中立法背景的角色和效用。毫无疑问，版权法很复杂。并且自1968年法令在澳大利亚生效以来，它的适用性和用语日益复杂。法律需要在瞬息万变的环境中运作，并且在该环境中存在许多利益分歧。同时，近年来，法庭对法律解释的处理方式发生了变化，并且重新关注了语境因素。尽管这项司法命令要求在解释法律时考虑语境，但其影响下仍然存在许多问题。首先，在制定法律的过程中有时会不明真相，而且缺乏法律背后原则的确定性。那么，法规的语境、目的或对象可能就无法确定。立法涉及多个阶段，每个阶段都有可能导致歪曲或者模糊法律目的和语境的结果，这些将在本文的第一部分中进行讨论。在第二部分中，将涉及澳大利亚高等法院最近在确定版权法中的语境时所采用的方法。最后，将提出改革建议，以改善语境的可用性来协助法院进行法律解释。

关键词　法律解释　澳大利亚版权法　语境　解释方法

一、引言

本文研究了澳大利亚高等法院最近对《1968年版权法》（联邦）进行法律解释的方

---

[*] 马里·塞恩斯伯里（Maree Sainsbury），堪培拉大学法学院副教授。本文来源于 Statute Law Review 32（1），54-75，doi：10.1093/slr/hmq014。

[**] 刘冰琪，女，辽宁大连人，华东政法大学法律学院博士研究生，上海立信会计金融学院教师，研究方向为法律方法论。

法。尤其是对有助于法律解释的立法背景和外部材料的局限性进行研究。当澳大利亚法院被要求解决复杂的版权问题时，随着立法及其适用范围变得越来越复杂，立法过程不利于生成清晰可靠的外部材料。为了使法院能够更积极地依赖语境，议会和政策制定者可能会做更多的事情来开发解释性材料，以捕捉上下文并协助解释成文法。

本文分为两部分：首先，研究了澳大利亚联邦立法框架对立法环境和法律解释产生的影响。法律改革过程中的问题也会影响外在材料的可靠性。并且，从政策的制定到立法的起草和颁布，将有许多因素在起着重要作用。这些因素影响了产生全面、可靠的外在材料的能力。尤其地，版权法领域的法律改革背景是，起草的法律通常反映出几种利益之间的折中，而不是明确的政府政策导向。此外，诸如解释性备忘录之类的外部材料通常没有达到对法庭有帮助的详细程度。其次，将研究澳大利亚高等法院近年解释《版权法》的方法，以评估立法背景在此过程中的贡献大小为视角。使解释《版权法》变得更具挑战性。该法案在复杂的环境中运作。通常希望采用"模糊"起草技术，以便法律可以保持其灵活性，以适应不断变化的外界条件。也意味着，正在适用的法律是在无法预见的且不断变化的外界条件下起草的。①因此，法院在解释法律时面临越来越大的挑战。

澳大利亚高等法院确认了语境在法律解释中的作用：现代的解释方法要求首先考虑上下文，尤其是在通用词的情况下，而不是仅在可能会产生歧义的情况下考虑（K&S Lake City Freighters Pty Ltd 中的 Mason J v Gordon & Gotch Ltd ［1985］HCA 48，第 4 段）。

但是，显示上下文并不总是随时可用或有用的。正如高等法院最近的版权决定所述：的确，外部材料的范围非常广泛，在立法结果中，利益相关者的立场发生了变化和矛盾，这表明立法的目的是表达一种表述不清（或至少未公开披露）的和解。（Gleeson CJ, Gummow, Hayne 和 Heydon JJ 在 Stevens v Kabushiki Kaisha Sony Computer Entertainment ［2005］HCA 58，第 32 段中。）

二、混乱无序：立法背景

可以看到，对上下文、目的或对象的依赖而假定该规定的基本目的或对象，可能并非如此的原因有很多。例如，法律制定的过程可能会扭曲上下文，这从立法基础的政策制定到起草过程的任何阶段都可能发生。在下一部分中，将研究澳大利亚制定版权法的过程，并着重指出可能对最终立法的适用范围造成的曲解。

---

① 参见 Statutory Interpretation: Principles and Pragmatism for a New Age, Judicial Commission of New South Wales, Education Monograph 4, June 2007, Foreword, p. v. "清晰度和精确度永远无法完全体现，尤其是在立法中制定了语言表达方式并不得不延伸到任何人都不可能或没有想到的事实情况。"

(一) 澳大利亚版权政策的制定

版权法改革的过程引起了驳议。① 澳大利亚的版权政策通常属于司法部的职责。在过去,有一个专门委员会可以向司法部长提供有关对版权法进行改革的建议。版权法审查委员会成立于1983年,并废止于2005年。② 一旦被司法部征求意见,该委员会将由相关领域的几名专家组成。它将要求公众提交意见,并为司法部长起草报告。目前,没有特殊专家委员会。取而代之的是,通常使用议会委员会,特别是众议院法律和宪法事务常务委员会。相比之下,负责商标、专利和外观设计领域政策的创新、工业、科学和研究部门则设有专门机构,以知识产权咨询委员会的形式存在。③ 这个专业并且复杂的法律领域,常面临缺乏专业机构的问题。

版权法对公众具有深远的影响。受法律变更影响的利益是多样的且常是冲突的。利益相关方的主要群体是知识产权的所有者,这些权利作品的创作者以及受知识产权保护的材料使用者。通常,每个团体的利益都可能会遭到强烈对抗,特别是在知识产权所有者和知识产权使用者之间。另外,利益分歧可能经常出现于这些群体中。例如,版权资料的用户将包括将作品用于私人目的的个人,将教育资料用于教育目的的教育机构以及商业用户(例如教育资料的出版商)。版权材料的所有者将有所不同,从个别创作者到大型公司(例如出版公司)。因此,在考虑到这些众多不同利益的情况下,该领域的政策制定涉及了复杂的政治、社会和经济因素。

在这种情况下,有效的协商过程对于制定良好的政策至关重要。在澳大利亚及其他地区,对现代版权法的一种批评是,改革通常是由版权所有者推动的,版权所有者掌握讨价还价权和经济实力,而且通常以有组织的形式成为一个联合的整体。这样做的结果是,代表少数群体利益的人表达的观点需要想办法才可能被听见,而那些组织有序的游说团体则更有能力表达自己的观点:

版权法在二十世纪的扩张,保持着与技术变革一致的步伐,其特征是对所有者做出了太多让步,而对用户权利的关注程度却不高。立法议程已被好莱坞和其他媒体所关注,导致审议缺乏平衡。④

另请参阅萨缪尔森 (Samuelson) 关于美国法律的评论:

---

① 参见,例如,M Sainsbury 的 'Governance and the Process of Law Reform: The Copyright Term Extension in Australia' (2006年) *Canberra Law Review*,第9版,特别版,第1至17页; K Weatherall, 'Of Copyright Bureaucracies and Incoherence: Stepping Back from Australia's Recent Copyright Reforms' (2007年),载《墨尔本大学法律评论》第36期。

② 参见,www.ag.gov.au/clrc。

③ 参见,http://www.acip.gov.au/。

④ K Bowrey 和 M Rimmer, 'Rip, Mix, Burn: The Politics of Peer to Peer and Copyright Law', First Monday,引 Litman,"制定版权法的艺术"。

1976年的法令以简化专有权的条规为幌子，大大拓宽了权利。它还进一步提出了许多例外与限制，其中很少是基于规范性原则的。他们似乎更多地反映了谁出席了（或没有参加）立法听证会，而立法会议上的争夺是要争取的（省略脚注）。①

在澳大利亚，用户群体确实参与了法律改革过程。有关立法草案的意见书的概述显示，澳大利亚数字联盟，澳大利亚电子前沿，澳大利亚开源行业和澳大利亚图书馆（国家和州立图书馆）等团体的参与。② 也有许多团体参加了代表版权所有者权利的协商，例如屏幕权（Screenrights），版权有限公司，澳大利亚作家协会和澳大利亚唱片业协会。③ 还应注意，即使在用户利益由一个团体代表的情况下，该团体内的个人利益也可能是多种多样的。用户群体的利益凝聚力不如版权人团体。尽管用户利益通常拥有较少的权利和更多的辩护，但寻求它的动机却大不相同。对于所有者群体而言，共同利益在于拥有更强的权利以获得潜在的经济利益。

有漏洞的协商过程在许多方面都具有重要意义。首先，它可以被视为给解释提供了相关的背景。快速进行的协商往往倾向于规模更大，组织更严密的游说团体，这些团体往往是版权所有者。一项关于最近澳大利亚版权法的改革分析支持以下观点：所有者的利益比用户的利益更受重视。④ 第二，协商过程中的利益分歧以及缺乏促进和整理协商结果的专门机构都有可能扭曲所产生立法的背景。⑤ 参见，McHugh J 在 Stevens v. Kabushiki Kaisha Sony Computer Entertainment 案件中的评论⑥：

有大量证据支持这一诉讼相关的立法规定是折中的结果……成立了一个调查该问题的议会委员会，收到了约100份建议。国会没有采纳委员会关于立法可能采取形式的建议。我们所提到的外部材料没有披露为什么该立法从中获得了精确的解释。此外，议会颁布的立法并没有向版权所有者和版权用户提出明确的要求。⑦

（二）起草立法草案

颁布的立法旨在向议会传达有关决策者的决定，这些决定应由有义务执行，强制或遵

---

① P Samuelson, 'Preliminary Thoughts on Copyright Reform'。参见, http://ssrn.com/abstract=1002676, 12。
② 澳大利亚数字联盟由（中、小）学校，大学，消费者团体，主要文化机构，IT 公司，科学和其他研究组织，图书馆和个人组成。共同的主题是，知识产权法必须在激励创新与合理，公平地获取知识之间取得平衡（见http://www.digital.org.au/who/who.htm）。澳大利亚电子前沿组织致力于促进互联网用户的权利（请参阅 http://www.efa.org.au/）。澳大利亚开源行业（http://www.osia.net.au）是澳大利亚开源软件的国家行业组织。
③ 屏幕权利是视听版权协会，代表电影、电视和广播中权利所有者的利益（http://www.screenrights.org）。版权代理有限公司（www.copyright.com.au）是一家版权管理公司，用于向包括教育机构和政府机构在内的整个社区许可复制权。澳大利亚作家协会（www.asauthors.org）促进和保护澳大利亚文学创作者的职业利益。澳大利亚唱片业协会（www.aria.com.au）代表唱片公司。
④ 例如，在2005年，版权保护期被延长（《美国自由贸易协定实施法案2004》）（联邦）。《2006年版权修正案》拒绝了广泛的美式合理使用辩护，而是对侵权的辩护作了相对较小的修改。
⑤ 咨询过程中涉及的问题将在下面被进一步讨论。
⑥ [2005] HCA 58。
⑦ 段落125–27。

循法律的当事方了解法律的内容。① 澳大利亚的立法起草过程中有许多因素，导致无法起草尽可能清晰明确的立法。

首先，在法律将要实施的情况下，增加的复杂性对立法的起草方式产生了影响。在主题本身已经很复杂的情况下，找到一种表达该主题法律规范的方法将不是一件容易的事。例如，有人说"……导致起草不准确的主要原因不是起草者无法找到一个在他脑海中表达概念的精确方法而烦恼，而是在于他脑海中的概念本来就不够精确，无法明确表达"。②

法律，或者任何形式的著作，都只能与主题本身的存在一样精确。③ 例如，《版权法》中涉及技术保护措施的条款需要以一种易于接受且与技术无关的方式来④描述一种技术概念，该概念限制了对版权资料的获取（有一些例外），以最大限度地降低侵犯版权的风险。同样，有关版权或外观设计重叠⑤的规定必须阐明一个完整的制度，即在工业品外观设计作品中，版权所有人将被强制利用《外观设计法》，同时仍然认识到在工业界鼓励使用创造性艺术的必要性。

在某些情况下，法律中有些"模糊性"是必要的。对依赖于技术的情况而言，例如技术保护措施，最好以某种方式起草法律，使其具有足够的灵活性以跟上技术发展的步伐。⑥ 因此，《版权法》所讨论的是通信权，而不是特定于技术的通信⑦和技术保护措施，规避设备和规避服务的方法，也不是特定于技术的措施，设备和服务（例如加密，mod 芯片和黑客攻击）的权利。

模糊性还意味着该规定适用于各种事实情况。例如，公平交易条款⑧刻意不精准地定义什么是"公平"。另一个例子是有关独创性的概念。创意没有被进一步定义，但具有判例法中所解释的特定含义。尽管这可以使其适应，但也有可能造成不确定性，最近在 Nine Network Australia Pty Limited v. IceTV Pty Limited 一案中的诉讼就证明了这一点。⑨

导致立法不明确的另一个因素是立法试图调和不同利益。例如，已经被声明的那样：

起草了新规定以"节约"资金来源。但是，一旦开始使用这些资产，该行动便开始挫败那些对一项竞争性资产有索偿要求的人。这些参与者足智多谋且乐于助人。他们不会愿意放弃"他们的资金"。因此，存在诉讼，并且会有更多的诉讼，以及其他挑战和"公众

---

① Boudreau, Cheryl, Lupia, Arthur, McCubbins, Mathew 和 Rodriguez, Daniel, 成文法的意义：从积极的传播和立法理论中获得的解释性教训，ssrn 摘要 997924. 2，6。
② Greenbery Craies on Legislation (8th edn Sweet & Maxwell London 2004) 304.
③ 法定解释：新时代的原则和实用主义，新南司法委员会威尔士，教育专著 4，2007 年 6 月，第一章——WMC Gummow AC 阁下"法规"，2。
④ 第五部分，2A，《1968 年版权法》（联邦）。
⑤ 74 – 77A 部分，《1968 年版权法》（联邦）。
⑥ 参见 L Campbell 的 'Drafting Styles：Fussy or Fuzzy' E – Law—Murdoch University Electronic Journal of Law 3, 2 (1996 年 7 月)。
⑦ 31 部分。
⑧ Ss 40 – 42；第 103A – 103C 条。
⑨ [2009] HCA 14. 法院必须确定电子电视指南是否具有版权法的意义。第二部分将进一步讨论这个案例。

教育"。纠纷的细化导致了更专业的方法——新类别，新例外，重新起草原则。最终结果是版权法和混乱状态的复杂性增加。①

所有这些因素导致立法不够精确，导致纠纷的可能性增加，在这种情况下，将要求法院对所用词语进行解释。

（三）起草过程

立法过程，即制定政策并将其转化为成文法的过程，将视情况而定。通常，将向议会顾问提供说明。这些说明的形式会有所不同，但通常会涉及政策的详细说明，由起草者来制定立法方法。②

Penfold 指出，澳大利亚的法案总是起草得太快。由于工作的要求，必须在制定政策决定后尽快制定法律。有人说："法官可能需要提醒自己，立法起草者经常在特别短的时间内从浮渣中提炼黄金"。③ 他们通常是在与外部专家协商不足的情况下起草的，并由可能对所提议立法的运作和效果都一无所知的公务员处理。国会修正案可由国会议员及其工作人员起草的。④ 在这种情况下，立法是论辩过程的最终产物，可能未必有机会通过校验修正案的持续影响以获得赞成。⑤

修改版权法以实施澳大利亚 – 美国自由贸易协定（AUSFTA）的过程很好地说明了协商和起草过程中可能出现的问题。政府通过的协商程序载于协定文本草案的附件。⑥ 外交部和贸易部收到了来自工业界，专业领域和非政府机构，公司，工会和个人的大约 200 份公开意见书。⑦ 还与州和地区政府进行了磋商。与 200 多个行业团体，企业，州政府部门，消费者团体，工会和非政府组织举行了会议。⑧ 该条约一旦提交至议会，便会提交条约联

---

① Bowrey 和 Rimmer，注释 5、6。
② H Penfold，"法律解释：原则上的起草和法律解释"《新时代的实用主义与实用主义》，新南威尔士州司法委员会，《教育专论》，2007 年 6 月 4 日。'Legislative Drafting and Statutory Interpretation' in Statutory Interpretation: Principles and Pragmatism for a New Age, Judicial Commission of New South Wales, Education Monograph 4, June 2007。
③ 大法官基思·梅森（Keith Mason AC），"立法者的意图：法官如何看待它，以及如果发现它，他们会怎么做"，《法律解释：新时代的原则和实用主义》，新南威尔士州司法委员会，教育专论，2007 年 4 月 6 日第 33 期。'The Intent of Legislators: How Judges Discern It and What They Do If They Find It' in Statutory Interpretation: Principles and Pragmatism for a New Age, Judicial Commission of New South Wales, Education Monograph 4, June 2007, 33。
④ Penfold,, 90 – 92。
⑤ Mason, 146。
⑥ 参见 AUSFTA，[于 2004 年 2 月 8 日在华盛顿特区商定] ATNIA 5，附件 1 "咨询"。http://www.austlii.edu.au/au/other/dfat/nia/2004/5.html。
⑦ 参见外交事务和贸易部，《澳美自由贸易协定：协定指南—简介》，http://www.dfat.gov.au/trade/negotiations/us_fta/guide/introduction.html。内容可在 http://www.dfat.gov.au/trade/negotiations/us_public_submissions.html 查阅。
⑧ 参见外交事务和贸易部，《澳美自由贸易协定：协定指南—简介》，http://www.dfat.gov.au/trade/negotiations/us_fta/guide/introduction.html。内容可在 http://www.dfat.gov.au/trade/negotiations/us_public_submissions.html 查阅。

合常设委员会（JSCOT）审查和报告。参议院还成立了澳大利亚和美国之间自由贸易协定的专职委员会。

参议院选择委员会致信利益相关者，举行了公开听证会和圆桌讨论会，并聘请了一位经济学家和模型顾问来提供建议。他们收到了 548 份意见书。① 参议院专责委员会针对通过的法律改革程序和知识产权章节提出了一些建议。例如，工党参议员提议建立一个知识产权专责委员会，该委员会可以根据自由贸易协定对我们的知识产权法作出重大修改，对澳大利亚的知识产权制度进行全面研究并提出建议。② 政府针对这些建议指出，"没有计划提议参议院建立这样的委员会"。

JSCOT 的询问已于 2004 年 3 月 17 日和 2004 年 4 月 30 日刊登在《澳大利亚人》上。邀请投稿的信件已发送给 140 个组织。还邀请了澳大利亚所有州议会和州议会的总理和会议主持人发表评论，总共收到 215 份意见书。与参议院特选委员会一样，JSCOT 也就通过的法律改革过程和知识产权义务的实施提出了建议。③

从表面上看，上述过程似乎表明，已经就 AUSFTA 的规定进行了广泛的磋商。即两个专家委员会发出了公开邀请和私人邀请来稿，举行了公开听证会，专家们参加了会议。参与，征求了各州和地区的意见，并收到了大量公开意见。但是，有效的协商过程将需要充分考虑相关的意见。④ 在上述"咨询"过程中，明显存在以下缺陷：

·收到的关于版权术语的扩大的大多数意见书都反对它。参议院特委会的报告指出，提交的意见书是分开的，但是证据的重要性压倒了多数。⑤

·议会未审议 JSCOT 报告。参议院特别委员会的报告指出：

JSCOT 于 2004 年 4 月 2 日收到了有关该协议的首次正式通报，并于 2004 年 5 月 14 日结束了公开听证会。四天后，由于 JSCOT 没有提供任何经过考虑的建议，AUSFTA 在华盛顿正式签署。⑥

JSCOT 于 2004 年 6 月 23 日提交国会审议，数小时后，美国国会自由贸易区的实施法规被引入众议院，并于第二天获得通过。⑦ 参议院报告将其称为"议会的表象，表面上是为了确保对国际条约和协议进行适当的审查"。⑧

在咨询过程中的许多阶段，政府表示其不打算延长版权保护期。例如，请参阅澳大利亚作家协会，澳大利亚电影导演协会和澳大利亚电影制作人协会向参议院选择委员会提交

---

① 参见澳大利亚和美国之间的参议院自由贸易协定特别委员会，《最终报告》，2004 年 8 月 5 日，第 3.14 – 3.25 段。请访问 http: //www. aph. gov. au/Senate/committee/freetrade_ ctte/report/final/index. htm，"查询过程"。
② 议案 6。
③ 有关咨询过程的更多详细信息，请参见 Sainsbury, n 2。
④ 牛津英语词典将"咨询"定义为"集思广益，深思熟虑，商议"。
⑤ 参议院特委会报告，第 3.48 段。请参阅附件 A 中的一些示例相关的意见书。
⑥ 参议院委员会，第 2.7 段。
⑦ 参议院委员会，第 2.8 段。
⑧ 参议院委员会，第 2.10 段。

的呈件，表明外交部和贸易部已向他们表示政府不愿意向美国作出任何知识产权方面的让步，并反对延长版权保护期。①

尽管说不是那么极端，但有关2006年版权修正案的咨询过程也可以提出类似的批判。② 该法案于2006年10月19日提交议会。该法案长达215页，涉及从民事救济到边境执法，从防御到侵权的改革。法案通过后，由参议院转交给参议院法律与宪法事务常务委员会审议。提交工作于2006年10月30日结束。许多人认为，没有足够的时间来审查其复杂的条款。③ 参议院做出了十三页的修正案，避开了公众咨询。

（四）解释性材料：错失良机了吗

解释性报告为拟议立法的背景提供了理想的机会。解释性报告的内容从模糊的措辞到解释条款背景和目的都有所不同。④ 但是，法律的起草者很少参与起草解释性材料。通常，这些材料是在实际法案之前完成的。⑤

《2006年版权修正法案》的解释性报告共250页。它以非常笼统的方式列出了一些改革的指导原则，例如"需要版权与技术发展的一致的速度发展并迅速改变消费者行为"。⑥ 它继续确定了拟议的修正案将对之作出回应的一系列问题。例如，它讨论了版权材料"格式转换"的惯例，以及"承认不损害版权提供的经济诱因的普通形式的私人复制"的必要性。⑦ 还缺乏对这些一般性声明在修订法律中使用的词语方面发挥作用的详细解释。各节本身的解释往往只是解释草案的措辞。作为法院用来确定情境的首选外部材料之一，解释性报告可以具有更多的应用。

下文讨论了高等法院对解释性报告的使用。虽然不能期望解释性材料能够解决可能出现在法院的所有纠纷，但似乎在许多情况下，都没有机会以有意义的方式阐明具体情况。它不仅要解释该法案的内容，还应该解释其背后的政策。

三、无序：澳大利亚版权立法

毫无疑问，在过去40年中版权法变得更加复杂。1968年《版权法》（联邦）一共有249条，但有将近700节，其部分编号为135ZMDA和195AZGD。共计582页。⑧ 与此相

---

① 澳大利亚作家协会，澳大利亚电影导演协会和澳大利亚电影制片人协会，向美国自由贸易协定的参议院选择委员会提交的意见 AUSFTA 18（请参阅 http：//www.aph.gov.au/Senate/committee/freetrade_ctte/submissions/sub163.pdf）。
② 版权法修正案（2006）（158/2006）。
③ 例如，参见 EEA 的意见书：http://www.efa.org.au/Publish/efasubm-slcac-cabill-2006.html。
④ Penfold，88.
⑤ Penfold，87.
⑥ 解释性报告，《2006年版权修正案》，1。参见 http：//www.austlii.edu.au/au/legis/cth/bill_em/cab2006223/。
⑦ 解释性报告，《2006年版权修正案》，6。参见 http：//www.austlii.edu.au/au/legis/cth/bill_em/cab2006223/。
⑧ 以 RTF 格式下载时，包括注释，则有646页。

比，它的前身是《1912年版权法》①，该法颁布时有42节。1968年的立法已被58项后续立法修订。②

当然，立法的长度并不一定表明其复杂性，还有其他因素的影响。进行了逐项修订，解释了复杂的章节编号。相比之下，最近颁布的其他版权立法的司法权法规往往更短。例如，新西兰的《1994年版权法》一共有236条，后来共有264条（自2008年修正案起）。在英国，版权包含在《1988年版权，设计和专利法》中。第1部分涉及版权，包含212节。1976年的《版权法》（美国）一直遭受了类似的批评，被称为"大杂烩法"。③但是，它长约200页，并且已被修改20多次。因此可以断定，《澳大利亚版权法》在形式上是判例法中最复杂的。

版权法的适用领域也增加了这种复杂性。受《版权法》保护的主题是多种多样的，从普通事务④到高科技的计算机程序⑤，再到极富创造力的艺术作品。⑥ 在颁布《版权法》时，这种复杂性几乎不存在。最初起草该法案时，根本不会出现或没有设想这里研究的许多事实情况。

纵览高等法院对近期案件的概述，可以看出法院所面临问题的复杂度和广度。在Stevens v. Kabushiki Kaisha Sony Computer Entertainment⑦的案例中，直接检验了高等法院在解释适用于新技术的技术条款方面的能力。该案涉及对首次引用《2000年版权修正案（数字议程）》⑧规定的解释，该规定旨在为曾处理规避问题的版权拥有者提起诉讼。被告出售并安装了"mod芯片"，该芯片使Sony PlayStation可以播放不包含访问代码的软件。如果没有"修改芯片"，PlayStation软件必须先通过控制台读取访问代码，然后才能使用。此访问代码无法由软件刻录机复制，因此盗版的游戏副本不包含该访问代码。在共同判决⑨中，有人指出⑩：

长期以来，版权法的修正案提出了立法解决方案，以解决与新技术开发相关的经济竞争和社会竞争问题。现在呼吁的问题表明，如今的情况就是如此。

French J指出该立法：

制定法规时考虑的准备工作和立法历史越复杂，范围越广，对法规制定的影响越大，

---

① 1912年版权法（联邦）。
② 参见http://www.austlii.edu.au/au/legis/cth/consol_act/ca1968133/notes.html，注释1（2008年11月10日）。
③ 萨缪尔森（Samuelson），请参见上面的注释6 "……当前的美国版权法也是如此长……该法规也过于复杂，在很大程度上难以理解，并且在重要方面不平衡。此外，它缺乏规范性"。
④ 例如，商业组织形式（Kalamazoo (Aust) Pty Ltd v. Compact Business Systems (1985) IPR 213d 的案例。
⑤ 第10（1）条对文学作品进行了定义。
⑥ 第10（1）条对艺术作品进行了定义。
⑦ [2005] HCA 58。
⑧ 2000年第110号。
⑨ Gleeson CJ, Gummow, Hayne, and Heydon JJ。
⑩ Gleeson CJ, Gummow, Hayne, and Heydon JJ。第二段。

普通读者可能就越难理解,更重要的是这些法规可能对于除知识产权专业从业人员以外的其他人来说都难以理解。因此,对特殊读者法律制定了自己的访问代码。这可能有利于特殊读者,但并不一定对法律有利。①

Network Ten Pty Ltd 诉 TCN Channel Nine② 案就是版权法对"电视广播"一词的解释引起争议的一个例子。该案是法院多数判决结果的一个例子,该判决在很大程度上依赖于上下文语境来支持对该短语的解释,并使用了相关的立法将其隐含在《版权法》中。Kirby J(持异议)不同意大多数人的做法,并指出:

我完全同意该法院对有争议的法定语言的解释的当代方法是目的解释方法。但是,采用这种方法并不能证明司法上忽略法定语言是合理的,无论是优先考虑历史资料还是其他资料,法律政策还是任何其他原因。1901 年《法案解释法》(联邦)第 15AA 条为目的性结构提供了支持。但是该章节不允许法院无视该法的用词。最终,在每种情况下,法律解释都是基于文本的。否则不能(省略脚注)。③

Burge 诉 Swarbrick④ 是法院必须解释涉及外观设计和版权保护重叠问题的复杂立法的一个例子。问题的症结在于,是否可以将 30 英尺的游艇 JS 9000 视为手工艺品。它说明了版权所有者在确定拥有的权利及其范围时可能会遇到的困难,特别是在考虑到灵活性以确定性为代价而起草立法的情况下。

在版权代理有限公司诉新南威尔士州(Copyright Agency Limited v. State of New South Wales)⑤ 的纠纷中,技术使版权材料以新的方式存储和分发。版权代理有限公司已代表澳大利亚咨询测量师协会的成员向版权法庭提出申请,要求对特许权使用费进行评估,以提供电子文档和集成影像管理系统中的测量计划。出于某些目的,包括根据《1900 年不动产法》发行和修改所有权,都需要调查计划。但是,计划的数字化使得更容易扩展其用途,包括将其用于其他用途,例如政府机构,信息中介和公众。

最后,Nine Network Australia Pty Limited 诉 IceTV Pty Limited⑥ 是另一起因使用信息的新方式引起的纠纷。高等法院必须确定电视电子节目指南中是否存在侵犯版权的问题,该指南包含了从九网数据库(Nine Network database)中获取的信息。可以将节目指南下载到数字刻录机以简化编程。法院指出,技术的最新发展对法律的适用产生了影响。特别是向数字电视的过渡和个人录像机的使用,引起了对新型节目信息的需求,例如 IceTV 的电子节目指南。⑦

---

① Kabushiki Kaisha Sony Computer Entertainment v. Stevens [2003] FCAFC 157 第 24 段。
② [2004] HCA 14.
③ [2004] HCA 14 第 87 段。
④ [2007] HCA 17.
⑤ [2008] HCA 35.
⑥ [2009] HCA 14.
⑦ 参阅 [2009] HCA 14 第 79 – 83 段。

下文讨论了高等法院确定这些案件的方法以及在寻找相关背景时面临的困难。

（一）背景（上下文）：解释的过程

1901年《法律解释法》（联邦）第15AB条规定，可以向以下人员咨询外部材料：

· 确定该条款的含义是文本本身的普通含义，并考虑该条款在法案中的上下文含义以及法案的目的或宗旨

· 确定条款的含义是模棱两可或晦涩难懂，或普通含义导致明显荒谬或不合理的结果。

第（2）款提供了可供参考的非详尽材料清单，包括该法案中提及的议会，条约或国际协议的相关报告，与该法令有关的解释性备忘录以及二读演讲。

在判例法下，法院在查阅外部材料方面不受限制。① 法院在其使用较新的方法中，拥有很大的自由，可以脱离词语的字面含义，从而通过立法的目的或宗旨来确定立法机关的意图，并在此背景下解释词语。② 现在，澳大利亚法院在法定解释方面采用了更因上下文而定的方法。参见，例如，梅森（Mason J）在K&S Lake City Freighters Pty Ltd诉Gordon & Gotch Ltd案（1985）157 CLR 309中的陈述：

法律解释的问题不能通过仪式的咒语来令人满意地解决，因为仪式的咒语强调了单词含义的清晰性，当孤立地解释单词时，这些单词已经脱离了上下文语境。现代的解释方法坚持认为，首先要考虑上下文，尤其对一般用词而言，不是仅在稍后阶段可能会产生歧义的情况下考虑。③

因此，在判例法中，在明确上下文语境和目的之前不必明确含糊不清的语句。④ 请参阅CIC Insurance Ltd诉Bankstown Football Club Ltd一案中Brennan CJ，Dawson，Toohey和Gummow JJ的评论：

众所周知，在判例法中，除了依赖《1901年法律解释法案》第15AB条的规定外，法院可能会考虑法律改革机构的报告以确定法令旨在解决的问题……此外，现代的法律解释方法（a）坚持首先考虑上下文，而不仅仅是在稍后阶段可能会产生歧义的情况下考虑，并且（b）在最广泛的意义上使用"上下文"来包含诸如法律的现状和恶作剧之类的东西，通过上述合法手段，人们可以辨认出要进行补救的地方。

---

① 成文法例对判例法的影响尚不清楚。McHugh J在Stevens诉Kabushiki Kaisha Sony Computer Entertainment [2005] HCA 58案中，在第124段指出，"15AB（3）可能修改了判例法"。

② 参见Royal Automobile Club of Australia Incorporating Imperial Service Club诉Sydney City Council（1992）27 NSWLR 282，第293页。这由1901年《法律解释法》（联邦）第15AA条所支持。关于立法与判例法之间的关系，请参见Saraswate诉R（1991）172 CLR 1，第23页。

③ At 301.

④ CIC Insurance Ltd诉Bankstown Football Club Ltd（1995）一案187 CLR 384；Network Ten Pty Ltd诉TCN Channel Nine Pty Ltd（2004）一案205 ALR 1。

解释《版权法》的法院已接受这种方法。参见，Finkelstein J 在 Copyright Agency Limited 诉 New South Wales 案中的评论：①

Blackstone 对规则的解释如下："解释立法者意愿最公正，最理性的方法是，在制定法律时探索他们的意图，以最自然，最可能的标志来探索。这些标志可能是词语，上下文，主题，效果和结果，也可能是法律的精神和理由"：Blackstone 的评论 59（1765 年第 1 版）。这种有目的的方法在诸如 Heydon 案（1584）3 Co Rep 7a [76 ER 637]之类的具有里程碑意义的案件中很明显，它的起起伏伏，例如当法官应用"表面含义"或"黄金"规则时，却成了到 20 世纪末，所有东西都已根深蒂固。公认的是，每条法规都有某种形式的目的或客体，因此，如果不密切注意该目的，就无法正确地解释该法规。换句话说，法律解释不仅需要对文本进行分析，而且还需要对上下文进行分析。

此处分析的高等法院判决支持这种方法。参见，Stevens 诉 Kabushiki Kaisha Sony Computer Entertainment 案中 Kirby J 的评论②：

本法院必须按照权限，确定并解释其倾向的法律解释。它必须通过参考既定的来源和工具来做到这一点：仔细检查法定文本，其语言，上下文和结构；通过确定该文本建议的目的；并使用法定历史记录，包括可用来说明文本含义的可用背景材料。③

尽管对上下文有这种支持，但判决也强调了文本的重要性。在 Stevens 诉 Kabushiki Kaisha Sony Computer Entertainment 案中④，共同判决指出，法律解释的"没有特定理论或规则"包括目的解释，能消除对 DivA 2A 文本和结构的关注。⑤

高等法院还注意到在实践中采用目的解释存在困难。例如，参见 Stevens 诉 Kabushiki Kaisha Sony Computer Entertainment⑥ 案，该法院在案中指出："有时该法规的目的是一般性的，尤其是其各个部分的目的是难以捉摸的"。⑦ 但是，应当指出，法院的职责是实现议会的宗旨。Kirby J 在 Stevens 诉 Kabushiki Kaisha Sony Computer Entertainment 案中指出，这既是"宪法义务，也是在法律规则概念中所隐含的任务"。⑧

但是人们公认，法规文本可能还不充足。Kirby J 在 Stevens 诉 Kabushiki Kaisha Sony Computer Entertainment 案⑨中指出："由于单独的立法用语不能为解释问题提供令人信服的解决方案，因此有必要参考上下文和外部环境，使决策者最终解决方案"。⑩

---

① Copyright Agency Limited 诉 New South Wales [2007] 案 FCAFC 80 第 173 段。
② [2005] HCA 58.
③ Stevens 诉 Kabushiki Kaisha Sony Computer Entertainment [2005] HCA 58 第 168 段。
④ [2005] HCA 58.
⑤ [2005] HCA 58 第 30 段。
⑥ [2005] HCA 58.
⑦ [2005] HCA 58 第 125 段。
⑧ [2005] HCA 58 第 198 段。
⑨ [2005] HCA 58.
⑩ [2005] HCA 58 第 200 段。

在以下各节中,将讨论高等法院在最近的版权决定中所参考的内容。

(二) 内部材料

高等法院查阅法规内部材料。例如,修改的立法①中可能有一个目的声明。法院还旨在与《版权法》的其他部分保持内部一致性。例如,在 Stevens 诉 Kabushiki Kaisha Sony Computer Entertainment 一案②中,法院认为技术保护措施的定义是可取的,特别是提及"许可目的"③与第 31 和 85-88 条授予版权所有者的专有权相一致。同样地,在 Network Ten 诉 TCN Channel Nine 案④中,高等法院考虑了联邦法院合议庭在寻求该法令的其他规定以阐明广播一词的含义时所采用的方法是否正确。联邦法院合议庭认为第 25 (4) 条与将 87 (a) 解释为涉及广播的两个部分(尤其是制作广播影片)间接相关,其中第 25 (4) 条描述为包括"广播中包含的任何视觉图像"的影片。高等法院不同意联邦法院合议庭根据这种推理的解释,并在第 45 段中指出:

这种推理的关键步骤是将"电视广播"识别为带有声音的独特视觉图像的广播。从本质上讲,推理取决于在解释和应用"电视广播"的含义时赋予第 25 (4) 条以控制力。给第 25 (4) 条那个位置是不对的。正如这些理由试图表明的那样,第 25 条第 (4) 款是与第 87 条相关的三种权利之一的一个方面的解释性或实用性。必须以与第 87 条中提到的所有权利相一致的方式来理解"电视广播"一词。

但是,高等法院在允许上诉时,确实提到了《版权法》中的其他规定。人们认为第 25 (4) 条适用于广播权的特定操作,该操作不能"向上游流动",并且不会影响该权利的其他使用或方法的含义。⑤ 但是,在拒绝最高法院对《版权法》其他条款的依赖时,多数法官的推理在很大程度上依赖于查看其他《规约》中的条款。下文在"其他联邦立法"中对此进行了讨论。

(三) 解释性报告和议会材料

如上所述,在法院开始寻找上下文关联的地方,最相关的起点应该是起草过程中或颁布机构在审议法律时所产生的材料。但是,这种材料(尤其是解释性备忘录)常常没有什么帮助。

在 Stevens 诉 Kabushiki Kaisha Sony Computer Entertainment 案中⑥,法院咨询了相关经修订的解释性备忘录。其中谈到了一般性,例如改革的基石是"与新技术无关的传播权",

---

① Stevens 诉 Kabushiki Kaisha Sony Computer Entertainment [2005] HCA 58。
② [2005] HCA 58.
③ Section 116A (1) (since amended).
④ [2004] HCA 14.
⑤ [2005] HCA 14 第 62 段。
⑥ [2005] HCA 58.

以及需要提供"在数字环境中实施版权保护的适当措施"并提供"有效进行民事补救的技术版权保护措施"。上诉所涉及的实质性规定关注解决一个不同的、更具体的问题。

在 Burge 诉 Swarbrick 案中，法院咨询了该法案的解释性备忘录，该草案成为 2003 年《外观设计法案》。它涉及了版权法的一项相关修正，以消除"艺术工艺作品"一词含义的不确定性。通过声明雕塑是否属于艺术工艺作品的方法来进行，将在工业应用后仍将保留版权保护（但如果是作为外观设计注册则不会）。在这种情况下，有更多细节关于立法目的确切本质。同样，在版权代理有限公司（Copyright Agency Limited）的案例中，法院征询了二读致辞，以成为《版权法》和《1997 年版权修正法案》（联邦）的解释性备忘录，其中解释了将 183A 条引入《版权法》的原因。这些内容对法院确定本节的范围很有帮助。

（四）委员会报告

上下文的另一个有用来源是立法草案所涉及的委员会提供的报告。引用最多的是 Spicer 委员会的报告①，该报告在 1968 年版权法颁布之前发布；Gregory 委员会的报告②在澳大利亚版权法起源的英国立法之前发布。

例如，在 Copyright Agency Limited 诉 State of New South Wales 案③中，法院注意到 Spicer 委员会对"为王室服务"④一词的讨论。该委员会还研究了 Gregory 委员会的建议，特别是《版权法》没有采取政策来区分对公共利益至关重要的官方使用和其他类型的使用。⑤ 在 Network Ten 诉 TCN Channel Nine 案⑥中，法院审议了 Gregory 报告第 116 和 117 段，其中阐明了政策和目标，这些政策和目标随后在澳大利亚立法规定中得以体现：在其节目中授予广播组织的权利，以防止他人通过重新广播或录制而对该节目进行版权保护。

但是，法院也注意到了这些报告存在的局限性。例如，在 IceTV Pty Limited 诉 Nine Network Pty Limited 案⑦中，第二联合判决考虑了 Spicer 委员会的报告。⑧ 有人指出："这场诉讼是在不同的商业环境中进行的，其中最新的技术发展非常重要"。⑨

（五）其他联邦立法

有时会参考另一个外部资源来为《版权法》提供背景信息，这是相关的英联邦立法。

---

① Copyright Agency Limited 诉 State of New South Wales [2008] HCA 35, para 55–59, Network Ten Pty Ltd 诉 TCN Channel Nine [2004] HCA 14。
② Burge 诉 Swarbrick, para 28, Network Ten Pty Ltd v. TCN Channel Nine [2004] HCA 14。
③ [2008] HCA 35.
④ [2008] HCA 35 第 55–59 段。
⑤ [2008] HCA 35 第 61 段。
⑥ [2004] HCA 14.
⑦ [2009] HCA 14.
⑧ [2009] HCA 14 第 77–78 段。
⑨ [2009] HCA 14 第 78 段。

例如，在 IceTV Pty Limited 诉 Nine Network Pty Limited 案中，①法院参阅了 1992 年《广播服务法》（联邦），尤其是从模拟电视向数字电视的强制性过渡中。尽管没有直接用作解释的辅助手段②，但这提供了一些一般政策背景。法院在版权代理有限公司中研究了影响调查计划使用的相关产权转让立法，包括 1919 年产权转让法（NSW），1900 年房地产法（NSW），1973 年分层计划（Freehold Development）法（NSW），《1989 年社区土地开发法》（NSW）和从属法律。再一次，这不是直接用作解释的辅助手段，而是作为确定官方使用情况的相关背景。③

在 Network Ten Pty Ltd 诉 TCN Channel 9 案④中，对其他立法的使用更为广泛和有影响力。多数判决在很大程度上取决于立法背景，指的是广播法规的立法框架，以协助确定在《版权法》第 87 条目的之下的广播含义。法院认为：

· 1992 年广播服务法（联邦）。

· 1942 年广播和电视法（联邦），特别是该法中有关广播服务的定义（第 14 条），指的是提供节目。

· 1983 年澳大利亚广播公司法（联邦）第 6 条及其对广播节目的引用。

· 1991 年特殊广播服务法（联邦）第 6（1）条，也指节目。

他们使用以上对"节目"的引用来推断受电视节目广播的版权材料。

作为法律解释的一般原则，法院确实会参考类似的法规来确定该法在法院面前的含义。⑤ 有理由将法规视为同等材料。尽管法规应与同一个人或事物或者同一类别的个人或事物相关，但很少讨论何时将法规视为同等材料。⑥ 还应指出的是，其他法规中的定义在很大程度上取决于该特定法规的上下文，所以对于另一个法规而言，在考虑同一词的含义方面几乎没有帮助。⑦ 法院在 Network Ten Pty Ltd 诉 TCN Channel Nine 案⑧中没有确切地证明广播立法与《版权法》依据同等材料。联合判决确实将广播法规立法描述为在《版权法》颁布时提供了立法背景。⑨ 虽然《版权法》和《广播法》都涉及广播，但《版权法》的重点和广播的管理制度却大不相同。《版权法》的相关部分为电视广播中的版权拥有者创造了私人经济权利，而广播立法本质上更具监管性。《广播服务法》（1992 年）在

---

① ［2009］HCA 14.
② ［2009］HCA 14 第 79 段。
③ ［2009］HCA 14 第 30－36 段。
④ ［2004］HCA 14.
⑤ 参见 D Pearce,《澳大利亚的法定解释》（第二版，Ed Butterworths 1081），援引 Lennon 诉 Gibson 案。和 Howes Ltd［1919］AC 709；Imperical Chemical Industries of Australia and New Zealand Ltd 诉 FCT（1972）46 ALJR 35。
⑥ ［2005］HCA 58，引用 United Society 诉 Eagle Bank 案（1829）7 Conn 457。
⑦ Collins & Sons 诉 Bankstown Municipal Council（1958）3 LGRA 216。
⑧ ［2004］HCA 14.
⑨ 参阅［2004］HCA 14 第 22－29 段；第 66－67 段。

第3节中列出了许多与国家利益和消费者利益有关的行业监管相关的对象。

Kirby J 认为多数派的做法都偏离了以下原则：

……采用这种方法（目的解释）并不能证明司法上忽视法规的语言是合理的，无论是优先考虑历史材料还是其他材料，公认的法律政策还是任何其他原因。1901年《法案解释法》（联邦）第15AA条为目的性构造提供了支持，但是该部分还不允许法院无视该法的措辞。最终，在每种情况下，法律解释都是基于文本的活动。不存在特例。①

如果大多数人的推理更加明确，尤其是他们如何将版权立法与广播立法看作同等材料，它可能有助于消除对其做法是否适当的任何疑问，并对于任何类似情况提供有用的先例。

（六）一般政策声明

高等法院还参考有关版权法的一般性政策陈述，为解释性选择辩护。法院意识到，版权立法的目的是在通过提供专有权促进创造力与公众对公共领域的权利之间取得平衡。例如，在 IceTV Pty Limited 诉 Nine Network Pty Limited 案②中，一项联合判决将版权立法的理论基础视为在利益冲突和政策考虑之间取得平衡。③ 进一步参见 Gummow，Hayne 和 Heydon JJ 的判决，指出以下主张：版权法的宗旨是尊重原创作品，其目的是通过提供公正的诉求来平衡公共利益，以促进鼓励文学，戏剧，音乐和艺术作品的发展。奖励具有公共利益的创作者，以维护健全的公共领域，并在其中创作更多作品。④

Kirby J 在 Stevens 诉 Kabushiki Kaisha Sony Computer Entertainment 案⑤中指出，立法应该被理解为从保护个人的基本权利到享受合法获得的私有财产，例如在另一个地区购买的 Playstation 游戏。基本权利应始终存在于立法中，除非有清晰明确的意图将其消灭。⑥

提到的另一项一般性政策声明是，希望立法能够适应不断变化的情况。Kirby J 在 Stevens 诉 Kabushiki Kaisha Sony Computer Entertainment 案⑦中指出，法院正在赋予旨在应对因影响版权法的新技术发展而做出的创新立法以意义。如果法院得出结论认为案文不正确，则会鼓励使用越来越复杂的立法语言，因为受到法院判决挫败的议会试图通过越来越详细地表述其目的而使其内容明确无误。⑧

---

① ［2004］HCA 14 第87段。
② ［2009］HCA 14.
③ ［2009］HCA 14 第26-27段。一种平衡的机制是，版权仅以一种表达形式存在，而不是以事实或信息存在。
④ ［2009］HCA 14 第71段。
⑤ ［2005］HCA 58.
⑥ ［2005］HCA 58 在第205段，引用 Wilson Wilson 诉 Anderson 案（2002）HCA 29。
⑦ ［2005］HCA 58.
⑧ ［2005］HCA 58 第199段。

（七）其他司法管辖区的立法

其他司法管辖区的法律被认为是互相关联的，特别是当该法律得到与《版权法》中等效条款相同的国际条约的支持时。例如，在 Stevens 诉 Kabushiki Kaisha Sony Computer Entertainment 案①中，法院参考了 1988 年《美国数字版权法案》，并提出了导致该修正案的委员会报告（美国国会众议院商务委员会）。澳大利亚法律在处理方法上的差异被理解为，他们不愿给予版权拥有者广泛的"控制访问权"。② 联邦法院的 Sackville J 研究了英国立法，《1988 年版权设计和专利法》第 296 条，特别是对"复制控制机制"的引用，表明它旨在从"实体上"防止或禁止版权侵权。高等法院接受了这种解释。

在 IceTV Pty Limited 诉 Nine Network Pty Limited 案③中，法院考虑了与欧盟数据库保护方法的差异。上诉的意义在于，澳大利亚法律没有对应的法律，并且在缺乏类似于该指令的法律的情况下，无法通过得出结论认为 Ice 占用了"Nine Network Pty Limited 的技术和劳动成果"来解决有争议的问题。④

同样地，在 Copyright Agency Limited 诉 State of New South Wales 案⑤中，法院参考了英国，新西兰，加拿大和美国对版权的立场。由此看来，"比较考虑强调了该法令第 183 (1) 条的普遍适用范围，以及议会的倾向选择，是将侵权的例外情况（供政府使用）与薪酬计划相结合，而不是构成作为公平交易的例外，或作为免费使用的例外"。⑥

因此，在研究澳大利亚议会故意未选择的立法方案时，其他司法管辖区的立法似乎最为有参考价值。

四、结论与建议

法律解释是一项复杂的任务。当涉及案件事实时，《澳大利亚版权法》是世界上最复杂的法律之一，就会引发一场完美的风暴。不仅立法本身在本质上是复杂的，而且其适用的情况也在日益复杂。法院将越来越多地在解释法规或将法规应用于起草该条款时未考虑的环境中寻求指导。在本文中，已经考虑了澳大利亚高等法院在解释版权法方面面临的困难，特别是在确定相关的可靠背景以协助解释方面所遇到的困境。从政策制定到咨询阶段和起草过程，在可靠的环境中都存在各种障碍。

本文通篇提出了多种建议，以协助产生可靠的上下文语境。应该向专家机构进行咨询并寻求建议，协商应该有意义，不要急于求成。如果立法是利益集团之间折中的结果，则

---

① ［2005］HCA 58.
② ［2005］HCA 58 第 15 段。
③ ［2009］HCA 14.
④ ［2009］HCA 14 第 131 – 35 段。
⑤ ［2008］HCA 35.
⑥ ［2008］HCA 35 第 79 段。

应在解释性材料中明确说明。起草过程可以通过起草立法和制定政策之间更大的协同作用而得到改善。任何试图提供可靠背景来指导法院解释版权法的尝试都应该被考虑，并考虑在政策制定，立法起草和批准过程的各个方面都可以做出的改进。这是个会一直存在的问题。

（编辑：杨知文）

法律方法基础理论

类案同判的司法裁判方法分析[*]
——以"类比的运用"为考察点

金彦宇[**]

摘　要　从法律方法的向度看，类案同判表征的是一种类比的运用。通常，待决案件要具有类比的必要性和可行性。类案同判的司法裁判程序，应在二阶构造的法律论证框架内开展，形成形式类推与实质类推相贯通的裁判理路，由此生成合理正当的类推结论。在形式类推中，以演绎模式为架构，内置待决案件与类案的比较环节，融贯前后推论步骤，保证类推内部证成的逻辑一致性；在实质类推中，层层推进相似性判断，以案件事实要素间的对应为起点，经由关键性事实和争议焦点的比较，终结于规范背后支持性原则之间的权衡。在解决案件间的"相关相似性"时，利用胜出的原则确定何种案件事实与意欲推出的法律后果最为密切。根据听众理论，案件的争议双方、法律共同体及社会大众的接受，能进一步表明利用类推技艺获得的裁判结论适应于现有的裁判理性。

关键词　类案同判　司法裁判　相似性判断　形式类推　实质类推

引　言

近年来，最高人民法院为了落实司法责任制，统一司法裁判标准，在法院系统大力推

---

[*] 本文为国家社会科学基金重大专项项目"核心价值观融入法治建设研究：以公正司法为中心的考察"（17VHJ007）、国家社会科学基金重大项目"全面推进依法治国重大现实问题研究"（2015MZD042）的研究成果。

[**] 金彦宇，男，河南新蔡人，吉林大学国家"2011计划"司法文明协同创新中心法学理论专业2020级博士研究生，研究方向为司法制度、法律方法。

行"类似案件类似审判"的工作机制,① 并呈现出实践先于理论的运行态势。② 在其催动下,"同案同判""类案同判"和"类案类判"等学术名词,在理论界竞相闪亮,甚至引发了学术争论。③ 事实上,法律人所说的"同案"是指在案件的主要事实上最相类似,而"同判"是指在案件的裁判结果上最相接近。④ 因此,无论理论话语如何描述这一制度性事实,都要建立在案件之间存在相似性的基础之上。拥有司法常识的人都知道,案件相似判断表征的是一种类比的法律思维,通过比较,发现待决案件与生效案件在基本事实、争议焦点和法律适用等方面的相似程度,然后决定生效案件的裁判结论能否适用于未决案件。这表明,实现类案同判⑤的司法裁判方法在于基于比较的类比推理。而在法律方法论的类比理论中,以德国法学家拉伦茨为代表的学者却主张,漏洞构成类比运用的必要前提,无漏洞则无类比推理。⑥ 显然,这一严格主义立场限缩了类比的适用域,与类案同判的现实司法语境相冲突。根据案例指导制度和类案检索制度的设计理念看,待决案件并不必然涉及法规范或法秩序的不圆满性,只要存在类比的必要性,就可检索相关案例加以参照,并且应当参照指导性案例。质言之,被制定法规范的待决案件依然存在运用类比的可能性。因此,类比在类案同判中的方法论应用并不存在理论上的障碍。那么,法律人如何运用类比方法判断案件间的相似关系并进而实现同判的法律效果呢?本文围绕这一司法裁判问题,首先分析运用类比方法判断案件相似的前提条件,然后从形式类推的向度描述类推内部证成的演绎结构,最后从案件事实相似性判断、法律原则同一性判断及类推结果可接受性判断阐释实质类推的内容。

一、可能类推:类案同判的前提条件

类比(analogy)最初是一个数学概念,由毕达哥拉斯学派发展而来,主要用来表示

---

① 最高人民法院于 2010 年 11 月发布的《关于案例指导工作的规定》,2015 年 6 月发布的《〈关于案例指导工作的规定〉实施细则》、2017 年 4 月发布的《关于落实司法责任制完善审判监督管理机制的意见(试行)》、2019 年 2 月发布《最高人民法院关于深化人民法院司法体制综合配套改革的意见——人民法院第五个五年改革纲要(2019-2023)》、2019 年 10 月发布的《关于建立法律适用分歧解决机制的实施办法》、2020 年 7 月发布的《关于统一法律适用加强类案检索的指导意见(试行)》等文件,都提及了要统一裁判标准,待决案件参照已决类案,实现"统一法律适用"的司法目标。
② 参见雷磊:《理解"同案同判"?——误解及其澄清》,载《政法论丛》2020 年第 5 期,第 28 页。
③ 比如,周少华认为,"同案同判"只是一个虚构的神话,正当的概念表达应为"类案同判",因为世界上不存在完全相同的两个案件。参见周少华:《同案同判:一个虚构的法治神话》,载《法学》2015 年第 11 期,第 131-140 页;而孙海波则抱持相反的立场,并从现实的制度性支撑予以驳斥。参见孙海波:《同案同判:并非虚构的神话》,载《法学》2019 年第 5 期,第 141-157 页。
④ 参见刘作翔:《"类案同判"是维护法制统一的法治要求》,载《人民法院报》2020 年 10 月 20 日,第 2 版。
⑤ "类案同判""同案同判"和"类案类判"对应的英文表达皆为"Similar cases be decided similarly"或"Treating like case alike",按照其语义,本文采用"类案同判"这一语词来表达。
⑥ 参见[德]卡尔·拉伦茨:《法学方法论》,陈爱娥译,商务出版社 2003 年版,第 258 页。

数字间可能存在的比例关系。① 如今，按照学界的共识性观点，类比就是通过比较找出两个事物或对象哪些属性相同或相似，如果进一步考虑或推测它们的另一个属性相同或相似，进行的则是思维上的推理，即类比推理。② 就现实世界中的客观存在而言，任意两个事物或对象都有它们的相同点或不同点，同域中的司法案件亦是如此。然而，这并不是说，只要两个案件的事实属性或法律属性具有共通之处，就有必要进行法律上的类推裁判程序。事实上，有限的司法资源及法官的专业水准限制了类比的"泛滥"运用，它通常基于司法实践的客观需求而走向裁判"现场"，尤其是在获致疑难案件的法律后果上。同时，通过类比发现的案件相似是一种法律的相似，因此，只有发现待决案件在法律体系内的法律观点，案件间的类推才有可行性。

（一）待决案件具有类推的必要性

自不待言，客观世界中的自然现象，及道德、宗教、习惯、礼仪等社会规范专门调整的对象，不受法律的规整，只有关涉法之利益的社会关系，因发生纠纷才被诉诸司法审判。在司法实践中，三大类型案件的难易程度均呈现出"二八定律"的一般逻辑态势：80%的案件为简易案件，20%的案件为疑难案件。③ 对于简易案件（easy cases）而言，法官一般凭借感知经验即能将案件事实归摄于正当的法律规范之下，进而获得一个合法合理的裁判结论。由于简易案件通常居于法律规范之构成要件的核心区域，因此，它们的裁判结论具有性质上的趋同性，缺乏类比的必要。④ 由此得出，待类比的案件通常集中于疑难案件（hard cases）。事实上，最高人民法院发布的相关文件也印证了这一观点。在制度设计上，类案同判制度依托案例指导制度和类案检索制度予以实现。《最高人民法院关于案例指导工作的规定》第 2 条第 2、4 项，及《最高人民法院关于统一法律适用加强类案检索的指导意见（试行）》第 1 条第 3 项规定的情形，或者存在事实认定上的困难，或者缺乏适当的规则，从司法本质上看，它们归属疑难案件的范畴。当然，这并不是说需要与"先例"进行类比的待决案件仅限于疑难案件，显然这一等置无法满足司法实践的多元需求。根据以上文件规定，如果待决案件因社会广泛关注、基于审判监督权限要求、当事人主张等情势被要求检索类案比较，法官也应履行相应的类案检索义务。

简言之，疑难案件构成类案检索要求的必要案件。何谓疑难案件，德沃金教授曾言，"有些案例提出了如此新颖的问题，以至于即使通过扩展或重新解释现有规则，也难以确

---

① 参见雷磊：《类比法律论证——以德国学说为出发点》，中国政法大学出版社 2011 年版，第 1－2 页。
② 参见雍琦：《法律逻辑学》，法律出版社 2004 年版，第 285－286 页。
③ 参见庄绪龙：《裁判文书"说理难"的现实语境与制度理性》，载《法律适用》2015 年第 11 期，第 87 页。
④ 参见高尚：《司法类案的判断标准及其运用》，载《法律科学（西北政法大学学报）》2020 年第 1 期，第 25 页。

定这些问题的答案"。① 然而，法院基于"不得拒绝裁判"的司法原则，必须对实在法保持"沉默"而又受其规整的待决案件予以裁判，但它们绝非所谓的"有意义的沉默"。正如学界所公认的，"有意义的沉默"是指立法者认为立法时机尚未成熟而有意不加规制，如《民法典》并未把民事主体享有的个人信息上升为"个人信息权"即属此情形。那么，法官如何发挥司法能动性去确立疑难案件的裁判规则？显然，在我国制定法传统下，法官并不享有"造法"的司法职权，而寻求立法解释或司法解释则需要较高的司法成本，由此导致"从类案中寻求启示和参考就成为一种弥补成文法缺陷的理性选择"。② 事实上，"发挥案例的规范性与指导性作用已经成为一种具有普适性的法律自我完善机制"，③ 早在20世纪，最高人民法院就曾发布过指导性案例用来指导司法审判；同时，类似案件相同裁判，正契合普遍化原则下的司法公平理念。因此，从类案中发现待决案件的裁判答案具有客观现实性。

（二）待决案件具有类推的可行性

正如德国法学家考夫曼所言，类推是在一个已证明的重要观点下发现不同事物的相同点或不同点，进而对两者相同处理。④ 由此可以得出，法官在为待决案件寻找类推的案件时，先是在观念中形成与待决案件相勾联的法律观点（或称"比照规则"），然后在其可能的对象域内检索可信的类案进行类比推理。

在案件类推中，对于一般案件而言，由于案件事实清楚、裁判规则明确，法官能轻易地检索出对应的法律规范，然后确立典型的类案与之比较，进而"压实"待决案件之裁判结论的可信力。然而，即使一般案件不存在法律适用上的困难，有时法官发现的某一或某些法律规则也有可能是不恰当的，因为有些法律规则出于法价值的考量禁止其类推适用于其他案件，或者它的内在逻辑结构衍生的反向推理限制了类比推埋的可能，从法律方法论的角度看，此时类比推理与"类推禁止"和"反向推理"发生方法论上的冲突，由此造成待决案件不具备类推的可行性。按照主流的理论观点，当法律规则禁止对它进行逾越词义的适用时，类推禁止就会产生，此时不得将法律规则适用于词义射程范围之外的案件；而只有法律规则的构成要件是法律后果的必要条件，反向论证才会优于类比论证而适用。⑤ 因此，即使是不存在法律适用困难的类案类推，也有可能因选取不恰当的法律规范

---

① Ronald Dworkin: "Hard Cases", *Harvard Law Review*, Vol. 88, 1975, p.1058.
② 北京市三中院课题组、齐晓丹、史智军、王天水：《类案检索报告制作和运用机制研究》，载《法律适用》2020年第12期，第4页。
③ 四川省高级人民法院 四川大学联合课题组、陈明国、左卫民：《中国特色案例指导制度的发展与完善》，载《中国法学》2013年第3期，第34页。
④ 参见［德］亚图·考夫曼：《类推与事物本质——兼论类型理论》，吴从周译，学林文化事业有限公司1999年版，第59页。
⑤ 参见雷磊：《类比法律论证——以德国学说为出发点》，中国政法大学出版社2011年版，第293页。

而导致类推的可行性被废止。

与一般案件相比，疑难案件是运用类比推理方法获致裁判结论的高频案件。在司法实践中，疑难案件正是由于缺乏明确的法律规范的指引，才使得它的法律适用过程变得异常曲折。那么，疑难案件是否具有类推的可行性？显然，答案是肯定的。事实上，我们所说的案件相似都是规范性、法律性的相似，① 提供法律相似性的重要观点或者已经先在，或者由解释者所创造，但一定是可思议的。② 因此，无论待决案件如何疑难复杂，它总会在某一规范性评价上与法律规则或法律原则发生情理、事理、法理或逻辑上的关联，否则司法权对它的管辖便无从谈起。当然，待决案件的规范性评价不是自显自明的，它需要法官对待决案件的性质、事实特征、争议焦点等核心断案要素拥有全面的精准理解才能得出。在规范性评价的指引下，法官将类推的目光瞄向与待决案件关涉的法律规则或法律原则，使得疑难案件的类推（暂时）享有法律上重要观点的支撑，然后才能发现类案进而展开类推的司法裁判程序。

二、形式类推：类案同判的内部证成

从类推方法的视角考量，只有待决案件具有类推的必要和（暂时）可行的法律观点支撑后，才能运用类推的方法理性实现类案同判的法律效果，而类推的方法理性则体现在对类推判断的证成上。③ 在规范性法律论证的框架下，司法裁判论证有内部证成和外部证成之分：内部证成处理从前提到结论的逻辑有效性问题；而外部证成解决内部证成之前提的合法合理性问题，④ 由此，内部证成和外部证成又分别被称为形式论证和实质论证。在司法裁判论证中，一般遵循"形式-实质"的演进式论证路径，如果内部证成和外部证成在逻辑上一致、内容上融贯，推导出的裁判结论才是合理的。内部证成的一贯理论将其处理的问题放置在"司法三段论"的演绎结构中加以讨论，⑤ 事实上，任何司法裁判的逻辑理路都内在地表现为此种结构形式。⑥ 从运用类推的整体裁判思路来看，也亦如此，只不过增加了类案比较的推论步骤，因此，本文在三段论式的演绎结构中讨论运用类推实现类案同判的内部证成结构。

---

① 参见张骐：《论类似案件的判断》，载《中外法学》2014年第2期，第526页。
② Neil MacCormick, Robert S. Smmers, Supra note 17, at 474. 转引自：张骐：《论类似案件的判断》，载《中外法学》2014年第2期，第526页。
③ 参见雷磊：《类比法律论证——以德国学说为出发点》，中国政法大学出版社2011年版，第179页。
④ 参见［德］罗伯特·阿列克西：《法律论证理论——作为法律证立理论的理性论辩理论》，舒国滢译，商务印书馆2020年版，第277页。
⑤ 参见［德］罗伯特·阿列克西：《法律论证理论——作为法律证立理论的理性论辩理论》，舒国滢译，商务印书馆2020年版，第277页。
⑥ See Mioara - Ketty GUIU, "Legal Classification and Judicial Syllogism", *Uridical Tribune*, Vol. 8, 2018, p. 141.

（一）内部证成的结构

如前所述，法律论证的内部证成并不涉及案件裁判的实质性证立问题，而更多的是从形式理性的向度表明裁判的可重复性、可验证性，以此满足人们对法律可预测的心理期许。从逻辑学的角度看，内部证成运用的是肯定前件式推论规则，由逻辑形式"如果 P，那么 q"发展而来。目前，最为经典且实用性强的司法三段论形式，是以阿列克西为代表的基尔学派提出的，它以谓词逻辑为理论根基，并融入了道义算子，具体的结构形式为：

J 1.1　（1）　∀（x）（Tx→ORx）①
　　　　（2）　Ta
　　　　（3）　ORx　　（1），（2）

对于案件事实清晰、法律规范明确且无须解释的简易案件而言，完全可以适用以上的论证形式展现案件裁判的证立过程。然而，在比较复杂的情形中，如法律规范模糊、案件事实疑难、法律后果复数等，这一种形式即不足以应对，② 此时需要根据具体情形在上述结构中加入恰当的数量不等的推论步骤，以此保持前后推论内容的逻辑一致性。以法律规范模糊为例，为了解释 Tx 的适用范围，需要在上述三段论的（1）和（2）中加入解释性推论规则（x）（$M_1x→Tx$）、（x）（$M_2x→M_1x$）……（x）（$M_nx→M_{n-1}x$），加入后的结构形式为：

J.1.2　（1）　∀（x）（Tx→ORx）
　　　　（2）　∀（x）（$M_1x→Tx$）
　　　　　　　⋮
　　　　（n+2）　∀（x）（Hx→M^nx）
　　　　（n+3）　Ha
　　　　（n+4）　ORx　　（1）-（n+3）

上述结构中的（2）—（n+2）推论步骤旨在通过对法律规范的解释，来确定构成要件 T 的含义和适用范围，进而正当涵摄案件事实 a。为了说明上述结构形式的合理性，下面举一个清晰的简易例子：

---

① ∀为全称量词，x 表示任意一个案件，T 表示法律规范的构成要件（或称要件事实），R 表示法律后果，O 为道义算子，表示"应当"的意思，这个公式的整体语义为：对于任意 x 而言，如果他的案件事实满足构成要件 T，那么应当赋予 x 法律后果 R。

② 参见雷磊：《法律逻辑研究什么》，载《清华法学》2017 年第 4 期，第 200 页。

(1) 所有自然人的个人信息受法律保护。(《民法典》第1033条)

(2) 所有自然人的所有以电脑记录的能够单独识别特定自然人的各种信息都是个人信息。

(3) 所有自然人的购物网站账号，都能以电脑方式记录的能够单独识别特定自然人的个人信息。

(4) V是自然人a的淘宝账号。

(5) 自然人a的淘宝账号V受法律保护。

由上可知，推论步骤（2）—（4）展示了法律规范和案件之间的鸿沟是如何被弥合的，但并不涉及任意前提的价值判断问题。至此，规范性法律论证之内部证成结构即如上所述，它是类推内部证成形式的结构基底。

（二）类推内部证成的结构

逻辑学家John F. Sowa等人认为，类比推理（Induction）和演绎推理（Deduction）之间存在这样的逻辑关系：给出一个主张p和一个公理"p→q"，然后能推导出q。而在大部分个例应用中，具体的主张p和公理中的p并不完全对应。因此，在应用规则之前，结构映射①（structure mapping）对于统一这两个p是必要的。虽然类比推理工作比较耗时，但是它可以导向成功地应用规则。②显然，John F. Sowa等人揭示了类比推理与演绎推理在思维推理中的内在关联：通过结构映射判断具体p和抽象p之间的关系，在此基础上决定抽象p蕴含的q能否赋予具体p确定的先在后果。法律推理作为思维推理的一种特殊情形，自然也会基因式继承以上两种推理方法的逻辑关系。在司法适用中，制定法规则的抽象、模糊、竞合或缺位生成了与案件事实之间的适用"鸿沟"，由此为类推技术的运用创造了机会。一般而言，法官在待决案件显现的法律观点的指引下爬梳类案，然后通过类比推理为待决案件搭建通往普遍性规范的桥梁。③

以上的简要论述，在认识论层面描述了类比推理和演绎推理在人类认知规律上内在的

---

① 结构映射是类比推理中存在的映射关系的统称，映射性是类比推理的主要特性，构成类比推理的两个事物或对象之所以可以构成联系，是因为它们之间存在复杂的映射结构。参见金立、赵佳花：《逻辑学视域下的类比推理性质探究》，载《浙江大学学报（人文社会科学版）》2015年第4期，第45页。

② John F. Sowa and Arun K. Majumdar Vivo Mind LLC, "Analogical Reasoning", in Ganter, Bernhard, de Moor, Aldo, Lex, Wilfried ed, *Conceptual Structures for Knowledge Creation and Communication*, Berlin: Springer-Verlag, 2003, pp. 20–21.

③ See, Langenbucher, Katja, "Argument by Analogy in European Law", *Cambridge Law Journal*, Vol. 57, 1998, pp. 482–483.

逻辑关系，① 进一步增信了类推内部证成的演绎结构。与传统内部证成不同的是，类推内部证成是由法律规范、类案、待决案件事实和裁判结论构成，② 把法律规范的发现及待决案件与类案之间的相似性判断作为重点，并将类比推理与演绎推理的形式融为一体。在类案同判推理下，法律前提的初显性会因待决案件的难易程度有所不同。如果待决案件事实清楚，那么它显现的法律观点则会直接指向完整的制定法规则；而如果待决案件制造了新颖的法律问题，造成法律适用上的困难，那么它显现的法律观点则是不清晰的。在暂时确定疑难案件的法律前提（即法律观点）时，法官从事的并不是一项法律的续造活动，而是仍以制定法为基础，根据对待决案件的综合性理解，将取自制定法的规范经法律解释、法律推理等法律方法扩张适用于待决案件；③ 同时，不能忽略的努力是在法律制度的内部确保价值间的协调，在英国法学家麦考密克看来，正是这种协调要求让"司法造法"的情形限定在合法的范围之内。④ 此时，假如法律观点指向的法律规范为：$\forall(x)(Tx \rightarrow ORx)$，那么依据此规范检索出的类案所蕴含的裁判规则应表述为：$\forall(x)(T'x \rightarrow ORx)$，⑤ 其中，"T'⑥"表示符合法秩序的"T"的变体，对于未逾越法律规范的可能语义的类案来说，显然两者是等同的。根据"类似案件类似处理"的裁判原则，经改造后的用作类推内部证成的法律前提则应是这样的一条法律规范：$\forall(x)(T'x \vee T'simx \rightarrow ORx)$。从逻辑学的语义讲，"Tsimx"表示"x 相似于某个 T'"。如此，类推内部证成的较为复杂的结构形式为：

J.2.1 （1） $\forall(x)(Tx \rightarrow ORx)$

（1）' $\forall(x)(T'x \rightarrow ORx)$

（1）" $\forall(x)(T'x \vee T'simx \rightarrow ORx)$

（2） $\forall(x)(Hx \rightarrow T'simx)$

（2）' $\forall(x)(Hx \rightarrow ORx)$

(3) Ha

(4) ORa

---

① 需要说明的是，本文阐释的类比推理和演绎推理之间的关系并不全面，只是说明了旨在服务类推内部证成结构的两者间的逻辑关系。事实上，在类比的运用中，存在类比归纳的思维方式，它的方法目的在于从具有相同特征的事物中概括出普遍性命题，此命题可以充当演绎推理的大前提。

② 参见宋保振：《类案裁判中的法律方法运用》，载陈金钊、谢晖主编：《法律方法》（第31卷），中国法制出版社2020年版，第186页。

③ 参见［德］乌尔里希·克卢格：《法律逻辑》，雷磊译，法律出版社2016年版，第150页。

④ 参见［英］尼尔·麦考密克：《法律推理与法律理论》，姜峰译，法律出版社2018年版，第186页。

⑤ 参见黄泽敏、张继成：《案例指导制度下的法律推理及其规则》，载《法学研究》2013年第2期，第43页。

⑥ 在数理逻辑中，符号"'"的语义为"分析"，即对原有公式进行演绎分析，那么"T'"则表示对原有规范演绎分析后得到的变体规范。

由上可知，Ha 表示 T'simx 的某种情形，即待决案件，假如两者之间存在实质性的缝隙，则需要如内部证成的复杂情形一样，加入一定的解释性推论步骤（x）（$M_1 x \to T'simx$）、（x）（$M_2 x \to M_1 x$）……（x）（$M_n x \to M_{n-1} x$）将两者衔接起来。① 当待决案件与类案存在本质性关系的相似时，两者分享相同或类似的法效果 ORa，上述推论规则"$\forall$（x）（T'x∨T'simx → ORx）"则描述了这一类案同判规则的形式化表达。当然，如果待决案件和类案皆在法律规范的正当涵摄之下，则不涉及法官能动作用的发挥，即对原有法律规范进行合乎法律目的、原则、价值等理念的填补性解释，那么此时 Tx、T'x 和 T'simx 的法律语义是同一的。

此外，从整体上看，以上运用人工语言表述的从"前提—结论"的类推内部证成结构并不存在逻辑上的形式瑕疵，然而，这并不代表每一推论步骤的语义在真实的司法裁判世界中是没有争议的。在论证理论中，学者们将针对论证结构提出的质疑称之为批判性问题（Critical questions），而一个论证的好与坏往往取决于能否对批判性问题给予有力的回应。② 针对上述的类推内部论证结构，结合目前类案同判研究的学术关切，本文提出以下三个类案同判的实质性证立问题：

CQ_1：待决案件 a 与 T'所涵摄的类案在案件事实上相似吗？

CQ_2：T'x 或 Tx 与 T'simx 背后的法律原则能否做同一性评价？

CQ_3：待决案件 a 的裁判结论 ORa 能为案件当事人、法律共同体及社会大众所接受吗？

从阿列克的论证理论看，内部证成的任务在于通过形式的充分展开让隐而不彰的前提暴露出来，然后对存疑的前提从外部加以证成。因此，对以上批判性问题的回应并不是内部证成的任务，而是在为内部证成之前提的合法性予以辩护的同时来完成。

（三）类推内部证成的要求

阿列克西认为，裁判者的思考必定导致某种证成，其应与内在的逻辑形式相一致，而这种形式并不是机械的符号组合，它也指明满足自身合理性的有效要求。③ 从阿列克西论

---

① 参见雷磊：《类比法律论证——以德国学说为出发点》，中国政法大学出版社 2011 年版，第 194 页。

② See Katharina Stevens, "Reasoning by Precedent Between Rule and Analogies", *Legal Theory*, Vol 24, 2018, p. 6.

③ 参见［德］罗伯特·阿列克西：《法律论证理论——作为法律证立理论的理性论辩理论》，舒国滢译，商务印书馆 2020 年版，第 288－289 页。

述内部证成的形式和规则可以看出,① 这种有效性要求存在于两个方面：第一，前提之间和前提与结论之间在逻辑上必须是一致的，否则形式正义则化作一纸空谈；其次，内部证成的前提必须至少包括一条规范性命题，以此实现"相同案件平等对待"的可普遍化原则。由此，类推内部证成应满足两条形式上的要求：论证的逻辑一致性和规范性前提的普遍性。

1. 论证的逻辑一致性

从逻辑学的知识属性认知，逻辑一致性是指逻辑系统内的定理不能相互矛盾,② 转译到法律论证场域，即为论证的规范性前提、事实性前提、分析性前提和论证结论之间彼此不存在矛盾现象。法律论证是一种通过举出法律上的理由来支持某种法律结论的规范性证立活动,③ 从证立的角度讲，论证中前后推论步骤的融贯性越强，各种陈述间的矛盾就越少，因此，内部证成的逻辑一致性更多的是指论证结构的融贯性。考察融贯理论的知识谱系可知，传统哲学对融贯的理解就是"逻辑上的一致性或连贯性"。④ 根据融贯的主要思想，某个论证有越多陈述接近完美支持结构，该论证就越融贯，假如只从论证的形式向度考量，那么支持结构的完美性取决于支持关系的数量和支持链的长度。⑤ 具体到类案同判的类推内部证成结构而言，尤其是疑难案件的类推证成，法律规范的确立、待决案件与类案的相似性判断、以及将待决案件划归在法律规范之下的来回穿梭式分析等，都要求数量充分的分析性命题来实现彼此之间的无缝衔接，以此消除法律设置的规范性和/或事实性鸿沟。正如上文 J.1.2 所述及的，在特定陈述（1）和（n+3）之间加入正当的解释性推论规则，使得推论的步骤得以最大可能地展开，进而实现法律规范对案件事实的正当涵摄。质言之，类推内部证成的逻辑一致性，依赖于必要的贯通推论步骤的支持关系以及足够充分的推论链条。

2. 规范性前提的普遍性

在制定法传统下，案件的裁判绝非德国法学家菲韦格笔下的"突破思维困局的决疑游戏",⑥ 在严格意义上是一场涵摄模式下的"自由操练"，因为法官在依法裁判原则上享有一定的司法能动权。但这并不意味着在面对疑难案件时，作为待决案件的裁判规则可以缺

---

① 阿列克西在司法三段论的框架内讨论了内部证成的形式，并基于可普遍化原则提出了5条规范内部证成的规则。具体参见［德］罗伯特·阿列克西：《法律论证理论——作为法律证立理论的理性论辩理论》，舒国滢译，商务印书馆2020年版，第274-280页。

② 熊明辉：《逻辑学导论》（第2版），复旦大学出版社2020年版，第12页。

③ See Klami, Hannu Tapani, "Legal Argument and Decision Theory", *American Journal of Jurisprudence*, Vol. 37, 1992, pp. 171-172.

④ 参见侯学勇、王雯：《拉兹的裁判性融贯理论》，载陈金钊、谢晖主编：《法律方法》（第23卷），中国法制出版社2018年版，第127页。

⑤ 参见［瑞典］压力山大·佩策尼克：《论法律与理性》，陈曦译，中国政法大学出版社2015年版，第149-150页。

⑥ 参见［德］特奥尔多·菲韦格：《论题学与法学——论法学的基础研究》，舒国滢译，法律出版社2012年版，第26-27页。

乏适用上的普遍性，否则法官的自由裁量将蜕变为恣意的专断。从司法原理层次看，正是由于制定法前提内在的普遍适用性，法官在依据某个规范裁判时才不会得出任意的结论，① 进而保障形式正义原则的实践生命力。对于类推内部证成而言，由规范性前提的普遍性可知，法官引用的法律规范不仅适用当下的待决案件，而且可以历时性地适用于以后的同等情形；同时，无论是基础版的法律规范之构成要件"Tx"，还是升级版的"T'x""T'simx"，它们都是规范性前提的普遍性的适用对象。此外，在规范性前提的普遍性的基础上，根据"Tx""T'x""T'simx"的相似性可以延伸出，适用于"Tx"的法律后果 ORx 同样适用于"T'x""T'simx"，并且在以后的情形中也是如此，回顾上文，J 2.1 结构中（1）（1）'（1）''表达的就是这种同一性的思想。事实上，指导性案例引用的裁判依据也验证了此种说法，不再累述。然而，规范性命题毕竟不是不证自明的公理或定理，假如一个具体案件在"Tx""T'x""T'simx"三者之外还拥有额外的事实特征，并且对案件的性质起着决定性评价，那么规范性命题的普遍性将会出现可误性。因此，我们不能将规范性命题的普遍化视为绝对化。

三、实质类推：类案同判的外部证成

类案同判的类推内部证成，不只是在形式逻辑意义上展现了法治的形式理性之美，更重要的是，确保了待决案件的裁判结论从应之前提推导而出，进而体现了"依法裁判"的司法原则。② 然而，正如"上帝的归上帝，恺撒的归恺撒"那般，它无法给予自身前提遗留下的实质性证立问题以有效答案，而是交由外部证成来加以解决。纵观目前研究类案同判的司法裁判理论，学者们将类案同判的实质性问题聚焦于它的判断标准上，并呈现出四种类型化观点：①案情相似+争议焦点相似；#案情相似+法律适用相似；③构成要件或要件事实相似；④依靠主观判断，③ 然后在其各自标准框架内展开理论分析和案例检验的工作。事实上，从类推内部证成的两大前提的性质可知，法律人无外乎从事实性或规范性的维度判断案件的相似性，以此将类案的法律后果适用于待决案件之上，因此，本文亦遵循从"案件事实—法律规范"的判断路径。此外，一个经过类推论证得出的案件裁判结论是否实现了法律效果与社会效果的相统一，还在于它能否被案件当事人、法律共同体及社会公众所接受，因为以上三类"听众"的接受能够表明他们对裁判结论的积极性认可，

---

① 参见［德］罗伯特·阿列克西：《法律论证理论——作为法律证立理论的理性论辩理论》，舒国滢译，商务印书馆 2020 年版，第 279 页。
② 王彬：《逻辑涵摄与后果考量：法律论证的二阶构造》，载《南开学报（哲学社会科学版）》2020 年第 2 期，第 36 页。
③ 参见孙海波：《重新发现"同案"：构建案件相似性的判断标准》，载《中国法学》2020 年第 6 期，第 265 – 267 页。

进而起到息诉止争及社会教化的司法功用。①

(一) 案件事实相似性判断

法律中的案件事实来源于客观世界而又高于客观世界，经过语言对"原汁原味"的生活事实的陈述而产生，是诉讼过程中程序规则和证据规则所证明的对象，②即类推内部证成的事实性前提，同时又构成了判断两个案件是否类似的逻辑起点。正如上文所述及的，在判断两个案件是否相似之前，首先需要发现案件事实自身所显现的法律观点，而这种法律观点的发现绝非神秘不可知的，它在很大程度上依赖于通过理解陈述案件事实的日常用语来完成。如"张三杀死李四"，即使年轻法官也能凭借司法直觉在头脑中勾联出"杀死"的法律表述"故意杀害""过失致人死亡"等，进而联想与此相对应的所有法律规范。而对于法律观点可能指向的一些抽象的法律表达方式，如"无因管理""正当防卫""不当得利"等，则需要法官植根于老道的司法经验来捕捉陈述案件的日常用语与法律用语的共享意义。事实上，法律用语中的这一类表述方式，只有少数的"临界事例"才具有精确的法律意义，在大多情形中依然分享日常用语的可能意义。③当然，法律观点的发现并不是一劳永逸的，随着法官对案件事实认知的加深，原有的观点可能不断被修正，当法官达到内心的确信方可按下"暂停键"。由此，循着陈述案件事实的日常用语的可能语义寻找妥切的法律规范，然后检索出典型的类案开始类推适用的比较之旅。下面依次从事实要素的数量、关键性事实、争议焦点的相似谈起。

1. 事实要素的相似

毋庸置疑，无论法官的司法经验如何丰富，在判断两个案件是否类似时，也需要对它们分别进行分解，其间势必产生一定的事实要素。以往的司法实践表明，只有少数几个事实要素是不可靠的，因为它们能为人们提供太多的答案，唯有事实要素的数量达到定性的程度，才能客观再现案件的真实情况。④事实上，待决案件和类案分解出的可观的事实要素，还能为法官进行类推适用提供初步的确信。⑤在科学研究中，研究人员特别注重两个类比的事物是否具有充分的相同属性，因为相同属性愈多，其中存在与推出属性联系密切的属性的可能性就愈大，结论的可靠程度当然也就愈高。⑥因此，在一定程度上，事实要素与案件相似是耦合的，指数式的事实要素有利于增强判断两案是否相似的概率。由外及内，从内部证成的结构看，如果案件事实要素"缺斤少两"，类推内部证成结构中案件比

---

① See H Perelman, Olnrechts - Tyteca: *The New Rhetoric: A Treaties on Argumentation*, Notre Dame : University of Notre Dame Press, 1971, pp. 19 - 23.
② 参见黄泽敏:《案件事实的归属论证》，载《法学研究》2017 年第 5 期，第 76 页。
③ 参见[德]卡尔·拉伦茨:《法学方法论》，陈爱娥译，商务印书馆 2003 年版，第 187 页。
④ 参见张继成:《事实、命题与证据》，载《中国社会科学》2001 年第 5 期，第 140 页。
⑤ 参见张弓长:《〈民法典〉中的"参照适用"》，载《清华法学》2020 年第 4 期，第 127 页。
⑥ 参见雍琦:《法律逻辑学》，法律出版社 2004 年版，第 291 页。

较环节之推论链条的完整性将得不到保证,而这必然削弱前后推论步骤的支持关系,由此造成裁判论证的逻辑不一致性,进而损害裁判形式的稳定性。此外,案件事实的分解不能抱持"重实体偏程序"的司法偏向,因为程序性事实和实体性事实是案件事实的一体两面,前者直接决定后者能否进入法庭的审判。比如,在指导案例 99 号——葛长山诉洪振快名誉权、荣誉权系列案中,正是由于葛长生具有法定的起诉资格,法律才能得以出手维护英烈的人格权益。概括以上的论述,案件事实的相似,首先是全面而充分的事实要素的相似,从类比的逻辑原理讲,就是尽量形成可观的一对一或一对多的对应关系。

2. 关键性事实的相似

然而,在案件类比中,并不是分解出的每一个事实要素都能对案件的裁判产生实质性影响,通常那些在法律评价上不可忽略的关键性事实(material facts),才能起到如此重要的作用。① 比如,在最高人民法院发布的第 50 号指导性案例——《李某、郭某阳诉郭某和、童某某继承纠纷案》一案中,异质人工授精所生子女(郭某阳)是在被继承人生前所生还是在其死后所生,遗产的种类、价值数额,以及人工授精的具体方式等,虽能证明被继承人和遗产的客观存在,但在法律上的意义并不能决定裁判结果的走向;而婚姻存续期间夫妻双方是否一致实施人工授精以及被继承人决定的遗产的继承方式,才是法官需要重点考虑的能对裁判结果产生实质性影响的关键性事实。② 概括之,关键性事实与法律后果存在密切的关系。从正确运用类比推理的逻辑要求看,即是用以进行类比的属性与推出的那个属性应该是相关的。③ 因此,案件相似性不只是数量层面上的相似性,还要具有关键性事实上的"相关相似性"。④ 相关相似性不但缩小了事实要素的比较场域,而且相关内在的因果性增强了类比的可靠性。不可否认的是,关键性事实和非关键性事实的划分是相对模糊的,以至于有学者主张只能依个案而定,⑤ 事实上,锁定关键性事实并不是没有一定的方法可依循。在制定法传统下,案件事实必须满足法律规范之构成要件的要求说明,关键性事实包含于构成要件所可能涵盖的事实要素之中,如果一个事实要素"报道"了构成要件中特定的事件或要素,并且法律给出了相应的规范性评价,那么它就有可能是重要的。在指导案例 50 号中,案件中两人于 2014 年 1 月 30 日签订的人工授精协议书这一事实要素,正好说明了最高人民法院《关于夫妻离婚后人工授精所生子女的法律地位如何确定的复函》中的相关规定,因此,它是关键性事实则是无可厚非的。

3. 争议焦点的相似

如果说关键性事实的范围还是过于宏大,那么集中概括和反映案件事实全貌的争议焦

---

① Montrose, J. L, "The Ratio Decidendi of a Case", *Modern Law Review*, Vol. 22, 1959, p. 119.
② 周江洪、陆青、章程主编:《民法判例百选》,法律出版社 2020 年版,第 22-24 页。
③ 参见雍琦:《法律逻辑学》,法律出版社 2004 年版,第 290 页。
④ 参见雷磊:《为涵摄模式辩护》,载《中外法学》2016 年第 5 期,第 1215 页。
⑤ 参见孙海波:《重新发现"同案":构建案件相似性的判断标准》,载《中国法学》2020 年第 6 期,第 270 页。

点则是它的高度浓缩版。争点就像一根红线,将分散、随机、缺少联系的事实要素串联了起来,既是要件分析审判思路的重要内容,同时也是说理论证的"攻坚区"。① 从裁判文书的制作实践看,最令法官耗心耗力的莫过于在"本院认为"部分对争点的层层分析,毫不夸张地说,针对争点的论述至少占据了三分之一的裁判文书篇幅。它承载了重要的法律问题和事实问题,其中各自又都指向程序性和实体性的内容,如果两个案件的争点比较达不到类型化的相似性契合,那么案件间的相似性判断就失去了完整而又复杂的类比意义。因此,争点相似应是案件相似逐步深化的表现。但争点比较并非变动不居的,因为案件事实指向的可能是不完全性法条,它需要与补充性法条一起构成完整的基础性规范,② 由此造成争点的确立、比较呈现多层次的特性。例如,在一起故意杀人案件中,控方与辩方的争点如为正当防卫行为是否成立,则其争点的动态确立过程表现如下:

故意杀人罪成立之第一层次要件——符合犯罪构成要件、不存在违法阻却性事由。

控辩双方对被告人的行为是否构成一般正当防卫存在异议,则一般正当防卫是否成立即成为焦点。

第二层次要件:一般正当防卫是否成立的要件:不法侵害现实存在、不法侵害正在进行、具有防卫意识、针对侵害人防卫、没有明显超过必要限度。

如控辩双方对不法侵害现实存在表示异议,则不法侵害是否现实存在亦成为争执点;

第三层次要件:不法侵害是否现实存在成立的要件:客观存在不法行为、合法权益受到侵害。

如控辩双方对客观存在不法行为表示异议,则不法行为是否客观存在则成为争议焦点。③

争点的分层比较止于现有证据所能证明的案件事实,虽然较为繁琐,但拓展后的类比深度能够增加类比结果的精确性。因此,争点相似的比较应深入案件涉及的事实或法律基底,事实上,这也是在无限接近案件间的"相关相似性"。④

当然,在从事实要素到关键性事实再到争议焦点的相似性判断中,由于案件事实间天然存在的差异,其中势必穿插着不同属性之间的比较与权衡。由常识和经验而知,在运用类比展开推理中,人们一般会针对不同的属性进行反类比,因为有时一个相关的属性与推知属性不相容,也会阻断类比的成立。⑤ 比如,火星与地球存有诸多相同点,然而火星大气层中的含氧量与地球相比相差甚远,而氧气的稀少无法维持生命的存在,因此不能类推出火星适宜生物的生存。在类案判断的司法裁判中,对于一般案件而言,在简单的逻辑操

---

① 参见邹碧华:《要件审判九步法》,法律出版社 2010 年版,第 117 页。
② 参见邹碧华:《要件审判九步法》,法律出版社 2010 年版,第 117 页。
③ 张明楷:《刑法学》(第 5 版),法律出版社 2020 年版,第 198–201 页。
④ 参见[德]乌尔里希·克卢格:《法律逻辑》,雷磊译,法律出版社 2016 年版,第 150 页。
⑤ See D. Gentner, "Structure - Mapping: A Theoretical Framework for Analogy", *Cognitive Science*, Vol. 7, 1983, pp. 167–168.

作和对规则语义的可能理解下,相关不同的属性能够直接排除不同类型的案件之间的类比;而由于疑难案件的事实要素在法律上的评价通常是暧昧不清的,由此导致与待决案件相似的类案不止一个,案件中的哪一事实决定某一类案与之最为相关或不同,几乎无法通过以上的思维模式加以彻底性判断。事实上,无论是判断相似事实之间的相关相似性,还是解决不同事实对类比运用造成的困难,在依照规则文义考量的同时,还需要借助法感、直觉、经验等形式的价值判断。① 正如于同志所说,案件相似的判断是事实、规范和价值三者之间的互动,并最终立足于法律的基本精神、立法目的和预设价值。② 因此,处于实然层面的案件事实相似,需要反思性均衡案件事实相似背后的实质性理由,触及伫立在规范背后的"内在观点",在应然层面作出一个规范性的相似性判断。

(二) 法律原则同一性判断

然而,如何确立价值判断的规范路径,无疑是一个尚未标准答案的实践难题。实质性理由来源的多样化,为其自身的相对确立造成了极大的不确定,究竟是依据一元的法律理念还是多元并用,这直接影响到法官判断的难易程度及类推结果的合理性。事实上,证成案件相似的实质性理由,实则就是规则之所以成为规则的理由,而正如学界所共识的,规则是在特定事实构成条件下权衡不同原则分量的结果。③ 在雷磊教授看来,如果将规则视为得出结论的促成性理由,那么原则则为确定得出结论的决定性理由,后者起着一锤定音的功用。④ 无独有偶,一代法哲学大师阿列克西也持有相似的立场,他将权衡规则背后的原则作为解决它们之间冲突的根本性方法。因此,在一定程度上,实质性理由等同于规则背后的支持性原则。那么,上文类推内部证成结构所示的,"T'simx"相似于"T'x"和"Tx",根本原因在于他们共享决定规则性质的某一或某些原则。但共享的原则并非缥缈不定的,它内在于最初的基础性规则之中,经法律方法技术对它的阐释而将其分享给类型化的T'x及T'simx,同时这一分享过程也可看作是基础性规则效力的扩展,而这从侧面反映了类推内部证成之"规范性前提的普遍性"的内在要求。

至此,类案同判的司法裁判方法进入"最后一公里"的原则权衡阶段。此时,如果简化法律观点发现、类案检索、案件比较的裁判过程,那么原则介入后的类案相似判断的裁

---

① 参见孙海波:《重新发现"同案":构建案件相似性的判断标准》,载《中国法学》2020年第6期,第272页。
② 参见于同志:《论指导性案例的参照适用》,载《人民司法》2013年第7期,第64页。
③ See Bartosz Brożek, "Analogy and balancing: A reply to David Duarte", in Hendrik Kaptein, Bastiaan van der Velden ed, *Analogy and Exemplary Reasoning in Legal Discourse*, Amsterdam: Amsterdam University Press, 2018, p. 103.
④ 雷磊:《规范、逻辑与法律论证》,中国政法大学出版社2016年版,第265-266页。

判程序可以表示如下：①

（1）法官面对一个没有可以直接适用于它的规则的待决案件；

（2）法官确定多个与待决案件表面相似的已决案件（类案），并且待决案件有明确的适用于它的法律规则；

（3）法官确定适用于已决案件的规则背后的法律原则；

（4）通过权衡规则背后的原则，法官确定哪个原则适宜管辖待决案件。（这也确立了哪个已决案件与待决案件真正地存在相关相似性。）

（5）胜出原则对应的规则适用于待决案件。

由上述程序的内容可知，权衡方法的适用对象并不包括一般案件意义上的类案同判，因为它预设了待决案件缺乏明确的适用规则的运用前提，②显然，一般案件的法律适用及类案同判并不存在理论与实践上的困难。而当待决案件提出了新的法律问题以至于需要从类案中寻找裁判智识时，并且根据规则文义无法确定哪个类案的适用规则最优，在此种裁判情境中权衡方法的理性才能在原则之间的权衡之中得到应有发挥。从类比运用的角度讲，即为权衡"相关相同点"或"相关不同点"③背后的实质性理由。下面通过经典的案例比较予以说明，具体如下：

待决案件：摩托车被允许进入 A 公园吗？（缺乏明确规则）

类案 1 暨 C 规则：禁止小轿车进入 A 公园。

类案 2 暨 M 规则：允许自行车进入 A 公园。

由生活常识可知，摩托车、小轿车和自行车同属交通工具，它们之间存在诸多比较点，比如，购买价格、金属质地、行驶速度、动力来源、行动自由、主体舒适度、所占物理空间、对行人的潜在伤害、可能造成的环境污染，等等。但从法律问题的背景来看，三者的购买价值、金属质地、主体舒适度等事项，与法律如何规范摩托车行动在 A 公园的道义地位不具有内在关联性，然而，对于缺乏适用规则的摩托车案件而言，即使缩小了范围，还是存在许多事实要素，可能导致不止一个且不同的法律后果：在某一事实要素下摩托车和小汽车或自行车的道义地位相似，而在另一事实要素下则有可能完全相反。④那

---

① See Bartosz Brożek, "Analogy and balancing: A reply to David Duarte", in Hendrik Kaptein, Bastiaan van der Velden ed, *Analogy and Exemplary Reasoning in Legal Discourse*, Amsterdam: Amsterdam University Press, 2018, pp. 101-102.

② See Alexy, Robert, "On Balancing and Subsumption. A Structural Comparison", *Ratio Juris*, Vol. 16, 2003, pp. 436-437.

③ "相同"实际上是"相似"，而"不同"并不是完全不同，对两者的划分有时只是因选取的角度不同，并非没有内在的关联。比如，"宠物狗""宠物猫""宠物狮子"，从生物学的角度讲是"相同的"，而从伤害力的角度考量，则是不同的，但它们又与宠物侵权都是相关的。

④ See Bartosz Brożek, "Analogy and balancing: A reply to David Duarte", in Hendrik Kaptein, Bastiaan van der Velden ed, *Analogy and Exemplary Reasoning in Legal Discourse*, Amsterdam: Amsterdam University Press, 2018, p. 90.

么,哪一或哪些事实要素决定了赋予摩托车如小轿车或者如摩托车在 A 公园的道义地位呢?一般而言,这一决定性事实或前置性事实(meta-factor),构成了法律秩序必须予以回应的规范对象,同时也决定了法律的根源性内容,即支撑规范行动内容的权威性理由——法律原则。因此,确立规范背后的支持性原则,成为发现决定案件间相关相似的关键性事实的突破口。在此,我们假设以上规则的支撑性原则如下:

C 规则的支持性原则 P_1:法律保护环境免受污染。

B 规则的支持性原则 P_2:每个人都有行动的自由。

毫无疑问的是,法官绝非在"思维白板"中权衡可能相互冲突的法律原则。人生阅历、专业素养、职业操守、伦理观念、主观情感等"前理解",会以不同的比例作用于法官的权衡策略。在理想状态下,法官不应陷入个人性的法感受来作出判断,而应将其置于法律共同体之代表的地位,正确领会到共同体中占主导地位的法伦理观念、政治信仰、时代价值等普遍性理念。① 在对所有的事情考虑后权衡理由性原则 P_1 和 P_2,② 如果 P_1 胜出,说明保护环境的价值观念优于个体在特定场域的行动自由。由于摩托车与小轿车的动力燃料皆是化石能源,且对环境的污染没有实质性的区别,因此,对于"摩托车能否进入 A 公园"这一争议的法律问题而言,应将其与小轿车面对相似问题时作同一的类型化判断,即把 C 规则的法律后果赋予摩托车——禁止摩托车进入 A 公园。此时,摩托车的动力来源无疑与推出的法律后果之间存在最紧密的联系,充当了引发规范性评价的关键性事实角色,可想而知,余下的不同的事实要素则变得无足轻重。反之,如果 P_2 胜出,对于摩托车行动则适用 B 规则的法律后果,那么,摩托车作为交通工具的固有物理属性是形成法律后果的关键性事实,不再详述。通过以上的论述,我们可以得出一个不太精致的结论:决定待决案件与类案相似的最终法律理由来源于规则背后的支持性原则,它们共享同一的法律原则,经由法律原则发现决定案件法律性质的关键性事实,最终将类案的法律后果历时性地适用于后发的待决案件。

正如学界所探讨的,无论是学理性分析还是实践化操作,法律原则之间的权衡可能会遭遇"形而上"或"形而下"的行动疑难,这大致表现在以下几个方面:第一,规则背后可能不止一个支持性原则。比如,上述 C 规则,A 公园还可出于保护园内行人安全的考量禁止潜在破坏力大的小轿车驶入;③ 第二,如何客观探知法律共同体内主导的实践理性,或许这依然是一个无法求解的现实难题;第三,即使原则之间的权衡过程能够被类推内部证成结构加以融贯性描述,但它毕竟是夹杂价值判断的信念产物,致其结果仍会面临

---

① 参见 [德] 齐佩利乌斯:《法学方法论》,金振豹译,法律出版社 2009 年版,第 107-112 页。
② 参见 [英] 约瑟夫·拉兹:《实践理性与规范》,朱学平译,中国法制出版社 2011 年版,第 29 页。
③ See Bartosz Brożek, "Analogy and balancing: A reply to David Duarte", in Hendrik Kaptein, Bastiaan van der Velden ed, *Analogy and Exemplary Reasoning in Legal Discourse*, Amsterdam: Amsterdam University Press, 2018, p.94.

被质疑的法律风险。不得不承认,基于司法经济原则和人类有限的理性,几乎所有的司法裁判都不可能精致到完美理性的要求,事实上,在很大程度上,如果它能在特定时空下被不同类型的群体中的大多数所接受,就间接表明了经由类比运用推导出的类推结果是值得信赖的,契合了类案同判的可普遍化原则。

(三) 类推结果可接受性判断

追求裁判结论的可接受性是近年来部分司法改革工作的着力点和落脚点。从二十世纪九十年代推行至今的裁判说理改革、2010年正式确立的案例指导制度、党的十九大后全面落实的司法责任制改革、以及2019年7月开始试行的类案检索制度等,其目的都是为了提高裁判论证的可接受性,进而让人民群众在每一个司法案件中都能感受到公平正义。毋庸置疑,可接受性原则绝非司法正义的修辞性宣言,在司法审判场域它有特定的目标受众。在比利时法学家佩雷尔曼看来,裁判论证总是说给一定的(真实的或想象的)听众听的,如果论证获得了听众的认可,那么它就是合理的。① 在此基础上,根据论证对象的不同,佩雷尔曼把听众大致分为争议的双方、法律工作者和大众舆论,② 由此奠定了听众类型的总体基调。听众理论将裁判的合理性与听众的价值相贯通,使得裁判主体之外的旁观者转化为司法个案作业的内在参与者,对于类案同判的裁判过程和结论是否具有可接受性,他们基于什么是最公平的估量也就成了试金石。

首先,争议双方的认可。对于争议的双方而言,法庭是"给个说法"的"最后一根救济稻草",他们之所以不惜打破熟人社会的桎梏并耗费较高的私人成本走向审判的法庭,其目的就是为了慰藉心中说不清但又撇不开的理。因此,言说不清的理也就成为最公平的估量。事实上,在当事人心目中,无论是"天理、国法、人情"凝成一体的民间朴素之理,③ 还是宏观概括为"事理、法理、情理、文理"的官方裁判之理,④ 关键在于它能否与内生于心田的传统文化心脉相共频。在电影《秋菊打官司》中,主人公秋菊正是由于咽不下心中那口"气"(实则为理),三次卖椒筹钱到城里讨要说法。就类案同判的形成过程来说,类推之理讲得透不透彻,是否沁人心脾,直接关系着类推结果的质量和信度。假如类推内部证成结构不具有逻辑一致性或论证融贯性、待决案件选取的不恰当及其与类案的比较程序疏于严谨,法官的权衡思路偏离主流的价值轨道,等等,类推结论就很难传达令争议双方信服的类推之理。在司法实践中,存在着大量明示援引指导性案例但裁判结论

---

① [荷] 伊芙琳·T. 菲特丽丝:《法律论辩理论——司法裁决辩论理论之概览》,武宏志、武晓蓓译,中国政法大学出版社2018年版,第88页。
② [荷] 伊芙琳·T. 菲特丽丝:《法律论辩理论——司法裁决辩论理论之概览》,武宏志、武晓蓓译,中国政法大学出版社2018年版,第88页。
③ 参见陈顾远:《陈顾远法律文集》,商务印书馆2018年版,第150页。
④ 具体参见《关于加强和规范裁判文书释法说理的指导意见》第2条规定。

可接受度不高的司法案件，① 究其原因，无外乎以上有缺陷的论证行为导致的事实之理、法律之理、伦理之理、正义之理、相关之理、逻辑之理等类推之理没有阐释清晰。而类推结论的不尽当事人之意又会引起上诉审、再审、累诉、甚至信访等寻理、维理、说理之路。因此，如果现审即终审，争议双方坦然接受裁判结论，那么也就说明了法官的裁判论证释明了当事人心中之理，类比方法在类案推理中的运用是合理且可信的。

其次，法律共同体内多数人的认可。近年来，有些如泸州遗赠案、许霆恶意取款案、天津大妈"涉枪"案等疑难案件演变为社会热点案件，进而引发法学界和法律界（合称"特殊听众"）的高度共同关注。虽然特殊听众的社会位置、地理位置、文化位置②等可能不同，但其共同拥有的法律位置在无形中将他们的目光引向某一案件的裁判过程。当然，法律位置内个体间同样存在价值多元性和学术观点的互斥性，然而基于被自身定义的法律共同体资格、受过趋同化的学院式训练、面对相差无几的案件信息等因素，这类特殊听众的预判通常也会指向某一特定的裁判结论。③ 比如，以上所说的天津大妈"涉枪"案。经司法机关专业认定，赵春华所持枪支均刚达到枪支认定标准，但其摆摊是为了经营游艺项目，无论是主观恶意还是社会危害性，明显不同于以实施其他犯罪为目的的非法持有、私藏枪支行为，因此，适用于后者的刑罚必然不能类推适用于前者。而这也是法律人对一审判决结果——判处赵春华有期徒刑三年六个月——多持批评和反对的重要缘由。当二审法院改判其有期徒刑三年缓刑三年并当庭释放后，虽然此案仍有缺憾，如学界对枪支的认定标准存在部分争议，但改判结果却赢得了法律共同体内多数成员的肯定性评价。④ 而与当事人的认可不同的是，由于法律人对裁判过程和结论的评断多基于专业知识的自发运用，因此，他们的认可更加专业、理性和客观，更能凸显审判法官的专业水准和裁判结论的合理性。

再次，社会大众的普遍性认可。热点案件不仅触发法律共同体的职业嗅觉和学术兴趣，而且也会牵引每一位社会成员的内在同理心。在佩雷尔曼听众理论中，普遍听众只是论证者出于论证需要构建的一种公共理性，⑤ 而不是涵盖每个个体的客观集合体。事实上，根据斯密的旁观者理论，"无论当事人对对象产生的激情是什么，每一个留意的旁观

---

① 参见雷娜：《刑事指导性案例裁判援引的考察与反思》，载《政法学刊》2020 第 1 期，第 76 - 77 页。

② 此处借用的是修辞学中的"位论"理论，"位"意味着距离和关系，意味着个体们之间的距离和关系，与社会、民族文化和异域文化之间的距离和关系等，因此"位论"可以涵盖所有因距离和关系而产生的形势。参见［法］米歇尔·梅耶：《修辞学原理——论据化的一种一般理论》，向征译，中国社会科学出版社 2016 年版，第 2 - 3 页。

③ See H Perelman, Olnrechts - Tyteca: The New Rhetoric: A Treaties on Argumentation, Notre Dame: University of Notre Dame Press, 1971, p. 34.

④ 例如，卢建平教授认为，赵春华非法持有枪支案的最终判决认定其有罪，同时酌情从宽处缓刑，不仅符合我国刑法规定和枪支管理政策，也体现了司法的人文关怀，实现了法理与情理的平衡。参见卞建林主编：《中国诉讼法判解（第 11 卷）》，中国人民公安大学出版社 2018 年版，第 242 页。

⑤ See H Perelman, Olnrechts - Tyteca: The New Rhetoric: A Treaties on Argumentation, Notre Dame: University of Notre Dame Press, 1971, pp. 31 - 32.

者一想到他的处境,就会在心中产生类似的激情"。① 因此,虽然待决案件并不指向旁观者的切身利益,但出于对权力的畏惧和对生命、自由和财产的潜在担忧,他们便会借助各种可及的方式发表渴望被倾听的个人意见,积"滴"成"流",并最终汇聚为社情民意之河。然而,决定流向的永远只是那些公正旁观者的意见交集,② 而佩雷尔曼所言的公共理性便寓于其间。在互联网和自媒体高度发达的新时代,公共理性正渐次向可视化和可计算化方向发展。每一个烙有人格标签的个人意见被媒介工具以二进制的方式所记载,在大数据技术操纵下,数字理性将它们加以类型化解读,公共理性由此得以流露和显现。可想而知,假如待决案件的裁判结论不符合公共理性的形式正义要求,出现类案不同判的司法乱象,即使裁判说理的主体多么权威、内容如何详实、方法再理性,也会被社会大众置之一旁而不理。而假如它被社会大众普遍的接受,那么它就是公共理性的接纳品。

如果说案件事实相似性判断、法律原则同一性判断是实现类案同判的事中方法保障机制,那么类推结果可接受性判断无异于是检验它的事后方法审查机制。因此,看似以听众理论为依托的类推结果可接受性判断与前文的实质类推无关,实则是弥补类推方法和权衡法则两者内在缺陷的"人文主义防火墙"。听众既是目标受众,又是标准主体,通过争议双方、法律共同体和社会大众对类推结果文本的三重主体性评估,无疑能进一步确保类案同判图景的真实存在。

四、结论

从法律方法的向度看,所谓类案同判,即为通过类比方法的运用,发现待决案件与类案在事实要素、关键性事实、争议焦点乃至法律原则方面的相似性,进而决定对两案作出同一性的法律评价。事实上,在类案同判中,并非所有的待决案件都要启动纷繁复杂的类比程序,通常那些位于法律概念边缘地带、提出新颖法律问题的疑难案件,才需要类比于最为相关相似的已决案件,来获致符合正义要求的法律后果。然而,待决案件的裁判过程并不是仅由类比的逻辑操作就能完成,而是要将类比的运用安置在二阶构造的法律论证框架内加以开展,形成形式类推与实质类推相贯通的裁判理路,由此生成合理正当的类推结论。具体而言,在形式类推中,以演绎模式为架构,内置待决案件与类案的比较环节,融贯前后推论步骤,步步相扣,保证类推内部证成的逻辑一致性;此外,基于制定法传统的要求,要选择具有普遍性的规范性前提,以防法的形式正义遭受破坏;在实质类推中,相似性判断层层推进,以案件事实要素间的对应为起点,经由关键性事实和争议焦点的比较,终结于规范背后支持性原则之间的权衡。一般认为,在通行于特定社会中的价值标准指引下,利用胜出的原则确定何种案件事实与意欲推出的法律后果最为密切,而这正是解

---

① 参见[英]亚当·斯密:《道德情操论》,蒋自强等译,商务印书馆1997年版,第7页。
② 参见杜宴林:《司法公正与同理心正义》,载《中国社会科学》2017年第6期,第113页。

决案件间"相关相似性"的关键所在。然而,类比推理天然的扩展性和或然性特征,以及权衡"相关相似性"涉及的实质性价值判断,致使类推结果依然存在骗谬的可能。① 根据听众理论,案件的争议双方、法律共同体以及社会大众若能主动地接受类推结果,那么利用类推技艺获得的裁判结论就适应于现有的裁判理性。事实上,以类比(推理)为代表的法律方法是实现法律统一适用的内在规制力量,在思维导向、技术路径和知识共识等方面,发挥着认知、监督、评价、补救和服务功能,进而实现平等对待的司法正义。②

(编辑:杨知文)

---

① 陈林林:《裁判的进路与方法——司法论证理论导论》,中国政法大学出版社2007年版,第121页。
② 焦宝乾:《法律方法与法律统一适用》,载《中国社会科学报》2020年12月30日,第4版。

"意义"的意义及法律解释理论的选择[*]

张洪新[**]

摘要 传统观点认为法律解释旨在识别法律的意义,但何谓"意义"的意义并没有得到学人充分检讨。哲学中存在着两种典型的意义理论,即指称意义、意向意义。以此为基础,法律解释理论中分别存在着文本主义、意图主义法律解释理论。然而,由于两种法律解释理论内部各自存在着难以克服的局限性,这要么由于意义类型本身的局限性,要么由于法律语言的特殊性,使得它们无法成为法律解释的一般理论。一般法律解释理论不需要某种意义类型,因为意义是生成,而不是现成的。一般性的法律解释理论是逐案的,同时敏于法治价值与制度事实两方面。

关键词 意义 法律解释 指称意义 意向意义 法治

一、问题的提出

学人通常认为,法律解释的重要(尽管并非全部)目标在于识别法律条款的意义(或含义),为法律适用活动提供确定规范。"研究法律规范,我们不能忽视它所释放的法律意义。在具体案件中,法律解释具有和法律一样的效力。法律解释方法有时候决定法律的意义,而这些意义又决定着案件的命运。所有的法律人不能忽视解释方法对案件命运的影响。"[①] 然而,麻烦问题在于有关具体法律解释方法的操作性运用存在着不同种类的法律解释理论,如制定法解释中的文本主义、意图主义、历史主义、客观主义等,宪法解释

---

[*] 本文系国家社科基金后期资助项目"司法权力的丰富性研究"(19FFXB029)的阶段性成果。

[**] 张洪新,男,山东临沂人,周口师范学院政法学院讲师,中南大学法学院在站博士后,研究方向为法理学。

[①] 陈金钊:《法律解释学:权力(权利)的张扬和方法的制约》,中国人民大学出版社2011年版,第80页。

中的原旨主义、活宪法主义、整体主义、程序主义等，各种理论都在主张自身作为一般法律解释理论的正确性。① 面对着多种法律解释理论对法律正确意义的竞争性主张，作为裁判者的法官必须回答一个紧迫问题，即应该选择何种理论作为法律解释进而裁判活动的指导？

在笔者看来，对此问题的回答需要回到一个逻辑上优先的问题：何谓法律"意义"的意义？存在何种类型的意义？何种类型的意义能为一般法律解释理论提供意义基础？由于意义理论是（语言）哲学的核心议题，② 对法律"意义"的哲学追问和反思将会为一般性的法律解释理论的选择提供基础。基于此，本文将作出论证语言哲学中依次发展的两种主要意义类型——指称意义与意向意义，分别为当前占主导地位的两种竞争性法律解释理论——文本主义法律解释理论与意图主义法律解释理论，提供了意义基础。虽然文本主义、意图主义法律解释理论都能适用到某些案件，但由于各自理论内部存在的局限性，使任何一种理论都无法作为一般法律解释理论，存在于绝对层面的法律解释理论失败了。

从哲学诠释学视角，本文认为文本主义、意图主义法律解释理论作为一般性法律解释理论失败的原因在于，无论指称意义还是意向意义都没有意识到意义本身具有诠释性质，旨在融合客观所指与主观意图，是生成的，而不是现成的。从方法论视角，意义的诠释性质意味着法律解释的目的从来就不是或不仅仅是识别法律条款的意义，而是要进一步说明为什么要赋予这种或那种意义以法律效力。意义的诠释性质意味着有关法律解释的问题必须以论辩的方式展开，一般法律解释理论旨在处理的问题就不能停留于意义的识别，更要对某种意义的法律效力赋值给出说明和证成。从意义的诠释性质出发，一种一般性的法律解释理论必然发生于个案层面，是逐案（case - by - case）的，同时敏于法治价值与制度事实两个方面。让我们首先从传统法律解释理论的失败处开始本文的分析。

二、指称意义与文本主义法律解释理论的批判性反思

（一）指称意义与文本主义法律解释的理论借鉴

在语言哲学中，由于语词总是有所指称才能得以理解，"意义"的首要类型便是指称意义。简单来说，依据指称意义，语词必须指称某种公认的共同描述，才能获得意义。因为语词是构成语言这个更大整体的基本单位，语言是主体得以交流的媒介，如果交流得以成功，一个必要的条件便是语词必须共同指称某种事物。如蒯因指出，"语言是一种技巧，我们中每一个人通过与其他人在一些可共同可见的环境中相互观察、仿效和纠正而从其他人那里学得的这种技巧。当我们学会一个表达式的意义时，我们只不过学会了公开的语言

---

① 有关法律解释的各种主义之争，参见范进学：《美国宪法解释方法论》，法律出版社 2010 年版，第 23 页以下。

② 有关意义理论的简要哲学分析，参见孙海燕：《西方语言哲学流变中的意义阐释》，载《河南社会科学》2018 年第 9 期，第 111 - 115 页。

行为及其环境这所观察到的东西。"① 然而,以语言为分析对象并探究意义及其真值条件的哲学家,需要面临的一个难题是:同一种语句在某一时间或从某人的口中说出是真的,而在另外一个时间或从另外一个人口中说出则是假的。戴维森认为,一种可取的解决方案是包含塔尔斯基式真理谓词的 T-语句,这种语句必须经受严格逻辑和经验条件的双重限制。② 据此,一种关于语言 L 的真理理论是圆满的,必须假定它通过标准逻辑对 L 中的每个语句 S 衍推出如下形式的定理:

S 在 L 中是真的当且仅当 P

其中"S"是由一个关于 S 的标准化描述所替换,"P"则由 S 在那种关于真理理论的语言里的意义所替换。例如,某个能解释英语的人知道,所说出的"雪是白的"这句话是真的当且仅当雪是白的。雪是白的这个事实是由关于实在的公认描述所衍推出来,而不是关于那个英语句子的偶然事实。在约定 T-语句中如果真值存在,可以将这个解释者在此情况下所知道的内容重新表述为:解释者知道"雪是白的"在英语中意谓(mean that)雪是白的。

传统指称意义仅适用于专名,其意义由该专名所共同所指的摹状词给出。然而,依据塔尔斯基式真理概念,能指称对象的一般性语词也可以获得意义,一种符合逻辑定理的意义。条件是必须找出语词所指称的对象,并对语词属性和特征作出一种公认描述,一种只能在某种假定语言共同体中存在和识别的公认描述。据此,真理理论不仅与意义相关联,也与存在某种语言共同体的信念相联结。使一种关于解释的理论成为可能的原因在于,"我们能构造众多的私人信念结构,这也就是说,我们通过建构信念来建立在个人认为是真的语句和按公共标准衡量为真(或假)的语句这两者之间的紧密联系。"③ 这意味着在对任何一种语言真理的解释时,意义和信念两者发挥着相互联结和相互补充的作用。

依据意义的描述指称理论,语词意义取决于语词指称对象的公认描述是什么,指称的这种公认描述必须到该种语言的共同体中识别。如果解释者要判断某种对象能否为某语词的意义所涵摄,他所需要做的就是考察语词意义在语言共同体中的公认描述。由于法律解释最为棘手的问题是如何保证通过解释所得到的意义是法律语词自身意义的释放,④ 对以追求法律解释客观性的学者而言,诉诸指称意义作为构建法律解释理论的基础就是适当的。这种以指称意义为基础的理论,便是文本主义法律解释理论。虽然文本主义法律解释

---

① [美]蒯因:《一些离奇的想法——一部不连贯的哲学词典》,涂纪亮译,载涂纪亮、陈波主编:《蒯因著作集》(第6卷),中国人民大学出版社2007年版,第119页。
② 参见[美]唐纳德·戴维森:《真理、意义与方法——戴维森哲学文选》,牟博选编,商务印书馆2008年版,第219页。
③ [美]唐纳德·戴维森:《真理、意义与方法——戴维森哲学文选》,牟博选编,商务印书馆2008年版,第214页。
④ 参见陈金钊:《反对解释与法治的方法之途——回应范进学教授》,载《现代法学》2008年第6期,第9-18页。

理论内部学者众多、某些观点存在分歧，但关于法律解释的以下论断，是文本主义法律解释理论所赞同的。

首先，文本主义法律解释的核心信念是只有文本才是法律，文本必须被遵守。文本虽然是法律解释的对象，但文本尤其是有清晰的、明确的、指称意义的文本，只要没有造成荒谬的结果，必须被看作法律解释的依据。一种清晰而具体的法律文本提供了法官应当去努力实现的解释目标的最佳信息，对文本主义解释者来说，能够抓住文本的平常含义（Plain Meaning）就是好的解释。遵循语词的清晰、明确指称意义，是保持法律本身稳定性与安定性的重要甚至唯一方法。

其次，如果法律文本模棱两可或者含糊不清，此时进行法律解释优先选择的方法是语义解释，虽然并非一定是"字面意义"。①相反，除字面意义以外，解释者更应该诉诸其他逻辑、体系、历史等法律解释方法，在文义的边缘能动解释，为有效约束法官恣意，受到文义优先规则、节约和无赘言规则、发展规则等融贯规则的制约，在多种解释方法之间形成一种融贯的解释论证系统，② 最终释放出"语词本身的意义"。在文本主义法律解释者看来，即便法律语词的指称意义不清晰，法官也不应当诉诸其他渊源如立法史、立法辩论记录等材料，如斯卡利亚大法官所言，"文义解释者需要信奉的信条是，法官无权探寻法律中过于宽泛的立法目的，更无权创制新的法律。"③ 文本主义法律解释之所以反对诉诸立法目的进行法律解释，重要原因是文本一个重要功能就是解决争议，立法过程中分歧的解决部分暗含在有所共指的制定法语词中，如果将法律解释看作是与法律文本没有关系，那么解释者必然忽视了文本的这一重要功能。④ 如果立法者通过"禁止狗进入公园"这样一种制定法，即便法官作为解释者认为采用"具有侵害性的动物"解释意义，更能实现制定法的目的，法官也不能采取这种解释方法。

最后，由于意义直接指称理论将语词的意义识别诉诸事物的本质属性而非人们的信念，这就使得以直接指称意义为基础的法律解释理论在面对"新情况中的对象是否涵摄在一般语词所指的意义范围"这一问题上，能够给出唯一的正确答案，而不是随着人们关于新情况描述特征的变化而变化，更不会随着人们信念的改变而发生改变。例如，即便人们有关"隔离是否平等""死刑是否为残忍的"的信念发生了变化，"平等""残忍的"的所

---

① 传统将文本主义法律解释等同于"字面意义"是对文本主义的最大误解，是否坚持"字面意义"并非区分文本主义法律解释理论的标准，毋宁说字面意义是解释的对象，探释语词的"语词意义"是解释的目标，而"语法"和"句法"是解释的手段。参见［德］卡尔·恩吉施：《法律思维导论》，郑永流译，法律出版社 2014 年版，第 89 页。

② 参见宋保振：《法律解释方法的融贯运作及其规则——以最高院"指导案例 32 号"为切入点》，载《法律科学》2016 第 3 期，第 39 - 48 页。

③ ［美］安东宁·斯卡利亚：《联邦法院如何解释法律》，蒋惠岭、黄斌译，中国法制出版社 2017 年版，第 31 - 32 页。

④ See David A. Strauss, "The Supreme Court, 2014 Term - Foreword: Does the Constitution Mean What It Says?", 129 *Harvard Law Review* 1, 54 - 56 (2015).

指意义也并不因此发生改变。① 有关平等、残忍的某种实在道德理论决定所有平等行为、残忍的行为背后存在着一种能够被称之为"平等性""残忍性"的本质属性，这种本质属性指称了平等、残忍语词意义的适用范围。解释者因而能对某种行为是否平等、残忍给出符合逻辑的判断。

（二）文本主义法律解释理论的局限性

尽管文本主义法律解释理论在法律实践中有着丰富应用前景，并被一些学者视为法律解释的首要选择，但基于以下考虑，我们无法将诉诸指称意义的文本主义法律解释理论作为一种一般性的法律解释理论。

首先，法律文本具有清晰明确的意义是由某种构成法律文本的语词公认描述指称所提供，即赋予某种语词意义的是某种假定语言共同体中对该语词所指的公认描述。然而，如果某种语言共同体真的存在这种公认描述存在，如果语言的使用者属于该语言共同体，具有正常的语言惯习和语言直觉，那么，一开始解释就是没有必要的。因为通常来说，"需要法律解释最重要的原因就是法律具有不确定性和模糊性，而解释的任务就是把不确定的法律变得确定、把模糊的法律变得清晰。"② 由于语言的自发理解已经形成，某种事项是否为语词意义所涵摄并不存在判断的余地。

当然，即便是承认关于某种语词的公认描述存在，这也无助于法律语词意义的识别。因为法律文本与一般语词不同，虽然法律文本包含的语词可能预示了世界的一种状态，采用了描写性的或表现性的术语和概念，但它们的目的却不是描述而是指示，法律文本具有指示性。③ 如"任何人都不得拒绝给与法律的平等保护"并不是描述正在发生的事实，更不是已经发生的事实，而是规定应该发生的事实。它体现了一种叫作平等的价值，裁决就是平等价值被赋予具体意义并得到表达的过程。

其次，虽然指称能赋予语词以意义，但指称与意义两者并非等同，没有指称的意义仍然是可能的。弗雷格强调，语言哲学必须在符号、符号的涵义和符号的意谓之间予以区分，"相应于符号，有确定的涵义；相应于这种涵义，又有某一意谓；而对于一个意谓（一个对象），不仅有一个符号。相同的涵义在不同的语言中，甚至在同一种语言中有不同的表达。"④ 因而，虽然意义经常与所指取得关联，但这种关联并不是逻辑上的必然关联，没有"所指"仍然可以有意义地谈论某种语词、符号、符合组合、表达式。考虑下弗洛伊

---

① See Michael S. Moore, "A Natural Law Theory of Interpretation", 58 *Southern California Law Review* 277, 290 – 294 (1985).
② 陈金钊：《法律解释学：权力（权利）的张扬和方法的制约》，中国人民大学出版社2011年版，第71页。
③ 参见［美］欧文·费斯：《如法所能》，师帅译，中国政法大学出版社2008年版，第208页。
④ ［德］弗雷格：《论涵义和意谓》，载［德］弗雷格：《弗雷格哲学论著选辑》，王路译，商务印书馆2006年版，第97页。

德意义上的梦,尽管我们对梦的所指茫然无知,但"梦"仍被心理学家认为是一种有意义的现象。对心理学家而言,所以将梦视为一种有意义现象,是因为梦能被认为是认识自我的手段,即便梦没有确定的所指。在这种情况下,自知这个价值使梦成为需要解释的文本,一种有意义的现象,而不是梦本身的确定所指。即是说,必须有某种价值来论证我们为什么应当把某种实践当作有意义的文本来对待。这个价值一定要能表明,为什么我们对该实践的意义无法理解,却仍然要认为它是有意义的。① 最终是价值而非所指赋予了某种现象以意义,一种有待解释的社会现象。

最后,由于指称意义理论将语词与指称的逻辑关联视为当然,解释者所需要做的就是找出这种逻辑关联,指称意义理论虽然能对法律文本意义给出一种符合逻辑的分析,但却无法就法律文本是如何形成的给出说明。而理解法律文本是如何形成的,对正确解释法律文本具有逻辑上的优先性。由于意义指称的逻辑分析无法构成一种一般法律解释理论的基础,必须将逻辑理论与意义理论之间的密切关联关系予以松绑,才能找到一般法律解释理论的适当意义基础。意义概念的这种非逻辑分析方式,使我们注意到意向意义这种类型以及相应法律解释理论。

三、意向意义与意图主义法律解释理论的批判性反思

意向意义代表着对传统意义理论的推进,是在语言哲学中的语用转向背景下产生的一种新的意义类型。由于法哲学的当代发展受语用哲学转向的巨大影响,法律解释理论对意向意义的借鉴也是当然。尽管以意向意义为基础的意图主义法律解释理论在法律实践中的运用有着巨大能量,但意图主义法律解释理论仍然是不融贯的,使意图主义法律解释理论无法成为法律解释的一般理论。

(一)语用学转向视域中的意向意义与意图主义法律解释的理论借鉴

意义理论虽然是语言哲学的核心议题,但以弗雷格、罗素、戴维森以及早期维特根斯坦对意义的分析主要聚焦于语言的逻辑功能,认为意义在语言逻辑中有明确的指称,旨在以一种确定的方式处理自然类语言的客观意义。然而,意义的这种形式语义学忽视了语言内外各种语境对语词意义所产生的影响。放置语境中,可以发现语词能表现出意义的变化和可塑性。如汉语中"前",既可以表示时间维度上的"过去"或者"未来",也可以表示空间维度上的"方向",也可以是某种心理状态和情感的流露,如"向前进"、"前途无量"。不确定和模糊是语词本身的本质属性,但这并不表示无法确定语词的意义,相反给予模糊语词意义的是语境,是语词在某种语境中的使用。通过日常语言的研究,后期维特

---

① 参见[美]迈克尔·穆尔:《解释的解释》,载[美]安德烈·马默主编:《法律与解释:法哲学论文集》,张卓明等译,法律出版社2006年版,第19页。

根斯坦使我们注意到语词意义并非由语词的指称决定，毋宁是必须语词在语境使用过程中所释放出发的意义，从而完成了语言哲学从形式语义学到语用学的转向。①

依据语用学对意义理论的界定，研究语言的出发点不能仅仅是语言的真或者假，而应该是探究语言所传达的某种意图或完成的某种行为。必须通过研究说话者的意向性来分析语词的意义，这点为塞尔所精确地指出："'语言如何与实在相关联'这一问题，只是'心灵如何与实在相关联'这一问题的特殊情形，而正如关于语言的问题给归化为关于各种类型的言语行动的问题，关于心灵的问题也可以归化为各种形式的意向性的问题。"②如果说意向意义一种新的意义类型可以成立，那么能否以之为基础形成一种一般性的法律解释理论？尽管不那么充分，意图主义法律解释理论是对此问题的一种尝试性回答。

作为一种重要的法律解释理论，探究立法者意图并以之作为法律解释正确性标准的意图主义法律解释理论有着许多信奉者。然而，考虑到法律解释理论内部对意图法律解释的持续怀疑——这种怀疑经常地表现"意图只能是个人的""作为集体的立法者不存在任何意图""意图在法律上完全是概念虚构"，③ 要想树立意图主义法律解释理论在法律解释实践中的相关性，就必须进入到概念性论证层面，指出意图法律解释在实践中的具体操作方式。

在概念层面，立法意图的种类存在着多种类型：（1）立法者在用某种一般语词时所意指的某种具体对象，如"车辆"仅指四轮驱动的汽车；（2）立法者将规则是否适用到某种特定实例之上的意图；（3）立法者制定法律时所欲个人目标，如迎合选民再次当选；（4）立法者制定法律旨在实现的某种社会目标，如提高某种食品的质量安全、实现正义和公共善。④ 由于法律解释是具有某种社会目标的一般法律得以适用和实现的方式，运用到法律解释实践中的立法意图显然不能是某种个人性意图，可以将（1）和（3）类立法意图排除在法律解释实践的运作过程中，能运用到意图主义法律解释的只能是立法者的适用意图和作为目标的立法意图。然而，要想使意图主义成为法律解释实践的一般性立场，必须排除适用意图，而径直取向于作为目标的立法者意图。

首先，立法适用意图之所以不能作为意图主义法律解释的规范立场是由于适用意图不存在的、具有反事实性，是一种概念虚构，或即便适用意图存在，但适用意图是虚假的，从而无法被法律解释的操作者所援引。法律一旦得以制定就具有稳定性，由于立法者个人和/或集体的有限理性，无法充分地预计某种制定法将来可能适用的所有情形。在某种新情景下，追问立法者对此情形的实际意图是什么，或要是立法者预料到此情形本来会有什

---

① 参见涂纪亮：《现代西方语言哲学比较研究》，中国社会科学出版社1996年版，第54页以下。
② ［美］塞尔：《意向性：论心灵哲学》，刘叶涛译，上海人民出版社2007年版，第203页。
③ 参见［英］约瑟夫·拉兹：《无需重寻原意的解释》，载［美］安德烈·马默主编：《法律与解释：法哲学论文集》，张卓明等译，法律出版社2006年版，第195页以下。
④ See Richard Ekins, *The Nature of Legislative Intent*, Oxford：Oxford University Press, 2012, pp. 125 – 130.

么意图，或者同情地想象立法者面对此情形应该会有什么意图，都没有方法论的意义。①因为在不诉诸其他规范性因素的情况下，无法判断解释者由此所得到的解释究竟在何种程度上是立法者的，而不是解释者本人的。以维护立法者权威为旨趣的意图主义解释，不能诉诸具有虚构性的概念装置。

其次，即便可以识别立法者的意图是什么，但立法者的适用意图可能是虚假、错误的，此时如果解释者再将法律解释径直取向于适用意图，并不能得出令人接受的裁判。②实际上，裁判作为一种解释性实践，必须敏于事实与理由，特别是依据正确的事实与理由进行解释，才能使裁判活动获得取得合法性，而不是立法者意图为掩饰，追求某种个人性目的。例如，考虑一项"禁止有传染病的人从事食品行业"的制定法。如果在法律制定时，基于当时医学知识，某种疾病 D 具有传染性，不可治愈。然而，如果疾病 D 在当前医疗技术下，完全可以治疗，不再具有传染性。在此情形下，如果解释者以立法者制定法律时的适用意图来判定当前患有疾病 D 的人不能从事食品行业，结果显然很荒谬。

可见，意图主义的法律解释要想成为一般性解释立场，立法意图只能取向于作为目标的立法者意图。现代意义上经由理性民主协商程序的制定法，通常都认为具有某种可识别的制定法目标。那么，意图主义法律解释是如何具体运作的呢？简单来说，意图主义法律解释并不以立法者意图为标准判断某种法律规则是否适用，而是首先识别某制定法的目标意图，并结合将某种事例适用到该法律规则是否与立法者目标意图相一致的客观事实来加以判断。这里的客观事实并非由某种实在科学或者道德理论出发所得，也非由某种语词的公认性描述性指称所确定，而是某种事例与立法者目标意图的一致性所担保。例如，某制定法 1945 年禁止 50 海里捕鱼，显然该法律的直接目标意图是保护鱼类灭绝。③ 假设当时立法者（错误地）认为鲸鱼和海豚是鱼，而当前科学知识告诉我们鲸和海豚是哺乳动物，而不是鱼。在这种情形下，诉诸科学知识而将鲸和海豚排除法规的适用范围，显然是难以接受的。在目标意图不变的情况下，决定制定法如何解释的应该是当前情形是否与意图目标相一致这一客观事实。

总地来说，作为一般性法律解释理论，意图主义法律解释理论要求解释者诉诸目标意图而非其他类型的立法意图作为法律解释实践的标准，对此需要一种当前情形与目标意图一致性与否的客观知识，这种客观事实指引了当前情形的适用，而无须求助于语词的某种公认性描述，或某种科学或道德实在知识。问题在于，意图主义法律解释的这种一般性立场能成立吗？

---

① See e. g., Thomas W. Merrill, "Learned Hand on Statutory Interpretation Theory and Practice", 87 *Fordham Law Review* 1, 3 – 17 (2018).

② See e. g., Gregory Bassham, *Original Intent and the Constitution*, Lanham, Md.: Rowman & Littlefiedl Press, 1992, pp. 28 – 34.

③ 参见［美］丹尼斯·M. 帕特森：《法律与真理》，陈锐译，中国法制出版社 2007 年版，第 80 页以下。

(二) 意图主义法律解释理论的不充分性

像文本主义法律解释理论一样，意图主义法律解释理论并不能作为一般性法律解释理论。对此反对理由不是怀疑论的，即不存在目标意图和/或客观事实，而是方法论的，即意图主义法律解释理论中的目标意图本身无法指导有效法律解释的作出，而且实践中会造成悖谬结果。

首先，意图主义法律解释理论以直接目的意图作为适用标准，但不同法律规范所服务的法律目的，以及体现于这些规范的不同法律原则之间常常之间会发生彼此竞合的问题。典型的，宪法中的各项基本权保障及这些基本权利保障的目标之间就存在多种多样的关系和竞合，如父母的教育权与儿童的宗教自决权、某人的一般人格权和他人的言论自由、出租人的所有权与承租人通过在其窗外悬挂条幅从事政治宣传的言论自由，经由德国宪法法院的基本权利直接第三人效力理论，①作为法律解释的指引性原则，都能在不同方向对包括私法在内的法律解释活动发生作用。在这种情况下，由于法律目的之间存在着竞合，诉诸任何一种特定法律目的都不能为法律解释问题给出明确指引。

从方法论的角度，在出现不同特定目的相互竞合的情况下，必然需要借助其他解释标准（如过度禁止原则和利益最大化原则）以共同确定各种基本权利规范之间的界限。这意味着诉诸直接目标意图作为法律解释的论据，有时需要进入到一种原则层面的考量。如果一项法律规范明显是为了实现某种特定目的，在解释上，法律适用者应该尽可能地使其比例地、最大化地满足诸种一般法律原则。目的解释本身往往是一种原则导向的解释，并不是一种自足的法律解释理论。

其次，法律解释实践中一以贯之的运用意图主义的法律解释理论，有时候会造成难以接受的悖谬结果。考虑如下情形。我国婚姻法规定直系血亲和三代以内旁系血亲禁止结婚，显然法律对此规定的直接目标意图是保障后代人的身体健康。然而，如果一对表兄妹事前做了绝育手术，那么法律是否应该允许表兄妹结婚？如果严格依据意图主义的法律解释理论，并不能阻止该表兄妹结婚，剥夺他们结婚的权利。显然这种结果难以接受，更是悖谬的。实际上，如果诉诸意图主义法律解释所抛弃的立法者的适用意图，即追问立法者对这种情况本来应该确定什么，反而可能会得出更容易接受的法律解释。虽然立法适用意图具有反事实性，但在"就未预料的情形而言的实际意图是什么？"和"要是预料到该情形本来会有的意图是什么"存在着界分。对后者的理性回答能为某些案件提供可接受的裁判，关于立法意图之于法律解释的相关性，问题不是意图的全有抑或全无，关键在于确定"什么是权威者想要传达的他们所确定的应该做的事情？"②一个概念是虚构的，并不意味

---

① 参见周永坤：《论宪法基本权利的直接效力》，载《中国法学》1997年第1期，第20-28页。
② ［美］拉里·亚历山大：《全有抑或全无？权威者的意图与意图的权威》，载［美］安德烈·马默主编：《法律与解释：法哲学论文集》，张卓明等译，法律出版社2006年版，第499页。

着不能有效地运用到法律推理中,所需要做的是以理性的方式对概念内容予以填充。

最后,意图主义法律解释作为一般性解释立场要想行得通,就必须将立法者的适用意图以某种方式安放于自身理论构成中。但意图主义法律解释所由此导致的理论代价是巨大的,因为承认立法者适用意图在意图主义法律解释理论中的相关性,意图主义法律解释者必须妥善处理立法适用意图必然存在的虚假性、错误性的。由于意图主义法律解释者坚持认为,识别法律语词的意义,立法意图本身就是足够和充分的,而不能诉诸语词的描述性所指,或者诉诸某种科学实在论或正确道德论。果真如此,意图主义法律解释者如何识别适用意图的虚假性,如何合法地实现法律解释实践过程中的概念转变。由于权威性立法者实际上确定的应该做什么与依据事实他们本应该确定的应该做什么时间通常存在着缝隙,① 经由解释,可能会发生概念转变这也是意图法律解释者会承认的事实。

但是,概念转变存在为意图主义法律解释者提出了一个问题:为什么有时修正我们的概念,改变我们所使用的一些语词的意义是适当的呢?依据意图法律解释者的信念,赋予法律语词意义的仅是立法者意图,给出某种情形适用一般法律语词与否的是当前情形与立法目标意图的一致性这一客观判断本身,而无需诉诸某种语词所指的经验性描述,但虚假性立法适用意图的存在却无法担保当前情形与目标意图的判断是否仍然客观。既然承认任何一种表达新意义的语句被认为总是可能的,那么,驱除了经验内容的语句如何使得它们优于初始和/或者先前的立法适用意图?可以说,在具体法律解释的操作性实践中,一种充分的意图主义法律解释理论要想成功,必须将其所舍弃的经验指称纳入理论要素。将经验因素纳入意图主义法律理论之后,这种法律解释理论还可以再称之为意图主义吗?如果不是意图主义,一般性法律解释理论应该是什么样?对此可能回答是,一般法律解释理论的意义基础必须能融合客观所指与主观意图。哲学上,融合主观与客观因素的意义类型便是诠释意义。意义的诠释性质使得我们看到法律解释理论的复杂性,以及建构一种法律解释理论的可能依据。

四、意义的诠释性质与法律解释理论的选择

(一)意义的诠释性质与意义生成的二阶性

在意义理论的发展过程中,哲学诠释学对意义概念的分析占据重要位置。以加达默尔代表的本体论诠释学认为,意义并非事物本质属性的客观反映和描述,更非纯粹主体心理状态的外在流露,毋宁说意向主体对客观文本进行诠释的结果,是主体前见与客观文本进行"视域融和"的产物。② 经由哲学诠释学,现在学者普遍承认意义具有诠释的性质,而

---

① See Win - chiat Lee, "Statutory Interpretation and the Counterfactual Test for Legislative Intention", 8 *Law and Philosophy* 383, 397 - 404 (1989).

② 参见 [德] 汉斯—格奥尔格·加达默尔:《真理与方法—哲学诠释学的基本特征》(上卷),洪汉鼎译,商务印书馆 2010 年版,第 544 - 547 页。

非一种独立的客观实在。

在文本的诠释层面，意义的诠释性质得到最大程度呈现，文本意义的最终呈现是主体的主观意见、价值评价都参与其中，诠释具有主动性，是积极的行为阐释，其并非旨在传递客观知识，而是表达诠释者的意见与价值。从语言学角度，表达诠释意义的语言手段通常是动词和名词、某些特定的句法结构，包含有这样的语义成分：在言语时刻之前具有个客观的行为 P；针对这个客观行为 P 所造成的结果，说话人在言语时刻将它解释为一类行为 R，这种解释带有主观评价。将这两者联系起来的是主体的诠释活动，诠释意义是主体价值与客观文本两者进行视域融合的产物。

从方法论视角，意义的诠释性质意味着法律解释目的从来就不是或不仅仅是识别法律条款的意义，而是要进一步说明为什么要赋予这种或那种意义以法律效力。解释必须以论辩的方式展开，"支持对某一法律语词在其语义空间内作某种解释的人，应当使其决定正当化，即为其决定提供理由。"① 因而，一般法律解释理论处理的问题就不能停留于意义识别，更要对某种意义的法律效力赋值给出说明和证成。或以为，任何一种意义的生成都必须受到二价原则的约束，即重要性与审思优先性。② 首先考虑重要性这一概念。显然，对不同的人来说，有不同的重要事物。这涉及重要概念的相对性，可以用某人认为某事对他重要来表达这个概念。实际上，对"无可争辩地重要"这个概念仍然还很少理解。存在"无可争辩地重要"这个概念，而且某种东西在相对的意义上对某人重要，并不意味着他认为无可争辩的重要。例如，某人由集邮的嗜好，就缺一张便可集齐一套，所缺的那种邮票也许对于它极端重要，但该人自己也可能看到这并非无可争辩的重要。这里的要旨在于：人们应该认可有些重要的事物是无可争辩的重要，有些则不是，而他们应能看得出哪些事物属于哪类。

就审思优先性而言，如果我们审思种种考虑，给予其中一种很高的权重，这种考虑对我们就具有高度的审思优先性。这含有两层意思：（1）这种考虑压倒了大多数其他考虑；（2）这种考虑出现在我们的审思之中。重要性与审思优先性有某些联系，但它们不是直接的联系。你认为某事重要，这会这样或那样影响到你的生活，由此也影响你的审思，但不一定在你的审思内容里直接找到这些影响。

一种考虑可能对特定的个人、群体或所有人具有很好的审思优先性。优先性在这个意义上是相对的。但我们不应在另一个意义上把它视作相对的：不应该认为优先性是审思内容方面的特质，仿佛事物本身对道德或实践理性来说会具有审思优先性。这是一种误解。从道德角度，道德考虑有很高的优先性。若这么说，这话的意思是说道德系统中人给了道德考虑以很高的优先性。这并没有界定一个种类的优先性。审思优先性的一个要点恰在于

---

① ［德］齐佩利乌斯：《法学方法论》，金振豹译，法律出版社 2009 年版，第 68 页。
② 将重要性与审思优先性作为意义生成的两重因素，此处分析受益于威廉斯对伦理概念的一般分析，参见［英］B. 威廉斯：《伦理学与哲学的限度》，陈嘉映译，商务印书馆 2017 年版，第 218 页以下。

它能把不同类型的考虑连到一起。重要性也是这样。在某种意义上，存在着不同种类的重要性，某些事物在道德上是重要的，另一些在审美上重要，诸如此类。但到头来总会有这么一个问题，无论就一个具体事例说还是一般地来说，某个种类的重要性是不是比另一个种类的重要性更重要。

在这基础之上，让我们再来考虑下在何种意义上文本主义、意图主义法律解释理论在裁判这种解释性实践中是相关的，又在何种意义上这些法律解释理论都不足以成为一般性的法律解释理论。一般承认，文本主义法律解释理论所以在某些案件能适用，是因为遵循指称意义，可以维护法律的确定性与安定性。就此而言，文义解释是重要的，但这并非具有无可争辩的重要性，因为遵循文义解释有时会产生悖谬的裁判结果，有时会疏漏重要的有用信息。① 即便如此，经由权衡，某些案件优先选择文义解释而非意图主义法律解释理论，仍然是重要的。因为有些案件的解决要比正确的解决具有无可争辩的重要性，② 此时选择文义解释，特别是其中能作为共同理据从而有效引导论辩进行下去的平义解释，就具有审思优先性。

同样，在有些案件中法官所以选择立法者的直接目标意图作为适合当前裁判意义类型，是因为就弥补法律与社会之间缝隙实现法律的适应性、进步性而言，意图主义法律解释是重要的，法律解释原则上不得与可识别的立法者目的和目的适当性决定发生明显冲突。倘若如此，这就意味着作为法律适用者的解释者将自己的政治性决定代替了立法者的法律决定。③ 但，诉诸立法者目标意图并非具有无可争辩的重要性，因为解释者可能对现实情况是否发展根本变化持有错误认识。尽管如此，如果诉诸某种科学理论，解释者确信这种情景确已发生，此时选择意向意义就是重要的，而非指文本主义法律解释理论的意义类型，意向意义此时仍然具有审思优先性。

不同意义类型在某些案件中得以生成的方式，意味着无论是文本主义、意图主义法律解释理论在裁判活动中都是相关的。但它们各自都不足以作为一种一般性的理论，因为说这两种法律解释理论在裁判活动中是相关的，仅是在下述意义上说的，即事后且抽象地来看这些法律解释理论可以适用到某些案件中。但，从事具体解释工作的法官面对的却是案件整体，既存在简单案件，也存在疑难案件，既可能适用这种解释方法，也可能适用那种解释方法的案件整体，此时法官应该如何选择一种法律解释理论？逻辑上，探求一般法律解释理论可能性必须明确理论选择的语境和标准。

---

① See Adam M. Samaha, "If the Text is Clear – Lexical Ordering in Statutory Interpretation", 94 *Notre Dame Law Review* 155, 180 – 187 (2018).
② 布兰代斯大法官曾说过，"在大多数问题上，运用可适用的法律规则加以解决比正确地解决更重要。" Burnet v. Coronado Oil & Gas Co., 285 U. S. 393, 406 (1932)。
③ 参见［德］齐佩利乌斯：《法学方法论》，金振豹译，法律出版社2009年版，第88页。

(二) 法律解释理论选择的语境与标准

首先，法律解释得以发生的场合是法律理解的不能，而非文本主义法律解释所宣称的法律语词意义的不明确，因为文本主义法律解释理论所宣称的语词意义、明确本身是一种解释理论之运用的结果。在此，必须区分法律理解与法律解释。法律理解是主体阅读法律文本时的内心通明的感受和体验，既是一种过程也是一种状态。然而，"理解了的未必解释得妥帖，因为解释既涉及主观的权衡问题，也涉及客观的表达不能问题。"① 使得法律解释必要的是法律理解不能。"理解不能"通常存在很多原因，如主体认知能力欠缺、没有受过专业训练、不具备专业思维能力等，但从法律适用角度，更多的是由多种相互竞争的法律解释方法都在主张对法律理解的资格，法律解释更多地是一种手段，旨在达到对法律要求内容的理解，从而将某种法律要求适用到当前情形中。

法律理解与法律解释之间的界分意味着，解释并非法律适用过程中的常态。在法律解释没有一种规范理论予以指导的情形下，防止过度、任意解释的，即反对解释的最有效方式并非是不要解释，② 而是连想也没有想到它们。虽然正是加达默尔式的哲学诠释学使得法哲学进入到所谓"解释的时代"，也尽管在法律逻辑、推理、论证、修辞等其他现代法律方法的"围攻"下，解释正渐渐走向"偶像的黄昏"，但考虑加达默尔的如下告诫是有益的："凡是文本的意义不能直接被理解的地方，我们就必须进行解释。凡是我们不想信任某个现象直接表现出来的东西的地方，我们就必须解释。心理学家之所以进行解释，是因为他不能接受生命表现自身所意指的意义而返回探究无意识所发现的东西。同样，历史学家之所以解释过去的遗留材料，是为了发现其中被表现并同时被隐藏的真正意义。"③ 就法律解释而言，我们也可以说不存在法律理解的地方，或不信任先前已有法律理解表现出来东西的地方，作为解释者的法官才发起法律解释。

其次，一般法律解释理论的标准既应该敏于价值，也应当敏于事实。尽管文本主义、意图主义作为法律解释理论各自存在着问题，受到对方的强烈批评。但这两种法律解释理论仍然在某些案件中运作良好，重要原因在于它们都维护并实现了法治价值的某种（些）

---

① 谢晖：《法律的意义追问：诠释学视野中的法哲学》，商务印书馆2003年版，第251页。
② 法治究竟反对解释还是需要解释，曾在学者陈金钊和范进学之间展开激烈论战。在陈金钊看来，处于初级法治阶段尤其是规则意识没有树立的我国，法治的实现反对解释，即对明确的法律只需在个案中加以认定，认真对待规则的客观、明确的意义。参见陈金钊：《法治反对解释的原则》，载《法律科学》2007年第3期，第25 - 33页。而在范进学看来，即使"许多法律不需要解释"断言成立，仍然有一些法律需要解释，将"反对解释"扩大至需要解释的情形就是错误的，参见范进学：《"法治反对解释"吗？——与陈金钊教授商榷》，载《法制与社会发展》2008年第1期，第127 - 133页。依据本文的分析框架，两位学者都忽略了解释的前提性问题——是否发起解释。反对解释的最佳情形是压根连想也没有想到。
③ ［德］汉斯-格奥尔格·加达默尔：《真理与方法—哲学诠释学的基本特征》（上卷），洪汉鼎译，商务印书馆2010年版，第546页。

方面。① 如对文本主义法律解释理论的辩护就是它能维护法律的安定性与预测性,支持意图主义法律解释理论的理由则是政治决策的民主审议价值,对自由、平等、尊严等厚实价值概念内容的填充。一种面对案件整体的一般性法律解释理论必须敏于法治的这些价值,并以某种方式维护与实现它们。

另一方面,一般法律解释理论的标准还必须敏于事实。从现实出发,如果从事解释工作的法官掌握了相关经验的全部信息且拥有准确地处理信息的无限能力,那么,选择任何一种法律解释理论并不会造成任何困难。然而,这种情形并未正确地描述解释实践的真实情形,因为法官经常面对的是经验不确定、有限信息、有限理性。一种敏于事实的法律解释理论必须在有限信息和有限理性的局限约束条件下,进行法律解释方法与技巧的具体选择。从某种意义类型进入到另外意义类型,如超出指称意义进入到立法意图和目的的探寻,是否必然有助于意图解释旨在服务的民主价值?进一步搜寻的成本有多大?基于所掌握的有关成本和收益的有限信息,解释者应该如何决定下一步的行动?所有这些关于解释选择的事实都是困难而复杂的,但却是从事解释工作的法官不得不面对的。

总之,一种既敏于法治价值又敏于制度事实的法律解释理论选择的困境,就在于它既不确定又不可避免。在不确定之处是无法比较的,因为这种状态下通常没有其他推理类型或模式可供选择。不可避免是因为裁判活动必须与某种方式与法律意义取得关联,才能维护裁判作为一种解释性旨在服务的诸种法治价值。

(三) 一般法律解释理论的原则性说明

明确了法律解释理论选择的语境与标准之后,在面对一整体案件时——既存在简单案件又存在疑难案件整体,在知识、信息、能力、时间等局限条件下,一种敏于法治价值与制度事实的一般法律解释理论如何为解释者的意义选择提供规范指导?

首先,一般法律解释理论认为,解释者并非在绝对层面而是在个案层面选择某种适合于当前案件的意义类型。面对着具体个案,虽然指称意义、意向意义等多种意义类型都在主张自身意义的正确性,并各自以法律的安定性、政治民主、厚实价值概念实现为价值基础,但敏于价值与事实的一般性法律解释理论认为,是否赋予某种意义类型以法律效力,处于利害关系的问题并非是最大化某种法治价值,而是要在法治诸种价值之间取得某种权衡。就此而言,一般性法律价值理论类似于德沃金的整体主义法律解释,即要在法治的诸价值之间实现最佳的适合度,法律解释旨在服务的诸种法治价值并不是排他性,更不是相互冲突的,毋宁是能整合成相互支持、促进的价值整体。

另一方面,一般性法律解释理论又不同于德沃金式整体主义法律解释,因为德沃金式

---

① 塔玛纳哈较为全面地总结了从比较薄弱到比较浓厚的各种法治观念和价值,从依法而治、形式合法性、民主合法性、个人权利、实质平等、社会福利。参见 [美] 布雷恩·塔玛纳哈《论法治——历史、政治和理论》,李桂林译,武汉大学出版社 2010 年版,第 117 页以下。

整体主义法律解释仅允许政治性道德之类的厚实价值概念进入到整体性事业的链条，是敏于价值而非敏于事实的。① 为了保持解释系统的完整性，敏于价值与事实的一般性法律解释理论则认为实用主义判断也必须委托给法官，因为一项价值的含义不仅来源于其理性表达，还来自其在现实中的状态。例如，在涉及厚实价值概念的案件，典型如布朗案，在试图赋予种族平等实际的含义时，法院通常面临着来自那些需要其合作才能使该含义变成现实的人的抵制。父母、孩子、老师、行政官员、市民和政治家，这些人个别地、有时共同地地，拥有权力去阻碍法院的补救。如果抵制强烈而且广泛传播的话，法院对宗族平等的意义界定很可能是空洞的、无效的。② 是否选择赋予某种意义类型以法律效力，作为解释者的法官还必须将某些实用性的事实因素纳入决策范围。

由于在这里所寻求的是可以一般化的解释，法律解释的结果导向考量必须超越个案的具体情境，而进行一种"类型化的结果导向"。③ 在不同但可以类型化的具体情境当中，应当考虑不同目的以及与这些目的相关利益的数量及其格局。有时这些目的以及相关利益可能彼此互不影响，也可能彼此相互加强或冲突，或有时受到较为强烈的影响，有时受到不那么强烈的影响，这些情况都要求予以具体考虑。法律解释是一个论辩性的选择和决定过程。这一选择和分析过程常常需要照顾到不同的、相互竞合的意义，并且原则上要努力在相互竞合的不同意义之间达成让相关主体认为是公正的妥协，并在这一前提下实现法治价值的最大化。④ 这些考量构成了法律解释决定分析的一般性框架，旨在使影响法律解释决定过程中起作用的多种因素得以清晰地呈现，从而使作为解释者的法官更容易对不同意义的冲突进行理性的讨论，并发现以最适当的方式最大限度地实现诸种法治价值的解决办法。

其次，选择赋予何种意义类型以法律效力的一般性法律解释理论在实践中的具体操作，类似于决策领域中的满意决策，而非最大化某种价值的最优决策。⑤ 由于受到信息成本和决策成本的限制，敏于事实的法律解释理论对某种意义类型的识别进而赋予其法律效力，必须在某个地方停止搜寻。依据最优决策，当发现一种更好方案的边际收益等于或低于进一步搜寻的成本时，最大化决策者对决策方案的搜寻才会停止。与最大化某种价值的最优决策不同，对满意决策者而言，当发现某种方足够好时就会停止搜寻。虽然从概念角度，进行满意决策是不理性的。但当决策活动被认为具有动态性时，考虑到进一步决策必然出现的成本增高，而可能边际收益却是不确定的，面对当前局限条件，进行满意决策就

---

① See Ronald Dworkin, *Law's Empire*, Cambridge, MA: Harvard University Press, 1986, p. 243.
② 参见［美］欧文·费斯：《如法所能》，师帅译，中国政法大学出版社2008年版，第219页以下。
③ 参见［德］齐佩利乌斯：《法学方法论》，金振豹译，法律出版社2009年版，第87页。
④ 参见杨知文：《后果取向法律解释的运用及其方法》，载《法制与社会发展》2016年第3期，第167－180页。
⑤ 有关满意决策与最大化决策的不同，参见 Michael Byron, "Satisficing and Optimality", 109 *Ethics* 67 (1998)。

是可取决策方案。在真实世界决策中，通常某种方案本身很大程度上是先前决策的结果。如阿代尔指出，"从理论上讲，你不能够最终证明任何事，或是给它们下结论，但是实际上你可以，只要与真实情况贴近，对于日常要求来说足够相似就行了。"① 此时，决策者面临的重要问题就是理性搜寻的程度：在作出最终决策之前，究竟应当有多少方案和信息应该被搜寻出来或者被考虑。满意决策是对进一步搜寻新的信息和新的选择的限制，决策者在多种方案或选择中的搜寻，一直持续到也仅仅持续到发现某种选择"够好"时为止。

在法律领域，虽然存在着指称意义、意向意义在争夺对某种案件的解释权，但正确发现这些意义类型所需要的成本是不一样的。依据哲学诠释学，虽然任何一种意义都具有诠释的性质，但意义与客观实在之间的距离是不一样的。从指称到诠释这种意义图谱的演进，实则是主观性逐渐增强的过程，这意味着取得一种客观意义的成本就越高，因为所需要参考的解释材料和渊源越来越宽泛，从词典、科学实在知识、立法史、议会辩论记录、解释者个人经验与知识、社会一般舆论与意见等。如果不是非常明确法律与社会之间的距离非常大，径直诉诸立法史之类解释材料的来确定立法意图意义可能就是不适当的。因为此时诉诸立法史的成本是实实在在的，但由此产生的收益却可能是推测性的，此时选择赋予一种清楚而具体的制定法的指称意义以法律效力，就是明智的。② 因而，不仅文本主义者将清楚而又具体的文本视为单个的最佳解释信息渊源，这也同样适用于敏于事实的一般性法律解释理论，即如果诉诸进一步解释渊源的收益具有推测性，但成本是实在的，如果清楚而具体的解释渊源明确指明了某个方向的时候，法官应该停止解释搜寻，无需再去考虑是否在诉诸立法史或者其他非文本渊源之后发现与文本相冲突。当然，赋予文本意义、意向意义以某种法律效力，也可以依据类似的满意决策予以确定。

需要注意的是，虽然一般法律解释理论对意义的法律赋值可以采取满意决策的方式，但这种敏于事实的法律解释策略不是绝对的，而是相对的。因为在经济学上，成本只有在边际上才是有意义的，成本更需要在机会成本的关照下理解。在法律解释实践中，如果解释者对信息、成本、收益等事实性因素的过分关注，反而可能导致严重后果，即不仅要求摆脱解释性模式的影响，还可能干涉解释过程的完整性与正确性，有时事实性因素使得法官满足于那些次于他们认为的正确解释的解释。由于担忧缺乏能力、专门的技术性知识或政治权力，去执行正确的答案，决意避免错误，可能导致法官接受法兰克福公理，即什么都不做比失败要好。③

最后，一种同时敏于价值与事实的法律解释理论必须设法抵制事实性因素对解释过程完整性的侵袭，因为对事实性因素的考量必须在解释过程的某个阶段被判定是不相关的，

---

① [英] 约翰·阿代尔：《正确决策》，燕清联合译，海南出版社2008年版，第91页。
② [美] 阿德里安·沃缪勒：《不确定状态下的裁判——法律解释的制度理论》，梁迎修、孟庆友译，北京大学出版社2011年版，第204-206页。
③ 参见 [美] 欧文·费斯：《如法所能》，师帅译，中国政法大学出版社2008年版，第220页。

而这通常发生在诠释意义阶段，即对一些厚实价值概念的法律效力赋值阶段。一般来说，存在厚实价值概念的案件，通常涉及价值内容的实现或者价值观念的转变。需要注意，此时人们存在的分歧的是善的内容、实现方式或者契机，而不是对善存在分歧，因为"解释行为是一种社会实践，它的前提条件是对何谓善具有共识的社会。"① 由于已经进入到解释过程中的最深层处，由于不存在进一步的决策成本与收益计算，此时无法再进行满意决策。实际上，严格来说，此阶段即使进一步收集信息和进行慎重考虑，也仍然不可能使得问题变得容易处理。那么，面对着多种意义类型（包括诠释意义内部的多种意义）对于法律效力的主张，作为解释者的法官应该采取何种解释策略呢？

在此，一种敏于价值的法律解释理论认为，随意挑一个就是可取的解释策略。最近心理学有关"选择暴政"（tyranny of choice）的研究表明，② 假如存在太多选择，社会并不必然会更好，决策者会畏缩不前。一个在十字路口迷路的旅行者可能只是随意挑一条路，虽然此时的选择非常重要，这完全是因为即便考虑再多也不可能知道哪条路是正确道路。随意挑一个这种方法可能表现为一种形式的随机选择，或者有意地利用某种不相干的特征来作出某种偶然决策。③ 一般而言，在法律领域很少公开运用随意挑一个这种方法，尤其在涉及选择解释方法时更是如此。但这种方法并不陌生，霍姆斯大法官就指出，"对于法庭而言，需要记住的最重要的事情之一就是，人们更在意的是游戏规则被遵循，而不是遵循尽可能好的规则。"④ 在涉及厚实价值概念的案件中，由于存在难以消解的合理分歧，随机选一种解释策略就是可取的，此时问题的解决要比正确地解决更重要。

总的来说，一种个案式的一般性法律解释理论，并非一种规范意义上的"理论"。这种"理论"并没有对个案的法律解释选择规定一种严格规则式的操作手册，毋宁说对个案进行法律解释时所应当需要考量的因素给出了提示和说明。"方法论不是要列举一些确定的规则，只须遵守它们即可确保可靠的法规范适用。解释及所有与解释相关的作用，它们不是仅依规则进行的活动；解释者具创意的想象力乃是必要的要求。"⑤ 一般法律解释理论的任务并非纯粹识别某种语言学上的意义事实，毋宁说应该更进一步，选择某种正确的意义类型进行法律赋值。只是在敏于价值与事实的意义上，决策领域中的满意决策与随机挑一个可以作为法律解释策略的规范指导。

---

① ［美］索蒂里奥斯·巴伯、詹姆斯·弗莱明：《宪法解释的基本问题》，徐爽、官盛奎译，北京大学出版社2016年版，第251页。
② See e. g., Sheena S. Iyengar & Mark R. Lepper, "When Choice Is Demotivating: Can One Desire Too Much of a Good Thing?", 79 *Journal of Personality & Social Psychology* 995 (2000).
③ See Jeffrey J. Rachlinski & Andrew J. Wistrich, Gains, "Losses, and Judges: Framing and the Judiciary", 94 *Notre Dame Law Review* 521, 530 – 537 (2019).
④ 霍姆斯写给富兰克林·福特的一封信，转引自［美］阿德里安·沃缪勒：《不确定状态下的裁判——法律解释的制度理论》，梁迎修、孟庆友译，北京大学出版社2011年版，第196页。
⑤ ［德］卡尔·拉伦茨：《法学方法论》，陈爱娥译，商务印书馆2003年版，第122页。

五、结语

语言哲学中存在着指称意义、意向意义两种类型,以这些意义概念由此形成文本主义、意图主义法律解释理论,并且在具体法律解释的操作性实践中,两种法律解释理论都有各自例证,更不乏坚定的支持者。但,无论以何种意义基础所构建的法律解释理论都不是一种一般性的法律解释理论。这要么由于各自法律解释理论所赖以为基础的意义概念自身内部存在困境,要么由于各种法律解释理论自身无法提供一种明确而又前后一致的规范指导。

为此,必须改变对意义概念的构想方式。意义这种奇特的概念建制在于其不需要任何一种语言学事实——实际上也不存在单一的语言学事实,意义是生成的,而不是现成的。但,任何一种意义概念的生成过程都需要重要性和审思优先性这两个分析维度。具体到法律语词的意义生成过程中,一般法律解释理论必须是逐案的,以法治价值和制度现实作为输入因素。某种具体法律解释的做出虽然没有语言学的意义之根,但事实与价值作为输入因素的解释过程仍然能够长成枝盛叶茂的裁判之树。

(编辑:宋保振)

司法裁判如何援引"常理":
问题审视与规则建构*
——以行政裁判为中心的考察

赵剑文**

摘　要　在司法职业化改革背景下,常理的合理证成作用越发得到重视,在司法裁判中发挥着多维度的重要功能。行政裁判中,常理在事实认定、行政行为合理性判断、法律解释和裁判文书说理等方面均能发挥不同程度的作用。目前,法院援引常理在条件、标准和方法等层面存在诸多问题。对此,我们需要明确常理的法律地位;以法教义学体系为基础,规范援引常理的条件;确定援引的具体标准;以推动模范行政为导向,指明常理援引方法。司法裁判合理规范地吸纳常理,有利于引导社会价值取向,推动理论与实践的良性互动,为实现司法治理能力现代化提供助力。

关键词　裁判文书说理　常理　法律论证　合理性　司法治理能力

一、司法职业化改革背景下"常理"的去与留

早在古罗马时期,西方即形成了独立的法学家阶层,其推崇的是在法律职业共同体中形成"法律思维",波斯纳教授认为,这是一种"特殊的理性",是一套由法官提出的并

---

* 本文系国家社科基金一般项目"治理效能背景下我国 PPP 项目债务融资监管困境及法律因应研究"(20BFX049)、安徽哲学社会科学规划项目"公务员依法行政能力研究——以法律思维的养成为视角"(AHSKF09 - 10D46)以及国家"2011 计划"司法文明协同创新中心的研究成果。
** 赵剑文,男,安徽安庆人,浙江大学光华法学院博士研究生,国家"2011 计划"司法文明协同创新中心研究人员,研究方向为行政法学、司法制度。

在他们的司法决定中表述或隐含的学理体系。① 与西方司法坚持的专业化、精英化路线不同，古代中国秉持的则是以天理、国法和人情为标准的多元司法价值观，一个合格的司法者不但要掌握法律知识，还应了解社会、尊重常理、通达人情。毫无疑问，这是一种常理化、大众化的司法路线，这一司法文化传统为当代中国所继承和发扬。近年来，我国的司法体制改革不断推进，法官员额制改革等一系列措施似乎昭示着，司法职业化正愈发受到重视，但这并不意味着诸如常理等法外因素将不再影响甚至决定裁判的最终结果。从当前的司法实践来看，常理并未因司法职业化而退出历史舞台，我们反而可以在更多的裁判文书中寻得常理的踪迹，其已成为裁判文书说理的重要依据。

司法论证之所以能够诉诸常理，既与常理的通常性有关，也与法律的常理性及自身的局限性有关。首先，作为人类社会在长期发展过程中逐渐形成的、为社会成员所普遍认同的基本道理，常理的通常性是彰明较著的。正是由于这些基本道理在通常情况下均能得到证实，其可以成为推理和判断的重要依托。② 司法论证作为推理和判断在司法领域的具体体现，毫无疑问可以依托常理展开说理。司法裁判如能借助常理做到入情入理，可弥合裁判结果与公众情感之间的"裂痕"，有助于实现服判息诉、案结事了。其次，法的制定和实施均在一定程度上依赖于常理。有研究认为："情理是法律的实质内容，法律是情理的外在形式。"③ 法律源于常理，反映常理，其本身即包含常理之因素，司法论证诉诸常理是一种法律理性的回归，也是对法律自身的重新检视。最后，司法裁判援引常理与法律现实主义的核心精神相契合。在形式主义法学派看来，法律规范独立于其他社会规范，因而司法裁判中的法律推理应当与常理因素相分离。④ 现实主义法学派则认为，法律为人类所制定，其局限性是必然存在的，故此，需要在特殊情形下将"行动中的法"引入司法论证过程。社会是瞬息万变的，法律规范与现实的差距始终存在，让常理在司法论证中适时登场，可以在维护法的权威性与稳定性的基础上，实现裁判的政治效果、法律效果和社会效果的"三统一"。

有学者指出："我们实行法治……绝不能违背常理、绝不能不顾人情。"⑤ 不论是制定法律，抑或是解释法律、适用法律，均离不开常理的指导，常理的运用对于法的实现具有重要作用。哈耶克曾言："我们几乎不能被认为是选择了情理；毋宁说，是这些情理自然地约束着我们，选择了我们，使我们得以生存。"⑥ 既然常理在法治实践，尤其是司法实

---

① 参见［美］波斯纳：《法理学问题》，苏力译，中国政法大学出版社2002年版，第12－13页。
② 参见戴津伟：《常理的司法论证功能研究》，载《江汉论坛》2021年第2期，第105页。
③ 汪习根、王康敏：《论情理法关系的理性定位》，载《河南社会科学》2012年第2期，第31页。
④ 参见胡铭、王震：《法官审判思维中的法律形式主义与法律现实主义》，载《浙江学刊》2015年第4期，第147页。
⑤ 陈忠林：《"常识、常理、常情"：一种法治观与法学教育观》，载《太平洋学报》2007年第6期，第16页。
⑥ ［英］哈耶克：《不幸的观念》，刘戟锋、张来举译，东方出版社1991年版，第12－13页。

践中的运用是不可避免的，我们理应直面现实，考察法院援引常理的现状，发现问题并寻找相应的对策。就现有理论研究而言，针对行政裁判如何援引常理的研究暂付阙如，故此，本文将着眼于行政裁判说理，探讨常理在行政审判中的司法功能，以期促成常理的司法运用制度的形成。《法治中国建设规划（2020—2025年）》明确提出，要"在法治轨道上推进国家治理体系和治理能力现代化"，如能充分发挥常理在个案裁判中的微观作用，以及在裁判文书变革中的宏观作用，无疑能为实现司法治理能力现代化提供有效助力。

二、司法图景：行政裁判援引"常理"的类型化分析

本文采用实证研究方法，以"中国裁判文书网"作为案例检索的数据源，以"常理"作为关键词，并将检索范围限定在"法院观点"部分，将案由限定为行政案由，共计检索获取相关行政裁判文书7705份（截止时间为2020年12月31日）。由于案件基数庞大，笔者无法做到逐一细读，因此，笔者将检索出的裁判文书按照裁判日期自动排序，采用系统抽样方法抽取10%的样本（770份），经精细筛选，剔除重复和无关案件后，最终保留595份裁判文书作为进一步观察分析的主样本。法治实践中，按照司法过程的逻辑展开，司法裁判必然经历证据审查、事实认定、法律适用等环节，从595份样本文书来看，常理在各个环节中均能发挥不同程度的作用。基于此，下文将从样本文书中选取典型案例并对其实体内容展开进一步分析，以求清晰地展现常理在行政裁判中功能发挥的主要类型。

（一）证据审查中的功能

《最高人民法院关于行政诉讼证据若干问题的规定》第39条规定："当事人应当围绕证据的关联性、合法性和真实性，针对证据有无证明效力以及证明效力大小，进行质证。"据此，法院应当从关联性、合法性、真实性和证明力四个方面展开证据审查。就证据的合法性而言，法院需要判断"证据是否符合法定形式"以及"证据的取得是否符合法律、法规、司法解释和规章的要求"，[①] 故而常理并无援引的空间。综观595份样本文书，法院大多援引常理对证据的关联性、真实性和证明力作出评价。例如，在"和生源公司诉国家税务总局韶关市税务局税务管理纠纷案"中，原告提供的证据《关于王中高局长任中经济责任审计中发现涉及武江区局存在问题的整改情况》属于连续性文件，该文件在第一页纸张内缺少第（一）点至第（四）点的情况下直接出现第（五）点内容，法院认为这一情形明显有违常理，并据此对该证据的真实性不予确认。[②] 又如，在"向方宏诉桑植县公安局治安行政处罚纠纷案"中，向方宏邀请向绪普到水井旁协商两家之间的土地纠纷事

[①] 《最高人民法院关于行政诉讼证据若干问题的规定》第55条规定："法庭应当根据案件的具体情况，从以下方面审查证据的合法性：（一）证据是否符合法定形式；（二）证据的取得是否符合法律、法规、司法解释和规章的要求；（三）是否有影响证据效力的其他违法情形。"

[②] 参见韶关市武江区人民法院（2020）粤0203行赔初2号行政判决书。

宜，两人发生争吵后，向绪普突然高喊"打人了"并跑回家，向绪普之父向桑植县公安局官地坪派出所电话报警称向方宏打了其子向绪普。就打人一事，本案仅有一名九岁的小学生赵萌萌提供了证言。法院认为，赵萌萌距离案发地150米以上，却能清楚地分辨中年人和老年人，还看见老年人嘴角有血，显然不合常理。另外，一个九岁的小孩能注意到向绪普和向方宏的姓名也与常理不符，特别是向方宏一直在外地工作。因此，法院对该证言的证明力作出否定性评价。① 在哲学意义上，人的思维"按它的个别实现和每次的现实来说……是不至上的和有限的"，② 对于审理具体案件的法官而言，其思维和认识能力容易受限于主客观两个方面的因素，从而在证据审查中撞上思维壁垒。将内涵稳定性较强、可重复性强的常理引入审查过程，可在一定程度上帮助法官破除思维壁垒，及时把不符合证据特性的材料排除在定案依据之外。

（二）事实认定中的功能

1. 案件事实的推定功能

"诉讼中最经常与争议相连的是事实问题而不是法律问题。"③ 一般而言，事实并非是不证自明的，当事人需要提供证据来证明其事实主张。然而在一些案件中，某一事实足以影响断案，而当事人无法提供证据予以证明，法官是否只能机械地以无法举证为由要求当事人承担不利后果？司法实践所给出的答案是否定的，在这种情形下，一些法院援引常理对空白事实进行合理补充。例如，在"范春生诉沈阳市和平区人民政府行政强制纠纷案"中，二审法院在当事人未出具实际支付租金证据的情况下，即依据生活常理推定租金损失的存在，最高院认为这一做法符合行政诉讼事实认定的基本规则。④ 不难发现，常理在本质上是一种得到社会成员普遍认同的经验法则，该法则是法官将特定条件下所形成的反映事物之间内在必然联系的事理作为认定待证事实的根据的有关规则。⑤ 易言之，根据常理，一般情况下，此事实的出现，即意味着彼事实的存在，这种推定因不同事实之间所具有的可期待性和高度盖然性而具有正当性。应当指出的是，由于基于常理的事实推定是建立在惯常的行为逻辑而非不同事实之间的绝对因果关系之上，因此，法院整体上仍对这种推定持较为谨慎的态度。

2. 直接作为案件事实参与事实推理

司法实践中，除极少数直接证据外，绝大多数证据与待证事实并无直接关联，故而需要将若干证据排列组合，以形成完整且稳定牢固的证据链。"完整的证据链"决定着司法

---

① 参见张家界市中级人民法院（2016）湘08行终29号行政判决书。
② 《马克思恩格斯全集》（第20卷），人民出版社1971年版，第95页。
③ ［美］卡多佐：《司法过程的性质》，苏力译，商务印书馆1998年版，第80页。
④ 参见最高人民法院（2015）行监字第634号行政裁定书。
⑤ 参见毕玉谦：《论经验法则在司法上的功能与应用》，载《证据科学》2011年第2期，第135页。

证明的逻辑命脉。① 然而在一些案件中，证据链由于关键环节的缺失而无法形成，此时，从经验层面出发，通过援引常理对证据的缺失部分进行补充，或可促成证据链的最终建构。换言之，法院可以直接将民众公认的常理作为案件事实纳入事实推理当中。譬如，在"创智公司诉东海县人力资源和社会保障局行政确认纠纷案"中，时加录的回家路程为6公里，驾驶二轮电动车需要35分钟，案发当日，时加录于20时28分离开公司，而交通大队认定的事故发生时间为22时许，原告创智公司认为一个半小时并非时加录下班回家的合理时间。法院在根据事故现场勘验笔录及证人证言认定当日为阴雨天，路面较为潮湿的基础上，直接将"阴雨天驾驶二轮电动车的速度应当较平时更慢"的生活常理纳入事实推理过程，并据此认定22时许仍处于时加录下班回家的合理时间范围内。② 该案中，常理的地位类似于业已经过质证的证据，法院运用常理将回家路程、离开公司的时间、事故发生时间、案发当日为阴雨天等事实串联起来，最终使案件证据链定型，构建起了完整的案件事实图景。

3. 案件事实的检验功能

诉讼中，双方当事人提供的证据往往是静态、孤立和凌乱的，法官作为事实认定者，无法亲眼看到案件实际发生的事实，他们不得不通过权衡证据和按照一定的逻辑推理方法来得出自己的结论。③ "证据之镜"原理揭示了：事实认定者通过证据所查明的事实真相，在某种程度上乃是证据推论的思想产品。④ 这意味着，单纯以证据为基础的逻辑推论未必契合当事人乃至社会大众对于相关事物的经验判断，事实认定结果可能违背经验法则，从而无法获得公众的认同。如德肖维茨所言："缺乏经验基础，逻辑空泛且无方向。"⑤ 因此，法院有必要援引常理对业已得出的事实认定结果展开检验，事实认定结果如能顺利通过常理的"考查"，无疑能使事实推论更加接近真相，并更好地发挥法的预测作用。在"陈继民诉沈阳市和平区土地房屋征收管理办公室给付补偿款纠纷案"中，二审法院即援引"要求返还多支付的补偿款时应以尚未支付的补偿款优先抵顶"这一常理对一审法院业已查明的案件事实进行检验，发现其不合常理之处，并以"事实认定不清、证据不足"为由撤销了一审判决。⑥

（三）行政行为合理性判断中的功能

法院能否审查行政行为的合理性是一个长期存在的重大问题。针对该问题，行政法学

---

① 栗峥：《证据链与结构主义》，载《中国法学》2017年第2期，第173页。
② 参见江苏省连云港经济技术开发区人民法院（2018）苏0791行初231号行政判决书。
③ See Ho Hock Lai, *A Philosophy of Evidence Law: Justice in the Search for Truth*, London: Oxford University Press, 2008, p.27.
④ 参见张保生：《事实、证据与事实认定》，载《中国社会科学》2017年第8期，第117页。
⑤ [美]德肖维茨：《你的权利从哪里来》，黄煜文译，北京大学出版社2014年版，第6页。
⑥ 参见沈阳市中级人民法院（2018）辽01行终905号行政裁定书。

界主要有如下两种观点：一是"合理性审查例外说"。该说认为，虽然《行政诉讼法》第6条规定："人民法院审理行政案件，对行政行为是否合法进行审查。"但这并不意味着法院全然不能进行合理性审查。姜明安教授即指出："人民法院审查行政行为限于审查行政行为的合法性，一般情形下不审查行政行为的合理性。"① 该观点事实上认为，我国的行政诉讼"以合法性审查为原则，以合理性审查为例外"，具言之，在"滥用职权"和"明显不当"等例外情形下，可以进行合理性审查。二是"实质合法说"。持该观点的学者认为，可对合法性审查的内涵做扩大解释，将明显不合理的行为理解为违法行为，从而将合理性审查纳入合法性审查的范畴。② 本文认为，以上两种学说实际上均未否认"合法—合理"的二元审查结构，不论对"合法性审查"一词作何种理解，行政诉讼中的合理性审查都是实际存在的，而常理正是合理性审查中"理"的一个重要面向。

通过精读样本文书可以发现，反映社会公众基本价值取向的常理时常被法院用以判断行政行为的合理性。例如，在"贾晓艳诉宽甸满族自治县城市管理综合执法局行政强制纠纷案"中，被告在作出强制执行决定前向原告发出催告，要求其一天之内自行拆除违法建筑，该做法并不违反《行政强制法》中的有关规定，但法院认为："催告书要求申请人一天之内自行拆除违法建筑物，给申请人限定的期限不符合常理。"③ 从设置催告程序的立法目的来看，催告程序前置有助于保障相对人的陈述权、申辩权等程序性权利，有助于以缓和的方式实现行政管理目的，但当催告所限定的义务履行期限过短，导致当事人根本没有完成所负义务之可能时，上述目的明显无法实现。就实现个案正义而言，法院通过援引常理对被诉行为展开合理性审查无疑具有重要意义。

不少案件中，常理以间接方式在行政行为的合理性判断中发挥作用。具体而言，法院未直接表明被诉行为有悖常理，但在明确当事人之间的行政法律关系时，法院诉诸常理确认被告负有某种义务，被告因未履行该义务致使被诉行为不具有合理性。公法理论上，"行政法律关系中的起始问题是行政相对人的公权利问题"，④ 在判断行政主体是否负有某一义务时需要同相对人权利联系起来，对象化和具体化。在该理论下，对于行政主体义务的判断模式是一种反向证明模式，即便法律未明确规定行政主体需要承担某一义务，但如果相对人享有某种权利，则意味着必须从权利中演绎出相对应的义务，否则权利便如同找不到"靶心"的"弓箭"。演绎过程中，常理可成为连接权利和义务的桥梁。在"胡克东诉宁阳县行政审批服务局行政管理纠纷案"中，二审法院指出："土地使用权证作为政府颁发的具有对外公示效力的文书，常理上四至记载应当使用官方正式名称。"⑤ 法院事实

---

① 姜明安主编：《行政法与行政诉讼法》（第6版），北京大学出版社、高等教育出版社2015年版，第409页。
② 参见何海波：《论行政行为"明显不当"》，载《法学研究》2016年第3期，第74－75页。
③ 参见辽宁省高级人民法院（2015）辽行监字第00374号行政裁定书。
④ 翁岳生：《行政法（上）》，中国法制出版社2002年版，第260页。
⑤ 参见泰安市中级人民法院（2020）鲁09行终35号行政判决书。

上以相对人的知情权为基础，根据常理对被告科以使用官方正式名称记载土地四至之义务，也正是由于被告未履行该义务，法院认定颁证行为不具有合理性。

（四）法律适用中的功能

1. 法律漏洞的填补功能

"理想形态的法律，可以被认为是一种指向不确定的任何人的'一劳永逸'的命令，它乃是对所有时空下的特定境况的抽象。"① 很显然，理想形态的法律并不存在，一是因为人类理性是有限的，二是因为社会在不断发展，立法滞后问题无法得到彻底解决，法律漏洞必然存在。"只要法律有漏洞，法院就有塑造法的权限，此点并无争议。"② 在司法方法论上，填补法律漏洞的具体方法主要有类推适用、目的性限缩和扩张、根据法理原则以及习惯法等进行补充。实践中，借助常理反映的惯常行为逻辑对作为行为规范的法进行续造同样是法院较为常用的方法之一。应当明确的是，法律本身即来源于常理。"法律通常是依据常理对常事作出的一般规定"。③ 基于两者的密切关系，面对法律漏洞，诉诸被公众普遍接受的常理无疑具有实质合理性，常理理应成为法律续造的重要依据。

在某案中，由于当时《行政强制法》尚未施行，现行法律规范并未针对行政强制的程序作出规定，法院依据常理认为，尽管法律未对限期拆除违法建筑的告知书和决定书的作出与送达作出明确规定，但行政机关仍应有告知适用规则、给予相对人充足的时间以备陈述和辩护、告知听证等行为。被告作出告知书的时间晚于拆除决定书，明显不合常理，因而告知书和决定书在程序上均不合法。④ 该案法官运用行政行为的惯常行为逻辑——行使职权将对他人造成不利影响时必须先行告知对方并听取其意见，对处于空白状态的行政强制程序规范进行了填补，既符合行政法律规范的立法意旨，也能获得当事人乃至公众的普遍认同。

2. 模糊规则的解释功能

蒂莫西曾对法的模糊性有过精辟论断，他认为，当法律问题或司法适用没有唯一正确的答案时，法律规则就是模糊的和不确定的，这种不确定性与法律的开放结构、歧义性和语用模糊性等有关。⑤ 应当明确的是，无论规则的模糊性是显性的抑或是隐性的，法律解释在法律适用过程中均普遍存在。⑥ 就法律解释的功能而言，除在个案中连接案件事实与相关规范外，它还承担着引导社会意识朝着有利于法治进程的方向发展的任务。从法律解释的个案功能出发，目前学界普遍认为，文义解释在整个法律解释方法的适用顺序中处于

---

① ［英］哈耶克：《自由秩序原理（上）》，邓正来译，生活·读书·新知三联书店1997年版，第185页。
② ［德］拉伦茨：《法学方法论》，陈爱娥译，商务印书馆2003年版，第249页。
③ 杨建军：《常识、常理在司法中的运用》，载《政法论丛》2009年第6期，第93页。
④ 参见长沙市岳麓区人民法院（2009）岳行初字第15号行政判决书。
⑤ 参见［英］蒂莫西：《法律中的模糊性》，程朝阳译，北京大学出版社2010年版，第44-73页。
⑥ 参见陈金钊、孙光宁：《司法方法论》，人民出版社2016年版，第91页。

优先地位。"所谓文义解释优先,优先的是法律条文所使用语词的通常含义与习惯用法。"① 而语词的通常含义恰与常理密切相关,两者均源自人类长期社会生活中形成的习惯(约定俗成的含义与惯常行为逻辑),可以认为,通常含义中即凝聚着常理。就此而言,如能诉诸常理展开文义解释,无疑有利于进一步构建文义解释论点。

从法律解释的社会功能出发,欲通过法律解释引导社会意识,司法者在面对模糊规则时应当将其与产生法律的社会条件相联系起来加以领会。② 常理往往代表着一个社会群体所共同奉行的价值观念和行为逻辑,其恰恰源自社会生活和传统文化,如能以常理来理解法律,可使司法者更加全面、正确地理解法条,帮助他们更深层次地挖掘隐藏于文字背后的法律精神。另外,以理释法亦能限制法律解释的主观任意性,使解释结果容易获得当事人的认可,从而更好地发挥法的定分止争功能,在全社会提高和强化法治意识。

就当前的行政审判实践来看,法院大多在劳动争议案件中援引常理进行法律解释。例如,在"林君木材厂诉文山州人力资源和社会保障局工伤行政确认纠纷案"中,法院即按照生活常理,将《工伤保险条例》第14条第(六)项中的"上下班途中"解释为:从经常居住地(包括临时居住地)到工作单位之间的路途。③ 在"高玉芳诉嘉峪关市人力资源和社会保障局行政确认纠纷案"中,法院则结合生活常理,将"为更好地完成当日后续工作而从事的各种活动安排"囊括在"工作原因"的外延当中,从而将豆春智在外出为客人买烟过程中遭遇车祸的情形认定为"因工作原因受到事故伤害"。④

(五)判决说理中的功能

判决的可接受性是司法领域的主要目标和衡量标准之一,⑤ 这一标准既可用于评价司法过程,亦能用于衡量法律论证的质量。所谓的"可接受性",是指人的内心基于对外在世界中某种因素或成分的认可或尊崇而形成的状态或倾向,不论这种因素或成分是经验的、先验的抑或是超验的。司法实践中,一些法院在通过适用法律规则便能获得裁判结果的情况下,仍然在文书的说理部分援引常理,其主要目的在于补强论证结果,使裁判更具有说服力和可接受性。可接受性标准事实上将如何衡量裁判结果的问题转化为"裁判结果面向谁"和"谁接受裁判结果"的问题。毫无疑问,当事人是裁判结果的"直接听众",社会大众则是"间接听众",欲使二者接受裁判结果,需要让理性因素贯穿司法过程(尤其是法律论证过程)的始终,使之形成对裁判结果的内心确信。有学者指出,导致裁判文书服判力不足的原因在于裁判思维方式中往往排斥自下而上的民间知识(经验知识和判

---

① 戴津伟:《常理的司法论证功能研究》,载《江汉论坛》2021年第2期,第107页。
② 参见[英]科特威尔:《法律社会学导论》,潘大松等译,华夏出版社1989年版,第27页。
③ 参见文山市人民法院(2014)文行初字第9号行政判决书。
④ 参见酒泉市中级人民法院(2015)酒行初字第10号行政判决书。
⑤ 陈金钊、孙光宁:《司法方法论》,人民出版社2016年版,第28页。

断)。① 常理作为一种具备较强经验性质的民间知识，代表着公众业已接受的普遍观念，反映了人们从生活经验中形成的基本公正感，若将其恰当地融入裁判文书说理当中，可使法律论证过程与公众的日常理念相契合，裁判的说服力与可接受性便自然而然地获得了提升。

在"黄浦公司与靖江市人力资源和社会保障局行政确认纠纷案"中，一审法院经综合评析各方当事人提供的证据，对第三人吴建国系搬运花瓶过程中受伤的事实作出了认定。但法院的论证未止于此，一审法院进一步指出："从日常生活常理分析，根据原告主张的搬运方式与事发原因，吴建国在翻看手机时运动速度不会太快，碰撞力度亦不会过强。即使确因碰撞导致花瓶失衡摔碎，吴建国完全有反应时间避让，也就不会引发严重的身体损伤。故从伤情来看，第三人陈述的因参与搬运而受伤更切合客观事实。"二审法院对一审法院援引常理加强裁判说理的做法给予了肯定。② 不难发现，常理的援引可以丰富裁判文书的说理资源，在提升法律论证质量上发挥不容忽视的重要功能。

三、问题审视：行政裁判援引"常理"的实践困境

通过对样本裁判文书的细致梳理和深入剖析可以发现，常理在行政裁判中的援引可在证据审查、事实认定、行政行为合理性判断、法律适用和法律论证等五个方面发挥功能，上述功能的类型化分析基本上展示了行政裁判援引常理的实践样态。但必须指出的是，法院援引常理的尝试仍处于初始阶段，法院的援引行为在条件、标准等层面存在诸多问题亟待解决。

（一）法律地位层面的困境

关于常理的法律属性以及在司法裁判中的法律地位，我国现行法律规范未予明确规定。《最高人民法院关于加强和规范裁判文书释法说理的指导意见》（以下简称"《意见》"）虽然指出，裁判文书释法说理要讲明情理，体现法理情相协调，除依据法律法规、司法解释的规定外，法官可以运用公理、情理、经验法则等论证裁判理由，但这些规定更多地体现为一种倡导，其并未彻底解决法院援引常理的合法性及程序性问题。在早期的司法实践中，一些人对于援引常理的行为存在误解，他们认为常理具有主观性、不确定性、可变性等特征，在裁判说理中援引常理会动摇司法裁判的客观性。此外，由于绩效考核压力的存在，法官为规避风险，往往选择按部就班地适用法律，不愿或不敢援引常理进行说理。随着《意见》的出台，常理被越来越多地运用到行政裁判说理当中。从笔者检索获取的7705份行政裁判文书的时间分布情况来看，2018年后，援引常理的裁判文书数量确有

---

① 参见储槐植：《刑法机制》，法律出版社2004年版，第171页。
② 参见泰州医药高新技术产业开发区人民法院（2017）苏1291行初282号行政判决书。

较大幅度的增加。虽然《意见》为常理的司法运用奠定了初步的制度基础，但由于常理的法律属性和法律地位仍然处于模糊状态，且理论界和实务界对常理的援引缺乏经验总结，对实践逻辑亦缺乏深刻理解，导致法院援引常理的行为呈现出自发性和任意性的特征，这在相当程度上阻碍了常理的司法运用成为一项较为普遍的制度。

（二）援引条件层面的困境

关于在何种条件下援引常理，《意见》未作明确规定。行政审判实践中，法院在常理的援引条件层面主要存在如下两个问题：

1. 忽视司法裁判的规范立场，导致法的权威性被消解。

诚然，司法并非总是纯粹的逻辑演绎，在一些疑难案件中，法律论证必然要将某些法外因素涵括进来。① 甚至在某种程度上，包含了法外因素的法律论证是更为真实、完整和可接受的。但仍应明确的是，业已制定的法律规则应当成为法律适用过程的"首选"，这是法官理应恪守的规范立场。当现有规则存在漏洞或具有模糊性时，法院援引常理进行漏洞填补或法律解释具有实质合理性，甚至当现有规则并无问题时，法院亦能在适用规则的基础上，通过援引常理提升法律论证的质量，提高裁判结果的说服力。但在后一种情况下，若法院忽视上述规范立场，径直借助常理展开法律论证，将严重消解法的权威性。

在"印志洪诉上海市崇明区规划和自然资源局行政管理纠纷案"中，一审法院在征地机构未于强制搬迁之前催告当事人自行搬迁的情况下，认定强制搬迁行为与常理不符，而非援引《行政强制法》第35条之规定认定该行为不具有合法性。② 一审法院显然未能正确认识规则与常理之间的关系。由于常理的援引具有较强的自由裁量色彩，如果不对援引条件进行必要的限制，很有可能为法官枉法裁判、曲从私情打开"口子"。除消解法的权威性外，忽视规范立场径直诉诸常理的行为还可能对实现司法公正、提升司法公信力造成消极影响，对于我国的法治建设而言，这种危害实乃"不能承受之重"。

2. 过分重视规范立场，导致个案裁判结果不正义

恪守司法裁判的规范立场固然重要，但应当承认的是，法律作为一般性规范，其仅在一般情况下将案件处理结果导向正义，而在某些特殊情形中，机械地适用法律规则将可能造成违背立法原意、严重侵害当事人的合法权益、与公共利益或公共政策相悖等结果。有学者认为："如果过多地强调法律至上以及其与情理、道德之间的区别，往往会加剧社会成员对规则的迷信和对道德情理的鄙视。"③ 实践中，部分法院未摆脱对法律条文的过度迷恋，在出现拉伦茨所指的"法律规则目的悖反"时，没有合理地援引常理等法外因素进

---

① 参见陈坤：《疑难案件、司法判决与实质权衡》，载《法律科学》2012年第1期，第3页。
② 参见上海市第一中级人民法院（2020）沪01行终275号行政裁定书。
③ 范愉：《从司法实践的视角看经济全球化与我国法制建设——论法与社会的互动》，载《法律科学》2005年第1期，第7页。

行个案纠偏,致使裁判结果未能同时满足判决的自洽性与合理的可接受性这两个条件。①

整体而论,由于常理的援引条件并不明确,法院无法较为准确地把握常理的援引场合,导致"越过规范直接援引"和"该援引时未援引"等问题普遍存在。值得一提的是,司法实践中,法院对于援引常理的态度往往取决于案件受社会的关注程度。具言之,在案件受公众关注前,法院对于常理的援引并不重视,而案件一旦经新闻媒体报道并获得了公众的重点关注,法院便可能被迫诉诸民众接受度高的常理展开法律论证。此时,常理成为法院迎合民意、缓解外界舆论压力的工具,其应有的司法功能是否能够正常发挥暂且不论,这种被动援引无疑将对司法独立提出新的挑战。

（三）援引标准层面的困境

法院可以援引何种常理?换言之,能够为法院所援引的常理应当符合怎样的标准?《意见》同样未给出明确答案。关于所援引的常理本身,法院的援引行为存在较多问题。首先,一个值得关注的问题是,一些法院对常理的援引过于粗糙,浮于表面,裁判文书说理部分虽然出现"常理"一词,但并未表明是何常理,结合上下文亦无法作出判断。例如,某案一审法院指出:"韩某某提供的证人证言的关键内容不合常理,不予采信。"② 此处的"不合常理"指向何理,该证言缘何与常理不符,法院均未具体阐明。如果尚且不知所用是何常理,判断所用之理是否符合标准则无从谈起。就具体指明常理内容的样本文书来看,法院在援引标准上主要存在以下几个问题。

1. 将个人认知作为常理进行援引

在涂尔干看来,社会成员平均具有的信仰和感情可被称为集体意识和共同意识。③ 常理由于反映了社会成员的共同意识和普遍思维,因而能为司法裁判所援引,但实践中,部分法院不恰当地将并不代表共同意识的个人认知作为常理纳入法律论证过程。如在某案中,一审法院认为,油田于库房中存放加力管钳,根据常理,公开使用是必然导出的结论,因此可以确定公开使用的客观事实。④ "存放即意味着公开使用"究竟是法官的个人认知还是社会公认的常理,似乎尚存疑问。

2. 援引的常理不具有高度盖然性

前文指出,法院时常在当事人无法提供证据证明其事实主张的情况下借助常理进行事实推定。应当明确的是,推定出的案件事实的可靠性,依赖于作为推理大前提的常理的可靠性,具体而言,即常理应当符合高度盖然性标准。然而,一些法院在事实推定中援引盖

---

① 参见［德］哈贝马斯:《在事实与规范之间》,童世骏译,生活·读书·新知三联书店2003年版,第245页。
② 参见上海市第二中级人民法院（2009）沪二中行终字第214号行政判决书。
③ 参见［法］涂尔干:《社会分工论》,渠东译,生活·读书·新知三联书店2000年版,第42页。
④ 参见北京市第一中级人民法院（2006）一中行初字第1338号行政判决书。

然性程度不高的常理，导致推定结果的可靠性受到影响。在"陈恩文诉广德市住房和城乡建设局行政强制纠纷案"中，法院认为将赊欠账单放置于阁楼夹层内不符合常理，故而对原告的相关事实主张不予认定。① 诚然，不将赊欠账单放于阁楼夹层符合常人的认知，其应属常理范畴，但该常理的盖然性是否达致很高程度，恐怕不同的人难以达成较为一致的看法。

3. 援引的常理不符合法的一般原理或社会主流价值观

部分法院对常理的援引明显违背法理精神、强制性法律规定或法的一般原则，另有法院所援引的常理则与社会提倡的一般道德、善良风俗和主流价值观不符。例如，某案一审法院认为，根据常理，原告作为无效请求的提起人理当是不利后果的关注人，在得知被告不予重复审查时，理应积极求证，其有权利获得必要信息，以便及时提出意见，但其怠于行使权利，由此产生的不利后果应由其自行承担。② 一审法院没有判定被告未充分履行告知义务，反而要求原告承担因未行使权利而造成的不利后果，其对常理的援引显然突破了行政法上的正当程序原则。

4. 援引业已发生变化的常理

一般认为，常理根植于人的精神观念之中，有着高度的稳定性和延续性。③ 应予明确的是，这种稳定性仅是相对的，常理的内容并非一成不变。以古人所信奉的"亲亲相隐"观念为例，时至今日，人们对亲属间包庇犯罪的态度已发生较大改变。可见，常理的内容会随着时代的发展而产生变化。一些案件中，法院即不恰当地援引了已不符合时代特征的常理，如有法院认为，虽然被告进行了网络公示，但从常理而言，不能认定原告已知晓审批情况。④ 在信息化时代，手机和互联网已实现相当程度的普及，一味地坚持"网络公示一般不为当事人所知晓"的观念将可能影响法院作出正确判断。

就单独的个案裁判而言，上述问题普遍存在。若将研究视野拓宽至不同裁判文书（主要指同案或类案）之间的比较，则可以发现，因常理的援引标准的缺失，实践中同案不同判现象较为严重。在一些相似案件中，不同法院援引了不同的常理展开论证，并得出不尽相同甚至全然不同的裁判结果，此外，部分法院在援引相同常理的情况下亦可能得出不同的结论，上述现象在同一案件中的一审与二审判决之间同样存在。例如，在行政赔偿案件中，当原告提供的证据无法与损失清单上的物品相印证时，一些法院根据常理不予支持原告的有关主张，但一些法院则结合生活常理酌情确定赔偿数额。又如，某案一审法院根据"因公外出的返程时间应控制在正常范围"的常理认定马杰汶所受之伤害不属于工伤，但

---

① 参见宣城市中级人民法院（2019）皖18行赔终8号行政判决书。
② 参见北京市第一中级人民法院（2006）一中行初字第85号行政判决书。
③ 参见谭丽丽：《作为一种民间资源的情理——其进入当代中国司法的途径与技术》，载《甘肃政法学院学报》2009年第3期，第78页。
④ 参见清镇市人民法院（2018）黔0181行初6号行政判决书。

二审法院却根据"因公外出较一般工作而言存在诸多不可预测的风险"的常理作出了截然相反的认定。①

（四）援引方法层面的困境

"徒法无以自行"是法治领域的金科玉律，在正确的司法方法论指导下使法律由纸张跃入人的日常行动，或许比单纯的立法工作更为重要，也更加困难。具体到常理的援引方法问题上，当前的审判实践主要存在如下问题：

其一，未同基本法律方法整合运用。

一些法院在援引常理时未能做到与逻辑推理、利益衡量等基本法律方法整合运用，导致裁判文书说理缺位，当事人无从知晓常理的援引逻辑。该问题的出现主要与法院的惯性思维有关。一般而言，当法院将常理作为法律论证或裁判结果的重要支撑时，其往往将常理默认为逻辑推理的"出发点"，正是因为这些具有通常性的基本道理蕴含着惯常的行为逻辑，故而无须将之纳入逻辑推理之中，展开细致的说理论证。从法理上讲，法院对经验法则的运用自应有一个发现、认知、选择、判断和采纳的过程。② 但从样本文书来看，大部分法院往往越过上述程序，在尚未对常理形成全面、深刻认识的情况下，即径直援引常理展开法律论证，审查、认定程序的缺失极大地影响了常理的援引质量。其二，未使用生活语言。法院援引常理的初衷之一在于借助常理的社会性、群体认同性、非专业化等特征拉近民众意见与专业裁判之间的距离，使裁判结果更具备可接受性。然而，一些法院在援引常理时未使用生活语言，如有法院认为："被上诉人……的行为不仅违法，且也违反了一般常理，即同一行为，后时间优于前时间的效力。"③ 其对常理的专业化、学理化表述在一定程度上影响了常理的功能发挥。其三，未达到塑造模范政府的效果。监督行政是行政诉讼的重要功能之一，进一步而言，监督的逻辑在于塑造模范政府。④ 部分法院在常理的援引方法上未以推动模范行政为导向，仅简单地以"不合常理""有悖常理"等表述对被诉行为作出否定性评价，使得通过行政诉讼推动依法行政、科学行政的效果大打折扣。

另须补充的是，在程序法理论上，回应当事人的主张是法院应予遵守的规则。样本文书中，有198个案件的当事人将常理作为自身观点的重要支撑，但在122个案件中（约占62%），法院并未对此进行正面回应和反思。如在某案中，当事人提出，两名执法人员在不到半天时间内就将涉案17栋房屋（建筑面积超11万平方米）认定为违法建筑，该行为违反了全面、客观调查原则，调查速度如此之快明显有违常理。然而，法院在说理时未对

---

① 参见宜宾市中级人民法院（2019）川15行终8号行政判决书。
② 参见毕玉谦：《论经验法则在司法上的功能与应用》，载《证据科学》2011年第2期，第141页。
③ 参见白银市中级人民法院（2011）白中行终字第15号行政判决书。
④ 孙海龙：《"充分说理"如何得以实现——以行政裁判文书说理为考察对象》，载《法律适用》2018年第21期，第49页。

该观点作出回应。① 此外，基于正当程序原则的要求，任何人或团体在行使权力将使他人遭受不利影响时，必须告知对方处理结果并听取其意见，以便保护当事人的陈述权、抗辩权等权利。② 然而实践中，法院在援引常理时大多未遵循告知程序，致使当事人无法在审判过程中及时针对常理的援引提出异议，法院自身也因此失去了一次反思的机会。

四、规则建构：行政裁判援引"常理"的方法论

随着时代的发展，社会关系日趋复杂化和多元化，常理在行政执法和行政审判活动中的影响力也日益增大，如何正确援引常理已成为行政审判实践中的一个颇为棘手的难题。前文所述问题的出现，在很大程度上与法院在援引常理时缺少系统、科学的方法论指导休戚相关。为避免法院陷入以上困境，有必要立基于《意见》，针对常理的援引展开全面的规则建构。

（一）明确常理的法源地位

如休谟所言，人类社会中长久存在的事实可以具有规范意义。③ 在一些国家和地区的民法典中，常理便具有法源地位。本文的实证研究结果表明，常理在行政审判过程中亦发挥着重要的司法功能，仅明确常理的民法法源地位难以全面展现常理的独特价值，因而有必要明确其行政法法源地位，以消除行政审判中法官援引常理的顾虑。有学者指出，裁判说理的依据可以通过司法解释来规定，但法律渊源应当由立法正式规定。④ 就目前而言，一方面，《意见》中多为援引常理的倡导性规定，另一方面，《意见》作为由最高院发布的具有司法解释性质的文件，所起到的是"准立法"的作用，在效力级别上无法与正式立法相比。因此，为促成常理援引制度的整体构建，应当在更高层次的法律文件中将常理明确规定为行政法法源。具体而言，应当阐明常理的基本概念，规范常理的援引条件，确定常理的援引标准，构建常理的援引程序，指明常理的援引方法。惟其如此，方能充分凸显常理在"建设公正高效权威的社会主义司法制度"中的重要意义和价值。

（二）以法教义学的秩序体系为基础，规范常理的援引条件

常理的价值固然不容忽视，但其在行政裁判中的援引并非无要求无限制。诚如伯尔曼所言："法律必须被信仰，否则将形同虚设。"⑤ 现代法治是以法律至上为原则，以严格依法办事为核心的国家治理方式，由于常理未经民主立法程序转化为成文法规范，因而只能

---

① 参见海南省高级人民法院（2017）琼行终440号行政判决书。
② 参见王名扬：《王名扬全集：英国行政法、比较行政法》，北京大学出版社2016年版，第131页。
③ 参见［英］休谟：《人类理解研究》，关文运译，商务印书馆1997年版，第53页。
④ 参见彭中礼：《论法律学说的司法运用》，载《中国社会科学》2020年第4期，第109页。
⑤ 参见［美］伯尔曼：《法律与宗教》，梁治平译，中国政法大学出版社2003年版，第3页。

将其作为位于法律规则之后的补充性法源。基于此，针对常理的援引条件应当首先确立如下三个立场：一是规范立场。为维护法的可预见性和权威性，当法律规范已作明确规定之时，法院原则上应当依法裁判，不得越过法律规范径直依理裁判。有学者指出："法教义学以实定法为基础，是据以展开法律说理的问题定位与理论脉络，据以形成严谨的法规范秩序体系，检验和引导司法实践，形塑规范的法律思维。"① 可以认为，法教义学自身已形成了相对稳定的规范意义体系，借助法教义学的秩序体系，一方面有助于法官恪守实定法规范，另一方面也为构建实定法规范与常理等法外因素相互联结的论证结构提供了场域。二是事实立场。为社会成员所公认的常理，究其本质而言是一种经验判断，它反映的是生活事实上的一种常态，意味着不同事实之间存在相当因果关系而非必然因果关系。因此，当证据足以证明待证事实，能使法官获得"内心确信"时，不得以事实性常理代替事实本身。三是独立审判立场。法院应当主观能动地援引常理，让常理在行政审判过程中正常登场，避免迫于民众意见和舆论压力而被动援引，使司法的独立性遭受侵损和破坏。整体而论，法院可在必要时将常理作为"规范资源"和"参考资料"引入司法，这是一种理性吸纳而非盲目接受。②

在上述立场的指引下，可对常理的援引条件作如下规定：首先，在证据审查中：①对证据的关联性、真实性和证明力作出评价；②存在证据冲突，需要进一步审查和衡量。其次，在事实认定中：①对待证事实进行必要的推定；②检验事实推理结果；③需要从经验层面出发填补案件证据链缺失的关键环节。再次，在行政行为合理性审查中：①对行政行为的合常理性作出直接判断；②通过确定当事人的权利义务关系，对行政行为的合常理性作出间接判断。最后，在法律适用中：①存在法律漏洞；②法律规则模糊不清；③机械地适用规则将导致违背个案正义；④现有规则无法解决规范冲突问题；⑤补强法律论证；⑥需要进行利益衡量。诚然，如何立基于法教义学的秩序体系，在上述条件下让常理合理地进入司法论证结构，取决于我们如何认识与评价特定社会中的伦理道德与政治理想，这是一个值得进一步研究的话题。但不可否认的是，以上条件的确立，可为法官划定援引范围，规范其思维路径，从而避免消解法律的规范意义。

（三）确定常理的援引标准

为更好地发挥常理在行政审判中的司法功能，有必要确定常理的援引标准，使法院的援引行为"有章可循"。具体而言，我们可确定如下援引标准：一是高度盖然性标准。诚然，所谓的"高度盖然性"无法被精确度量，实践中，法院所能运用的判断方法是：正常情况下不会有例外发生。在具体案件中，若当事人并无证据证明其事实主张，法院用以推

---

① 戴津伟：《常理的司法论证功能研究》，载《江汉论坛》2021年第2期，第111页。
② 参见李红海：《认真对待事实与将常理引入司法——减少争议判决之司法技术研究》，载《法商研究》2018年第5期，第125页。

定事实的常理须具备很高的盖然性,若当事人提供的证据不足以证明其事实主张,法院可援引具备较高盖然性的常理进行事实推定。另外,法院应区分生活中的盖然性与个案中的盖然性,在个案处理时具体判断常理的盖然性程度。二是合法性标准。拉伦茨指出,法律讨论的特色在于,进行法律讨论时,法律家所面对的既存有效的法规范是有约束力的。① 换言之,法律思维并非不受限制,其在本质上是一种以现行法规范为基础展开的思维形态。因此,能为法院所援引的常理既要符合法理精神,也要符合法律规则和法律原则,除非要进行个案纠偏,否则"违法"的常理不应被纳入援引范围。三是时代性标准。前文已指出,常理仅具有相对稳定性,动态发展是常理的生命力所在。金斯伯格大法官曾言:"法院……应该留意特定时代的'气候'。"② 所谓"气候",其实就关系到特定时期社会公众所共同奉行的价值准则。法院需要着眼于当前的社会发展状况,援引符合时代要求的常理,避免运用旧思维看待新问题。四是地域性标准。在萨维尼看来,法律具有本土性特征,只有"民族共同意识"才是法的真正缔造者。③ 常理作为法的实质内容和制定根源,自然也具备本土性、地域性特征。一方面,法院应关注不同国家和地区对于同一问题的不同认知,避免以域外常理代替本土常理;另一方面,就本土常理而言,也应区分普适性常理和区域性常理,避免在处理此区域的案件时援引仅在彼区域适用的常理。另须补充的是,确定以上四种标准可能仍无法解决同案不同判问题,对此,需要培养法官的同质思维,并及时发布相关典型案例和遴选指导性案例,以实现裁判尺度的统一。

(四) 以推动模范行政为导向,指明常理的援引方法

行政诉讼在立法目的、受案范围、诉讼模式、判决类型等诸多方面有别于民事诉讼,根本原因在于行政诉讼除同民事诉讼一样的解决纠纷和权利保障的基本功能外,还具有监督行政的根本属性。在《行政诉讼法》的修改过程中,多数意见认为:"应当坚持《行政诉讼法》的功能定位,而且监督的功能只能加强,不能削弱。"④ 进一步而论,监督行政机关依法行政是行政诉讼的重要功能,而依法行政的目的在于推进法治政府建设,就更深层次的目的而言,在于塑造模范政府。因此,是否有利于塑造模范政府就成为判断行政裁判文书说理是否充分的重要标准。法院在援引常理对被诉行政行为的合理性作出否定性评价时,应在正确理解和把握司法与行政之关系的基础上,充分发挥司法对于推动依法行政、科学行政、民主行政的积极作用,通过加强针对行政机关的引导型说辞,引发行政机关的高度重视,从而对提升其模范行政意识产生有利影响。

---

① 参见 [德] 拉伦茨:《法学方法论》,陈爱娥译,商务印书馆2003年版,第28页。
② [美] 布雷耶:《法官能为民主做什么》,何帆译,法律出版社2012年版,第17–18页。
③ 参见 [德] 萨维尼:《历史法学派的基本思想 (1814–1840年)》,郑永流译,法律出版社2009年版,第17–23页。
④ 童卫东:《进步与妥协:〈行政诉讼法〉修改回顾》,载《行政法学研究》2015年第4期,第27页。

以推动模范行政为导向,法院应通过如下方法援引常理:首先,法院原则上应做到援引常理与演绎推理方法相结合。具体而言,法院需要在阐明所用是何"理"的基础上,对如何通过该常理得出结论展开充分的逻辑论证。波斯纳曾言:"多数法律问题还是以三段论方式解决的。"① 由于常理的确定性本就不如成文法规范,若通过归纳推理、类比推理等方法进行论证,反而可能弱化证成强度,因此,演绎推理应成为法院的首选。另须指出的是,通过演绎推理方法加强说理的同时,也应避免过度说理,以防止"因说理太多出现瑕疵"。② 其次,善于运用生活化、通俗化语言。常理中凝聚着经过提炼归纳的人类理性智慧,其来源于实践,同时又指导着实践,在此意义上,常理具有明显的社会性、通俗性特征。法院在援引常理时应结合具体案件,努力实现加强逻辑推理与使用生活化语言的深度融合,做到既清晰地展现裁判者的逻辑思维过程,又能以通俗易懂的语言阐明常理背后的道理。

另外,由于"公开蔑视和践踏法律所规定的程序要比那些违反实体法的破坏大得多",③ 为避免因程序不公而导致司法的公正性和权威性受损,理应将常理的援引纳入正当法律程序的规制范围之中。第一,回应的方法。行政审判过程中,如若当事人援引常理支撑己方观点和主张,法院原则上应当关注并在说理时予以回应,除非该"常理"明显不构成公认之理,而仅为当事人的个人认知。较回避问题而言,采用积极回应的方式更能使裁判结果具备可接受性。第二,告知的方法。各国立法大多倾向于允许当事人对常理的援引提出质疑,以弥补法官主观认知上的不足和防止利用常理的不确定性滥用司法权。应当明确的是,"知"乃"质"的前提,当事人只有知晓法院援引常理的意图,才有可能针对性地提出质疑和反证。故此,应当为法院设定告知义务,以便当事人行使抗辩权。值得一提的是,如能通过告知程序提前消解当事人的质疑,可使案件避免因常理的错误或不当援引进入二审程序,就此而言,运用正确的告知方法亦能节约司法资源,提升司法治理效能。

五、结语

司法治理能力现代化是国家治理现代化的重要组成部分,欲实现司法治理能力现代化,归根结底,是要在现代司法理念下充分发挥司法的社会治理功能。除定分止争、权利保障和权力制约等传统功能外,④ 现代司法语境下,司法承载着引导社会价值取向、塑造法律共同体、推动理论与实践的良性互动等功能。司法裁判若能合理地吸纳常理,可使现

---

① [美]波斯纳:《法理学问题》,苏力译,中国政法大学出版社2002年版,第54页。
② 梁慧星:《公正判决,适当说理》,载《北京日报》2015年3月2日,第14版。
③ J. C. Hutcheson, " Law Enforcement ", *The Central Law Journal*, vol. 95, No. 22, 1922, p. 393.
④ 参见李拥军、戴巍巍:《中国传统司法功能的价值意蕴与现代启示》,载《吉首大学学报(社会科学版)》2018年第6期,第34-35页。

代社会的普遍价值观念稳妥内化于裁判文书之中,将与自然法学派倡导的"最低限度的公平"相似的正义理念潜移默化融入司法,有助于发挥司法的价值引领功能。将常理作为法治现代化航途中的灯塔,亦能弥合不同主体在理解和适用法律上的分歧,对塑造法律共同体起到积极作用。"草木得常理,霜露荣悴之。"常理无处不在,法官所需要一双善于发现的慧眼。探寻并援引常理,让司法与实践理性相交融,在常理作用下,司法裁判得以实现"理性衡平"。

(编辑:戴津伟)

从德性内在到审慎行动：
一种立法者的方法论[*]

周宇骏[**]

摘 要 立法方法论是对立法者立法活动中运用方法的理论化。政治国家的内部德性外部化，对立法制度提出正当性塑造要求。这使得立法者的立法方法论应满足形成共识与尊重客观规律的目的。而传统法理学提供的方法论进路，较少涉及立法领域，难以为立法方法的内容构建提供理论资源。确立相应方法论应从主体出发，理解促使立法者内在与外在一体自我实现的构建逻辑。在此基础上，立法方法论可被归纳为促进立法者内在德性完善的方法与协调立法者外在审慎行动的方法。

关键词 德性 方法论 立法 立法者

十九大报告指出，应当"推进科学立法、民主立法、依法立法，以良法促进发展、保障善治。"① 地方立法活动可以通过优化本地的制度环境，形成具有区域优势的经济社会发展条件，带动并促进国家整体法治环境的进步。② 是故促进地方立法活动的高质量开展，是当前我国全面依法治国的重要内容。立法工作的加强与立法质量的提高，需要不断强化立法者的立法能力。而掌握一套科学的立法方法论，正是有效指引立法者提升立法能力的基础。因此，立法方法论研究对于立法实践而言有着重要意义。

---

[*] 本文系湖南省社科评审项目"地方立法过程中公共议题引导机制的完善研究"（XSP21YBZ112）阶段性成果。

[**] 周宇骏，男，汉族，江西吉安人，法学博士，湖南大学法学院助理教授，研究方向：立法学。
本文系湖南省社科评审项目"地方立法过程中公共议题引导机制的完善研究"（项目编号：XSP21YBZ112）阶段性成果。

① 习近平：《在中国共产党第十九次全国代表大会上的报告》。

② 葛洪义：《地方法制的规范性之辩》，载《中国法律评论》2019年第3期。

然而，从现有研究成果来看，国内理论界关于立法方法论的研究仍然未成气候，与社会发展和现代立法的要求仍有很大的距离，①致使立法者长期缺乏有效的方法论指引。一方面，传统的法学方法论对立法问题关注不足。一如考夫曼所言："至今传统的方法学说，一直仅研究从法律中获得具体法律判决的过程。立法方法，即用来得到正确的法律的方法，过去和现在只字未提。"②另一方面，目前国内关于立法方法论的研究成果大多集中于对立法方法论的概念化描述③、对部门法立法方法的介绍④等方面，较少从立法者的主体性出发开展讨论。本文研究拟从制度对立法者的能力需求出发，对立法活动所使用的方法进行理论化总结，以凸显立法方法论的理论内涵及其价值意义。

一、立法方法论的价值前提：内在德性外部化的立法制度及其正当性要求

方法论，是主体在认识和实践中获得一定成果的方式的理论。⑤方法也是工具，是主观方面的某种手段，主观方面通过这个手段和客体发生关系。⑥因此，明晰某一具体领域的方法论内涵及其运用，有赖对于对象客体深刻把握。立法方法论，必然根植于立法的属性本身。而立法作为将法律理念与未来可能的生活事实进行相互调整的活动⑦，实践属性是其内在性质。故立法方法论的对象客体是立法实践活动，立法方法论则是运用并根植于立法实践的方法论。同时，立法实践又是通过一整套立法制度实现的。因此，研究立法方法论的前提，首先应从理论上去认识立法实践的制度场域。

从古至今，立法制度都是政体问题在法律系统中投射的关键一角，反映着政制与权力问题在法律创制行为上的交汇。在推崇共和政制的古典时代，彼时的哲学家认为共和国建立在人民正义观（法）的一致性上。⑧立法的意义在于通过确立法律规则，命令人们行正直之事，防止公共利益被某些野心和私利的之人的权力意志所断欺凌。⑨因此，一种对于公共之善以及正义的内在德性（virtue）追求是立法乃至政制之内蕴，也是对于公民参与政治生活的基本要求。德性，是指公民应具备之值得称颂的内在品德。柏拉图曾将其描

---

① 周旺生：《立法学》，法律出版社2009年版，第19页。
② [德]考夫曼：《法哲学的问题史》，载考夫曼、哈斯默尔主编：《当代法哲学和法律理论导论》，郑永流译，法律出版社2002年版，第155—156页。
③ 参见朱志昊：《从价值预设到法律形式：立法方法论基础初探》，载《河南大学学报（社会科学版）》2011年第4期；李亮、汪全胜：《论后体系时代立法学研究之嬗变——基于立法方法论的考察》，载《江汉学术》2014年第1期；姜孝贤、宋方青：《立法方法论探析》，载《厦门大学学报（哲学社会科学版）》2016年第3期等。
④ 参见刘磊：《释法与造法的界限及方法论探究——我国刑法解释学基本思维方法的检讨》，载《交大法学》2014年第3期；张永健：《民法典立法方法论——以物权法第106条、第107条动产所有权善意取得为例》，载《财经法学》2017年第4期等。
⑤ 王晖：《方法论新编》，上海财经大学出版社1997年版，第1页。
⑥ [德]黑格尔：《逻辑学》下卷，杨一立译，商务印书馆1976年版，第532页。
⑦ [德]考夫曼：《法律哲学》，刘幸义等译，法律出版社2004年版，第190页。
⑧ [古罗马]西塞罗：《论共和国＆论法律》，王焕生译，中国政法大学出版1997年版，第39页。
⑨ 郑戈：《共和主义宪制的西塞罗表述》，载《中国法律评论》2015年第2期。

述为"希腊四德"也即"理智、正义、节制、勇敢"四种品德。而亚里士多德为德性注入了更多的公共性内涵。"制定良法的人无不关切城邦的德性和劣性。显然，要真正配得上城邦这个名称，就必须关心德性。"① 在其时的思想家看来，德性的要求在价值目的上与古典政体的构建存在内在一致性。②

但这种对于内在德性的关注，在启蒙运动之后出现转变，近代自由主义所倡导的政体乃至立法制度，不再构建在德性基础之上。"基于人性的自然权利是国家的起点"这一观念成为政治国家建构思想的基础。③ 孟德斯鸠等启蒙思想家并未诉诸德性这一古典政体原则，而是选择权力制约来构建他的新的政体论。④ 孟德斯鸠宣扬一种对英国"权力分立式"自由政体的推崇："只有政治权力未被滥用时，政治宽和的国家中才有政治自由。"⑤ 实现这种政治自由的英国政体，其权力制约并不依赖于德性，而是源于一种制度力量的节制。节制，在最新的译本中被翻译为宽和（moderate）⑥，属于灵魂品质之一，是内在德性的一种精神。"宽和"这一概念在孟德斯鸠的思想中有着重要意义，《论法的精神》全文都在试图讨论一种"宽和政体"（moderate government）。宽和是一种政体品质，其价值在于"其中的一种权力……与另一种权力相抗衡"⑦，即将宽和的内涵与分权制衡联系起来。在此，对节制（宽和）这种德性内在品质的理解被变换为一种政体结构制度外显的意义。因此，孟德斯鸠的讨论"揭示了一种德性下降的次序，德性作为政体原则的重要性逐渐从现代政体论中消逝了。"⑧ 综合来看，前述对节制的变换理解，实质上展示为德性的外部制度化。在现代政治中，古典时代归属于德性的内在品质——节制精神，被通过外在制度固定化为一种体制力量。

然而从本质上看，将内部德性予以外部对象化的方式带来了异己化，即人类之造物脱离人类存在并对人类施加影响。在异化活动中，人的能动性遭到异己的物质力量或精神力量的奴役，从而使人的个性不能全面发展，甚至畸形发展。内在德性外部化所导致的结果，是人类遭到外部制度统治而内在的政治参与能动性缺失，也即具备德性观念的人民的缺失。这造成民主在现代实践中日渐式微：个人参与的衰落、公民美德的丧失，消极自由观念所带来的政治冷漠正成为现代西方资本主义国家的通病。以美国纽约为例，2013年的

---

① ［古希腊］亚里士多德：《政治学》，吴寿彭译，商务印书馆1983年版，第127页。
② 刘小枫：《设计共和》，华夏出版社2013年版，第32页。
③ 田飞龙：《共存而优先——一种常态政治下的政治宪法理论》，载《北京航空航天大学学报（社会科学版）》2014年第3期。
④ 黄涛：《孟德斯鸠的优良政体论——〈论法的精神〉第一编中的一对不为人知的政体》，载《兰州大学学报（社会科学版）》2017年第3期。
⑤ ［法］孟德斯鸠：《论法的精神·上卷》，许明龙译，商务印书馆2012年版，第183页。
⑥ ［法］孟德斯鸠：《论法的精神·上卷》，许明龙译，商务印书馆2012年版，第38页。
⑦ ［法］孟德斯鸠：《论法的精神·上卷》，许明龙译，商务印书馆2012年版，第185页。
⑧ 黄涛：《孟德斯鸠的优良政体论——〈论法的精神〉第一编中的一对不为人知的政体》，《兰州大学学报（社会科学版）》2017年第3期。

普选投票率只有25%。① 正如马克思所批判的，人们被外部对象化的节制制度所统治，内在的德性与真实的政治参与无所归处；依赖于政体结构彰显节制精神的政治解放只是塑造了公民身份这一种"政治狮皮"②，无法实现真实的解放和全面发展。

这种异化的矛盾结果，源于现代政体构建中被忽视的立法者德性。异化的问题实质在于削弱了人民的自我统治（self-rule），矮化了法对人进行统治的正当理由（Legitimacy）。立法作为一种实现统治的具体方式，其预设目的内蕴对于正当性的诉求。正当性问题，也即何种取得主权（统治）的情形，更易为人承认、接受。③ 立法权与其说是一种内容明确的实体权力，不如说是一种被制度化的权威（authority）。④ 而当下的异化情形，集中展现为外部化的立法体制无法提供自愿服从的正当理由。因此，法（制度产品）要获得足以实现对人统治的正当理由而不仅仅是提供对自由的基本保障。换言之，立法应当内蕴正当性命题，立法活动所塑造的法应当展示德性的内在精神和良法品质。这种立法活动中德性的塑造，要求将过往对公民内在德性的普遍要求转移于立法者。在孟德斯鸠的论述里，除分权制衡的政体构建之外，立法者的精神也是宽和国家的内在要求。"宽和适中应该是立法者的精神。……我觉得，我之所以要写这部书，只是为了证实这句话。"⑤ 卢梭也曾表示：立法者"需要有一个能通达人类的种种感情而自己又不受任何一种感情影响的最高的智慧"，"只有立法者的伟大的灵魂才能证明他的使命的真正奇迹。"⑥ 为了塑造具备正当性的国家法律制度，立法者应当拥有着内蕴的灵魂德性，在自身的立法活动中遵循内在德性的指引，塑造符合一致的正义和公共利益的立法成果，进而方可为人们构建一套自愿服从的权威行动指南。申言之，只有具备德性的立法者，才能将德性的精神注入制度，完成正当化的统治。因此，对立法者德性的要求，是与德性外部制度化相配合，以适应国家与立法制度正当化的必然逻辑。既然内在德性的要求已然从全体公民转移到立法者身上，那么立法者自然应当遵循德性的指引，在立法活动中塑造法治的权威。

立法者在立法中的权威塑造，事实上是一个凝聚共同体认同的行动。如前述，立法本质上需要一种自愿服从的说服力。换言之，权力需要获得一种受众对权力的实质认同。而认同依赖于从形式民主迈向实质民主的共识凝聚。对于立法而言，这种共识凝聚必须要遵

---

① 程亚惠：《美纽约投票率现史上最低 官员呼吁减少投票障碍》，来源地址：http://w.huanqiu.com/r/MV8wXzg3OTg1NzBfMTM4XzE0NTk4NDU0ODA=.2016-01-04. 最后访问日期：2019年11月1日。

② the lion's skin of politics. 2002年出版的《马克思恩格斯全集》第2版第3卷则将其译作"政治狮皮"，并在第656—657页做出注释："政治狮皮出典于希腊神话中的大英雄海格立斯，海格立斯因误杀音乐老师而被放逐，他扼死了混墨亚大森林长着钢筋铁骨的猛狮，剥下它的刀枪不入的狮皮，一直披在自己身上，以自炫其力大无穷，不可战胜。"马克思评价认为这只是将异化的人提升为类存在的地位以弥补日常生活实际上的贬值，但这种弥补是虚幻的，并不代表着真实的平等。相关讨论亦可参见［美］杰弗里·C.艾萨克、彭斌、于天洋：《政治的狮皮：马克思论共和主义》，载《国外理论动态》2017年第1期，第45-60页。

③ 李睿：《Legitimacy：多义、本义及汉译》，载《中国科技术语》2015第1期。

④ 参见［法］亚历山大·科耶夫：《权威的概念》，姜志辉译，译林出版社2011年版，第67页。

⑤ ［法］孟德斯鸠：《论法的精神·下卷》，许明龙译，商务印书馆2012年版，第682页。

⑥ ［法］卢梭：《社会契约论》，李平沤译，商务印书馆2011年版，第44-48页。

循并符合共同体（国家）的一致正义要求，这种一致正义要求包含着以下两个层面：

首先，形成共识的正义。为人民创制共同规范的立法活动，若要获得共同体中参与者的一致认同以达致权威，就必然要遵循并展示作为共识的价值观。立法是将分歧内化，凝聚共识协调一致的活动。① 在多元利益诉求的冲突中，法律提供了一个弥合分歧的制度框架，成为利益交汇的聚合点。因此，立法的结果，集中表现为法权的一致或关于法的合意，也即人民关于公义的共识。② 而法律中所呈现的法权并不会天然地反映当前的利益诉求，这种合意的达成，必须经由一定程序予以转换，这一程序就是立法的过程。相较于一致的立法结果，形成共识、协调各方意志的过程更为重要。这种普遍的程序结论，意义不在于所塑造的价值观结果，也即不在于共识本身，而在于如何审慎且节制的开展立法活动以形成共识的过程。

其次，遵循客观规律的正义。作为一种相对于"进化理性"的"建构理性"存在，制定法的立法活动内涵展示着一种相对于逻辑知识获取的实践理性活动。因此，立法活动应当体现并遵源于客观的某种理性要求。这种理性要求，反映了立法者对客观事实的抽象。换言之，立法中存在一种理性认知活动，它揭示着事实之间存在的特定因果关系以及客观结构，也即是对"规律"的进行发现并总结。故而马克思曾言："立法者应该把自己看作一个自然科学家。他不是在制造法律，不是在发明法律，而仅仅是在表述法律，他把精神关系的内在规律表现在有意识的现行法律之中。"③ 是故，立法者的立法活动包含着对社会客观事实及其背后规律的揭示与发现工作，立法也应当在充分认识和尊重事物发展客观规律的基础上进行。

综上所述，基于法的权威塑造需要，立法必须要遵循并符合共同体（国家）的一致正义，这种一致正义包含形成共识与尊重客观规律两个方面的要求。而这两个方面不仅仅是立法活动的需要，更对立法者的立法能力提出要求。立法能力是立法主体按照立法程序行使立法权力，通过立、改、废、释等方式提供立法产品，及时满足经济社会文化发展对立法需要的一种能力。④ 立法能力是应对立法需求，保障立法合法性的基础。而立法者立法能力的理论体现，即是立法的方法论工具。因此，前述两个方面的要求构成了立法方法论的前提，也影响并决定着立法方法论的内容特质。

二、立法方法论的构建难题：传统法律方法论对立法的关注有限

立法方法论作为立法者能力的重要组成部分，其内容需求的前提，在于为应对德性外

---

① ［美］沃尔德伦：《法律与分歧》，王柱国译，法律出版社 2009 年版，第 28 页。
② 参见 齋藤 稔：《平和の基礎の要件：古代ローマにおけるキケローの思想をめぐって》，自印本，2009 年版，第 4 页。
③ 《马克思恩格斯全集·第 1 卷》，人民出版社 1995 年版，第 183 页。
④ 李林：《全面深化改革应当加强立法能力建设》，载《探索与争鸣》2017 年第 8 期。

部化的近现代立法制度现实而对立法者的正当性要求。这种正当性要求立法方法论具备形成共识与尊重客观规律两个方面的理论方法内容。然而传统法律方法论较少从立法者的主体视角展开，难以为立法方法的内容构建提供理论资源，关于立法的方法论有待进一步革新。

传统法律方法论，主要源于对司法官寻找规范与事实，并据此裁断之方法的理论总结，其实质是在为社会生活事实与固定法律规范之间搭建桥梁。也即是"法律发现"的过程，其结构处于一种类推、演绎、归纳和设证共同作用的状态。① 这一过程的方法，其主要的内容即是借助逻辑涵摄，将案件事实归属一法规范的构成要件之下。② 也可以说，借助涵摄的方法，法官在规范与规范所指涉的事实——也即应当（Sein）与实在（Sollen）——构造逻辑联系。米勒（Friedrich Müller）提出的方法，是淡化规范与规范所指涉事实之间的对立关系，区分规范文本与裁判规范。他指出，裁判规范来自那些在个案中被具体化的规范。而具体化规范的过程需要法官眼光在通过个案研拟的法规范与个别化的案件事实之间往复流转。③ 换言之，一切的裁判的依据，都是经过法官个别化后的法官法。而考夫曼（Arthur Kaufmann）认为法规范所指涉的生活事实本就是已被一定价值前提组构过的事实。这种链接的中介即是"意义"，该"意义"是事物的本质，同时存在于法律规范与案件事实当中，因此，价值与事实在这一场域中相互对应。故这种对应的方法论，不是一种单纯的逻辑涵摄，而是一种类型方法。具体来说，它是一种先在于逻辑思维的本质性思维或前逻辑思维（vor - logisches Den - ken），是从"事物的本性"产生的类推或先天判断，正是由于这种先天判断，逻辑判断才得以可能。④ 故而，类型方法不仅可以指引法官寻找到恰当的裁判规范，更可为适当解决生活事实，去突破固有概念的限制。通过类型方法，司法裁判不仅仅是一种法规范的寻找，更存在着法官对于法的漏洞填补与续造。

综合来看，传统法律方法论主要是基于司法者立场的一种解释主义方法论，在其内在理论路径上与立法者的立法活动需要存在差异。具体而言：

一方面，司法与立法在活动基本属性上的差异，导致了传统司法方法论与立法方法的内容区别。传统法律方法论，本质上是在通过对具体社会事实的勾连，寻找法规范性的意义，其归根结底是一种司法活动的解释方法论。正如哈特（Herbert Hart）所阐释的："规则之治（rule - governed）……真正需要的是'解释学'方法。"⑤ 这种解释主义方法论的

---

① ［德］考夫曼：《法律哲学》，刘幸义等译，法律出版社2004年版，第84页。
② ［德］拉伦茨：《法学方法论》，陈爱娥译，商务印书馆2003年版，第33页。
③ 转引自［德］拉伦茨：《法学方法论》，陈爱娥译，商务印书馆2003年版，第14页。
④ ［德］考夫曼：《类推与事物本质——兼论类型思维》，台湾学林文化事业有限公司1999年版，第135 - 137页。
⑤ ［英］哈特：《法理学与哲学论文集》，支振锋译，法律出版社2005年版，第14页。

主要目的,在于理解实践是如何可能被其参与者视为为他们创设了行为理由,① 也即为实践事实与规范价值提供链接。总结这种解释主义的方法论,我们可以清晰地发现,其基本沿袭着一条"受众中心"②的路径,构建出个别化文本(syntactically individuated texts),进而实现了行动理由提供的权威转换。换言之,解释被视为一种具备解释者意图的内心采信构建,权威本文的获得源于主体的意向依赖性理由(instrumental interpretive reasoning)。解释者的认知而非文本本身在解释活动中占据着主导地位。这与立法活动的基本属性以及前述塑造要求并不一致。尽管立法活动也包含了一定解释的成分,但总体来看,立法活动不仅仅是一种解释,解释只是立法者完成法律规则构造的前提性活动之一。立法活动必然包含着实现合法性塑造的客观价值对应与主观构建双重内容。立法所应当适用的是具有构建意义的方法论,在方法中展示出规范塑造的价值。因此,传统的司法法律方法论与立法方法存在差别。

另一方面,传统法律方法论的司法官主体立场与立法方法的立场也有所区别。传统法律方法论往往倾向于排斥规范中的立法者意图发现。对其而言,立法机关所创设的法律文本并不能直接作用于案件,它只是法官建构裁判规范(或判决理由)的素材。③ 传统法律方法论甚至传统法理学只重视司法方法,"注重的唯一结构是司法推理结构",甚至"并不信任也鄙视立法作为法源"④。对于立法者角色的这种忽视,沃尔德伦(Jeremy Waldron)称之为"一般法理学的自负",他借用罗伯特·昂格尔(Roberto Unger)的批判指出:"将立法边缘化,与民主不适,是当代法学中的'肮脏小秘密'……分析法学构建解释理论时,对立法结构特征几乎无只言片语。"⑤ 是故,过去的法律方法论事实上属于一种蕴含司法官本身价值认知的诠释方法,而规范本身当中的意图,也即是立法者的角色,在其中被排除了。

如是,尽管司法方法与立法方法在内容上并非对立,但由于偏重司法的传统法律方法较少及于立法领域,故其很难为立法方法的内容构建提供充足的理论资源。这具体表现在如下两个方面:

首先,传统法律方法论对立法者的复杂性关注不足,在立法的共识塑造方法上缺乏完善的解决方案。过去的方法论中往往将立法形象视为一个人的意志行为,在理论中过于频繁使用主权者或立法者概念,实际上是以立法主权的完整体或者说共同体概念代替了立法集体概念的存在。沃尔德伦认为:"(在这些理论中)立法主权思想的类型和展现依然坚

---

① 斯蒂芬·佩里:《法律理论中的解释与方法论》,载[美]安德雷·马默主编:《法律与解释:法哲学论文集》,张卓明、徐宗立译,法律出版社2006年版,第130页。
② 迈克尔·穆尔:《解释的解释》,载[美]安德雷·马默主编:《法律与解释:法哲学论文集》,张卓明、徐宗立译,法律出版社2006年版,第24页。
③ 陈金钊:《法律解释(学)的基本问题》,载《政法论丛》2004年第3期。
④ [美]沃尔德伦:《法律与分歧》,王柱国译,法律出版社2009年版,第37页。
⑤ [美]沃尔德伦:《法律与分歧》,王柱国译,法律出版社2009年版,第12页。

定属于个体式（individualistc）"，"法哲学可能愿意把立法机关当作一个黑匣子"①。单一立法者模式在传统法理学和法律方法论中成为一个认识前提存在，因此传统法律方法论并不会关注到立法者形成共识的方法，更无法为立法者提供形成共识的方法论方案。

其次，传统法律方法论对立法规律的把握有限，因而难以为立法者的立法活动提供方向指引。传统法律方法论也强调遵循客观规律的重要性，但这种运用客观规律的主体指向仍属于司法官，而往往忽视对立法者的要求。只有考夫曼曾在论述中有过相应的尝试。他将前文阐述过的类型方法引入到立法者的立法构造活动中，并认为立法方法类似于法律发现或裁判的方法，也是一种存在与当为对应、同化的过程。②借助"意义"也即"事物的本性"这个近乎形而上客观规律存在的中介，考夫曼的方法论将应被构建的客观事实与具体化的规范设计相对应，进而构造一个包含事实要件的法律规范。但应当指出的是，考夫曼对于"意义"的理解，很大程度上只关注到了单一规则对应外部客观规律的意义，而缺乏对规范完整性和特定法律问题调整方式的考量，具体而言，即是无法满足法规范的内部融贯以及实现法规范达致"合目的性"设计的要求③。

因此，传统法律方法论的理论无法为立法方法论的构建提供充足的资源。但这并不是说立法方法论的理论构建毫无踪迹可寻。立法方法论在本质上是立法者塑造立法制度、保障立法合法性基础的能力方法，故而应从立法者这一主体的立场出发，构建立法方法论。

三、立法方法论的构建逻辑：立法者内外一体的自我实现

立法方法论的形成逻辑，在于构建一套促使立法者自我实现的内外一体方法，进而推进整体立法制度的价值实现。立法活动，是一种包含着客观价值反映和主观构建双重意义的规则构建活动。其方法论需要兼具对社会事实的发现和对价值的规范化描述功能。由是，立法方法论的内容实质，是达致前述两项要求的统一理论方法。这在行动上包含着两个层面的内容：在认识层面，立法需要完成外部知识的法律系统内意义转化；在构造层面，立法应基于被转化而来的内部要素完成法规范之价值描述和实现。这种知识意义转化以及自我描述，意味着作为整体外在制度的立法活动依赖于主体的内部实现。因此，立法活动及其方法的实质应当指向基于立法者主体的内外一体实践及其实现方法。

立法方法通过立法者的主体实践解决立法活动中事实与规范的连结问题。在立法活动当中，法律规范本身并不是一个前提性的存在，而有赖于立法者的构建，其所应对的生活事实，也不同于司法活动所面对之事实：一方面，立法所涉的事实无法直接通过案件个别

---

① ［美］沃尔德伦：《法律与分歧》，王柱国译，法律出版社2009年版，第54-56页。
② 姜孝贤、宋方青：《立法方法论探析》，载《厦门大学学报（哲学社会科学版）》2016年第3期。
③ 故立法活动对科学的要求，不仅仅在于一种对立法事实判定的科学性，即认知层面的"合规律性"；同时，也要求着立法之建构设计符合其设计效用的科学性，即实践层面的"合目的性"。参见 拙作《合目的性的审查分层：我国地方性法规审查基准的实践及其逻辑》，载《政治与法律》2021年第3期。

化;另一方面,立法所涉之事实具备时间上的开放性,其不止限于被个案所截取的暂时性固定化的事实,而贯通历史、当下与未来,将从历史与当下形成的法律理念与未来可能的生活事实进行相互对应。① 故而,立法活动包括发现生活事实之实在,基于实在需求构建具备价值的法律规范,并以此规范去对应未来之生活事实等不同层面的内容。从方法论的角度来看,其中的难题依然在于事实与规范的联结问题。盖因法律规范的构建必然源于对生活事实的认知基础之上,而事实又无法直接推导出具有价值意义的规范。因此,构造立法方法应探索统一事实发现和价值规范化描述要求的路径。具体而言,这种统一路径呈现为如下理论理解:

首先,尽管立法活动的法律规则构造建立在对生活事实认识的基础上,但立法的法律规范价值并不来自事实的赋予。生活事实在法律规范构造中,并不扮演逻辑形成的前提角色。规范价值只能源自价值本身。这可以用凯尔森的观点来表达:一切法律规范最终的合法性都来自基本规范,而基本规范本身却是一个超验的逻辑预设。同时,这种基本规范实际上指向整个法律秩序的合法性(正当性)本身。换言之,法律规范的价值来源于法律系统自身。这也即是卢曼(Luhmann)所强调的法律是一种自我指涉(self-reference)。②

其次,立法活动是一种自我指涉活动,其内部活动是一种不同于解释活动的自创生。如前所述的,规范与事实的二元对立,对于理解法规范的价值来源问题提出了挑战。由于外部事实因祛魅而消解,无法再为规范提供价值。故而法律不能由外部权威来决定自身,只能由法律系统为法律提供正当性,也即"法律只能来自法律"③。这就造成了一个循环论证的逻辑悖论:"法律为自身提供正当性",也即法的自我指涉悖论。这种自我指涉尽管是一个思想的悖论,却是法律实践运行的真实逻辑④。立法活动的法律规范构造,亦是这样一种法律系统自我产生、自我观察与自我描述的结果。因此,法律规范中所塑造的规范价值,其正当性来源于法律系统自身,是对于法律系统的自我产生、自我观察和自我描述。

再次,这种自我指涉的自创生,并不意味着立法活动的事实发现对于法律规范构造无意义。法律系统具有规范封闭性和经验开放性,立法是法律系统的学习机制,现代立法的事实发现和总结,实际上为法律系统带来了复杂性知识。⑤ 这些知识经由法律系统的二阶

---

① [德]考夫曼:《法律哲学》,刘幸义等译,法律出版社2004年版,第190页。
② [德]卢曼:《法律作为一个社会系统》,杜健荣译,载《研究生法学》2008年第5期。
③ [德]乌尔弗里德·诺伊曼:《法律论证理论大要》,载郑永流主编:《法哲学与法社会学论丛2005年卷》,北京大学出版社2005年版,第15页。
④ 宾凯:《法律悖论及其生产性——从社会系统论的二阶观察理论出发》,载《上海交通大学学报(哲学社会科学版)》2012年第1期。
⑤ [德]卢曼:《法律的自我复制及其限制》,韩旭译,载《北大法律评论》1999年第2卷。

观察（second-order observation）①，实现了意义的再生产，被纳入了法律系统的知识体系中。经由立法者的生产转化，转化后的外部事实发现成为构建法律规范的内容要素。因此，立法活动的过程，实际上包括：立法者通过事实发现活动，获取相应知识；将这种来自外部事实发现的经验知识与"专长于反思的法律理论相结合"②，将其意义转换为法律系统内的内容要素；根据有关内容要素构造法律规范。这也即是立法活动中的社会事实发现和对价值规范化描述过程。

最后，前述事实发现与意义转换的自我指涉过程，也是立法者主体通过立法方法进行内外一体实践的自我实现活动。一方面，法律系统正当性价值的自我产生、自我观察和自我描述，实质上需通过立法者的"自我立法"予以实现。对法律制度正当性的论证常借助某种更高的外来规范以确立制度秩序的正当意义。此外来规范可能是一种宇宙的自然秩序③、神圣的第一推动力起源④或法律规范本身的形式系统⑤。但这种仅依托于客观规范的证明并不顺畅。自然权利并不等同于自然秩序，在德性被从国家建构中排除之后，仅从原子式个人的简单集合难以获得一种"善"的至上道德意义。因此有必要寻找如何在民主的框架中建立一种政治生活来确立人之统治的道德意义⑥。申言之，有必要借助立法者立法方法使用的转化，通过主观面向的"自我立法"去获得客观面向的正当性意义。⑦ 另一方面，立法者使用立法方法构造法律规范的过程，更是一种内外一体的自我实现。完满立法者德性理性的内在塑造与协调立法者审慎行动的外在活动，具有融通的一致性。如前述，立法应基于被转化而来的内部要素完成法规范之价值描述，而这种借由立法者主体完成的转换与描述，意味着作为整体外在制度的立法活动依赖于主体的内部实现。正如亚里士多德曾通过"宴会之喻"强调的，具备政治参与能力者，尽管多数缺乏理智德性，但通过集体方式来分享统治的权力却相对合适。⑧ 也即在具备政治参与的德性之下，通过协商的参与将使得整体的行动更为明智。因此，在个体具备一定德性和理性的基础之上，形成共识能够促使立法者更加好的掌握并运用规律，通过互相勾连的内外一体方法论实现立法的制度价值要求。是故，立法者的方法论，存在由内部自我完善向外部行动相互促进的统一方法论意义。

---

① 卢曼提出了一阶观察和二阶观察的概念。一阶观察是一个观察"什么"（what）的问题。一旦形成某种假设或理论，就意味着理论者将从区别出发使用某个区别进行观察，但一个观察不可能对其使用的区别进行观察。但第二次观察有可能对第一次所使用的区别进行观察。这种对观察的观察，卢曼称之为二阶观察。相关讨论参见［德］Kneer G, Nassehi A：《卢曼社会系统论导引》，鲁贵显译，台湾巨流图书公司1998年版，第134页。
② ［德］卢曼：《法律的自我复制及其限制》，韩旭译，载《北大法律评论》1999年第2卷。
③ ［英］培根：《新工具》，许宝骙译，商务印书馆1984年版，第8页。
④ 邓晓芒：《古希腊罗马哲学讲演录》，世界图书出版公司2007年版，第14页。
⑤ Luhmann. A sociological theory of law [M]. London: Routledge & Kegan Paul, 1985: P1.
⑥ 许纪霖等：《政治正当性的古今中西对话》，载《政治思想史》2012年第1期。
⑦ 孙国东：《基于合法律性的合法性——从韦伯到哈贝马斯》，载《法制与社会发展》2012年第2期。
⑧ 相关论证参见谈火生：《亚里士多德的"宴会之喻"是民主的认识论证明？——〈政治学〉第三卷第11章解读》，载《政治学研究》2019年第3期。

四、立法方法论的内容层次：从内在到行动

如前文论证的，立法活动的制度价值，需由立法者主体通过立法方法进行内外一体实践予以实现。立法方法论的固有逻辑，在于立法者内在自我完善与外在行动协调方法的统一。因此，理解立法者的立法理论工具，应当从整全的视野出发，由主体的内心至行为，确立其方法论内容。

（一）立法者的内在方法

促进立法者自我实现的内在方法，主要包括源于立法制度价值要求的立法者德性完善方法，以及基于尊重客观规律要求的理性构建方法。

首先，立法者德性心灵完善的方法。立法制度的价值前提要求立法者应当遵循德性的指引，在立法活动中塑造法治的权威。前文曾论述过，在内部德性外部化的近现代政治国家，要求立法制度应当具备合法性权威，以取得对制度本身的认可与服从。而这很大程度上是将过往对公民的内在德性要求转移于立法者。同时，立法活动作为一种自我指涉，其规范价值的塑造，必须依赖于一种内部的知识转化与自我描述，这也需通过立法者这一主体予以完成。因此，立法者要实现前述的要求，必须具备完满的内在能力，也即积极参与政治、完成公共利益识别的德性以及发现客观规律、掌握法律系统内知识意义、完成理性判断的明智。这些要求是超越认知能力与行动能力的主体性要求。而这并不是天然可以实现的，需要立法者持续的自我充实和自我提升。故而，立法者的方法论首要的体现为立法者不断实现自身内在完满，追求德性与明智，提升自我的修行。这独立于具体行为活动的方法，呈现为一种更高层次的、归属于内心的方法论。具体来说，这种方法论，主要指向完善自我对于德性的认知，实现自身对德性之追求而开展自我提升。这种认知与提升的方法论，主要指向一种立法者基于对自身日常行动的二阶观察而进行的反思性监控。行动者在行动中会展示出自我的分层模式（stratification model）①，即对行动进行一个二阶的观察，开展反思性监控。这是意志结构所决定的。② 这种对行动的反思性监控不仅仅是针对自身的活动流，还涉及他人，这意味着行动者对自身活动的根据始终保持"理论性的理解"。③ 在认知自我不足的基础上，立法者通过反思性监控对自我不足进行反思，并予以修正，最终完成向德性要求的靠拢。

其次，立法者运用客观规律的方法。立法活动的核心内容，在于对社会生活事实的发现和对价值的规范化描述。故而立法者立法能力的全部目的与意义，都在于更好地实现前述两项内容。而提升并完善立法者实现前述内容的能力，实质上是强化立法者发现并运用

---

① ［英］吉登斯：《社会的构成》，李康、李猛译，中国人民大学出版社2017年版，第3页。
② 参见［美］法兰克福：《事关己者》，段素革译，浙江大学出版社2011年版，第275页。
③ ［英］吉登斯：《社会的构成》，李康、李猛译，中国人民大学出版社2017年版，第5页。

客观规律的能力：一方面，立法活动中的生活事实发现，也即对外部知识的掌握与转化，需要把握其中的规律才能提纲挈领、有效率地完成；另一方面，基于内部要素完成法律规范构造，也需要充分理解并运用法律系统内部的规律，实现规范对社会事实和相应价值的理解。因此，完善立法者能力的方法论，主要是一种立法者掌握并运用客观规律的方法论，其中主要包含两个层面的能力：一是识别能力。立法者应当掌握识别外部社会事实和法律系统内客观规律的方法，形成对相应知识和要素的认识。二是合目的构造能力。立法终究还是一个构建的活动，发现不是立法者工作的全部。在识别客观规律后，合乎目的地构造出规范，更是立法者立法活动的最终体现，是故立法者应当掌握合目的构造的方法，实现规范的展现与目的要求相匹配。

其一，立法者对客观规律的识别方法，主要指向发现与认知的方法。立法有其自身的限度，不是实现自由，解决社会冲突的最佳手段。[①] 因此，立法者在立法活动中需要发现并查明的生活事实，不是简单的事实，而指向通过社会调控失败，而有赖于法律这种特定方式介入的事实。立法者对社会生活事实这种外部知识的识别，在于发现其之于法律系统内要素的知识性联系，也即"是事实之于特定社会互动的因果性"[②]。申言之，立法者识别的重要方向，在于形成外部知识同法律系统产生和发生意义转化的知识链接，这与前述考夫曼所采用的第三方"意义"表达事实与规范的桥梁有着异曲同工之处。立法者在此需要借助一种康德式的先验发现并揭示一种可共同对应外部生活事实与法律系统的知识意义。当然，此处与生活事实对应的并不是规范本身，而是来自于法律系统内的特定知识要素。例如，对于夫妻婚前购房归属问题的规范设计，立法者会通过这种共同对应意义的知识链接将话题核心转化到婚姻关系、债权等法律规范要素的理解与论证上。

其二，立法者合目的构造的方法，其目的意义在于构建一部展现客观规律的法产品，而这种法产品的最佳状态，即是实现法规则的内部协调与自行运转。

法规则的内部协调，主要是指法规则的塑造应遵循融贯性要求。一国之法规范是一整套的规则系统，其表现形式是规范集合。由于存在着多样化的规范内容，规则系统整体的优化，必须有赖于一致的方向性整合，减少规则的内部的冲突与消耗。这是法律规则系统的内在规律要求。是故法律规范集合内的统一性即融贯性（principle of coherence）是一项根本要求。融贯性是指"一组命题的组合作为整体合乎情理"[③]。对法律系统而言，该要求意味着一个规范试图达到的目标不应该为另一个规范所破坏。立法必须保证国家的全部法律之间相互一致、相互协调，必须保持法律规范逻辑结构的因果性和完整性，以及法律文本各组成部分的有机搭配和有序排列。故而立法者所采用的方法，事实上会是一种规范分析方法，通过对不同层级规范的相互配合，来实现所需构造规范的内部协调。

---

① Luc J. Wintgens. Legisprudence：*Practical Reason in Legislation*，Ashgate Publishing，2012. p. 134.
② 姜孝贤、宋方青：《立法方法论探析》，载《厦门大学学报（哲学社会科学版）》2016 年第 3 期。
③ Luc J. Wintgens. Legisprudence as a New Theory of Legislation，2006. *Ratio Juris*19：1 - 25.

法规则的自行运转，则是指法规则的塑造应设计适当激励机制。立法的最终目的与意义在于法的实施，实践中所创制的法规则能否顺利运转，决定了立法产品的效用。尊重客观规律，设计适当激励机制的立法，能够准确反映立法的目标对象需求，促使法规则顺利地被运用。例如在分蛋糕的事例中，确立"切蛋糕者应最后拿蛋糕"的分配规则，事实上隐含了一种通过程序设计而保障公平的激励机制，此时无须对分配者设定任何罚则，规则就足以自行运转，并保障分配的正义。立法要求一种建构设计符合其设计效用的"效用"价值，其最初级的体现，即是立法设计采用的手段应当符合其设计的"效用目的"，保障制度规范最终在实践中实现有效运转。是故，立法所选用的手段应与立法目的匹配。立法者在其中采用的方法，即应基于"目的—手段"匹配的思路，保障其手段选用符合其制度目的，促使规则具备适当的激励空间，促使自发地遵守法规范。

（二）立法者的外在行动方法

形成共识是立法制度对立法者的基本要求。现代立法机关，是由多数不同族群、阶层的利益代表组成的庞大机构，其全部成员都可冠之以立法者的身份。立法是由整体立法机关所塑造的，也即是由立法者集体塑造的。因此，协调立法者形成一致的立法，是立法活动的必然内容。同时，在立法这种自我生产活动中，立法者需要完成外部知识转化和规范价值构造的活动。而这必然会涉及两个核心问题，即哪些外部知识需要被识别转换，哪些法律要素需要被规范固定。对于复数的立法者而言，即是一个形成共识的过程。是故，立法方法论必然包含协调立法者行动、形成共识的方法。

对于在复数主体中达致共识的方法，并不仅仅是"民主"那么简单。在现代政体的立法活动中，立法形成本身似乎已经成为一种事实判断问题，民主也不过是一个制度前提。应当指出的是，真实的民主不仅仅是一种少数服从多数的民主决断，更应当是一种集体自治的理性产物，要求商谈和慎议。同时，单纯的"民主"概念更多是站在宏观角度，描绘制度或制度背后的思想。而方法论则是个体的工具，尽管它可被集体所接受并使用，但从主体意义来看，它依然归属于单一主体，而非集体。换言之，"民主"本身并不是立法者使用的方法论工具，而更多指向立法者在实践中需要达成的状态或制度目的。

达致共识的立法方法论要求立法者在立法活动中应当审慎。为了具备理性的法统治，实践对立法活动的共同支配以及对共同利益的保障，需要立法者实现一种理性参与。且这种参与并不应仅仅呈现为一种利益竞争。它绝不是如某些国家与地区议会中存在的那些同古罗马斗兽场一样的对立式表演，而应当是理性立法者基于德性的感召，审慎地进行决策参与的活动。故而，为了共同利益的保障，政治应当存在一种审查机制，以防范人民中，尤其是从个人利益出发的偏好、私利等影响着政治判断。这种审查机制便是集体理性的存在。[①] 集体

---

① ［古希腊］亚里士多德：《政治学》，吴寿彭译，商务印书馆1983年版，第146页。

理性依赖于共同决策,这种共同的决策并不是一种古典时代贝壳放逐式的直接民主议决,而是一种通过话语与协商交换正义观念后的慎议。正如哈林顿在《大洋国》中的描述一样,要求人们"在公共餐桌上表现得克己复礼"①。因此,立法的实践应保障一种商谈(discourse)而非决断(decision)。同时,作为应对异化、实现真实解放的共同体,社会主义国家追求消解政治国家的异化现象,要求社会主义共同体的决策能够兼具真实的民主参与和科学理性。其超越资本主义民主制度的核心特质,就是在于除追求一种超越了个体主义的公共生活,更要求这种公共生活是真实共同体的生活。因此,作为社会主义的立法在目的上应表现出保障慎议参与的追求。尤其在我国人民代表大会制度中,由于其本身代表着社会主义人民共和体制的民主性部分,立法活动应体现出慎议的价值。

是故,本文认为,对于立法者主体而言,形成共识的方法论,乃是一种"慎议"(deliberation)。这要求立法者实践一种理性与充分沟通的政治参与,也即前文所描绘的审慎地开展立法活动以形成共识。

具体来说,"慎议"的方法论,要求立法者在立法活动中实现知识开放与协商。一方面,立法者在立法活动中,应当保持具有互动性的知识开放。尽管立法活动是一种自我指涉,但立法者在立法活动中的决策并不应是单纯的自我决定。立法本身即是一种知识开放的学习机制,有必要将外部知识纳入法律系统,实现知识的意义转化,故立法决策应是与更大规模,或者说是与整体社会价值进行互动的产物。因此,立法者在立法活动中,应当充分发现并接收生活事实所提供之外部知识。再基于反思性的二阶观察,查明相应知识的意义转化,以发现所涉法律系统内要素以及相应规范命题。同时,这种知识开放也意味着对已经由他者转化的内部知识进行认知与识别。另一方面,立法者在立法活动中应当实现充分的沟通与协商,相互交换关于相应内部知识识别和规范命题确认的意见与看法,实现与他者的理性商谈。这种交往理性能够一定程度上克服立法者在外部知识转化和规范价值描述中的解释主义倾向,将规范设计与生活世界妥当联结,强化形成共识的程序价值。这样通过商谈与沟通的共识形成,"在程序上运行着的反身性"②,使得立法这种自我指涉活动通过程序完成了自我的正当化。

五、结语

"立法要成为独立的学科,必须有自己的公认的、可辨识的方法论,否则就不能主张获得智识尊重。"③ 故立法方法论不仅是立法实践的需求,也是立法学身为独立学科的理论基石之一。而传统法理学提供的方法论,主要指向一种司法角度的解释主义方法,难以回应立法活动中的方法论问题。在理解立法作为一种自我指涉的自创生活动的基础上,立

---

① [英]詹姆士·哈林顿:《大洋国》,何新译,商务印书馆1996年,第23页。
② [德]尼可拉斯·鲁曼:《社会中的法》,李君韬译,五南图书2009年版,第116页。
③ 姜孝贤、宋方青:《立法方法论探析》,载《厦门大学学报(哲学社会科学版)》2016年第3期。

法方法论呈现为从内在反思到审慎行动的统一方法论，具体指向反思性监控的自我修行方法、知识转化的识别方法、规范分析与"目的－手段"匹配的合目的构造方法、知识开放与协商的慎议方法等。而前述抽象化的立法方法论如果回归到实践层面，结合我国的有关法律具体规范可以发现，尽管对相应内容并无直接规定，但前述方法论的要求在我国法律话语体系中也可以表达为民主立法与科学立法两项基本原则。从另一个角度看，作为整体性原则的民主立法和科学立法原则，在具体方法论层面显得过于宏观，如不通过立法方法论予以揭示，在很大程度上只能成为立法者的价值观自觉，而不能提供更具象化的方法论意义。

在全面依法治国持续推进、立法需求持续增长的当今中国，立法者不应缺乏方法论化的立法理论工具。开拓对立法方法论的研究，本文仅作出了部分粗浅的尝试。也期待未来的立法理论研究能够回应实践需求，充分结合我国有关立法制度，总结有中国特色的立法方法论工具，逐步构建中国的立法理论话语体系，进而指导促进良法塑造、实现善治。

（编辑：宋保振）

论立法社会学研究方法：
立场、优势与挑战*

王起超**

> **摘 要** 随着立法理论与实践的发展，立法社会学应当成为立法学研究的主要方法之一。在立场上，立法社会学以法社会学为理论底色，引入法社会学方法，同时致力于解释立法现象的规律，以中立观察者的身份切入、采取微观和宏观相结合的视角、不以主动提供立法建议为研究旨趣，并以立法决策论题作为核心关切。与现有其他立法学研究方法相比，立法社会学具有极为显著的优势：立法社会学将立法哲学研究拉回现实，展示了其现实关怀；立法社会学总结部门法立法的规律，使得部门立法研究得以升华；立法社会学在立法释义学基础之上超越了研究对象的局限，扩展了立法学的知识来源。然而需要承认的是，立法社会学作为研究方法在现阶段仍然面对一些潜在挑战。
>
> **关键词** 立法社会学 立法研究方法 立法决策 立法释义学

一．问题的提出

习近平法治思想提出科学立法是全面推进依法治国的工作格局的前提条件。在中共中央印发的《法治中国建设规划（2020 - 2025）》中，"立法"一词出现了78次之多，并明确提出"完善立法工作格局""坚持立改废释并举""健全立法工作机制""加强地方立法工作"等。习近平法治思想和《法治中国建设规划（2020 - 2025）》为立法学研究提供了宏观指导，而与此同时令人振奋的则是这使得立法学研究的意义和紧迫性再次凸显。立法研究能够为立法工作和实践提供源源不断的理论供给，而我国丰富的立法实践为立法学研

---

* 本文为上海市哲社基金青年项目"长三角洲区域协同立法研究"（2019EFX003）的研究成果。
** 王起超，男，河南安阳人，中国人民大学法学院博士研究生，研究方向为立法学。

究提供了鲜活的研究对象与深刻的问题意识，使得立法学研究能够围绕着实践中的真问题而有针对性地进行。在《立法法》颁布实施的二十余年中，我国立法实践逐渐丰富，立法学研究者对经典命题如党领导人民立法、人大主导立法以及新命题如设区的市立法、区域协调立法等展开了深入的讨论，立法体制机制的改革推动中国立法学研究朝着更加深刻而精细的层面发展，呈现一篇繁荣景象。

然而在走向繁荣的同时，立法学研究存在着研究方法上的隐忧。一方面，立法学研究方法并不规范。过往的立法学研究往往给人们留下一种印象，即只要是围绕着《立法法》而展开的、或研究成果里带有"立法"字样的研究便都是立法学研究。虽然不少学术研究成果都冠以"立法研究"的名号，但是研究者们却感觉到并非所有的所谓"立法研究成果"都具备可靠的质量（至少是立法学意义上的）并能够满足读者的知识期待，一些成果无法成为研究者彼此之间进行沟通的有效媒介。另一方面，更为重要的是原有的研究方法在学术研究中已经略显"疲态"。对《立法法》条文进行规范性分析的研究已经难以带来知识创新，对立法进行的纯理论分析距离立法实践又过于遥远，甚至陷入研究者"自说自话"之嫌。鉴于此，在立法学众多已有研究方法之外，应当引入且归纳全新的研究方法。本文认为立法社会学应当逐渐成为立法学主要研究方法之一，其立场表明了与现有研究方法的不同，而其优势能够为立法学研究带来知识更新与创造。

结合立法学研究方法的困境与本文的主张，本文将紧紧围绕"为什么立法社会学应当成为立法学研究的主要研究方法"这一核心问题意识而展开。同时遵循在提出问题之后分析问题、解决问题的思路，本文的逻辑框架为：首先，阐明立法社会学作为研究方法的基本立场；其次，分析立法社会学具有的独特优势；最后，讨论立法社会学可能存在的不足。需要指出的是，本文的视角是基于立法学作为相对独立的学科，因而使得分析立法学方法论转型的可能性得以成立。

二、立法社会学的基本立场

通常而言，方法论范式指的是在研究方法方面的某种公认的模型或模式，它由某个或某些相互融贯的主张及结构化为研究手段方面的纲领，并能为后来者提供可模仿的先例，[1] 也是一定时期内科学研究共同体成员在进行常规科学研究过程中所共同遵循的规范和理论方法论模式[2]，某种范式之下包括各种具体进路不同的研究方法。尽管中国的立法学这一概念"产生"至今已有数十年，但是立法学研究者在寻找自己的学科共同体时却发现难以找到一个坚硬的内核。在很大程度上，这是因为立法学研究者并未自觉地完成研究方法上的探索与总结。联系我国立法实践、立法学研究对象和立法学研究的主要问题，主

---

[1] 雷磊：《法教义学的基本立场》，载《中外法学》2015 年第 1 期，第 199 页。
[2] 参见朱景文主编：《法社会学》（第三版），中国人民大学出版社 2013 年版，第 49－50 页。

张立法社会学作为研究方法而存在正当其时,那么本节的主要任务即为首先阐明立法社会学的基本立场。

(一) 以法社会学方法为理论底色

在逻辑关系上,立法社会学属于法社会学中的专门研究,法社会学的主要观点在于并不关注法律本身如何规定,而是关注法律在多大程度上受到社会因素的影响以及法律在多大程度上影响社会。① 法社会学家关心的不是书本上的法,而是法的创制者的行为、创制法的原因,法的解释、适用、执行及其原因,由于法的创制、解释、适用、执行而在社会中实际发生的行为,由此法社会学能够发现法律运行的社会机制,这种机制具备一定的普遍意义。② 社会学法学家庞德所主张"进行社会学研究,从而为制定法律做好准备工作"③,这种方法论对立法学研究的启迪在于应当从社会寻找立法的根源,而不是将视野局限在已有法律秩序之内。法社会学理论没有将法律本身视为不容置疑的研究对象,这种特征能够为研究者自身带来一种客观的品格,即不事先预设立法制度与技术的合理性,而是对其进行社会学分析,对立法制度和现象的合理性评价隐含在研究结论当中。

如果将法律视为一套由法律规则构成的、由专门机关实施的社会秩序,那么立法恰恰位于连接法律秩序与社会实践之节点之上,这就要求研究者必须同时关注社会实践和法律的制定过程,因而在方法论的选择上应当将法社会学纳入视野。过往立法学研究倾向于围绕法律条文甚至仅仅是《立法法》本身的规定展开,这种对象上的限缩使得研究者在选择研究方法使优先使用法教义学的分析方法。然而。立法作为法律调整方式的环节之一,主要任务在于对社会利益结构进行调整,而社会利益结构之间的冲突、协调与连带④恰恰反映着立法作为博弈活动的法律意涵。作为一种具有国家意志性和强制力且普遍有效的社会规范,法律产生并运行于利益的冲突与调适之中。作为政治象征的立法代表着国家对利益结构的固定,那么是否立法、如何立法则是国家对利益结构固定的时机判断与制度承认。总体而言,在法社会学的视角中,立法本身并没有什么"教义"可言,在这个意义上,法律仅仅是众多社会调整方式中的类别之一。

与社科法学的类似,立法社会学引入了社会科学的相关研究方法(例如政治社会学、

---

① See J. M. Irwin, A Sociological Evalution of the Development of Sociology of Law, Vantage Press, 1986, pp. 3 – 5.

② See J. M. Irwin, A Sociological Evalution of the Development of Sociology of Law, Vantage Press, 1986, pp. 3 – 5.

③ 庞德认为,在立法准备上公认的科学方法就是对其他的立法形式进行分析研究,但是仅仅对比法律文本并思考其内容中的抽象正义是不够的,更重要的是研究这些文本是如何在社会中运作的以及他们生效后产生的实际效果。参见 [美] 罗斯科·庞德:《法理学(第一卷)》,余履雪译,法律出版社 2007 年版,第 286 – 287 页。

④ 在经典的法社会学理论中,马克思的"冲突理论"、涂尔干的社会分工理论与韦伯的经济与社会理论都对如何调整利益与法的关系进行了论述。参见黄建武:《法律调整——法社会学的一个专题讨论》,中国人民大学出版社 2015 年版,第 23 – 30 页。

组织社会学、风险社会学、公共政策学等),使得立法学知识的视野更加开阔和深刻。以法社会学为底色,则意味着立法社会学在进路上至少应当包含立法定量分析、立法满意度调查、立法前和立法后评估、立法权的政治社会学阐释、立法与媒体、经济、文化、立法的知识生产等。但是与社科法学不同的是,由于社科法学较大程度地接洽了相关社会科学的方法与知识,主张以更加开放的心态开展跨学科研究,使得法社会学在概念上已经无法包容社科法学①。而相比之下,由于许多立法学概念尚没有完成法律内部的论证,立法研究尚未形成方法论自觉,因而不适宜过早对立法社会学进行突破。而就目前来看,立法社会学研究方法的运用具备一定难度,一方面研究者需要掌握相关法社会学的理论,选取具有解释力的理论框架用以解释研究对象;另一方面,研究者又需要在法社会学理论与立法实践之间进行目光反复流转,必须十分熟悉我国的立法制度与过程,而防止运用社会学理论对立法活动进行天马行空的研究。鉴于立法学的政治属性以及以往立法学在法学学科中的境遇,满足理论与实践相结合的要求对立法学而言则更是一个挑战。

(二) 致力于解释立法现象的规律

由于立法社会学所解决的问题在于立法程序内外因素之间的互动和影响,那么作为法社会学之下的分支,立法社会学的展开虽然仍是基于法律制度,但并非以《立法法》规范作为主要的分析对象,也不仅仅着眼于纸面上的法律条文之间的逻辑,而是关注立法制度和程序在现实中的运作效果,什么因素影响着立法以及立法如何影响社会。那么立法社会学通过立法与社会的关系的分析则在于致力于解释立法规律,主要通过三层内涵体现。

首先,研究者以中立观察者的身份切入研究,具备一定的批判色彩。与传统的立法学研究相比,立法社会学站在社会的视角审视立法现象,使得立法研究者必须秉持中立的研究态度,不提前预设立法制度的合理性,而是通过观察发现问题、解释问题,以保持立法学研究具有理论性、独立性,而非流于对立法制度的表面介绍。不过需要指出的是,这种中立性在客观上是由立法程序的"半封闭型"造成的,尽管存在"开门立法"、公众参与等民主程序,但立法活动终究是立法官僚直接参与②、在政党与国家直接领导下进行的公法意义上的活动,从而使得研究者获取研究信息的来源受到一定的限制,而只有较少的研究者能够作为核心参与者在立法审议等环节中出现。主客观因素的影响造就了这种局面,而即便日后研究处境有所改善,立法学研究者仍需坚守中立研究品格的必要性才有可能使研究具有广泛说服力。

第二,微观视角与宏观视角的结合。就微观视角而言,对立法规律的解释需要基于

---

① 关于"为什么不再是法社会学",参见侯猛:《社科法学的传统与挑战》,载《法商研究》2014年第5期,第75页。
② 参见王理万:《立法官僚化:理解中国立法过程的新视角》,载《中国法律评论》2016年第2期,第114–142页。

"以小见大"、对个案进行研究的风格与路径。过去研究者们认为对"立法个案"进行研究是不可能的或至少是难度极大的，但是近些年随着立法文件逐渐公开、职业立法者的回忆录陆续出版、全国人大和地方各级人大等立法机关开始为研究者"打开大门"等便利条件的出现，使得研究者能够深入立法场域，对立法机制、立法现象的因果关系等展开分析，从而使得法社会学在立法领域得以施展身手。① 而就宏观视角而言，立法活动本身和立法产生的作为立法结果的规范性法律文件都具有普遍性和一般性，必须将研究置于国家发展、社会治理等宏观方面展开思虑，避免研究者陷入繁琐的事实信息之中。在微观和宏观视角的共同影响下，立法社会学的典型的设问则更加有趣：立法程序的启动是由何种因素推动的？具体表现为："三鹿奶粉事件"如何促进了我国食品安全法律的制定进程？2020 年受到新冠病毒疫情的影响，中央和地方的"加速立法"的现象有何法理根据？媒体的议程设定如何对立法机关产生了压力、如何评价压力的强度？在大数据和人工智能时代，全国人大常委会在做出信息决策时所考虑的因素与过去相比有何种改变？这种问题的出现使得原有的立法释义学显得无能为力，而必须借鉴社会学和其他相关社会科学的理论，诸如新闻传播学、公共管理、制度经济学、政治学等其他相关学科的知识与方法②。

第三，不以主动做出立法建议为研究旨趣。部门法学者对该部门法律制度的分析往往以做出法律修改建议或者呼吁加强立法等结论而结束。而社科法学主张在面对疑难案件时，社科法学和法教义学存在合作关系，社科法学讨论法律的"外部问题"并给出解决方案，法教义学在"内部"通过解释使解决方案得以合法化，社科法学如果能够直接参与法治进程"对这些个案的审判提供有效指导，将对法治建设大有裨益。③ 但是由于立法学的研究对象具有极为强烈的稳定性，立法体制本身通常难以在短时间内发生重大变革，使得立法社会学不应主动提供所谓的立法建议，而是以致力于揭示立法机制和立法规应当是立法社会学的旨趣与适宜目标。不过，对"立法个案"进行研究而发掘的立法规律得以逐渐揭示之后，成为国家立法体制改革的素材、信息和经验，在某种程度上起到间接推动立法制度改革的作用。

---

① 法社会学研究方法在立法学研究中较为典型的是王理万《立法官僚化：理解中国立法过程的新视角》一文，该文对全国人大常委会法工委进行法社会学研究，运用韦伯的官僚理论框架，采取观察者的视角研究国家立法机关中的立法工作者（立法官僚）与法制工作委员会（立法官僚机构）在立法过程中的权力运行状态，并在理论上将法工委在立法过程中扮演的作用概括为"立法官僚化"，并基于此提出立法官僚"篡夺"立法权的政治正当性问题。为了保证立法权的民主性，对于立法官僚化的民主控制已经成为现实议题：应当逐步建立立法助理制度，提高人大代表的立法能力；限制立法官僚机构的决策范围，通过公众参与稀释立法官僚的权力。立法官僚机构也应顺应民主政治的要求，成为沟通行政机关与民意机构之间的纽带，缓和在"部门立法"与"人大主导立法"之间的制度张力。这一研究建立在对立法制度与技术进行观察、总结的基础上采取适宜的社会学理论对现象进行论证。参见王理万：《立法官僚化：理解中国立法过程的新视角》，载《中国法律评论》2016 年第 2 期，第 114－142 页。笔者在另一文章中以社会学中社会分工和部门专业化的理论框架解读专门委员会的立法工作，运用议程设置、立法条件和法律评估等视角对专门委员会的立法权限进行研究。参见王起超：《从专门到专业：全国人大专门委员会立法职能的理论阐释》，载《地方立法研究》2020 年第 2 期。

② 相关研究可参见张欣：《媒体与立法的良性互动——以议程设置为视角》，中国法制出版社 2018 年版；王怡：《认真对待公众舆论——从公众参与走向立法商谈》，载《政法论坛》2019 年第 6 期。

③ 参见陈柏峰：《社科法学及其功用》，载《法商研究》2014 年第 5 期，第 72 页。

(二) 以立法决策为核心关切

研究方法的确定需要着重分析研究对象的特殊之处,如何确定立法社会学研究的核心问题是本节要处理的问题。研究对象的选择与确定是实证主义社会科学的要求之一,科学主义倾向的实证主义社会科学认为社会科学的研究必须以追求社会中的内在变动规律和客观结构为目的,研究对象具有客观性,其认知基础是主客体的分离,认为社会科学所研究的对象是一种外在于主体的"客观存在"。① 那么为了使得这种"客观存在"具备沟通理性的特征,立法学研究的对象必以某一核心问题作为核心的关注点。周旺生教授曾将立法学的体系划分为立法原理、制度和技术②,其中由于"立法原理"往往与政治哲学相关,立法哲学的具体议题往往无法成为立法学研究的独有研究对象。以与立法现象的直接相关程度为判断标准,立法制度与技术应当成为当下我国立法研究的主要对象。而当更进一步地审视立法制度和技术时,发现过往的研究对立法制度和技术的研究都是以静态的、平面的方式而展开的,从而使得研究呈现出一种"就法条论法条"的倾向,对于立法制度如何形成、立法技术如何发展等问题全然无视。例如在立法制度方面,为什么全国人大选择在2015年赋予设区的市以立法权?为什么设区的市享有立法权之后,地方立法的重复率依旧很高?而在立法技术方面,笔者曾对我国改革开放以来的立法技术进行了统计并归纳其发展规律。③ 借助于这些设问,我们从社会因素的互动、历史的发展等角度能够发现,这些问题都是以立法决策为同心圆而展开,从而立法决策应当成为立法社会学的核心关切。

将立法决策视为立法社会学的核心关切意义还在于其学术领地的圈定作用。改革开放以来,中国立法实践取得了巨大的进步,但仍一直没有完成方法论的自觉,此外立法实践不断深入使得立法学研究的论题范围逐渐扩大,从而导致立法学研究方法更难以在短时间内找到一个坚硬的内核。立法学研究持续遭遇着来自法学界其他学科学者的诟病,我国法学界逐渐开始形成一种对"立法学"不成文的看法与判断:与其说立法学是一门"独立的学科",倒不如用"立法研究"来描述这种学术现象——不同学科背景构成的学者都可以围绕立法现象进行理论研究,只不过是根据面对问题的差异而采取不同的研究方法。由此,为立法学寻得相对确定的问题域。立法决策问题是对所有立法程序的整合,并串联起了所有的法外因素,围绕着这一核心关切,包括立法社会学在内的方法都可以展开研究,也使得立法学拥有了较为稳定的学术领地。

---

① 参见裴洪辉:《合规律性与合目的性:科学立法原则的法理基础》,载《政治与法律》2018年第10期,第60页。
② 参见周旺生:《立法学体系的构成》,载《法学研究》1995年第2期,第4页。
③ 参见王起超:《粗放到精细:论立法技术的秩序建构路径》,载《河北法学》2021年第5期,第171-185页。

三、立法社会学的独特优势

笔者在前文论述中已经暗示,之所以立法社会学能够作为立法学研究方法而存在,是因为立法社会学具有其他研究方法所不具备的优势与功能。在本节,笔者对已有立法学研究方法进行类型化,并将其与立法社会学研究方法进行对比,以达到呈现立法社会学的优势之意。

(一)将立法哲学拉回现实:立法社会学的现实关注性

与立法社会学相比,法学界更为熟知的是对立法进行的哲学层面的讨论,这与法学发展的历史密切相关,也在某种程度上塑造了法学研究者的知识偏好。在古希腊时期,柏拉图、亚里士多德等哲学家曾关于立法留下经典论述①;中世纪思想家则通过神法与人法的关系来探讨立法;而近代资产阶级革命时期,资产阶级在取得政权之后需要运用法律建构国家秩序,立法成为思想家所必须面对的论题,自由主义、功利主义、实用主义等哲学理论家都对立法有所涉及,其中对立法权的研究最为典型。对立法权的集中论述使得立法研究开始有了相对确定和固定的研究对象。资产阶级革命时期的思想家对立法权的讨论体现了民族国家的现实政治需求。但历史悠久的立法研究大多在政治学视角下开展,探讨的是立法权作为一种政治权力的运作模式与规律,而不是作为一种典型的法律权力而出现在理论家的视野之中。而在政治哲学之外,法哲学研究的兴起在某种程度上强化了立法权的法律属性。分析实证法学派尝试运用其擅长的概念与逻辑分析立法问题,典型者如卢卡.温特根斯②和沃尔德伦③。这种以法哲学或政治哲学为进路的立法研究是超越性的,显著增强了立法研究的深度与高度。在我国采取这种研究方法的研究者并不多见,但研究成果都具有极高的学术品质。④ 然而坦白来讲,经典立法理论距离立法实践依然过于遥远,尽管

---

① 可参见林志猛编:《立法者的神学——柏拉图《法义》卷十绎读》,华夏出版社2013年版;[古希腊]亚里士多德:《政治学》,廖申白译,商务印书馆2009年版。
② 温特根斯提出的立法法理学的框架由可替代性原则、规范性密度原则、快捷性原则和融贯性原则,以此达成对立法理性性质的论证参见[比利时]卢卡.温特根斯:《作为一种新的立法理论的立法法理学》,王保民译,载王保民主编:《立法法理学》,法律出版社2019年版,第12页。
③ 沃尔德伦认为应当"用新的方式思考立法机关和立法——新方法有希望使多数、程序、结构和分歧成为我们法哲学的主要特征"。[美]沃尔德伦:《法律与分歧》,王国柱译,法律出版社2009年版,第87页。
④ 典型如裴洪辉博士一文《合规律性与合目的性:科学立法原则的法理基础》,通过考察自然科学和社会科学的学科特性可以归纳出科学基于事实的"合规律性"意涵,而从实践活动中可以得出科学基于效用的"合目的性"意涵,认为科学立法原则关注于立法事实的收集加工以及立法目的达致的手段问题,而非立法活动中价值、目的的产出问题,并认为其主要通过实证社会科学中广泛开发的技术来实现,并厘定了科学立法原则的作用界线。参见裴洪辉:《合规律性与合目的性:科学立法原则的法理基础》,载《政治与法律》2018年第10期。又如赵雪纲教授在《立法者的身份与立法学的品质》一文中从政治哲学的角度切入,认为立法研究应当借助启蒙哲学和政治学的视野,尤其是借助古典哲学和古典政治学的眷注,才能确定立法者的身份以及立法学的对象,并以极具理论情怀的笔触梳理了"古典立法学的抱负",使得研究具有时空感,以令人赞叹的知识深度为读者带来理论上震撼。参见赵雪纲:《立法者的身份与立法学的品质》,载《新疆财经大学学报》2014年第2期,第45-51页。

立法哲学研究能够为立法学增添理论深度,但是其关注点本身并不集中在一国的立法现象之上,使得这种研究方法呈现出一种纯粹理论研究的特征,它能给我们带来的启迪或许只能停留在理念阶段。

而立法社会学则在某种程度上能够将立法哲学研究与立法实践相结合,从而在极大程度上克服立法哲学研究的缺陷。立法的哲学理论能够打开研究者的理论视野、提升研究者的理论品味,却无法在现实中转化为可供使用的立法知识,因而只能作为立法研究的补充方法而存在。在立法决策这一问题上,古代的立法哲学研究往往带有一种朴素自然法的色彩;古典时期至今,立法哲学研究对立法决策问题的探讨仍止步于抽象的范畴。然而,不论人们如何强调法学的价值性与超越性,法学永远无法忽视对现实性与现世主义的关照。[①] 立法活动本身所涵摄的各类概念(如立法者、人民、代表与代议制等)都使得立法学研究必须将实践导向而非理论导向视为必要的研究预设。在现代国家,立法决策对国家、社会与公民的影响力更加巨大,立法决策的意义十分突显。立法活动作为一种法律规范实践,其特殊之处在于连接了法律思想实践和法律应用实践,是"以经过法律的思想实践检验而得以修正和完善的法律工程模型为参照标准和依据,产出具有一般性、普遍性、概括性、抽象性、可反复适用性和权威性的社会行为规范系统为目的的社会实践活动"[②]。立法的哲学研究本质在于作为法律思想实践而存在,而立法社会学的定位则在于基于法律思想实践进行规则的制定,从而使得某种思想、理论和理念能够通过立法程序而以规则的形式被法律主体所感知,继而在法律应用中得以应用。如果说立法决策是一种"分配正义"的实现过程与方式,那么在不同的历史时期、不同的国家,立法决策者都面临着不同的具体场景,各国的国情皆不尽相同,不同的国家不太可能共享一套普遍的立法理论,各国立法制度的不同之处甚至多于相同之处。由于立法社会学主要关注立法与社会因素的互动,那么就更倾向于揭示在特定语境中展开的立法规律,进而有助于促进立法决策者活动的规范化。而法律应用实践带来的经验,经由观察与总结,能够成为法律思想实践的理论来源,使得开展更高水平的法律规范实践成为可能。

(二)升华部门立法研究:立法社会学的规律提炼性

部门立法是公众感受最深的立法现象,也是部门法学者的热衷之处。部门法中立法研究的本质是学术观点的立法实现(或称为"立法论"),法教义学在各部门法研究尤其是民法学、刑法学研究中得以广泛运用,而法教义学所依赖的前提之一便是对现行有效法律规范的信赖[③],那么要保证部门法展开前提的可靠,则必须保证该部门法的立法语言表达

---

① 关于法律的现实性与现世主义,参见许章润:《法律的实质理性——兼论法律从业者的职业伦理》,载《中国社会科学》2003 年第 1 期,第 154 – 156 页。
② 参见姚建宗:《中国语境中的法律实践概念》,载《中国社会科学》2014 年第 6 期,第 150 页。
③ 关于法教义学的立场,可参见雷磊:《法教义学的基本立场》,载《中外法学》2015 第 1 期。

是准确的、法律文本表达了立法者原意。2020年《民法典》的颁布标志着民事立法与民法学研究提升到新的高度。王轶教授曾经提出民法问题和民法学问题的区分，只要讨论的对象与民法有关，就都是民法学问题①。而包括民法在内的部门法学者对立法问题研究表现为具体制度问题的探讨。曾几何时，各部门法学界充斥着以"×××问题的立法研究"为名的著作和论文，这种立法研究成果通常出现在新兴领域或交叉学科领域，或在法律制度不完善的情况下进行的立法探索，致力于推动立法制度的建立。② 同时，部门法学者还可以对已有法律规范的合理性进行解释、论证，指出现有法律中存在的问题，并提出修改和完善建议，往往出现在修改频繁的部门法研究中，以行政法、诉讼法、经济法等的研究为典型。③ 此外，部门法领域内的比较立法研究④（例如"某国××制度研究"）常常通过介绍国外某些法律制度，指出这种制度或其中的某些因素能够在我国该制度的立法中得以运用。但是，部门立法的研究的目的不在于揭示立法规律，其最大功能在于作为部门法共识而存在。部门法的"立法论"核心关切是该法律部门的价值共识，通过确定基本原则的方式对该部门法内部的研究产生提纲挈领式的导向作用。⑤ 这就说明尽管各部门法关注的对象广泛、问题多样，但是民法学的立法论为民法学研究者提供了一个沟通的最低底线，也即所有的民法研究都必须从现行有效的民事法律规范出发，这种立法论的观点也为各部门法提供了研究范畴与界限。⑥

立法社会学能够整合部门法在立法现象知识上的松散，提炼出立法理论，从而升华部门法的立法研究。各法律部门的立法研究旨在建构该领域的法律关系、确定法律主体与客体及其权利或权力与义务、建构该领域的法律规范体系，这种研究在部门法中是根本的、全局式甚至是前沿而超越的，但在立法学的角度中，不同部门法的立法程序可能没有什么实质性的不同，其本质上是完成概念论证、学者达成共识之后从思想实践向规则实践的转

---

① 参见王轶：《民法价值判断问题的实体性论证规则——以中国民法学的学术实践为背景》，载《中国社会科学》2004年第6期，第106-107页。

② 最为典型的是体育法、娱乐法、互联网金融法、人工智能法等领域，这些领域并非完全涵摄于我国法律体系中的传统七大法律部门，而新领域的出现对立法提出了回应需求，研究者不得不对其开展研究。例如石佳友：《网络环境下的个人信息保护立法》，载《苏州大学学报（哲学社会科学版）》2012年第6期。

③ 例如别涛：《环境公益诉讼立法的新起点——〈民诉法〉修改之评析与〈环保法〉修改之建议》，载《法学评论》2013年第1期。

④ 于文轩：《美国能源安全立法及其对我国的借鉴意义》，载《中国政法大学学报》2011年第6期。

⑤ 以民法学为例，民法学研究者可以在某些民事法律价值上达成最低限度的共识，理论可以对超越了实定法的制度和内容进行阐发，但这种阐发往往不是为了解释并适用现行法，而是属于哲学层面的工作。参见崔建远：《从立法论看物权行为与中国民法》，载《政治与法律》2004年第2期，第44页。以讨论者关于民法基本原则的价值共识为前提，确立相应的实体性论证规则，经由理性的讨论，寻求相互的理解，并在此基础上尽量就具体的价值判断问题达成新的价值共识。如果民法学者从立法论的角度出发讨论价值判断问题，则无须考虑立法者业已在实定法中表达的价值取向，表面上看，在讨论者之间似乎无法形成价值共识。但学术实践的经验却告诉我们，讨论者总可以在某个抽象的层面上达成最低限度的价值共识。参见王轶：《民法价值判断问题的实体性论证规则——以中国民法学的学术实践为背景》，载《中国社会科学》2004年第6期，第106-107页。

⑥ 与之相对的是，我国的法理学学者乐此不疲地召开着各种关于"法理学范畴"的会议，尽管这是必要的，但是这些付出并没有获得意欲得到的回报，澄清问题的过程却不停地带来新的问题，陷入了自我论证。

化步骤,使得部门法的立法研究往往作为一系列学术论证之后的"附带活动"而非核心活动的形式而出现。部门法为立法研究提供了实践素材,却无法主动为立法研究提供理论增量,而这一状况为立法社会学提供了用武之地。一项制度如何从学术界的理论转变成人们日常生活所凭借的规则,在立法过程中某种理论或诉求是由哪些主体通过何种形式和方式展开博弈的,立法机关采取了什么样的立法技术对这种理论进行表达,这种过程必须由立法学研究者来进行观察。具体而言,一个民事现象从产生到形成立法需求需要经过什么样的发展,经过什么样的程序成为民事法律制度,表面上是民法学领域的问题,而实际上则是立法学和社会学的问题。民法理论经历了数千年的发展,使得人们认为似乎民法制度已经非常完备,然而在快速发展的时代,一些经典的、传统的民事法律关系会随着社会的发展而产生新的形式。例如,电子商务的产生使得原有的买卖关系打破了以共同时空内的物物交换的场景,近年出现了共享经济、互联网借贷等关系形式,如何在保证与已有法律规范不相抵触的情况下,将新型社会关系适时纳入法律调整,则需要立法社会学对其进行分析。综合而言,立法社会学的视野不局限于某具体的法律部门,而是从部门法的立法实践中萃取出立法程序的运行机制,深入分析部门法立法过程的规律并加以揭示。

(三) 超越立法释义学:立法社会学的对象扩展性

在立法社会学之前,立法释义学作为立法学的主要研究方法而存在。《立法法》的颁布使得立法学研究开始从立法原理、立法制度建构的价值论、认识论研究转向以立法程序、立法技术和立法权限为中心的解释论研究。这种以《立法法》为核心文本展开研究的风格大体表现为:根据《立法法》中某一条款规定的内容,对立法制度中的某个具体问题出发,对该问题进行释义学分析或进行法教义学分析。刘风景教授曾将这种聚焦型的研究概括为"立法释义学"[1]。其"聚焦"特征体现为此种研究的对象主要是我国的立法制度中的某个方面,离不开对现行法律的大量引用和分析,从而与法教义学研究风格较为相似,使得文章的切入口十分细小。[2] 这种研究方法产生的立法知识具有较强的专业性,使

---

[1] 刘风景:《立法释义学旨趣与构建》,载《法学》2016年第21期。
[2] 例如关于设区的市立法的选题、备案制度研究、法律草案审议过程中的合宪性控制、立法性决定的界定与效力。可参见:参见卢护锋:《设区的市立法的精细化路径:基于立法选题的思考》,载《政治与法律》2019年第3期;封丽霞:《制度与能力:备案审查制度的困境与出路》,载《政治与法律》2018年第12期;参见邢斌文:《法律草案审议过程中的合宪性控制》,载《清华法学》2017年第1期;金梦:《立法性决定的界定和效力》,载《中国法学》2018年第3期。最具代表性的是赵一单博士的《依法立法原则的法理阐释——基于法教义学的立场》,该文关注的是党的十九大报告增加的"依法立法"作为一项新的立法基本原则,分析学界对该项原则的认知局限,并认为依法立法的价值内涵体现了其与法教义学之间的密切关联。赵一单认为,法教义学虽然强调现行实在法的约束作用,但并未主张受后者的完全拘束,具有"生产性"特征的法教义学能够积极地革新立法。立法虽然具有"法律政治"的活动属性,但不应成为一个完全不受规范约束的政治决断过程。在依法立法原则的新价值内涵之下,法教义学可以通过拘束恣意的价值判断、衔接立法方法与司法裁判阶段的教义学方法等方式实现对立法的积极影响。参见赵一单:《依法立法原则的法理阐释——基于法教义学的立场》,载《法制与社会发展》2020年第5期,第38页。

得研究成果具有较为稳定的读者群体。通常情况下，采取这种研究方法的研究者对我国的法律制度与立法制度具有较为全面而深入的了解，并具有较为深厚的宪法与行政法的知识的背景与科研实力。在2015年《立法法》修订之后的一定时间内，这种研究成果有助于提高立法事务工作者的业务水平，从而有助于《立法法》的实施和实现。但是鉴于立法学研究的现实导向性，立法释义学无法像正统法教义学一样能够暂时抛开法律实践而单纯地关注道德、权力与权威，刘风景教授呼吁立法释义学的构建需要居于基础地位的法释义学放下身段，主动地向立法学靠近，从价值取向、基本内容及框架结构等方面都做出相应的调整和改进①，使得法教义学研究增添更多现实维度。

虽然立法释义学进行了推进立法学研究方法自觉化的步伐，但随着时间推移这种方法的不足之处逐渐暴露。立法释义学研究难免给人留下"视野狭窄"的印象。实际上《立法法》条文并不是无穷无尽的，其可被挖掘的理论空间或许并没有那么巨大。即使研究者对具有理论含量的条文展开学理剖析，却十分容易使得该种理论探索陷入自说自话，甚至导致理论与实践脱节的风险。理论研究者关注的问题在实务工作者那里并不重要；而实务工作者关注问题在理论研究者眼里则不被认为是理论问题。② 同时，立法释义学关注的往往是立法制度中的某个十分具体的方面，这种聚焦不利于研究者精准地把握整个立法制度及其来龙去脉。研究国家层面立法的研究者可能对地方立法不甚了解；即使同是研究国家层面立法的研究者，也可能从法理、宪法、部门法等完全不同的角度展开分析；即使从法理的角度对国家层面立法展开研究，同一研究者对不同问题分析的路径时而带有偶然性，具有不同知识背景的学者在对某一《立法法》条文进行分析时所借鉴的理论或许截然不同。作为一种研究方法的立法释义学尚不是一条坚固的"学术纽带"。严谨地说，立法释义学在我国更像是一种根据研究成果风格总结而成的概念，而不是一种可以借以挖掘立法本质、揭示立法规律的方法。

立法社会学在研究对象上实现了对立法释义学的超越。尽管立法学在学术上知识传统上具备公法研究、规范研究的偏好，但立法决策、立法评估、立法议程设置等论题的研究在很大程度上需要借鉴包括但不限于法社会学在内的研究方法，因而"立法学的主要研究方法是法教义学"这种模糊的错觉早已被证明是"方法论附会"，甚至是一场误会。在研究对象上，立法社会学并未局限与《立法法》条文和立法制度，而更加开放地将社会因素纳入立法学的讨论范畴，而正是由于研究对象上的开放性，研究者能够结合相关社会学理论和方法对立法现象背后的各种进行分析，从而使得立法学具有较强的创造性和生命力。同时，立法社会学对立法决策等问题的揭示显得更加具有说服力。立法释义学仍旧是法教

---

① 刘风景：《立法释义学旨趣与构建》，载《法学》2016年第21期，第64页。
② 值得注意的是，对《立法法》进行精细的学术研究固然十分重要，由于针对法律条文和法律制度的研究必须十分精细，使得立法学术成果的读者和受众范围较为狭窄。此外，这种制度解读式的研究往往难以吸引法科学生的注意力。

义学风格的研究，这种进路在很大程度上继受着凯尔森提出的"纯粹法体系"的框架，将法律体系视为金字塔结构时不过多追问基础规范如何产生。而立法社会学将法律体系与社会因素联系在一起，弥补了立法释义学的空白，拓展了立法学研究的空间。必须澄清的是，主张立法社会学的优势和立法释义学的局限并不构成对后者的否定。立法学研究的展开需要首先承认立法释义学方法是立法学研究的首要研究方法，并为立法学搭建起最基本的知识体系与框架。然而立法学研究者不应仅满足于立法释义学带来的知识风格，由于这种研究方法的局限，其致力于产出的成果仅仅是立法学知识体系中最为基础的立法学知识。对待立法释义学采取这种态度意味着立法学必须在立场上包容其他进路的研究方法以弥补立法释义学的力未逮处。

四、立法社会学的潜在挑战

当然我们不得不承认在当前阶段，立法社会学研究方法存在一些不足之处，使得其面临着一些潜在挑战。

立法社会学方法面临的第一个挑战便是目前其方法的具体运用具有一定的主观性。随着地方立法实践的深入，已有学者开始运用数据统计的方法对地方立法的选题、内容、趋势等进行分析。[①] 地方立法研究的目标是符合地方立法实践，而统计的方法能够帮助研究者发现实践中的规律和问题，有助益改善地方立法实践。然而目前这种进路的研究的缺陷也十分明显。一方面，这种研究只有少部分掌握官方材料乃至权威材料的研究者才能开展，较难成为一种广泛铺开、可被模仿的研究。虽然一些立法文件和信息是公开的，但是就许多关键信息和文件而言，研究者仍旧难以获得，使得这种进路的研究往往受到材料的掣肘。另一方面，由于目前地方立法的重复率较高，地方立法的统计数据难以带来富有启示意义的研究结论。为了避免立法抵触责任的产生，现实中地方立法机关可能并不会在每件地方性法规的制定上都积极创新，而直接借鉴其他地方立法机关制定的法规中的规定，而置该地区实际情况于不顾。目前的实证研究往往缺乏一定理论支撑，使得其研究得出的结论显得空洞：或提出"应当依法立法"、"理顺立法权的关系"等带有鲜明政治话语色彩的主张，或提出立法体制机制的改革建议。尽管经由实证展开的研究结论具备一定的参考价值，但如果没有深入分析问题产生的原因与机制，则难以在学术上提供智识供给并给其他研究者留下深刻的印象。

立法社会学面临的第二个挑战在于目前多停留于对国家立法层面的规律进行研究而较少深入到地方立法层面。就研究的意义而言，一项研究方法应当从研究对象中最普遍的问题而开展，故现有研究中从国家层面展开的探讨十分众多，但是地方立法作为近年热门的法律现象，尽管已有学者为解释地方立法现象做出相应努力，但尚未形成一定规模。实际

[①] 例如闫然、马潇：《设区的市地方立法大数据分析报告（2018）》，载《地方立法研究》2018 年第 6 期。

上，我国立法学中的一些问题必须在地方立法的语境中才能展开，例如立法责任、立法重复、立法不作为等问题若在国家立法层面则显得过于敏感，而在地方立法层面，立法责任的问题则可以通过行政管理、人员任命、地方人大代表性等角度切入。此外，在学界已有的研究中"政治锦标赛"理论在某种程度上可以用于解释地方立法，地方官员为了保障其任职期间制定的法律不与上位法相抵触，则可能怀揣消极立法的态度，或从其他省市借鉴立法从而出现"立法同形"的情况。① 这些理论，地方立法过程中的规律在某种程度上构成了当下立法学知识的主要来源之一。

立法社会学面临的第三个挑战在于具有"批判有余、建构不足"之嫌。采用立法社会学进行研究的学者终究是要将其观点对改善立法程序有所助益，否则立法社会学将陷入"书斋学问"的窘境。在解释和批判之外，为了发挥研究者的实践作用与研究的现实意义，立法社会学可能还需要提出一些可供立法机关考虑的建议，从而有助于完善立法体制、促进民主立法和科学立法。然而，如何处理立法社会学的批判性及其建构性之间的矛盾则需要立法学研究者在理论研究与立法参与实践中具体权衡。

五、结语

《法治中国建设规划（2020－2025）》明确提到"建设法治中国，必须加强和改进立法工作，深入推进科学立法、民主立法、依法立法，不断提高立法质量和效率，以高质量立法保障高质量发展、推动全面深化改革、维护社会大局稳定。"对于立法学研究者而言，在秉持学术研究的批判性的同时，也应当使研究成果具备真实的问题意识与现实关怀，这就要求立法学研究者找到正确的研究对象并采取正确的研究方法。立法社会学的开放立场与独特优势使得立法社会学具备相对宏阔的视野，倘若加以悉心研究，必然能够产出对法治中国建设大有裨益的研究成果。

当然，本文无意对立法社会学进行真理式宣称，也并不否认其在当下可能存在的种种不足。立法学研究方法走向自觉仍旧是现在进行时，立法学研究需要沿着较为清晰的研究方法走出一条能够解决实际问题且具有中国特色的立法学研究道路。作为一种研究方法，立法社会学的目标当然是解释立法现象、揭示立法规律，但是没有一种研究方法能够处处发力，也没有一种理论能够包打天下。这要求立法学研究者时常对立法学研究方法进行反思、归纳和总结，本文所提倡和呼吁的立法社会学的存在价值，希冀立法学界形成一种研究风气，并凭借此法产出扎实而令人耳目一新的研究成果。

（编辑：戴津伟）

---

① 关于立法同形，参见丁轶：《地方立法重复现象的组织社会学阐释》，载《地方立法研究》2020年第6期，第22页。

分配正义视角下个人信息公平权益法律保障[*]

宋保振[**]

摘 要 作为一种社会秩序和价值表达，个人信息公平表现为社会个体在信息获取、分配及使用上的平等自由状态，以宪法中公民平等权和社会发展权为法益基础，是社会分配正义在信息领域的具体展现。因应智能科技的复杂特性和数字社会的社会结构及交往方式变革，当下个人主体间信息公平失衡急剧凸显，威胁到数字时代的公民基本人权，需要在技术化保障基础上进行有效的法治化保障。现实中个人信息公平权益保障的着力点集中于两方面：一是在信息获取上，保证"数字弱势群体"的信息公平接入；二是在信息使用上，规制信息垄断实现主体间的信息平等控制。相比技术化保障机制，个人信息公平权益的法律保障具有特定优势。该保障的运作逻辑如下：第一，基于"数字人权"理念厘清权益保障的基本原则；第二，结合法益基础指出权益保障的立法模式；第三，针对具体失衡问题建构完备的权利义务体系；第四，立足司法实践完善权利实现的配套措施。

关键词 分配正义 信息公平 个人信息保护 "数字人权"

伴随大数据、云计算和人工智能技术发展，越来越多的人类活动存在于虚拟空间，依赖传统交流与传播技术的等级式、封闭性信息融通结构急剧变更。在暂不具有充分替代方案和有效回应机制之前，因信息获取和运用差异产生的信息公平权益失衡必然成为无法避免的事实，进而使得原有的信息公平机制被打破，社会秩序遭到破坏。作为一种社会现

---

[*] 本文系第 65 批博士后面上资助项目"长三角区域协同立法研究"阶段性成果。
[**] 宋保振，男，山东聊城人，上海对外贸易大学法学院讲师，硕士生导师，研究方向：法学理论。

象，该信息公平诉求存在个人、企业和国家三个主体维度，并分别集中在对个人信息、知识产权和国家安全保护的探讨中。相比因信息获取和使用差异引发的企业竞争和国家霸权，个人主体间的信息公平失衡一直较为"温和"。但伴随智能化社会变革，该信息公平失衡却呈现出愈演愈烈的态势，尤其是随着老年人运用智能技术问题的凸显，该信息公平权益开始急剧吸引学者们眼球，并成为实现社会公平正义的重要部分。此时，如何针对个体间的信息公平失衡，从公民的基本权利等规范角度出发，使得社会主体尽可能公平地享有数字红利、规避数字侵权，进而在科技创新与人权保障之间探求平衡，既是当下个人信息权保护的逻辑前提与法益基础，① 又构成我国宪法所规定公民平等权和社会发展权的重要实践。

一、技术革命引发的个体间信息公平失衡

个人信息公平权益作为宪法所规定公民平等权和社会发展权的重要内容，其旨在维护信息时代公民在获取、使用和处理自己所有及社会共有数据信息时，能获得平等的条件、机会与可能，进而促进多主体间信息关系平衡，实现信息社会价值的最大化，保证公民尽可能充分地享有"数字红利"（digital dividends）。② 然而现实中，受智能科技的复杂特性和数字社会的社会结构及交往方式变革影响，当下个人主体间信息公平失衡急剧凸显且关注不足。国家主体与企业主体间的信息公平由于事关国家主权和经济安全，一直备受重视。③ 但相比之下，个人主体间的信息公平却常忽略，甚至被当作优胜劣汰的自然结果。结合信息的产生和传播过程，我们可以把数字技术革命引发的个人信息公平失衡问题概述如下：

第一，老年人等"数字弱势群体"在技术占有和运用上存在接入难题。在互联网产生之初，人们就意识到"连接"将给不同人群带来发展机会的差异，对此 Morrisett 就概括为信息富有和信息贫穷。④ 受制于社会发展的不均衡性，首先被排除在红利范围外的就是广大社会弱势群体。当我们可以凭借一部智能手机完成预约出行、网上购物、虚拟投资等众多事项时，以老年人、受教育程度低者以及边远贫困地区居民为主的"数字弱势群体"（Data Vulnerable groups）仍将面临出行、医疗、缴费等基本的生活困难，或者为享受技术带来的便利，需要付出极不匹配的时间、精力充当替代成本。如当前阶段普遍发生的老年

---

① 参见丁晓东：《个人信息权利的反思与重塑——论个人信息保护的适用前提与法益基础》，载《中外法学》2020 年第 2 期，第 339 页。
② "数字红利"是世界银行 2016 年努力推广的概念，是伴随"数字鸿沟"之后反应数字不平等的重要内容。参见世界银行：《2016 年世界发展报告：数字红利》（中文版概述），世界银行，2016 年，第 2 页。
③ 参见唐思慧、刘友华：《数据时代的信息公平与安全问题》，载《中国社会科学报》2017 年 12 月 12 日，第 006 版。
④ See Donna L. Hoffman, Thomas P. Novak and Ann E. Schlosser, "The Evolution of the Digital Divide: Examining the Relationship of Race to Internet Access and Usage over Time," *The Digital Divide: Facing a Creating or Creating a Myth*, Cambridge, Mass: The MIT Press, pp. 47 – 90.

人没有"健康码"无法乘用公共交通工具、没有电子支付方式无法缴纳社保，以及不会进行网上预约而影响正常就医等。他们的信息获取能力、受教育程度和经济水平差距直接成为决定其在信息活动中参与度高低的重要因素，且这种不公平已经实际影响到对某些基本权利的行使，这已成为当下国家重点关注的问题。[1]

第二，互联网资本的趋利性导致不同群体间的"数字红利"差异。大数据时代强调全社会信息资源的开放共享，从个人公平角度来看，所有社会主体本该公平地获取和使用这些数据信息，充分享受科技带来的生活便利。然而由于信息获取和运用的规则不明朗，这种"公平"只是一种理论设想。以数字鸿沟为例，其就经历了两个阶段：接入差异导致的数字鸿沟和使用互联网差异产生的数字不平等。[2] 前者指向国家的公共政策和基础设施供给，后者指向用户因互联网技术应用差异而产生的不平等。毋庸置疑，在填平接入沟问题上，中国走在了世界的前列，然而此接入沟填平并未带来数字鸿沟的缩小。凭借网络时代的便宜主体连通和众多经济平台，"人们有机会把以往投入的各类资产在互联网上转化为有差别的、组合性的互联网资本并从中受益"[3]，并进而演化为信息公平权益失衡的新样态。而且，受制于数字时代经济发展的效率要求，我们并未来得及给"数字弱势群体"留有充足的接受时间和妥当的替代方案，众多"数字弱势群体"面临数字技术运用的现实挑战。相对于接入沟中的个人信息公平失衡，使用沟中的信息公平失衡更值得重视。

第三，大数据算法编制"信息茧房"导致个人信息控制失衡。所谓"信息茧房"，是指人们关注的信息领域会习惯性地被自己的兴趣所引导，从而将自己的生活桎梏于像蚕茧一般的"茧房"中的现象。其导致的最直接结果就是个人信息的控制与选择权能失衡。在数字社会，以大数据挖掘技术为支撑的算法推送广泛运用，其在满足信息发送端市场需求、实现需求端信息精准对接的同时，不可避免地使得用户在信息内容与获取方式上面临窄化风险，加大社会不同群体间的认知差异。[4] 信息控制者则借助技术优势，在进行软件设置时一般都会把用户个人资料连同所注册的个人信息默认为自动公开，除非用户在个人隐私设置中选择不公开时，这些信息才不会被公开分享。而在日常活动中，我们为了维持正常的生活秩序，必须每天向数量庞大的营利组织和互联网平台"自愿"提供着各种信

---

[1] 针对这些紧迫性问题，国务院办公厅于 2020 年 11 月 15 日紧急出台了《关于切实解决老年人运用智能技术困难的实施方案》（以下简称《方案》），以期让老年人快速搭上技术快车。

[2] Paul DiMaggio et al. "From Unequal Access to Differentiated Use: A Literature Review and Agenda for Research on Digital Inequality," Report prepared for the Russel Sage Foundation, Working page 29, Princetion University, Center for Arts and Cultural Policy Studies, Princetion, NJ, 2003.

[3] 邱泽奇等：《从数字鸿沟到红利差异——互联网资本的视角》，载《中国社会科学》2016 年第 10 期，第 93 页。

[4] 申楠：《算法时代的信息茧房与信息公平》，载《西安交通大学学报（社会科学版）》2020 年第 3 期，第 139 页。

息,且这种"自愿"往往是被迫、不可避免或者说是极不公平的。① 它们义正词严地充当我们运用某些技术的"对价",尽管这些技术红利本应作为特定时代公民基本人权的内容。此时,一种更隐蔽、更棘手的信息公平失衡随即出现。

综上所说,在如今数字社会,新技术引发的个人信息不公平已不再只是传统社会不公平的"现代版",它一定程度上可视为是信息社会分配不均、数字科技精细复杂与智慧社会结构变革、虚拟空间秩序调整共同作用的产物。由于智慧社会技术变迁的终极影响是社会和经济范式转换,② 因此我们必须做出一种积极的制度性法律回应。此时,如何客观认识高新科技发展带来的个人主体间信息公平失衡问题,并探求有效的法治化保障机制,将对保障公民基本人权以及未来智慧社会的治理均意义重大。

二、信息公平失衡恢复的两个主要方面

个体间信息公平失衡并非纯粹的"技术副作用",此状态消除也不是要实现所有社会主体的绝对化数字平权,而是要恢复因新技术运用而打破的社会公平秩序。因应数字科技的固有特征、智慧社会的结构变革,个体间的信息公平已成为一项时代新兴法益。因此,就有学者从社会变革角度出发,并以智慧社会公民所享有的"第四代人权"的形式予以概括;③ 或认为对弱者的保护应该经历一个研究范式转化,即从功利主义到"以个人权利为核心"。④ 此时,个人信息公平失衡就已超出好与坏的纯粹价值评判,演化为和公民基本权利密切相关的社会供给与需求问题。数据、信息也自然成为影响公民发展及参加经济社会活动的权利要素,贯穿各项具体权利的实现。实践中,个人信息公平失衡存在多种表现形式,但从其本质来看,我们仍可以将其归为信息获取和信息运用两方面,这也符合技术推动下数字鸿沟表现形态的延革。此时,如何从法律制度出发,实现信息获取阶段的平等接入和信息使用阶段的平等控制,就构成个人信息公平权益法律保障的现实着力点。

(一)信息获取方面:保证"数字弱势群体"的公平信息接入

鉴于信息的共享和流变性特质,个人信息公平权益保障的首要内容就是信息的平等获取,并集中体现在获取的渠道、方式、时间及内容等多方面。在当下数字时代,信息获取的高速度与高效率为人们展示了一个虚拟的现实世界,我们需要利用信息资源来促进自身进步,以保证自己能够顺畅地与社会进行沟通和交流。此时"信息穷人"与"信息富人"之间的利益不平等很大程度上建立在数字化的"信息人"基础之上。理论上,信息传播应

---

① 参见郑戈:《在鼓励创新与保护人权之间——法律如何回应大数据技术革新的挑战》,载《探索与争鸣》2016年第7期,第80-81页。
② 【英】乔治·扎卡达基斯:《人类的终极命运——从旧石器时代到人工智能的未来》,陈朝译,中信出版社2017年版,第296页。
③ 参见马长山:《智慧社会背景下的"第四代人权"及其保障》,载《中国法学》2019年第5期,第5页。
④ 齐延平主编:《社会弱势群体的权利保护》,山东人民出版社2006年版,第87页。

遵循平等交换原则，公众在"提供"自己信息的同时，所换取来的也应是获知众多政府行为、企业活动等相关信息的便利性，实现各社会主体间的"知己知彼"，这也是信息公平要义。然而现实中，该平等的实现却极为不易。即使政府对涉及公民生存发展的相关信息进行了公开化处理，他们也很难实现一种相对化的实质平等，众多的"数字弱势群体"将始终处于一种信息机会被剥夺、信息资源分配不均的状态。

此时，保障特定社会公众尤其是"数字弱势群体"的信息平等获取就尤为必要。该平等获取源于社会正义理论，侧指弱势群体依法平等享有的知悉公共信息资源及其服务的权利。它要求弱势群体与非弱势群体之间、各类弱势群体之间在公共信息及其服务的知悉、获取和利用上享有的地位、待遇、机会等。① 在当下，老年人对智能技术的"运用难"正是侵害该信息平等获取权的典型代表。伴随智能社会变革特别是新冠肺炎疫情发生以来，健康码、通信行程卡等电子方式得以广泛应用，在线办公、视频会议等新业态层出不穷，继而导致一些老年人难以适应。他们有的对这些数字化产品心存抵触，有的则是想学而"力不足"。具体到结果上，这些"不适应"直接带来的就是"数字弱势群体"的发展需求甚至基本生活受到干扰。从当下实践来看，回应该信息获取公平失衡问题的最典型办法就是设置替代方案。如在国务院办公厅的《方案》中，针对不具有智能机旅客因无法出示健康码而导致出行障碍问题，取消将"健康码"作为人员通行的唯一凭证；同时对老年人等群体采取凭有效身份证件登记、持纸质证明通行、出示"通信行程卡"作为辅助行程证明等替代措施。有条件的地区和场所还要为不使用智能手机的老年人设立"无健康码通道"，做好服务引导和健康核验。而针对公共交通或服务中的"不收现金"问题，也明确要求"铁路、公路、水运、民航客运等公共交通在推行移动支付、电子客票、扫码乘车的同时，保留使用现金、纸质票据、凭证、证件等乘车的方式。推进交通一卡通全国互通与便捷应用，支持具备条件的社保卡增加交通出行功能，鼓励有条件的地区推行老年人凭身份证、社保卡、老年卡等证件乘坐城市公共交通。

除此之外，国家也努力从其他技术方面入手，以解决信息获取过程中客观存在的不平等问题。例如，在信息供给上，如积极推行"宽带中国"和"互联网+"战略，最大限度地提升了网络覆盖率，建构各种数据库和网络平台，降低出现在信息接入沟中的"数字弱势群体"绝对数量。而且，从日新月异的信息科技发展实效来看，这种广覆盖式的问题解决方式也确实取得了明显效果。② 在信息服务上，逐步推行"线上+线下"模式，作为保障"数据弱势群体"信息权益的"软件"措施，赋予社会公众以灵活选择权。此外，

---

① 赵媛、王远均：《社会弱势群体公共信息服务权益保障中的法律问题研究》，中国社会科学出版社2017年版，第248页。
② 刚在乌镇发布的《2020中国互联网发展报告》显示，目前中国已建成5G基站超过48万个，5G上网终端连接数已超过1亿；据统计从2020年开始，全球的5G网络将有三分之一来自中国技术。"路宽了才能容纳更多的车。"联想集团董事长兼CEO杨元庆表示，5G将成为新技术架构的牵引，还将推动云计算、云服务、边缘计算等大力发展。

国家和政府还借助计算机技术,尽最大可能地进行亲民化、简易化的程序设置和定向辅导,以保证该分配正义切实实现。这些都是数字信息时代,个人主体所应享有的信息公平获取权能。当个人主动获取出现困难时,国家诉诸强制性的资源分配保证"数字弱势群体"权益。

(二)信息使用方面:规制信息垄断实现主体间的平等信息控制

伴随近年来我国信息技术的飞速发展,因接入问题产生的数字鸿沟开设缩小,基于获取机会的信息公平逐步实现。但新的问题——一种互联网使用差异逐渐拉大,甚至超过之前的接入差异又接踵而至。"接入鸿沟的缩小并未消除在人群、地区、城乡之间的运用差异。由互联网运用带来的互联网红利受益分布与工业红利受益分布在人群、地区、城乡之间形成同构。"① 对此国内外都已呈现出相应的担忧。② 如 Hargittai 就讨论了不同人群使用互联网检索信息的能力,以此测量群体之间在互联网运用维度上的差异;③ DiMaggio 等人更是在传统二分法(即上网或不上网,使用或不使用)的基础上,用 5 个维度(设备、使用主动性、技巧、社会支持和使用目的)来讨论基于运用差异导致的信息公平失衡在不同群众中的表现。在"马太效应"作用下,越是受教育程度高、收入高,以及在认知测试中得分高的用户,更倾向于用互联网来"积累资本",而不是单纯娱乐,不同主体间因互联网使用差异而引发的信息使用不平等不断扩大。

这种因社会主体自我选择而带来的信息利用差异原本不必担心,毕竟,我们不能依靠硬性规制来干预社会主体的主观选择。但是当注意力集中到产生该数字红利的基础设施——互联网平台时,一种担心就不能说不必要。作为一种特殊组织形态,互联网平台的研究才刚刚开始。在缺乏明确有效的法律和制度规制之时,资本的趋利性必然驱使平台以及平台背后的操控人尽最大可能地进行定点推送,并借助"信息茧房"扩大垄断优势,甚至在法律规制的模棱两可地带进行个人信息侵权。在日新月异的科技进步浪潮下,信息交往规则缺失和"算法黑箱"造成的实质不平等迅速出现,"信息控制者"为扩大已有优势,也往往为"数字弱势群体"主观设置的信息交流屏障——一种使用上的许可权。即使这些"信息控制者"愿意主动放弃该垄断性权益,现代互联网和金融行业的专业性也为"数字弱势群体"掌握和运用这些信息设置了巨大现实障碍。④ 该信息垄断对社会秩序造

---

① 邱泽奇等:《从数字鸿沟到红利差异——互联网资本的视角》,载《中国社会科学》2016 年第 10 期第 102 页。
② 参见胡鞍钢、周绍杰:《新的全球贫富差距:日益扩大的"数字鸿沟"》,载《中国社会科学》2002 年第 3 期。
③ Eszter Hargittai, "Second-Level Digital Divide: Differences in People's Online Skills," *First Monday*, vol. 7, no. 4, 2002.
④ Frank Pasquale. The Black Box Society: *the Secret Algorithms That Control Money Information*. Cambridge, MA: Harvard University Press, 2015, pp. 6 – 8.

成的冲击,毫不亚于接入沟中信息公平失衡的影响。它将"数字弱势群体"在信息活动中的"我应该知道"修正为"我能够知道",通过一种被操控的分配剥夺个人的信息控制权与选择权。而且从主体来看,除老年人、贫困地区人口外,生活在信息社会网格中的每一个公民都有可能基于该信息控制失衡成为相对"数字弱势群体"。对此,即将出台的《个人信息保护法》提供了最好例证。《个人信息保护法》只是根据所保护内容给出的一般性称谓,其严格表述是"个人信息处理保护法"。我们必须先要涉及主体对信息的"处理",而后才能进行相应的保护。然而从我国民事立法中有关个人信息保护的规定来看,很长时期我们都忽略了这种"控制"要素。如在起草《民法总则》与"人格权编"时,类似"处理"与"控制者"等概念都很晚才出现。① 此时,"平等化信息运用"就必须要从信息使用方面保护"数字弱势群体"以避免信息侵权。对此,尽管有学者从信息运用的效率与公平这一对矛盾关系出发,反思现代科学技术与伦理、人权等的协调,② 但更需要我们做的或许是,如何通过公权力介入和私权利保护,打破数据垄断引发的实质不平等。

三、个人信息公平权益保障的基本逻辑

伴随社会智能化转型,个人信息权益失衡已成为当下智慧社会建设进程中必须回应的基本问题。而保障"数字弱势群体"信息公平权益的最终目的,就是让尽可能多的人能平等、自由且安全地获取和运用信息,公平地享有现代信息技术红利,恢复被破坏的社会公平秩序,进而实现"数字人权"。③ 坦白地说,伴随近年来高新技术发展推动的个人信息保护立法实践,法学领域有关数字鸿沟、个人隐私及数据信息的研究纷至沓来,④ 一定程度上拉开了从权利视角保护个人主体信息公平权益的序幕。但从实际效果看,该个人信息权设置的直接原因是为了规避极端性的信息侵权和个人生物信息非法获取。此时,如何以数字社会的个人信息公平为切入点,结合权利范式和"数字人权"理论,厘清个人信息公平权益法律保障的运作逻辑,将对智慧社会治理意义重大。

(一)基于"数字人权"理念确定权益保障的基本原则

该原则指出个人信息公平权益保护的价值取向,是进行法律保护的第一步。其作用主要如下:第一,确保数字弱势群体信息公平权益保障法律制度的协调统一;第二,为具体

---

① 周汉华:《个人信息保护的法律定位》,载《法商研究》2020年第3期,第45-46页。
② 参见李延舜:《公共视频监控中的公民隐私权保护研究》,载《法律科学》2019年第3期,第54页。
③ 体现在当下理论研究中,我们并未形成对数字人权的准确概念界定,但基于其产生背景和研究意义,我们暂可将其描述为:"数字人权产生于数字科技与社会生产和人民生活的深度融合,它以数字红利为利益基础,以科技向善为伦理基础,以虚拟空间的生产生活关系为社会基础,以人的数字信息特性和数字化加持为表达形式,作为数字时代公民基本权利的转型升级,是智慧社会的人权新类型。"
④ 如以中国知网所刊登各研究层次论文为例,以"数字鸿沟""隐私权""(公民)个人信息""个人信息权""信息安全"为关键词进行搜索,相关成果均已超过千篇。从发表时间来看,除"数字鸿沟""隐私权"问题关注较早外,其余主要集中于2015年以后。

保障过程中法律制度的解释和推理提供指导；第三，填补权益具体保护中的法律制度漏洞。其确立依据也包括两部分：一是传统弱势群体的保护理念，如以人为本、社会正义、社会和谐以及基本人权；一是对智慧社会数字科技的规制要求。基于此，我们就可以将个人信息公平权益的法律保障原则归纳如下：

第一，平等保护原则。判断一个社会是否公正，应该看它是否平等地给每个人完成某些活动的能力，这也是社会文明的标准。从社会发展角度看，"强弱并存的分化状态"是现代社会的特征。① 而对弱者之平等权的回应，也同时彰示着社会的文明程度。此时，能否从法律与社会的关系出发，透过新技术革命引发的社会关系和社会矛盾变化，平等保护作为个人信息保护起点的信息公平法益，并积极探索相应的权益保护机制，对维护数字时代的社会秩序意义重大。也正因此，平等保护原则就成为个人信息公平权益法律保护的首要原则。其旨在反对不合理的差别，禁止区别对待和禁止歧视。

第二，倾斜保护原则。相比平等原则主要强调一种形式正义，倾斜性保护原则更多地是从实质正义层面予以考量，此研究以罗尔斯、德沃金的机会均等论、资源平等论为理论基础。在"数字弱势群体"信息公平权益保障中，除主动利用大数据挖掘进行信息侵权外，主体间的信息公平失衡多产生于"不经意间"。社会并不是刻意地为某些人制造障碍，只不过是在选择现代技术方式时，忽视了与传统方式的兼容。在智慧社会中，个体同政府机构和企业组织之间的力量悬殊更为明显，尤其在涉及各类数字科技运用时，权利义务始终处于不均衡状态。此时，以不对等的权利义务关系来弥补个体在资源、能力方面的劣势就尤为必要。② 从主体看，该倾斜性保护主要诉诸公权力机关，并集中于社会保障等法律规范中。

第三，及时保护原则。现代技术的重要特点是快速、突变和多样，如果我们不能及时有效地掌握和运用，将会很快成为技术的抛弃者。也正因此，因技术运用带来的个人信息权益失衡更需要我们及时有效地做出回应，这对于需要严格程序的法律保障而言尤为如此。这从《数据安全法》（草案）和《个人信息保护法》（草案）的立法速度上就可见一斑。尽管在经济等方面，我们同发达国家确实存在很大差距，但是在现代信息技术的普及和运用上，我们却在实现"弯道超车"，甚至很多信息技术已居于世界前列。与之配套，相应的法律规范就自然呼之欲出。

第四，合理保护原则。技术创新与人权保障是我们进行个人信息权益时必然面对的基本矛盾。"一方面，充分的法律保障和对侵权行为的救济，可以营造一个良好的信息发展环境，进而保障个人的信息公平权益和信息安全权益；但是另一方面，如果因为过分保护个人权利而导致一国无法在大数据时代赶上最新的科技发展潮流，本国公民的权利最终仍

---

① 参加胡玉鸿主编：《弱者权益保护研究综述》，中国政法大学出版社 2012 年版，第 1 页。
② 参见高一飞：《智慧社会中的"数字弱势群体"权利保障》，载《江海学刊》2019 年第 5 期，第 167 页。

然会被因为创新而力量不断强大的其他国家（包括其企业）所侵凌。"① 此时，在完善个人信息公平权益法律保障的权利体系时，如何确立一个合理的"度"尤为重要。比如，在个人信息收集问题上，就有学者通过反思当下"通知——选择"（Notice - Choice）模式及"数据最小化"原则导致的信息利用紧张关系，主张从侧重个体主义许可转向侧重风险控制。②

（二）结合法益基础确立权益保障的立法模式

法律上的"权利保护"具有两重含义：一是将权利作为一种理论研究范式；二是将权利作为一种特定保护方式。具体到立法模式上，二者就相应地分化为行为控制模式和设权保护模式，其根本区别在于我们到底把所保护内容理解为一种纯粹法益，还是理解为具有特定主体、客体和内容的具体权利，该问题在个人信息公平权益保障中同样如此。

行为控制模式是从司法实践出发，挖掘个人信息公平法益所具有的公民利益属性，控制他人行为构建利益空间，进而通过这种相对性控制，来维护利益享有者的利益。体现在保护路径上，该模式并不设置具体权项，而是采取一种侵权救济方式。从当下我国个人主体间信息公平保护现实来看，有关个人信息公平保护的具体规则分布于不同层级和部门制定的法律规范及规范性文件中，并涵盖电信、网络、旅游、邮政快递、电子商务、征信、金融和消费者保护等多方面。③ 具体到分布范围，很长一段时间对个人信息公平的保护主要集中于刑法、行政法等公法领域，如保障网络安全、打击侵犯公民个人信息行为、对弱者权益的倾向性保护、确定"民告官"的举证责任规则以及明确政府信息公开方式及范围等。而在民法领域，对个人主体间信息公平的法益保护主要聚焦于个人信息保护。如《民法典》中"民法总则"部分第111条和"人格权编"部分第1035条、第1036条、第1037条、第1038条都在强调公民个人信息权益的同时，间接地保护着信息公平这一抽象法益。不同于行为控制模式，个人主体信息公平权益的设权保护模式则是以对某特定权利如个人信息权的保护为依托，试图基于公民的特定数字信息权益，构建社会主体的信息公平权利体系。此保护模式在早期美国和欧洲也具有专门的理论支撑——"公平信息实践"（fair information practices）。该理论认为，只有基于一种平等理念，赋予并保护公民对某些特定信息的占有和使用，我们才能对个人信息权、数据权、隐私权等内容从权利义务层面予以考量。④ 如以对个人信息权利的保护为例，尽管当下对公民的个人信息权主要有"宪法人权说""一般人格权说""隐私权说""财产权说""新型权利说""独立人格权说"等不

---

① 郑戈：《在鼓励创新与保护人权之间——法律如何回应大数据技术革新的挑战》，载《探索与争鸣》2016年第7期，第84页。
② 丁晓东：《大数据与人工智能时代的个人信息立法——论新技术对信息隐私的挑战》，载《北京航空航天大学学报（社会科学版）》2020年第3期，第8页。
③ 王成：《个人信息民法保护的模式选择》，载《中国社会科学》2019年第6期，第126页。
④ Paul M. Schwartz. Privacy and Democracy in Cyberspace. *Vanderbilt Law Review*, 1999, p. 52.

同主张,① 但它们的最终目的都是想把抽象法益上升为知情权、删除权、修改权等具体权利。进而明确特定主体,赋予权利人一般性的排他可能性,以进行制定法上的直接保护。

其实,如上两种模式之间并非泾渭分明,二者都共同致力于推进协调大数据时代技术创新与人权保障的冲突。因应物理时空消解、主权边界模糊、国家——社会混同和生物——数字的双重人性等社会变革,已有的公民权利保护境遇不佳,社会参与过程中公民权利的外延变革成为一项不可避免的事实。② 此时,结合权利生成理论及数字社会特征来看,"技术赋权"就构成我们从具体权利层面保障个人信息公平的理论基础。在实质上,作为个人信息公平之规范基础的个人信息权,是信息主体对抗信息控制者行为的一种新兴"准公法"权利,司法操作中对其实施保障的最理想状态就是设定具体权能,使信息主体的权利能够更顺畅地转化为"信息控制者"的义务,由此实现信息主体控制自己的信息不被非法处理。③ 此时,相比行为控制模式,设权模式就应成为保障个人信息公平权益的妥当选择。当下学者的研究兴趣,也主要集中于如何建构一套尽可能全面规范的权利体系。

(三) 针对具体失衡问题建构完备的权利义务体系

由上可知,智慧社会的法律与科技之间的关系,已不仅仅只是一方对另一方被动式的回应,"而是要理解嵌入在各种应用模式中的技术如何体现和再生产着特定的权利关系和法律关系"。④ 此时,对个人信息公平权益进行法律保护的一个重要方面就是针对具体的信息公平失衡问题,建立均衡的权利体系。结合问题产生的不同原因,我们可选择以下两条路径进行具体权利的整合或建构。

第一,针对信息获取不公和数字红利差异问题,主要采取权利宣示模式,诉诸宪法、行政法、社会法及老年人权益保障法等完善具体权利体系。从个人信息公平权益属性来看,这些权利多属于宪法上公民平等权及社会发展权、社会救助权范畴,以人权中的自由权、社会权和发展权为理论基石,宪法搭建了信息时代个人信息公平权利保障的基本逻辑框架。从具体分布看,相应的权利体现在《老年人权益保障法》《残疾人保障法》《政府信息公开条例》《无障碍环境建设条例》《电子商务法》《电信条例》及《网络安全法》等法律条文中。尽管该体系仍然存在立法失衡、针对性立法缺失、多重分散和重复抽象等问题,但它们搭建了一个初步的个人信息公平保障的法律法规体系,试图通过权利宣示进行一种抽象保护。为保证可操作性,我们可将这些所彰显的抽象权利或权利范式内容,具

---

① 参见杨立新:《个人信息:法益抑或民事权利——对〈民法总则〉第11条规定的"个人信息"之解读》,载《法学论坛》2018年第1期,第40页。
② 马长山:《数字时代的人权保护境遇及其应对》,载《求是学刊》2020年第4期,第103页。
③ 周汉华:《个人信息保护的法律定位》,载《法商研究》2020年第3期,第45-46页。
④ 郑戈:《司法科技的协调与整合》,载《法律适用》2020年第1期,第8页。

体归纳为信息平等权、信息自由权和特殊保护权子权利类型。① 首先，为保障公民的基本人权，1948 年《世界人权宣言》第 2 条规定"人人生而自由，在尊严和权利上一律平等"，我国《宪法》第 33 条也规定"中华人民共和国公民在法律面前一律平等"，它们均构成个人信息平等权保护的权利根源。② 其次，相比信息平等权，信息自由权更为重要和典型，并可进一步划分为无障碍知情权、无障碍信息获取权和无障碍信息利用权。对此，我们既能从国际人权大会规定及我国宪法中引申，③ 又能在国内外诸多法律法规、指南、标准中找到相应的保障条款。再次，弱势群体信息特殊保护权直接来源于倾斜保护原则，同样以《世界人权宣言》和我国《宪法》，以及《老年人权益保障法》《未成年人权益保障法》中对弱者的特殊保护为理论依据。④ 具体实施中，该权利既注意到对特殊主体的特定信息服务，又兼顾到特定程序救济。

第二，针对信息垄断和信息控制失衡问题，主要采取"法益+具体权利"模式，从私法层面完善具体权利体系。当下，这些具体权利主要有知情权、隐私权以及个人信息保护中的信息查询权、信息更正权、信息删除权和报酬请求权等。区别在于，知情权和隐私权针对的是数据垄断、数据滥用导致的一般性信息控制失衡和认知差异，而个人信息保护中的诸多子权力则针对的是信息侵权，是信息公平失衡的极端展现。首先，在数字社会，"数字弱势群体"与"数据控制者"之间的利益不平等很大程度上是建立在数字化的"信息人"基础之上，由于信息的共享和流变性特质，在所保护的"数字弱势群体"法益中，首先可能被侵犯的就是个人的隐私性权利——隐私权。结合个人信息公平失衡的表现形式，该隐私权侵犯也相应地呈现出两种类型：一是公权力借助信息技术对社会公众的自由监控，二是优势商业组织对"数字弱势群体"信息的不当获取与应用。其次，与隐私权类似，所保护的"数字弱势群体"的另一重要权利类型就是个人的知情权。该知情权针对大数据挖掘、智能算法带来的"信息茧房"和个人信息控制能力失衡，是对处于信息资源优势地位的政府和企业与处于劣势地位的公民之对立矛盾的有效化解。⑤ 再次，与以上二者不同，信息更正权、信息删除权和报酬请求权直接针对的是信息侵权，这是个人信息公平失衡的极端化表现。其目的是通过特定权利设定，把个人信息保护中的抽象法益转换为具体权利，并在《民法典》的相应章节中予以体现。

---

① 参见赵媛、王远均：《社会弱势群体公共信息服务权益保障中的法律问题研究》，中国社会科学出版社 2017 年版，第 225 – 235 页。

② 2003 年 12 月，联合国在信息社会世界首脑会议发表的政治声明就指出："信息社会的公平获取是社会可持续发展的必要因素。在信息社会，信息作为人类均衡发展的基本资源，每个人都能够获取和利用。"

③ 1968 年联合国第一次国际人权大会通过了《德黑兰宣言》，首次将"信息自由"作为一项基本人权与"表达自由"予以并列。

④ 2009 年 4 月 13 日，我国发布的《国家人权行动计划》规定："继续采取有效措施，促进城乡居民特别是中低收入居民收入的逐步增长，完善最低生活保障制度，努力维护城乡居民获得基本生活水准的权利"，即把基本生活水准权利明确为一项重要人权。

⑤ 宋保振：《"数字弱势群体"权利及其法治化保障》，载《法律科学》2020 年第 6 期，第 63 – 64 页。

(四) 立足司法实践完善权利实现的配套措施

徒法不足以自行。立足个人信息公平失衡系列问题,尽管我们建构了较为完备的权利体系,但这并不能等同于这些权利内容一定会必然产生良好的社会实效。我们必须要从动态法的运行出发,完善相应配套机制。结合法的运行环节,这些机制主要有:

第一,针对具体权利设定责任救济。权利实现的最直接保证就是具有相应的救济。此救济的重点一是确定救济主体,二是明确主体的义务和责任。具体到个人信息公平权益保障中,主要涉及四类主体。首先,相应政府部门是基本主体,其主要职责是制定类似《方案》的相应政策法规,承担网络普及和信息服务的经费支持,同时监管其他主体公共信息服务及处理工作的全面开展;其次,公司、企业等营利性机构是必要主体,其义务源于它们依据资金、技术和人才优势进行的信息垄断和信息不当获取和使用,解决措施在于规制相应公司、企业的信息处理行为,通过设置侵权责任实施强制性保护;再次,图书馆、档案馆、工会、老年协会等是必备主体,也是提供信息公平服务的主要力量。它们的职责是调研信息公平失衡情况、创建无障碍环境,并承担相应的培训和教育工作;最后,家庭及个人是补充主体。信息公平失衡问题主要靠政策和法律来解决,但是生活中家人的帮助却构成必要的补充。而且个人载积极参与的同时,除了获取相应的数字便利外,也能强化信息权利意识。

第二,对不确定性规范进行法律解释。毋庸置疑,建构完善的权利义务责任体系,是保障个人信息公平法益的最有效方式。但受制于该问题意识的新颖性以及已有法律规范的抽象性,现有立法并不能完全提供有效的法律规范和裁判规制,法律解释就构成立法之外,保障个人信息公平法益的重要辅助方式。从实践来看,面对裁判新兴权利案件时的制定法规范阙如,法律解释特别是法官解释确实起到了重要的推动作用。"在规则未明的案件中,法官通常通过解释扩大规则的适用范围,将既有规则拓展到新兴技术领域。"[①] 从个人信息公平权益的保障实践来看,该法律解释主要存在两种作用方式:一是由最高人民法院或最高人民检察院发布抽象司法解释,即为涉及"数字弱势群体"权利侵害但暂时又缺乏成文法律规范的案件,提供可予以适用的裁判规则;另一方面是法官运用文义解释、体系解释和目的解释,通过利益衡量和价值补充,实现具体裁判中对"数字弱势群体"的倾向性保护。尽管二者呈现出不同表现形态,但在个人信息公平权益保障中,它们起到了同样作用——完成法律的规范化续造。

第三,积极发挥典型案例的裁判指引作用。当裁判疑难或典型案件时,发挥典型案例

---

① 陈阳:《互联网新兴权利的司法证成——以法官解释权为视角》,载《学习与探索》2018年第9期,第77页。

的价值指引作用日益成为一种重要司法治理方式。① 具体到个人信息公平权益保障中，就是面对当今科技社会中的信息侵权或不平等保护，借助典型个案的"标杆"效应，强化对公民个人信息的平等保护以及对弱势群体的倾向性裁判。从当下司法实践看，在公民数据保护及个人信息侵权领域已经有了相应实践，如"新浪诉脉脉案""奇虎诉腾讯案"等一系列信息数据类诉讼案件。从诉讼客体来看，所保护的不仅指私人数据，也逐渐开始对公共数据的保护。如在全国首例公共数据保护案"企查查发误导信息判赔案"中，② 为保障在信息使用和辨别中处于弱势一方的平等权和知情权，该案厘清了公共数据使用的基本原则和边界。不过，此公布典型案例方式也因案例指导制度本身只能作为裁判理由发挥"指导性"作用而具有"天然劣势"。"数字弱势群体"权利保障案大都属于智慧时代的"疑难案件"，面对这些案件，裁判者为避免贴上枉法裁判的标签，就习惯地请示上级法院出台相关司法政策，或者根据现有法律规范不认定侵权，这都使得公布典型案例的预期目的大打折扣。

结　语

大数据、云计算等高科技引发的普遍化、突发性不平等，同漫长社会发展中所出现的温和化、渐进式信息不平等具有本质区别。其影响因素除了一般性的政治经济内容外，还和社会结构的扁平化、去中心化以及社会关系的虚拟化、多元化和数字化直接相关。③ 伴随大数据时代来临，工业社会的人口红利优势逐渐褪去，数字红利日益凸显，信息成为重新塑造社会结构的基本力量。数字经济在给人类带来比以往"前信息社会"更公平、更自由、更民主的同时，也给人类增添了新的不平等——信息不公平。而且从社会演进来看，伴随当下的智慧化和信息化社会建设，因社会结构和社会关系变革催生的信息不公平已不再只是一种小概率事件，而是成为信息时代的普遍社会现象。日渐扩大的"数字鸿沟"正在严重侵蚀公民运用有价值信息时的平等和公正性，以至直接影响其他权利行使和机会获取。在政治效果和商业利益驱动下，所谓"技术中立"或许只是一种理论愿景。此时，如何通过规范公权力机关及数据运营商行为，确保数据流通安全，保障不同主体间的信息公平，让数字红利尽可能地惠及更多数人，必然是信息时代社会公平研究的重要内容。

（编辑：杨知文）

---

① 参见宋保振：《智慧社会司法治理的理念转变与实践创新》，载《山东大学学报》（哲学社会科学版）2020年第4期，第93页。
② 具体参见（2019）浙8601民初1594号。
③ 参见马长山：《智能互联网时代的法律变革》，载《法学研究》2018年第4期，第20页。

法律方法评论

形式正义的前瞻性要求：麦考密克的后果推理

[英] 马克西米利安·德尔马[*] 著　黄　柳[**] 译

摘　要　该文讨论了麦考密克的法律推理理论中被忽视的部分，即他所谓的"后果推理"。对于麦考密克而言，后果推理不仅是英格兰和苏格兰法律推理中的一个普遍特征，而且是一个很有价值的特征。麦考密克阐明了后果推理的价值，他认为后果推理有助于满足形式正义的前瞻性要求，即根据一个人在裁决未来的类似案件时采用的理由来裁决当前的案件。该文将后果推理置于麦考密克在《法律推理与法律理论》（1978年）中发展出的法律推理理论的整体图景中，并继续展现他在其后著作中有关后果推理观点的演变，这些在《修辞与法治》（2005）中达到顶峰。可以说，麦考密克后来关于后果推理的观点，即在具体的假设情境中，通过评估在可能裁决的伪装下发生的可能行为的可接受性或不可接受性（即，规范性），来检验（包括完善）可能裁决的这一过程，实际上是法律推理中的一个普遍特征，而且也是极富价值的一个特征。

关键词　法律推理　后果　麦考密克　正当化　普遍化

引　言

也许在尼尔·麦考密克关于法律推理的著作中，最陌生也最缺乏理论化的就是他对于后果推理的论述。[①] 简而言之，这是一种推理模式，它使人能够检验（test）可能的裁决，

---

[*] 马克西米利安·德尔玛（Maksymilian Del Mar），伦敦玛丽女王大学法律系及内殿律师学院学术研究员。本文的一个版本于2015年2月25日发表于爱丁堡法律理论小组，亦于2014年6月4日发表于伦敦大学学院的法哲学论坛上。感谢两个小组的召集人爱丁堡大学的Martin Kelly，Lucas Miotto Lopes和伦敦大学学院的Simon Palmer，Alex Green。我也很感谢Haris Psarras, Zenon Bankowski, Luis Duarte D'Almeida, Claudio Michelon, Riz Mokal, David Foster 和其他的活动参与者。还要感谢一位匿名审稿人的很有帮助的评论。莱弗休姆研究奖学金使本文的研究成为可能。

[**] 黄柳，女，江西宜春人，华东政法大学法学理论专业硕士研究生，研究方法为法理学、法律方法论。

[①] 在那些评论麦考密克的作品里，只有卢顿（B Rudden, 'Consequences' [1979] 24 *Juridical Review* 319）给予了广泛和深入的关注。

并通过评估采用这些裁决的后果,最终在它们之间做出选择。在《法律推理与法律理论》① 一书介绍的法律推理的基本结构中,这种论辩形式是二次证明中的一个要素,其他要素是:(1) 协调性(coherence):确保选定的裁决与既定法律(established law)相协调;(2) 一致性(consistency):确保它不与既定法律相冲突。事实上,从一开始就值得注意的是,麦考密克对后果推理的定位非常突出——无论是从它被使用的频率,还是他认为后果推理所具有的价值意义。②

除了他在《法律推理与法律理论》一书中对后果论辩的分析之外,他在这方面观点的主要来源还有:1982 年的杜威演讲,其后于 1983 年作为《法律决定及其后果》('Legal Decisions and the Consequences')发表③,1983 年演讲的修订和更新版本《根据后果作出判决》('Judging by Consequences')作为 2005 年的《修辞与法治》(Rhetoric and the Rule of Law)的第六章出版。④ 我们将会看到,随着时间的推移,麦考密克稍稍限缩了他的观点,尤其是在他认为的法官应当考量的后果类型方面。

本文的第一部分重在理解:(A) 后果推理在麦考密克的法律推理整体模型中的地位;(B) 麦考密克赋予后果推理的价值。本文的第二部分着眼于:(A) 从《法律推理与法律理论》论点开始的一系列后果推理的例子;(B) 继续关注 1983 年到 2005 年麦考密克的观点,尤其关注其观点的变化方面。

在继续本文之前,需要对一些术语进行说明。肯定存在一些对于麦考密克使用的"后果推理"这一术语的误解之处。麦考密克自己将"后果主义"或"后果论"这些术语的出现追溯到了 GEM Anscombe 的《现代道德哲学》⑤。在确定了他从何处知悉这个术语之后,麦考密克很快将他的"后果推理"概念与任何一种完全的后果主义或功利主义区分开来。⑥ 他

---

① Neil MacCormick, *Legal Reasoning and Legal Theory* (Clarendon Press, 1994 [1978]).
② 这里就有两个证明麦考密克赋予后果推理重要性的例子:(1) 当一个案件经过一致性和协调性检验之后仍悬而未决,最后在论辩中起决定作用的就是关于后果的论辩(1983, 250);(2) 现在的论点(是):在疑难案件的司法决定中,后果主义论辩是可行的最基本的正当性理由。Neil MacCormick, *Rhetoric and the Rule of Law* (Oxford University Press, 2005), 118.
③ *The Dewey Lecture in jurisprudence*, School of Law, New York University, 5 October 1982; Neil MacCormick, 'Legal Decisions and their Consequences: From Dewey to Dworkin' (1983) 58 New York University Law Review 239; 这篇文章是对卢顿的《后果》('Consequences')一文的部分回应。B Rudden, 'Consequences' [1979] 24 Juridical Review 319.
④ Neil MacCormick, Judging by Consequences' in *Rhetoric and the Rule of Law* (Oxford University Press, 2005), 101-120. 然而,如上所述,后果主义论辩的例子实际上经常出现,并且贯穿于麦考密克关于法律推理的著作中,但出于本文的目的考虑,我将主要关注这些。
⑤ GEM Anscombe, 'Modern Moral Philosophy' (1958) 33 (124) *Philosophy* 1.
⑥ 菲尼斯很早就认识到了麦考密克的这一意指,他说:"注意我所描述的非理性是作为伦理学上一般方法的后果主义(即在开放式的实践理性之中),并非麦考密克[在《法律推理与法律理论》中]……所说的法官的后果主义论证,即(对他的颇有价值的分析进行总结):(1) 如果先前的案件中已经得出了确切的决定,那么就要检查在其他案件中必须作出的决定的类型,(2) 询问那个案件中所做决定的后果的可接受性或不可接受性……评价将参照一个社会既成的认同感而作出。" J Finnis, *Natural Law and Natural Rights* (Clarendon Press, 2nd edn 2011 [1981]), 131, original emphasis.

说，首先，在某种程度上，它完全可以被认为是功利主义，但是它是一种形式规则（而不是行为）的功利主义，从理想化的版本上来说，是一种更进一步的规则功利主义。① 在《修辞与法治》中，他对这一点展开了更清晰的阐述：

> 对裁决的论证并非仅仅基于对当事人的直接、即时的影响（即疑难案件出坏法时），但是如果一个可接受的法律主张涵盖了目前的情况，那么它也可以用于其他类似案件（由此满足同案同判的正义要求）。②

然而，人们很可能会问：如果我们不调查对当事人各方的影响，我们也不做影响评估，比如，评估裁决的经济后果③（正如我们稍后将看到的，麦考密克并不想要法官进行

---

① Neil MacCormick, Legal Reasoning and Legal Theory (Clarendon Press, 1994 [1978]), 115-16. 麦考密克所说的"理想的功利主义"（ideal utilitarianism），不是指"单一的尺度"上的"快乐-痛苦尺度"（'pleasure-pain scale'），而是说要"考虑复杂的而非简单的标准"，包括正义、常识、公共利益和便利。Neil MacCormick, 'Judging by Consequences' in Rhetoric and the Rule of Law (Oxford University Press, 2005), 105, 115. 关于规则功利主义（rule utilitarianism）的辩论在20世纪60年代末和70年代进行得非常激烈，尤其是由约翰·罗尔斯（John Rawls）著名且影响深远的《规则的两个概念》（'Two Concepts of Rules' (1955) 64 The Philosophical Review 3.）所引发。当时对功利主义（包括规则功利主义）的一个重要批评是DH Hodgson Consequences of Utilitarianism (Clarendon Press, 1967). 也可参见 R Wasserstrom, The judicial Decision: Toward a Theory of Legal justification (Stanford University Press, 1961)——当然这也是麦考密克《法律推理与法律理论》的渊源之一——他区分了"有限的"和"极端的"功利主义（偏向前者）。关于有限的功利主义，他说："如果假设道德的'功能'是鼓励能够产生最大幸福或最小冲突的行为，那么最高等级的伦理规则将是功利主义原则的一些表述。根据有限的功利主义理论，这是评价或证明特定道德规则的标准，而不是决定某个特定行为的正确性的标准……因为在这种情况下，唯一相关的是一个特定的道德规则。因此，行为的正当化应诉诸道德规则，而道德规则的正当性应诉诸功利原则"：R Wasserstrom, The judicial Decision: Toward a Theory of Legal justification (Stanford University Press, 1961), 119. 这有别于极端功利主义，后者认为"只有在一个行为的特定后果在功利主义基础上是正当的，一个特定的道德行为或决定才能被正当化。"(121)。但似乎当瓦瑟斯特罗姆（Wasserstrom）讨论"法律论证的两级逻辑"时，他其实是认为，决策者应将功利主义标准应用于现有的规则，而不是用来检验可能的规则。（参见122页，虽然这里也并没有完全说清楚，例如参见151页）

② Neil MacCormick, 'Judging by Consequences' in Rhetoric and the Rule of Law (Oxford University Press, 2005), 103.

③ 这种更宽泛意义上的、也可以说是更一般意义上的后果推理，可以参见 J Bell, Policy Arguments in Judicial Decisions (Oxford University Press, 1983); J Bengotxea, 'Una defensa del consecuencialismo en el Derecho' (1993) 2 (2) Telos 31；大陆法系里更近的有 F Carbonell, 'Reasoning by Consequences: Applying Different Argumentation Structures to the Analysis of Consequentialist Reasoning in Judicial Decisions' (2011) 3 (2) Cogency 81, 和 E Feteris, 'The Rational Reconstruction of Argumentation Referring to Consequences and Purposes in the Application of Legal Rules: A Pragma-Dialectical Perspective' (1995) 19 Argumentation 459; 关于北美的文献，可参见 B Tamanaha, Law as a Means to an End: Threat to the Rule of Law (Cambridge University Press, 2006). Carbonell (84, fn 4) 指出 C Perelman 和 L Olbrechts-Tyteca (in The New Rhetoric: A Treatise on Argumentation [J Wilkinson and P Weaver tr, Notre Dame Press, 1969]) 把这称之为"实用主义论辩"（'pragmatic argument'），即"可以根据有利或不利的后果来评估一项行为或一个事件"。这种更广泛的含义似乎也正是 Wroblewski 的观点，他说："通过后果证明一项决定（或一项行动）是通过对其后果的评估来进行，"他还补充道："在法律领域，法律决定的后果对其证明的影响可以与实用工具主义或自由法运动的意识形态相联系"：J Wroblewski, Justification through Principles and Justification through Consequences' in C Faralli and E Pattaro (eds), Reason in Law (vol 1, Dott A Guiffre Editore, 1987) 129-161, 141. 对于这种论辩模式的一般历史（而非仅局限于法律），可参见 Walton, 'Historical Origins of Argumentum ad Consequentiam' (1999) 13 Argumentation 251. 尽管有重复之嫌，但我还是想说，我在这里没看这些文献，因为这些作者倾向于用比麦考密克更广泛的意义来使用后果主义论辩，特别是相较于他后来的作品。然而，无论如何，正如我将继续说的那样，关于这种广义意义上的"后果"的作用之争（麦考密克写作之时）对于理解麦考密克的观点而言，也是很重要的背景资料。

概率推理），那么在何种意义上这种推理是"后果主义"的呢？此外，如果我们将后果主义的要求与协调性和一致性的要求混为一谈，那还称得上是"后果主义"吗？如果后果主义不是作为决定的唯一和最终的理由而被提出，那么麦考密克是否有资格使用这个词？这些都是很好的问题，且在我看来，它们确实给了我们很好的理由，去寻求麦考密克在法律实践中所认定和支持的那种推理方式的替代性名称。

然而，出于本文的目的，我建议继续沿用麦考密克自己的语词（我们将在后面看到，他用以说明或援引的例子是"逻辑上的后果"（consequences-as implications）。这样做的依据在于他的历史传记：我正在查找麦考密克在其全部作品中对这一概念的使用情况，而这就是他在当时特定论辩的背景下选择使用的术语。这包括上面提及的功利主义的论争，但更明显的是，也涉及了政策考量在司法裁决中的地位的论争，尤其是以美国法律现实主义者和法律经济学者所提倡的形式展开（例如，规则作为未来行为的激励）。麦考密克没有使用'政策'这个词，恰恰是因为他怀疑德沃金试图在原则和政策之间划清的界限。"① 他试图为"后果推理"找到一席之地，至少在一定程度上是因为他不同意德沃金反对司法对政策的依赖的论辩。② 如果我们要使用一个不同于"后果推理"的术语，我们将无从获取在麦考密克的概念与他所了解和回应的争论这二者之间的重要联系。当然，为了发展法律推理的一般理论，或许另一个术语更加可取（但那又是后话了）。

最后，对于本文所使用的术语，也许有人会质疑麦考密克"后果推理"的"前瞻性"的含义（尤其是在他后来的狭义意义上）。③ 显然，麦考密克后来的观点并不是说要依据对未来人们行为的想象来决定可能的裁决是否会成为行为的激励（例如，因为它会导致更高的效率而被认为可取）。无论如何，即使在这种更强的意义上它不是"前瞻性"的，人们也能在一种较弱的意义上将其认为是"前瞻性"的。对于麦考密克而言，关键的是，我

---

① 这段时期的著作也可参见 Kent Greenawalt, 'Policy, Rights and Judicial Decision' (1977) 11 *Georgia Law Review* 991. 正如麦考密克在《修辞与法治》（119 页）中后来指出的那样，Greenawalt 在那篇论文中表明，"德沃金所坚持的政策问题和权利问题之间的根本区别，已经被法律论证理论中的后果主义论辩所驳倒了"。

② 麦考密克对德沃金观点更持久、原始的批评是在他的 'Dworkin as Pre-Benthamite' (1978) 4 *The Philosophical Review* 585, 此外，他主张：(1) 如果我们将原则理解为决定性的权利，那么我们必须承认，（在疑难案件中）它们之间确实会产生冲突，因为疑难案件即使不是一直、也经常是有关权利之间的冲突；(2) 在疑难案件中，对于原则的选择（或者换句话说，在待决案件中应当支持哪一权利）是没有正确答案的，因为法官可以合法地否定它；(3) 关于"公正""常识"和"公共政策"的论辩恰是在这种关于原则选择的潜在冲突里出现的——因此表明德沃金反对的那种考量也确有其（事实上不仅是至关重要的，而且是不可避免的）作用。Neil MacCormick, *Legal Reasoning and Legal Theory* (Clarendon Press, 1994 [1978]), 105.

③ 感谢匿名审稿人提出这一点。

们是在可能的裁决的伪装之下,想象具体的假设情境,并在其中考量和评估可能的行为。① 这种假设练习的"前瞻性"在于,假设的行为发生在裁决作出之后——即,我们会问:如果裁决是这样或那样的,我们想象会发生哪种行为?话虽如此,我们也可以想象一下设定在历史过去的情景,然后问:如果当时的裁决已经生效,那么那时可能会发生什么行为?它的意思是说,麦考密克感兴趣的是逻辑的未来,而不是经验的未来,但也可以说,这是一种"未来"。②

一、《法律推理与法律理论》:背景

《法律推理与法律理论》一书在法律理论界为人所熟知,它是当之无愧的经典之作,也可以说是在英美法律理论学界里,第一个不仅在英格兰和苏格兰的当代法律推理的实践领域提供了复杂的(包括描述性和规范性)理论论述,③ 也是第一本指出需要在法律的一般理论和法律推理理论之间建立理论联系的书之一。④ 要了解麦考密克在法律推理方面的工作,应以本书为前提和中心——因为他后面出版的论文(包括《修辞与法治》收录的论文)回顾并涵盖了第一本书的许多基本见解。尽管麦考密克的有些观点在《修辞与法

---

① 那样的话,对于麦考密克所认定的那种推理,一个更好的通用术语可能是"假设推理"(hypothetical reasoning)。使用该术语的一个例子可参见 MA Eisenberg, *The Nature of the Common Law* (Harvard University Press, 1988) 99,他是以如下方式描述假设(hypotheticals)在法律推理中的作用的:"法院正面临一个疑难案件,需要在冲突的规则中作出选择。然后法院阐述了一种假设,至少在法院看来,这种假设具有三个标准特征:第一,假设不同于待决案件本身;第二,对假设的案件作出决定似乎比对待决案件本身作出决定更容易——在假设中,冲突规则中的某个规则显然更为可取;第三,虽然假设不同于案件本身,但案件本身也不能与一种可适用的社会论题之下的假设情境完全分隔。因此,如果假设的案件应取决于某个冲突规则,那么待决案件本身也应取决于它。"

② 与法律经济学中支持的"前瞻性"考量的其他区别还在于:在对可能的行为进行评估时,麦考密克关注的重点不是行为可能带来的任何整体收益(例如,效率),而是关注在既定法律的价值评判下行为是否可接受的(下文将对此展开进一步论述)。

③ Atria 说《法律推理与法律理论》不说是唯一一本,也至少是少数几本自封为实证主义作品的书之一,书里对现实案件裁决的讨论起了十分关键的方法论作用。F Atria, 'Legal Reasoning and Legal Theory Revisited' (1999) 18 Law and Philosophy 537, 566;原书标注重点。无独有偶,Atiyah 在评论这本书的时候也说:"与近年来讨论同样话题的许多作者不一样,麦考密克教授知道他自己的准则。" PS Atiyah, 'Review of Legal Reasoning and Legal Theory' (1979) 42 Modern Law Review 471, 471;原书标注重点。

④ 正如麦考密克在《法律推理与法律理论》229 页中所说:"法律推理理论需要法律理论,法律理论也需要法律推理理论……任何有关法律推理的论述……都对法律的性质作出了预设;同样,有关法律性质的理论也能在与法律推理的隐含关系中得到检验。"麦考密克很慷慨地把他的这一观察归功于德沃金。出于本文目的考虑,我大多数时候会将《法律推理与法律论证》中法律推理的论述与哈特的实证主义之间的关系弃之不谈。在麦考密克的《法律推理与法律理论》1994 年版的序言中,麦考密克声称他是想要把《法律推理与法律理论》作为哈特的经典著作《法律的概念》(xiv) 的姊妹篇问世的。但正如很多人看到的(例如,参见 F Atria, 'Legal Reasoning and Legal Theory Revisited' (1999) 18 Law and Philosophy 537, 566),《法律推理与法律理论》的论述与哈特的法律实证主义之间是有很多紧张关系的。并且,哈特已经受到了不少批评,不论是关于他忽视原则在法律推理中的作用(Neil MacCormick, Legal Reasoning and Legal Theory (Clarendon Press, 1994 [1978]), 231, 244 – 246),还是关于对内在视角的必要限制方面(参见 Neil MacCormick, *Legal Reasoning and Legal Theory* (Clarendon Press, 1994 [1978]),附录 275 – 292)值得一提的是,我也搁置了麦考密克的一般法理学理论(随着他的观点逐渐成熟,他认为法律是一种制度化的规范秩序)和他的法律推理理论之间的关系的讨论。

治》中也发生了实质性变化,① 但在我看来,后一本书(和里面收录的文章)更多的是对第一本书的认识和批评的(宽容的,有时可能过于宽容的)回应汇集,而非全新的观点或对原有法律推理观点的大修。

在麦考密克的文集中,我看到的在推进我们对法律推理的理解方面,与《法律推理与法律理论》一书有着同等重要性的其他作品有:第一,关于制定法解释和判例解释的协作和比较的作品;② 第二,在《法律与道德的实践理性》③ 一书中,麦考密克最终提出了一种由来已久的把康德和斯密融合在一起的想法。④ 毋庸讳言,这些问题应该单独处理,因而不属于本文的讨论范围。

1. 背景一:正义、正当化与普遍化

尽管我们都熟悉《法律推理与法律理论》的结构,但还是有必要概述一下它的一些基本推进。总的来说,这本书可以说是对理性在人类事务中(但主要是在法律中)所扮演角色的怀疑态度的一个富有同情心的批判性回答。它之所以是同情性的批判,是因为它承认理性的作用是有限的:存在一些真正的实践性分歧(关于一个人应该做什么的分歧)是理性无法解决的(不像可猜测的分歧,例如关于爱丁堡和格拉斯哥之间距离的分歧,这是可以解决的)。我们的法律体系可能是"理性建构的",但它们不是由"理性决定的"。⑤ 我们可以(也确实应该)通过推理得出特定的结论,但在某些情况下,理性本身并不能强迫我们接受和支持这个或那个结论。⑥ 对麦考

---

① 参见 eg G Pavlakos, 'Introduction: Symposium on "Rhetoric and the Rule of Law: an Author's Day with Neil MacCormick"' (2008) 59 (1) *Northern Ireland Law Quarterly* 1. 有些已经明确表示更喜欢《法律推理与法律理论》:A Schiavello, 'Neil MacCormick's Second Thoughts on Legal Reasoning and Legal Theory. A Defence of the Original View' (2011) 24 (2) *Ratio Juris* 140.

② Via the Bielefelder Kreis; see Neil MacCormick and RS Summers (eds) *Interpreting Statutes: A Comparative Study* (Dartmouth, 1991); *Interpreting Precedents: A Comparative Study* (Dartmouth, 1997).

③ Neil MacCormick, *Practical Reason In Law and Morality* (Oxford University Press, 2008).

④ 有关更多的讨论和重构,参见 M Del Mar, 'The Smithian Categorical Imperative: How MacCormick Smithified Kant' (2012) 98 (2) *Archiv fir Rechts - und Sozialphilosophie* 233.

⑤ Haakonssen 对《法律推理与法律理论》的批评要点是没有证据证明它们不能由理性决定:K Haakonssen, 'The Limits of Reason and the Infinity of Argument' (1981) 67 *Archiv fir Rechts - und Sozialphilosophie* 491. 但是也可以说,在是否存在正确答案这一问题上,Haakonssen 和 Dworkin 的观点之间还有一步之遥——感谢 Riz Mokal 在这一点上的讨论。在麦考密克给 Haakonssen 的回应中,他说他的观点是要说,正确答案的存在并非从分歧中得出:Neil MacCormick, 'The Limits of Reason: A Reply to Dr Knud Haakonssen' (1981) 67 *Archiv fir Rechts - und Sozialphilosophie* 504. 因此,这里可能有三种立场:(1) 在有分歧的情况下,我们无法知道没有一个正确的答案;(2) 有分歧意味着一定有一个正确的答案(不然就没有真正的分歧了);(3) 存在分歧并不表示一定有一个正确的答案。

⑥ 在许多方面,这是一种融合休谟、康德和里德的方式,它预示着在《《法律与道德的实践理性》中进行的和解。休谟对理性的看法过于消极——理性所起的作用其实比他所认为的更大——但休谟的这一点看法是对的,理性在最终的结果中并非决定性的:正是因为我们的情感态度,"我们才关心任何人的行为的合理":Neil MacCormick, *Legal Reasoning and Legal Theory* (Clarendon Press, 1994 [1978]), 270. 在后来的作品中,麦考密克似乎偏离了这条路线——最明显的是他对 Haakonssen 的 (K Haakonssen, 'The Limits of Reason and the Infinity of Argument' (1981) 67 *Archiv fir Rechts - und Sozialphilosophie* 491.) 批评的答复:参见 Neil MacCormick, 'The Limits of Reason: A Reply to Dr Knud Haakonssen' (1981) 67 *Archiv fir Rechts - und Sozialphilosophie* 504. 但他在《法律与道德的实践理性》中又回到了情感维度在实践理性中的重要性的认识——因此,至少 1981 年对 Haakonssen 的一些让步可能是他在回应批评时过于宽容的一个例子(麦考密克的著作中反复出现的一个例子)。

密克来说，这种对实践理性的局限性的见解，从人际关系的层面上来说是具有伦理意义的：接受这种局限性的存在意味着适当地尊重与他人的道德观点之间的差异。① 正如他在《法律推理与法律理论》的结尾所说：

> 无论一个人的信仰是什么，他都是生活在一个人类社群或不同的人类社群之中的。他的同伴们有他们自己的某种道德取向和道德期望，他也知道他们有，这反映了他们的道德原则，或者说道德规则——他们的"道德准则"。要忽略或对这些道德取向和道德期望置之不理，需要额外地运用自己的硬心肠，而这未必是值得推崇的。②

虽然承认实践理性的局限性可能会包含这种关涉他人的伦理立场，但从法律自身的价值立场出发，为理性在法律中的作用找到一席之地也至关重要。麦考密克的解释是指出证明（justification）（如上所述，对麦考密克而言，正当性是法律推理的绝对基础）和正义之间的联系（部分是在词源意义上来说）："为做某件事的行为正当化，就是证明做某件事是正确的，只要去做就可以了。""在法律体系中进行正当性论证的背景下，法官必须达致"法律正义"。在形式层面上，这要求"相同案件相同处理，不同案件差别对待"。③ 形式正义的重要性不容低估，正如麦考密克在这篇文章中所阐明的那样：

> 托马斯·里德（Thomas Reid）认为，这样看待形式正义，实际上是处理人类事务过程中在理性和专断之间做出的选择。他把形式正义作为人们必须遵守的一项理性原则，在处理公共和社会事务时，应当遵循理性的而不是专断的原则（在处理私人事务和私人之间的关系时，自发性和专断意志往往发挥重要影响，但是，哪些事务属于私人事务的问题却不是一个私人问题）。对于这一态度，我是甚为赞同的……我们的社会要么是一个依据理性价值组织起来的，要么不是。我很是厌恶专断社会的不确定性和不安全感，在这样的社会中，各种决定都处于某人的一时兴致和奇思怪想，他做决策时根本不考虑过去和将来的情况。④

因此，形式正义是对抗武断决策危险的堡垒。所以理论家需要提供的是形式正义的标准和要求，这同样是"判决制作和证明的良好程序"。⑤ 这样的标准正是法律推理理论应

---

① 当然，这里最重要的背景是麦考密克的价值多元论和他早期的休谟非认知主义。因此，麦考密克的理论并没有提供刺猬的正义，而是提供了很多狐狸的正义。
② Neil MacCormick, *Legal Reasoning and Legal Theory* (Clarendon Press, 1994 [1978]), 274.
③ Neil MacCormick, *Legal Reasoning and Legal Theory* (Clarendon Press, 1994 [1978]), 73.
④ Neil MacCormick, *Legal Reasoning and Legal Theory* (Clarendon Press, 1994 [1978]), 76–77.
⑤ Neil MacCormick, *Legal Reasoning and Legal Theory* (Clarendon Press, 1994 [1978]), 77.

该提供的,也正是麦考密克在《法律推理与法律理论》中所尝试提供的。

正如麦考密克所指出的,有一种很常见的说法(如果不是"老生常谈"的话)是,形式正义有一个回顾性要求:正在裁决当前案件的法院有"在相同或类似的要点上与先例裁决保持一致"的义务。① 较少被注意的是,同案同判"意味着判决现在某一案件所采用的理由,可能也为将来同样的案件所采用。"② 事实上,麦考密克接着指出这种"前瞻性要求"比回顾性要求"更严格":因为当前裁决引发的将来的实质不正义的结果,让我们更有理由谨慎对待现在的这个案件裁判。③

这种对形式正义的前瞻性要求的强调与普遍化(及普适性)的概念之间存在着密切的联系,麦考密克将普遍化置于正当性论证的中心(因此也是法律和实践理性的中心)。毫无疑问,在这一点上,他深受 RM 黑尔(RM Hare,牛津贝利奥尔学院(Balliol College)的研究员,麦考密克也是该学院的研究员)④ 的影响,正如麦考密克其后所说,

> 对裁决的论证并非仅仅基于对当事人的直接、即时的影响(即疑难案件出坏法时),但是如果一个可接受的法律主张涵盖了目前的情况,那么它也可用于其他类似案件(因此满足了同案同判的正义要求)。⑤

这样看来,普遍化的过程也是前瞻性的——在做出一个人应该做什么的决定时,他应该遵循以下程序:他问自己,如果这是每个人都遵守的规则,他是否能够真诚地同意这条规则,或者,在黑尔的版本中,他是否会普遍化地作出规定(并且遵从自己的规定,即使没有其他人遵守)"。⑥ 对于麦考密克来说,这并不是什么新鲜事,因为他是在格拉斯哥大学受到 WD 拉蒙特(WD Lamont)的极大影响后来到牛津的——拉蒙特(Lamont)是康德的狂热爱好者。⑦ 无论如何,对黑尔(Hare)的接触和他在道德推理方面的工作一定大

---

① Neil MacCormick, *Legal Reasoning and Legal Theory* (Clarendon Press, 1994 [1978]), 75.
② Neil MacCormick, *Legal Reasoning and Legal Theory* (Clarendon Press, 1994 [1978]), 75.
③ Neil MacCormick, *Legal Reasoning and Legal Theory* (Clarendon Press, 1994 [1978]), 76.
④ 麦考密克曾在牛津大学两次(两次都是在贝利奥尔学院(Balliol)):一次是 Law Snell Exhibitioner 的文学学士(1963-1965),然后是作为菲利克斯·法兰克福特纪念会(Felix Frankfurter Memorial)的研究员和法理学导师(1967—1972)。黑尔(Hare)从 1966 年到 1983 年担任怀特道德哲学的讲席教授。
⑤ Neil MacCormick, Judging by Consequences' in *Rhetoric and the Rule of Law* (Oxford University Press, 2005), 103.
⑥ Neil MacCormick, Judging by Consequences' in *Rhetoric and the Rule of Law* (Oxford University Press, 2005), 103.
⑦ 要补充的是,哈特也读过拉蒙特(Lamont)(他这阵子大部分都被忘记了),并推荐要了解更多"法律解释中道德考量的作用"的内容,可以参见 Lamont, The Value judgement' HLA Hart, The Concept of Law (Clarendon Press, 2012 [1961]), 302, note to p 204). 要了解更多作为道德哲学家的拉蒙特有关法律的论述,参见 M Del Mar, 'Learning from WD Lamont: Towards a Science of Situated Judgement' in R Anderson, J Chalmers, and J MacLeod (eds), *Glasgow Tercentenary Essays: 300 Years of the School of Law* (Avizandum, 2014) 105-124.

大强化了他对绝对命令的倾向。①

这里的普遍化和亚当·斯密（Adam Smith）的"公正的旁观者"（impartial spectator）之间也存在着联系，可以说就是从那里开始发展到后果推理的。因此，麦考密克说：

> 通过从一个人的特定参与中抽离出来，并以普遍性的术语或理想的公正旁观者的方式来面对一个问题时，他就将这个问题客观化了。他是把它当作任何一个人的问题来提出的，因而任何一个人都可以作出回答。②

通过这种对斯密（Adam Smith）的"普遍性"的解读，并以这种方式识别出"理想的旁观者理论"（ideal impartial spectator），麦考密克明确承认，他再一次受到了黑尔（Hare）的影响。③ 麦考密克继续观察到，斯密在这里添加了一个元素，并准确地认识到了后果推理的重要性：

> 在评估后果的阶段，我们应该诉诸公正旁观者的手段。当然，我们在实践推理过程的最后阶段对可接受性问题的回答，必定会是对情绪（emotions）、激情（passions）或情感（sentiments）的回答——或者我们在这里应该使用的任何术语，而不是对盲目的情感（blind sentiment）或（另一种意义上的）激情（passionate emotion）的回答。如果我们寻求一个普遍成立的主体间的观点，我们必须缓和（temper）我们的反应，直到我们认为其他人也可能接受。在这里，我们必须以理想的公正旁观者（ideal impartial spectator）的同情作为我们的指南和基准。简而言之，我们的反应不必是纯粹的自我中心的主观反应。我们可以调整它们，使之更客观；在后实证主义的元科学理论的时代，我们可以再次注意到对科学的类比，正如我们现在所理解的——也就是说，大家声称的观察的客观性并不绝对。因此，我提出，对结果的可接受性的检验可以而且应该至少是准客观的。我们不只是向由这些后果裁决构成的可能世界表达我们个人的情感反应。我们能够、也应该调整那种情绪反应，使之与一个理想的公正旁观者（ideal impartial spectator）的同情心相匹配。④

---

① 麦考密克喜欢引用的黑尔（Hare）的两本书是：《道德的语言》（The Language of Morals，1952）和《自由与理性》（Freedom and Reason，1963）。这些书可以说影响了麦考密克很多方面。例如，在后一本书里，黑尔讨论了道德理性和科学理性的相似之处，利用了波普尔（Popper）和他的"检验"论（'testing'）（参见 1963，90—92 页），这些在《法律推理与法律理论》中起了很重要的作用。从麦考密克的个人档案可以看出，可能在黑尔的影响下，波普尔（Popper）也是麦考密克"法律和逻辑"的圣安德鲁斯演讲（1965-1967）的渊源之一。

② Neil MacCormick, 'Universalisation and Induction in Law' in C Faralli and E Pattaro (eds), *Reason in Law* (Seminario Giuridico della Universi6 di Bologna, 1897) 91-106, 104.

③ 参见 Neil MacCormick, 'Universalisation and Induction in Law' in C Faralli and E Pattaro (eds), *Reason in Law* (Seminario Giuridico della Universi6 di Bologna, 1897) 91-106, 104。

④ 参见 Neil MacCormick, 'Universalisation and Induction in Law' in C Faralli and E Pattaro (eds), *Reason in Law* (Seminario Giuridico della Universi6 di Bologna, 1897) 91-106, 104。

反过来，这个想法又与普通法所认为的"理性"联系在一起①——更广义地说，是理性人意味着什么。我不能在这里探讨这种联系，一言以蔽之，麦考密克将理性人描述为具备"审慎的美德"，对麦考密克来说，这主要意味着"考虑可预见的风险，但这里考虑的是严肃的可能性，而不是遥远的或想象出来的概率。"②

在所有这些中，我们可以看到麦考密克是如何围绕着相同的基本道德直觉（在人际层间和体系层面）来展开的：在做决定时，这种前瞻性的推理形式具有很大的价值，无论是个人的实践理性，还是通过法律推理制度化地解决纠纷。有时这种价值仅仅以理性的形式来解释；有时是以一种自我约束的方式减少个人偏向于自己的想法和观点的机会；有时是为了避免将来出现实质的不公正；有时只是作为做出正确决策的主要条件。可以说，这就是麦考密克关于法律推理和实践理性论述的道德支点。

2. 背景二：一次证明与二次证明

回到《法律推理与法律理论》的结构：从法律本身的价值的角度来论证推理在法律中的作用是至关重要的，这使我们走上了理解麦考密克所说的形式正义的道路，特别是从其前瞻性的角度而言。麦考密克以两种方式论证了推理在法律中的作用：第一，通过为演绎推理在法律中的有限作用做辩护（"一次证明"）③；第二，更有意思的是，通过阐明法律

---

① 参见 Neil MacCormick, 'Universalisation and Induction in Law' in C Faralli and E Pattaro (eds), *Reason in Law* (Seminario Giuridico della Universi6 di Bologna, 1897) 91 – 106, 104。

② 参见 Neil MacCormick, 'Reasonableness and Objectivity' (1998) 74 (5) *Notre Dame Law Review* 1575, 1579。

③ 麦考密克对这一点所做的辩护招致了诸多批评——一些人说它要么并不重要，要么是错误的。(see P White, 'Philosophy and Law: Some Observations on MacCormick's Legal Reasoning and Legal Theory' (1980) 78 *Michigan Law Review* 737, A Wilson, 'The Nature of Legal Reasoning: A Commentary with Special Reference to Professor MacCormick's Theory' (1982) 2 *Legal Studies* 269，麦考密克对 White 和 Wilson 两人的回应是：Neil MacCormick, 'The Nature of Legal Reasoning: A Brief Reply to Dr Wilson' (1982) 2 *Legal Studies* 286. Atria (F Atria, 'Legal Reasoning and Legal Theory Revisited' (1999) 18 *Law and Philosophy* 537, 566) 提供了很有帮助的讨论，说关键是也可以进行并非微不足道的解读（尽管如此，我要补充的是，我不认为这些主张是不重要的，即使法律推理是非演绎性的，它确实是并且最终也应该变成一个本质上是演绎论辩的结构），但前提是必须事先确定一个案例是否可以完全基于演绎推理（仅在一次证明中）来做决定（通常是很难做出的决定）。例如，为麦考密克的那个论点服务的那个例子——丹尼尔斯夫妇诉 R. 怀特和塔波德一案（Daniels and Daniels v R White & Sons and Tarbard (1938) 4 All ER 258）——要求事先决定出法律的可预测性和确定性价值战胜了对无辜的塔波德夫人（她只是柠檬水的售卖商，而非制造商，但是却要承担责任）造成的不公正。因此，怀特（White）(n 43, 741) 错误地将该案件描述为"一个既不涉及法律争议也不涉及事实争议的非常简单明了的产品责任案件"。除了 Atria 提到的决定之外，Wilson 认为还需要确定使用哪条规则作为主要前提，并且这个决定不需要是简单的或直接的：例如，在丹尼尔斯（Daniels case）中，有人可能问的是制造商是否不用为他们的雇员的行为承担间接责任，而不是问制造商是否在生产柠檬水的过程中尽到了合理注意义务，有意思的是，如果制造商有清理瓶子的十分简易安全的办法，那么一定是他们的某个雇员做了疏忽大意的事情：参见 A Wilson, 'The Nature of Legal Reasoning: A Commentary with Special Reference to Professor MacCormick's Theory' (1982) 2 *Legal Studies* 282。

推理的非演绎部分的某些理性要求（"二次证明"）①，即必须处理在解决法律纠纷过程中出现的各种不同的具体问题。麦考密克考虑的问题是：解释、分类和相关性问题。

简而言之，是由于规则在特定语境中的模糊性以及可以不同的方式被适用，才出现了解释的问题，直到这种模糊性被消除，解释问题才会消失。② 消除这种模糊性需要"在规则的冲突含义之间做出选择"，而解释问题其实就是展现"选择如何被正当化"的过程。③ 分类的问题涉及的是，某些事实落入规则有效要件时产生争议的可能性：更公式化地说，即："r、s、t可以作为p的一个例子，适用'如果p，那么q'这一规则吗？"④ 最后，相关性问题本质上涉及的是"某个法律主张或法律决定是否存在法律依据"的争议，可以再次将其公式化地表述为："对于任何被涵摄进p的案件事实和被涵摄进q的特定救济后果，在法律上是否都有正当理由主张或否定'如果p，那么q'这一命题。"⑤

麦考密克提出的三个问题都"涉及冲突的可能性——主张还是不主张一个既定的规则，这样还是那样解释一个给定的条款，要不要将案件事实F11、F2、F3归属到p"。因此，二次证明"涉及的就是规则之间的选择问题"。⑥ 它们要被用来理性地解决上述问题，以及理性地论证在冲突规则之间所作出的选择。⑦

回想一下，这三个要求是：后果、协调性和一致性。在《法律推理与法律理论》的某个要点上，麦考密克认为它们彼此之间是互补的，他说，"这个二次证明的两个层次"关注："1）世界上什么是有意义的"，这涉及到后果推理；"2）在体系中什么是有意义的"，

---

① 在应用这种结构时，麦考密克借鉴了瓦瑟斯特罗姆（Wasserstrom）（R Wasserstrom, *The judicial Decision: Toward a Theory of Legal Justification* (Stanford University Press, 1961)，正如他所承认的：参见 Neil MacCormick, *Legal Reasoning and Legal Theory* (Clarendon Press, 1994 [1978])，116。瓦瑟斯特罗姆（Wasserstrom）的作品一定对麦考密克的法律推理观点的形成和发展产生了很大的影响——这不仅与瓦瑟斯特罗姆（Wasserstrom）的"有限功利主义"的讨论相关（参见前引），而且还包括：对证明的强调、二级结构、以检验裁决的形式使用科学语言，最一般也许也是最重要的是，瓦瑟斯特罗姆（Wasserstrom）的主旨是，法律推理可以是理性的，但不必是严格的"逻辑"的或"演绎"的。

② Neil MacCormick, *Legal Reasoning and Legal Theory* (Clarendon Press, 1994 [1978])，67。

③ Neil MacCormick, *Legal Reasoning and Legal Theory* (Clarendon Press, 1994 [1978])，67, 68。

④ Neil MacCormick, *Legal Reasoning and Legal Theory* (Clarendon Press, 1994 [1978])，95。

⑤ Neil MacCormick, *Legal Reasoning and Legal Theory* (Clarendon Press, 1994 [1978])，100, 70。正如 Spaak 观察到的，麦考密克把它称为"相关性问题"，因为争议在于"原告的主张是否是相关的"：T Spaak, 'Guidance and Constraint: The Action Guiding Capacity of Neil MacCormick's Theory of Legal Reasoning' (2007) 26 (4) *Law and Philosophy* 343, 351。

⑥ Neil MacCormick, *Legal Reasoning and Legal Theory* (Clarendon Press, 1994 [1978])，101。

⑦ 当麦考密克只提到两种相互对立的可能裁决时，他一定是考虑到了律师在法庭上给出的意见可能会在辩论过程中发生变化的可能性（事实上，辩护律师会给出不止一种，而是多种可能的裁决——感谢亚历克斯·格林（Alex Green）提出这一点）。换句话说，在律师和法官听审的交流过程中，可能的裁决集合可能会扩大（当然也可能缩小）。这一点很重要，因为根据我的理解（见下文），后果推理的一个关键作用就是改进一项可能的裁决（从而给法官留有更多的发挥空间，而不是简单地在两个已经构建/给定的对立裁决中做出选择）。参见麦考密克对律师呈给法官意见的论辩艺术的讨论，Neil MacCormick, *Legal Reasoning and Legal Theory* (Clarendon Press, 1994 [1978])，120-124。

这被协调性要求和一致性要求所涵盖。① 这种说法可能会产生误导,因为这表明麦考密克认为,这些要求的相关顺序是后果推理居先,其次是协调性和一致性要求。然而,在我看来,麦考密克认为论证的合适顺序是:(1)协调性要求;(2)一致性要求;(3)然后是后果推理。② 正如他在1983年的论文中所说的那样:"当一个案件经过对一致性和协调性的检验后仍然悬而未决时,此时起决定作用的才是后果主义论辩。"③ 话虽如此,麦考密克并没有否认这三个要求之间有相当大的重叠之处。例如,关于后果推理和协调性要求,麦考密克说:"因为后果主义论辩本质上是评价性的,而协调性要求则如上所述,涉及对体系价值的反思,故而两者相互作用,也会整体上出现;但它们并不完全相同。"④ 我将在下一部分详细介绍后果推理,但是也需要先简述一下其他两个要求:创新性的裁决只有在现行的一般性法律原则的框架内,才能满足协调性要求。⑤ 换言之,适用协调性检验方法意味着将规则视为"更一般性原则的实例"。⑥ 正是在这种背景和协调性框架下,麦考密克说,类比只有在以原则为支撑理由的情况下才有意义。类比的相关性依据的是识别出一项理性原则,由此,进行比较的两项和其他相关类型的情境都能被涵盖其中。⑦ 一致性

---

① Neil MacCormick, *Legal Reasoning and Legal Theory* (Clarendon Press, 1994 [1978]), 106.
② 这一顺序应该在法的证立层面,而非法的发现层面上来理解,也就是说,这不是一个关于法官如何从可能的对立裁决的集合中做出选择的认知性主张,而是一个对那个选择进行证明的主张。从认知的角度来看,这三个要求之间可能存在着一个不断的往复。感谢 Riz Mokal 和 Alex Green 对这一点的讨论。
③ Neil MacCormick, 'Legal Decisions and their Consequences: From Dewey to Dworkin' (1983) 58 *New York University Law Review* 250. 考虑到麦考密克认为(至少在《法律推理与法律理论》中),法官经常是在后果层面上(而不是在协调性和一致性上)发生实际分歧,这种理解也就更有意义了(《法律推理与法律理论》,105页)。这种理解在大约与《法律推理与法律理论》同一时间发表的一篇文章中的一段话中获得了进一步的支持,'Dworkin as Pre—Benthamite'(1978),麦考密克将次序确定为:一致性要求优先,协调性要求随后,当两者都能诉诸经过一致性和协调性要求检验的既定的和有效的原则时,后果主义开始发挥作用:'Dworkin as Pre—Benthamite'(1978) 4 *The Philosophical Review* 595.《法律推理与法律理论》的其他地方也确证了这一观点,例如,参见 Neil MacCormick, *Legal Reasoning and Legal Theory* (Clarendon Press, 1994 [1978]), 110. 后果主义论辩是唯一可以获得最终结论的途径。Neil MacCormick, *Legal Reasoning and Legal Theory* (Clarendon Press, 1994 [1978]), 121.
④ Neil MacCormick, *Legal Reasoning and Legal Theory* (Clarendon Press, 1994 [1978]), 107;也可参见 112 页。
⑤ Neil MacCormick, *Legal Reasoning and Legal Theory* (Clarendon Press, 1994 [1978]), 107.
⑥ Neil MacCormick, *Legal Reasoning and Legal Theory* (Clarendon Press, 1994 [1978]), 107. 要了解更多麦考密克关于协调性要求的论述,参见 Neil MacCormick, 'Coherence in Legal Justification' in A Peczenik, L Lindahl and B van Roermund (eds), *Theory of Legal Science: Proceedings of the Conference on Legal Theory and Philosophy of Science*, Lund, Sweden, December 11 – 14 1983 (Reidel, 1984) 235 – 51 and 'Coherence, Principles, and Analogies': MacCormick (n 5) Ch 10.
⑦ Neil MacCormick, *Legal Reasoning and Legal Theory* (Clarendon Press, 1994 [1978]), 186, 163. 麦考密克做了一些简短而不切实际的评论,说事实需要多么相似。一方面,他说,"当我们在分析类比的语境中谈到相似性时……相似之处并没有被发现。(例如)坐在伦敦办公室接受进口商品申报单的专员和从国外购买假冒商标商品的购物者之间很可能没有明显的视觉上的相似性: Neil MacCormick, *Legal Reasoning and Legal Theory* (Clarendon Press, 1994 [1978]), 186. 另一方面,他后来说:"类比的充分性取决于新案件的事实,与先例或法规中合理明确陈述的规则或原则的有效事实之间存在的相似性……在这个意义上,类比的"相似性"确实是法律的要求,尽管在足够近的类比范围内,相似性的程度本身并不是决定性的,而是必须由支持或反对对立裁决的后果主义论辩来检验: Neil MacCormick, *Legal Reasoning and Legal Theory* (Clarendon Press, 1994 [1978]), 192. 除了再次强调他对后果主义论辩赋予的重要性之外,追问一下麦考密克在这里所说的"相似性"(closeness)是什么意思,也会是很有趣的。

要求是协调性要求的另一面：它要求，一项裁决如果是与体系中有效的和有拘束力的规则相冲突，那么不论其在后果上多么可欲，都不能被采用。① 如果说类比的建构是在协调性要求之下进行的，那么案件区分的艺术就是以一致性要求为特征。

二、《法律推理与法律理论》和其后作品中的后果推理

上文已经说明了后果推理所涉及的内容及其可能的范围。现在该举一些例子了。我将首先分析《法律推理与法律理论》，然后继续简要探讨麦考密克在他后面的作品中是如何证明他自己的观点，并进一步限缩他认为法官应当考虑的各种后果的。最后，在第三部分中，我会分析另一个麦考密克未曾讨论过的例子，但我想以此可以很好地说明后果推理的作用和价值。

1. 《法律推理与法律理论》中的阐述

《法律推理与法律理论》一书中前面给出的一个后果推理的例子来自麦克米兰勋爵在"多诺霍诉史蒂文森案"（1932）中的演讲：

> 设想，一个粗心的面包师误将大量的砒霜掺杂进一炉面包里，致使那些吃了面包的人中毒，听审时，他能说对消费者不承担责任吗？或者，他能说因为根本不知道面包里混进了毒物，自己唯一需要为之承担责任的行为，不过是违反了对那些从他那里购买面包的人的契约保证吗？②

在这个清晰明了的案例中，法官设想了一个假设的场景（参考了一个想象的、可预见的场景），检验了在案件中采用这种或那种裁决所产生的影响。正如麦考密克所指出的，上述的假设与本案是有关联的，因为法官必须依据合同和过失

理论，在制造商有责和无责这个问题上的两种可能的对立裁决中作出评估。这种假设允许法官对限制制造商合同责任的那个裁决作出否定评价。更直截了当地说，通过那些假设的特定事实，对采用某个可能的裁决进行消极评价，为否定被告主张的"产品制造商在生产过程中对最终的消费者没有谨慎注意义务"提供了判决依据。③ 麦考密克接着对麦克米兰勋爵的推理做了三点有趣的考察：

> （1）这是一个后果主义的论辩模式……这种论辩方式要对各种可能的裁判方式进行仔细辨别，通过考量各种裁判规则可能引发的情势来决定做出哪一种判决。从这一意义上来看，后果主义论辩模式所关注的，是不同判决方式带来的后

---

① Neil MacCormick, *Legal Reasoning and Legal Theory* (Clarendon Press, 1994 [1978]), 106.
② [1932] AC at 620. Neil MacCormick, *Legal Reasoning and Legal Theory* (Clarendon Press, 1994 [1978]), 104 页有所引注。
③ Neil MacCormick, *Legal Reasoning and Legal Theory* (Clarendon Press, 1994 [1978]), 104, 105.

果如何。①

（2）后果主义模式本质上是"评价性的"，因为他关心的是后果的可接受性和不可接受性如何。②

（3）至少从部分上说，后果主义论辩模式是主观性的。法官们需要在对立的可能裁判方式所造成的后果之间进行权衡，这就需要对不同的评价指标确定不同的权重，采纳或拒绝一项规则会导致何种程度的不公正感，或者带来多大的效用，都可能作为考量因素。③

现在来看看其他的案例。这是从《法律推理与法律理论》第六章里选出的重要案例：

（1）电力公司诉霍兰德公司案（Dynamco Ltd v Holland，1971），④ 基辛勋爵（Lord Kissen）："如果原告向法院提出的主张恰当，其后果将是"令人惊骇的"……因为，如果电缆因疏忽大意被损坏使供电中断的话，那么，所有将电力用于营业的公司和个人，均可提起诉讼，就所遭受的利润及其他金钱损失主张赔偿，这对拥有机器的工厂、商店、办事机构、旅馆、酒店、矿井、采石场以及某些房屋等的所有者或占有者来说，都将同样适用。"⑤

---

① 根据这一特征，以及麦考密克举的大量例子的特点，我在这里关注的是通过具体的假设进行的后果推理。但值得注意的是，并非所有由麦考密克提供的后果推理的例子都具有这种"具体假设"的结构。例如，无论是在《法律推理与法律理论》[*Legal Reasoning and Legal Theory*（Clarendon Press，1994 [1978]）] 中，还是在麦考密克 1983 年的文章（Neil MacCormick，'Legal Decisions and their Consequences：From Dewey to Dworkin'（1983）58 *New York University Law Review* 239）里，他都引用了马歇尔大法官在马伯里诉麦迪逊案 Marbury v Madison 5 US（1 Cranch）137（1803）中的论证，他得出的结论是，如果不这样做，他可能会"破坏所有成文宪法的根本基础"：Neil MacCormick，'Legal Decisions and their Consequences：From Dewey to Dworkin'（1983）58 *New York University Law Review* 230；Neil MacCormick，*Legal Reasoning and Legal Theory*（Clarendon Press，1994 [1978]），129-130. 这仍然非常抽象，并且没有设置具体的假设场景。

② 我将在下文详细说明这些判决的可接受性或不可接受性的依据。

③ *Legal Reasoning and Legal Theory*（Clarendon Press，1994 [1978]），105. 在这里，我们可以看到麦考密克赋予后果推理的显著重要性，这与他（在《法律推理与法律理论》中）认为我们不需要沿袭德沃金的正确答案观点的总体看法一致。法律推理是一个理性的过程，在存在实践分歧的情况下，人们也仍然可以获知其基本原理（尤其是在后果评价这个层面上）——这是一个至少有时不能光凭理性解决的分歧（区别在于对不同价值观念的情感认同不一样）。正如他在 1980 年的一封信中所言，"在我看来，强调判例法中后果主义推理重要性的确切意义，是为了表明（与德沃金相反）与德沃金所称的"强自由裁量权"的某些运用有关"（原书标注重点；1980 年 12 月 23 日写给海伦·鲍尔女士（Ms Helen Power）的信，可在麦考密克在爱丁堡大学的个人档案中找到；一份已被作者存档）。这是一种过于生硬的表述方式，因为麦考密克的二级证明既反对了德沃金的观点，即认为存在分歧不能由理性解决的可能性（虽然人们是借由理性论证达成的），也与德沃金的观点有一致之处，即表明了法律推理是如何（以一种与"强自由裁量权"不一致的方式）受到协调性要求、一致性要求和后果论的限定的（也可以参考麦考密克在《法律推理与法律理论》250—255 页的讨论）。

④ Dynamco Ltd. v Holland & Hannen & Cubitts（Scotland）Ltd（1971）SC 257.

⑤ *Legal Reasoning and Legal Theory*（Clarendon Press，1994 [1978]），141. 基森勋爵（Lord Kissen）还考虑了周围类似的事实情境的后果（来自过去的案例）：同样的原则也将适用于水管损害引发的金钱或经济赔偿主张，就像在电镀铬（electrochrome）案里，或者是在 Weller & Co 中避开危险病毒的情境里。它也将适用于电话电缆的损坏后果，事实上在英格兰的郡法院里，有过一次对工人切断电话电缆引发商业损失的失败的索赔尝试。参见 Elliott v Sir Robert MAlpine & Sons'. 我们可以在这里看到后果推理和协调性要求以及一致性要求之间的重叠之处。

(2) 亨德森诉约翰·斯图亚特（Henderson v John Stuart, 1963），① 亨特勋爵（Lord Hunter）："否则，人们将必须接受这样一个后果，如在其他一些情形中，一个人可能会故意地并且恶意地让他的狗去咬别人，但还能成功地为自己辩护说，这条狗以前从没有咬过人；或者当一个农民故意把一头公牛赶入一群身穿红色衣服的妇女当中，直到伤害不可避免地发生后，他还可以辩称那头牛以前从未伤害过任何人，无论是男人还是女人。"②

(3) 约瑟芬·康斯坦丁案（Joseph Constantine, 1942），③ 赖特勋爵（Lord Wright）："上诉法院所采用的规则会导致明显的不便……如果一艘船及其所有船员都在台风中下落不明，那么船主必须确定无疑地证明船长没有收到该海域的危险警告或者对警告置若罔闻才能免除责任吗？有很多海上事故的原因是根本无法查明的。如果一艘船被鱼雷击沉，船员无一生还，船主还必须证明自己没过错，例如船上没有点灯或船一直遵守航行规则才能免责吗？"④

(4) 圣约翰航运公司诉兰克有限公司（St John Shipping v Rank , 1957），⑤ 肯布兰顿勋爵（Lord Kilbrandon）："一个船主，即使他的船只是轻微超载，他也将不能从托运人或收货人那里收回一个子儿。"⑥

(5) 怀特和卡特（咨询）公司案（White & Carter v McGregor, 1962），⑦ 皇

---

① Henderson v John Stuart (Farms) Ltd (1963) SC 245.
② *Legal Reasoning and Legal Theory* (Clarendon Press, 1994 [1978]), 143. 亨特勋爵（Lord Hunter）补充道："在辩论过程中，被告律师也不止一次地被迫承认，他的论辩意见的实际后果在某些方面可能是不公正的，甚至有些离奇。然而他坚持认为，权威的力量已经把苏格兰的法律带到了这样的结果，唯一的改变就是通过立法。我要到最后一步才会在司法的一般功能里纳入立法改革。同时，我可以很自由地承认，我无意让这些离奇的后果发生，特别是当这些后果与苏格兰法律中那些众所周知的原则冲突的时候。"
③ Joseph Constantine Steamship Line Ltd v Imperial Smelting Corporation Ltd (1942) AC 154.
④ *Legal Reasoning and Legal Theory* (Clarendon Press, 1994 [1978]), 145. 正如麦考密克所指出的，西蒙子爵在那个案例里也使用了后果推理："我可能会这样看，首先，如果这（上诉法院的裁判规则）是正确的，在很多场合必然出现的情况是，尽管事实上契约的终止是完全的和不可避免的，被告也将因为无法证明自己无辜——在一些情形中是一系列的无辜，而承担责任。假设有一艘船在公海上航行时，在暴风雨中销声匿迹了。这次探险失败的辩护要取决于船主是否有能力证明他在船上的所有仆人都有足够的技术来驾驶船只，并且没有"失职"导致灾难吗？假设一艘护航的船只被敌军鱼雷击中，全体船员全部沉没。这项原则的适用是否会要求所有者积极证明那些在船上的人保持了良好的视野，在遮蔽灯光，在按照指示驾驶，等等？"[1941] 2 All ER 165, 170.
⑤ St John Shipping Corporation v Joseph Rank Ltd (1957) 1 QB 267.
⑥ *Legal Reasoning and Legal Theory* (Clarendon Press, 1994 [1978]), 147. 麦考密克引用了整段文字（在判决书的第281-282页里），这段文字确实很精彩——值得注意的是，Devlin J 考虑了法律条款对规则解释的影响，这些条款与本案所考虑的条款类似，例如，"如果韦尔默先生（Mr. Wilmers）是对的，那么，一家加工厂在制造产品时有的地方不合工厂法，工厂主就不能从顾客处收回产品的生产成本，而船主违反1932年法案的后果，就将同这个工厂主的命运一样糟糕。陆上运输者的处境并不比海上运输者更好；另外，韦尔默先生一直坚持认为，即使卡车在途中超出了允许的速度一英里一小时（即轻微超速），收货人也有权拒绝支付运费（281页）。当然，正如韦尔默先生所言，不能因为正确的法律原则可能会带来令人惊骇的甚至是灾难性的后果而对其避之不谈。但是，我不想隐瞒的一点是，对这样的法律主张所带来的那种后果进行审慎考虑的话，我就会不假思索地认定，这种论辩在某种程度上是存在缺陷的。（282页）"
⑦ White & Carter (Councils) Ltd v McGregor (1962) AC 413;（1962）SC (HL) 1.

家大律师班尼特（per Bennett QC）在辩论过程的意见："例如，一个画家受雇为人画肖像，又被告知不画了，正常情况下，如果那个人不坐在画家面前，肖像是画不成的。但是，假如那个人是个公众人物，即使不用征得他的公开同意画家也能画出肖像呢？或者另一个例子，汽车修理厂的业主受雇去修理一辆车，如果车子抛锚在了一条他能够到达的街道该怎么办？在任何一种情况下，法律都不应允许那种已不再希望得到的服务因为这种偶然的情形而得到补偿。假设一家公司同广告代理签订了合同，内容是在电视和报纸上为一种新型肥皂做广告。但是不久，公司就发现这种肥皂易于引起皮肤疾病，于是把该产品从市场上撤出，并终止了广告合同。尽管合同是被公司一方取消，但不应当认定广告代理还有继续为该商品做广告的权利。"①

在上述所有的案例中，法官都在检验采用某个可能裁决的后果，以此来探索当前裁决的正当性和形式正义的前瞻性要求：如果我们采用了现在这个裁决，那么在此场景下的后果可能是什么？此处纳入考量的一些后果是依据我们熟悉的"水闸"论辩（例1）②得出的。其他后果则是基于采用某个裁决之后产生的不可接受性——即导致的逃避原本应当承担的赔偿责任的这种不合理情形（例2——也可以在上文提到的多诺霍诉史蒂文森案中看到）——或者，与之相反，不合理地施加基本没有安全保障的责任的情形（例4）。而另一个例子则涉及某个裁决在实践中作为行动指南的不可行性，例如，因为该裁决的生效事实在实践中无法被证明或很难得到证明（例3）。③ 最后，也存在会导致裁决无效的后果——有太多避开裁决（和它的目的）的可行方法了（例5）。④

2. 修正的阐述

一些对麦考密克在《法律推理与法律理论》中阐述的后果推理进行评论的作者，热衷于考量不同种类后果的范围——实际上，他们认为这个范围是可以扩展的。⑤ 麦考密克对

---

① *Legal Reasoning and Legal Theory*（Clarendon Press，1994 [1978]），172.

② 也可以把这个例子看作是对周围法律领域可能产生的影响的担忧，因为它会破坏某些（法律上）重要的区分。

③ 也可以换一种说法：争论的焦点是，将举证责任强加给主张契约终止的被告，可能会产生不公正的后果。此外，人们还可以说，法院担心给被告强加责任会使契约因不能履行而终止的原则实际上失效，或至少极大地限制它的适用范围。

④ 或许人们也可以在这个清单上加上可能引起其他法律领域的变化的后果，尽管这可能在很大程度上与协调性要求和一致性要求重合。

⑤ 参见 B Rudden（'Consequences'[1979] 24 *Juridical Review* 319）。Rudden 认为，麦考密克"把他的情境框定得太狭窄了"B Rudden（'Consequences'[1979] 24 *Juridical Review* 193），他区分了三种后果（他认为所有这些都已经或者应该被法院考虑到）：第一，"行为后果（behavioural consequences）——一项规则对一般行为的影响"；"法律后果（juridical consequences）——在法律秩序内部一项规则的影响"；和"内在后果（inbuilt consequences）——一项规则对规则自身的影响"（194页；在这篇论文的后面，他更清晰地解释了第三种类型："如果一个人提倡一项规则，那么最后他就必须接受这个规则在其中或成功或失败、或被采纳或被否决的这个体系。"201页）。在卢顿看来，麦考密克主要把自己的论述局限在法律后果上了（197页）。卢顿做了几次有趣的观察（提供了很多有意思的例子），他说，在海事案件中，对行为后果的提及尤其突出——他把这一事实与"评估员，年长的兄弟"（'assessors, the Elder Brethren'）联系起来，这些人根据他们的实践经验可以告诉海事法官"他们的判决可能会对他们的行为产生什么影响"（196页）。

这种热衷的回应是很谨慎的——他现在认为，只有"一些种类和一些范围的后果是一定和裁决的正当性相关的"，而非所有后果都如此。他仍然坚持他的总体主张，即"从不可接受的后果进行论证是司法论辩的一个普遍特征"，① 但他对他提供的案例变得相当谨慎。

麦考密克现在认为应当考虑的后果种类是"逻辑上的后果"（consequences-as-implications），但它"在道德理论领域经常被误认为是另一种后果"。② 逻辑上的后果涉及：

> 如果采用这一原则，从逻辑上可以得出什么……这一原则的令人震惊或不可接受之处是通过将其逻辑上的含义作为未来案件的可能指导准则体现出来的。③

后果推理应当关注和评估的并非采纳某个裁决之后导致的"行为改变的可能性"（如同卢顿所提倡的），其适宜的关注焦点应当是"经审查之后作出的裁决下可能发生的行为及某种规范性"。④ 正如麦考密克继续阐述的那样：

> 问题在于，当人们依据法律的许可从事该行为时，法律所容忍或允许的这项行为是否是可接受的；如果公民即使可能面临上述裁决，仍然会考虑实施那些行为，那么法律将其规定为违法或无效，这是否是可接受的。⑤

回想一下上面举的例子，以这种方式理解的逻辑上的后果的一个典型例子是例2。⑥ 在那一段中，亨特勋爵（Lord Hunter）考量和评估（评价其规范性）的是在所提出的裁决之下可能发生的行为。采用某个规则可能导致这样的行为发生，而这样的行为是不可接

---

① Neil MacCormick, 'Legal Decisions and their Consequences: From Dewey to Dworkin' (1983) 58 *New York University Law Review* 240, 241.
② Neil MacCormick, 'Legal Decisions and their Consequences: From Dewey to Dworkin' (1983) 58 *New York University Law Review* 241.
③ Neil MacCormick, 'Legal Decisions and their Consequences: From Dewey to Dworkin' (1983) 58 *New York University Law Review* 251.
④ Neil MacCormick, 'Legal Decisions and their Consequences: From Dewey to Dworkin' (1983) 58 *New York University Law Review* 254. 一些人主张，事实上，比起可能行为的规范性，法官更关心行为后果：参见 T Spaak, 'Guidance and Constraint: The Action Guiding Capacity of Neil MacCormick's Theory of Legal Reasoning' (2007) 26 (4) *Law and Philosophy* 361。
⑤ Neil MacCormick, 'Legal Decisions and their Consequences: From Dewey to Dworkin' (1983) 58 *New York University Law Review* 255.
⑥ 也可以考虑在怀特和卡特公司案（White & Carter v McGregor）中讨论的假设。基思勋爵和默顿勋爵认为专家的可能行为会是不可接受的，而里德勋爵则找到了可使其具备可接受性的方法（通过引入"实质的或合法的利益"的要求）。

受的：因此，这个规则就被"逻辑上的后果"的测试排除掉了。① 麦考密克由此忽视（虽然也可以说，他并没有完全否定）了其他种类的后果，例如，某些提议的裁决在实践上的不可操作性（例如，从证据层面上来说，或是因为容易找到可行的变通办法）。

因此，在麦考密克的解释中，重点是裁决作出后可能发生的行为的逻辑后果在可接受性层面上的规范性。当然，这就提出了一个问题：在评估可能行为的规范性的可接受性或不可接受性时，是什么指导了以及什么应该来指导法官？② 由此，麦考密克问道：

> 这种可接受性概念的依据是什么？通过这种假设情境的试验对司法后果的反思使我们能够评估什么，它又如何帮助我们对于什么是可接受的或不可接受的这一问题得出相当有把握的结论？我们在用什么价值标准做这件事？③

他的回答如下：

> 现行法律体系关注的是既定价值或价值综合体。在疑难案件中，我们检验那些价值，并消除对立的裁决。在借助假设案件中的逻辑后果来考虑一个裁决的法律后果时，我们可以发现一项裁决是否会让我们普遍地将背离或未充分尊重所涉价值的行为视为正确行为，还是将未发生背离或尊重了所涉价值的行为视为错误行为。这两种后果都是不可接受的，因为它们会造成不公正，也就是说，破坏法律制度的适当美德；但是，目前的分析也许表明了为什么以及如何得出这样一个不公正的结论，而不仅仅是断言它。④

---

① 卢顿注意到，这里使用的语言总是否定性的——它涉及的是什么是不可接受的，而不是什么是可接受的（或可欲的）。他要求麦考密克"解释为什么这类论证几乎总是局限于说明可适用的规则的有害后果"：Rudden（'Consequences'[1979] 24 *Juridical Review* 197）；原书标注重点。——麦考密克从未回应这个质疑。据推测，麦考密克可能认为，考虑潜在的积极后果将使后果推理与政策追求，包括概率判断，无法区分开来，而他认为法官没有受过训练，甚至可能没有被授权来做出这种判断。顺便说一句，卢顿给出了一个关于这种"积极的"后果推理模式的例子，这是由丹宁勋爵提供的："我认为，如果责任是加于议会之上，那将会使让他们更好地做他们的工作"：参见 Dutton v Bognor Regis UDC [1972] 1 QB 373 at 397；Rudden（'Consequences'[1979] 24 *Juridical Review* 197）亦有引用。

② 麦考密克报告说，他从约瑟夫·埃塞尔（Josef Esser）和哈伊姆·佩雷尔曼（Chaim Perelman）的著作中借鉴了"可接受性"（acceptability）和"不可接受性"（unacceptability）这两个术语——参见 Neil MacCormick, *Legal Reasoning and Legal Theory*（Clarendon Press, 1994 [1978]），104。

③ Neil MacCormick, 'Legal Decisions and their Consequences: From Dewey to Dworkin'（1983）58 *New York University Law Review* 255.

④ Neil MacCormick, 'Legal Decisions and their Consequences: From Dewey to Dworkin'（1983）58 *New York University Law Review* 256–257. 体现这些价值的例子包括：尊重生命，父母对孩子的适当照顾：Neil MacCormick, 'Legal Decisions and their Consequences: From Dewey to Dworkin'（1983）58 *New York University Law Review* 257. 正如麦考密克所认识到的那样，此举使他非常接近于一种类似德沃金的观点："德沃金实际上声称，也许像脉络（vein）一样，法律后果主义的论辩具有，也应该具有，用原则而非纯粹的政策来检验决策及其后果的论辩特征"：Neil MacCormick, *Legal Reasoning and Legal Theory*（Clarendon Press, 1994 [1978]），119. 但麦考密克继续反对将原则与权利混为一谈的做法："原则的决定"并不"需要预先确定权利来作为发现原则的途径。我应该说，法律权利是由我们制定的法律原则的决定所导出的，而不是由其预先假定的：同上引。当然，也不同的是，对于麦考密克来说，原则是对现有规则的理性重构（通过承认规则进行识别）。

至少乍一看，这已经危险地接近于将后果推理瓦解为协调性和一致性检验了。毕竟，在这个范围内应用协调性检验，会要求我们抽取出规则，并表达出规则背后的原则（有人可能会说成价值），上述依据现行法律可能体现的价值对可能行为作出的评估，听起来就与协调性检验很类似。可能有人会说，区别在于，协调性要求是积极的，它要求一个法官根据与现行法律的协调性来正当化一项裁决，而后果检验在很大程度上是消极的，它是关于对是否有理由放弃一项可能裁决所进行的调查，其依据该项裁决之下的可能行为是不可接受的，即，与现行法律所体现的价值相抵触。当然，这会使得后果推理与一致性要求难以区分（至少，一致性要求也需要阐明原则）。

那么，对这一质疑的更好回答应该是：区别在于对假设的案例检验的建构（hypothetical test cases）。① 因此，虽然价值（正如在使现行法律的具体规则有意义的原则中举例说明的）对这三个要求都很重要，后果推理（尤其是在麦考密克修正后的阐述中）与其相区别的是它是构建/想象可能的行为（涉及可预见的具体的假设）作为采用某项裁决的结果，并继续评估这一可能行为的规范性。它是由具体假想情景的生成——即特定的假设推理——参与到通过逻辑后果进行的检验的，这就是它的区别标志。

不过，要补充的是，麦考密克对"逻辑上的后果"的分类并不像上面所说的那样严密。例如，他考虑到了逻辑后果的"行为"方面：

> 也就是说，它回到了这样一个问题，假设法律对行为会产生一定的影响，那么法律倾向于促进、鼓励某种行为，为其提供动机或根据，是出于可欲的还是不可欲的理由。"便利"或"方便"的论证正是这类论证的一个特殊版本，它解决的是这种可能的行为结果对法律程序的影响（参见诉诸"水闸"论辩的案例）。②

重复一下，麦考密克边缘化了逻辑后果的这一方面——但是他并没有完全排除掉它，他补充道，在某些领域（法律的特定领域，例如税收和金融监管领域），这一方面可能比在其他领域更突出：在那些人们和公司被告知之后才被期待采取某些行动的领域，"他们对法律裁决的将来反应应当考虑更多的可能结果"。他明确表示，要做到这一点，就要考虑到"公共政策"。③

回到后果推理，20 年之后——结合《修辞与法治》——麦考密克更加谨慎地重述了

---

① 从这个观点来看，马伯里诉麦迪逊案（Marbury v Madison）的例子更容易用来理解为协调性或一致性原则。
② Neil MacCormick, 'Legal Decisions and their Consequences: From Dewey to Dworkin' (1983) 58 *New York University Law Review* 255. fn 39.
③ Neil MacCormick, 'Legal Decisions and their Consequences: From Dewey to Dworkin' (1983) 58 *New York University Law Review* 254, 255.

那些争论,把他在1983年的文章里的观点进行了限缩。① 他说,法官和律师在"评估影响"方面处于不利地位,尤其是在涉及采用这个而非另一个法律规则时所产生的"长期社会影响"时。② 这么说来,麦考密克同意彼得·凯恩(Peter Cane)对于"后果推理的客观性"的担忧,尤其支持凯恩(Cane)的这一观察:"大量研究……都表明,要确定一般法律规则的任何既定变化的后果或反应是多么地困难和富有争议。"然后,麦考密克说,"更多的猜测"必然是对新规则或新裁决对人们的行为方式可能产生的影响的预测。"③

然而,这种怀疑主义并不排斥麦考密克仍然坚信的在法律决策中无所不在的那种后果推理,也的确如此。法官能够也应该在不涉及"概率推理"或"预测"的情况下考虑和评估后果。假想情境的应用再次成为区分的关键:法官并非基于研究来评估行为的可能后果,他们是在构建假想情境,评估可能的(可预见的)行为的规范性。逻辑上的后果(implications)是"逻辑的",而非"概率的"。例如关于《R v Dudley and Stephens》(1884)④,麦考密克说:

> 在谋杀法律中必须设立适当例外的唯一合理的构建方式是依法裁决,或者用柯勒律治勋爵(Lord Coleridge)的话来说,是一项原则,它授权那些生命濒危的人来判断,他们是否应该为了自救而杀害另一个处于同样危险的无辜受害者。这项原则的令人惊异或不可接受之处,是在注意到它可能作为未来案件的适用规

---

① eg Guest 在《修辞与法治》的书评里对观点的修正持赞同意见,他说《法律推理与法律理论》中的阐述似乎有误,因为他好像让法官依据社会效果来做决策,而使得个体丧失了权利:S Guest, 'Review of Rhetoric and the Rule of Law'(2006)122 *Law Quarterly Review* 515, 516. 虽然,如上所述,本章是1983年论文的订正和更新版本,但前者省略了后者就不同种类的后果所作的一系列区分。这里所说的区分是(参见 Neil MacCormick, 'Legal Decisions and their Consequences: From Dewey to Dworkin'(1983)58 *New York University Law Review* 246—249.):第一,是结果("results":例如,我扣动扳机的结果是一声枪响)与后果("consequences":枪响的结果是比尔被打死——这里的要点是,"后果"比"结果"更远)之间的区别;第二,是"因果关系"(例如,被告处于必须找到50万美元的绝望境地的原因,是由于法官作出的其必须向原告赔偿损失的裁定)与"宽泛后果"(例如,被告拒绝付款给慈善机构,和受托人必须解雇各种工作人员——这里的要点仍然是,后者只是条件而不是事件的原因)的区别。麦考密克讨论的重点是,首先,我们感兴趣的是后果而非结果,但是,其次,论证的相关依据既不是当事人间的司法判决的具体可能(因果关系上的?)后果(consequences),也不是可能的结果(outcomes)(249页),这是因为那些类型的后果对于那个争议来说太特殊了(它们都不符合普遍化要求)。

② Neil MacCormick, Judging by Consequences' in *Rhetoric and the Rule of Law*(Oxford University Press, 2005),103.

③ Neil MacCormick, Judging by Consequences' in *Rhetoric and the Rule of Law*(Oxford University Press, 2005),107. 参见 P Cane, 'Consequences in judicial Reasoning' in J Horder(ed), *Oxford Essays in jurisprudence*(Oxford University Press, 4th series 2000)41 – 59. 然而,Cane "主要关心的是法律规则的行为后果的推理"(42页),而这并不是麦考密克的重点(特别是在他的后期作品中)。但是像 Cane 那样说麦考密克没有"明确提到"这种行为后果,也是不对的(同上引)——他在1983年的论文中确实提到了(但 Cane 没有提及)还要补充的是,Cane 也关心"至少在原则上,可以通过观察我们周围的世界和通过实验来经验性地检验的后果"(同上引),但是在麦考密克的论著中没有提到这种经验式的检验。

④ [1884] 14 QBD 273.

则时的实践后果时表现出来的。①

正如柯勒律治大法官（Lord Chief Justice Coleridge）在那个案子里所说的：

> 没有必要（显然麦考密克认为有必要！）指出如果承认那项有人主张的原则（必要性抗辩）会带来的可怕危险。因为，这种必要性由谁来评断呢？用什么标准来衡量生命的相对价值呢？显然，让可能凭借这项原则获利的人来决定其必要性，就会为他故意夺取他人生命来自救的行为提供正当依据。很明显，这种原则一旦被承认，就可能成为肆意激情和残暴犯罪的法律屏障。②

这里没有求助于"概率推理"或"影响评估"，因此在应用这种推理方式时不会有不恰当的不确定性。假设的情况是否发生并不重要，甚至它们是否可能发生也无关紧要（虽然需要确定的是它们是可以被合理预见到的）。一种情形只是简单地根据在该裁决的指导下可能产生的行为的规范性，来考虑裁决的正当性。略有不同的是，另一种是在假设情境下，一个人认真对待该裁决并以此作为他的行为依据（或者说，至少是试着受其指导）之后，可能发生的行为的可接受性（如上所述，依据现行法律体系体现的价值进行评估）。

三、结论

无论我们把它称作什么——都有充分理由反对称其为"后果推理"——显然，麦考密克不仅帮助我们识别出了法律推理的一个普遍特征，而且可以说是一个很有价值的特征。通过在具体的假设情景里对可能的裁决进行检验——即，在具体情境里评估某种裁决之下可能实施的行为的规范性——法官不仅可以排除掉一项可能的裁决，而且也可能以一种更好地平衡特殊与一般的方式来对它加以完善。

从更广泛的角度来看，麦考密克指出有必要对法律推理过程中的假设的构建给予更多关注——既包括律师在法庭上准备和陈述他们的论辩时，也包括在法官质疑律师提出的可能裁决时，和在法官修正（有时是改进）自己的裁决时。法律推理的理论家们需要更好地掌握这种"假设"的推理智慧。这既适用于实例以不同的变异形式出现的假设情境里，也适用于在可能裁决的伪装之下考虑可能行为的假设里。有趣的是，这种智慧绝不构成对我们赋予法律的体系价值——例如，形式正义的价值的威胁。相反，这种智慧可能是对那些价值的最好的保护和支撑。

（编辑：杨知文）

---

① Neil MacCormick, Judging by Consequences' in *Rhetoric and the Rule of Law* (Oxford University Press, 2005), 105.

② 287 到 188 页；Neil MacCormick, Judging by Consequences' in *Rhetoric and the Rule of Law* (Oxford University Press, 2005)。

方法问题即宪法问题

——克莱默的《法律方法论》评述

周万里[*]

摘　要　法律方法与宪法的架构密切相关。宪法中的权力配置方式，决定了法院和法官在司法活动中的自由程度。宪法中的平等原则，是法律适用活动的推动力，在法律解释和法律续造中都起到了关键性作用。尤其是在主观论与客观论之争、体系解释和合宪解释、法律解释与法律续造之间的界限及方法论克制不法国家的问题上，宪法的顶层设计、价值判断和具体规则决定了法律方法的价值取向和一般法律具体适用。

关键词　卡莱默　法律方法论　宪法问题　权力配置　平等原则

"方法问题即宪法问题"，[①]德国私法学者伯恩·魏德士借此强调法律方法就如宪法一样重要，提醒法律人要有法律方法的意识。瑞士公法学者里诺[②]认为，"方法问题在法治国家首要的是权力问题和宪法问题。"[③]恩斯特·A.克莱默（Ernst A. Kramer，1944）在他的《法律方法论》中也认为，"宪法中的决定因素，以及最终是国家理论中的决定因

---

[*] 周万里，男，江苏淮安人，华东师范大学法学院讲师，法学博士，研究方向为民法学、法律方法论。本文作者系克莱默的《法律方法论》中文版（法律出版社2019年版）译者。

[①] 参见［德］魏德士：《法理学》，丁晓春、吴越译，法律出版社2013年版，第303页。

[②] 勒内·里诺（René Rhinow, 1942），瑞士法学家和政治家。里诺1982至2006年担任瑞士巴塞尔大学法学院国家法和行政法学教授，2001年至2011年担任瑞士红十字会会长，撰写了《立法和方法论》《经济公法》《公共程序法》及《瑞士宪法》等有影响力的专著和教科书。

[③] Rhinow., Schlusswort, in: *Grundprobleme der Auslegung aus Sicht des öffentlichen Rechts. Symposium zum 60. Geburtstag von René Rhinow*, Bern 2004, 94.

素,对法律方法论有关键的意义。"阿姆斯特丹大学的马丁·W. 海塞林克教授①甚至更进一步,认为"方法论的选择,是其中的政治选择,也是最相关的选择。它们通过设定游戏规则,决定知识的产生。"② 相应地,克莱默的经典作品《法律方法论》涉及与宪法相关的方法论问题也非常多。可以说,没有宪法,就没有法律方法论。没有宪法支撑的法律方法论,是"苍白无力"的方法论。在法律方法论中,法律适用者只有意识到宪法问题,方法论才能完成它的任务,即"尽可能地限制最终意味着恣意的纯主观的判断余地,并且使解释活动尽可能地'客观化'和'理想化'"。③

宪法问题,一如在克莱默《法律方法论》中得到了普遍的重视,我国的法律方法论也需要重视宪法在法律方法论中所起到的根本性作用。在解释法律和续造法律的时候,法律适用者考虑宪法的位阶及价值判断,有助于在法律适用中得到公正的结果。2018 年,张志铭教授和张翔教授关于我国《宪法》第 37 条第 2 款两种解释方案的争议,反映了宪法和法律方法紧密相关。④ 解释宪法的方法不同,导致的解释结果也会不同。基于宪法问题在法律方法论中根本性的意义,宪法的顶层设计、价值判断和具体规则在克莱默《法律方法论》中无处不在地发挥作用,本文以宪法为视角,分析克莱默《法律方法论》主要涉及的与宪法相关的方法论问题,主张我国的法律方法研究和实践应当增强宪法意识,注意宪法在方法论发展中的意义。

一、克莱默《法律方法论》的特点与结构

(一)《法律方法论》的总体特点

克莱默《法律方法论》的中译本出版面世,对我国法学界来说是一件幸事。⑤ 这本书的意义正如拉伦茨的《法学方法论》产生的影响,必定会成为法律人研习法律方法论的必备教材和参考书。这本书的整体结构和内容简明扼要,准确、全面地展现了德语区法律人对法律方法的理解。克莱默教授论述法律方法精确、到位、有深度,涵盖了法律方法论的核心内容,包括法律方法的基本问题、法律解释方法、法律续造方法、国际法法律方法及规则怀疑主义和前理解的问题。法律方法论中最为经典的话题,比如一般条款的具体化、

---

① 马丁·W. 海塞林克(Martijn W. Hesselink, 1968),现任荷兰阿姆斯特丹大学欧洲私法教席教授。海塞林克的中译本作品,参见[荷]海塞林克:《新的欧洲法律文化》,魏磊杰、吴雅婷译,中国法制出版社 2018 年版。
② [荷]海塞林克:《新的欧洲法律文化》,魏磊杰、吴雅婷译,中国法制出版社 2018 年版,第 178 页。
③ [奥]克莱默:《法律方法论》,周万里译,法律出版社 2019 年版,第 17 页。
④ 参见张志铭、张翔:《张志铭 VS. 张翔:逮捕权划归法院是否需修宪》,载 https://mp.weixin.qq.com/s?__biz=MjM5NjMyNDM5Nw==&mid=2653161141&idx=1&sn=e005df7ce59877cab861323a48f4e36a&chksm=bd3a53f78a4ddae16eb8f5a104a94fcd1685b562612ce651aee9f0e971fec029380cffb0f4b1&scene=21#wechat_redirect(访问日期:2019-5-21);张翔:《逮捕权配置与宪法相关条款的释义》,载《法制日报》2013 年 5 月 22 日,第 12 版。
⑤ [奥]克莱默:《法律方法论》,周万里译,法律出版社 2019 年版。

习惯法的适用、解释与续造的界限、主观论与客观论之争、合宪解释、位阶问题、法律漏洞认定和填补、前理解，在克莱默这本书中都有程度不同的论述。

方法，是到达特定目标①的路径。法律方法是法律适用的方法，包括法律解释方法和法律续造方法。法律方法论是关于法律方法的理论或学说。法律方法论可以普遍适用于所有的法律部门法，包括适用公法、私法和刑法的规范的方法。这本书采用"法律方法论"而不是"法学方法论"作为书名的原因，该书已经有了交代。② 值得注意的是，这本书与"经典作家"卡尔·拉伦茨（Karl Larenz, 1903-1993）的《法学方法论》③ 相比，更注重法律的"适用方法"，并没有像拉伦茨《法学方法论》一样有专门的几章论述"法学的一般特征""法律规范说""案件事实的形成和法律评价"及"法学的概念建构和体系建构"。拉伦茨的这些论述，应当属于法教义学的范畴，他的书以"法学方法论"为书名因此也是恰当的。正如克莱默的判断，法教义学者也使用"法律方法"，只不过各自的任务不同而已。④

（二）该书的基本结构

克莱默《法律方法论》的第一章论述法律方法论的含义、任务、方法条款的来源和意义等法律方法论的基本问题。尤其是该章第七节对"法律方法论的回顾性和策略性方面"的论述，非常新颖，让我们从全局的视角审视这本书所展现的"通用和传统的方法论"。⑤ 以下三章专门论述法律发现方法的"三阶层模式"。具体而言，第二章处理了萨维尼以来四种经典的解释方法或因素，即文义、体系、历史和目的。第三章和第四章涉及法官法，也被称为法律续造或法律补充。法律续造的必要性，是因为法律漏洞的存在。第三章涉及受约束的法官法方法。拉伦茨将这种方法称为"法律内在的法律续造"。法律适用者按照法律规定或法律评价去填补法律漏洞，主要使用类推适用和目的性限缩的方法。这是法律方法中"第二阶层"的问题。第四章涉及超越法律的法官法方法，又被称为原本的法官法方法。克莱默认为，在现行法没有规定或没有具体规定指导性观点时，⑥ 即法官在第二阶层不能填补法律漏洞的情况下，法官⑦应当"如同立法者"（"modo legislatoris"；但不是立法者！）创制规则，然后按照该规则进行裁判。第五章是国际法中的方法论问题，比如

---

① 这里的"特定目标"，是指理解现行有效的法律规范，进而探究"法律意旨"或"法律意思"。
② 参见［奥］克莱默：《法律方法论》，周万里译，法律出版社2019年版，第390-391页。
③ ［德］拉伦茨：《法学方法论》，陈爱娥译，商务印书馆2003年版。
④ 参见［奥］克莱默：《法律方法论》，周万里译，法律出版社2019年版，脚注2。
⑤ 参见［奥］克莱默：《法律方法论》，周万里译，法律出版社2019年版，第18-21页。
⑥ 参见［奥］克莱默：《法律方法论》，周万里译，法律出版社2019年版，第204页。
⑦ 需要明确的是，在瑞士的大部分法律方法论文献中，"法官"不仅是指在法院负责裁判的法官，还包括了行政机关工作人员、检察机关工作人员、律师等法律适用者。

《联合国国际货物销售合同公约》第 7 条的法律解释条款,①《国际法院规约》第 38 条②和《维也纳条约法公约》第 31 条的法律解释条款③。第 6 章涉及的"规则怀疑主义"和"前理解"的哲学理论对传统法律方法论提出的质疑。作者对这些批判进行了区别化的处理,维护了传统法律方法论的权威地位。

二、法律方法中的宪法问题

在克莱默《法律方法论》中,多处对方法论中的宪法问题进行了阐述。例如,克莱默认为《瑞士宪法》第 8 条第 1 款有关"法律面前人人平等"和第 9 条"任何人有权在国家机关得到没有恣意和以诚实信用的方式对待"的规定,是类推适用和反面推理的宪法基础;④ 合宪解释和基本权利的"间接的第三人效力"问题;⑤ 历史解释语境下"瑞士人"的含义;宪法的基本原则,比如合法性原则、比例原则和信赖原则,在超越法律的法官法中的意义。⑥ 而在诸多这些问题中,与法律方法联系最为紧密的宪法问题,是权力配置和平等原则的问题。宪法对国家权力的配置方式,决定了法院和法官在裁判中"自由发挥"的空间。宪法中的平等原则和平等权,则是法律适用"扩张力"的体现。平等权越是得到贯彻,法律解释的正确性就越高,法律续造的空间也越大,就越有可能形成内洽的法律体系。

(一) 权力配置

宪法预设的权力配置,决定了立法机关和法院的权力配置。早在 20 世纪初,拉德布鲁赫就断言,"权力配置学说、禁止拒绝裁判及法律不完整性之间并不协调,其中一方必须做出妥协。"⑦ 在法官不能拒绝裁判的情况下,法官面对不完整的法律,该如何去做?

---

① 《联合国国际货物销售合同公约》第 7 条(法律解释):(1) 在解释本公约时,应考虑到本公约的国际性质和促进其适用的统一以及在国际贸易上遵守诚信的需要。(2) 凡本公约未明确解决的属于本公约范围的问题,应按照本公约所依据的一般原则来解决,在没有一般原则的情况下,则应按照国际私法规定适用的法律来解决。

② 《国际法院规约》第 38 条:一、法院对于陈诉各项争端,应依国际法裁判之,裁判时应适用:(子) 不论普通或特别国际协约,确立诉讼当事国明白承认之规条者。(丑) 国际习惯,作为通例之证明而经接受为法律者。(寅) 一般法律原则为文明各国所承认者。(卯) 在第五十九条规定之下,司法判例及各国权威最高之公法学家学说,作为确定法律原则之补助资料者。二、前项规定不妨碍法院经当事国同意本"公允及善良"原则裁判案件之权。

③ 《维也纳条约法公约》第 31 条解释之通则:一、条约应依其用语按其上下文并参照条约之目的及宗旨所具有之通常意义,善意解释之。二、就解释条约而言,上下文除指连同弁言及附件在内之约文外,并应包括:(a) 全体当事国间因缔结条约所订与条约有关之任何协定;(b) 一个以上当事国因缔结条约所订并经其他当事国接受为条约有关文书之任何文书。三、应与上下文一并考虑者尚有:(a) 当事国嗣后所订关于条约之解释或其规定之适用之任何协定;(b) 嗣后在条约适用方面确定各当事国对条约解释之协定之任何惯例;(c) 适用于当事国间关系之任何有关国际法规则。四、倘经确定当事国有此原意,条约用语应使其具有特殊意义。

④ 参见 [奥] 克莱默:《法律方法论》,周万里译,法律出版社 2019 年版,第 10 - 11 页。

⑤ 参见 [奥] 克莱默:《法律方法论》,周万里译,法律出版社 2019 年版,第 69 - 74 页。

⑥ 参见 [奥] 克莱默:《法律方法论》,周万里译,法律出版社 2019 年版,第 229 页。

⑦ Radbruch, Archiv für Sozialwissenschaft und Sozialpolitik 22 (1906) 359.

这在很大程度上受制于特定国家的宪法约束。宪法给法官的自由空间越大,法官就越是能够自由地"发现法"甚至去"造法"。在传统的"三权分立"模式中,法官是立法者的"代言人",负责把立法者的意思表达出来,将它适用于法官面对的具体案件。这正是孟德斯鸠所说的法官"是法律的代言人而已,他们对法律无能为力,既不能削弱其力量,也不能减轻其严峻。"①

现代社会的生产和生活节奏远远超过一百年前的时代,在僵化的法典化下,法官面临不断出现的新事物,在案件中必须做出法律评价和裁判。克莱默在他的《法律方法论》中支持法官不仅要解释法律,而且需要续造法律。他认为"法官的法律续造应当归纳为法律变迁——其拥有立法缺乏的灵活性,因此这有助于维护体系稳定性。"②在论证一般条款的必要性时,克莱默认为"一般条款与国家法中的分权模式也有明显的紧张关系,"③ 法官在适用一般条款时,实际上是在续造法律。法官此时行使了立法者的职权。一般条款是法官进行法律续造的典型。克莱默以此为例,说明司法裁判在法律发展的过程中不仅有填补漏洞的作用,而且有推动法律发展的作用。

我国《宪法》第62条和第67条分别规定了全国人民代表大会及其常务委员会的立法权。《宪法》第128条规定人民法院是国家的审判机关,而《法院法》第6条明确人民审理案件"以法律为准绳"。因此,我国宪法在权力配置方面,法院(或法官)只能是基于现有法律的规定适用法律。对于法律没有明确规定的案件,法官只能做"反面推理",做出相应的裁判。但是,很多的法律解释具有与立法机关的立法活动难以区分的性质,尤其是那些直接针对某一法律作出全面系统的解释,法律解释取代了相关的立法。④

在我国现有的法律或法学方法论专著中,很少有人意识到上述的宪法约束,⑤ 更多的是直接认可外国法中尤其是德国法中法官进行法律续造的正当性。事实上,德国宪法和瑞士法是赋予了法官续造的职能。德国解决该问题的办法是《德国基本法》第20条第3款。该规条规定"司法裁判受法律和法约束"。依据该规定,法官适用的不仅有"法律",即立法机关以正式程序通过的规范性文件,还适用"法",即根本性的法律原则、习惯法甚至是"法官法"。另外,《德国法院基本法》第132条第4款明确规定德国联邦最高法院的大审判庭承担"法律续造"的任务。而在司法实践中,德国联邦宪法法院早在1973年的"索拉娅案"中就肯定了超越法律的法律续造(或法官法)的合法性。⑥ 在该案中,联邦

---

① [法]孟德斯鸠:《论法的精神》(上卷),许明龙译,商务印书馆2014年版,第11章第6节。
② 参见[奥]克莱默:《法律方法论》,周万里译,法律出版社2019年版,第267页。
③ 参见[奥]克莱默:《法律方法论》,周万里译,法律出版社2019年版,第39页。
④ 张志铭:《中国法治实践的法理展开》,人民出版社2018年版,第101页。
⑤ 例外的,参见张志铭:《中国法治实践的法理展开》,人民出版社2018年版,第68-69页和第78-83页;张志铭、于浩:《新型中国的法治化治理》,法律出版社2018年版,第310页。
⑥ 参见齐晓琨:《"索拉娅案"评注——德国民法中对损害一般人格权的非物质损害的金钱赔偿》,载《现代法学》2007年第1期,第184-192页;[德]雷普根:《德国联邦宪法法院"索拉娅案"——"创造性法律发现"的经典教案》,胡剑译,载《华东政法大学学报》2017年第5期,第11-145页。

宪法法院认为，在严重侵犯人格权的情形下，即使仅是产生"非财产损害"，受害人也可以要求金钱赔偿。

瑞士相对于德国而言，赋予法官更多的自由空间，对此起到关键作用的是《瑞士民法典》第1条①第2款和第3款。②这两款规定法官在没有法律规定和习惯法作为裁判依据时，"依据自己如作为立法者应提出的规则裁判"。这种情形属于克莱默《法律方法论》第四章论述的内容，也相当于拉伦茨《法学方法论》中的"超越法律的法的续造"③，杨仁寿先生称之为"创造性补充"④。

（二）平等原则

平等原则是法律方法论中的"发动机"，能够不断地推动方法论稳步前进。在克莱默的《法律方法论》中，宪法中的平等原则得到了普遍性地重视和运用。

例如，平等原则作为方法论的宪法基础，尤其是《瑞士宪法》第8条的原则规定和第29条第1款的具体规定，即任何人在法院和行政机关的程序中有权要求"同等对待"。与此紧密相关的是《瑞士宪法》第29条第2款规定的"听审权"和由此衍生出的法官"说理义务"。反之，如果法官没有说理义务，可以恣意裁判，法律方法论就没有存在的意义。

另外，内在体系的宪法基础是平等原则。针对同样的事物，法律做出同样的价值判断和评价，是平等原则的必然要求。⑤"解释者应力图把单个的法律规定理解成是一致的评价体系的组成部分（内在体系）"，⑥才能避免法律适用产生的目的性矛盾或评价矛盾。

其次，平等原则分为肯定的平等原则和否则的平等原则。肯定的平等原则是法官进行类推适用的宪法基础，⑦而否定的平等原则是法官进行目的性限缩的宪法基础⑧。克莱默在《法律方法论》中尤其是明确了类推适用的宪法基础是《瑞士宪法》第8条基础之上的肯定平等原则以及法律平等的宪法要求。"只要评价状况同类性的前提条件得到满足，不是说在该意义上允许法官使用类推，而是说原则上他有类推的义务（即类推要求）。"⑨刑法禁止类推适用，其实明显与法律平等原则矛盾。只不过这是法治国家为了实现刑法规范更高的可预见性和确定性，而有意容忍刑法限缩解释的结果。

---

① 《瑞士民法典》第1条（法律适用）：1. 凡依本法文字或解释，有相应规定的任何法律问题，一律适用本法。2. 本法无相应规定的，法院应依据习惯法裁判；如无习惯法的，得依据自己如作为立法者应提出的规则裁判。3. 对前款情形，法院应以公认的学理和判例为依据。
② 参见张志铭、于浩：《转型中国的法治化治理》，法律出版社2018年版，第310页。
③ 参见［德］拉伦茨：《法学方法论》，陈爱娥译，商务印书馆2003年版，第249页。
④ 参见杨仁寿：《法学方法论》，中国政法大学出版社2013年版，第205页。
⑤ 参见［奥］克莱默：《法律方法论》，周万里译，法律出版社2019年版，第64页。
⑥ 参见［奥］克莱默：《法律方法论》，周万里译，法律出版社2019年版，第125页。
⑦ 参见［奥］克莱默：《法律方法论》，周万里译，法律出版社2019年版，第165页。
⑧ 参见［奥］克莱默：《法律方法论》，周万里译，法律出版社2019年版，第166页。
⑨ 参见［奥］克莱默：《法律方法论》，周万里译，法律出版社2019年版，第173页。

我国在类推适用实践中采用"同案同判"的方法。最高人民法院在 2018 年《关于加强和规范裁判文书释法说理的指导意见》中明确,"民事案件没有明确的法律规定作为裁判直接依据的,法官应当首先寻找最相类似的法律规定做出裁判。"该规定实质上规定了类推适用方法的前提条件和具体方法。前提条件即为:"没有明确的法律规定作为裁判直接依据的";具体方法即为:"寻找最相类似的法律规定做出裁判"。按照该观点,法律适用者应当比较案件在细节方面的相同和不同之处,只有当两个案件通过比较有诸多相同或相似地方的时候,法律适用者才可以类推适用明确的法律规定到没有被法律调整的案件。而在以克莱默《法律方法论》为代表的德语区法律方法论中,类推适用的标准是法律对两个案件在评价方面相似或相仿,即评价或价值判断基础上的类推适用。

最后,平等原则是超越法律的法律续造的基本原则。① 法官在创造性的造法中,应当阐述能够一般化的裁判理由,这样才能使将来的法官遇到相同或类似的案件的时候,按照平等原则处理同类案件。在超越法律的法律续造中,如果司法实践发生变化,可能会违背平等原则,即相同或相似的新案件和旧案件在法律续造中被法官不同地处理,产生不同的裁判结果。

三、法律方法论中的细节问题

(一)主观论与客观论

主观论和客观论之争,可能是法律方法论中争议最大的主题。② 主观论和客观论是历史解释中的理论和实践问题,与宪法问题也紧密相关。主观论的认为,应当依照历史上立法者的意思解释法律。解释者必须"重视所有已知的因素,尽可能全面地思考立法者的内心。"③ 修正的主观论认为,应当以法律产生的历史和立法者针对利益冲突作出的决定,来解释法律。客观论则认为,法律适用者应当客观合乎时代、与时俱进地解释法律。克莱默总结的主观论代表人物有历史法学派创始人弗里德里希·卡尔·冯·萨维尼(Friedrich Carl von Savigny,1779 – 1861)④、潘德克顿学派集大成者伯恩哈特·温德萨伊德(Bernhard Windscheid,1817 – 1892)、利益法学派创始人菲利普·黑克(Philipp Heck,1858 – 1943)和瑞士方法论大家阿图尔·迈耶 – 哈尧茨(Arthur Meier – Hayoz,1922 – 2003)。

---

① 参见[奥]克莱默:《法律方法论》,周万里译,法律出版社 2019 年版,第 216 页。
② 参见[奥]克莱默:《法律方法论》,周万里译,法律出版社 2019 年版,第 85 – 93 页;[德]恩吉施:《法律思维导论》,郑永流译,法律出版社 2014 年版,第 106 页;[德]魏德士:《法理学》,丁晓春、吴越译,法律出版社 2013 年版,第 332 – 333 页;王泽鉴:《民法思维》,北京大学出版社 2009 年版,第 170 – 172 页;张志铭、于浩:《转型中国的法治化治理》,法律出版社 2018 年版,第 313 页;尚勇:《刑法主观解释论的提倡》,载《法律方法》(第 24 卷),中国法制出版社 2018 年版,第 208 – 209 页。
③ 温德萨伊德:《潘德克顿法教科书》(Lehrbuch des Pandektenrechts),第 1 卷,第 7 版,法兰克福 1891 年,第 52 页。
④ [德]阿多迈特、[德]汉欣:《写给学生的法理论》,雷磊译,中国政法大学出版社 2018 年版,第 136 – 137 页。

我国法学界熟知的伯恩·魏德士也是主观论的拥护者。① 客观论的代表人物有卡尔·宾丁（Karl Binding，1841－1920）、阿道夫·瓦赫（Adolf Wach，1843－1926）、约瑟夫·科勒（Josef Kohler，1849－1919）、卡尔·拉伦茨②、克劳斯－威廉·卡纳里斯（Claus－Wilhelm Canaris，1937）③、莱因荷德·齐佩利乌斯（Reinhold Zippelius，1928）④ 和阿明·埃伦茨威格（Armin Ehrenzweig，1864－1935）。⑤ 我国学者张志铭教授偏向于主观论。⑥

从宪法的角度来看，客观论有可能成为法官恣意裁判的借口，使法官不再受法律约束。克莱默认为，法官以客观论为借口，将法官本人的评价隐藏在"更聪明"的法律后面，将"法官目的"调换成为"法律目的"。⑦ 在法律解释中注意历史上立法材料所反映出的法律意思，与宪法中的分权原则一致。克莱默因此采取"折中论"，原则上主张客观适用的方法，同时注意法律产生的历史因素。⑧ 在社会节奏加快的现代社会中，社会关系在加速发生变化，客观说能够及时与社会发展实践保持一致，尤其是在一般条款具体化时，客观论发挥的积极作用尤为明显。

（二）合宪解释

在解释法律的阶段，与宪法联系最为紧密的是合宪解释。克莱默的《法律方法论》主要是在体系解释的语境下阐述了与宪法相关的方法论问题，包括合宪解释和基本权利的"间接的第三人效力"。⑨

合宪解释，是指"法律适用者应当依照宪法的价值判断来解释"法律⑩。合宪解释优先于用其他解释方法得出的规范意旨假设。如果通过解释法律得到多个不同的结果，其中某个结果是违宪的，那么就不应当选择该结果。在极端情况下，如果法律适用者解释法律得到的所有结果都是违反宪法的，那么说明该规范本身也是违反宪法的。对于这种情况，法官没有"反抗权"，⑪ 只能通过一些技术手段，限缩或排除适用该法条。依据《德国基本法》第97条第1款和第20条第3款，法官受"法律和法"约束。即使法官认识到所适用的法律是违宪的，法官也无能为力。他只能请求联邦宪法法院裁判决定该法律是否违

---

① 参见［德］魏德士：《法理学》，丁晓春、吴越译，法律出版社2013年版，第333页。
② 参见［德］拉伦茨：《法学方法论》，陈爱娥译，商务印书馆2003年版，第210页。
③ 卡纳里斯在民法和方法论领域的贡献，参见［德］辛格：《"发现者"卡纳里斯的法律方法论》，周万里译，载《法律方法》（第24卷），中国法制出版社2018年版，第45－60页。
④ 参见［德］齐佩利乌斯：《法学方法论》，金振豹译，法律出版社2009年版，第34页，第70－73页。
⑤ 支持客观论的学者，参见杨仁寿：《法学方法论》，中国政法大学出版社2013年版，第162页。
⑥ 参见张志铭：《中国法治实践的法理展开》，人民出版社2018年版，第94－95页。
⑦ 参见［德］魏德士：《法理学》，丁晓春、吴越译，法律出版社2013年版，第333页。
⑧ 参见［奥］克莱默：《法律方法论》，周万里译，法律出版社2019年版，第104－107页。
⑨ 参见［奥］克莱默：《法律方法论》，周万里译，法律出版社2019年版，第69－74页。
⑩ 参见张志铭：《中国法治实践的法理展开》，人民出版社2018年版，第90页。
⑪ 参见［奥］克莱默：《法律方法论》，周万里译，法律出版社2019年版，第203页。

宪。① 只有在联邦宪法宣布法律违宪的情况下，普通的法院才可以不适用该法律。

另外，在解释私法规范时，德国法学界在二战后发展出基本权利的间接第三人效力的学说。② 二战后，德国新颁布的《德国基本法》明确规定了公民的基本权利。宪法上的公民权利本质是公民针对国家的"防御权"，属于一种"纵向关系"的宪法制度。按照卡纳里斯的理论，宪法上的基本权利不仅具有上述的防御功能，还具有保护功能。尤其是因为德国是"社会的市场经济"，社会国家有责任保护弱势公民在私法关系的权利。③ 该理论不仅适用于德国，克莱默在《法律方法论》这本书中，阐述了《瑞士联邦宪法》第 35 条第 3 款基础上法官直接援用宪法上基本权利的可能性。主要是在三种情况下，宪法上的基本权利有适用的可能，即私法中自由裁量的概念、一般条款具体化及违反善良风俗和公共秩序的标准。④ 法官在这些情况下，可以考虑宪法中的基本权利保障的要求对解释和续造法律产生的影响。

需要指出的是，合宪解释也正如欧盟法中的合指令解释，是体系解释的具体表现。而宪法解释则是以宪法规范为适用对象的司法活动。宪法解释的不确定性比较大，⑤ 原因在于：其一，与适用私法、行政法和刑法的规范不同，解释不仅是一般规定的具体化问题，而且解释宪法受制于每个时代的国家学理论和政治制度。因此，法律适用的结果有不确定性。其二，相对于一般法律而言，宪法规范总体而言，比较简短，使用的不确定概念更多。拿破仑因此说，宪法必须简短和模糊。其三，与一般法律不同，宪法没有完整的规范构成要件和法律结果，所以宪法不能被直接适用。

（三）解释与续造的界限

划清法律解释和法律续造之间的界限，是法律方法论的目标之一，也是法律方法论中的一个难题，同样涉及宪法中立法权和司法权的配置问题。⑥ 各国宪法配置的司法权不同，决定了法官续造的范围和框架。例如，与德国相比，瑞士法官的自由度明显比较大。孟德斯鸠轻视司法权的作用，认为"在我们所说的三项权力中，法官的权力在一定的程度上是没有的。"⑦ 在立法者和法官之间的关系上，孟氏认为法官只是法律的代言人而已，他

---

① 《德国基本法》第 100 条。
② 参见［德］辛格：《"发现者"卡纳里斯的法律方法论》，周万里译，载《法律方法》（第 24 卷），中国法制出版社 2018 年版，第 47－48 页。
③ 参见［德］辛格：《"发现者"卡纳里斯的法律方法论》，周万里译，载《法律方法》（第 24 卷），中国法制出版社 2018 年版，第 48 和 56 页。
④ 参见［奥］克莱默：《法律方法论》，周万里译，法律出版社 2019 年版，第 73 页。
⑤ 参见梁西圣：《斯卡利亚的文本原意主义宪法解释论》，载《法律方法》（第 24 卷），中国法制出版社 2018 年版，第 146－161 页。
⑥ 参见［荷］海塞林克：《新的欧洲法律文化》，魏磊杰、吴雅婷译，中国法制出版社 2018 年版，第 177 页。
⑦ ［法］孟德斯鸠：《论法的精神》（上卷），许明龙译，商务印书馆 2014 年版，第 11 章第 6 节。

们对法律无能为力。① 而在现代社会,"法官法决定着我们的命运",瑞士联邦法院的法官甚至认为,"如果不能发现法,就必须创造它"。②

克莱默在《法律方法论》中总体上倾向于法官承担起回应型的角色。在当代的法官法作用愈加重要的背景下,尤其是在成文法国家,立法者应当是法官的代言人。③ 这不仅是因为《瑞士民法典》第1条第2款和第3款赋予法官"如同立法者"一样的造法权,还因为现代的法典化国家的现实需要,法院进行的"互补性立法"成为不可或缺的司法活动。1974年的《西班牙民法典》第1条第6款甚至明确规定"在任何情况下,法官和法院不可推卸地承担按照法源制度处理被呈送案件的义务"。德国联邦宪法法院早在1973年就明确承认目的性限缩是一种公认的法律方法,④ 认为"违反法条文字的目的性限缩,属于认可的、不受宪法指责的解释原则"⑤。现行的《德国法院基本法》第132条第4款明确规定德国联邦最高法院的大审判庭承担"法律续造"的任务。

在我国的司法实践中,法官对法律续造并不陌生。我国最高院的司法解释可能具有立法的性质,与法律续造存在区别。⑥ 司法实践中,以"目的性限缩"的方法为例,有法院对《物权法》第28条规定的"因人民法院、仲裁委员会的法律文书"进行了目的性限缩,即只能是最高人民法院《物权法司法解释(一)》第7条列举的几种法律文书。⑦ 法院采取这种法律方法对《物权法》第28条中的"法律文书"的含义进行了限缩。

在具体的分界标准上,克莱默《法律方法论》以"文义"为界限,确立了公认的"三阶层模式"。凡是在文义范围内或"射程"内的法律适用活动,属于法律解释。法官从事法律解释活动,是为了探究抽象规范的意思,即法律意旨,以便于适用于面对的具体案件。从法律规范的"字面"意思出发,进行"文义"解释,并且结合其他的法律解释因素,即体系、历史和目的,最终确定某个法律规范的意旨。即使在这样的表面看起来不存在宪法问题的法律发现过程,正如上文主观论和客观论之争、合宪解释等所论述的,也会涉及宪法的问题。作为法律适用活动的法律解释,与法院的经典职能定位吻合,而超出甚至违背法律文义的法律适用活动,似乎不符合宪法对法院职能的定位。

解决法律解释和法律续造的界限问题的关键,是理解法律意旨的作用。⑧ 如果法官虽

---

① [法]孟德斯鸠:《论法的精神》(上卷),许明龙译,商务印书馆2014年版,第11章第6节。
② 参见[奥]克莱默:《法律方法论》,周万里译,法律出版社2019年版,第205页。持不同观点的,参见张志铭、于浩:《转型中国的法治化治理》,法律出版社2018年版,第310页。
③ 参见[奥]克莱默:《法律方法论》,周万里译,法律出版社2019年版,第204-205页。
④ Vgl. BVerfGE 35, 263 [279] = NJW 1973, 1491; BVerfGE 88, 145 [166f.] = NJW 1993, 2861.
⑤ BVerfG NJW 1997, 2230; BVerfG NJW 2012, 669 (672)。
⑥ 参见张志铭:《中国法治实践的法理展开》,人民出版社2018年版,第101页。
⑦ 大同市中级人民法院,(2017)晋02民终620号。同样案情,参见该院的二审判决(2017)晋02民终274号;(2017)晋02民再49号;(2017)晋02民终466号。
⑧ 参见谢斐,《以立法意图重构类推解释的边界——基于法律续造相关理论的反思》,载《法律方法》(第23卷),中国法制出版社2018年版,第184-188页。

然超出或违背法律文义,但是并没有违背法条背后传达的法律意旨,就不属于违背宪法、超越司法权的司法活动,而是具有法治国家正当性的行为。因此,法官的法律适用活动,只要在法律意旨内活动,就应当被允许。在满足类推适用的条件下,基于宪法中的平等权要求,法官不仅应当而且有义务类推适用法律没有明确调整的案件。

在除外漏洞的情形下,方法论学者多数是基于亚里士多德的《尼各马可伦理学》来论证"目的性限缩"的正当性:"当法律的规定过于简单而有缺陷和错误时,由例外来纠正这种缺陷和错误,来说出立法者自己如果身临其境会说出的东西,就是正确的。"① 萨维尼也认为,"表述仅是手段,而意图是目的;因此,毫无疑问,意图具有优先地位,而表述应当根据意图而被修改"。② 在瑞士法中,也有学者依据《瑞士民法典》第 2 条关于"禁止权利滥用"的规定,③"缩减"适用有除外漏洞的法条,理由是"依据明确的法律文字似乎成了滥用权力的行为"。④

(四) 方法论与不正义政权

方法是一种价值中性的工具,能够为任何目的所用。因此,对于专制国家和不法政权,法律方法论无能为力。德国公法学者伯肯弗尔德(Ernst - Wolfgang Böckenförde,1930 - 2019)认为,以正义和法治国家为追求目标的法哲学以及赢得科学性称号的方法论,它们自己不能保障、创造和确保它们生存的条件。⑤

不过,方法论至少能够为克制不正义政权做出一些贡献。克莱默认为,如果民主政治能够发挥法治国家的功能,原则上就不应当承认法官的反抗权,除非不正义政权具备了"拉德布鲁赫公式"的条件,即"除非该实在法违背公平,到了无法忍受的程度,以致于公平应当取代这个成为'不正确的法'的法律"。⑥ 而对于不正义政权下毫无底线的法律适用方法,例如在第三帝国政权下,有些法学家运用法律方法使纳粹意识形态在法律适用中得以落实,克劳斯-威廉·卡纳里斯认为,不法政权无节制地处理法律和法的行为,不属于方法论历史的一部分,应当将其从方法论历史中剔除。⑦

克莱默在《法律方法论》中另辟蹊径,提出的"方法忠诚"似乎是克制不正义政权

---

① [古希腊] 亚里士多德:《尼各马可伦理学》,廖申白译,商务印书馆 2017 年版,第 5 卷第 10 章边码 15。
② [德] 萨维尼:《当代罗马法体系 I》,朱虎译,中国法制出版社 2010 年版,第 180 页。
③ 《瑞士民法典》第 2 条: 1. 任何人在行使权利和履行义务时,都应该遵守诚实信用原则。2. 明显滥用权利的,不受法律保护。
④ 参见 [奥] 克莱默:《法律方法论》,周万里译,法律出版社 2019 年版,第 193 页。
⑤ Böckenförde, Staat, Gesellschaft, Freiheit (1976), S. 60; ders. Der Staat als sittlicher Staat (1978), S. 37.
⑥ 参见 [奥] 克莱默:《法律方法论》,周万里译,法律出版社 2019 年版,脚注 792;[英] 里弗斯:《非正义法律之解释与无效》,程朝阳、李爱爽译,载《法律方法》(第 24 卷),中国法制出版社 2018 年版,第 23 页。
⑦ Canaris, Karl Larenz, in Grundmann/Riesenhuber (Hrsg.), Zivilrechtslehrer des 20. Jahrhunderts in Berichten ihrer Schüler, Band 2, 2010, S. 294.

的一条路径。① 方法忠诚，是指开放而不只是形式教义学的论证。方法忠诚要求法官不应当躲藏在法律规范的基本评价后面，而是有意地自主论证他做出的司法裁判。只有这样，法官才能面对和接受民主商议，使司法裁判具有可讨论性和可接受性。甚至有学者认为，"方法的公开应当优于涵摄法律的形式论证和构成要件拟制"，以及"只有公开真正的理由，才能在民主法治国家确保对法院裁判的必要信任"。② 另外，克莱默认为，法律适用者在对法律原则进行具体化时，也应当遵循"方法忠诚"的要求，即如果法官个人的评价依据的灵感来源与形式上的法律原则完全不同，就不应该用法律原则掩饰法官个人的评价。③ 拉伦茨与克莱默和魏德士的观点④不同，认为既然有了"客观目的"的标准，⑤ 就应当疏远法官"方法忠诚"和"自我评价"。⑥ 从法律方法论追求的目标来看，即法律适用的客观化和理性化，克莱默和魏德士关于方法忠实的观点更具有说服力。克莱默虽然认同客观论优先，但并不否认法官个人在法律适用中有个人的价值判断成分，正确的做法是要求公开这种个人价值判断。正是这种方法忠诚的要求，法律方法论才会抑制恣意的法律解释和法律续造，防止"法官国家"⑦ 成为不正义的国家。

四、结语

法律方法问题即宪法问题。宪法的顶层设计，决定了法律方法的框架及法院和法官在司法裁判中的自由空间。克莱默的《法律方法论》强调了宪法在法律方法论中的根本性意义，同时也在文义解释、体系解释、历史解释、目的解释、位阶问题、解释与续造的正当性和界限等方面对宪法问题进行了精辟地论述。法律适用者尤其是法官在法律解释和法律续造中，应当注意现行有效的宪法原则、规则和价值判断。只有这样，才能保证法律适用得出的结果合宪，使整个法律体系达到内洽的要求。在我国的法律方法论中这也同样适用，法律适用者应当有宪法问题的意识，在具体的法律适用中重视宪法的价值判断对法律解释和法律续造起到的决定性作用。

（编辑：郑菲）

---

① 参见［奥］克莱默：《法律方法论》，周万里译，法律出版社2019年版，第216页。
② 参见［奥］克莱默：《法律方法论》，周万里译，法律出版社2019年版，脚注848。
③ 参见［奥］克莱默：《法律方法论》，周万里译，法律出版社2019年版，第230－231页。
④ 参见［德］魏德士：《法理学》，丁晓春、吴越译，法律出版社2013年版，边码724。
⑤ 参见［德］拉伦茨：《法学方法论》，陈爱娥译，商务印书馆2003年，第211－216页。
⑥ Canaris, Karl Larenz, in Grundmann/Riesenhuber (Hrsg.), Zivilrechtslehrer des 20. Jahrhunderts in Berichten ihrer Schüler, Band 2, 2010, S. 301.
⑦ 参见［奥］克莱默：《法律方法论》，周万里译，法律出版社2019年版，第264－266页。

论法律的确定性、妥当性与交谈合理性[*]
——评《法律解释学》"法律确定性问题"部分

刘亦艾[**]

> **摘要** 张志铭教授的专著《法律解释学》"法律确定性问题"部分的讨论存在没说全、没说对与没说透的问题。波斯纳对确定性的三种理解在观察视角与分析要素两个方面存在差异，在法律问题中确定性应被限定于科学意义上的可复现性层面而不包括交谈合理性。交谈合理性是法律解释结论的评价标准，其正当性基础源自法律的基本价值，即作为整体联结存在的法律的确定性价值和妥当性价值。交谈合理性还是法律解释操作的指导原则，解释者应当在法律解释过程中维持可能产生的解释张力，并对解释理由作出充分的说明与展示。交谈合理性的概念有效勾连了法律解释的原理、技术及制度，是研究法律解释现象的重要线索。
>
> **关键词** 法律的确定性 可复现性 交谈合理性 法律解释

张志铭教授的专著《法律解释学》[①]围绕"法律解释原理""法律解释技术"与"当今中国的法律解释体制"三大主题进行了系统研究。诚如作者所言，从概念切入是法理学应有的思考逻辑，也正是依此分析进路，法律解释学的概念框架方得明晰。本文的评论同样以概念为核心，将主要针对本书第二章"如何解释法律：操作原理"的第三节"寻求法律家的立场：法律确定性问题"部分，讨论在该主题上作者没说全、没说对与没说透的问题，并将其延伸至本书其他部分。

---

[*] 本文为第一届"未来精英杯"全国法科学生写作大赛（书评组）特等奖作品。
[**] 刘亦艾，男，浙江丽水人，中国人民大学法学院硕士研究生，研究方向为法理学、法律方法。
[①] 张志铭：《法律解释学》，中国人民大学出版社 2015 年版。本书的原型是张志铭教授在其博士论文的基础上于 1998 年由中国政法大学出版社出版的《法律解释操作分析》。

一、问题的提出

在"法律确定性问题"部分,作者既讨论法律的确定性与妥当性,又提及法律解释的确定性与妥当性。① 法律(文本)是静态的立法结果,而法律解释则是人类活动过程。结果的确定性、妥当性与过程的确定性、妥当性理应具有不同含义,但作者却没有给以明确的区分,而二者的关系又似乎并非不言而喻。作者言称法律的确定性是法律和法治的基本价值所在,但其关于法律确定性和法律解释确定性的混淆表述却引发疑问,未能清晰地形成关于何为法律确定性与妥当性的结论。此为问题没说全。

法律解释是解释者将自己对法律文本意思的理解通过某种方式展示出来,② 其需要妥善处理好法律的确定性和妥当性的关系,而在疑难法律问题中二者却常常难以得兼。对此,作者通过引入波斯纳对确定性的第三种理解,即交谈意义上的合理性,将分析法律确定性的视角从追求答案的唯一正确转向获得答案的过程和理由的合乎情理,在确定性分析中吸纳了妥当性因素,以此丰富法律确定性的内涵,从而避免了在疑难法律问题中面临"确定性还是妥当性"的两难选择。这里的问题在于,将交谈合理性视为确定性的做法似乎与作者在讨论法律确定性问题时秉持的基本立场相违背。作者在书中明确主张将法律确定性视为与法律妥当性相对应的概念,并将二者作为分析法律问题的一对基础范畴,是故对法律确定性的理解还必须受到法律妥当性的约束。③ 而作为比较,波斯纳在《法理学问题》中讨论法律确定性问题时,并未预设一个与确定性相伴生的妥当性概念,这就致使双方在使用确定性概念时可能会产生分歧,相应地在理解其含义方面也就可能存在差异。理解法律确定性应明确自身立场。在某种程度上,实用主义的波斯纳所提出的交谈合理性恰恰处在我们称为确定性立场的反面,但诸如此类问题却始终未进入作者视野。此为问题没说对。

我们认为,不加检视地引入波斯纳所提出的交谈合理性概念,非但无助于破除法律可能不具确定性的质疑,反而容易致使作者本身融贯的概念体系紊乱乃至崩溃。例如,在交谈合理性与法律解释正当性的关系问题上,作者原本将确定性和妥当性作为分析法律解释正当性的两个基本维度,但在引入交谈合理性概念并将其理解为确定性后,原有的妥当性维度被消解,正当性分析的两个维度被挤压至交谈合理性这一个维度,这就产生以交谈合理性分析法律解释的正当性是否可能以及方法是否科学的问题。可以发现,作者试图以交谈合理性替代对传统法律确定性的理解,但他却未妥善处理好交谈合理性与法律妥当性、

---

① 如书中写道"上述观点分歧反映了人们对法律解释的确定性和妥当性关系的不同认识。确定性或客观性是法律的基本属性,脱离对法律确定性的追求,法律解释就无妥当性可言",张志铭:《法律解释学》,中国人民大学出版社 2015 年版,第 4 页。

② 参见张志铭:《法律解释学》,中国人民大学出版社 2015 年版,第 11 页。

③ "法律解释中的一个基本问题,是在对法律的理解和适用中如何妥善处理法律的确定性和妥当性的关系。"张志铭:《法律解释学》,中国人民大学出版社 2015 年版,第 3 页。

法律解释正当性等概念间的关系。① 要言之,在法律解释学中,交谈合理性还缺少科学而精准的理论坐标,其角色地位及功能限度还不甚清晰。此为问题没说透。

讨论法律的确定性等问题应确立基本前提,即承认法律的确定性和妥当性与法律解释的确定性和妥当性并不等同。在此之后,为避免重蹈覆辙,我们将坚持区分法律确定性和法律妥当性这对分析范畴,并从对法律确定性的传统理解着手,重新解读波斯纳所提出的交谈合理性概念。而如果否定交谈合理性属于法律的确定性,则意味着同时否定了疑难法律问题中法律存在确定性的可能。这样一种结论是危险的。过去一些学者认为,法律解释的正当性与法律的确定性关联紧密,② 而承认法律可能不具有确定性,则相当于承认法律解释可能不具正当性。更为根本的问题或许在于,法治要求依法裁判,而主张法律不具确定性将很可能与依法裁判立场相违背,并在此意义上动摇法治的根基。③ 回应这些问题要求我们重新审视交谈合理性的概念并认真讨论它的理论意义。

二、法律解释与法律的确定性和妥当性

对法律确定性的争论有长久的历史。按照传统形式主义的理解,法律的确定性与法律在逻辑上自足自洽的观念相联系,它常常意味着法律相对于所适用的对象(外部实在)总是存在唯一正确(既确定又妥当)的答案。④ 如果参考波斯纳提出的对确定性的三种理解,⑤ 即本体论上的客观性(objective)、科学意义上的可复现性(replicable)⑥ 与交谈或交流意义上的合理性(reasonable),那么对法律确定性的传统理解多是建立在本体论或可

---

① 作者还提出"法律解释的妥当性在于追求法律在交谈意义上的合理性",那么究竟法律解释的确定性、妥当性及正当性与交谈合理性具有何种关联?参见张志铭:《法律解释学》,中国人民大学出版社 2015 年版,第 4 页。
② 参见于浩:《法治、法律的确定性与法律解释》,载《法律方法》2017 年第 2 期。
③ 与依法裁判相对立的法外裁判论主张,面对不确定的法律法官必须"从正式法律文件以外汲取相关信息",苏力:《法条主义、民意与难办案件》,载《中外法学》2009 年第 1 期;"置疑法律的确定性、客观性就是在挖掘法治的根基。如果动摇、摧毁了法治,法律人就是一群荒诞的人。"张志铭:《〈法律解释学〉的内容框架与写作场景》,载《国家检察官学院学报》2016 年第 1 期。
④ 如英国法学家布莱恩·毕克斯就曾给法律的确定性下过一个定义,即"法律是否对法律问题总是(或者大多数时候或从来不)提供唯一正确的答案"。Brian Bix, Law, Language, and Legal Determinacy, New York: Oxford University Press, 1993, p. 1. 转引自曾祥生、胡志超:《裁判结果可预见性初探》,载《法律适用》2013 年第 4 期。国内学者也曾将法律的确定性问题总结为"法律是否总是对法律纠纷提供唯一正确的答案",邱昭继:《法律的不确定性与法治的可能性》,载《政法论丛》2013 年第 1 期。
⑤ 在波斯纳那里,法律的确定性与法律的客观性常常被作为同义词使用,参见[美]波斯纳:《法理学问题》,苏力译,中国政法大学出版社 2002 年版,第 42 页。
⑥ "即使我们否弃这种本体论上的客观性(客观被理解为与外部实体相符),而是在一种较弱的意义上即科学的意义上使用'客观',强调可复现性(replicable),我们也还是可能不得不做这样的选择。在这种文弱的意义上,说某一发现是客观的是指,虽然调查者没有共同的意识形态或其他偏见(但是,他们都必须有科学的世界观——这一'但是'或许就排除了很多),他们还是都肯定会对某个问题有一致的意见",[美]波斯纳:《法理学问题》,苏力译,中国政法大学出版社 2002 年版,第 42 页。

复现性意义上的，相关代表性学说如凯尔森的纯粹法学理论①与德沃金的整全性法律理论②。

这里的问题在于，从本体论的"唯一正解"观点出发定义法律的确定性可能会导致这样一种情形，即对于某一问题，虽然可以宣称法律存在相应的正确答案，但这一答案却并不一定能够被所有人所知悉，反而在解释实践中可能会出现许多各不相同的错误结论。这就是说，虽然法律问题被预设存在正确答案，但它在实际上却可能饱受争议。③ 所有现代法治观念基本都要求法律应当提供有效的行动指引，④ 稳定的预期被视作追求所有种类善的前提条件，如果法律虽确定却无法为人们提供可预期性，将明显与我们对法律价值所怀有的期待相违背。另一方面，本体论意义上的确定性要求回答拥有实质正确性，它在某种程度上吸纳了蕴含评价色彩的妥当性概念，而这明显不符合作者在讨论法律问题时秉持的对确定性和妥当性有所区分的立场。职是之故，我们认为本体论上的客观性与科学意义上的可复现性并非如波斯纳所言只是在确定性程度上存在强弱差别，二者实际上应被看作对法律确定性的两种不同层面的理解。法律确定性问题是法律理论的重要问题，而对于何为法律确定性则存在着形形色色的不同主张，它们与学者不同的知识背景和理论目的有关。为使讨论更加聚焦，这里将对确定性概念的内涵进行限定。从捍卫法律的可预期性价值出发，法律确定性关注的应当是受其指引的人们，至于法律本身是否存在唯一回答则与之无关；而从区分法律确定性和法律妥当性的立场出发，则法律确定性关注的应当是解释结论在形式上能否复现，至于它在实质上是否正确则不予考虑。在此意义上，应注意区别所谓正解论题⑤和确定性论题，对法律确定性的传统理解仅在可复现性层面上才有意义。⑥

就此而言，本文对法律确定性的初步界定是对传统理解的一种修正，其指的是，对某法律问题，不同解释者就法律规范能否涵射特定事实所得出的结论大体是一致的，即对该法律问题进行解释所得出的答案是可复现的。该界定从法律的外在视角出发，是一种较为严格的确定性要求，其体现在以下两个方面。首先，它接近于解释结论的可预见性却又在

---

① "凯尔森并不认为法律的解释只能得出一个别无选择的正确结论，但主张复数的解释中能成为规范的只有一个。换言之，法律给予法官的正确的决定是独一无二的。"季卫东：《法律解释的真谛（上）——探索实用法学的第三道路》，载《中外法学》1998年第6期。

② "我一直坚持认为，在大多数疑难案件（hard cases）中，我们借助理性与想象都可以搜寻到正确答案。"［美］德沃金：《法律帝国》，许杨勇译，上海三联书店2016年版，序言第2页。

③ 参见［美］波斯纳：《法理学问题》，苏力译，中国政法大学出版社2002年版，第248页。

④ See Joseph Raz, *The Rule of Law and Its Virtue*, in Joseph Raz, The Authority of Law: Essays on Law and Morality, Oxford: Oxford University Press, 2009, p. 218. 转引自陈景辉：《法治必然承诺特定价值吗》，载《清华法学》2017年第1期。

⑤ 正解论题是与德沃金早期著作（如《认真对待权利》（1977）和《原则问题》（1985））紧密相连的一个观点，它宣称所有（或者几乎所有）的法律问题都有一个唯一的正确解答。参见［美］布赖恩·H. 比克斯：《牛津法律理论词典》，邱昭继等译，法律出版社2007年版，第204-205页。

⑥ 关于法律确定性还存在其他理解，如法律现实主义即提出法律的确定性存在于可经验的、可被证明的社会事实中，参见王彬：《法律现实主义视野下的司法决策》，载《法学论坛》2018年第5期。本文的研究总体上是规范性而非描述性的，因此将不涉及这方面的讨论。

程度上高于它。以四川泸州遗赠纠纷案为例，单纯的可预见性包容这样一种情形，即如果公众在判决前能够形成"遗嘱可能有效也可能无效"的共识，则无论最终判决是有效还是无效将都符合公众的预期。① 但相同情形下这将不会符合可复现意义上的确定性，因为后者要求必须预见到某种确切的解释结论。其次，它类似于裁判结果的确定性却又在对象要求上严于它。有学者曾提出"法律的确定性……意味着准确预料某一特定诉讼过程的法律结果和后果的可能性"②，而将判断对象从法院裁判结果延伸至一般法律解释结论，意味着法律确定性要求所有或大多数具有科学世界观的公众都要能够在所有解释背景、而非只在司法裁判场景下复现某个解释结论。对法律妥当性的界定要更为困难。初步而言，法律的妥当性指的应是，对某法律问题，某种解释结论能够实现良好的社会效果并且可被广泛接受，它更接近于裁判结果的可接受性而非裁判理由的可接受性。③ 同样地，我们认为法律解释的确定性应当是指，对某法律问题，不同解释者的解释过程大体是一致的，即该解释过程是可复现的，它在很大程度上取决于能否发展出一套关于在何种情况下选择何种解释方法的元规则，④ 但又不止于此。法律解释的妥当性则是指，对某法律问题，某种解释过程能够实现良好的社会效果并且可被广泛接受。

由此容易发现，法律是否确定或妥当与法律解释操作或法律解释方法存在着密切关联。按照作者的观点，法律解释方法既是法律解释操作的可行路径（以什么方式、从什么角度进行解释或者说提出解释主张或论点），也是法律解释操作所应该遵循的准则，还是法律解释操作结果的形态（提出什么样的解释主张或论点），更是支持法律解释论点或主张的理由（为什么要作出这样的解释）。⑤ 就此而言，法律解释结论是否妥当，取决于解释者如何在解释过程中合理运用解释论点并主张相应理由，是以法律解释无疑能够处理法律的妥当性问题。而法律解释结论是否确定则取决于不同解释者就该法律问题作出的解释结论是否大体一致。对此作者认为，在一般法律问题中通过法律解释可以达到本体论或科学意义上的法律确定性，而在疑难法律问题中则法律解释无法继续实现法律的确定性。面对在疑难法律问题中法律可能不确定的结论，作者引入了交谈合理性概念。

三、交谈合理性：法律解释结论的评价标准

波斯纳认为"当面对一个疑难案件时，法官的最高且可行的追求就是作出一个'合乎情理的'（可行的、有道理的）决定"⑥。由此可见，虽然交谈合理性关注法律解释的过程和理由，但其首先应当是一项对于法律解释结论（决定）的评价标准。探究在疑难法律问题

---

① 参见曾祥生、胡志超：《裁判结果可预见性初探》，载《法律适用》2013年第4期。
② [美] 戴维·M. 沃克：《牛津法律大词典》，李双元等译，法律出版社2003年版，第180–181页。
③ 参见陈景辉：《裁判可接受性概念之反省》，载《法学研究》2009年第4期。
④ 参见 [德] 拉德布鲁赫：《法学导论》，米健译，商务印书馆2017年版，第154页。
⑤ 参见张志铭：《法律解释学》，中国人民大学出版社2015年版，第46页。
⑥ [美] 波斯纳：《法理学问题》，苏力译，中国政法大学出版社2002年版，第269页。

中法律是否具有确定性，关键即在于回答交谈合理性究竟能否被视为一种对确定性的理解。

（一）关于波斯纳三种"确定性"理解的比较分析

波斯纳将交谈意义上的确定性界定为合乎情理（reasonableness）。所谓合乎情理，就是不任性、不个人化和不政治化，就是既非完全的不确定，也不要求本体论或科学意义上的确定，而是只要有说服力的、尽管不必然是令人信服的解释，并总是伴随有这种解释就可以修改答案。①交谈合理性采取的是一种中间立场，即在形式主义的确定性与规则怀疑主义的不确定性之间走出了第三条道路，其被视为对传统确定性的弱化理解，并在一定程度上接近于哈贝马斯所称的"依赖于程序的法律确定性"②。然而我们认为，波斯纳提出的三种"确定性"理解间的差异其实并不在程度上，它实际体现在观察视角与分析要素两个方面。从观察视角来看，本体论意义上的确定性着眼于作为认识客体的法律本身，关注的是法律规范能否为任何法律问题提供回答；而可复现性意义上的确定性则着眼于作为认识主体的解释者及其解释过程，关注不同解释主体能否一致复现其对法律问题的回答。在此方面，交谈合理性意义上的确定性更接近于可复现性，因为它强调获得答案的过程和理由的合乎情理，要求解释结论对于不同主体而言是可行和可接受的，所关注的即是法律解释主体及其解释过程。从分析要素来看，本体论意义上的确定性既要求结论的排他性又要求结论的真理性，而可复现性意义上的确定性则无关结论正确与否，仅仅要求结论具有排他属性。就此而言，交谈合理性意义上的确定性又与本体论理解更为亲和，它同时涉及结论的排他性与真理性，③只是在程度上有所妥协，即要求通过优化过程的方式来提升结论的说服力，并且努力将结论限定在人们大概能够预测到的范围以内。

关于波斯纳三种"确定性"理解的比较				
	观察视角		分析要素	
	认识客体-法律	认识主体-解释者 认识方法-解释方法	排他性	真理性
本体论	○○○		△△△	△△△
可复现性		○○○	△△△	
交谈合理性		○○○	△	△

---

① 参见［美］波斯纳：《法理学问题》，苏力译，中国政法大学出版社2002年版，第9页。

② 哈贝马斯提出从程序层面理解法律的确定性，"程序权利保证每个法权人对于公平程序的主张，而这种公平程序进一步保证的不是结果的确定性，而是对有关事实问题和法律问题的商谈式澄清。"参见［德］哈贝马斯：《在事实与规范之间：关于法律和民主法治国的商谈理论》，童世骏译，生活·读书·新知三联书店2014年版，第270、271页。

③ 关于交谈合理性与真理性的关系，可见"从实践的目的来看，真理就是好的、相信了会有用的或者是一个人不得不相信的东西；因此，说服和证明可以确立真理，因为说服可以是暂时性确信的来源。"［美］波斯纳：《法理学问题》，苏力译，中国政法大学出版社2002年版，第191页。

可以发现，如果不考虑观察视角，那么将交谈合理性视为一种弱确定性的观点仅仅在确定性理解的本体论层面能够成立，而如果将其与可复现性意义上的确定性进行比较，会发现它们的含义存在重大差别，其中交谈合理性隐含着真理性追求，而这恰是作者认为应当由法律的妥当性而非确定性加以处理的。要言之，科学意义上的可复现性与交谈意义上的合理性具有根本分歧，如果我们坚持从前者出发定义法律确定性的概念，那么波斯纳所提出的交谈合理性就明显不属于法律的确定性。

（二）法律的基本价值：作为整体联结存在的确定性价值和妥当性价值

交谈合理性"通过对解释过程和理由的合理性的强调，保证对法律妥当性的考虑不蜕变为解释者的主观任意性"①，这就意味着一个合乎情理的法律解释结论首先应当符合法律的妥当性，而在过程中还必须通过合理的方式限制解释恣意，以此来保证法律的确定性。不难看出，交谈合理性评价标准的基础建立在由法律确定性和法律妥当性这两项评价维度构成的评价体系之上，交谈合理性作为评价标准是否具有正当性也就取决于该评价体系是否科学。我们认为，对法律解释结论进行评价的最终依据应当是它是否为人们提供了对于法律或法治而言不可或缺的那些价值，因此对于上述评价体系究竟是否科学合理的判断将涉及对法律基本价值的讨论。

"确定性、普遍性和稳定性等都是法律的基本属性，也是法律、法治的基本价值所在。"② 在作者那里，确定性被视为法律的基本属性和基本价值，与法律妥当性相比居于主要地位。他进一步补充，"脱离了对法律的基本属性、确定性的认同，也就没有法律的妥当性或合目的性可言。"③ 作者的理由在于，由于法律自身体现着一定的目的和价值追求、具有合目的性，因此实现法律妥当性价值（或称为法律的合目的性价值）的过程本身就要求追求法律的确定性，而当且仅当法律规定因存在缺漏、模糊或陈旧过时等情况而脱离甚至违背法律的目的时，基于法律妥当性价值的解释主张才会与法律的确定性价值发生矛盾。对此我们认为，如果将法律自身体现的价值也视为法律妥当性所追求的价值，那么将会导致在法律妥当性价值内部同时存在着两种相互排斥的价值的矛盾情况，即在一般情形下法律的妥当性价值等同于法律的确定性价值，而在疑难法律问题中则法律的妥当性价值又主张捍卫另一优先级更高的价值。矛盾产生的根源在于，法律确定性所指的"法律的自身价值"在事实上并不存在。法律是一种阐释性概念，"一条法律将不能够历史地被理解，而应当通过解释使自身具体化"④。在法律解释活动中，"立法原意、法律语义和解释

---

① 张志铭：《法律解释学》，中国人民大学出版社2015年版，第42页。
② 张志铭：《法律解释学》，中国人民大学出版社2015年版，第38页。
③ 张志铭：《法律解释学》，中国人民大学出版社2015年版，第38页。
④ [德]伽达默尔：《真理与方法——哲学诠释学的基本特征》，洪汉鼎译，上海译文出版社1999年版，第396页。

者的理解（即历史先见或前理解）是三个不能互相替代的因素，它们构成三种不同的'视界'，在确定法律文本的意思时，它们之间的关系是互相制约、互助互动的融合关系。"① 法律确定性价值中所谓的"法律的自身价值"，其实指的是相对客观的法律语义和立法原意这两个因素所带来的稳定价值，而法律妥当性价值所追求的则是在法律认知中相对主观的解释者理解因素所带来的灵活价值。这种阐释并不精确，但唯如此理解，对法律确定性和法律妥当性价值的区分才有意义。

根据上述理解，法律的确定性价值和法律的妥当性价值应当具有各自特点与要求。总体而言，可以将法律确定性和法律妥当性的关系类比为法治视野中的规则制约与人的自由裁量的关系。具体而言，在目标导向方面，法律确定性是文本导向的，解释者主要考虑法律语义和立法原意，受到法律文本的极大制约；而法律妥当性则是效果导向的，解释者更多考虑能否通过良好的解释实现个案正义。在价值保障方面，法律确定性面向未来，主要关心法律的可预期性价值，要求法律为社会提供行动与判断的公共标准②；而法律妥当性则关注当下，主要关心法律的可接受性价值，其在某种程度上契合后果主义的法律推理模式，即根据某个判决结论所引起后果的预测和评价来选择相应的解释理由。③ 法律的确定性和法律的妥当性并非完全对立，在一般法律问题中两种价值均可以得到体现，仅在部分疑难法律问题中，法律解释可能会面临在解释目标和保障价值等方面相互冲突的抉择。由于法律的确定性和法律的妥当性分别侧重法律语义、立法原意和解释者理解因素，而在事实上解释的最终结果又是"立法者、法律文本和解释者之间的'视界融合'，你中有我，我中有你，融为一体，而不可能是由其中的哪一个来决定"④，所以它们虽然在目标导向和价值保障方面有所不同，但实际上却应被看作两种相互补充而非排斥的视野，并在此意义上与法律的基本价值相联系。

在事物价值的分类上，存在内在价值和外在价值的区分。如果某一事物的重要性不是来自自身，而是来自那些外在于自身的可欲的目标，这种价值就被叫作外在价值（extrinsic value）；而那些不依赖于外在目标，只是因其自身就具有不可取代之重要性的事物，即拥有内在价值（intrinsic value）。内在价值内部还存在分类。如果某一事物是另一个本身即有价值的更大事物的构成性部分，那么该事物就拥有构成性的内在价值；而如果某一事物本身就是有价值的，尽管它可能无法实现那些外在的目标、也不构成一个值得追求之事物的组成部分，那这种价值就是固有的内在价值。⑤ 就此而言，确定性价值和妥当性价值都应被视为法律的构成性的内在价值，它们表征了法律对于法治理想不可取代的重要性。

---

① 张志铭：《法律解释学》，中国人民大学出版社2015年版，第37页。
② 参见赵力：《论裁判后果主义推理的运作原理》，载《东方法学》2020年第1期。
③ 参见王彬：《司法裁判中的"顺推法"与"逆推法"》，载《法制与社会发展》2014年第1期。
④ 张志铭：《法律解释学》，中国人民大学出版社2015年版，第37页。
⑤ 参见陈景辉：《法律的内在价值与法治》，载《法制与社会发展》2012年第1期。

而如果将那些对于法律或法治而言不可或缺的价值称为法律的基本价值,那么它就应当是兼顾了法律确定性价值和法律妥当性价值的联结体。① 确定性价值与妥当性价值的联结性,一方面体现为,在一般法律问题中,法律解释的结论在提供确定性价值的同时也提供妥当性的价值,二者在实然层面联结存在;另一方面,在疑难法律问题中,单独而言,法律解释结论可能无法在确定与妥当两方面都提供充分的价值,但在判断其是否提供足够的法律基本价值时,确定性价值与妥当性价值则在应然层面作为一个整体联结存在。实现法律的基本价值并不在于单独满足其中任何一项,而应关注确定性价值和妥当性价值的价值总量。言称法律的基本价值仅指确定性的观点如果不是过于片面而忽视了法律妥当性的重要价值,就是过于自信而将法律妥当性价值直接吸纳到法律的确定性价值中,进而造成了逻辑上的自相矛盾。

总体而言,目前主流的法律理论也已经不再坚持法律的确定性立场,甚至有学者直接认为法律的不确定性已经成为一个不争的事实。② 英国法学家恩迪科特即主张模糊性及由此生发的不确定性是法律的一个基本特征。③ "法律仅仅意味着对话者们在特定的语境下通过交流所获得的共识。"④ 甚至主张交谈合理性乃确定性理解的波斯纳本人也匪夷所思地声称:"今天,尽管某些地方还有人顽固地反对,但正在迅速成为常识的是:法律的'客观性'的观点以及客观性所以为的一切都已戳穿。"⑤ 法律确定性的命题在怀疑和反思中被不断重述或建构,"我们做了如此之多的探究来肯定我们应该具有某种确定性,然而每一新发现都破坏了我们对过去的确定性的信心。"⑥ 法学家的学术努力无疑值得尊重,但可能正是如哈特所说,因为"我们是人,不是神"⑦,所以这种学术努力必然受挫。

但事实上,法律不具有确定性对法律的合法治理可能并不会构成什么威胁。⑧ 一定程度的不确定,本来就是理性化的稳定预期所必然包含的内容,并且在许多情况下,这种不确定还有其存在的必要性。⑨ 有学者将确定性视为法治实现的必要条件,认为如果没有对解释客观性的追求,那么法治在方法论上就没有实现的可能性,因此我们只能是一步步接

---

① 确定性价值和妥当性价值既是法律的构成性的内在价值,也是法治的固有的内在价值。
② See Yuval Feldman, Doron Teichman, *Are All Legal Probabilities Created Equal*, 4 New York University Law Review 980 (2009). 转引自张玉洁:《法律不确定性命题的司法检视》,载《法律科学》2015 年第 3 期。
③ See Timothy A. O. Endicott, *Vagueness in Law*, Oxford University Press, 2000, pp. 1 - 2. Also see Timothy A. O. Endicott, *Law is Necessarily Vague*, 7 Legal Theory 377 (2001). 转引自孙海波:《疑难案件否定法治吗——依法裁判立场之重申》,载《政治与法律》2017 年第 5 期。
④ 刘星:《法律是什么》,中国政法大学出版社 1998 年版,第 291 页。
⑤ [美]波斯纳:《超越法律》,苏力译,中国政法大学出版社 2001 年版,第 40 - 41 页。
⑥ [英]莫里森:《法理学》,李桂林译,武汉大学出版社 2003 年版,第 406 页。
⑦ [英]哈特:《法律的概念》,许家馨、李冠宜译,法律出版社 2011 年版,第 117 页。
⑧ 参见 [美]马默:《客观性的三种概念》,载 [美]马默主编:《法律与解释》,张卓明、徐宗立译,法律出版社 2006 年版,第 303 页。
⑨ 参见 [美]富勒:《法律的道德性》,郑戈译,商务印书馆 2016 年版,第 76 页。

近法治而不可能实现法治。① 然而，在法律的确定性之外，法律的妥当性同样也是法治的一项重要价值与追求，是法律作为公平正义之术的必要要求，是我们选择法治这条道路的更为深层的原因。法学家们从未放弃过对法律妥当性价值的追求，波斯纳即可被看作其中一位代表性学者。他虽然没有采用法律妥当性的概念，但他深受新实用主义哲学的影响，希望"律师和法官都应当对自己面临的问题试试不同的解决方案，看看哪种有效，而不要考虑哪种方式有某个宏大的理论的推崇或认同，换言之，法官'不要操心什么确实为真，而只看什么有用'。"② 这与卡多佐法官主张的在处理法律问题中要运用"社会学方法"类似，他将法律的终极原因视为社会福利，因此未达到该目标的规则不可能永久性地证明其存在是合理的。当法官需要在解释法律的过程中进行自由裁量时，其重点应当放在社会福利的判断上。③ 苏力更是大举实用主义大旗，宣告"法律人应以一种追求系统性好结果的实用主义态度，充分利用各种相关信息，基于社会科学的缜密思维，尽可能借助作为整体的司法制度来有效处理难办案件。"④ 总而言之，不具妥当性价值的法律不足以为我们提供一个行之有效和富有生命力的法律制度，"为了满足实质合理性的要求，法官也有很好的理由去牺牲一些形式合理性。"⑤

必须说明，在严格意义上，法律确定性或法律妥当性指的均是法律所具有的某种性质或特点，例如法律具有确定性指的是对某法律问题，不同解释者就法律规范能否涵摄特定事实的解释结论具有可复现性。但许多时候我们并不是在该意义上使用法律确定性一词的，例如在讨论法律的基本价值与确定性的关系时，准确地说，确定性指代的其实是确定性价值。就特定情形中法律是否具有确定性的判断应当是确凿的，但这不意味着不具有确定性的法律就一定无法提供确定性价值。法律不具有确定性并不意味着法律就是不确定的，在法律的确定性和不确定性之间还有许多中间状态，它们在不同程度上提供着法律的确定性价值。"作为交谈合理性的客观性概念……使人们看到在对立的两极之间有许多疑难的法律问题处于'灰色地带'。"⑥ 法律问题处于"灰色地带"，实际上就意味着，大家的解释尽管不是完全相同，但也没有超出所有人的想象，其仍然在预测范围以内。美国法学家劳伦斯·索伦就提出在确定性（derdeterminacy）和不确定性（inderdeterminacy）间

---

① 参见陈金钊：《法律解释学——权利（权力）的张扬与方法的制约》，中国人民大学出版社 2011 年版，第 112 页。
② ［美］波斯纳：《道德和法律理论的疑问》，苏力译，中国政法大学出版社 2001 年版，第 295 页。
③ 参见［美］卡多佐：《司法过程的性质》，苏力译，商务印书馆 2017 年版，第 38、42 页。
④ 苏力：《法条主义、民意与难办案件》，载《中外法学》2009 年第 1 期。
⑤ 桑本谦：《法律解释的困境》，载《法学研究》2004 年第 5 期。
⑥ 张志铭：《法律解释学》，中国人民大学出版社 2015 年版，第 40 页。

还存在所谓的"欠确定性"①（underdeterminacy），即法律争议虽然无法为法律确凿决定，但解释却明显受法律所约束。正如英国法学家哈特所言，"法院并非将法律规则视为预测，而是视为做决定时必须遵守的标准，虽然它们有着开放结构，但却足以确定地去限制（但不是排除）它们的自由裁量权。"② 波斯纳提出将交谈合理性作为法律确定性的理解，也只是强调了法律在确定性与妥当性两方面的价值，也正因如此，他虽然提出了对客观性的第三种理解，却被一些学者认为是"超越了主客观之分"，甚至被称为"对于法律解释的客观性进行解构的代表人物"③。

由此可见，交谈合理性虽然不属于法律确定性，但却建立在法律确定性和法律妥当性评价体系的基础上，兼有对二者的考量，由其出发能够判断法律解释结论是否提供了法律的基本价值，因此将其作为法律解释结论的评价标准是合适的。然而，在一般情形下法律解释结论可以既确定又妥当，并符合交谈合理性标准，但在疑难法律问题中，由于妥当性评价蕴含着后果主义的推理特征，它在本质上体现出"或然得出"的逻辑，后果的可欲性与结论的确凿性间存在的内生冲突常常致使法律的确定性和妥当性无法同时实现，此时法律解释的结论是否符合交谈合理性标准就存在疑问。这引发我们思考：交谈合理性作为法律解释结论的评价标准，它的核心内涵是什么？换言之，如何利用交谈合理性标准来具体评价某个法律解释结论是否提供了法律的基本价值？这涉及对法律基本价值的更为深层的理解，并在此意义上与法律解释产生联系。

（三）交谈合理性与法律解释的正当性和有效性

法律基本价值的联结性质，要求必须关注确定性价值和妥当性价值的价值总量，并且其应当符合"总量理论"④。总量理论存在于工伤认定领域。具体而言，当判断劳动者所受伤害与工作业务之间的关联性时，存在起因性考量与遂行性考量两项核心因素，对这两项因素应独立考察，并且多数时候也应独立满足。然而即便考察是双向的，工伤补偿概念本身涵盖的范畴却是统一的，即属于"与工作相关联的伤害"，因此一项因素的不足有时可以用另一项因素的强势来为之弥补。这就是说，在工伤认定里，必须保证有一定总量的"工作关联"存在（总量控制）：如果起因性的量很小，但遂行性的量很大，那么只要二者相加之和能够达到法律要求的必要最低值，伤害即应被认定为工伤，反之亦然。而如果

---

① "对于某一特定条件，当且仅当法律上可接受结果的集合是所有可能结果的不全等的子集（nonidentical subset）时，我们称此时的法律就有欠确定性。"[美]劳伦斯·索伦：《法理词汇》，王凌皞译，中国政法大学出版社2010年版，第189页。劳伦斯·索伦是从认识客体即法律的观察视角出发认识法律的确定性的，这与本文的观察视角不同，但其提出欠确定性概念的主张仍具有借鉴意义。
② [英]哈特：《法律的概念》，许家馨、李冠宜译，法律出版社2011年版，第134页。
③ 田成有等：《重构还是超越：法律解释的客观性探询》，载《法制与社会发展》2003年第1期。
④ 关于总量理论的详细论述请参见 Arthur Larson, *Worker's Compensation Law: cases, materials, and text*, NY: Matthew Bender, 1997, pp. 188-205。

这两种因素都过于薄弱，以至其总量仍然很小，也就难以将其认定为工伤。① 总量理论的背后是这样一种观念，"允许以一个具有压倒性实力的起因关联，弥补既存的极弱（或根本不存在）的遂行关联……法院将得以秉持公正，得出更为符合逻辑的结论"②。在判断法律解释结论是否提供了法律基本价值、是否符合交谈合理性的评价标准时可以借鉴工伤认定中的总量理论。具体而言，法律的确定性价值与妥当性价值围绕着交谈合理性概念所内含的"合乎情理"要求，是评价法律解释结论的两项核心要素，因此在评价具体解释结论时可以将其视为一个整体来考察，判断确定性价值和妥当性价值的价值总量是否达到了一个必要的最低值。如果答案是肯定的，那么该法律解释结论就满足交谈合理性的评价标准。这体现出对交谈合理性与法律确定性予以区分的意义：交谈合理性作为法律解释结论的评价标准，并不解决所有评价问题，当具体判断法律解释结论是否符合交谈合理性标准时，还要再次借助法律确定性与法律妥当性两项评价维度。

我们列举了五种典型的法律解释结论，并尝试用总量理论对其进行分析，形成表格如下。

法律解释结论的五种主要类型

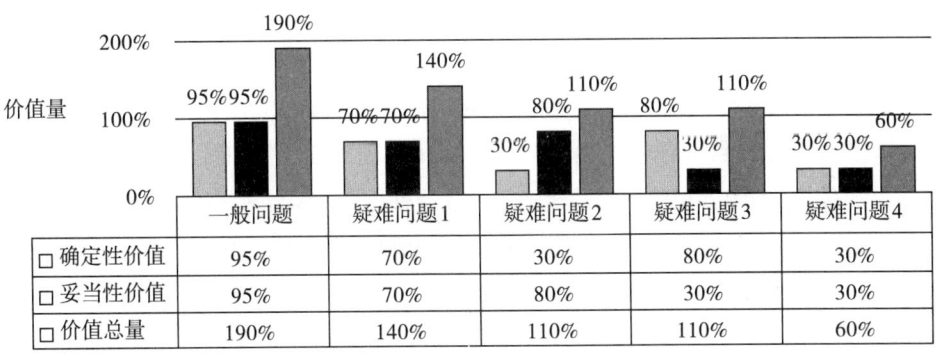

	一般问题	疑难问题1	疑难问题2	疑难问题3	疑难问题4
□ 确定性价值	95%	70%	30%	80%	30%
□ 妥当性价值	95%	70%	80%	30%	30%
□ 价值总量	190%	140%	110%	110%	60%

法律解释结论类型

□ 确定性价值　■ 妥当性价值　■ 价值总量

如果将100%作为交谈合理性标准所要求的最低总量，可以发现前面四种情形都符合交谈合理性标准，其中第一种情形建立在一般法律问题的基础上，后三种则属于不同类型的疑难法律问题。第五种情形中的法律解释结论由于在确定性价值与妥当性价值两方面都较低，总量也未达到必要最低值，所以不符合交谈合理性的评价标准。提出总量理论主要是为了解决在疑难法律问题中法律解释结论难以同时符合较高的确定性和妥当性要求的问题。简单来说，存在以下三种情况。第一，法律解释结论既不具有完全的确定性，也达不到绝对的妥当性，但是该结论总体来说基本能够符合人们对法律确定性价值和妥当性价值

---

① 参见郑晓珊：《工伤保险法体系——从理念到制度的重塑与回归》，清华大学出版社2014年版，第122-123页。

② 郑晓珊：《工伤保险法体系——从理念到制度的重塑与回归》，清华大学出版社2014年版，第124页。

的预期,这时如果适用总量理论仍然可以认为解释结论提供了法律的基本价值。第二,由于法律存在迟滞等特点,法律解释结论虽然提供较少的确定性价值,但其在具体案件中能够提供较高的妥当性价值,这种情况下如果适用总量理论能够认为解释结论提供了法律的基本价值。第三,一些法律对于法律语义和立法原意具有较大依赖,例如刑法严格遵循罪刑法定原则,此时尽管具体解释结论可能在妥当性价值方面有所欠缺,但由于其较高程度地坚守了法律的确定性价值,这时如果适用总量理论也能够认为解释结论提供了法律的基本价值。以上三种情况分别依次对应下表中的前三种疑难案件。现代法学方法论的核心议题围绕着疑难案件的裁判展开,试图回答"法官如何借助制定法或者在没有制定法规定的情况下作出正当的个案判决"①。总量理论的意义在于,它为我们论证在某些疑难案件中法律解释的结论具有正当性提供了理论上的可能,能够避免因解释僵化而产生极端的非正义。至于如何界定价值总量的必要最低值,以及如何限定确定性价值和妥当性价值的个别要求,则有待进一步的探索。②

以总量理论解释交谈合理性评价标准的具体要求,其前提为解释者能够调整和配置解释结论中的确定性价值和妥当性价值,以满足价值总量高于必要最低值的要求,而这只能借由法律解释实现。如前所述,法律解释与法律的确定性和妥当性密切相关,解释者通过法律解释能够调整解释结论的确定性价值和妥当性价值并配置其比例。但应当注意,法律解释调整法律确定性价值和妥当性价值并非两个相互独立的思维过程,它们实际上内在于解释者整体的信念和态度体系,"每当你基于实质性的理由偏爱对文本的某个解读时,你在形式上的信念都会自动调整,以便认可这个解读是对那个文本还过得去的解读。"③ 法律解释的目的就在于合理配置法律的确定性价值与妥当性价值,就此而言其与法律解释的正当性相联系。关于法律解释的正当性,作者提出将法律解释的确定性与妥当性作为分析法律解释正当性的两个维度。④ 而陈金钊教授认为,"正当性作为高于形式合法性的概念,思想基础是法律解释的内容具有客观性、合理性和合法性"⑤。于浩则指出存在"法律解释—法律的确定性—法治"这一概念链条,并主张是法治和法律的确定性证成了法律解释的正当性。⑥ 对此我们认为,应当区分法律解释的正当性与有效性,其中法律解释的正当性与解释目的相关,涉及法律解释是否能够实现某些价值的问题,于浩即在此意义上讨论法律解释的正当性问题。而法律解释的有效性则涉及法律解释是否实际实现某些价值的问

---

① [德]拉伦茨:《法学方法论》,黄家镇译,商务印书馆2020年版,第182页。
② 除在总量理论中将确定性价值作为一种要素来权衡外,还要注意它在论证负担和碰撞法则中发挥的作用。参见雷磊:《法律方法、法的安定性与法治》,载《法学家》2015年第4期。
③ [美]德沃金:《法律帝国》,许杨勇译,上海三联书店2016年版,第187页。
④ 参见张志铭:《法律解释学》,中国人民大学出版社2015年版,第35页。
⑤ 陈金钊:《法律解释学——权利(权力)的张扬与方法的制约》,中国人民大学出版社2011年版,第126页。
⑥ 参见于浩:《法治、法律的确定性与法律解释》,载《法律方法》2017年第2期。

题，作者和陈金钊教授所讨论的正当性问题其实就是我们称为有效性的问题。

法律解释是否正当的判断是抽象的，即由于法律解释能够合理配置法律的确定性价值和妥当性价值，以使解释结论符合交谈合理性标准，进而提供法律的基本价值，因此法律解释具有正当性。在此意义上，法律解释的正当性与法律的确定性价值和妥当性价值有关。而法律解释是否有效的判断则是具体的，即某个法律解释是否合理平衡了法律的确定性价值和妥当性价值，是否实际提供了法律的基本价值。法律解释的有效性不同于法律解释的（法律）效力。按照有学者的观点，法律解释的效力是指它在法律上的约束力，即"即使其下的人们对于这种约束并不认同，但是并不能够以此为理由，抗拒其最终的落实"①。而法律解释的有效性，更多则是关注法律解释本身的规范性问题。就此而言，交谈合理性作为法律解释结论的评价标准，实际上也就是法律解释是否有效的检验条件。然而，在法律解释能够提供法律基本价值（正当性）和法律解释实际提供法律基本价值（有效性）之间，还存在着法律解释如何提供法律基本价值的问题。这些问题触及对交谈合理性概念的更为深入的理解。

四、交谈合理性：法律解释操作的指导原则

法律解释的结论应当符合交谈合理性的评价标准，但交谈合理性概念的真正落脚点在于"把法律解释视为一个相关解释主体之间、解释主体与其所在的制度场域之间的交谈或交流的过程，强调最终解释结论是某种合理而客观的过程或程序的结果，强调法律传统、法律共同体等因素对解释活动的制约作用"②。在此意义上交谈合理性还是法律解释操作的指导原则，它要求法律解释活动应具备交谈式特点，并通过严格控制程序来保障解释结论的合理性。

（一）交谈何以可能：法律解释张力的产生与维持

交谈合理性原则要求将法律解释视为一种程序的展开，它应当吸纳法律传统、法律共同体等多种因素的交流活动。宽泛而言，交谈合理性属于商谈理论，其可被归于程序性理论的范畴。依据所有的程序性理论，一个规范的正确性或一个陈述的真值取决于该规范或陈述是否是，或者是否可能是一个特定商谈程序之结果。③ 然而问题的关键在于，法律解

---

① 陈景辉：《法律解释的效力：一个难题的追问》，载《浙江社会科学》2004年第5期。他认为考夫曼的带有先验色彩的回应方式缺乏足够的论证力量、德沃金依据过去政治决定的做法又同哲学诠释学本身矛盾，所以法律解释存在着效力上难以证成的难题。但实际上，如果理解并认同哲学诠释学从方法论向本体论的转向，那么自然就会认同法律解释的效力乃是直接源自法律的效力，法律解释效力难题在此意义上是个悖论。

② 张志铭：《法律解释学》，中国人民大学出版社2015年版，第41页。

③ [德] 阿列克西：《法·理性·商谈：法哲学研究》，朱光、雷磊译，中国法制出版社2011年版，第103页；[德] 阿列克西：《法律论证理论——作为法律证立理论的理性论辩理论》，舒国滢译，中国法制出版社2002年版，第88页。

释是解释者对法律文本意思的理解和说明,其中理解指解释者对法律文本意思的内心把握,说明则是对理解结果的外在展示。这意味着,无论是用法律涵射事实的文本解释,还是将事实归摄法律的事实剪裁,都只是解释者的主体性活动,结论得出主要依靠其内心活动,仅仅在最后需要将它以某种方式展现出来。而法律商谈理论主要关注在法庭程序中的法律商谈,即法庭论辩,它"结束于一个程序法的真空,因而判决的做出就仅仅取决于法官的职业能力"[①]。由此容易发现,在很大程度上法律解释是被排除在法律商谈的场景以外的,它并非典型的商谈场景,无法提供一个供各方主体理性交谈的现实情境,这就直接引发出"交谈何以可能"的质疑。对此我们认为,法律解释虽然不能吸纳各方主体至解释现场,但却可以通过调整解释者思维过程的方式,在运用论据进行法律论证的过程中实现一种"假想的交谈",并以此体现法律解释操作的交谈性质。为此需要引入并完善法律解释张力的概念。法律解释张力是对某些解释活动内部关系和思维规律的揭示和描述,它属于法律推理领域的范畴。

关于什么是"张力"以及"法律解释张力"的专门研究不多。在多数人的印象中,张力就是指两个事物间存在一种独特的关系,它象征着它们既存差异又有联系。这种理解虽然有合理之处,但也存在不当的地方。实际上,许多研究都是在比喻的意义上使用张力概念的,而把握它的原初含义无疑是对其合理借鉴的基础。作为物理学和力学用语,张力本指物体受到拉力作用时,存在于其内部而垂直于两相邻部分接触面上的相互牵引力,为的是保持物体结构和状态的完整与稳定。[②] 此后张力概念被引入科学哲学,并被视为一种卓有成效的科学认识论和方法论准则广泛地应用于科学研究各领域。其中,美国哲学家托马斯·库恩在其代表作《必要的张力》中提出,科学研究必须在不同的思维模式间保持必要的张力,而一个成功的科学家则必须具有善于在两极对立中保持必要张力的能力。[③] 这一观点产生了显著影响。再以后,张力概念以"解释张力"的形式进入了诠释学领域,如利科就认为,"人类的生存理解活动存在两种倾向,一是从属(Belonging)即理解活动的被动遭受性,理解总是发生在历史传统、生存环境和文化背景之中;一是间离(Distanciation)即理解中总存在主动的、自发的反思或创造性的背离。在实际的理解活动之中,这两者总处于一种紧张的关系之中,形成一种诠释的张力。"[④] 解释(诠释)张力的概念极度契合法律解释活动,法律解释学领域的"法律解释张力"概念可以说就是直接来自诠释

---

① [德] 哈贝马斯:《在事实与规范之间:关于法律和民主法治国的商谈理论》,童世骏译,生活·读书·新知三联书店2014年版,第290页。

② 参见陈东升:《冲突与权衡:法律价值选择的方法论思考》,载《法制与社会发展》2003年第1期。

③ "这两种思维方式既然不可避免地相互冲突,由此可以得出结论,维持一种往往难以维持的张力的能力,正是从事一种最好的科学研究所必需的首要条件之一",[美] 托马斯·库恩:《必要的张力——科学的传统和变革论文选》,范岱年、纪树立等译,北京大学出版社2004年版,第223页。

④ 这里作一个纠正:对"诠释的张力"所做的上述理解乃利科的观点而非李广德所称是埃科的观点,"关于开放性的问题,利科有着不同于埃科的理解",于晓峰:《诠释的张力——埃科文本诠释理论研究》,南京大学出版社2010年版,第51页。

学,仅仅是将其从文本理论搬到了法律文本理论当中。

在从物理学领域到法学领域的转变过程中,对张力概念的理解常常发生失真或偏差。前文所述,张力是在物体受到拉力时为保持内部结构完整而在其内部存在的相互牵引力,这意味着张力的两端应当同属一个整体,这就触及辩证法的核心,即对立统一的规律。用两极对立的力来解释宇宙万物,是牛顿时代的基本特征之一,也是施莱尔马赫辩证法思想的基础。施莱尔马赫的辩证法思想"紧紧地抓住了'对立面的联结',不仅注意到对立的两极,并且不忽视这两极的内在交融,从而把对立的东西系统化的纳入一个整体之中。"① 由此可见,张力理论其实就是主张在看待事物时应将二元对立改为辩证统一,力求将原本对立的两极统一起来。例如,陈东升认为,"在法学领域,张力保持理论要求我们在法律价值选择中,应把对立的价值联系起来,不断促进二者的互补融合和平衡,使法律价值选择维持在法律的理想价值与现实价值的张力范围内,追求二者具体的历史的统一,而不是去寻求绝对的和非此即彼的确定性。"② 面对理想价值与现实价值的对立,他基于张力理论,提出要将法律价值选择维持在理想价值与现实价值的张力范围内,从而消解了原有的二元机械对立思想。概言之,以张力联系的两个事物首先应当存在于某个整体的内部,其次它们还应当构成针对某个目标的对立两极,而如果仅仅简单地以张力来描述两个既存差异又有联系的事物,就容易构成对张力概念的滥用或误用。③ 这点在法律解释学领域体现得尤为明显。

在法律解释学领域,就解释某法律条文并得出解释结论而言,典型的对立两极便是"规则因素"与"人的因素"。如作者所言,在法律解释中,规则因素与人的因素之间,既是一种此消彼长的关系,也有相辅相成的一面,而如何在规则因素和人的因素之间形成一种合理的张力,使两者相生相长而不是相争相克则是法律解释需要解决的问题。④ 这也在其他学者那里被称为法律解释权之内服从与创造之间的张力,⑤ 或是法律人自主性的张扬与根据法律进行思考的合法性之间的张力。⑥ 借鉴文本理论及其要素之间的关系框架,李广德细致总结了法律解释中存在的四种张力,分别为法律文本与法律文本所表达的意义之间的张力,立法者与法律文本之间的张力,法律语境与社会日常语境之间的张力,以及法官与其自身之间的张力。通过对法律解释中张力双力之间各种关系和要素的相互平衡与

---

① 潘德荣:《西方诠释学史》,北京大学出版社2013年版,第254页。
② 陈东升:《冲突与权衡:法律价值选择的方法论思考》,载《法制与社会发展》2003年第1期。
③ 如"把法律解释作为中国特有的一个法律现象或制度加以研究……造成我国法律实践的解释概念与域外法治常识中的解释概念之间的张力",李广德:《认识论转向与法律解释原理构建——评张志铭教授〈法律解释学〉》,载《法学评论》2017年第6期;又如"正是法律的规范性及其与法律事实之间的张力,才使得司法审判的过程具有启动的必要性和可能性",魏治勋:《法律解释:在对象与目标的张力中探寻规范含义》,载《南通大学学报(社会科学版)》2017年第1期。
④ 参见张志铭:《法律解释学》,中国人民大学出版社2015年版,第2页。
⑤ 参见陈金钊、焦宝乾等:《法律解释学》,中国政法大学出版社2006年版,第10页。
⑥ 参见陈金钊:《法律人思维中的规范隐退》,载《中国法学》2012年第1期。

合理开掘,法律解释就可以被看作一个各种法律解释要素平衡协商的程序性过程。① 对此我们认为,在法律解释活动中平衡各方意见固然能够体现交谈性进而有利于作出合乎情理的决定,但并非在所有法律解释中都存在解释的张力。

在疑难法律问题中,法律文本、立法者和解释者之间常常存在对立;但在绝大多数简单案件里,三者之间却往往是基本统一的。如果承认以张力联系的两个事物必须是构成针对某个目标的对立两极,并且将上述三个要素归纳为法律文本与解释者两个主要方面,那么可以认为在疑难法律问题中常常存在着解释张力,解释者因此需要在法律解释过程中维持解释张力的存在。但对于多数简单案件,潜藏在法律解释各要素间的可能冲突实际却并不彰显,此时根本就不存在解释的张力。许多学者认识到在疑难案件中维持解释张力的重要性,但由于对张力理论的基础缺乏足够认识,容易赋予解释张力过多的意义,从而形成概念的误用。例如,作者曾指出,"解释《圣经》的人肯定会觉得自己的权威不如《圣经》,而解释法律的人也会觉得法律的权威高于自己,所以都会存在所谓解释学上的张力。如果说没有了这样一种张力,就缺乏了一种典型的解释语境"②,并且还曾在评论中表示解释张力是"旨在刻画法律文本与解释者之间因由权威与服从而产生的紧张关系"③。但事实上,解释的语境和氛围产生自法律文本和解释者之间的权威与服从关系,而单纯的权威与服从关系却无法形成解释张力,所谓的解释语境或解释氛围实际上并不依赖于解释张力的存在。进言之,维持法律解释张力的目的并不在于形成解释的氛围,而是要通过张力维持的过程去平衡各种实际存在的冲突意见以达致解释结论的合乎情理。诸如"解释张力是对解释活动内在的本质描述……解释过程中相互紧张的各要素达到了维持"④ 等表述其实均省却了一个前提,即这些法律解释都是针对某些疑难法律问题的,否则在解释过程中各因素间就不会具有相互紧张的状态。换言之,在一般法律解释活动中,解释张力并未实际产生,因而也就不存在张力维持的说法。

当一位法官在解释法律时,我们期望他必须将制定法置于尽可能广泛的语境中,既要考虑发出者的语境,也要考虑接受者的语境,并且当接受者语境在任何方面似乎都是相关的时候,制定法的意义必须根据发出者的意义与接受者的意义之间的互动来界定。⑤ 但在面对一个具体的法律问题时,解释者不是去先入为主地假设在各种语境之间存在着对立的观点,只有当他在解释过程中发现法律语义存在争议,或是立法原意无法妥善解决当前问题等情况时,这几种语境之间才会拉开彼此的间距,也正是在此时法律解释中的各要素之

---

① 参见李广德:《抑制与张扬:法律解释活动中的张力现象》,载《法学杂志》2016年第12期。
② 张志铭:《法律解释原理(中)》,载《国家检察官学院学报》2008年第1期。
③ 李广德:《抑制与张扬:法律解释活动中的张力现象》,载《法学杂志》2016年第12期。
④ 李广德:《抑制与张扬:法律解释活动中的张力现象》,载《法学杂志》2016年第12期。
⑤ 参见[比]马科·范·胡克:《法律的沟通之维》,孙国东译,法律出版社2008年版,第205页。

间才会存在张力。换言之，虽然"法是某种联系的事物，它存在于人的相互关系之中"①，但人们并非总是处于无止境的对抗之中。在法律解释张力产生以后，解释者必须平衡各个解释要素，努力将其维持在一个合理的区间范围之内，过度解释或不足解释都会导致解释张力的丧失。在此意义上应当注意区分"不存在法律解释张力"与"法律解释张力丧失"这两种说法，其中前者指的是在多数简单案件中法律解释并未产生解释张力，各解释要素视界可以视为基本重合。而后者指的则是在部分疑难法律案件中，已经产生的法律解释张力没有得到良好维持，最后得出的解释结论与法律语义、立法原意或社会意见等相去甚远。

在交谈合理性原则的指导下，法律解释作为一种思维活动应当注重实现在法律文本、立法者和法律共同体等主体间形成交谈上的一致性，追求"将每个参与者的世界观和自我理解的种种视角以一种既不强制也不扭曲的方式整合起来"②。这种交谈一致性在简单案件中容易实现，而在部分疑难法律案件中则由于各种视界间存在较大间距而难以达致。法律解释张力的概念即是用于描述和刻画不同要素之间可能的观点对立。由于在简单案件中法律解释容易达成交谈的一致，所以将交谈合理性视为法律解释操作的指导原则，实际上就是侧重于要求在法律解释过程中应当维持可能产生的解释张力。然而，由于法律解释并非典型商谈场景，各种解释因素只能在解释者的思维活动中完成假想的交谈，所以如果只关注最终的解释结论，那么对于结论得出的过程是否具有交谈性便无从得知，法律解释还面临"交谈何以可信"的质疑。

(二) 交谈何以可信：法律解释理由的说明与展示

法律解释主要依靠解释者的内心活动，实现交谈的可信性需要找到某种方式将法律解释的交谈场景展现出来，即通过交谈的可视化来考察和监督法律解释的交谈程序。作者提出，交谈合理性的概念强调解释者负有对其解释和判断的理由作出说明和展示的责任，而解释者说明和展示其解释理由即是实现交谈可视化的主要手段。首先，交谈是否进行需要被检验，解释者将解释的过程和理由以文字的形式描述、展示出来，是对法律解释是否符合交谈合理性原则的形式检验；其次，交谈是否达成需要被评价。法律解释中的法律语义、立法原意与社会意见等解释要素不是独立客观存在的，它们实际上均在解释者的自我视界中被界定和表达。换言之，"即使他自己的诠释都要来自所有别的诠释，他最后还是得依靠他自己。"③ 是故，即便解释者已经在形式上勾连了各种解释要素，关于交谈是否

---

① ［德］考夫曼、哈斯默尔主编：《当代法哲学和法律理论导论》，郑永流译，法律出版社2013年版，第146页。
② ［德］哈贝马斯：《在事实与规范之间：关于法律和民主法治国的商谈理论》，童世骏译，生活·读书·新知三联书店2014年版，第280页。
③ ［德］哈贝马斯：《在事实与规范之间：关于法律和民主法治国的商谈理论》，童世骏译，生活·读书·新知三联书店2014年版，第273页。

实际达成仍然需要被实质评价,这要求解释者对解释的理由和细节予以具体说明。法律解释致力于达到在现行有效的法秩序框架内的正确性,①追求的是如何使解释更加有效,即"在一定的制度条件下,它更具有制度上的依据,更具有正当性,更容易得到职业同行的认可……所以不是比谁的脑子更好,而是谁的东西更符合大众的共识。"②解释者说明解释的理由,接受解释共同体的评价,是对法律解释交谈程序的必要监督。

五、余论:交谈合理性概念的再审视

法律解释需要系统知识,诸如法律解释方法等问题必须被置于整个法律解释学的知识体系中才能被客观认识,而我国关于法律解释的既有研究却还比较零散。随着对法律现象的研究和认识的深入,即从法律条文本身转向法律的实现,从对抽象法律概念的探讨转向对现实制度设计和具体操作技术的研究,法律解释亟待体系化。张志铭教授的《法律解释学》即在此背景下提出了一套关于法律解释现象的系统理论认知和学科知识体系,从系统的视角重新讨论了一些比较熟悉的议题,并提供了许多新颖而细致的分析思路。然而,盛誉之下也不可失去质疑的力量,对理论的评价应全面融贯。③正如学者所述,"有一些创新性研究不仅提出了新的问题,而且对所提出的问题提出了具体看法。前者一般具有较为长久的意义,后者却往往因为被发现存在不当而过时。"④作者提出了新的"问题",但对问题的具体处理却存有反思空间。法律确定性命题是当代法学界探讨的核心问题之一,对它的关注能够激发理论家们对法治的可能性及其未来发展方向的重新审视。而正如法律规则具有开放结构,关于法律确定性的认识同样是开放的,研究法律确定性问题必须明确自身立场。如果将法律的可预期性价值视为捍卫法律确定性的主要理由,那么对于法律确定性的理解就应当更多关注法律解释结论的可复现性。而坚持对法律确定性与法律妥当性两项评价维度的区分,就要求在法律的确定性与法律的交谈合理性之间划出界线。交谈合理性的概念无法替代法律确定性与法律妥当性概念。如波斯纳所言,虽然"第三种客观可以获得,但这并没有解决多少问题。当社会构成不同质时,交谈式进路,根据其定义,在疑难案件中就不具结论性"⑤,当具体判断某项法律解释结论是否符合交谈合理性标准时,还需再次借助确定性与妥当性的评价体系。

在此先指出,我们所谈的交谈合理性概念其实并不完全等同于阿列克西和哈贝马斯等

---

① 参见〔德〕阿列克西:《法:作为理性的制度化》,雷磊编译,中国法制出版社2012年版,第78-79页。
② 陈柏峰、尤陈俊、侯猛编:《法学的11种可能:中国法学名家对话录》,中国民主法制出版社2020年版,第238-239页。
③ 参见李帅、刘亦艾:《伊利程序性司法审查理论的逻辑谬误及其原因分析》,载《人权研究》2019年第2期。
④ 周洪波:《中国刑事印证理论批判》,载《法学研究》2015年第6期。
⑤ 〔美〕波斯纳:《法理学问题》,苏力译,中国政法大学出版社2002年版,第42页。

学者的法律商谈理论。虽然它们都强调商谈程序的意义，并在很大程度上将特定主张是否可接受的判断系于论辩游戏中论据的使用，但在"程序与正确性（或道德上的有效性）的关系"这个核心问题上二者存在着差异。阿列克西追求的是彻底的程序正确性观念，他认为共识并不是决定性的，起决定作用的是商谈程序的施行。只要经过接近于理想商谈的理性商谈的检验，无论某个解释观点是商谈上必要的还是可能的，都将被认为得到证立，有时甚至彼此不相容的观点也可以被称作是正确的。① 而波斯纳则是实用主义进路，他不仅关注程序，还强调决定本身应当合乎情理，要能够经受现实的检验。我们认为，正如德沃金所言，程序的作用常常是有限的，那些"有争议的实质问题，也许会以同样的形式，作为有关过程的有争议问题重新出现"②。法律审判程序是一种不完善的程序正义，③ 在法律解释中可能无法设计出理想的商谈程序制度，因此波斯纳的交谈合理性概念才会拒斥一种彻底的程序正确性观念，并要求必须将结果的实质正确性纳入考量。这就说明了为何交谈合理性首先应当是法律解释的结论评价标准而非操作指导原则，其与奥斯丁对待功利理论的态度相似，即"功利，仅仅是在最终的意义上，成为我们行为的尺度。在日常个别活动的意义上，功利并不是我们行为的尺度"④。在多数情况下，法律商谈能够促成结论的正确性，但交谈合理性的立场意味着不排除这样一种可能性，即存在着特定商谈程序完成以后法律解释结论却依旧无法提供法律基本价值的情形。在此意义上，波斯纳的交谈合理性依旧是一种程序工具主义的立场。而现代审级制度和法律监督制度的存在，一定程度上支持着这种观点。原因在于，如果按照完全的程序正确性观念可能导致出现这样一种情形，即某个符合既有法律论证程序的解释结论或许会与某种实体的正义相违背，但按照程序正确性观念，由于程序的施行没有发生错误，所以裁判理应即刻生效。此时如果以适用法律错误为由在二审或是再审进行改判，那么很明显在我们的理念与制度间就会存在矛盾。

如果将树立公共判断标准（法治）与制造人为共识（民主）视为克服价值分歧、维持社会存在的构成性要素，⑤ 那么波斯纳的交谈合理性相较法律商谈理论就为我们实现所追求的理想目标加上了双重保险。虽然双重保险是否优于一份保险、甚至其本身是否可能还有待评价，但从美国法学家诺内特和塞尔兹尼克提出的法的发展模型来看，从阿列克西法律商谈理论到波斯纳交谈合理性理论的转向正对应着从自治型法向回应型法的转变。正

---

① 参见［德］阿列克西：《法·理性·商谈：法哲学研究》，朱光、雷磊译，中国法制出版社2011年版，第112、114页。
② ［美］德沃金：《至上的美德》，冯克利译，江苏人民出版社2008年版，第194页。
③ 完善的程序正义要求存在一个决定什么结果是正义的独立标准和一种保证达到这一结果的程序，而不完善的程序正义的基本标志是尽管有一种判断正确结果的独立标准，却没有可以保证达到它的程序。罗尔斯认为，在法律审判程序中"不正义并非来自人的过错，而是因为某些情况的偶然结合挫败了法律规范的目的"。参见［美］罗尔斯：《正义论》，何怀宏等译，中国社会科学出版社2009年版，第67页。
④ ［英］奥斯丁：《法理学的范围》，刘星译，北京大学出版社2013年版，第66页。
⑤ 参见陈景辉：《法律的内在价值与法治》，载《法制与社会发展》2012年第1期。

是阿列克西法律商谈理论所无法克服的程序正义和实质正义间的紧张关系，最终推动法律秩序超越自治型法范围的力量。① 作者将交谈合理性的概念引入法律解释学的场域中，对许多具体问题产生了启发效果，但其本身在法律解释学中的理论定位却还不清楚。阐释交谈合理性的概念，并厘定其在法律解释学中的理论坐标，是本文的要旨所在。

首先，交谈合理性是认识法律解释原理的重要工具。法律解释的根本目标是确保提供法律的基本价值，法律解释的正当性即与此相关。法律的基本价值应当是作为整体联结存在的确定性价值和妥当性价值，而由于交谈合理性的标准便是建立在确定性与妥当性两项评价维度的基础上，所以以交谈合理性作为法律解释结论的评价标准能够证成法律解释的正当性。一个有效的法律解释应当追求解释结论的合乎情理，为此必须合理配置好法律的确定性价值和妥当性价值，使其符合法律基本价值的总量理论，是以交谈合理性又是法律解释有效性的检验条件，它在法律解释的正当性与有效性间搭起了一架桥梁。其次，交谈合理性还是调整法律解释技术的重要手段。法律解释技术涉及解释主张的提出、择定与展示。交谈合理性作为法律解释操作的指导原则，通过严格控制法律解释的思维过程与着重强调解释理由的说明展示，使法律传统、法律共同体等解释因素在解释的过程与结果中得以体现。在此意义上，法律解释的原理与法律解释的技术通过交谈合理性的概念被连接起来。交谈合理性的连接性还体现在，它承接了法律解释认识原理上的融合说，并通过将其运用至法律解释的操作技术层面，回应了作者认为作为知识领域先锋派观点的融合说难以被用于指导法律解释规范性操作的疑虑。② 交谈合理性原则虽然要求解释者应当积极考量各种解释因素，但在其中法律渊源仍然是最重要的权威性理由，它主导着法律推理的过程。③ 这意味着法律自身为其不确定性划定了界限，构成学者所称"确定性对不确定性的限制"④。正因如此，放弃法律确定性转向追求法律的交谈合理性将并不违背依法裁判的立场。⑤ 最后，由于法律解释的原理与技术最终需要体现在制度规范上，交谈合理性的意义实际还延伸至法律解释的制度层面，即作为设计法律解释制度的重要指南而存在。就此而言，交谈合理性的概念有效勾连了法律解释的原理、技术及制度，是研究法律解释现象的重要线索。

在将交谈合理性概念制度化以前，还必须处理好交谈合理性在解释原理和解释技术层

---

① 参见［美］诺内特、塞尔兹尼克:《转变中的法律与社会：迈向回应型法》，张志铭译，中国政法大学出版社2004年版，第74页。
② 参见张志铭:《法律解释学》，中国人民大学出版社2015年版，第38页。
③ 参见［美］肖尔:《像法律人那样思考：法律推理新论》，雷磊译，中国法制出版社2016年版，第69－75页。
④ See Harry Surden, *Efficient Uncertainty in Patient Interpretation*, 4 Washington and Lee Law Review 1731 (2011)；张玉洁:《法律不确定性命题的司法检视》，载《法律科学》2015年第3期。
⑤ 依法裁判并不否认法官的解释与裁量，它只要求法官以一种具有正常思维的人的判断力去解释法律规范，而排除那些个人化与政治化的东西。参见蔡琳:《"依法裁判"：一种强主张的论证》，载《中国法律评论》2020年第2期。

面的一些细节问题。在法律解释的原理层面，应当继续明确交谈合理性评价标准的核心内涵。通过法律解释合理配置法律的确定性价值和妥当性价值是司法的终极智慧所在。本文提出总量理论提供了一种分析的思路，但关于解释结论中法律确定性价值、法律妥当性价值及其价值总量的具体构成要求还有待进一步探索。并且由于总量理论承认确定性价值和妥当性价值对于法治具有构成性意义，所以它在整体上仍然可以被归结为实质法治立场，[①] 但这种立场与个人权利、尊严权和/或正义、社会福祉等实质价值间的关系还不明确，更须经受来自形式法治论者的质疑与检验。[②] 在法律解释的技术层面，一方面，应当继续围绕法律解释张力的概念深入展开。未来除立足张力理论消除有关法律解释张力的刻板印象、恢复法律解释张力的原本样貌以外，还要致力于提升张力理论的实践性与可操作性，回答法律解释中既已产生的解释张力是否可能维持以及如何维持的问题。张力能否维持事关在法律解释中交谈能否达成，因此对它的研究将强烈影响法律解释领域对"程序与正确性关系"问题的判断。另一方面，还须探究如何调整司法判决的结构和风格，以使对法律解释交谈性的形式检验与实质评价成为可能。最高人民法院发布的《关于加强和规范裁判文书释法说理的指导意见》已经认识到司法裁判在性质上是一种法律推理或论证的过程，[③] 但如何在不违背裁判说理基本原理的前提下充分展现出法律解释思维过程所体现的交谈色彩，需要我们在思考裁判文书为何说理以及如何说理等问题时，将说理的交谈性质也纳入其中，这与过去简单主张裁判文书应体现法官独白式法律推理的逻辑有所不同。法律解释的原理与技术具有很强的关联性，这些问题常常呈现出互嵌的特点，在很多时候需要整体地把握。

（编辑：杨知文）

[①] 有学者认为，实质法治观相比形式法治观能够提供更为丰富的司法职能，即认为司法的任务不仅是对案件做出裁决，还应给为争议的当事人一个公正的裁决。实质法治观为裁判偏离法律创造了可能，而这与我们所认同的在处理部分疑难法律问题时秉持的立场基本是符合的。参见孙海波：《疑难案件否定法治吗——依法裁判立场之重申》，载《政治与法律》2017年第5期。

[②] 法治观念从薄弱到浓厚的展开，参见［美］塔玛纳哈：《论法治——历史、政治和理论》，李桂林译，武汉大学出版社2010年版，第117页。有学者认为强调任何实质价值都将贬损法治的重要性，参见陈景辉：《法治必然承诺特定价值吗》，载《清华法学》2017年第1期。

[③] 参见雷磊：《从"看得见的正义"到"说得出的正义"——基于最高人民法院〈关于加强和规范裁判文书释法说理的指导意见〉的解读与反思》，载《法学》2019年第1期。

裁判中存在"唯一正解"吗[*]

——对《司法裁判中的道德判断》的批判性研读

沈宏彬[**]

摘 要 裁判领域的"唯一正解"命题是德沃金裁判理论中最具争议性的议题,该命题主张在法律根据含混不清的疑难案件中,总是存在裁判的唯一正解。从既有的讨论看,该命题受到了相当多的批评,而王琳博士试图对该命题给出辩护,击败主要的批评。但由于唯一正解命题在最深层次上依赖于德沃金对于价值真理的特定观念,该观念认为为真的价值信念仅仅是得到其他信念辩护的信念。这种真理观过于虚弱以至于德沃金自身理论中的诸多主张都在事实上与之冲突,而王琳并没有找到合理的真理观念替代这种观念为唯一正解命题提供支持,因此唯一正解命题依然是不成功的。

关键词 德沃金 司法裁判 疑难案件 唯一正解 道德判断

王琳博士的《司法裁判中的道德判断》是近年来国内法学界对德沃金裁判理论较为系统和深入的研究。作者不仅熟悉德沃金本人的论述,并且对德沃金与其他理论家之间的攻防了如指掌,更重要的是,作者并没有停留在复述和整理既有讨论的层次,而是尝试深入理解德沃金理论的基本逻辑,从中发展出一套强有力的辩护方案,击败对这种裁判理论的种种攻击。本文无法全面检讨这本著作中的各种主张,只打算围绕"裁判"的概念,检讨德沃金的理论是否如作者所辩护的那样,能够击败各种反对意见而成为一种合理的裁判理论。从我自己的经验看,如果我们不能准确描述出理论所处的问题处境,即在何种环境下

---

[*] 本文系2020度华东政法大学科学研究项目"论新时期国家治理体系和治理能力现代化推进下的合理法治模式"阶段成果。

[**] 沈宏彬,男,陕西西安人,华东政法大学法律学院讲师,主要研究方向:分析风格法哲学。

人们会严肃地提出某个理论所欲解决的问题，那么将很难准确评估这种理论是否成功，也就很难有的放矢地提出批评意见，甚至最终偏离本该辩护的焦点。因此，我将先从裁判理论所面对的问题处境切入，初步提炼出人们严肃地关切裁判理论时的问题焦点，这也就构成了一个裁判理论是否成功的根本判准，进而运用这一判准，说明作者所辩护的德沃金的裁判理论为何不是一种妥当的裁判理论。在这个过程中，我们将看到对裁判的讨论将深入到实践哲学最根本的层面，而作者真正的问题，就在于她在这些最根本的价值理论上，过快地接受了德沃金某些成问题的主张。

一、问题处境

如作者所指出的，裁判理论是一种规范性理论，这种理论试图回答"司法裁判应当如何进行"的问题。① 这个界定过于抽象，从某种意义上说，各种法教义学都试图回答在相应的部门法领域，司法裁判应该如何进行。作者所欲辩护的德沃金的裁判理论，并不属于任何特定的部门法领域，而是一种一般性的裁判理论。那么，在面对何种一般性的问题时，人们才会对一般性的裁判理论产生兴趣呢？这就需要对"司法裁判"先行做一些初步的分析。

对司法裁判一般性的追问，可以借助与这个概念相互联系但又保持独立的其他概念来理解。当法官主张自己在做"司法裁判"时，至少意味着他真诚地主张这是基于"法律"做出的裁判，而有别于纯粹道德的判断。这种差别就在于，司法裁判的标准在某种程度上取决于过去所颁布的特定的规则或决定，而非一般性的道德原则。因此，在日常的司法实践中，经常可以听到法律人主张，司法裁判的结果是如此这般，但在道德上这并非是最好的结果。正如本书所诠释的德沃金自己所指出的，法律往往是一种"次好"的结果。

这是否意味着，司法裁判就是借助形式逻辑三段论对既有实在法的应用？答案是否定的，这就涉及司法裁判另一面的属性。当法官在做出裁判的时候，他必然是对他人的权利义务状态做出了决定，这意味着司法裁判总是具有"涉他性"的属性。而这种涉他性的决定之所以成为可能，必然是因为法官主张自己的决定在道德上是正当的。这又使得司法裁判和道德相互关联。本书主张在裁判理论中存在的争议之一是关于裁判时法官是否需要做出道德判断的争论。② 但从上述分析可以看到，裁判在概念上必然是一个道德判断，即便是作者提到的"惯例主义"，这本身也依旧是一个实质的道德观点。③ 在本文中，我将不考虑法官裁判是否是道德判断的问题，而直接考虑由于这种需要在某种程度上受到过去政治决定约束的特殊道德判断该如何做出的问题。

---

① 王琳：《司法裁判中的道德判断：德沃金整全法理论辩护》，中国社会科学出版社2020年版，第12页。
② 王琳：《司法裁判中的道德判断：德沃金整全法理论辩护》，中国社会科学出版社2020年版，第29页。
③ 王琳：《司法裁判中的道德判断：德沃金整全法理论辩护》，中国社会科学出版社2020年版，第30页。

作者注意到德沃金准确意识到了裁判理论的上述难题。德沃金主张法官在确定司法裁判的根据时，必须同时考虑两方面的要求，即"符合"与"证立"：前者要求裁判的依据必须能够大致符合既定的法律实践；后者要求裁判的根据必须赋予既定的法律实践一个"真正的价值"，从而使得裁判具有道德上的正当性。① 但仅仅指出裁判需要"考虑"上述两方面要求是不够的，合理的裁判理论必须进一步回答，一个妥当的裁判根据在多大程度上需要"符合"既有的实践，而又要在多大程度上"证立"既有的实践？如果不能确定这两者的客观比例，那么司法裁判最终还是取决于法律之外的法官个人的政治道德信念，即一个保守主义的法官可能会更强调"符合"的要求，将它的标准定得很高，而在"证立"上持有相对放松的观念；反之，一个自由派法官可能会调低"符合"的标准，而更强调"证立"的重要性。这显然会导致差异巨大的裁判结果。

当然，司法实践高度敏感于特定的历史文化脉络，不可能在一般层面上直接确定两者之间的固定比例，例如尽管同属英美法系，普遍认为英国的法律实践更偏保守，而美国的法律实践则更强调道德证立。但这并不等于一般性裁判理论无存在的空间。要在特定的法律脉络中确定两者之间的确定比例，必然预设了这两者之间是有可能存在唯一正确的确定比例的，否则在具体脉络下的裁判都将是专断的。是否能在一般层面上证明这两者之间可能存在唯一正确的比例，这就成了问题的关键。

二、裁判的"唯一正解"

针对上述问题，德沃金提出了一个明确的回答，即"正确答案命题"。作者将其表述为"包含道德判断的司法裁判可以有唯一正确答案"。② 进而，作者重构了德沃金对正确答案命题的正面论证，核心是对外在/内在怀疑论的批评。但在这里，我将从书中处理的几种反对意见为出发点，批判性地检讨作者对正确答案命题的辩护是否成功。

在我看来，对正确答案命题构成直接冲击的是本书第五章中处理的菲尼斯提出的批评意见。菲尼斯主张，由于"符合"与"证立"两者之间存在严重的不可通约，两者之间不可能存在唯一正确的解。这个批评并不难理解。由于"符合"是对法律形式的考虑，"证立"是对法律实质的考虑，这两者之间并非线性的关系，在权衡两者时一方下降10%并不意味着另一方必然上升10%，因此即便做充分的权衡考虑，所能得到的也只可能是一组大致相当的解，它们之间没有高下之分。这就类似于要选择一部"最短最浪漫"的小说，但由于"最短"和"最浪漫"同样不是线性关系，因此不存在精确地在这两者之间达成平衡的唯一正解，可能会有多部小说同时大体满足这两者的要求。③

---

① 王琳：《司法裁判中的道德判断：德沃金整全法理论辩护》，中国社会科学出版社2020年版，第19-21页。
② 王琳：《司法裁判中的道德判断：德沃金整全法理论辩护》，中国社会科学出版社2020年版，第29页。
③ 王琳：《司法裁判中的道德判断：德沃金整全法理论辩护》，中国社会科学出版社2020年版，第214页。

这个批评的焦点在于，德沃金确定的这两个标准并不是线性关系，因此不能精确地进行比较，而反对这个批评的关键也就在于证明这两者之间存在线性的比较关系，因此能获得精确的比较结果；或者阐明这两者存在确定的重要性排序，以某种先后顺序分别发挥作用。作者在经过一段对一般性价值理论的抽象讨论之后，将焦点放到了这个问题上。① 在"关于'符合'与'证立'的关系问题"一节中，作者提到：

> "在笔者看来，在诠释的第一个阶段上，我们根据符合标准初步筛选出候选诠释方案，然后再以何者最具有价值上的吸引力来判定何者胜出。可以看出'符合'与'证立'分别是诠释工作第一阶段和第二阶段上的评价标准。在这个意义上，我们可以说它（们）确实是两个不同的评价维度。"②

然而，作者在复述菲尼斯对德沃金的批评时已经提到，菲尼斯讨论了将这两个标准视为两个依次发挥作用之独立标准的解决方案，并且已经将这种解决方案否定。作者提到，菲尼斯主张这个解决方案是"空洞的"：

> "因为他甚至没有能够在一个框架的和原则的层面上说明什么时候一种'符合'是'充分'的。或许，对于'何时充分符合'这个问题本身的候选答案也需要在'符合'与'证立'的两个维度上进行排序。因此，这会给问题的回答造成一个无穷倒退的困境。"③

在我看来，这个批评是相当有力的。简单来说，既然"符合"与"证立"是同时发挥作用的标准，那么"充分符合"就不能意味着"只有当裁判根据是完全符合既有法律实践的唯一方案时才算充分符合"，在这种情况下"证立"就没有存在的空间了。确定何谓"充分符合"，这本身就必然意味着要考虑给"证立"留下多大的空间，而这本身就依赖对"符合"与"证立"重要性的权衡和排序。因此，菲尼斯会主张说，这种依次运作的"辞典式排列"本身又依赖对这两个的排序，这就会导致"无穷倒退的困境"。菲尼斯认为，这两个标准只能同时发挥作用，即要求法官同时权衡这两者做出判断，但正如上文提到的，这两者并非线性关系，不存在权衡这两者获得"唯一正解"的可能。

面对这个批评，作者继续提到：

---

① 王琳：《司法裁判中的道德判断：德沃金整全法理论辩护》，中国社会科学出版社2020年版，第216—234页。
② 王琳：《司法裁判中的道德判断：德沃金整全法理论辩护》，中国社会科学出版社2020年版，第237页。
③ 王琳：《司法裁判中的道德判断：德沃金整全法理论辩护》，中国社会科学出版社2020年版，第214页。

> "但是不同于菲尼斯的理解,这两个评价维度不是同时发挥作用的,而是依次发挥评价作用的;它们也不是相互独立的评价标准,而是结合起来发挥作用。在第一个阶段上,根据符合的标准挑选出进入下一考核阶段的候选者,诸如在ABCD中筛选出A与B;在第二个阶段上,证立标准开始发挥评价作用,在A与B中选择能够对该实践做出最具价值上吸引力的诠释方案。"①

作者意识到这个主张实质上就是菲尼斯已经批评的、会导致"无穷后退"的解决方案,因此她继续指出:

> "这种方案是否会造成菲尼斯所担心的'无穷后退'呢?笔者的看法是否定。所谓'符合'不过是指我们筛选出来的备选方案应当能够抓住这个实践的某种显著特征。由于人们共同分享一项社会实践的历史,因此要判断一个诠释方案对实践特征的概括是否足以使人们体认这是对该实践的诠释,而不是对其他实践的诠释或者是对某种新捏造的实践的诠释,恐怕是不难的。"②

这其实是一个令人失望的主张,这无非就是说何谓"充分符合",这可以诉诸社会共识解决,但问题是这种共识恐怕是不存在的。固然人们会对所共享的实践在形式上有大致一致的看法,但这个共识是相当粗糙和模糊的,对具体哪些特征算是该实践的"显著特征",人们也有一定的分歧。在法律实践中,保守派往往指责自由派法官"篡改"法律,这在很大程度上就是在指责这些法官的判决没有"充分符合",但自由派法官显然认为自己通过了"符合"的门槛,并且自己对法律给出了客观最佳的证立。这个争议本身就显示出,作者认为"不难"的问题其实困难重重。

三、在"证立"时考虑"符合"

事实上,德沃金本人并不赞成作者提出的这种两个标准分阶段分别发挥作用的方案。他在《身披法袍的正义》中专门指出:

> "无论如何重要的是,不要误解这个区分,就像某些评论者已经预设的那样,认为"符合"判准只是一种关于一致性的机械判准。与此相反,符合与价值这两个维度表现的是一种关于政治道德性之单一的总体判断的不同方面,而我们如何运用这两种检验,以及在教义性阶段对诠释的成效进行最终估量的时

---

① 王琳:《司法裁判中的道德判断:德沃金整全法理论辩护》,中国社会科学出版社2020年版,第237-238页。
② 王琳:《司法裁判中的道德判断:德沃金整全法理论辩护》,中国社会科学出版社2020年版,第238页。

候如何把这两种判准结合起来,将会反映我们在前一个法理学阶段所做出的判断。"①

德沃金提到的在"法理学阶段做出的判断"是说,"在这个阶段,理论家必须说明关于法律之理论的性质——给定他在语义学阶段对教义性概念是何种性质的概念这个问题所给出的答案,该理论与该答案应该是相称的"。② 而由于德沃金确信教义性概念是一个诠释性概念,因此"在这个阶段,对教义性概念的反思和对愿望性概念的反思结合在了一起",而所谓愿望性的概念就是合法性,即"一个国家应当尽可能通过一系列融贯的政治原则来进行统治,它将这些原则的利益扩展到所有公民身上"。③

这就是说,"符合"并不是一种完全外在于"证立"的标准,相反它本身就是证立的一部分,因此"符合"并不意味着要求法官尽可能与之前的法律实践保持机械的一致性,而是要求法官反思,对法律实践的最佳证立而言,多大程度上的符合算是合理的。德沃金在《法律帝国》中也指出,"历史之所以重要,是因为这个原则体系必须同时证成这些过去决定的地位和内容",并且"在道德错综复杂甚至模糊不清之地,仍可构建出富于想象力的解释"。④ 从这些论述也能看到,"符合"是因为其作为"证立"的一部分而被考虑,因此即便从纯粹一致性的角度看,法律的历史杂乱无章,这并不能拒绝法官能够构建出"足够符合"的合理判决。⑤

然而,读者会指出这并没有解决问题。如果"符合"作为"证立"的一部分,那么这两者同时发挥作用,则之前的批评依旧存在,即这两者并非线性关系,对这两者的权衡只可能是不精确的,不可能获得唯一正解。事实上,我认为德沃金几乎不会否认这个结论,但他会采取另一种回应方案。德沃金会指出,既然"符合"是作为"证立"的一部分出现在法律推理中,那么它与"证立"之间的关系本身是一种道德领域内的实质关系,因此两者之间究竟存在何种关系,这本身依赖实质的道德论证,即需要人们在特定的法律实践脉络内,将人们所共享的概念典范,建构性地诠释为承诺一组融贯原则的规范性实践。这种建构性诠释是敏感于脉络的,因此在脉络较为单薄和抽象的层面上,"符合"与"证立"之间的关系的确是不清楚的,但随着脉络变得厚实,这两者之间的关系会逐渐清晰起来。范立波教授在一篇文章中准确地注意到,德沃金的唯一正解命题实际上预设了他

---

① [美]德沃金:《身披法袍的正义》,周林刚、翟志勇译,北京大学出版社2010年版,第14页。
② [美]德沃金:《身披法袍的正义》,周林刚、翟志勇译,北京大学出版社2010年版,第14页。
③ [美]德沃金:《身披法袍的正义》,周林刚、翟志勇译,北京大学出版社2010年版,第14页。
④ [美]德沃金:《法律帝国》,许杨勇译,上海三联书店2016年版,第180页。
⑤ Mark Greenberg 在一篇文章中得到了类似的分析结论,而德沃金在对此文的回应中明确承认了这种解读。这也可被视为本文这里所持观点的一个佐证。See Mark Greenberg, "How Facts Make Law," in *Exploring Law's Empire: The Jurisprudence of Ronald Dworkin*, Scott Hershovitz (ed.), Oxford University Press, 2012, p. 263n47. And Ronald Dworkin, "Response," in *Exploring Law's Empire: The Jurisprudence of Ronald Dworkin*, Scott Hershovitz (ed.), Oxford University Press, 2012, pp. 310 – 311.

对建构性诠释的特定理解，正解总是依赖于诠释，而诠释总是依赖于脉络，我们总是要在具体脉络中判断两者之间的关系，从而确定正解，不能在一般层面上一概而论，否则我们就犯了"内在怀疑论"的错误，这种怀疑论就在未经实质论证的情况下，将价值之间的不可比较视为一种"默认"状态。德沃金认为，这是一种独断论。

德沃金在《客观性与真：你最好相信它》中给出了一个很形象的例子。如果单纯从美学的角度比较毕加索和贝多芬谁更伟大，这两者之间很可能就是不可通约的，也不存在精确的比较结果，但如果此时国会决定建造一座雕像来纪念一位伟大的艺术家，问题的脉络就会发生变化，此时可能就会得出比较精确的结果：

> "不能仅仅因为导出结论的纯粹美学判断是不确定的，就得出不建造雕像的做法是最佳选项的结论，因为承办人必须将这个事实当作挑战的一部分。考虑到国会决定和纯粹美学判断的不确定，此时应该做什么？与新问题有关的要素的范围，较之与纯粹美学判断有关的要素的范围，在幅度上大为扩展了，而不确定主张的论据相对更弱了。"①

从这里就能直观看到，德沃金会主张 A 和 B 两者的比较关系本身是一个实质的道德问题，对这个问题的回答依赖于对道德领域的建构，而这种建构敏感于特定的脉络，这需要特定的判断，不能在一般层面上直接断言 A 和 B 之间的关系，否则都将犯独断论的错误。

尽管这个回应并非是作者在这本书中提到的，但为了讨论进行下去的需要，我们暂且接受上述回应方案。在这个方案背后，预设了德沃金对道德领域真理的更根本看法。德沃金将道德领域的真理视为一种辩护的真理，即为真的信念就是那些能获得其他信念辩护的信念。正因为真理基于辩护，而辩护敏感于脉络，才会有上述的主张。相反，菲尼斯则持有一种更强劲的实在论观点，他会主张某些客观存在的事实和属性使得某个道德信念为真，因此如果在一般层面上 A 和 B 这两种属性就是不可通约的，那么在任何具体脉络中都不会改变这个属性，对这两者的比较就注定不可能获得唯一正解。

菲尼斯在一篇对德沃金《法律帝国》的评论性文章中指明了两者在元伦理学上的这个根本分歧。他提到：

> "德沃金说'诠释和道德实践让这些主张具有它们所需要或应有的全部意义'；并且'我们大多数人拥有的"客观"信念（关于这些问题）是道德的信

---

① [美]德沃金：《客观性与真：你最好相信它》，沈宏彬、夏阳译，载《法哲学与法社会学论丛》2012年卷，第97页。

念,不是形而上学的信念'。的确,那些实践和信念不包括外在怀疑论者的鬼怪、'先验的实在'、'宇宙的构造'、'就在那里的存在'等。但一般说来,它们的确包含或预设什么算作人类繁盛的观念,这些观念不仅预设了关于事物本质的某些信念(例如,选择自由、个人身份的连续性),也对关于事物本质的其他观念有所贡献(理性的辩护),即谁的繁盛与由道德判断认定的机会和责任有关。实践知识不能从理论中得出这一命题的真并不意味着:不存在道德本体,或者伦理学不能从我们对自然和世界的形而上学理论中学到任何东西,以及伦理学不能对这种形而上学的理解做出任何贡献。"①

可见,菲尼斯已经很清楚地看到,自己观点和德沃金的观点最深层次的分歧在于元伦理学层面,即关于道德信念何以为真的问题。如果接受德沃金的真理观,那么价值之间的关系和比较总是特殊的、依赖于脉络的,不可能在一般层面上给出直接的断言,因此德沃金完全可以主张在一般层面上,他的理论"只是提供了一种研究途径(approach)或复杂联立方程的解法,而不是直接决定诠释结果的演算法则"。② "符合"与"证立"在更具体、厚实的脉络中完全可能存在唯一正解;如果接受菲尼斯的真理观,那么价值是一种客观的事实或属性,这两者在性质上不同,就决定了这两者的相互关系,这些价值的具体要求固然需要在特定的脉络中加以辩护,但这种信念之间的辩护是"派生性"的,并不会改变这两者在性质上决定的关系。"符合"所表达的形式性要求,在菲尼斯的理论中是"实践合理性"的一种独特要求,它不同于对法律的实质要求。基于这一点,菲尼斯才会主张"符合"与"证立"之间存在必然的不可通约,也因此对这两者的比较必然不存在唯一正解。那么新的问题就是,德沃金在元伦理学层面的真理观是对的吗?

四、虚弱的元伦理学

作者在第二章较为系统地讨论了德沃金的元伦理学观点,这种讨论是在回应麦基的批评的脉络中展开的。但令人遗憾的是,作者几乎全盘接受了德沃金的观点,并没有对其本身展开多少讨论。作者提到,德沃金为了维护自己的道德真理观,将反对这种观念的怀疑论划分为"内在怀疑论"和"外在怀疑论",并分别给予了回应。但在这里,我赞成上述所引用的菲尼斯的主张,即便承认德沃金对他所界定的怀疑论的批评是成功的,也不能证明他的观念是合理的。相反,德沃金为了避免怀疑论的批评,将道德真理削弱到了一个异常虚弱的地步,以至于在本质上和怀疑论已经只相差一步之遥。

这并不难解释。按照作者的总结,德沃金主张"根据休谟原则,如果一个价值判断是

---

① [英]菲尼斯:《〈法律帝国〉中的理性与权威》,邱昭继译,《法哲学与法社会学论丛》2007年第2期,第80页。
② [美]德沃金:《法律帝国》,许杨勇译,上海三联书店2016年版,第323页。

正确的，那么一定有一个理由使之正确，它不可能'当然正确'。所谓'不可能当然正确'，指的是价值判断总是需要进一步的理由来支持它"。① 但作者马上意识到，"德沃金的这种解读会让人产生一个困惑，如果每一个道德判断都需要进一步的道德理由来证明，那么这些道德理由自身又不可能当然正确，又需要进一步的道德证明，这个过程如何才是终点"？作者提到，德沃金主张当价值信念能够被建构成一张信念之网，信念之网上的信念能相互辩护和支持时，网上的信念就都是真的。作者称这是一种"价值整体主义"。② 按照这种观点，显然我们无法在未对具体脉络中的价值信念进行建构之前，判断价值之间的相互关系。

然而，如果道德领域的真理是这样一种所谓"辩护的真理"，那么在反思层面就不可能存在不同部门的道德价值。这不难解释。按照作者所指出的，德沃金将价值划分为不同的部门，主要是依赖前诠释阶段由实践提供的典范。"在前诠释阶段，诠释者要尝试着去概括出一项实践的典型特征，这是这项社会实践的典范所共同具有的特征。一般来说，人们在确定典范时拥有较大程度的共识，否则诠释性态度就不会存在"。③ 但前诠释阶段的这些典范并不必然就是真的，很可能诠释阶段所建构的信念之网上，很多典范都找不到自己的位置，因此都是假的，这会导致人们所熟悉的价值部门被严重扭曲甚至完全取消。我们无法一般性的主张，道德内部必然存在着诸如正义、公平、合法性等不同的价值，在建构信念之网之前，没有什么能确保这种必然性。正义、公平、合法性这些基本价值仅仅是偶然出现在某些脉络中。

这就和德沃金自己的诸多论述相互冲突。德沃金在很多场合都主张道德价值中存在不同的部门，其中特别是合法性，被德沃金视为法律实践所承诺的"真实"且"独特"的价值。④ 而《刺猬正义》中他明确主张，拒绝传统法理学的"双系统论"，即法律和道德分属性质完全不同的两个领域，而主张"单系统论"，即"将法律视为政治道德的一个分支"。⑤ 我相信无论是主张存在包括合法性在内的诸多价值部门，还是主张法律属于政治道德的一个分支，德沃金所做的都是一般性的哲学主张，而非仅在某个特定脉络中成立的主张。但如果是这样，这些主张又凭什么必然为真呢？这个问题就变得格外棘手了。

更糟糕的是，德沃金将整个道德领域同样视为更大的、价值领域的一个部门，它和伦理和审美领域相并列。⑥ 但按照上面的逻辑，在对具体脉络中的信念进行建构之前，我们也无法一般性地主张，价值领域中必然存在着"道德"这个部门，而只能主张"道德"会偶然地出现在某些脉络中。首先，这就和我们所理解的道德的基本性质发生了极为严重

---

① 王琳：《司法裁判中的道德判断：德沃金整全法理论辩护》，中国社会科学出版社2020年版，第96页。
② 王琳：《司法裁判中的道德判断：德沃金整全法理论辩护》，中国社会科学出版社2020年版，第98页。
③ 王琳：《司法裁判中的道德判断：德沃金整全法理论辩护》，中国社会科学出版社2020年版，第19页。
④ [美]德沃金：《身披法袍的正义》，周林刚、翟志勇译，北京大学出版社2010年版，第192页。
⑤ Ronald Dworkin, *Justice for Hedgehogs*, Harvard University Press, 2011, p. 405.
⑥ Ronald Dworkin, *Justice for Hedgehogs*, Harvard University Press, 2011, p. 1.

的冲突，即我们普遍合理认为，道德在性质上就意味着对所有理性行动者都有约束力，无论其生活在何种具体的脉络之中。道德不是一种特定脉络内的人认为重要之事，而是对所有理性行动者来说都是真正重要之事。其次，这实际上也和德沃金自己的论述相互冲突，毕竟他在《刺猬正义》第一部分检讨怀疑论时，做出了大量的实质的道德主张，用以佐证怀疑论的缺陷。① 同样，有理由相信德沃金借助这些实质主张对怀疑论的批评也是一般性的，并认为怀疑论在反思的层面必然是失败的，而非只在特定脉络中失败。如果是这样，那些实质主张和建立在其上的论证同样也需要不依赖特定脉络而必然为真，这就和德沃金的真理观相冲突了。

在德沃金相互冲突的主张中，我们有理由相信，包括德沃金在内所有人都会承认，至少"道德"这个价值部门以及内部基本价值是必然地出现在人类生活中。② 这种必然性就需要预设，存在一些自明为真的道德价值信念，即这些信念为真并不依赖它获得其他信念的辩护，而就是因为其内容的合理性而自明为真，即使存在很多其他信念与之相冲突，也不会影响这个信念的真。这些信念可被视为反映或表达了不同道德价值特定的"好"（good）。这些信念不能仅仅因为和其他信念之间存在可能的紧张就加以扭曲或放弃，一旦这么做的话，就不是在诠释一种对该价值的新理解，而是发明了一种新的价值。总之，只有当存在这些自明为真的信念作为不同价值部门的"定泊之锚"时，人们才能在一般层面上主张那些基本的道德价值是必然存在的。

从这里我们也能看到被德沃金称之为"外在怀疑论"的主张的合理之处。由于各种道德价值的存在必然预设了某些自明为真的基本道德信念，它们独立于特定的脉络而为真，外在怀疑论才会怀疑是否真的存在这样的道德真理。因为如果这些真理独立于特定的生活方式而为真，那么为什么这些真理对任何脉络中的行动者都具有重要性？这些真理表达了什么重要之事？外在怀疑论认为，既然这些真理不是特定生活脉络中被人们视为重要之事，那么就是因为它们表达了这个世界中存在的某种形而上学实体，从而对所有的人都是真的，就如"地球围绕太阳运行"这一基本天文学真理对所有人为真一样。而外在怀疑论则尝试证明，不存在任何这类形而上学实体，进而通过击败那些道德价值存在所必然预设的自明的真理，最终摧毁道德本身。遗憾的是，尽管作者检讨了麦基的怀疑论，但她几乎全盘接受了德沃金的主张，并没有理解包括麦基在内的怀疑论者的深层关切，这也使其对德沃金的辩护变得非常脆弱。

事实上，当德沃金主张，道德领域从头到尾都是信念，并无任何客观存在的真理时，这种观念就已经不是怀疑论所欲针对的目标了。怀疑论大可接受这种观念，同时主张在形而上学层面并不存在任何客观的道德真理，因为这已经足以摧毁我们所理解的道德价值。

---

① Ronald Dworkin, *Justice for Hedgehogs*, Harvard University Press, 2011, pp. 23–24.
② Ronald Dworkin, *Justice for Hedgehogs*, Harvard University Press, 2011, pp. 14–15.

有趣的是，Gibbard 在一篇回应性的文章中就提到，德沃金的主张和自己的表达主义观念并无本质的区别，而德沃金恰恰将这种观念视为一种外在怀疑论的观念，因为它拒绝承认存在客观的道德真理。① 对此，德沃金的回答是，道德领域的信念为真就是诉诸其他信念的辩护，并不需要否认道德领域不存在真理。但这已经流于文字游戏，重要的是德沃金和 Gibbard 一样，都否认超越信念之间相互辩护之外的客观的道德真理。在这个意义上，这两者的观念并无本质的不同，都是一种怀疑论。②

既然德沃金的理论中的诸多主张都预设了存在自明的道德真理，为什么德沃金依旧要转而主张一种被严重削弱的"辩护的真理"呢？这是因为德沃金实际上接受了外在怀疑论的一个基本主张，即这种自明的真理必然预设某种形而上学实体的存在，而这是非常荒谬的主张。③ 但这并没有穷尽所有的可能。例如 1 + 1 = 2 是一个显然为真的数学信念，这个信念为真并不需要预设存在任何古怪的数学实体，但同时人们也完全可以主张这个信念反映了客观存在的数学事实。包括哥德尔在内的很多数学家都主张，数学领域中为真的信念依赖于这些不具有任何本体论分量的自明真理，并且这些真理还必然不可能被同时建构到一个数学系统中去，必然有一些自明的真理不能获得其他为真信念的辩护而存在矛盾，但这并不影响它是真的。④ 相应的，人类也有进行数学推理的理性能力，当这种能力被正确运用时，人们就能理解这些自明为真的信念。

如果数学领域存在这种没有本体论分量、无需预设实体的自明真理，那么似乎同样有理由主张道德领域存在同样类型的真理。相应的，德沃金理论的根本缺陷主要是在形而上学领域，他预设了一种帕菲特所谓的"存在的单一观点"，即"存在"这个概念仅有单一的含义。⑤ 这样如果承认自然科学"存在"真理，而这种真理必然预设某种既存的外部世界，那么其他领域就不可能"存在"真理了，这就会拒绝如数学、逻辑等领域的真理，这些领域的真理尽管不如自然科学那样"硬"，但同样是可理解的真理。⑥ 因此，重要的并非是将存在的含义一刀切，这种做法必然是专断的；重要的是承认存在有多种可能的含义，并且以每个领域相应的方式理解该领域中的真理。同时人类认识真理的理性能力也有多种，自然科学的"符合论"也并非唯一的认识论原则。这种观点被帕菲特称之为"存在的多元观点"。⑦ 他相信这才是一种合理的对存在的理解。

德沃金在《刺猬正义》中一个长篇的注释讨论了 Wiggins 提出的类似看法，但他认为

---

① Ronald Dworkin, *Justice for Hedgehogs*, Harvard University Press, 2011, p. 63 & p. 433n21.
② Ronald Dworkin, *Justice for Hedgehogs*, Harvard University Press, 2011, p. 433n22.
③ Ronald Dworkin, *Justice for Hedgehogs*, Harvard University Press, 2011, pp. 72–73.
④ 参见王浩：《逻辑之旅：从哥德尔到哲学》，浙江大学出版社 2009 年版，第 306–307 页，以及第 315 页。
⑤ See Derek Parfit, *On What Matters*, Oxford University Press, vol. II, 2011, p. 469.
⑥ 哥德尔坚信数学真理同自然科学真理一样"硬"，他指出"数学世界的客观存在问题，与外部世界的客观存在问题同出一辙"。参见王浩：《逻辑之旅：从哥德尔到哲学》，浙江大学出版社 2009 年版，第 295 页。
⑦ See Derek Parfit, *On What Matters*, Oxford University Press, vol. II, 2011, p. 469.

尽管这类观点表面上拒绝存在古怪的道德实体，但实际上依旧预设了类似的结构，否则这类观点很难解释那些"看"出来的道德真理究竟为何为真？如何将这些道德真理和独断论相互区别？经验生活中大量我们习以为常的道德观念，事后都被证明只是特定时代中深刻的偏见。当一个人主张他"看"出某个道德信念为真时，我们又该怎样确保这不是一个偏见？此时要么诉诸另一些信念进行辩护——这就是德沃金的观点；要么主张存在某些客观的事实使得这些信念因为反映了这些事实的本来面貌而为真，除此之外别无他法。① 事实上，帕菲特最终也只是主张了一种"理性的直觉主义"，认为我们的确能在直觉上识别这些真理，但对于使得这种理性直觉区别于独断论的原则，他也没有明确指出来。这使得对自明道德真理的说明并不充分。

然而在我看来，德沃金的上述主张只是提出，现阶段对道德领域自明真理的性质的说明都是不充分的，但这并不足以否认存在这类真理，因为要正面否认存在这些真理，就需要为存在的单一观点提出正面的辩护，而德沃金事实上并没有给出这样的辩护。他在面对Wiggins 提到的和上文类似的对数学真理的分析时，依旧强硬地主张数学领域的真理同样是一种"辩护的真理"，不存在可直接"看"出的真理。但这个主张已经被哥德尔证明是失败的，数学领域的确存在直接"看"出的真理。② 这道裂缝德沃金并没有堵上。因此，即便承认德沃金的质疑有相当的合理性，目前在理论上尚且无法对"自明的道德真理何以可能"给出一个妥当的说明，但我们已经有理由承认这些真理的存在，毕竟如果拒绝它们的存在，包括德沃金在内很多人们对道德的基本理解都将不复存在。而如果承认这些真理的存在，这对德沃金在裁判领域所主张的唯一正解命题可不是一个好消息。

五、回到裁判：不存在唯一正解

如果我们承认合法性是一种独特的价值，法律的裁判应当以"合法"而非其他标准做出，那么结合上文的讨论就需要首先考虑，使得合法性成为独特价值的那些自明真理是什么。夏皮罗在《合法性》一书中列举了一些关于合法性的自明真理，诸如"所有法律体系都包涵法官""法庭负责解释法律""法律中某些制度具有权威以制定法律"，等等。③ 概括来看，夏皮罗所列举的这些真理都是和法律的制度性息息相关，毕竟尽管不同时空条件下具体的法律内容有所不同，但法律作为一种制度化的规范性实践显然是法律的一项基本必要特征。

---

① Ronald Dworkin, *Justice for Hedgehogs*, Harvard University Press, 2011, p. 439n6.
② 哥德尔主张，"如果我们从一个模糊的直观概念出发，那么怎样才能找到一个鲜明的概念来忠实地对应于它？答案是，鲜明的概念本来就在那儿，只是我们起初没有清楚地知觉到它。这就好比我们知觉一个动物，起先在远处，后来又来到近处。在图灵之前，我们没有知觉到机械过程的鲜明概念，图灵给了我们一个正确的视角。然后我们的确清晰地知觉到那个鲜明的概念"。王浩：《逻辑之旅：从哥德尔到哲学》，浙江大学出版社 2009 年版，第 297 页。
③ See Scott Shapiro, *Legality*, Harvard University Press, 2011, p. 15.

对此德沃金也不否认，他指出任何将合法性与政治道德其他分支相互区别的合理主张，都需要将法律的"制度化现象"置于核心地位。①但对德沃金来说，法律的制度化特征被转化为"符合"要求，而这个要求又进一步被转化为"证立"的一个考虑因素，它可以被妥协、扭曲，甚至放弃，合法性的存在在根本上完全取决于深层道德，它的独特性就被取消了。相反，结合上文对价值一般理论的讨论，这些基本的制度化特征就应被视为自明为真的真理，不能随意被妥协、扭曲，甚至放弃，任何与之相冲突的建构都是失败的。

如果是这样，那么在一般层面上就能指出，"符合"与"证立"是两种不同性质的评价标准，就如菲尼斯提到的"最短"和"最浪漫"这两个评价小说的标准，前者涉及到法律基本的制度性特征，后者涉及法律的实质道德性。因此，即便承认在具体的脉络中随着各种材料的加入，这两者之间的比较权衡可能会有相对更精确的结果，但无论如何由于这两者在本质上并非线性关系，因此必然不可能存在唯一正解，只可能存在一系列理由上同样充分的合理回答。这个结论也就意味着作者在本书中对德沃金裁判理论的辩护并不成功。

有读者会指出，在本文开篇提到，如果裁判不存在唯一正解，这就意味着法官在面对多种可能的解决方案时能够专断地做出决定，这将在根本上削弱合法性对民众的约束力，毕竟人们在理性上不可能受到专断决定的约束。这实际上暗示了在面对合法性提供多个合理解决方案的疑难案件中，一个合理的裁判总是要超越合法性价值本身的范围，法官需要考虑民众在理性上有可能回应何种解决方案。此时，民众持有的具体的理由就会进入到司法裁判中，这些理由包含了大量惯例性的理由，只在特定的时空环境下有效。法官必须个别地考虑这些理由并做出回应。

以作者在本书第六章中提到的"泸州遗赠案"为例。在这个案件中，存在两种可能的合法结果，一种诉诸相关的法律规则认定遗赠有效，一种诉诸"公序良俗"的原则推翻遗赠协议的有效性。此时合法性本身的理由已经穷尽，法官在法律的范围内已经无法获得进一步的理由。但这并不等于法官就可以专断地做出裁判。试想如果泸州当时当地是一个道德氛围非常保守的环境，如果法官裁断遗赠协议有效，这可能会完全出乎当地人的合理预期，并严重削弱判决的约束力，人们会认为这是法官在专断地表达自己的价值偏好。此时唯一合理的判决就是借助公序良俗原则推翻遗赠协议；相反，如果泸州当时当地是一个由自由至上主义者组成的社群，他们相信个人的意思表达需要得到完全的尊重，那么如果法官用公序良俗推翻遗赠协议就显得很不合理了，此时就应该承认遗赠协议有效。总之，一个合理的裁判要想具有约束力，就必然需要考虑当时当地人们持有的理由，而这势必要超越合法性价值本身的范围。

---

① Ronald Dworkin, *Justice for Hedgehogs*, Harvard University Press, 2011, p. 405.

事实上，上面的对裁判的简要分析从表面上看和德沃金的主张有所不同，但这些考虑和德沃金对合法性的深层洞见保持一致。德沃金的理论提醒我们，对具体案件的裁判需要将辩护梯队上升到最高，在一个更广的价值之网中寻找案件的合适位置，其中包括我们对社群生活的理解，对道德生活的理解，以及对伦理生活的理解，而这个价值之网在很大程度上是敏感于历史和脉络的，因此在分析案件时应当对这些要素保持足够的敏感。在这一点上，前文反对德沃金的菲尼斯也承认，德沃金的这些主张不仅是合理的而且是有深厚传统的。当然，要将德沃金理论中的合理资源开采出来，发展出一套合适的裁判理论，还有很多具体工作要做，上述分析只是提供了一个大致的方向。

六、余论

总的来说，在我看来作者对德沃金唯一正解命题的辩护并不成功。这主要是因为唯一正解命题背后预设了一种虚弱的价值理论，而作者并没有为唯一正解命题寻找到更好的替代性价值理论作为支持。但尽管存在上述不同意见，但我必须指出这本书是近年国内法理学界对裁判问题讨论较为深入的佳作。正如范立波教授在另一篇书评中所指出的，"好的著作未必总是令人赞同的，而是能够激发读者思考的"。由于作者在讨论裁判理论时，有意识地进入了更深的层次，促使读者也必须在更深层次上展开思考。这些思考不仅有助于我们深入理解裁判活动本身，也可帮助我们反观国内法理学的相关讨论。

以社科法学和法教义学之间的争论为例。尽管国内的社科法学者在讨论中令人惊讶地承认，这场争论是一个"误会"，但这个判断显然是错误的。双方发生交集的地点就在于"在面对合法性提供多个合理解决方案的疑难案件中，一个合理的裁判总是要超越合法性价值本身的范围，法官需要考虑民众在理性上有可能回应何种解决方案"，只是社科法学粗糙地将对民众理由的考虑统称为一种"社会效果"或"社会后果"，并没有将这个论证推进下去；相应的，在面对这个问题时，教义学学者提出，并不反对针对后果的考虑，只是这种考虑必须首先进行教义化才能进入法律推理内部。但这种主张依旧是含混的。如果按照刘所谓"法律教义"特定的理解，这些教义依赖于政治权力的运作，那么这就意味着对民众持有理由的考虑，在本质上取决于政治权力的专断决定，这显然是不合理的。对法律教义的理解必然需要与客观的合法性价值相关联，它们必须是某种自明的价值真理才行。但现有的法教义学不仅没有，且似乎无意提供这样一种真理论为自己的理论奠基。相对来说，作者首先准确意识到裁判问题必然是一个实质道德问题，因此不是任何形式性理论所能解决的，单纯在法律体系内部进行的教义学分析以及形式逻辑分析，都不可能解决裁判问题的核心困惑。其次，通过分析德沃金的理论，给出了一种在裁判中思考价值更具体的方案。这就已经比国内的既有讨论推进不少了。

在最后，我推荐各位读者阅读这本著作。不仅是因为这本书对裁判理论做了较为系统的思考，同时也考虑了德沃金整全法理论涉及的其他一些讨论，诸如对法律目的的考虑，对立法意图的考虑,等等。我相信即便读者在一些问题上与作者观点相左,阅读这本书依旧会带来智识上的强烈挑战和愉悦。

(编辑:杨知文)

部门法方法论

刑事合规的基本面向与本土建构*

张 伟**

> **摘 要** 国家与企业在合规治理中存在利益趋同。作为企业自我规制的制度化及其实践，以合规计划为中心的合规治理契合了国家对企业守法经营的期待；企业借助合规治理及时、准确识别风险，有针对性地进行风险管控，前瞻性地避免企业的刑事责任。行事合规前瞻性的风险预防功能与积极的一般预防的刑法观内在耦合，满足了风险社公众对安全的渴望与诉求，更是协商治理理论在现代刑事立法与司法领域的运用。有必要肯定合规计划的刑事法律意义，针对涉罪企业在现行法框架内积极运用酌定不起诉制度，并辅之以检察建议书等配套机制敦促企业践行有效合规；在刑法教义学中，应在组织体责任论的方向上重构单位犯罪刑事责任的根据，结合有效合规计划的要素重塑单位犯罪的构成要件。
>
> **关键词** 合规计划 利益趋同 积极的一般预防 不起诉 犯罪阻却事由

一、引言：作为预防企业犯罪基本趋势的刑事合规

伴随着 2018 年美国商务部对"中兴通讯事件"① 的处理，合规（Compliance）、合规

---

* 本文系上海市哲学社会科学规划课题（项目编号：2020BFX002）的阶段性成果。
** 张伟，男，甘肃庆阳人，华东师范大学法学院副教授，法学博士，研究方向为中国刑法学、比较刑法学。
① 据美国商务部披露，中兴通讯自 2010 年至 2016 年间，违反美国出口管制方面规定，将内含美国制造的受限类配件和软件产品出口到伊朗，美国司法部门据此指控中兴通讯涉嫌串谋非法出口、阻挠司法以及向联邦调查人员做出虚假陈述。最终，中兴通讯与美国司法部签署了认罪协议，中兴通讯同意支付约 8.9 亿美元的罚金；向美国商务部工业安全局额外再支付 3 亿美元的守约保证金。参见：ZTE Corporation Agrees to Plead Guilty and Pay Over ＄430.4 Million For Violating U.S. Sanctions By Sending U.S. – Origin Items to Iran, https：//www.justice.gov/usao – ndtx/pr/zte – corporation – agrees – plead – guilty – and – pay – over – 4304 – million – violating – us – sanctions）但此后中兴通讯依旧实施违规行为，继续向伊朗和朝鲜非法出口，严重违背和解协议相关内容，此举直接招致美国商务部于 2018 年 4 月 16 日对中兴通讯发布报复性制裁：7 年内禁止美国企业与中兴通讯开展任何业务往来。后经紧张而艰难的谈判，最终于 2018 年 6 月 7 日，中兴通讯与美国商务部工业安全局达成和解

计划（Compliance Program）、刑事合规（criminal compliance）等对中国企业来说稍显沉重的术语首次被我国官方、社会组织以及学术界严肃对待。同年，我国官方有关合规的规范性文件由此前仅限于金融、保险、证券等个别行业、部分领域①朝全行业、全领域推广的重大转向：国资委发布了《中央企业合规管理指引（试行）》、发改委等七部门联合发布了《企业境外经营合规管理指引》；与此同时，中国国家标准化管理委员会也制定了《合规管理体系指南》，作为我国企业构建合规管理制度的重要参照。这既是痛定思痛后的奋力作为，也是中国企业"安全"走向世界现实而迫切的需要。正因如此，2018年被称为中国的"合规元年"！

合规，顾名思义，即合乎规范、规则或标准。根据《合规管理体系指南》规定，合规意味着组织遵守了适用的法律法规及监管规定，也遵守了相关标准、合同、有效治理原则或道德准则。因此，合规所指涉的规范实像并不限于国家的法律法规、规章制度，而且包括行业规范或标准、企业自身为实现有效治理制定的规章制度，甚至还包括行业内的道德规范。②根据美国司法部《司法手册》（Justice Manual）规定，合规计划是企业管理部门建立的旨在预防和发现违规行为，确保企业活动符合刑事法律、民事法律、规章制度以及其他规则的制度。③就此而言，认为合规计划是"企业自身关于企业犯罪预防与发现的系统性对策"或者"以总括的预防企业犯罪与发现犯罪为目的的企业组织系统"的观点④明显有以偏概全之嫌，合规计划并不限于刑事合规，也并非专门预防与发现企业犯罪的制度设计，合规计划旨在预防并发现企业及其职员实施的与履职行为相关的违规、违法以及犯罪活动，并借此推动企业合规与道德文化的形成与坚持。

鉴于刑事风险与刑事追诉的后果不论对企业还是涉事雇员通常都是灾难性的，因此，刑事合规自当是合规计划的重中之重。迄今为止，围绕刑事合规的概念见仁见智，有观点甚至认为刑事合规不是一个法律概念而是一个经济概念，指出刑事合规的核心功能主要并不在于预防经济犯罪，而在于降低公司在追求经济利益时的刑事责任风险。⑤但是，预防

协议：中兴通讯向美国政府支付10亿美元罚款，此外再支付4亿美元的履约保证金；中兴通讯在30天内更换董事会，实行最为严格的合规管理制度。参见 Secretary Ross Announces ＄1.4 Billion ZTE Settlement；ZTE Board, Management Changes and Strictest BIS Compliance Requirements Ever，https：//www.commerce.gov/news/press-releases/2018/06/secretary-ross-announces-14-billion-zte-settlement-zte-board-management，2020-8-24。

① 官方在合规领域较早的规范性文件主要集中在金融、保险行业，即2006年中国银监会发布的《商业银行风险管理指引》、2007年中国保监会颁布的《保险公司合规管理办法》以及2017年中国证监会发布的《证券公司和证券投资基金管理公司合规管理办法》。

② 陈瑞华：《企业合规制度的三个维度——比较法视野下的分析》，载《比较法研究》2019年第3期，第61页。

③ 9-28.800-Corporate Compliance Programs，https：//www.justice.gov/jm/jm-9-28000-principles-federal-prosecution-business-organizations.2020-8-24。

④ ［日］川崎友巳：《合规管理制度的产生与发展》，李世阳译，载李本灿等编译：《合规与刑法：全球视野的考察》，中国政法大学出版社2018年版，第4页。

⑤ ［德］弗兰克·萨力格尔：《刑事合规的基本问题》，马寅翔译，载李本灿等编译：《合规与刑法：全球视野的考察》，中国政法大学出版社2018年版，第57页。

经济犯罪与降低公司刑事风险并不冲突,将刑事合规作为经济概念研究的同时,并不妨碍对其从法律角度展开讨论,毕竟刑事合规赖以确立的核心规则离不开刑事法律规范,"刑事合规性,意味着对刑法规范尤其是一国现行法中所包含的命令规范和禁止规范的遵守"。① 有效的合规计划确实有助于预防并发现企业的犯罪活动,这无疑是刑事法律的旨趣所在。或许可以认为,上述观念之争源于观察视角的差异:从企业角度来看,刑事合规是企业为实现利润最大化、避免竞争劣势的必要手段。就此而言,包括刑事合规在内的合规管理均是围绕实现公司的经济目标而展开的系列举措,将刑事合规作为经济学概念把握就很自然;从国家治理角度看,刑事合规是国家为避免企业及其雇员犯罪,通过刑事法律的激励手段,推动企业以刑事法律的标准来识别、评估和预防企业刑事风险,制定并实施遵守刑事法律的计划和措施,以及确保犯罪活动得以揭发,并在必要时受到制裁。在此意义上,刑事合规无疑是一个法律概念。

纵观国外企业合规尤其是刑事合规的演进历程,可以认为,企业犯罪丑闻是国家法律监管制度建立、完善与企业合规治理、自我管理的催化剂,"企业丑闻和企业犯罪推动了企业合规制度的不断完善发展",② 经历了犯罪丑闻的企业及其从业者深刻认识到,要想规避刑事风险,只能选择增强企业核心竞争力,并大力引入合规管理制度。③ 与此同时,来自国家的合规激励也稳步跟进,为企业自觉展开合规治理提供外在动力:美国 1991 年的《组织体量刑指南》、1999 年的《联邦起诉商业组织原则》、2002 年的《萨班斯-奥克斯利法》,英国 2010 年的《反贿赂法》,法国 2016 年的《关于提高透明度、反腐败以及促进经济生活现代化的 2016 – 1691 号法案》(又称《萨宾Ⅱ法案》)、澳大利亚 2017 年的《刑事立法修正案》、意大利 2018 年的《反贿赂法案》等,均涉及合规计划并赋予其重要法律意义。此外,一些国际组织也相继发布了系列文件,如经济合作与发展组织发布的《内部控制、企业道德及合规最佳实践指南》、《反贿赂合规国际标准 ISO37001》,对成员国和跨国企业提出预防腐败的要求,并明确有效合规计划的具体指标;国际标准化组织颁布了《合规管理体系指南》,确立了有效合规的基本标准;欧盟通过了《欧盟一般数据保护条例》,其中,特别强调合规计划对于企业治理的重要性。一言以蔽之,企业合规已经成为域外企业治理的基本模式,甚至成为国家预防企业犯罪的最佳实践与世界趋势。④

比较而言,不论合规计划(Compliance Program)还是刑事合规(Criminal Compli-

---

① [日]芝原邦尔:《经济刑法》,金光旭译,法律出版社 2002 年版,第 127 页。
② 万方:《企业合规刑事化的发展及启示》,载《中国刑事法杂志》2019 年第 2 期,第 49 页。
③ Harvey L. Pitt &Karl A. Groskaufmains, "Minimizing Corporate Civil and Criminal Liability: A Second Look at Corporate Codes of Conduct", 78 *Georgetown Law Journal*, (1990), p. 1571.
④ 李玉华:《我国企业合规的刑事诉讼激励》,载《比较法研究》2020 年第 1 期,第 19 页。

ance),对我们来说都是舶来品,对部分企业甚至仅是一个"美丽传说"。① 事实上,对走出国门做生意的中国企业来讲,合规治理尤其是刑事合规已然迫在眉睫。经历了"中兴通讯事件"的惨痛教训,在政府大力号召与强力推动下,我国相当一部分企业已经自觉或不自觉地走上了合规建设与合规治理的发展道路。但我们也应清楚认识到,企业合规尤其是刑事合规不仅是企业的自治方式与社会责任,需要企业努力探索与积极践行,它更是国家有关企业治理的新模式,亟需国家层面积极引导与制度支撑。本文拟主要对刑事合规的基本问题进行探究,借此说明刑事合规的正当化根基;在此基础上尝试探讨刑事合规的刑事法律意义,并以此为契机考虑如何实现刑事合规的"本土"建构。

二、刑事合规的正当化根据

刑事合规的法理基础不仅事关合规制度正当化的根据及其说明,而且为合规制度的宏观建构与实践探索明确基本方向,是刑事合规制度建构与理论研究首要研究并解决的问题。

（一）刑事合规的现实基础：利益趋同

"天下熙熙皆为利来,天下攘攘皆为利往"。企业与国家之所以同时钟情于刑事合规,共同推动合规计划的建设与实践,首先是因为企业与国家通过刑事合规能实现各自的利益诉求。详言之,合规计划本质上是一种广泛的预防措施,可以预测、检查并遏制任何潜在的犯罪活动。② 国家历来对其规范,尤其是其通过立法确立的刑罚规范能够得到遵守,通常有着浓厚的兴趣。刑事合规作为一层新的额外规则,位于法定刑事可罚性风险的前置领域,旨在避免刑事责任。③ 因此,作为企业内控机制与自我管理的合规计划,在预防犯罪方面可能的积极作用对国家来说自然是乐享其成,这一点——前瞻性地进行犯罪预防——较之传统的犯罪治理模式即事后惩治来说优势更为明显。也就是说,国家仅需通过法律或者政策的激励,便可在最大范围内调动社会资源参与到犯罪治理的国家使命中来,不仅卓有成效,而且事半功倍。与此同时,国家虽然几乎垄断了针对包括企业犯罪在内的刑事案件的追诉权,这既是国家的权力,也是其不得不履行的使命。但残酷的现实是,爆炸式增长的犯罪数量与国家有限的刑事司法资源间的结构性矛盾在现代社会愈发尖锐;对于发生

---

① 对中小企业来讲,合规意味着不堪重负,庞大的合规成本是国内绝大多数中小企业不能承受的,所以,合规对企业与企业家守法经营来说至关重要,但也会让部分企业短期内陷入绝境;对个别企业来讲"不合规或能苟延残喘,合规则意味着立即死亡",这也从一个侧面反映了部分企业目前的合规程度以及企业的营商环境。当然,从企业长远发展角度看,合规治理才是所有企业发展的必由之路。

② ［美］菲利普·韦勒:《"有效的合规计划与企业刑事诉讼"》,万方译,载《财经法学》2018年第3期,第144-145页。

③ 参见［德］弗兰克·萨力格尔:《刑事合规的基本问题》,马寅翔译,载李本灿等编译:《合规与刑法：全球视野的考察》,中国政法大学出版社2018年版,第64页。

在企业等社会子系统内的犯罪，国家的刑事司法通常难以介入，并因此形成犯罪黑数。有学者曾就最高人民检察院公布的商业贿赂犯罪案件数量以及单位涉案所占比例①提出过合理质疑，认为如此微小的商业贿赂犯罪案件（包括单位受贿案件、对单位行贿案件在内的四种罪名的案件占立案总数的2.5%）与我国普遍存在的以贿赂作为商业经营的敲门砖的现状严重不符，并明确指出这就是商业贿赂的犯罪黑数问题。② 作为自治与刑事追诉私权化的手段，刑事合规对于国家刑事追诉的展开同样具有重要的意义：通过法律与政策激励，企业建立监督体系或开展内部调查的方式部分转移了国家刑事追诉的负担，并因此节省了国家刑事追诉的开销；与此同时，企业内部调查结果通常可以使国家层面的刑事追诉成为可能。③ 事实上，通过刑事合规的实践展开，也能很好避免传统刑事司法的负面社会效应，更好平衡刑法在规制企业犯罪过程中的法律效果与社会效果。安达信事件就是最好的反面案例④，其刑事追诉的社会效果在美国国内引发了广泛质疑。一个普遍印象是，"起诉法人就当于判处其死刑"。这种给法人定罪的实践确实会形成刑罚的"水波效应"：严重损害与犯罪行为无关的第三人的利益，如投资者、雇员、养老金领取者、客户等,⑤ 甚至会给国民经济带来灾难性后果。在此，刑事合规为处理企业犯罪提供了有效规制思路，既确保对企业犯罪的刑法规制，满足了刑罚针对过往犯罪的报应主义思想与面向未来的预防犯罪理念，也尽量避免规制企业犯罪可能引发的"水波效应"，不使与犯罪无关的无辜者以及社会经济过分受到牵连与损害。

其次，企业及其高级管理人员从合规计划中也能得到来自刑事法的肯定与激励。在企业涉罪场合，有效合规计划能够最大限度为企业争取刑罚上的优待。根据美国《联邦量刑指南》，若企业因其雇员的犯罪活动而涉罪，则有效合规计划有助于针对企业刑罚的减轻。对于存在有效合规计划的企业，可以获得最高幅度为95%的罚金减免；反之，企业如怠于践行合规，最高则可判处4倍罚金。⑥ 此举诚可谓"大棒加金元"政策的法律化。由此可见，合规计划在预防并规制企业犯罪领域确实被政策制定者寄予厚望。有效合规计划不仅

---

① 2018年1月至10月立案查办的8010件商业贿赂犯罪案件中，单位受贿案件79件，对单位行贿案件43件，单位行贿案件53件，介绍贿赂案件28件，这4种罪名的案件合计占立案总数的2.5%。杜萌、徐伟：《最高人民检察院详解2006年商业贿赂5大特点》，载《法制日报》2006年12月13日。

② 李本灿：《企业犯罪预防中合规计划制度的借鉴》，载《中国法学》2015年第5期，第195页。

③ ［德］弗兰克·萨力格尔：《刑事合规的基本问题》，马寅翔译，载李本灿等编译：《合规与刑法：全球视野的考察》，中国政法大学出版社2018年版，第64页。

④ 作为全球五大会计师事务所之一，2001年受安然财务丑闻牵连，遭到联邦检察官起诉，最终导致其丧失为上市公司提供审计业务的资格，并因此导致安达信业务大量流失，客户中断业务联系，员工纷纷出走，仅在美国就有2.8万人失业。而起诉前后安达信的状况对比更令人深感震惊：2001年，安达信在全球85个国家和地区曾设有390个分支机构，雇员总数达到8.5万人，全球营业额达到93.4亿美元。但在2002年底，2300多家上市公司客户陆续离开安达信，全球分支机构相继被撤销或被收购，雇员仅剩3000人。参见陈瑞华：《安然和安达信事件》，载《中国律师》2020年第4期，第89页。

⑤ 参见叶良方：《美国法人审前转处协议制度的发展》，载《中国刑事法杂志》2014年第3期。

⑥ See U. S. sentence guidelines manual § 8c2.6 (2015).

能帮助企业在刑罚裁量时最大限度减免刑罚,而且还影响检察机关是否决定对企业提起诉讼。根据美国司法部《司法手册》规定,检察官决定是否起诉企业时需要重点考虑的因素即企业实施不法行为时以及检察官考虑是否针对企业提起公诉时,合规计划的有效性及其充分程度。① 在检察机关决定对企业缓期诉或不起诉的同时,企业必须修订并完善其合规计划,这甚至会成为企业的强制性义务。在美国,虽然是否执行合规计划通常由企业自行决定,但经历了刑事判决的企业通常均会践行合规。这项措施的实施旨在确保企业内部机制能阻止今后的违法行为。② 事实上,英国、澳大利亚、新加坡、法国等国家确立的暂缓起诉协议,也均将企业重建合规体系纳入协议之中,并将其作为检察机关暂缓起诉的重要附加条件。涉嫌严重经济犯罪的企业承诺重建合规计划,已经成为检察机关与其达成暂缓起诉协议的前提。③ 伴随着企业合规刑事化的全球趋势,部分国家在效仿美国合规实践的同时,也尝试创新并赋予合规之于企业以新的法律意义:在意大利,2001年6月8日颁布的231号法令开创性承认并强调企业的组织责任,法令规定企业应建立关系到犯罪行为实施风险的指导方针和管理体制,且该管理体制应当具体并适应具体的风险。如果企业未确立上述管理体制,当该企业的高级职员或下属职员从事犯罪活动时,企业要为其管理失当行为负刑事责任。④ 在英国,2010年颁布的《反贿赂罪法案》第7条规定了商业组织预防贿赂失职罪,根据规定,商业组织未制定并实施预防贿赂行为的内部适当程序,致使与其相关的关联人员实施了贿赂犯罪的,应追究企业刑事责任。除非该组织能够证明其已经制定了"充分程序"以预防"关联人员"实施贿赂活动。在法国,2016年通过的《萨宾Ⅱ法案》确立了企业强制合规制度,要求符合法定条件的企业必须履行建立合规制度的法定义务,否则即便企业没有发生贿赂行为,企业也将面临巨额罚款,企业高管也可能面临刑事责任。易言之,建立并实施有效合规计划,已然成为企业及其高层管理者的法定义务,怠于履行上述义务,轻则对企业或管理人员予以行政处罚,如《萨宾Ⅱ法案》,重则可以"结构性疏失"为契机追究企业刑事责任,如英国的《反贿赂罪法案》。

此外,企业及其领导层践行合规职责不仅能获得上述法律上的利益,而且"合规之于公司的经济利益,表现得比法律利益更为多样化。最明显的经济利益无疑是利润最大化。""为了追求利润最大化,出现了已经被视为合规之附属功能的诸多公司利益:质量保证、

---

① 9-28.300-Factors to be considered, https://www.justice.gov/jm/jm-9-28000-principles-federal-prosecution-business-organizations. 2020-8-24.
② [美]菲利普·韦勒:《"有效的合规计划与企业刑事诉讼"》,万方译,载《财经法学》2018年第3期,第144-145页。
③ 陈瑞华:《企业合规视野下的暂缓起诉协议制度》,载《比较法研究》2020年第1期,第3页。
④ 范红旗:《意大利法人犯罪制度及评析》,载赵秉志主编:《刑法论丛》(第15卷),法律出版社2008年版,第298页。

产品创新以及旨在提高公司形象的营销。"① 这或许能全面诠释曾经爆出犯罪丑闻的企业最终为何积极致力于合规建设。

(二) 刑事合规的理念基础：积极的一般预防与协商治理理论

国家与企业在刑事合规中能够实现利益兼得固然是刑事合规得以确立并迅速普及的重要原因与现实基础，但作为一项重要的法律制度与司法实践，利益趋同尚不足以为其提供全部正当化根据，刑事合规同样需要遵循刑事立法的基本理念、有助于促成刑事司法的基本目标。

传统刑事立法与刑事司法主要是对既成非价事实的回顾性处置与被动回应，"是针对已经犯罪的行为人这种过去的维度而言。从这个意义上说，刑法并不直接和未来相关。"② 传统刑法理论以对已然之罪的报应与对未然之罪的预防作为刑罚正当化根据，但对已然之罪的报应丝毫不能改变既定的法益侵害事态，而每年犯罪数量的激增这一现实让通过刑罚实现犯罪预防这一理想令人倍感狐疑。事实上，"从社会治理角度看，无论对于国家、社会还是对于被害人以及犯罪人来说，犯罪的发生、刑法和刑罚的适用，都会造成国家、社会、社会成员的损失和伤害。"③ 也就是说，从社会治理角度讲，对待犯罪，与其被动打击，莫过于积极预防。我们已经进入风险社会。2020 年初的一场席卷全球的新型冠状病毒肆虐横行，让我们深刻认识到人类社会的脆弱以及风险社会人为的不确定。没有任何时候比这一年让我们更为自己的生存安全而陷入集体焦虑了！这种焦虑促使我们在更广泛的领域团结一切力量的同时，深陷焦虑的"社会成员热切希望除去、减少这种高度、广泛的危险，热切希望在这种危险现实化之前，国家介入社会成员的生活来除去、减少这种危险。"④ 安全问题构成风险社会理论与刑法体系之间的连接点，在刑法领域，公众对于安全的现实需求会汇聚成刑事政策上的压力，最终通过目的的管道传递至刑法体系的内部，驱使刑法体系向预防目的的方向一路狂奔。⑤ 各国的刑事立法明显转向预防与安全，国家在犯罪发生之前、在针对某个行为人特定犯罪的嫌疑具体化之前就尝试介入。⑥ 在企业犯罪领域，刑事合规理念正好契合了风险社会中刑事政策以及刑法价值取向上的重大调

---

① [德] 弗兰克·萨力格尔：《刑事合规的基本问题》，马寅翔译，载李本灿等编译：《合规与刑法：全球视野的考察》，中国政法大学出版社 2018 年版，第 63 页。
② [芬] 基墨：《安全、风险与刑法》，江溯译，载梁根林主编：《当代刑法思潮论坛：刑事政策与刑法变迁》，北京大学出版社 2016 年版，第 297 页。
③ 石磊：《刑事合规：最优企业犯罪预防方法》，载《检察日报》2019 年 1 月 26 日，第 3 版。
④ [日] 关哲夫：《代社会中法益论的课题》现，王充译，载赵秉志主编：《刑法论丛》第 12 卷，法律出版社 2008 年版，第 338 页。
⑤ 参见劳东燕：《风险社会中的刑法：社会转型与刑法理论的变迁》，北京大学出版社 2010 年版，第 30－33 页。
⑥ 参见 [德] 乌尔里希·齐白：《全球风险社会与信息生活中的刑法：二十一世纪刑法模式的转换》，周遵友、江溯等译，中国法制出版社 2012 年版，第 167 页。

整,因为"与传统刑法回顾性的处置方案不同的是,刑事合规的行事风格主要是前瞻性的。"① 风险刑法理论推行的"有危险就有刑罚"的扩张性入罪化原则,在前述英国《反贿赂罪法案》中"商业组织预防贿赂失职罪"以及法国《萨宾Ⅱ法案》有关"企业强制合规制度"的立法规定中表现得淋漓尽致。与传统的消极预防与特别预防不同,通过合规计划实现积极预防不再停留在消极的一般预防所特有的刑罚威慑与空洞联想中,有针对性的合规计划在积极预防企业及其职员犯罪方面有着明确、具体的要求、方法与实现路径。为避免企业发展"装点门面式"的合规计划,有关国家立法明确提出了"有效合规计划"的概念,并明确合规的具体要求与评估标准。比如,美国《联邦量刑指南》中有关合规计划有效性的七项要素②既包括了实质的合规规则,也包含了形式的合规规则。其中,"不得聘用在尽职调查期间了解到具有犯罪前科记录的高管"这类实质的合规规则通过将有犯罪前科者排除在企业管理层之外而尽量确保决策层不出现"害群之马",或者说不给有较高犯罪倾向者以"施展才华"的机会,借此来避免未然之罪。与此同时,匿名举报制度、尽职调查制度等形式的合规确保了实质合规规则能够"落地生根"。

  国家对预防企业犯罪固然有着不可推卸的责任,但企业犯罪预防更需要组织体本身的担当与作为。企业合规本质是企业的一种自我管理。③ 在包括刑事合规在内的合规计划中,企业既是合规管理的对象,也是合规管理的主体。正因如此,刑事合规才被视为企业为避免自身刑事责任而对其从业人员的活动进行管理、规制以及由此形成的制度化安排与实践。当然,企业也能从自我管理中获得预期"收益":国家对企业卓有成效的自我管理予以法律与政策上的激励。"现代国家已经以某种方式在一定程度上对刑事实体法做了扩张,但由于物力和人力的缺乏,在某些关键领域,它不能保证刑法能够在必要的范围内得以贯彻。经济刑法,尤其是公司刑法的绝大部分,都属于这些关键领域。为了提高扩张后的刑法在这些成为问题的领域中贯彻的可能性,国家越来越多地将宝押在了法定的或附随的自治化这一手段上。公司方面也积极地将自己置身于这一手段之下,以逃避扩张的刑法中难以估量的刑罚危险与部分大额的经济惩罚所带来的威胁。"④ 在这个意义上,可以认为,刑事合规是企业与国家在利益兼得原则下为预防企业犯罪而进行的合作治理。企业犯罪预防与规制的合作共治模式实际上也是对此前单一国家法律规制在企业犯罪预防中低效能的反思与反应:"一方面传统刑罚的威慑效果应该被肯定,另一方面也应该看到其效果

---

① 参见[德]弗兰克·萨力格尔:《刑事合规的基本问题》,马寅翔译,载李本灿等编译:《合规与刑法:全球视野的考察》,中国政法大学出版社2018年版,第54页。
② U. S. Sentencing Guideline Manual §8B2.1 (2011).
③ 参见李本灿:《刑事合规的制度边界》,载《法学论坛》2020年第4期,第140页。
④ 参见[德]弗兰克·萨力格尔:《刑事合规的基本问题》,马寅翔译,载李本灿等编译:《合规与刑法:全球视野的考察》,中国政法大学出版社2018年版,第71页。

的局限性，即单单依靠刑罚威慑并没有收到企业犯罪抑制的良好效果。"① "我们的结果强调了正式和非正式控制的共生关系，正式制裁并不能单独起作用。"② 在预防企业犯罪中，企业与国家通过刑事合规进行的合作共治源于公共治理范式的转变，是协商治理理论在企业犯罪预防领域的运用。③ 基于协商民主的协商治理强调公民理性参与公共事务管理的重要作用，许多空间被创造出来以便不同的机构、中介、团体、积极分子走到一起就紧迫的社会问题进行协商。④ 在通过刑法预防企业犯罪领域，鉴于刑法规范的不完整性，尤其是与企业犯罪相关的罪刑规范在其法定可罚性范围的前置领域，结构上的开放性使得此类罪刑规范的行为塑造与行动指引功能几乎完全没有。与此同时，考虑到国家制定的相关规范有时并不符合企业的实际情况，参考国家法律法规与规章制度建构具体且有针对性的内部管理制度与行为指南，对企业来说显得尤为重要。为制定并实施有效的合规计划，企业无疑会整合包括内部合规官、社会咨询机构等在内的力量，因此，作为理性"公民"的企业在犯罪预防这一关乎社会治理成败的公共领域的作用举足轻重。当合规失败时，协商共治似乎成为企业唯一也是最佳出路，这一点可以从安达信拒绝协商后遭受的灭顶之灾可见一斑。企业通常会承诺"支付通过协商确定的罚款，对受害者做出经济补偿，支付检察机关的相关费用，与执法机关密切合作，执行更为严格的合规计划，等。"⑤ 作为回报，公诉机关会考虑对涉案企业暂缓起诉甚至不起诉。在此，第三方独立机构通常会被引入，与执法机构、司法机关、企业一道参与合规建设。比如，西门子腐败丑闻伴随着西门子与相关国家以和解方式解决的同时，会计师事务所和律师事务所等外部专业机构进驻西门子，开启了漫长而艰巨的独立调查。当然，有些时候，企业接受外部独立第三人的指导与监督本身就是和解协议的一部分，如中兴通讯与美国商务部工业安全局达成的《替代和解协议》即要求中兴通讯雇佣由 BIS 挑选并负责的合规团队，其职责是实时监控中兴是否遵守美国的出口管制法规。⑥ 湖南建工集团不仅定期向世界银行报告合规进展情况，而且数次接待世界银行首席合规官和独立合规监督员的现场检查，接受他们有关改进合规体系的建议和要求。⑦ 刑事合规是协商治理理论在企业犯罪预防领域的创造性运用，它避免了传统犯罪

---

① 李本灿：《企业犯罪预防中国家规制向国家与企业共治转型之提倡》，载《政治与法律》2016 年第 2 期，第 53 页。
② Sally S. Simpson, Garole Gibbs, Lee Ann Slocum, et al, An Empirical Assessment of Corporate Environmental Crime – Control Strategies, *Journal of Criminal Law and Criminology*, Vol. 103, No. 1, p. 265, 2013.
③ Jorge M. Valadez, *Deliberative Democracy, and Self – Democracy in Multicultural Societies*, USA Westview Press, p30, 2001.
④ 参见张敏：《协商治理：一个成长长中的新公共治理范式》，载《江海学刊》2012 年第 5 期，第 138 页。
⑤ Michael Bisgrove, Mark Weekes, Deferred Prosecution Agreements: A Practical Consideration, *Criminal Law review*, pp. 416 – 438, 2014.
⑥ Secretary Ross Announces $1.4 Billion ZTE Settlement; ZTE Board, Management Changes and Strictest BIS Compliance Requirements Ever, https://www.commerce.gov/news/press – releases/2018/06/secretary – ross – announces – 14 – billion – zte – settlement – zte – board – management, 2020 – 8 – 24.
⑦ 陈瑞华：《湖南建工的合规体系》，载《中国律师》2019 年第 11 期，第 90 页。

预防理论的局限性，突出了企业本身在犯罪预防中的重要作用，这不是单纯地将国家预防犯罪的职责转嫁给了企业，也不是所谓的"犯罪预防私有化"，①毋宁是使犯罪治理在一定程度上、在某个领域转化为国家和企业的合作模式。在这种模式中，犯罪预防由单纯的国家责任变成了国家和企业的共同责任。②不仅如此，在针对未然之罪的预防过程中，作为理性经济人的企业，结合自身的行业特色，按照法律法规与规章制度标准，构建适合自己的合规体系；在合规失败场合，企业借助合规计划，通过与司法机关、外部机构合作，共同就企业治理中存在的漏洞与问题展开有益的磋商，获得对企业最优处置方案，以避免再次重蹈覆辙。在企业刑事合规中，企业、社会咨询机构等社会力量积极参与企业自治，司法机关与涉罪企业的合作协商既是合规管理的特色，也是协商治理理论的体现。

三、合规计划的刑事法意义

欧美等国刑事立法与司法实践均显示，合规计划的刑事法意义在刑事实体法与刑事程序法两个维度上均有呈现：即合规计划在刑法上对企业刑事责任有无以及程度的影响；在刑事诉讼法上对涉罪企业刑事追诉程序与方式选择的影响。

（一）合规计划与涉案企业的罪与罚

首先，合规计划影响企业犯罪成立与否。考虑到风险社会"人为的不确定性"以及合规计划之于企业犯罪预防的积极功能，刑法中积极的一般预防观念兴起，"有危险就有刑罚"的扩张性入罪化原则深深地影响了企业犯罪的刑事立法政策。部分国家甚至在立法中明确践行合规是企业及其高级管理人员的法律义务，此即"强制合规义务"。最具代表性的当属法国2016年的《萨宾Ⅱ法案》，根据该法案成立法国反腐败局（Agence Française Anti-Corruption，简称AFA），其职责之一即监督企业根据法案建立合规制度，并对合规计划的有效性进行评估。根据该法第17条规定，满足以下标准的企业必须建立合规制度：（1）用工人数达到500人，或隶属于总部设在法国且总用工人数达到500人的公司集团；（2）单独报表或合并报表中的营业收入达到1亿欧元。在此，建立合规制度是企业及其高级管理人员（董事长、常务董事、经理等）的法定义务；对没有按照规定主动建立合规制度的企业，AFA下设的处罚委员会有权对企业处以不超过100万欧元的罚款，并对高级管理人员处以不超过20万欧元的罚款。与此同时，处罚委员会有权继续要求企业或高管在不超过三年的期限内完成合规制度建设。如果企业还是未能建立符合要求的合规制度，法

---

① 参见［德］乌尔里希·齐白：《全球风险社会与信息生活中的刑法：二十一世纪刑法模式的转换》，周遵友、江溯等译，中国法制出版社2012年版，第236页。在笔者看来，用"犯罪预防私有化"评价刑事合规制度是不准确的，这容易给人以国家将预防和追诉刑事犯罪的职责"承包"或"转让"给私人或企业的错觉。其实，包括刑事合规在内的合规计划其实就是企业自我管理的规范化与制度化，不能因为其具有预防犯罪的功能以及其主体是企业，即认为"犯罪预防私有化"！

② 石磊：《刑事合规：最优企业犯罪预防方法》，载《检察日报》2019年1月26日，第3版。

院有权对企业和相关自然人分别判处罚金,并对自然人判处 2 年以下监禁。如果说上述法案中规定的"强制合规义务"对企业及其高级管理人员来说还只是一种行政法上的义务,尚不直接导致刑事犯罪的话,则怠于履行处罚委员会指示中所要求的"合规义务"则明显已经上升为一种刑事法上的义务,违反该义务的后果即刑事责任,企业面临罚款,自然人面临监禁。从这个意义上讲,从强制合规义务中也能推导出企业的刑事责任。比较而言,更多国家的立法目前还是倾向于在"出罪事由"方向上规定合规计划。英国于 2010 年颁布的《反贿赂法案》第 7 条(商业组织预防贿赂失职罪)第 2 款即为范例,如果该商业组织能够证明其已经制定了预防关联人员实施贿赂行为的适当程序,则可以据此主张其不构成该项犯罪。英国司法部于 2011 年通过的《关于相关商事主体预防关联人贿赂所施行程序的指引》对何谓充分程序做出了详细阐述:合比例程序、高层承诺、风险评估、尽职调查、沟通交流以及监控与检讨。① 意大利 2001 年第 231 号法令第 6 条规定,如果企业高级职员或其下属职员从事犯罪活动,则企业应为此负责。但是,如果企业能够证明在犯罪行为发生前,企业已经采取了必要措施和适当程序预防犯罪,则免除其责任。② 2017 澳大利亚《刑事立法修正案》有关打击企业犯罪中也有类似规定;③ 美国是企业合规的发源地,时至今日,与合规相关的立法已相当完善,但遗憾的是,"联邦判例原则上不将合规管理制度作为合理注意义务抗辩的有效理由"。尽管如此,"在学说上,支持在考虑替代责任要件时考虑合规管理制度的呼声不断高涨",但考虑到传统影响因素的存在,今后一段时间试图通过合理注意义务的抗辩以引起判例立场发生根本性转变的可能性较低,所以,有必要寻找合理注意义务抗辩以外的方法,使合规管理制度成为法人主体能运用的一项重要武器。④

其次,合规计划也会对针对犯罪企业的刑罚裁量产生积极影响。最具代表性者当属美国《联邦量刑指南》有关组织体的量刑规定,如果企业因其代理人实施的违法行为被起诉和定罪,有效的合规计划可以帮助减轻企业的刑罚。⑤ 具体来说,除非企业的主要目的是从事犯罪活动,否则量刑指南的刑度将按如下方式计算:(1)确定犯罪等级;(2)把罪行等级代入企业罚款表;(3)确定罪责指数;(4)对罪责指数用乘数加倍,以确定该行

---

① 参见印波、高远:《英国企业预防行贿失职罪的充分程序抗辩》,载《河北经贸大学学报》2015 年第 6 期,第 133 页。
② 参见范红旗:《意大利法人犯罪制度及评析》,载赵秉志主编:《刑法论丛》第 15 卷,法律出版社 2008 年版,第 298 页。
③ 企业应当对其职员的海外贿赂行为承担刑事责任,除非其能证明企业已经建立并实施了旨在预防海外贿赂行为的适当程序。Georgie Farrant and Naomita Royan:Australia:Whistleblowing and Foreign Bribery Bills introduced into Senate,https://globalcompliancenews.com/australia-whistleblowing-and-foreign-bribery-bills-senate-20171212/.
④ 参见[日]川崎友巳:《合规管理制度的法律意义》,李世阳译,载李本灿等编译:《合规与刑法:全球视野的考察》,中国政法大学出版社 2018 年版,第 41-42 页。
⑤ U. S. Sentencing Guideline Manual § 8C2.5(2010).

为在量刑指南中的最高和最低罚款数额。第三步企业罪责指数的高低可能会致使罚款额减半或加倍，而其取决于组织的规模、配合程度以及企业是否拥有有效的合规计划。最终，若企业拥有有效的合规计划，根据量刑指南，罚款数额会发生非常大的变化，因为罪责指数从9降低到了6。由于点数变化，最小倍数变成了1.2，最大2.4，罚款数额则依据指南变成了6000万到1.2亿美元，考虑到罚款的上限为一亿美元，因此，一个有效的合规计划可能将罚款参考数额降低4000多万美元。此外，若企业自觉披露违规行为并配合调查，则罪责指数还会额外降低多达5个等级，可能从最初的9变为1；与此相应，最小倍数可能会变成0.2，最大倍数变成0.4，罚款参考数额也会相应变成1000万到2000万，或者低于企业的盈利额。① 由此可见，企业职员（包括高级管理人员）以及企业构成刑事犯罪，并不会彻底否定合规计划在刑法上可能的积极意义。换句话说，即便不能以有效合规计划作为否定企业构成犯罪的辩护事由，但也不妨碍以此为据请求对企业从轻量刑，继而谋求企业利益最大化。从这个意义上讲，合规计划不仅具有量刑从优的价值，而且也印证了"合规创造经济价值"的论断。虽说量刑从宽使得企业在最不利的境遇中实现了利益最大化，但对企业来说，至关重要的或许并不是罚金数额的减免，而是判决有罪的结果，甚至刑事追诉的过程本身即足以宣判企业"死刑"，这一点可以从"安达信事件"的处置过程得到很好说明。② 从这个意义上说，刑事合规的量刑激励模式或有舍本逐末之嫌；与此同时，这也从一个侧面反映了赋予刑事合规以程序法的意义异常重要。

（二）合规计划与企业涉罪的追诉模式

企业涉罪场合，通过诉讼最终被法院确认不构成犯罪，对企业来说固然是理想的结果，但很多时候，刑事追诉本身就是企业经历不起的灾难，针对企业单纯提起公诉就足以导致其资格受限、客户流失、业务亏损、股价暴跌、员工出走。事实上，许多企业没有来得及在法庭上为自己辩护就已经倒在了通往审判的道路上！③ 因此，在刑事诉讼的"流水线"上越早终结诉讼，对企业越是有利。无论最终判决结果如何，刑事起诉本身就足以让最强大的企业畏惧不前；如果还有其他替代方案的话，几乎没有企业愿意冒着被起诉的风

---

① 参见［美］瑞恩·D.麦克奈尔、杰伊·马丁、夏洛特·西蒙：《"事前规划"抑或"事后处罚"：合规在刑事案件中的作用》，万方译，载李本灿等编译：《合规与刑法：全球视野的考察》，中国政法大学出版社2018年版，第167–177页。

② 联邦地区检察官向安达信提出的辩诉交易建议遭安达信执行官与律师拒绝后，检察官遂向法院提交起诉书，案件进入法庭审理。一审法院认定安达信妨碍司法罪名成立，判处罚金50万美元，责令五年内不得从事会计业务；安达信上诉后，二审法院维持原判；安达信继续向联邦最高法院上诉，2005年5月31日，联邦最高法院以初审法院存在程序错误为由，裁定推翻原判。但这最终并没能挽救安达信的悲惨命运，因为早在联邦检察官对其起诉后，美国证券交易委员会就停止了安达信为上市公司提供审计的资格，这一举措对安达信的经营无疑是致命性的！参见陈瑞华：《安然和安达信事件》，载《中国律师》2020年第4期，第89页。

③ Mike Koehler, Measuring the Impact of Non-Prosecution and Deferred Prosecution Agreements on Foreign Corrupt Practices Act Enforcement, 49 U. C. *Davis Law Review*, p. 510, 2015.

险,更不要说刑事审判。事实上,确实存在这样的替代方案:暂缓起诉和不起诉协议一起为企业提供了免于被指控的机会。① 对国家而言,对涉罪企业进行追责固然重要,但追责本身也意味着成本与风险,从治理现代化以及法律效果与社会效果相结合的角度看,为避免对企业追责可能产生的"水波效应",公诉机关有必要慎之又慎,而不起诉或缓起诉制度能将可能的负面效应降到最低,同时又可以实现检察官提出的绝大部分补救措施。② 据考证,美国司法部办理的海外腐败案件中,99%的涉案企业均会选择合作,并最终通过谈判来解决;极少有企业选择诉讼方案或者采取拖延战术。③

一般认为,企业缓起诉协议制度源于20世纪60年代美国的审前转处协议制度。起先该制度适用于涉嫌轻微犯罪的未成年犯和需要采取强制治疗的毒品犯罪人,旨在避免因定罪带来的耻辱和附随后果,以便行为人更容易融入社会。④ 后被拓展适用于企业犯罪场合。在美国《组织量刑指南》实施初期,检察官尝试着与企业签订协议,在不定罪的情况下,处理企业刑事案件。协议要么是撤销对企业指控,即不起诉协议;要么是延缓对企业的指控,即暂缓起诉协议。⑤ 通常来说,暂缓起诉协议(Deferred Prosecution Agreement,简称"DPA")与不起诉协议(Non-Prosecution Agreement,简称"NPA")最终结果是一样的:企业缴纳高额罚款、承诺积极配合检察官、重建合规计划,籍此换取不被定罪的优待。两者也存在一些细微差别:检察官对已经提起公诉的案件,可以与涉案企业达成暂缓起诉协议;暂缓起诉协议会记载有关犯罪事实,并且需要征得法官的批准;对尚未提起公诉的案件,检察官可以与涉案企业达成不起诉协议,这种协议不需要法官批准,也不需要记录有关犯罪事实。⑥ 一般认为,1992年5月,纽约州南区检察官与Salomon Brothers就证券欺诈一案签署的协议是美国最早适用不起诉协议制度的范例,而1994年10月纽约州南区检察官与Prudential Securities就虚报投资收益一案签署的协议被视为对企业适用缓起诉协议制度的先例。⑦ 毫无疑问,检察官总是依据法律有选择地对涉案企业适用不起诉或暂缓起诉协议。在此,合规计划成为检察官重点考虑因素。

---

① Peter J. Henning, The Organizational Guidelines: R. I. P. ? https://www.yalelawjournal.org/forum/the-organizational-guidelines-rip(2020.9.6).

② Court E. Golumbic & Albert D. Lichy, The "Too Big to Jail" Effect and the Impact on the Justice Department's Corporate Charging Policy, 65 *Hastings law journal*, p. 1313, 2014.

③ 参见[法]弗雷德里克·皮耶鲁齐、马修·阿伦:《美国陷阱》,法意译,中信出版社2019年版,第136页。

④ Matt Senko, Prosecutorial Overreaching in Deferred Prosecution Agreements, 19 *Southern California Interdisciplinary Law Journal*, p. 163, 2009.

⑤ 参见[美]瑞恩·D.麦克奈尔、杰伊·马丁、夏洛特·西蒙:《"事前规划"抑或"事后处罚":合规在刑事案件中的作用》,万方译,载李本灿等编译:《合规与刑法:全球视野的考察》,中国政法大学出版社2018年版,第180页。

⑥ 陈瑞华:《企业合规视野下的暂缓起诉协议制度》,载《比较法研究》2020年第1期,第2页。

⑦ 参见叶良芳:《美国法人审前转处协议制度的发展》,载《中国刑事法杂志》2014年第3期,第134-135页。

较早将合规计划作为决定是否对企业提起诉讼考察因素者,当属1999年的霍尔德备忘录,其明确规定了对企业提起诉讼时需要考虑的八项因素:(1)犯罪行为的性质、严重程度;(2)该企业内违法违法行为的普遍性;(3)该企业的类似行为史;(4)该企业发现犯罪行为的及时性、自觉性,对调查人员的配合程度;(5)企业是否拥有合规计划,该计划是否完备;(6)企业采取的补救措施情况;(7)有无附带的不良后果,包括对无罪股东、员工造成的损失;(8)可用的补救措施是否妥善。① 其中,(2)、(5)、(6)项均有关企业合规计划及其有效性判断。2003年的"汤普森备忘录"没有对霍尔德备忘录中合规方面因素进行改动,只是在原来框架基础上增加了一个因素:对个人进行犯罪指控的妥善性。特别值得注意的是,汤姆森备忘录明确提出,审前分流是给积极发展合作与合规企业的适当奖励,为此后的暂缓起诉和不起诉协议做铺垫。② 时至今日,美国司法部《司法手册》(9-28.300)中指导检察官控诉涉案企业的考虑因素与前述备忘录的内容基本一致,其中至少三分之一的因素有关企业合规。③ 有效合规计划意味着一个合理设计和实施的机制,未能防止犯罪行为发生虽并不必然导致合规计划被彻底否定,但企业不应该只有"装点门面"的"纸面合规计划"。对此,《联邦量刑指南》也明确了有效合规计划的一般标准,如企业应建立制度和程序以防止犯罪行为发生;发现犯罪行为后,企业应妥善处理以防止类似行为再发生,并对企业的合规计划进行完善等。④

2015年,美国司法部、证券交易委员会共签署了100份暂缓起诉协议和不起诉协议,其数量是过去十五年中最多的,更是其前一年即2014年的三倍还要多。英国效仿美国,于2013年颁布的《犯罪与法院法》中正式确立了企业暂缓起诉制度,英国重大欺诈调查局与皇家检察署稍后联合发布了《暂缓起诉协议实施守则》,以此指导检察官正确适用这一新兴法律制度。英国皇家法庭于2015年11月批准了该国第一个暂缓起诉协议,即重大欺诈调查局与渣打银行签署的暂缓起诉协议。⑤ 2016年法国通过的《萨宾Ⅱ法案》也确立了暂缓起诉制度,检察机关与涉嫌商业贿赂的企业在认罪答辩基础上,可以达成附条件和解协议,并据此避免被定罪,2017年法国司法机关与汇丰银行签署了第一份暂缓起诉协

---

① Holder Memo, Charging Corporations—Factors to Be Considered.
② 参见[美]瑞恩·D. 麦克奈尔、杰伊·马丁、夏洛特·西蒙:《"事前规划"抑或"事后处罚":合规在刑事案件中的作用》,万方译,载李本灿等编译:《合规与刑法:全球视野的考察》,中国政法大学出版社2018年版,第165页。
③ 9-28.300 – Factors To Be Considered, Justice Manual, https://www.justice.gov/jm/jm-9-28000-principles-federal-prosecution-business-organizations#9-28.300. (2020.9.6).
④ U. S. Sentencing Guideline Manual §8B2.1 (2011).
⑤ Gibson Dunn, 2015 Year-End Update on Corporate Non-Prosecution Agreements and Deferred Prosecution Agreement.

议。① 2018 年，澳大利亚、加拿大、新加坡也纷纷效仿英国，在其法律中正式确立了暂缓起诉制度。虽然不同国家的暂缓起诉协议制度尚存较大差异，但有一点是确定的，即合规计划之于暂缓起诉的达成至关重要。

事实上，合规计划不仅影响检察官是否决定与涉案企业签署暂缓起诉协议，而且在所有的暂缓起诉协议或不起诉协议中，几乎均会提到重整合规计划。近期的暂缓起诉协议和不起诉协议呈现的最为重要的趋势是，越来越多协议明确要求合规措施是企业商业改革的一部分。2005、2006 年，将近一半的协议包含了合规相关改革；2007 年，40 份协议中有 31 份包含了合规相关改革的内容，占比为 77.5%；2008 年 89.47% 的暂缓起诉协议和不起诉协议都含有合规相关要求；2009 年，23 份协议里有 18 份对改革合规计划提出了要求，比例为 78.26%；2010 年，包含合规修正计划内容的暂缓起诉协议和不起诉协议比例再次大幅上升，31 份协议里有 28 份，占比为 90.32%。② 从企业涉罪这一事实基本可以推断，企业原有合规计划是不完整或者效果不佳的。因此，为避免企业重蹈覆辙，在检察官与企业签署的暂缓起诉协议或不起诉协议中，必须要求企业重整合规计划或者执行更为严格的合规计划。就此而言，缺乏合规改革的暂缓起诉协议抑或不起诉协议都是不完整的。英国、法国等国家已经签署的暂缓起诉协议也证实了这一点。不仅如此，考虑到有效合规计划可能是预防企业再次犯罪的唯一途径，美国的《反海外腐败法》就暂缓起诉协议和不起诉协议中所涉合规计划提供了极为详尽的模型，这也得到了美国司法部的认可。③ 当然，国家制定或提出的有效合规计划或合规模型均是对企业的最低要求，考虑到企业的差异性与具体个案的特殊性，不可能对企业的合规计划提出整齐划一的要求，因此，企业有必要参照国家标准，结合其实际情况，制定并实施更有针对性的合规计划。在决定暂缓起诉场合，后续还涉及监督与考察，而企业在缓刑期间对合规计划的改善与执行情况就会成为最终是否对其撤销起诉的重要依据。由此可见，合规计划在程序法上的激励机制贯彻于对企业追诉的整个过程：合规计划影响是否对企业提起诉讼、如何提起诉讼（是否缓起诉）；在决定不起诉或缓起诉时，改善并实施更为严格的合规计划会成为不起诉协议或缓起诉协议的重要内容，也成为涉案企业的一项义务；在缓期诉场合，对合规计划的后续改善与执行情况复成为检察机关监督企业的重要事项，并成为影响对企业放弃公诉抑或恢复公诉程序的重要考虑因素。

---

① https://www.gibsondunn.com/2015-year-end-update-on-corporate-non-prosecution-agreements-npas-and-deferred-prosecution-agreements-dpas/. (2020.9.6) French Announces Its First Deferred Prosecution Agreement, https://www.skadden.com/insights/publications/2017/12/france-announces-deferred-prosecution-agreement.

② 参见［美］瑞恩·D.麦克奈尔、杰伊·马丁、夏洛特·西蒙：《"事前规划"抑或"事后处罚"：合规在刑事案件中的作用》，万方译，载李本灿等编译：《合规与刑法：全球视野的考察》，中国政法大学出版社 2018 年版，第 187-189 页。

③ 同上注，第 195 页。

四、刑事合规的本土建构及其基本方向

在国外,有学者对合规计划之于企业及其雇员合规经营的关联性提出质疑;① 在国内,也有学者认为,考虑到我国目前不存在替代责任和立法定性、司法定量的立法模式这两大背景,刑事合规制度在我国难以取得预期效果,不宜过早地在我国立法层面引入刑事合规制度。在解释论层面也不宜过分夸大刑事合规的制度价值。② 但不容否认的是,有效合规已逐渐成为西方企业内部治理的重要方式,也被视为有效预防并规制企业违法、犯罪的制度创新与最佳实践。这本身就值得我们关注与思考,以便从其成功的实践中汲取营养、从其失败的经历中总结教训,立足我国企业的营商环境,尤其是企业犯罪预防与治理的现实需要,探索并建构有中国特色的刑事合规制度。

(一)刑事程序法方向的合规激励及其思路

如前所述,在英美等企业合规相对成熟的国家,针对合规失败并因此涉嫌犯罪的企业,刑事诉讼法通常会赋予检察机关在针对企业是否提起公诉方面以较大自由裁量权限,并配套有法定不起诉及相应标准。比较而言,我国刑事诉讼法也规定了种类较多的不起诉及其各自适用条件,③ 但较为遗憾的是,上述五种不起诉制度并非专门针对企业涉罪,个别不起诉制度甚至完全不能适用于企业犯罪场合。比如,针对未成年犯罪案件的附条件不起诉制度。笔者以为,在企业涉罪进入审查起诉阶段,与酌定不起诉相比较,附条件不起诉或暂缓起诉制度对预防企业再次犯罪或更有价值。详言之,酌定不起诉在一定意义上属于一次性解决企业涉罪案件,对从酌定不起诉中获得好处的企业来说或许不容易产生深远的警示作用,也不一定能促使企业建立并完善且有效的合规计划,甚至在一定程度上还会滋生企业的"侥幸"心理,不利于预防企业再次犯罪。比较而言,附条件不起诉或暂缓起诉制度对企业来说更有压力,这种外部压力正好是企业进行内部合规建设与改革的动力。在附条件不起诉场合,涉罪企业拟顺利通过考验期,必须拿出切实有效的行动方案进行内部整顿、完善合规计划,在相对较长的考验期内,检察机关或者第三方监督机构可以对涉罪企业进行持续跟踪、监督,进行定期或不定期评估,形成完整的考察报告,作为最终是否对企业提起公诉的依据。很明显,附考验期限与考察条件的不起诉制度比终局性不起诉

---

① 有研究表明,合规计划几乎没有可能会改变员工的行为,且道德准则和员工行为之间的联系不大;有学者甚至认为与合规计划相关的制度激励会给企业的经营带来其他负面影响,比如,企业的合规计划越有效,任何违法行为越可能暴露给执法人员和潜在的民事诉讼当事人,潜在责任的增加可能导致企业不再采用任何合规计划,或以敷衍的方式实施。参见 [美] 菲利普·韦勒:《有效的合规计划与企业刑事诉讼》,万方译,载《财经法学》2018 年第 3 期,第 148 – 150 页。

② 田宏杰:《刑事合规的反思》,载《北京大学学报》(哲学社会科学版)2020 年第 2 期,第 140 页。

③ 我国刑事诉讼法明文规定的不起诉的情形共计五种:第一百七十五条第四款的证据不足、存疑不起诉;第一百七十七条第一款的法定不起诉、第二款的酌定不起诉;第一百八十二条第一款的特别不起诉;第二百八十二条针对未成年人犯罪的附条件不起诉。

制度更容易让涉罪企业有动力建立有效且持久的合规计划。但是，笔者并不完全主张引入美国或英国以及效仿英国的加拿大、澳大利亚、新加坡等国的暂缓起诉制度。具体来说，美国在对涉嫌犯罪的企业是否适用暂缓起诉方面确立了完全由检察官自由裁量的模式，法官虽然对暂缓起诉协议进行审查、批准，但通常只是形式上的。英国的暂缓起诉协议是在对涉嫌犯罪的企业提起公诉后，在检察官与企业自愿达成不起诉协议的同时，需要法官进行实质审查并作出批准方可生效。① 也就是说，不论是美国的检察官自由裁量模式还是以英国为代表的司法审查模式，均是检察机关在对涉嫌犯罪的企业提起公诉后达成的不起诉协议，显著的区别在于法官对暂缓起诉协议的批准与执行是否具有实质性审查权限。但诚如笔者此前分析指出的，对有些企业来说，检察官向法院提起刑事追诉这一举动本身即足以给企业带来灾难性后果，因此，在刑事追诉的越早时期"息事宁人"，对企业来说无疑越容易实现利益最大化。就此而言，英美等国针对涉嫌犯罪的企业提起公诉后再达成暂缓起诉协议的做法，仍有优化空间。在审查起诉阶段的不予起诉与提起公诉后的暂缓起诉之间，或可考虑附条件不起诉制度。申言之，与终局性不起诉决定相比较，附条件不起诉给涉罪企业以外部压力与合规即不诉的内在动力；与英美等国的暂缓起诉相比较，将附条件不起诉置于检察机关的审查起诉阶段，一方面与我国目前针对未成年人犯罪案件的附条件不起诉实现制度设计上的一致性，另一方面也能够避免针对企业提起刑事公诉可能带来的"安达信效应"。上述制度设计或会招来检察机关自由裁量权限过大以及检察权过度侵蚀审判权的批评，但笔者以为，上述疑虑没有必要。司法的过程本身就是利益权衡以及合理裁量的过程，遵循法定条件与相对明确的指标按照正当程序作出的裁量性结果就是相对公正的；伴随着我国司法体制改革，检察权的属性以及检察机关的职能也正在发生深刻变革，检察机关在刑事诉讼活动中在局部范围已然在扮演"裁判者"的角色。比如，针对被批准逮捕的犯罪嫌疑人的羁押必要性审查、针对酌定不起诉案件的听证，检察机关扮演的其实更多是一个居中裁判者的角色。② 因此，笔者主张可以我国针对未成年人犯罪案件的附条件不起诉为模板，设计适用于企业犯罪的附条件不起诉制度。

当然，与其临渊羡鱼、不如退而结网。笔者也承认，在现有制度框架内，探索刑事合规在程序法方面的制度供给更具现实意义。对此，鼓励检察机关在审查起诉阶段针对符合条件的涉罪企业积极适用酌定不起诉制度，不失为一种可行的思路与选择。在此，笔者以

---

① 陈瑞华：《企业合规视野下的暂缓起诉协议制度》，载《比较法研究》2020年第1期，第3、5页。
② 在羁押必要性审查过程中，负责审查的检察官居中而坐（类似于庭审过程中法官的地位），左侧为负责承办案件的公安机关民警及起初做出批准逮捕决定的检察官，右侧为犯罪嫌疑人的辩护人，犯罪嫌疑人位于负责审查的检察官对面，接受三方的问询。负责羁押必要性审查的检察官在听取民警、做出逮捕决定的检察官以及犯罪嫌疑人及其辩护人等三方意见的基础上，根据事实、依据法律做出是否批准变更强制措施的决定。纵观羁押必要性审查的整个流程、审查的具体内容以及各方扮演的角色、座次等，其堪称"小庭审"，负责羁押必要性审查的检察官无疑被设定居中裁判者。酌定不起诉案件的听证程序与羁押必要性审查在流程、内容与形式上高度相似。

为，在适用酌定不起诉制度过程中，需要特别注意如下几个问题：首先，应准确厘定可适用酌定不起诉的企业涉罪案件的范围。根据我国刑事诉讼法第 177 条第 2 款规定，酌定不起诉仅适用于"犯罪情节轻微，依照刑法规定不需要判处刑罚或者免除刑罚"的刑事案件。这意味着，证明相关主体行为构成犯罪的在案证据已经符合证据确实、充分这一提起公诉的基本标准，这也是酌定不起诉案件与证据不足不起诉案件在事实与证据方面的根本差异。与此同时，根据刑法规定，相关事实业已满足犯罪成立的基本条件，依法应当追究刑事责任，这是刑事诉讼法第 177 条第 2 款有别于第 1 款之处。但是，与需要追究刑事责任的其他刑事案件不同，酌定不起诉案件是在事实清楚、证据确实充分基础上，综合考虑案件的性质与情节，认为其犯罪情节轻微，依法不需要判处刑罚或免除刑罚。因此，对犯罪性质严重、有类似犯罪前科或者罪行较为普遍的涉罪企业，原则上不应适用酌定不起诉制度。其次，涉罪企业的认罪态度应当作为酌定不起诉的重要考虑因素，也作为评价犯罪情节是否轻微、是否不需要判处刑罚的参考因素。认罪认罚的实践在我国已经制度化，事实上，认罪认罚从宽制度与企业犯罪案件处理并不排斥。伴随着认罪认罚制度的制度化以及全面推广，上至最高人民检察院[①]、下至基层人民检察院[②]，都在努力探索针对企业认罪认罚处理机制。当企业犯罪对第三方存在损害后果的场合，企业积极赔偿或补偿第三方因犯罪行为遭受的损失，获得第三方谅解，不仅是企业为恢复因犯罪遭受破坏的社会关系的一种努力，而且也是企业真诚悔罪的客观表现。复次，应充分发挥"检察意见书"与"检察建议书"的"联动"机能。根据 2020 年 7 月 22 日最高人民检察院发布的《最高人民检察院关于充分发挥检察职能服务保障"六稳""六保"的意见》的规定，"依法作出酌定不起诉决定的……。需要给予行政处罚的，提出检察意见移送有关主管机关处理，防止不起诉后一放了之。"笔者以为，检察意见书是链接检察机关、行政机关以及涉罪企业的"阀门"，针对酌定不起诉的涉罪企业，人民检察院以检察意见书的形式通过行政机关对相关企业予以行政处罚，既是基于既定不法事实对企业的惩罚，也是基于企业未来合规经营所作的必要预防。与此同时，人民检察院也可以通过检察建议书的形式，针对企业犯罪的现实情况，提出有针对性的整顿建议，比如，尽快建立有效合规计划，或者对既有合规计划进行完善，并要求涉案企业将整改情况及时反馈。最后，在对涉罪企业酌定不起诉过程中，应当坚持"附条件放过企业，但务必严惩个人"的处置思路。"对企业的起诉搁置可以避免负外部效应，因而具备了一定程度的正当化色彩；对相关责任人员的不予起诉处理，则显著破坏法治原则。"[③] 事实上，国外的现实情况是，绝大多数公司缓起诉案件

---

① 参见陈鸾成、贝金欣：《"运用认罪认罚从宽制度依法办理涉企刑事案件"》，载《检察日报》2018 年 12 月 2 日，第 3 版。
② 上海市浦东新区人民检察院发布的《服务保障浦东新区营商环境建设的十二条意见》明确将企业整改情况以及认罪认罚作为对企业依法适用不起诉的依据。
③ 李本灿：《认罪认罚从宽处理机制的完善：企业犯罪视角的展开》，载《法学评论》2018 年第 3 期，第 120 页。

附带不起诉直接行为人，由此使人们对办案的质量以及刑法适用的公正性产生怀疑。① 当前我国针对企业认罪认罚以及酌定不起诉的探索与实践中，个别检察官确实存在如下顾虑：既然涉罪企业拟被酌定不起诉，继续追究相关自然人的刑事责任似乎不妥；既然不起诉企业，当然也没必要追诉企业中的自然人。但是，应该看到，单位犯罪场合，单位负刑事责任的根据有别于单位中的自然人，不追诉犯罪单位刑事责任的根据明显不适用于单位中的个人。相反，在放过涉罪企业的同时，如果也不追究其中自然人的刑事责任，这无疑是变相鼓励企业中的自然人犯罪，既不利于预防犯罪，也明显有违刑法适用的平等性与公正性。

（二）刑事实体法方向的合规激励及其法理根据

如前所述，部分国家立法明确规定有效合规计划可以作为否定企业刑事责任的法定事由；部分国家的司法实践显示，即便在追究企业刑事责任的情况下，合规计划对企业的刑罚裁量也大有助益。易言之，合规计划对企业自身刑事责任的生成与评价至关重要。在此，有必要立足合规计划之于单位犯罪刑事责任的积极效应思考单位犯罪的刑事责任根据，以便在单位犯罪的刑法教义学视域中为合规计划及其展开寻找嵌入点。与此同时，也可以透过合规计划重新检视甚或重塑长期以来困扰我们的单位犯罪刑事责任相关理论。

有效合规计划作为否定企业刑事责任的抗辩事由，在关键时刻能够在涉罪员工与企业之间依法实现责任切割，合规计划的这一特殊效果说明在合规治理语境下，企业员工（不论其职务高低）的不法职务或业务行为并不能必然归属于企业。就此而言，不论是在同一视理论②或是在替代责任模式下③，均无合规计划的存在空间。联邦法院在企业法人实施了合规管理制度的情况下原则上不认定其属于尽到了合理注意义务，一般不减轻或免除刑事责任，究其原因是联邦法院判例中，关于法人刑事责任的描述中普遍采用确认从业者无过失责任转移的"替代责任"有效的法理。④ 事实上，替代责任理论不仅违反刑法中罪责自负这一基本归责原则，而且就其本质而言属于法人犯罪否定论，这在我国普遍承认单位犯罪的立法语境下明显是不合时宜的。我国刑法理论通说以及司法实践似乎更倾向于同一视理论，学界普遍将经单位集体讨论或者单位负责人决定由相关职员实施的危害行为作为单位犯罪的核心与关键。⑤ 很明显，同一视理论所预设的单位犯罪情境中，透过单位职员

---

① 参见李本灿：《域外企业还起诉制度比较研究》，载《中国刑事法杂志》2020年第3期，第94-95页。
② 主张将特定的自然人的犯罪视为单位犯罪，继而处罚单位。
③ 奉行"仆人犯错，主人担责"的理念，认为单位刑事责任实质上是对单位中自然人刑事责任的分担或者转嫁。
④ 参见［日］川崎友巳：《合规管理制度的法律意义》，李世阳译，载李本灿等编译：《合规与刑法：全球视野的考察》，中国政法大学出版社2018年版，第36页。
⑤ 参见高铭暄、马克昌主编：《刑法学》（上编），中国法制出版社1999年版，第193-194页；陈兴良：《规范刑法学》（上册），中国人民大学出版社2017年版，第256页。

的不法行为追究所属单位的刑事责任无疑是妥善且正当的，单位通过集体研究决定实施违法犯罪活动，这意味着单位并不存在有效合规计划，或者说单位的合规计划属于"装点门面"的。但这既不能作为否定有效合规计划可以阻却犯罪事由的依据，也不能作为同一视理论正当化的根据。事实上，在同一视理论下，是不可能主张有效合规作为阻却单位构成犯罪的事由的。同一视理论主张，单位犯罪以自然人犯罪为前提，这在很大程度上无视单位及其职员承担刑事责任根据的差异性。我国刑法中的单位犯罪实是一种特殊的犯罪聚合体，它包括两个犯罪行为，两个犯罪主体和刑事责任主体，对于自然人犯罪完全可以用传统的自然人犯罪理论对其进行处理，对于单位犯罪，因其有别于自然人，因而对其刑事责任的承担形式和根据需要加以论证。单位成员的犯罪就是自然人犯罪，而与其所属单位在刑事责任承担上并无关联。使单位责任与单位成员责任实现适当分离，有利于合理、有效地惩治单位犯罪。① 不仅如此，统一视理论也不利于对公害犯罪如环境污染犯罪的惩治。大型企业排出的废水污染环境，即使不能追究任何自然人的刑事责任，也可以追究单位的刑事责任。② 如果说同一视理论有助于追究小规模单位的犯罪，则其明显不利于对大规模单位的犯罪的规制③。在组织严密且层级复杂的组织体内，单位最高层如董事会集体研究决定实施犯罪活动几乎是不能想象的；换句话说，即便单位的决策机构声称，其完全不知情或者没有做出过类似决定，但这也并不影响因单位职员的不法业务活动而追究单位犯罪的刑事责任，这既说明同一视理论的适用范围是有局限性的，也说明单位及其职员的意志与行为是不完全等同的。此外，如果说同一视理论能够较好地说明单位故意犯罪的话，则其未必能够当然适用于单位过失犯罪的场合。

鉴于有效合规计划阻却单位承担刑事责任的立法规定与司法实践，不得不承认，单位职员的行为不能当然视为单位的行为，单位职员构成犯罪也并不意味着单位因此承担刑事责任；反之，亦然。也就是说，合规计划之于单位犯罪的犯罪阻却效果迫使我们放弃同一视理论，并提示我们，单位刑事责任的根据不同于单位职员承担刑事责任的根据。"由于单位的行为通过自然人实施，从现象上看，单位的行为与单位中自然人的行为是同一的，单位并没有比单位中自然人做更多的事情，因而对单位的归责虽然要考虑能够归责于单位的行为，但更多地应该考虑单位对自然人实施危害行为的客观影响，换言之，该单位治理处于何种状态时单位应对自然人的行为承担责任。"④ 在此，组织体责任理论提供了一个可能的思考方向。"企业犯罪并不完全是由于企业内的自然人的某个决定而引起的，很大程度上是由于企业固有的管理体制的不完善或者企业的组织结构中所存在的某种缺陷而导

---

① 参见叶良方：《单位犯罪责任构造的反思与检讨》，载《现代法学》2008年第1期，第106–107页。
② ［日］樋口亮介：《法人处罚与刑法理论》，东京大学出版会2009年版，第1页。转引自张明楷：《刑法学》，法律出版社2016年版，第137页。
③ 参见张明楷：《刑法学》，法律出版社2016年版，第137页。
④ 时延安：《合规计划实施与单位的刑事归责》，载《法学杂志》2019年第9期，第26页。

致的。"易言之,企业刑事责任"不是从企业中的个人,而是从企业自身的组织结构、规章、政策、宗旨、文化等企业自身特征"中导出的。① 目前为止,学界在有关组织体责任的理解尤其是以此为基础构建单位犯罪构成要件方面虽然存在重大认识分歧,② 但均认可合规计划之于企业刑事责任生成的决定性影响,并试图以合规计划及其践行为契机重构单位犯罪的构成要件。笔者认为,在组织体责任的方向上探讨单位犯罪刑事责任的基础是妥当的,也只有在组织体责任论的语境下方有进一步探究合规计划之于企业刑事责任重塑的空间。如此方能从根本上合理解释为什么可以将良好的合规计划作为阻却犯罪的事由,以及在合规失败时即便不能因此而阻却单位构成犯罪,但依旧可因此而主张减轻甚至免除对企业的刑罚处罚。考虑到有效合规计划的基本要素均是有关企业治理结构与运营方式方面的要求,因此,将单位承担刑事责任的根据确定为因单位未践行有效合规计划而导致企业治理结构和运营方式存在漏洞与风险,并因此而引致不法结果发生。申言之,在企业存在有效合规计划——治理结构完善、运营方式合法——的情况下,企业职员的不法(业务)行为原则上当属其超越职责的个人行为,职员所属企业不应因雇员的个人行为而承担组织体责任;即便追究组织体的刑事责任,鉴于企业因有效合规计划在客观上履行了相当的注意义务,以及因此对企业的非难程度有所缓和,同时考虑针对涉罪企业特别预防的必要性较低,可以考虑对其在刑罚裁量时予以减轻甚至免除处罚。

五、余论

在"一带一路"的战略布局与巨大感召下,越来越多的中国企业走出国门、走向海外,在异国他乡开拓市场、开展竞争。企业逐利,无可厚非,但企业需要安全地赚钱。因此,合规经营应当成为每一个企业(家)时刻紧绷的一根弦。通过合规计划这种制度化的自我规制不仅能够准确识别、评估企业运行中的合规风险,而且能前瞻性地作出妥善的预防措施及危机应对机制。共同的利益诉求为国家与企业在合规治理中的合作提供了动力、奠定了基础,而合规计划具有的犯罪预防功能与兴起中的积极的一般预防刑法观不谋而合,更契合了风险社会来自国家与公众对不确定风险积极管控的需要;在企业危急时刻,允许代表国家的司法机关与涉案企业通过协商、洽谈方式妥善处理,肯定第三方力量在合规治理中的积极作用,也是协商治理理论在现代刑事司法中的运用。作为刑事立法与司法的主导者,国家应考虑在立法与司法层面对企业践行合规治理予以积极回应,肯定合规计划之于涉罪企业在刑事程序法与实体法方向上的积极意义,在现行法的框架下鼓励检察机

---

① 黎宏:《合规计划与企业刑事责任》,载《法学杂志》2019年第9期,第14页。
② 比如,黎宏教授在企业文化论的角度把握组织体责任,认为各种各样的企业组织中均存在着其固有的文化,在其成为促使犯罪发生的原因的场合,便可将其作为企业的主观意思归于企业自身,并将其同企业成员的犯罪行为联系起来考虑。黎宏:《合规计划与企业刑事责任》,载《法学杂志》2019年第9期,第17页。时延安教授则认为,单位犯罪的规则基础是单位内部治理或经营结构导致危害行为发生。时延安:《合规计划实施与单位的刑事归责》,载《法学杂志》2019年第9期,第28页。

关对符合条件的企业酌定不起诉,并积极辅之以检察建议(意见)书、独立合规监督人等方式促使企业践行合规。考虑到合规计划之于企业刑事责任的能动影响,有必要检讨我国现有单位犯罪刑事责任理论,在组织体责任论的方向上重构单位犯罪刑事责任根据,在充分考虑有效合规计划的基础上,在刑法教义学层面重塑单位犯罪的构成要件。

(编辑:蒋太柯)

拒绝履行隔离义务的刑法规制*

——妨害传染病防治罪的教义学分析

姚 瑶**

摘 要 新冠病毒感染肺炎疫情防控背景下,对拒绝履行隔离义务行为的刑法规制问题进行探究,需要对妨害传染病防治罪的界限与范围进行教义学分析。在罪与非罪的认定中,应当以"从严从重"的刑事政策为依据,适度扩大妨害传染病防治罪的入罪范围。在此罪与彼罪的界定中,通过对犯罪故意的内涵修正为"对危害结果的发生具有认识",将妨害传染病防治罪的主观罪过认定为故意的基础上,运用"拒绝履行隔离义务的疑似患者是否经过医疗机构确诊"的判断标准区分妨害传染病防治罪与以危险方法危害公共安全罪;另外,疑似患者拒绝履行隔离义务的行为不能以过失以危险方法危害公共安全罪论处,构成犯罪的,只能根据妨害传染病防治罪定罪处罚。

关键词 拒绝履行隔离义务 妨害传染病防治罪 刑法规制 教义学分析

一、拒绝履行隔离义务行为刑法规制的立法依据

阻断疫情的传播路径,才具有防止疫情传播的可能。在防控新冠病毒感染肺炎疫情的应对中,隔离措施发挥了重要作用,有效保障了我国人民群众的生命健康安全。目前,我国疫情防控工作的重心从内控转换为内控与外防并重,疫情防控形势仍然紧张,防控任务仍然严峻,在此情形下,拒绝履行隔离义务的行为极易引发严重的社会危害后果。可以说,在防控新冠病毒感染肺炎疫情扩散的所有措施中,隔离措施的有效性最强,同时,拒

---

* 本文系四川医事卫生法治研究中心青年项目"刑事一体化视阈下涉疫犯罪问题研究"(项目编号:YF21-Q15)的研究成果。

** 姚瑶,女,黑龙江哈尔滨人,华东政法大学政管学院博士后,主要研究方向为刑法学。

绝履行隔离措施的危害性也最大，具有刑法规制的必要性。

新冠肺炎疫情防控背景下，为了有效应对违反传染病防治法的相关涉罪行为，2020年12月26日通过的《刑法修正案十一》对妨害传染病防治罪进行了三处修改①。根据修改后妨害传染病防治罪的规定，在新冠病毒感染肺炎疫情防控期间，拒绝履行隔离义务，严重危害公共安全的行为若满足"拒绝执行县级以上人民政府、疾病预防控制机构依照传染病防治法提出的预防、控制措施的"的前提条件，则涉嫌构成妨害传染病防治罪。虽然《刑法修正案十一》于2021年3月1日正式生效，但在此之前，利用妨害传染病防治罪惩治拒绝履行隔离义务而引起新冠病毒感染肺炎疫情传播或者传播危险的做法已被激活，但是这种激活缺乏形式合法性，因此备受诟病②。《刑法修正案十一》的出台虽然赋予了利用妨害传染病防治罪惩治违反传染病防治法的规定，而引起新冠病毒传播或者传播严重危险的行为形式合法性，但是关于妨害传染病防治罪司法适用的争议并没有终止。例如，新冠病毒感染肺炎疫情防控背景下，违反传染病防治法规定的拒绝履行隔离义务行为的行政违法与刑事犯罪的界限是什么？妨害传染病防治罪的主观恶性究竟是故意还是过失？抑或两者兼有？妨害传染病防治罪与以危险方法危害公共安全罪、过失以危险方法危害公共安全罪的关系是什么？"从严从重"的刑事政策对妨害传染病防治罪的认定与量刑具有何种影响？鉴于此，本文以拒绝履行隔离义务行为为切入点，对妨害传染病防治罪进行教义学分析。

二、拒绝履行隔离义务行为的刑法规制困惑

司法实践中，拒绝履行隔离义务行为的刑法规制困境围绕刑法介入的尺度与边界展开。由于立法层面入罪标准的界定不清，导致妨害传染病防治罪在惩治拒绝履行隔离义务行为时的界限不明；由于妨害传染病防治罪主观罪过认定不一，引发了对拒绝履行隔离义务行为进行刑法规制时罪名适用的争议。

（一）拒绝履行隔离义务行为刑法规制边界不清

依据《治安管理处罚法》的规定，可以对拒绝履行隔离义务的新冠病毒感染肺炎疑似

---

① 其一，将"引起甲类传染病传播或者有传播严重危险的"改为"引起甲类传染病以及依法确定采取甲类传染病预防、控制措施的传染病传播或者有传播严重危险的"；其二，将"拒绝执行卫生防疫机构依照传染病防治法提出的预防、控制措施的"改为"拒绝执行县级以上人民政府、疾病预防控制机构依照传染病防治法提出的预防、控制措施的"；其三，增加"出售、运输疫区中被传染病病原体污染或者可能被传染病病原体污染的物品，未进行消毒处理的"。

② 学者指出："目前我国对乙类传染病采取甲类预防、控制措施的决定是由国家行政机关决定的，这是以行政命令方式扩大个罪的涵摄范围，这一方法在法律上并不明确，与个罪的保护法益不符，也有结果归责的疑虑。"参见姜涛：《突发公共卫生事件背景下的刑事政策与刑法规范》，载《政治与法律》2020年第5期，第14页。

病人进行行政处罚①。另外，拒绝履行隔离义务的行为也可能进入刑法的视野，涉嫌构成妨害传染病防治罪。而《刑法修正案十一》出台后，并没有针对妨害传染病防治罪设定新的犯罪追诉标准，所以，目前仍须参照《关于公安机关管辖的刑事案件立案追诉标准的规定（一）》第49条的规定对妨害传染病防治罪的入罪标准进行判定②。但是，"拒绝执行疾病预防控制机构依照传染病防治法提出的预防、控制措施的，引起甲类或者按照甲类管理的传染病传播或者有传播严重危险"的入罪标准并不具有明确性，并没有将拒绝履行隔离义务的行政违法行为与刑事犯罪行为区分开来。例如，根据程度不同，可大致将隔离措施区分为自愿隔离、一般性隔离、强制隔离这三类。③ 一般而言，不自愿履行隔离义务不会涉及刑法评价。但是，刑法应当如何看待拒绝履行一般性隔离义务的行为，与拒绝履行强制隔离义务的行为？拒绝履行隔离义务的行为进入刑法规制范围的条件是什么？在规范层面缺少可操作性指引的背景下，就需要借助刑法教义学分析工具进行判定。

（二）拒绝履行隔离义务行为罪名适用争议

司法实践中，之所以无法合理构建事实层面拒绝履行隔离义务的行为，与规范层面妨害传染病防治罪的沟通桥梁。一方面是刑法规范没有明确妨害传染病防治罪的入罪标准引起的，另一方面是由于妨害传染病防治罪的主观罪过存在争议，导致进一步产生是否可以以危险方法危害公共安全罪或者过失以危险方法危害公共安全罪规制拒绝履行隔离义务行为的争论。

1. 妨害传染病防治罪主观罪过认定争议

《刑法修正案十一》对妨害传染病防治罪进行了修改，扩展了本罪的入罪范围，将"违反传染病防治法，引起依法确定采取甲类传染病预防、控制措施的传染病传播或者有传播严重危险"的行为纳入了本罪的规制范围。而《国家卫生健康委员会公告》（2020年第1号）已将新冠病毒感染肺炎纳入传染病防治法规定的乙类传染病，并采取甲类传染病的预防、控制措施。因此，在《刑法修正案十一》生效后，对于违反传染病防治法的规定，拒绝履行隔离义务，而引起新冠病毒传播或者传播严重危险的，涉嫌构成妨害传染病防治罪。实际上，妨害传染病防治罪早已在本次新冠病毒感染肺炎疫情防控中发挥了重要作用。为强化妨害传染病防治罪的司法适用，《关于依法惩治妨害新型冠状病毒感染肺炎疫情防控违法犯罪的意见》（以下简称《意见》）明确了可运用妨害传染病防治罪打击妨

---

① 《治安管理处罚法》第50条规定，拒不执行人民政府在紧急状况情况下依法发布的决定、命令的，处警告或者200元以下罚款；情节严重的，处5日以上10日以下拘留，可以并处500元以下罚款。
② 2008年最高检与公安部联合出台的《关于公安机关管辖的刑事案件立案追诉标准的规定（一）》第49条规定，违反传染病防治法的规定，拒绝执行疾病预防控制机构依照传染病防治法提出的预防、控制措施的，引起甲类或者按照甲类管理的传染病传播或者有传播严重危险，应予立案追诉。
③ 李凌云、陈杰：《疫情防控中强制隔离措施的理解与适用》，载《学术交流》2020年第8期，第76页。

害疫情防控秩序的涉罪行为①，司法实践中也具有利用妨害传染病防治罪惩治拒绝履行隔离义务的判例②。

规范层面对妨害传染病防治罪的规定，以及实践层面对妨害传染病防治罪的适用，并没有消除妨害传染病防治罪构成要件要素中主观罪过认定的争议。在疫情防控背景下，行为人拒绝履行隔离义务一定是故意的，在这种前提下，若认为该罪的主观罪过是过失，那么就一定会主张行为人对拒绝履行隔离义务所造成的危害结果是过失的。根据我国刑法的规定，过失犯的成立以发生法定的实害结果为要件，危险的发生不能成为过失犯的成立前提。但是，妨害传染病防治罪的成立标准不仅包括"引起依法确定采取甲类传染病预防、控制措施的传染病传播"的实害结果的，也包括"引起依法确定采取甲类传染病预防、控制措施的传染病传播严重危险"的危险结果，故而主张本罪的主观方面表现为过失是具有争议的。另一方面，如果将妨害传染病防治罪的主观恶性解释为故意，虽然可以与"引起依法确定采取甲类传染病预防、控制措施的传染病传播严重危险"的入罪标准对应起来，将本罪认定为故意危险犯。但是，理论通说认为以危险方法危害公共安全罪是故意危险犯，如将妨害传染病防治罪也认定为故意危险犯，即产生了在具体的适用过程中如何将本罪与以危险方法危害公共安全罪进行区分的刑法教义学问题。

2. 妨害传染病防治罪与相关罪名的区分

在新冠病毒感染肺炎疫情防控背景下，对于拒绝履行隔离义务的行为主要涉嫌构成妨害传染病防治罪、以危险方法危害公共安全罪以及过失以危险方法危害公共安全罪。

一方面，需要对妨害传染病防治罪与以危险方法危害公共安全罪进行区分。根据《意见》的规定可知，以危险方法危害公共安全罪与妨害传染病防治罪是具有互斥关系的罪名，不构成以危险方法危害公共安全罪的行为，就可以妨害传染病防治罪定罪处罚。然而，《意见》并没有将以危险方法危害公共安全罪与妨害传染病防治罪妥善区分开，并不能有效指导司法实践中妨害传染病防治罪的适用。比如，对于被称为"一人毁了一座城"

---

① 2020年2月6日，最高法、最高检、公安部以及司法部联合印发的《关于依法惩治妨害新型冠状病毒感染肺炎疫情防控违法犯罪的意见》规定"故意传播新型冠状病毒感染肺炎病原体，具有下列情形之一，危害公共安全的，依照刑法第一百一十四条、第一百一十五条第一款的规定，以以危险方法已经危害公共安全罪定罪处罚：1. 已经确诊的新型冠状病毒感染肺炎病人、拒绝隔离治疗或者隔离期未满擅自脱离隔离治疗，并进入公共场所或者公共交通工具的；2. 新型冠状病毒感染肺炎疑似病人拒绝隔离治疗或者隔离期未满擅自脱离隔离治疗，并进入公共场所或者公共交通工具，造成新型冠状病毒传播的。其他拒绝执行卫生防疫机构依照传染病防治法提出的防控措施，引起新型冠状病毒传播或者传播严重危险的，依照刑法第三百三十条的规定，以妨害传染病防治罪定罪处罚"。

② 例如，2020年1月26日晚，被告人冯某从湖南省岳阳市驾车返回无锡后，在从湖北返锡的熊某处居住。1月27日至29日，社区工作人员至熊某处，对该住处居住人员进行居家隔离登记，并要求所有居住人员进行居家隔离，但冯某仍于1月31日驾车前往浙江省舟山市其岳父徐某家，与岳父、妻子等5人共同生活。最终，徐某等5人中有4人被确诊为新冠肺炎患者，该5人的密切接触者39人被实施集中隔离医学观察，一般接触者42人被实施居家医学观察。法院认为其行为已经构成妨害传染病防治罪。参见腾讯：《无锡首例妨害传染病案宣判 被告人获刑一年》，https://js.qq.com/a/20200715/004442.htm，2020年7月15日，2021年1月8日浏览。

的沈阳尹老太拒绝履行隔离义务的行为[①]究竟是应当以危险方法危害公共安全罪论处还是以妨害传染病防治罪论处就具有争议，在司法适用中，无法依据《意见》的规定将两罪区分开。另一方面，需要将妨害传染病防治罪与过失以危险方法危害公共安全罪区分开来。根据司法解释的规定，对于过失引起突发传染病传播的行为人，可以过失以危险方法危害公共安全罪定罪处罚[②]。鉴于《刑法修正案十一》扩大了妨害传染病防治罪的构成要件，通过刑法条文的形式将违反传染病防治法，引起新冠病毒感染肺炎疫情传播的危害行为纳入了本罪的规制范围之内。由此，如果将妨害传染病防治罪的主观罪过认定为过失，那么拒绝履行隔离措施，引起新冠病毒感染肺炎疫情传播的行为人不仅涉嫌构成过失以危险方法危害公共安全罪，同时也涉嫌构成妨害传染病防治罪。

三、拒绝履行隔离义务行为的刑法规制

通过对妨害传染病防治罪所涉的罪与非罪区分、主观罪过认定、以及与相关罪名适用界限问题进行教义学分析，以达到对拒绝履行隔离义务行为的刑法规制难题进行破解的目的。

（一）行政违法与刑事犯罪的区分

以违反前置性法律规范为前提的法定犯与刑法保障法特性、以及刑法谦抑性原则紧密相关。对于违反行政法律规范的行为，造成严重后果的，就可能需要承担相应的刑事法律责任。在刑法中，一些法定犯的成立与行政违法的界限清晰。比如，在道路交通领域，若达到了"死亡一人或者重伤三人以上，负事故全部或者主要责任"的法定构成要件危害结果，肇事者就需要承担交通肇事罪的刑事责任。但是，并不是所有以违反前置性法律法规为前提的法定犯的成立标准都具有明确性。比如，妨害传染病防治罪犯罪成立的标准与行政违法的标准的界限就较为模糊，规范层面只规定"违反传染病防治法的规定，引起甲类传染病以及依法确定采取甲类传染病预防、控制措施的传染病传播或者有传播严重危险的"就满足了妨害传染病防治罪的入罪标准。然而，何种情况满足"引起传染病传播或者

[①] 2020年11月29日，尹老太从韩国回到沈阳，按照规定集中隔离了14天后返回家中。根据2020年5月16日发布的《沈阳市统筹推进新冠肺炎疫情防控和经济社会发展工作指挥部令（第13号）》的规定，对来沈返沈的入境人员，实施14天集中隔离观察，之后继续进行14天单独居家隔离观察。但尹老太回家第二天就开始到处活动。12月18日，尹老太就出现了发烧症状，她去了一家小诊所打了点滴，在将儿媳和孙子送去外地后，在发烧状态下继续出入人流密集的公共场所，直到四天后病情加重，尹老太才去大医院就诊。12月23日她被正式确诊，此时她已经导致多人感染。由于尹老太的原因，12月30日下午，沈阳全面进入战时状态，随后开始全城核酸检测。参见搜狐网：《让沈阳风声鹤唳的尹老太，究竟值不值得同情？》，https：//www.sohu.com/a/441051146_100282205，2020年12月28日，2020年1月3日浏览。

[②] 2003年最高法、最高检联合发布的《关于办理妨害预防、控制突发传染病疫情等灾害的刑事案件具体应用法律若干问题的解释》第1条规定："患有突发传染病或者疑似突发传染病而拒绝接受检疫、强制隔离或者治疗，过失造成传染病传播，情节严重，危害公共安全的，依照刑法第一百一十五条第二款的规定，按照过失以危险方法危害公共安全罪定罪处罚。"

传播严重危险",刑法及司法解释并没有明确说明。规范层面入罪标准界定不清引发了司法实践中以行政处罚代替刑事处罚,或者刑法过度介入的双重危险。

实际上,妨害传染病防治罪入罪标准不清是由于违反传染病防治法的行为所造成的危害结果,并不能清晰地表现为重伤或死亡的实害结果引起的。基于此,才会进一步产生"造成了共同生活的家庭成员感染的危害结果"是否满足妨害传染病防治罪入罪标准等争议。违反传染病防治法的行为人,究竟是应当承担行政法律责任还是应当承担刑事法律责任,与妨害传染病防治罪犯罪圈大小的设置相关,而犯罪圈大小的设定又关涉特定情势的刑事政策。《意见》指出,准确适用法律,依法严惩妨害疫情防控的各类违法犯罪。在新冠病毒感染肺炎疫情防控期间,加大对妨害疫情防控秩序行为的违法与犯罪行为的惩罚力度,适度扩宽妨害疫情防控秩序犯罪的惩治范围,回应的是社会大众对防疫时期国家应保护公民健康与社会安全的期望[1],妨害公务罪[2]的认定就体现了这种价值判断,因此具有正当的社会基础。故而,在新冠病毒感染肺炎疫情防控期间,在坚持罪刑法定原则的前提下,应适当扩大妨害传染病防治罪等妨害疫情防控工作犯罪的惩罚范围,即在行政违法与刑事犯罪难以区分的情况下,应适度强调一种入罪的思想。由于家庭成员也有出入公共场所的可能,因此家庭成员之间相互感染,也会对社会公共安全造成威胁。所以,对于违反传染病防治法,拒不履行隔离义务,但是没有出入公共场所,只是造成了病毒在共同生活的家庭成员之间传播的,也应当认为达到了妨害传染病防治罪的入罪标准。另外,无论是违反一般性隔离义务还是强制性隔离义务,只要是由于违反隔离义务,造成了新冠病毒在公众之间传播的严重危险,就应当认定达到了妨害传染病防治罪的入罪标准。但是,在司法实践中,刑法的适用要保持理性,不能为实现与民意的共振而将本不该定罪的行为予以定罪处罚。[3] 鉴于此,就应当牢牢把握妨害传染病防治罪的尺度,对于单一的、拒绝履行隔离义务的行为不宜以犯罪论处。例如,在新冠病毒感染肺炎疫情防控期间,应当履行居家隔离或者定点隔离的疑似患者拒不履行隔离义务,在打算外出时被志愿者或者医护人员发现,并将其劝回,由于此时尚没有引起病毒传播或者传播的危险,所以不宜将行为人拒绝履行隔离义务的行为认定为刑事犯罪。

---

[1] 刘艳红:《治理能力现代化语境下疫情防控中的刑法适用研究》,载《比较法研究》2020 年第 2 期,第 8 页。

[2] 2020 年 2 月 24 日,最高人民检察院疫情防控检察业务领导小组召开专题会议指出,为防控疫情需要,由政府部门组织动员的居(村)委会、社区工作人员可以认定为受国家机关委托从事公务的人员。对于防疫人员依职权行驶的与防疫、检疫、强制隔离、隔离治疗等措施密切的相关行为,应认定为公务行为。对于由居(村)委会、物业公司等自发组织、采取有关防控疫情措施的人员,在执行防控措施时受到暴力、威胁的,对行为人不能认定为妨害公务罪,可以按照故意伤害罪、寻衅滋事罪、侮辱罪等追究刑事责任。

[3] 刘艳红:《治理能力现代化语境下疫情防控中的刑法适用研究》,载《比较法研究》2020 年第 2 期,第 8 页。

(二) 妨害传染病防治罪主观罪过的认定

根据我国刑法的规定，犯罪的主观罪过包含过失与故意两种。但是，无论是将妨害传染病防治罪认定为过失还是故意，都具有争议。

将妨害传染病防治罪的主观罪过界定为过失的争议主要表现为三个方面。其一，过于自信的过失与对结果具有放任的故意难以区分，所以，对行为人是否具有过失并不容易界定。例如，有学者指出，龙某对自己违反防疫部门规定拒绝自行隔离和上报情况的行为可能会造成病毒传播危险是明知的，虽然不希望这种结果发生，但其没有采取有效措施防止这种危害结果发生，应属于具备过于自信的心理态度。① 而在已知的情形设定下，难以排除龙某对危害结果的发生具有放任的心理状态。其二，如将妨害传染病防治罪认定为过失，会产生本罪是过失危险犯的判断。刑法理论通说认为，过失犯以发生法定的实害结果为成立要件，法定的实害结果未发生，就不能认定成立过失犯。由于本罪的入罪标准包括"引起甲类传染病以及依法确定采取甲类传染病预防、控制措施的传染病传播严重危险"，在此前提下，若将本罪认定为过失犯罪，会产生本罪是过失危险犯的嫌疑，由此，不仅表面上颠覆了通说理论，实质上也具有国家公权力扩张而产生侵犯人权的危险。其三，如果将妨害传染病防治罪认定为过失，涉及本罪与过失以危险方法危害公共安全罪的区分。妨害传染病防治罪旨在通过对违反传染病防治法的涉罪行为进行规制，以达到防止传染病传播而保障公众生命健康的目的。所以，在法益保护方面，妨害传染病防治罪与危害公共安全类犯罪具有同一性。对于拒绝履行隔离义务的行为，过失造成新冠病毒感染肺炎疫情传播的，不仅涉嫌构成妨害传染病防治罪，也涉嫌构成过失以危险方法危害公共安全罪。而为了妨害传染病防治罪的准确适用，就需要判断妨害传染病防治罪与过失以危险方法危害公共安全罪的关系。

将妨害传染病防治罪的主观罪过界定为故意的争议也表现为三个方面。其一，虽然将本罪认定为故意犯罪，可以避免将本罪认定为"过失危险犯"的争议。但也容易使本罪与以危险方法危害公共安全罪相混淆。为了限缩以危险方法危害公共安全罪的适用，《意见》表明，其他拒绝执行卫生防疫机构依照传染病防治法提出的防控措施，引起新型冠状病毒传播或者传播严重危险的，可以妨害传染病防治罪定罪处罚。但是如何将妨害传染病防治罪与以危险方法危害公共安全罪进行区分，司法实践仍难以把握。例如，即使依据《意见》的规定，对于沈阳尹老太是构成妨害传染病防治罪还是以危险方法危害公共安全罪，仍不能得到确定的答案。其二，若将妨害传染病防治罪认定为故意，在司法适用的过程中具有放大行为人主观罪过之嫌。正如上文所述，在新冠病毒感染肺炎疫情防控背景下，行为人拒绝履行隔离义务而造成危害结果的情形下，行为人对于危害结果的发生具有过于自

---

① 张勇：《妨害疫情防控行为的刑法适用之体系解释》，载《政治与法律》2020年第5期，第32页。

信的过失还是放任的故意有时无法准确区分，在此情形下，若将本罪的犯罪主体认定为故意，也难以将行为人对结果的发生具有过于自信的过失心态排除在外，由此具有扩大刑法惩罚范围之嫌。其三，若将妨害传染病防治罪认定为故意，在法定刑层面无法满足体系解释的要求。妨害传染病防治罪的最低档法定刑为三年以下有期徒刑或者拘役；加重法定刑为三年以上七年以下有期徒刑，这与过失以危险方法危害公共安全罪的法定刑相当①，而与以危险方法危害公共安全罪的法定刑不相当②。鉴于体系的协调性，不宜将妨害传染病防治罪的主观认定为故意。

实际上，我国刑法分则有很多罪名的罪过形式都不明晰，例如污染环境罪、不报、谎报安全事故罪等。对此，有学者认为，明确的区分某一罪名是故意还是过失并无必要，并指出：作为责任主义之主要表现的严格区分故意与过失的罪过理论已经不能充分解释刑法分则中罪过形式不明的立法了。③ 笔者认为，不区分主观罪过的主张不能在妨害传染病防治罪中适用。对妨害传染病防治罪的主观罪过进行界定，不仅可将主观恶性较小的拒绝履行隔离义务的行为排除在刑法规制范围之外，也关涉到实践中对妨害传染病防治罪、以危险方法危害公共安全罪、以及过失以危险方法危害公共安全罪进行区分的准确性。因此，对妨害传染病防治罪的主观罪过进行判定具有必要性。而在无法依据刑法的规定，将妨害传染病防治罪界定为故意或者过失的情况下，则需要另寻合理的解决之道。

有学者对"犯罪不是故意就是过失"的论断提出了质疑，通过提出故意与过失的判断方法来说明故意与过失的认定依据，认为有的犯罪并不是由单一的故意或者过失构成，可以同时包含故意或者过失，主张利用要素分析法对某一罪名客观构成要件要素的主观罪过分别进行认定。④ 例如，对于交通肇事罪来说，行为人违反交通运输管理法规的行为是故意的，对于危害结果的发生是过失的。而对于行政犯（法定犯）来说，不法的本质在于引起了法定的构成要件危害结果，因此应当围绕行为人对危害结果的主观心态来认定整个罪名的主观罪过。⑤ 另外，也有学者试图改变我国传统的围绕意志因素来判断主观罪过的方法，强调通过强化认识因素来修正故意与过失的内涵，认为成立故意的前提是行为人对危害结果有认识，而成立过失的前提是行为人对危害结果无认识的。⑥ 除此之外，也有学者指出故意与过失的认定应当围绕行为展开，应当摆脱针对"危害结果"的主观恶性的评价

---

① 过失以危险方法危害公共安全罪：过失犯前款罪的，处三年以上7年以下有期徒刑，情节较轻的，处三年以下有期徒刑或者拘役。
② 以危险方法危害公共安全罪：三年以上十年以下，以及十年以上有期徒刑、无期徒刑或者死刑。
③ 苏永生：《污染环境罪的罪过形式研究——兼论罪过形式的判断基准及区分故意与过失的例外》，载《法商研究》2016年第2期，第122页。
④ 参见陈银珠：《法定犯时代传统罪过理论的突破》，载《中外法学》2017年第4期，第943页。
⑤ 参见王华伟：《要素分析模式之提倡——罪过形式难题新应》，载《当代法学》2017年第5期，第80页。
⑥ 劳东燕：《故意犯罪理论的反思与重构》，载《政法论坛》2009年第1期，第92页。

标准。①

要素分析法旨在对客观构成要件要素进行分析，判断行为人针对每一个客观构成要件要素的主观罪过，然后根据"不法的本质"判断出罪名的整体罪过。但是，对于不法本质的判断涉及行为无价值与结果无价值之争②，争论的双方都认识到，单纯地强调行为无价值或者结果无价值都具有片面性。在这样的前提下，依据要素分析法将某一罪名的不法本质单纯的判定为客观构成要件要素中的行为抑或是结果，进而将体现不法本质的客观构成要件要素的主观罪过界定为该罪名的整体罪过就是不合理的。另外，基于"随着风险的扩散化与日常化，结果本位主义的刑法在危害预防与法益保护方面日益显得力不从心"③ 的论据将"行为本位"替代"结果本位"，从而将认识因素与意志因素针对的对象围绕行为开展的建议也并不合理。虽然这种转换确实能起到刑法的预防性社会功效，但是也容易产生刑法过度功利化而导致的侵犯人权风险，这种消极后果与主张行为无价值一元论的负面影响具有相通性。

笔者认为，在行政法律规范规模不断扩展的风险社会时期，应对犯罪故意的成立条件进行调整，排除意志因素对犯罪故意成立的影响，以社会一般人的认识为依据，围绕行为人对于危害结果的发生是否具有认识为标准，来构建犯罪故意的内涵。质言之，依据社会一般人的认识能力，只要判定行为人对自己的行为具有引起结果发生的危险有认识，就可成立犯罪故意。以妨害传染病防治罪为例，将该罪的主观罪过定义为"对危害结果的发生具有认识"的故意具有两方面优势。

其一，对危害结果的发生所具有的是过于自信的意志因素，还是放任的意志因素难以区分与证明，但是两者相同点在于对危害结果的发生具有认识。将妨害传染病防治罪的主观罪过界定为"对危害结果的发生具有认识"的故意，一方面，可以将传统理论中过于自信的过失与放任的故意都涵盖在本罪的规制范围内，避免了在司法案件中由于过度关注与纠结违反传染病防治法的涉罪行为人的主观罪过，而产生的罪名适用争议。另一方面，实现了在新冠病毒感染肺炎疫情防控时期，立法者激活该罪名以打击违反传染病防治法而造成新冠病毒感染肺炎疫情传播或者传播严重危险行为的初衷。例如，由于新冠病毒感染肺炎疫情的爆发，某地启动了紧急状态下的新冠病毒感染肺炎疫情防控工作。在此背景下，可以根据社会一般人的认识能力推定，被采取了居家隔离或者集中隔离的疑似患者，可以认识到自身拒不履行隔离义务的行为会引发新冠病毒传播的可能性。因此，若行为人拒不履行隔离义务，造成新冠病毒传播或者传播严重危险的，涉嫌构成妨害传染病防治罪。

---

① 参见刘之雄：《违法性认识的刑法学理论异化与常识回归——基于解读犯罪故意实质内涵的分析》，载《法商研究》2019 年第 4 期，第 101 页。

② 结果无价值（或结果不法）是指对由行为所引起之法益侵害结果的否定性评价；行为无价值（或行为不法）则是指对行为方式本身所进行的否定性评价。参见陈璇：《德国刑法学中的结果无价值与行为无价值二元论及其启示》，载《法学评论》2011 年第 5 期，第 65 页。

③ 劳东燕：《故意犯罪理论的反思与重构》，载《政法论坛》2009 年第 1 期，第 91 页。

其二，在新冠病毒感染肺炎疫情防控背景下，可将妨害传染病防治罪的成立条件表述为"引起新型冠状病毒感染肺炎疫情传播或者传播严重危险"。而若将妨害传染病防治罪的主观罪过界定为"对危害结果的发生具有认识"的故意，可使以疏忽大意的过失引起的新冠病毒感染肺炎疫情传播或者传播危险的行为，排除在妨害传染病防治罪的规制范围之外。一方面，对于因疏忽大意的过失引起新冠病毒感染肺炎疫情传播的行为以妨害传染病防治罪定罪处罚并不合理，容易产生因立法者激活妨害传染病防治罪而带来的"随意打击"的不良影响，无法发挥刑法罪名的行为指引机能，更不能实现民众对良法的合理期待。另一方面，对于因疏忽大意引起新冠病毒感染肺炎疫情传播的行为以妨害传染病防治罪论处更不具有实质合法性。在疫情防控的常态化时期，并不能仅因为行为人违反了疫情防控措施，实施了拒绝履行隔离义务的行为，而造成新冠病毒传播，就认定行为人构成妨害传染病防治罪。例如，沈阳尹老太在履行了14天集中隔离的义务后，核酸检测已经呈现了阴性。在回家后拒不履行居家隔离义务，出入公共场所的行为，即使导致了新型冠状病毒传播的严重危险，也不能认定为其对危害结果的发生有认识而构成妨害传染病防治罪的故意，但是在12月18日出现明显症状后，仍然出入公共场所，由此造成了新冠病毒传播，可以认定其具有妨害传染病防治罪的故意。

然而，在将妨害传染病防治罪认定为故意的情形下，进一步产生了如何将本罪与以危险方法危害公共安全罪进行区分问题，以及在行为人过失引起危害结果发生的情形下，是否可以适用过失以危险方法危害公共安全罪的疑问。

（三）妨害传染病防治罪与危害公共安全类罪名的适用区分

在上文中，笔者通过修正犯罪故意的内涵，将妨害传染病防治罪的主观方面界定为"对危害结果的发生具有认识"的故意。而鉴于传统刑法理论中对过于自信过失的成立也要求行为人对危害结果的发生具有认识，基于此，妨害传染病防治罪的主观罪过包含过于自信过失的心态。因此，妨害传染病防治罪不仅涉及与以危险方法危害公共安全罪的区分，也涉及了与过失以危险方法危害公共安全罪的区分。

1. 与以危险方法危害公共安全罪的区分

根据《意见》的规定，在新冠病毒感染肺炎疫情防控背景下，应当适用以危险方法危害公共安全罪定罪处罚的情形主要有以下两种：其一，已经确诊的新冠肺炎感染者＋进入公共场所＝以危险方法危害公共安全罪。因为行为主体是经过确诊的新冠肺炎感染者，所以可以推定其明知拒绝隔离治疗并进入公共场所的行为会产生危害社会的后果，而仍然为之，因此可以危险方法危害公共安全罪定罪处罚。其二，疑似新冠肺炎感染者＋进入公共场所＋新冠病毒传播＝以危险方法危害公共罪。因为行为主体是疑似新冠肺炎感染者而不是确诊的新冠肺炎感染者，所以推定其对新冠病毒传播的危害后果的认识程度相对较低。而在主观上认识程度相对较低时，在客观上必须要求行为人造成了新冠病毒传播的实害结果予以补强,方可以以危险方法危害公共安全罪定罪处罚。另外,根据上述《意见》的进一步要求,对于上述两种情形之外的拒绝履行隔离义务的行为,涉嫌构成妨害传染病防治罪。

根据《意见》的旨意,对于以危险方法危害公共安全罪应当采取限制适用的原则。学者也据此提出了以危险方法危害公共安全罪与妨害传染病防治罪的区分方法。例如,有学者指出,应从实质上判断其是否采用了具有相当危险性的危险方法,如果这种危险方法足以危及公共卫生安全,就可以认定其构成以危险方法危害公共安全罪。如果其行为仅仅是违反了传染病防治管理制度,所造成传染性病毒的传播危险只是作为犯罪的"后果"而不是"危害结果",则应以妨害传染病防治罪论处。① 强化妨害传染病防治罪与以危险方法危害公共安全罪之间互斥关系的观点与《意见》保持一致,但遗憾的是,该学者提出的区分方法仍然模糊,在实践中不具有可操作性。另有学者不同意两罪之间具有互斥关系,并指出:违反传染病防治法的规定,拒绝执行卫生防疫机构依照传染病防治法提出的防控措施,引起新型冠状病毒传播或者有传播严重危险,实际上也是一种危害公共安全的行为……应当承认两者之间是想象竞合关系,适用"从一重罪从重处罚"的原则。②

本文认为,在认定妨害传染病防治罪为故意犯罪的前提下,应当认为其与以危险方法危害公共安全罪是一种互斥关系。两者的互斥关系表现为,犯罪主体的主观恶性程度不同。根据《意见》的规定,成立以危险方法危害公共安全罪的两种类型中,确诊人员出入公共场所的主观恶性最强,而第二种疑似人员出入公共场所的主观恶性次之,为了达到以危险方法危害公共安全罪定罪处罚的标准,需要以造成"新冠病毒感染肺炎疫情传播"的结果进行客观层面的补强。基于此,有学者提出:"如果新冠肺炎的确诊病人或者疑似病人出入公共场所,乘坐交通工具,并造成或者可能造成新冠病毒传播的严重后果的,直接认定为(故意)以危险方法危害公共安全罪。"③ 笔者不同意这种观点,疑似病人拒绝履行隔离义务,出入公共场所,也涉嫌构成妨害传染病防治罪。根据妨害传染病防治罪罪状的表述,可以危害结果是否实际发生为依据将妨害传染病防治罪的类型分为两种,一种是"违反传染病防治法,引起新冠病毒感染肺炎疫情传播"的行为;另一种是"违反传染病防治法,引起新冠病毒感染肺炎疫情传播严重危险"的行为。实践中对于以危险方法危害公共安全罪与妨害传染病防治罪的适用争议,主要针对上述以危险方法危害公共安全罪的第二种类型与上述妨害传染病防治罪的第一种类型之间展开,即疑似患者都造成了新冠病毒感染肺炎疫情传播的危害结果时,是应当适用以危险方法危害公共安全罪,还是应当以妨害传染病防治罪定罪处罚?

---

① 张勇:《妨害疫情防控行为的刑法适用之体系解释》,载《政治与法律》2020年第5期,第37页。
② 姜涛:《突发公共卫生事件背景下的刑事政策与刑法规范》,载《政治与法律》2020年第5期,第15–16页。
③ 欧阳本祺:《妨害传染病防治罪客观要件的教义学分析》,载《东方法学》2020年第3期,第7页。

笔者认为，应当通过对疑似患者是否经过医疗机构认定来判断疑似患者违反隔离义务，出入公共场所，而造成新冠病毒感染肺炎疫情传播的行为所触犯的罪名。根据2020年8月18日制定发布的《新型冠状病毒肺炎诊疗方案》（试行第八版）的规定，疑似病例的认定需要具有一定的流行病学史和临床表现，只有经过医疗机构的认定才可以认定某人为疑似病例，才能构成上述以危险方法危害公共安全罪的第二种类型。而未经医疗机构认定的疑似病例，只能构成妨害传染病防治罪的犯罪主体。笔者之所以将以危险方法危害公共安全罪与妨害传染病防治罪的区分标准界定为"行为人是否被医疗机构认定为疑似患者"，则在于，根据社会一般人的观念，在经过医疗机构认定为新冠病毒感染肺炎疑似患者之后，说明其对拒绝履行隔离义务的行为引发病毒传播的认识程度更高，在此基础上实施的拒绝隔离行为的主观恶性更大，在造成了新冠病毒疫情传播的情况下，认为其满足以危险方法危害公共安全罪的第二种类型，更加符合罪责刑相适应原则的要求。

另外，应当注意的是，并不是所有未经医疗机构确诊的人员拒绝履行隔离义务的行为都涉嫌构成妨害传染病防治罪。只有具有明显症状的行为人，拒绝履行隔离义务的行为才有成立妨害传染病防治罪的可能，而对于无症状的行为人，拒绝履行隔离义务，而造成新冠病毒传播的，对其以妨害传染病防治罪定罪处罚要慎重。有学者指出，在新闻报道和警方通报的类似案件中，往往存在行为人在被医疗机构诊断为疑似病人之前，没有发热症状、根本不知道自己可能感染病毒的情况下，实施了违反有关预防、控制措施规定的行为，将其认定为以危险方法危害公共安全罪，这是不妥当的。① 笔者认为，无症状行为人可能确实无法认识到自身行为会造成病毒传播的可能性，在此情形下若造成了病毒传播，不仅认定为以危险方法危害公共安全罪不妥当，认定为被界定为对危害结果的发生具有认识的妨害传染病防治罪也是不妥当的。此种情形，如造成严重后果，应当以过失以危险方法危害公共安全罪定罪处罚。

2. 与过失以危险方法危害公共安全罪的区分

过失以危险方法危害公共安全罪在2003年非典疫情防控期间发挥了重要作用，并在当前新冠病毒感染肺炎疫情防控背景下，有继续适用的可能。与此同时，《刑法修正案十一》正式激活妨害传染病防治罪，使该罪可以规制违反传染病防治法的规定，引起新冠病毒感染肺炎疫情传播或者传播严重危险的行为。由此，刑法理论就需要进一步对妨害传染病防治罪与过失以危险方法危害公共安全罪进行区分，从而为司法实践中罪名的适用提供指导。而对于妨害传染病防治罪与过失以危险方法危害公共安全罪的关系，理论界尚未形成共识，有学者指出：在妨害传染病防治罪与过失以危险方法危害公共安全罪之间，形成法条竞合关系，应按照特别法优先适用的原则，认定为妨害传染病防治罪。② 另外，也有

---

① 张勇：《抗拒疫情防控措施行为的刑法规制——以苟某涉嫌以危险方法危害公共安全等案件为例》，载《法律适用》2020年第6期，第46页。

② 张勇：《妨害疫情防控行为的刑法适用之体系解释》，载《政治与法律》2020年第5期，第36页。

学者指出：如果过失导致新型冠状病毒传播或传播危险的，直接按照妨害传染病防治罪处理，如果出现"致人重伤、死亡或者使公私财产遭受重大损失"的情况，以过失以危险方法危害公共安全罪处理。①

如前文所述，本文将妨害传染病防治罪的主观罪过认定为故意，且将故意的认定以行为人是否对于危害结果的发生具有认识为标准。在此情形下，不仅认识到危害结果可能会发生，且对危害结果的发生具有放任的主观心态包含在妨害传染病防治罪的规制范围内；认识到危害结果可能会发生，且对危害结果的发生具有过于自信的主观心态也包含在妨害传染病防治罪的涵摄范围内。所以，在行为人认识到危害结果可能会发生，但对危害结果的发生持有过于自信的心态时，涉及本罪与过失以危险方法危害公共安全罪进行区分的问题。在这种情况下，笔者认为，妨害传染病防治罪与过失以危险方法危害公共安全罪具有法条竞合关系，在适用时，应当根据特别法优于普通法的原则，优先适用妨害传染病防治罪，以实现立法机关激活适用妨害传染病防治罪的初衷。

另外，未经过医疗机构确诊的新冠病毒感染肺炎疑似患者，完全对自身行为会造成新冠病毒传播或者传播危险没有认识时，但是却事实上造成了新冠病毒感染肺炎疫情传播的，应当以过失以危险方法危害公共安全罪论处。比如，某地一直以来并没有新冠病毒感染肺炎确诊病例，但疫情突然再次反复，出现了首例新冠病毒感染肺炎确诊患者。那么，在该患者被确诊前，由于疫情长时间未出现，患者对自己已感染病毒，并且在出入公共场所的过程中会产生病毒传播的危害结果没有认识。在此情形下，可能无法认定行为人出入公共场所的行为是违反传染病防治法的危害行为，若造成严重危害后果，只能将行为人以过失以危险方法危害公共安全罪定罪处罚。但是在疫情发生时期，如果行为人已经具有明显症状，且明知自己具有疫区的旅居史，此时仍出入公共场所而造成新冠病毒传播的，应当认为对危害结果的发生有认识，应当以妨害传染病防治罪定罪处罚。特别注意的是，如果行为人拒绝履行隔离义务，则一定无法构成过失以危险方法危害公共安全罪。这是因为，如果行为人应当履行而未履行，说明当地的卫生防疫机构已经根据传染病防治法对其实施了管控措施，以防止病毒的传播。在此情形下，以社会一般人的认识为标准，可以认定行为人在违反隔离义务时，已经认识到危害结果可能会发生（即使只是认识到较少的可能性也是认识到），这与对危害结果完全无认识的过失以危险方法危害公共安全罪是不相容的，所以，此种情形只可能构成妨害传染病防治罪。

四、结语

《刑法修正案十一》对妨害传染病防治罪的修订，为规制拒绝履行隔离义务的新冠病

---

① 参见姜涛：《突发公共卫生事件背景下的刑事政策与刑法规范》，载《政治与法律》2020年第5期，第16页。

毒感染肺炎疑似患者的行为提供了立法依据。然而"引起传染病传播或者传播严重危险"的罪状表述，给该罪名的司法适用造成了阻碍。一方面，囿于该罪名缺乏规范层面的刑罚追诉标准，导致在司法适用的过程中难以明确区分罪与非罪的界限，从而造成刑法过度侵入而危害人权，抑或"以罚代刑"而使行政权架空司法权的双重危险；另一方面，该罪名虽然以违反前置性传染病防治法为前提，具有过失法定犯的本质属性，但是本罪以"危险结果"为犯罪成立要件，又具有成立故意犯罪的嫌疑。由此带来了将妨害传染病防治罪，与以危险方法危害公共安全罪以及过失以危险方法危害公共安全罪进行区分的需求。鉴于此，刑法研究者应对妨害传染病防治罪进行解释学层面的教义学分析，追寻该罪适用的价值共识，以为司法实践提供合理的参考与指引。

（编辑：杨知文）

计算法学视域下网络诽谤犯罪的审查方式*

金鸿浩[**]

> **摘 要** 大数据时代,计算法学作为法学研究的计算主义新范式,正深刻影响着刑法学等部门法学的学科发展。目前计算法学在刑法刑罚论领域已取得初步应用,但对刑法学更重要的犯罪论特别是犯罪构成要件研究相对欠缺。以网络诽谤犯罪为例,计算法学可以从经典数学、模糊数学两种方式辅助对犯罪客观构成要件进行审查。应用经典数学方式可将犯罪客观要件特征抽象为变量,将形式逻辑"三段论"判断转化为规则的函数计算。从诽谤罪法条中提炼出信息失实性、内容危害性、传播广泛性三个量化指标并设立判断规则,之后依次进行计算和判定,通过量化方式倡导对构成要件该当性的精准判断,经过检验后量化标准可被吸收入司法解释中,发挥规范指引作用。应用模糊数学方式可以在无法准确定量的情况下,确定一个模糊等级,用模糊优化逻辑改变非此即彼的线性理念,作为次优选择辅助法官的价值判断和疑难案件定性,对在形式上符合诽谤罪构成要件的案件,实质上是否产生法益侵害性和可罚的违法性进行实体判断,防止不当的出入罪现象。通过在刑事审判中融入计算思维,以追求司法公正和个案办理中天理国法人情的有机统一。
>
> **关键词** 计算法学 计算思维 网络诽谤 构成要件 审查方式

---

* 本文系最高人民检察院检察理论研究课题网络犯罪研究课题(项目编号:GJ2020WLB04)以及清华大学文科专项课题"网络时代的刑法理论创新"(项目编号:2019THZWLJ04)的阶段性研究成果。

** 金鸿浩,男,山西太原人,清华大学法学院博士后、助理研究员,国家检察官学院刑事检察教研部讲师,最高人民检察院网络犯罪研究中心研究员,研究领域为网络犯罪与互联网治理和智慧司法。感谢清华大学劳东燕教授、蓝学友博士和本文评审专家、编辑老师对文章的修改意见。

一、问题的提出

网络谣言是互联网治理的顽疾之一,随着信息社会的快速发展,21 世纪以来网络传播技术由 Web1.0、Web2.0 快速迭代到 Web3.0,网络犯罪的复杂性、危害性急剧上升。[①] 当前,Web3.0 时代的网络谣言对被害人名誉权和人格尊严的损害,以及对网络社会秩序的负面影响,已远超过传统社会坊间流言和邻里闲话的范畴和量级。相较而言,我国现行刑法中针对传统社会谣言的诽谤罪法条,基本沿用了 79 年刑法第 145 条"捏造事实诽谤他人,情节严重的"概括表述,导致在惩治和预防网络诽谤犯罪时,实务部门既面临着法条本身语义相对模糊带来的法律解释难题,也面临着应对网络犯罪时"旧瓶装新酒"的司法适用困境。在多重原因交织下,河南王帅诽谤案、甘肃王鹏诽谤案、内蒙古吴保全诽谤案等网络舆情的相继出现,暴露出少数地方实务部门"不能正确办理诽谤案件,对有关法律理解不当、定性不准"等问题。[②] 亟待进一步提升网络诽谤犯罪审查方式的科学化、规范化、精细化水平,以实现刑事司法惩治犯罪和保障人权的有机平衡。

2013 年,最高人民法院、最高人民检察院制定《关于办理利用信息网络实施诽谤等刑事案件适用法律若干问题的解释》(以下简称"网络诽谤解释")后,对于网络诽谤的传谣造谣类型、情节严重情形、公诉例外情形等进行了细化,特别为网络诽谤设定了严格的量化入罪标准,将点击数、转发数等作为评估诽谤行为社会危害性的定量指标,首开网络诽谤案件办理中积量入罪之先河。[③] 尽管司法解释的探索仍然相对粗糙,"同一诽谤信息实际被点击、浏览次数达到五千次以上,或者被转发次数达到五百次以上的"情节严重指标设计的科学性、合理性、准确性都存在一定的提升空间,遭到了部分学者的批评,[④] 但是这种尝试本身应该予以充分肯定,具备一定的法理依据和实践基础。[⑤] 通过对 2015 年至 2019 年 1 月诽谤罪公开判决书的分析,可以发现网络诽谤司法审查时遇到的多数问题是量化探索发展过程中的具体问题,理应在发展完善中通过方法论的优化予以解决,而不应当直接否定这种探索方向的正确性。数据的价值和计算的方法不仅能揭示问题本身,还能够帮助法学学者和司法人员开拓新的视角,最终帮助我们解决问题。[⑥] 因此,笔者主要结合《刑法》诽谤罪法条和《网络诽谤解释》,在计算法学视域下对网络诽谤犯罪审查方

[①] 参见刘艳红:《Web3.0 时代网络犯罪的代际特征及刑法应对》,载《环球法律评论》2020 年第 5 期,第 100 - 116 页。
[②] 公安部《关于严格依法办理侮辱诽谤案件的通知》(公通字〔2009〕16 号),2009 年 4 月。
[③] 参见最高人民检察院法律政策研究室:《〈关于办理利用信息网络实施诽谤等刑事案件适用法律若干问题的解释〉解读》,载《人民检察》2013 年第 23 期,第 22 - 27 页。
[④] 参见张明楷:《刑法学(第五版)》,法律出版社 2016 年版,第 920 页;齐文远、杨柳:《网络犯罪问题研究》,中国法制出版社 2019 年版,第 101 - 102 页。
[⑤] 参见赵秉志、袁彬:《网络诽谤入罪标准的细化科学合理》,载《检察日报》2013 年 9 月 18 日,第 3 版。
[⑥] 参见林维:《主编絮语:用数据说话》,载林维主编:《刑事司法大数据蓝皮书》,北京大学出版社 2020 年版,序言第 3 页。

式的优化路径进行探讨,以便辅助实务人员准确把握网络诽谤行为的"罪与非罪"和"罪轻罪重",并为计算思维融入刑法各罪的构成要件审查进行初步探索。

二、计算法学对网络诽谤犯罪审查方式之影响

近代以来,受笛卡尔主义和科学主义的影响,自然法学者开始探索法学的公理化、数学化,并形成了计算法学的萌芽。正如海德格尔所说"近代思想与知识的本质是数学的",莱布尼茨、格劳秀斯、沃尔夫、普芬道夫、海因内克等尝试将函数或者几何学方法应用于法学学科(特别是私法领域),但社会科学的概念和特征与自然科学具有显著差异,法学作为经验科学,并非是单纯意义上逻辑的推演,个案的差异性因素也无法简单被公理所囊括,导致后来计算法学的探索因遭到了当时法学界的多数批判而停滞。[1] 20世纪中叶,自图灵创立"可计算函数"以来,计算法学的发展有了新的突破。计算与算法成为对世界抽象化理解的重要方式,数学家们"希望通过算法得到正确结果",并且"所有计算步骤都可以在机器上执行"。[2] 法学家们希望借助数字理性和计算思维,通过量化以增强法的准确性。在"一切皆可分析,一切皆可量化"的大数据时代潮流影响下,计算法学的范式革命正在从理论变成现实,在认识论和方法论上均对当代法学研究和司法实务产生了深远影响。甚而有研究者预测,法学学科未来一个阶段也将会逐渐进入到计算法学为主的研究阶段(Computational Legal Research)。[3] 而在过渡期间,"法学本身的非科学化尤其是基本原理可重复验证性低、共识不充分以及数学介入程度低"等原因阻碍了计算主义在法学学科的扩展和适用。[4]

当前首要解决的重要问题是计算法学对规范法学以何种方式有机融入,并在其中发挥积极作用。为解决上述问题,总体上存在两种研究进路:一种进路是计算法学学科理论基础部分的丰富与完善。截至目前,计算法学还没有建立起范畴概念体系、知识体系、思想体系。[5] 其学科建设还处于探索期,计算法学的基本内涵、学科外延、理论框架、研究方法以及和数据法学、信息法学、未来法学等相近学科的关系,都有待进一步阐述和明确。在法律即计算(Law-as-Computation)成为新趋势的背景下,需要在计算思维下对部分

---

[1] 参见舒国滢:《法学的知识谱系》,商务印书馆2020年版,第789页。
[2] 李剑会、符征、张江:《计算主义:一种新的世界观》,中国社会科学出版社2012年版,第21—24页。
[3] Alarie, Benjamin and Niblett, Anthony and Yoon, Albert, Computational Legal Research and the Advocates of the Future (August 9, 2017). Available at SSRN: https://ssrn.com/abstract=3015972.
[4] 涂少彬:《论法学表达数学化的可能及限度——基于经济学与比例原则的切入》,载《法学评论》2020年第4期,第37-50页。
[5] 参见张文显:《迈向科学化现代化的中国法学》,载《法制与社会发展》2018年第6期,第5-25页。

法律基础理论进行重新阐释,① 并形成计算法学的学科体系和逻辑方法。② 在理论研究层面,通过计算模型反映的规律性对传统规范法学理论起到补充和完善功能,在对法律数量关系变化的计算基础上,进而"探知法律事实的内在结构和外部联系","并在数据、模型、算法等计算的延长线上,实现法律数据与规范理论的深度融合。"③④ 另一种进路则是对计算法学分论部分的探索与创新,即在计算思维下对刑法、民法、行政法、诉讼法等部门法学进行融合探索性尝试,开辟计算刑法、计算民法、计算行政法、计算诉讼法等前沿研究领域,既为部门法学规范分析、实证分析提供新的研究范式,也在解决具体问题中发挥计算法学的工具价值,推进计算法学学科建设的快速发展和实战应用。

对于第二种进路,相比其他部门法学,刑事法学科中融入计算思维具有一定的比较优势,可以成为计算法学研究和部门法研究"交叉融合"的"试验田"。之所以建议选择刑法部分罪名先行先试,主要有三方面原因:一是在算法层面。刑法的逻辑性、体系性较强,以"罪刑法定原则""罪责刑相适应原则""适用刑法人人平等原则"三大原则为基础,以构成要件该当性、违法性和有责性"三阶层"理论为主线,以刑法条文和立法解释、司法解释为规则,可以相对便利地推导出计算法学的刑法各罪"算法"的理论模型。⑤ 相比而言,对部分可以量化的犯罪构成要件,以计量的方式进行解释和明确,可以防止文字解释无可避免带来的歧义性,能尽量地将刑法学从过度的价值判断、语义模糊、修辞依赖与变量任意处理中解放出来,为促进更科学、更公平的刑事司法提供规则基础,统一规范法律适用。二是在"算据"方面。司法机关在刑事诉讼过程中制定的大量文书,如提请批准逮捕书、起诉书、判决书、裁定书等均可以成为研究数据。并且相对其他私法的法律文书而言,刑事司法文书尽管不乏瑕疵,但是由公检法专门机关制作的公文书其文本结构相对固定、文书质量相对较高、文书收集相对便利、文书提供相对稳定,经过规范化的数据治理后,可以为计算法学的模型训练提供充足的数据支持。特别是结合人工智能、大数据等新一代信息技术的发展,计算法学有利于贯穿"刑事一体化"思想,打通"实然"犯罪学和"应然"刑法学的界限。在刑事政策层面,可以从犯罪现象中发现问题,及时调整刑事政策,惩治和预防犯罪;在司法实务方面,通过海量裁判文书、起诉书

---

① 参见申卫星、刘云:《法学研究新范式:计算法学的内涵、范畴与方法》,载《法学研究》2020年第5期,第3-23页。
② 参见于晓虹:《计算法学:展开维度、发展趋向与视域前瞻》,载《现代法学》2020年第1期,第158-178页。
③ 于晓虹、王翔:《大数据时代计算法学兴起及其深层问题阐释》,载《理论探索》2019年第3期,第110-117页。
④ 张妮、徐静村:《计算法学:法律与人工智能的交叉研究》,载《现代法学》2019年第6期,第77-90页。
⑤ 台北大学法律学院郑逸哲教授曾编写《『一句到位』之『微刑法』》等书籍,对刑法中的150个问题均以函数的方式进行了解读与探索。参见郑逸哲教授Facebook文章和郑逸哲:《刑事法学及其方法(一)-刑法初探》,瑞兴图书公司2005年版,第769-809页。

的大数据分析，可以发现司法实务的争议焦点和瑕疵或违法案件，从而科学制定司法解释和加强对下指导。三是在"算力"方面。刑事司法机关通过智慧警务、电子检务工程、天平工程建设，特别是正在推进的国家法治信息化工程和政法大数据中心建设，可以为计算法学的开展提供相关数据处理的硬件设备、存储空间和算力支持。

目前，计算刑法学研究主要集中在刑罚论领域，而对犯罪论领域少有涉及。基于大数据的刑事案件量刑研究因裁判文书的大规模公开成为可能，特别是新一代信息技术的发展，对结构化数据的数据挖掘技术（Data Mining）与对非结构化数据的文本挖掘技术（Text Mining）的广泛应用，为该类研究提供了工具便利。[①] 研究样本数量也从早期的几百件达到上百万件的规模，最新的研究文献通过自然语言处理技术的分析样本数已经达到303万判决书，从而发挥大数据分析的4V特征，得出更加全面的实证研究结论。[②] 大数据量刑研究对贯彻"罪刑均衡原则"，解决"类案不同判"问题发挥了积极价值。实务部门也根据相关研究，探索建立智能辅助量刑系统，提供量刑计算、类案量刑查询、量刑偏离度分析等功能，[③] 推动刑罚从"经验式估推配刑"向"数字化精确配刑"转变，有效提升司法效率和司法公正。[④] 但是对刑法学科中更为重要和复杂的犯罪论方面，"由于法学本身要追求概念的精准而又未能表达数学化，因而语义分析成为精准追求的必然依赖"。[⑤] 如何在犯罪构成要件的审查过程中，将计算法学和规范法学有机结合，将部分法律的修辞属性通过数学化表达的方式，扩大计算法学在犯罪论中适用范围，成为亟待解决的难题。

本文以诽谤案件特别是网络诽谤案件为样本，进行计算思维融入刑法犯罪构成要件审查方式的探索，希望解决犯罪论方面计算法学的应用空白。选取网络诽谤犯罪作为突破点，主要有两方面考虑：一方面，诽谤罪的犯罪构成客观要件的难度适中，相比故意杀人罪致人死亡的等记述的构成要件，诽谤罪毁损名誉的法益侵害属于规范的构成要件，在法律适用中存在一定的模糊性需要探讨。但相比贪污罪、寻衅滋事罪等包括多种犯罪行为的罪名，诽谤罪"捏造事实诽谤他人，情节严重"相对简洁，便于分析研究，并且实务中对诽谤罪的研究具有紧迫需求。另一方面，当前诽谤罪的多数行为发生在网络空间，网络平台为诽谤行为的量化（无论是传播内容的量化还是传播结果的量化）提供了数据支持，可

[①] 参见舒洪水：《司法大数据文本挖掘与量刑预测模型的研究》，载《法学》2020年第7期，第113-129页。

[②] 参见王禄生：《论刑事诉讼的象征性立法及其后果——基于303万判决书大数据的自然语义挖掘》，载《清华法学》2018年第6期，第124-147页。

[③] 2017年5月，最高人民检察院公诉厅、技术信息中心联合印发《关于组织开展公诉业务大数据等现代科技试点应用的通知》（高检诉〔2017〕13号），要求试点单位针对认罪认罚案件常见罪名和量刑规范，研发智能辅助量刑建议系统，提供类案推送和量刑偏离度分析，为提高认罪认罚量刑建议准确度提供技术支持。2017年以来，北京、浙江、安徽、广东、贵州等多地检察机关均研发了智能量刑软件或信息系统，部分试点地区的智能量刑准确率超过97%。参见赵志刚、金鸿浩：《智慧检务概论》，中国检察出版社2018年版，第92-97页。

[④] 参见储槐植、何群：《论我国数量刑法学的构建》，载《中国法学》2019年第3期，第186-203页。

[⑤] 涂少彬：《论法学表达数学化的可能及限度——基于经济学与比例原则的切入》，载《法学评论》2020年第4期，第37-50页。

以为计算法学的探索提供算据支撑。网络诽谤的实行行为是谣言的传播散布，网络传播学、信息计量学对谣言的网络传播规律提供了算法的理论参考。所以综合可行性与必要性，本文选择网络诽谤案件作为计算法学在刑法各罪犯罪论的尝试对象，并从经典数学、模糊数学两种方式展开论证。

三、经典数学计算在网络诽谤犯罪审查方式中的应用方法

经典数学的计算法学审查判断，其刑学理论基础是刑法客观主义，强调对犯罪行为定型化、确定化和现实性的理解与判断，重视对从大量犯罪现象归纳出的犯罪客观要件特征进行该当性审查。[①] 相较于传统教义学解释方法的审查判断，计算法学的经典数学计算将犯罪客观要件特征抽象为变量，将案情与法条的形式逻辑"三段论"判断，转化为变量与规则的函数计算，更能体现刑法客观主义的立场，压缩主观解释和自由裁量空间。从某种意义上，传统"三段论"的审查方式也属于广义的非典型函数判断，只不过案情属于字符变量（Character Variable），法条和教义学直接作为计算规则；而计算法学则将案情中的危害行为、危害结果提炼为数值变量（Numerical Variable），将法条和教义学的理解具体化为函数规则。相比较"文来文往"（穿梭于卷宗案件文字介绍和法条文本之间），计算法学的函数判断具有数理化的明确性、精确性特征，更有利于司法审查的规范化，防止司法恣意。特别是在智慧司法时代，计算法学方法更为智能辅助办案系统软件算法的设计提供了可参照、可借鉴的依据。

对犯罪客观要件的量化应当包括显性量化因素和隐形量化因素两部分。显性量化因素指的是规范刑法学意义上的"罪量"要素，比如数额犯的"数额"、情节犯的"情节"。显性罪量要素由刑法分则明文规定，具有法定性、复合性、程度性特征，在"立法定性"的基础上，通过司法解释等方式将立法的"情节严重""数额较大"等进行量化解释，从而实现"司法定量"，并明确其定罪标准。我国这种罪量要素的设计来源于苏联刑法，在当今世界中具有独特性，有别于英美法系和大陆法系国家的刑法规制，主要作为刑法各罪的客观处罚要件。[②] 在近年来计算法学提出之前，早期的计量法学研究者在刑法犯罪论领域主要研究的内容局限于数额犯等的显性量化因素的计量与统计，对更普遍的隐性罪量要素缺乏必要关注。隐性罪量要素无刑法分则明文规定，其法律依据是刑法总则第13条的但书条款，"情节显著轻微危害不大的，不认为是犯罪。"根据该但书条款，即使非数额犯、情节犯，如果对法益侵害程度不大的，也不应当认为是犯罪，所以即使情节犯、数额犯以外的犯罪，也需要对危害行为和危害结果的社会危害性程度进行审查。在刑法各论中，隐性的罪量要素实际上普遍存在于犯罪构成要件之中，只是许多司法实务人员只注意

---

① 参见周光权：《刑法客观主义与方法论（第二版）》，法律出版社2020年版，第23页、第42页。
② 参见陈兴良：《规范刑法学（第四版）》，中国人民大学出版社2017年版，第193–197页。

到显性的罪量要素，而忽略了隐性的罪量要素，事实上刑法分则中对犯罪只定性不定量的立法模式，在表象上看似"零门槛"入罪，实则均有一定的罪量要求。①

因此，在深入理解法条基础上，应当重点探索显性、隐性罪量要件的数学化表达，从而扩大计算法学的适用范围。结合司法实务，本文从诽谤罪"捏造事实诽谤他人，情节严重"的法条中提炼出信息失实性、内容危害性、传播广泛性三个量化指标。

（一）网络诽谤信息失实性的计算与评估

互联网诽谤犯罪作为信息传播类犯罪，除保护公民名誉权外，也侵犯了兼具附属性的信息法益，不同信息传播类犯罪对信息法益的保护重点有明显侧重。例如，侵犯公民个人信息罪保护重点是信息内容的私密性；传播淫秽物品罪保护重点是信息内容的非低俗性；煽动颠覆国家政权罪、煽动分裂国家罪保护重点是信息内容的政治合法性；就信息法益而言，诽谤罪、损害商业信誉、商品声誉罪、编造、故意传播虚假信息罪保护的是信息内容的真实性。② 诽谤行为的传播内容存在隐性罪量要素，即法条"捏造事实"的表述意味着传播内容必须具有非真实性。因此对"捏造事实"的情节需要作出评价，重点分析信息内容的非真实性程度。不管从宏观上言论自由和保护名誉的法益平衡和发展社会主义民主政治的实际考量，③ 还是从微观上如生活中传话游戏时信息在传播过程中无可避免的失实、失真现象，法律不能也不应苛责行为人的所有言论均具有100%的真实性，应对于信息失实率存在一个容错空间，而非非黑即白的简单二元判断。如果只是部分内容表述瑕疵，显然不能认定为造谣传谣，④ 而属于信息传播过程中信息的自然损耗或噪音的意外干扰。

笔者从"捏造事实"法条中提炼出信息失实率指标（作为定比变量），其计算公式为 f（信息失实率）= 虚假信息量 ÷ 全文信息量。对于文字传播的，可以用虚假信息的字数在全文字数的占比进行计算；对于音频传播、视频传播的，可以用虚假音视频信息的时长在整个音视频时长的占比进行计算。《网络诽谤解释》对"捏造事实"的"捏造"行为进行解释，列举了三种情形。笔者认为不单单可以从行为差异角度认识三种情形，还可以从制造不实信息程度的角度理解三种情形的差异，后者更有利于在比较中把握其实质。①第一种情形"捏造损害他人名誉的事实"，即编造虚假信息行为，信息失实率通常较大，比如信息失实率高于三分之一。②第二种情形"将信息网络上涉及他人的原始信息内容篡改

---

① 参见王鼎：《刑法结构变革中的罪量要素应力研究》，载《法学杂志》2017年第4期，第132–140页。
② 参见王肃之：《试论信息法益的扩张与刑法回应》，载《华北电力大学学报（社会科学版）》2016年第6期，第33–37页。
③ 参见张开骏：《名誉保护与言论自由的衡平：诽谤罪比较研究》，载《政治与法律》2011年第6期，第121–135页。
④ 参见阮齐林：《中国刑法各罪论》，中国政法大学出版社2016年版，第242页；周光权：《刑法各论（第三版）》，中国人民大学出版社2016年版，第65页。

为损害他人名誉的事实",即篡改虚假信息行为,对关键性传播要素进行篡改,张冠李戴,信息失实率通常相对第一种情形较少。超过一定比例才可以认定为"篡改",比如信息失实率高于5%但小于三分之一。③第三种情形是"明知是捏造的损害他人名誉的事实,在信息网络上散布,情节恶劣的,以捏造事实诽谤他人论",该类行为在编码阶段并没有显著增加信息失实率,只是在传播阶段和解码阶段增加了信息熵值和点击量。在函数判定规则上,对于网络传播内容的信息失实率低于一定程度,比如低于5%的,可以认定为情节轻微,不认定为犯罪;对于信息失实率相对较低的,则可以作为酌定的从轻量刑情节。从而在案件办理中,充分重视信息内容失实性因素在犯罪行为社会危害性和行为人人身危险性评价中的重要价值。

(二) 网络诽谤内容危害性的计算与评估

网络诽谤传播内容的审查应当具有一定的先后次序,如果传播内容不具备信息失实性,就不符合犯罪构成要件,不需要再进行继续审查,防止浪费不必要的司法资源。如果具备信息失实性,此时还需要审查内容危害性。具体而言,内容危害性又可以细分为内容指向性和内容负面性两个子指标。

内容指向性是不实信息对被害人名誉造成紧迫风险的前提。如果诽谤内容没有指向被害人,则不能将该行为评价为诽谤罪的危害行为,诽谤内容与被害人名誉损失之间不具备法律上的因果关系,不构成犯罪。内容指向性有两种测量方式,第一种是相对客观的基于文本内容分析进行测量,该指标属于定序指标。可以分为如下几类:①内容中明确被害人姓名,并具有其他身份职业信息的(如身份证号、手机号、所在单位、职务职称等),读者可以明确确定被害人的。②内容中明确被害人姓名或其特有外号、绰号的。③虽然没有指名道姓,但是根据上下文认识被害人之人多数可以知悉或猜测出其身份的。④虽然没有指名道姓,但是其近亲属等特别熟悉之人可以知悉或猜测出其身份的。⑤无法知悉或猜测出当事人身份的。①作为定序变量,内容指向性程度逐步降低,排序⑤的情形因为客观上无法对被害人造成法益侵害,不构成犯罪。排序④的情形需要结合个案进行分析,通常情况下情节相对轻微,如未造成严重影响的,不宜认定为犯罪。另一种是相对主观的测量方式,主要邀请一定数量的被试者进行测量评估,其公式为 f(内容指向性) = 判定出被害人的被试者÷全部被试者,属于定比变量。根据传播内容,绝对多数被试者(通常2/3以上)均可识别被害人的,应当认定为内容指向性高;相对多数被试者(通常50%以上,2/3以下)可识别被害人的,应当认定为内容指向性较高;相对少数被试者(通常1/3以上,1/2以下)可识别被害人的,应当认定为具有一定内容指向性;绝对少数被试者(比

---

① 诽谤罪必须对特定他人实施,这里的特定他人不要求一定公开指名道姓,但是需要从内容上可以判断出被害人,否则不构成本罪。参见王爱立主编:《中华人民共和国刑法释义》,法律出版社2021年版,第527页。

如5%以下）可识别的，可以认定为内容指向性模糊。对于内容指向性模糊的，可不认定为犯罪。内容指向性较低的应属于酌定的从轻处罚情节。但是主观测量得分容易受到被试者的选择和被试者判断真实性的影响，数据质量的可靠性、稳定性相对不足，为稳妥起见可以进行两次以上测试（两次测试的被试者组成不同），取其平均值作为参考。

内容负面性是不实信息内容的恶劣程度。我国刑法没有对诽谤内容的负面性进行明文规定。但是从逻辑上如果传播内容只具有失实性、指向性，也不必然对被害人名誉造成刑法意义上的损害。比如行为人甲编造了同学乙月工资为1.5万元的信息（事实上乙月薪为1万元），并不会给乙的名誉带来损害，有可能还增加了乙的名誉和社会地位（虽然是虚假的社会评价）。再如行为人甲制造了一则明星乙吸烟的谣言，吸烟行为确然会对明星的公众形象造成负面损害，但是否达到刑法需要惩治的程度，一般通说不认为构成犯罪，最多应当通过民事侵权或行政处罚的方式追究行为人违法责任。在比较刑法中，捏造严重负面性信息的，在俄罗斯等国家刑法中属于诽谤罪的加重犯。以罚金刑的差异为例，俄罗斯刑法第128-1条第四款、第五款规定，一般的诽谤犯罪，处50万卢比以下罚金；而诽谤他人实施严重犯罪或特别严重犯罪的，处500万卢布以下罚金；诽谤他人患有对周围人群构成危险的疾病的，以及诽谤他人实施性犯罪的，处300万卢布以下罚金。① 参照比较刑法所揭示的相关原理，可以将诽谤内容负面性设置为定序变量，内容负面性程度逐步降低，具体如下：①诽谤他人涉嫌严重刑事犯罪的（涉嫌刑法分则中基本刑在三年有期徒刑以上的罪名）；②诽谤他人涉嫌一般刑事犯罪的（刑法分则中基本刑在三年有期徒刑以下的罪名）；③诽谤他人涉嫌违法违纪（主要指违反治安处罚法、政务处分法、中国共产党纪律处分条例等法律法规和党内法规）的；④诽谤他人涉嫌负面道德事件的（比如出轨、学术不端等）；⑤诽谤他人涉嫌轻微负面事件的（比如吸烟、酗酒、随地吐痰等）；⑥诽谤他人不具有负面性的内容。对于第⑥层级的，由于对行为人名誉并无造成负面危害可能性，因不具有法益侵害性不能认定为犯罪；对于第⑤层级的，需要结合个案，由于内容负面性相对较为轻微，一般不宜认定为犯罪。对于第①至第④层级由重到轻的排列，可以作为量刑时酌定从重从轻的参考要素。

（三）网络诽谤传播广泛性的计算与评估

网络诽谤传播广泛性属于诽谤罪的显性罪量要素。英国法院在处理诽谤罪时适用"多重公开规则"，每次公开的诽谤行为均视为单独的不法行为予以追责，此时的诽谤次数约等于罪数。② 我国在内的大多数大陆法系国家适用"单一公开原则"，行为人出于单一的

---

① 参见黄道秀：《俄罗斯联邦刑法典》，中国民主法制出版社2020年版，第69页。
② 参见刘琳：《诽谤择地诉讼英国化现象及其应对研究》，载《时代法学》2019年第6期，第97-106页。

犯罪故意，在一定时间内对同一诽谤对象的多次诽谤行为作为连续犯处理。① 《网络诽谤解释》第四条明确"一年内多次实施利用信息网络诽谤他人行为未经处理，诽谤信息实际被点击、浏览、转发次数累计计算构成犯罪的，应当依法定罪处罚。"根据该解释可以得到如下公式：f（传播广泛性）$= C_1$（第一次传播内容的阅读量）$+ C_2$（第二次传播内容的阅读量）$+ C_n$（一年内第 N 次传播内容的阅读量）。

但是，在传播广泛性判断标准上，《网络诽谤解释》在罪量计量方面，以"5000 人次点击""500 人次转发"作为划分界限，是否能充当传播广泛性的认定标准需要探讨。主要集中在以下三个问题：

一是指标设计科学性问题。"被点击浏览次数 5000 以上与 5000 以下"，"被转发次数 500 以上与 500 以下"，理论上司法解释的设计应当具有"分水岭"作用。但是，遍查国内网络传播学、信息计量学等相关学科的专著和文献，均未找到上述浏览次数、转发次数标准的实证依据，相关指标设计存在"拍脑袋决策"之嫌。并且随着移动互联网的快速发展，传播是否广泛的标准也在不断攀升。2013 年司法解释制定时所处的 Web2.0 时代网络传播标准与当前 Web3.0 时代的标准相比显然也应当存在显著差异。比如对于早期博客传播和 BBS 传播而言，5000 次点击量可能已经成为热文。但是在微信公众号中，一般业界将"10 万+"作为阅读量的分水岭。2020 年 11 月，笔者曾向 104 名司法工作人员和法学生发放调查问卷，其中 56.6% 的被调查对象均认为该标准"存在瑕疵"或"不具有合理性"。当社会认知普遍质疑"点击量 5000 次""转发数 500 次"认定时，应当对标准进行及时修正和更新。

二是指标设计合理性问题。在本罪"情节严重"的指标内部关系上，被点击浏览指标和被转发指标的关系是否恰当？即按照司法解释被点击浏览 5000 次与被转发 500 次的关系（转发数为浏览数的 10%）是否有科学依据支撑。目前关于上述问题的实证研究数据差异较大。遍查网络传播学实证研究结果，被转发数与浏览量的比例在 1% 至 8.9% 之间，均未达到 10%。② 在本罪和其他信息传播类犯罪"情节严重"的指标外部关系上，也存在合理性问题。按照目前司法解释，诽谤罪的网络点击数 5000 人次构成"情节严重"，传播淫秽物品牟利罪的淫秽物品网络点击数 10000 次构成"情节严重"，传播淫秽物品罪的淫秽物品点击 20000 次构成"情节严重"。并且传播淫秽物品牟利罪、传播淫秽物品罪的司

---

① 笔者分析了近年来 188 个诽谤罪的裁判文书，其中只有 27 个案件明确记载了传播次数，占比仅有 14.4%。在上述 27 个案件中，传播次数最高的达到 752 条（次），最少的为 1 条（次），相比而言，在其他要素相近的情况下，多次传播带来的传播可能性也会显著增强，并且行为人的主观恶性程度也更高，应当在定罪量刑时充分予以重视。

② 其中，最低的是根据新榜发布的相关数据，98.3 万篇热门微信公众号文章中，平均单篇阅读数为 3.9 万人次，平均单篇在看数（转发数）为 381.4，占 1% 左右。最高的是在控制其他变量的前提下，微信公众号文章的转发数为阅读数的 8.9%。参见吴中堂、刘建徽、唐振华：《微信公众号信息传播的影响因素研究》，载《情报杂志》2015 年第 4 期，第 122 – 126 页。

法解释制定于 2004 年和 2010 年，尚早于 2013 年诽谤罪司法解释的制定。上述不同罪量标准的理论根据是什么？传播淫秽物品牟利罪"情节严重"标准的网络点击数是传播淫秽物品罪的二分之一，这是因为传播淫秽物品牟利罪的社会危害性相比传播淫秽物品罪更大，在法定刑上传播淫秽物品牟利罪也明显高于传播淫秽物品罪。① 但是，诽谤罪在各国刑法中均是典型的轻罪，很难得出诽谤罪（最高刑三年有期徒刑）的社会危害性远高于传播淫秽物品（牟利）罪（最高刑无期徒刑）的结论。笔者建议对信息网络传播类犯罪设立统一的量纲，在各罪中再根据法益侵害性和社会危险性进行一定幅度的调整。

三是指标设计准确性问题。同一诽谤信息的"同一"含义也相对较为模糊，从法益保护的角度，"同一"适宜解释为针对同一被害人，而不应解释为同一信息。这样在审查时无需再审查诽谤信息之间的细微差异，而影响信息传播量累计入罪。对于诽谤多人的，应当作为从重或加重量刑的要件。信息的点击量、阅读量、转发量也应当以人数为标准，而非以次数为标准。更为准确地说，在计算机网络术语中，应当以 IP 访问量为标准，而非以 PV 数量（Page view）为标准。PV 数量是根据网站服务器收到的页面加载请求数进行计算的，PV 数量和 IP 访问量呈正比关系，网页每被用户刷新一次，PV 量也就会增加一次，如果某用户登录该网页刷新了 10 次，IP 数为 1，PV 数为 10。不同网站的比例有所不同，现有研究表明部分官方网站的 PV/IP 平均值在 2.7 倍至 3.6 倍之间，极端情况下达到 26 倍。并且网站人气越高，PV/IP 的比值也就越高。② 显然 PV 数量不能代表多少受众知晓信息，采取 PV 数进行测量的不准确性较大，无法排除当事人自己多次点击、网站维护者多次点击等问题，应当采用 IP 数量作为计量标准。对自诉人而言，对 IP 访问量获取有困难的，可以依据刑法第 246 条第三款规定，通过信息网络实施诽谤行为的，被害人向人民法院告诉，但提供证据确有困难的，人民法院可以要求公安机关提供协助。由公安机关依法通知 ISP 或 ICP 服务商从服务器中调取诽谤信息的 IP 访问量数据，作为指控犯罪的证据。

在传播广泛性判断规则上，以浏览、点击人数为例，笔者认为，可以依据个、十、百、千、万、十万的一般计量习惯进行划分。可以分为五种情形：①对于浏览、点击人数（对线上诽谤的采取 IP 数标准）为个位数的，即 f（传播广泛性）≤9，由于特定少数人之

---

① 根据《刑法》第三百六十三条、第三百六十四条，传播淫秽物品牟利罪，处三年以下有期徒刑、拘役或者管制，并处罚金；情节严重的，处三年以上十年以下有期徒刑，并处罚金；情节特别严重的，处十年以上有期徒刑或者无期徒刑，并处罚金或者没收财产。传播淫秽物品罪，情节严重的，处二年以下有期徒刑、拘役或者管制，两罪法定刑具有较大差异。

② 有研究者对 13 个国内外大学排行榜网站进行分析，发现 PV/IP 平均值在 2.7 倍；对江苏省 29 个高校门户网站进行分析，发现 PV/IP 平均值在 3.6 倍，有研究者依据 Alexa 排名分析了 22 个网络电视台的浏览量，发现 PV 数量与 IP 数量之比（PV/IP）最低为 2.6 倍，最高达到 26 倍。参见葛少卫、杨晓江：《基于网络计量学的大学排行榜影响力研究》，载《高教探索》2018 年第 1 期，第 28－37 页；袁红：《基于网络内容分析的高校门户网站可用性测评——以江苏省为例》，载《现代图书情报技术》2010 年第 10 期，第 70－75 页；张守信：《2012－2013 年我国网络电视台发展现状考察与趋势分析》，载《新闻研究导刊》2013 年第 9 期，第 66－72 页。

间的传播，不具有传播公然性，情节显著轻微，无论线下还是线上传播的，一律不构成犯罪。②对于浏览、点击人数为十位数、百位数的，即 $10 \leq f$（传播广泛性）≤ 999，对当事人的名誉侵害危险较小，情节轻微，一般不认为构成犯罪。③对于浏览、点击人数达到千位数的，即 $1000 \leq f$（传播广泛性）≤ 9999。对当事人的名誉侵害已然具备一定危险，不再属于情节轻微的范畴，但单独依据该数据尚不足以表明达到情节严重，需要综合判断传播内容负面性、被害人名誉损害等其他情形，对于综合判定情节轻微的，不认定为犯罪；对于综合判定情节较重的，认定为犯罪但可以从轻或减轻处罚，可适用缓刑。④对浏览、点击人数过万的，即 $10000 \leq f$（传播广泛性）≤ 99999，在具备前述条件的基础上，可直接认定为情节严重。⑤浏览、点击人数超过十万的，即十万＋（注：此处的十万加是指 IP 数），即 f（传播广泛性）≥ 100000，认定为情节特别严重，从重或加重处罚，通常不可适用缓刑。

犯罪的（显性或隐性）定量因素是客观存在的。运用定量分析方法对刑法的数量关系进行研究，可以得出许多定性分析所无法获得的结论，① 进而获得更加客观的认知，发现隐蔽的真实及其背后的规律。② 法学论证使用数据的方法也是多种多样，并无定式，需要说明的是量化分析的"定量"概念是与质性分析的"定性"概念相对的，并非一定是数字形式。量化分析的对象不包括定类变量，但是包括定序变量、定距变量和定比变量，有些变量并不具备完全以数字形式表现的可能性，也可以采取定序变量的形式将严重性由重到轻排列，这种做法相比平面式的列举式解释增加了不同情形的危害性程度差异，对定罪量刑均有更高的参考价值。计算法学的这种做法可以辅助并部分解决语义含混带来的认识模糊或多元理解问题，防止法的解释成为"语言游戏"，从而最大化的消除法律适用的不确定性。同时还可以辅助解决形式解释中"在强调定型的形式构成要件之外，对于违法性主要是看其是否引起法益侵害，而对法益侵害的程度并未刻意强调可罚程度的违法性"，③ 通过量化方式倡导对构成要件进行实质解释，在构成要件审查时强调对可罚性（strafbarkeit）进行评价，可以一定程度防止不当的出入罪现象。

四、模糊数学计算在网络诽谤犯罪审查方式中的应用方法

按照传统观念中似乎根深蒂固的看法，价值判断是无法进行科学审查的，价值判断只是判断者个人确信的表达，逻辑上准确的推理过程也不能得出内容正确的结论。④ 但是，如果计算法学仅处理法律推理中涉及演绎式理由论证和基于要件事实的证据推理部分，在

---

① 参见陈兴良：《"老而弥新"：储槐植教授学术印象》，载储槐植：《刑事一体化论要》，北京大学出版社2007年版，第9页。
② 参见左卫民：《实证研究：中国法学的范式转型》，法律出版社2019年版，第24页。
③ 刘艳红：《形式与实质刑法解释论的来源、功能与意义》，载《法律科学》2015年第5期，第56－65页。
④ 参见［德］卡尔·拉伦茨：《法学方法论（第六版）》，黄家镇译，商务出版社2020年版，第10页。

价值判断上无能为力,那么计算法学的作用与意义显然是高度局限的。① 即使诽谤案件形式上通过上文经典数学计算的辅助,符合信息失实性、内容危害性、传播广泛的量化指标,只是构成犯罪的必要条件而非充分条件。

刑法客观主义明确要求,客观上并未侵害法益的行为,不能定罪处罚。② 刑法各论中犯罪的成立,在满足类型化的构成要件要素的同时,必须对法益产生危害结果,产生实际侵害或创设法律所不允许的危险。③ 实害犯的法益侵害性判断相对容易,特别是物理损害的实害犯可以采用经典数学的方式量化,进行事实评价,如致人死亡、重伤、轻伤、轻微伤,或转移占有100万、50万、3000元等。但对于危险犯,尤其是保护法益相对抽象的,例如危害社会秩序,危害名誉权等,则无法通过经典数学方式予以直接判断,需要进行价值评价,此时如何判断是否对法益产生了法律所不允许的损害和危险呢?如果因为方法论上的不足,在实务中倾向于省略这一步骤,即认定为形式上符合构成要件,同时又创设了风险(但是并没有衡量法益侵害性的大小),就认定为构成犯罪,那么刑法人权保障的机能又如何保障呢?

计算法学的定位应当是在某种程度上为主观的价值判断增加一定的客观因素,这也是刑法客观主义的应然要求。归根结底,价值判断都是由人作出的判断。对于最终法益侵害性严重与否的价值判断,在现实社会中主要有三种路径:第一种是依靠司法官的自由心证,相信司法官的职业良知和社会道德。第二种是依靠司法官群体的共同判断,这种共同判断(多数专业人士的判断)包括多种形式,如正式性的审判委员会、检察委员会、检察官联席会等;非正式性的专家论证会等;第三种是依靠社会公众的共同判断,这种共同判断(多数非专业人士的判断)包括正式化的陪审团、陪审员,和非正式性的网络舆情、社会舆论等形式。需要引起我们重视的是,在实务中,部分法官在自由心证时会采取国民一般认知说,即在裁判文书说理时表示,指出按照社会共识或多数国民认知,一般都会认为这种情况下对法益构成严重侵害。理论依据是作为罪刑法定原则自由主义的要求,必须在一般国民认知中预测可能性的范围内进行处罚。④ 但这种法官自由心证的判断,实际上将自身的判断约等于国民认知。计算法学为了辅佐法官的价值判断也可以提供两种路径。第一种路径是依托智能算法,通过概率建模需要,从相对标准化的司法文书中提炼共性特征,进而确定类案同判的统一标准。⑤ 事实上就是将多数法官在类案中的意见作为个案中主审法官价值判断的参考依据,依靠司法官群体的共同判断生成相对明确的价值评价标准。第二种路径则是通过模糊数学方式,可以采用公开听证、问卷调查、专家访谈等方

---

① 参见季卫东:《一个交叉学科的崛起:新文科之下的计算法学》,载《文汇报》2021年4月2日第26版。
② 参见周光权:《刑法客观主义与方法论(第二版)》,法律出版社2020年版,第25页。
③ 参见[日]山口厚:《刑法各论(第二版)》,王昭武译,中国人民大学出版社2011年版,第1页。
④ 参见[日]西田典之:《刑法总论讲义(第6版)》,曾文科译,北京大学出版社2017年版,第16–17页。[日]佐伯仁志:《刑法总论的思之道乐之道》,于佳佳译,中国政法大学出版社2017年版,第15页。
⑤ 参见马靖云:《智慧司法的难题及其破解》,载《华东政法大学学报》2019年第4期,第110–117页。

式,将国民认知进行量化,以判断对在形式上具备构成要件的案件,实质上是否产生刑法意义(程度)上的法益侵害性。但当这种评价无法采用经典数学方式时,计算法学可以采用模糊数学的方法,用模糊优化逻辑改变非此即彼线性理念,辅助法官进行实体判断。

以诽谤罪的情节严重为例,受限于认识能力和表达能力,案件整体上是否属于"情节严重"就涉及对模糊标准的认定问题。模糊子集的定义是从经典集合论的特征函数衍生出去,对于经典特征函数,其映射非 0 即 1,代表某个元素要么属于这个集合,要么不属于这个集合。而模糊子集是一个模糊的概率,其特征函数是一个从 0 到 1 的闭集,可以理解为有多少概率属于某个集合。对论域 $U = \{x_1, x_2, x_3 \cdots\cdots x_n\}$ 中的每一个元素都规定一个隶属度。笔者在论域 U 上定义模糊子集 $\underline{A}$,表示"情节严重"这一个模糊概念,即 $\underline{A}$ = {情节严重}为模糊集合,各案例对模糊子集 $\underline{A}$ 的隶属度为 $u\underline{A}(x_n)$。笔者选取了 10 个诽谤罪案例,其"情节严重"论域如下:

$$U = \{x_1, x_2, x_3, x_4, x_5, x_6, x_7, x_8, x_9, x_{10}\}$$

对论域中的每一个元素都规定一个隶属度。本文主要通过问卷调查的方式,当被调研对象认为案例中属于"情节严重"即赋值 1,认为不属于"情节严重"即赋值 0,具体案例的隶属度是基于该案例所有调研对象对"情节严重"的评价基础上通过隶属度函数计算得出的。① $\mu\underline{A}(x) \approx 0.5$ 时称该点为过渡点,当隶属度达到过渡点表明认识最为模糊,即对于该案例是否属于"情节严重"的模糊度最高,需要引起法官的高度重视。经过问卷调查,案例 1 到案例 10 关于"情节严重"的模糊子集隶属度依次为 0.38、0.21、0.38、0.21、0.50、0.13、0.63、0.88、0.29、0.29,其中案例 5(0.50)的模糊度最高,达到过渡点。

模糊数学方法的引入,事实上使得案件是否"模糊"有了一个相对量化的认定方法。为了简便判定方式,笔者没有采取模糊识别方法,而是将模糊子集隶属度依据常识(2/3 以上是绝对多数,1/3 以下是绝对少数,0.5 左右模糊度最高)设置了如下判定规则:①对于模糊子集隶属度大于等于 0.67 的,得出国民认知中普遍认为具有情节严重性的判断;②对于模糊子集隶属度介于 0.55~0.67 之间的,得出国民认知中倾向于具有情节严重性的判断;③对于模糊子集隶属度介于 0.45~0.55 之间的(过渡点 0.5 的 ±0.05),得出国民认知对是否具有情节严重性认识比较模糊的判断;④对于模糊子集隶属度介于 0.33~0.45 之间的,得出国民认知中倾向于不具有情节严重性的判断;⑤对于模糊子集隶属度小于等于 0.33 的,得出国民认知中普遍认为不具有情节严重性的判断。根据该规则,当法官、检察官认为案件价值判断模糊的,可以通过公开听证、论证会等形式征求意见,

---

① 隶属度是模糊数学的核心范畴,依托相应的隶属函数进行计算,隶属度的取值在 [0, 1] 之间,取值越大,隶属度越高,反之相反。隶属函数的确定包括模糊统计法、三分法、德尔菲法等方法,本文主要采用德尔菲法即专家打分法。参见张妮、蒲亦非:《计算法学导论》,四川大学出版社 2015 年版,第 48-52 页;梁保松、曹殿立:《模糊数学及其应用》,科学出版社 2017 年版,第 35-40 页。

根据征求意见的不同结果在自由裁量时可以有如下三种做法。其一，对于①⑤情形的，即案例8（模糊子集隶属度为0.88）国民认知普遍认为情节严重的，案例2（0.21）、案例4（0.21）、案例6（0.13）、案例9（0.29）、案例10（0.29），国民认知普遍认为情节不严重的，由于已经存在普遍共识，法官原则上应当根据国民认知进行判断。其二，对于②④情形的，即案例7（0.63）国民认知倾向于认为情节严重的，案例1（0.38）、案例3（0.38）国民认知倾向于认为情节不严重的，法官可以作出自由裁量，但是当其意见与国民倾向不一致的，应当说明理由。其三，对于情形⑤的，即案例5（0.5）国民认识也存在较强模糊性的，模糊度达到或接近过渡点的，可以有两种处理方式，第一种是按照存疑有利于被告人的原则，不认定为"情节严重"，因为法益侵害性程度较低，作出被告人不构成犯罪的结论。第二种是提交检察委员会、审判委员会研究，集体判断得出结论。对于轻罪案件原则上为节省司法资源推荐采用第一种存疑有利于被告人的形式；对于重罪案件或其他重大敏感案件为依法惩治犯罪建议采取第二种集体研究形式，根据《人民法院组织法》第37条、《人民检察院组织法》第31条规定，由审判委员会、检察委员会"讨论决定重大、疑难、复杂案件的法律适用"。

以具体案件为例，笔者对案例7进行问卷调查并应用模糊数学进行计算，该案基本情况如下：

> 2011年6月，蔡某在网络媒体上发表了《一个警察的求助》《某市派出所惊人一幕，挡了谁的发财路》两篇文章，点击数达到41047次。以上两篇文章主要内容讲述了2011年6月3日晚，蔡某在派出所值班期间，因不配合所里查扣车辆工作，并把问题直接上报分局领导，从而受到所长肖立（化名）指责的经过。因此民警蔡某和肖立（化名）的矛盾升级，蔡某从2011年9月开始，又陆续在网上发布了《"立威扬名、公而忘私、以所为家"的肖立》（点击1.1349亿次）、《肖立酒后开车、打人》（点击数9973次）等文章。经查，①蔡某和肖立在查处电动车过程中因意见分歧、争吵。获悉情况后，分局领导及时赶赴派出所对事件进行处置，经调查电动车无违法情况，依法给予了放行。②2013年8月24日15时许，派出所所长肖立在公园内与军分区干部发生纠纷并导致双方受伤，后双方已达成和解协议。③肖立强占动物园房产问题无证据支撑。④文章中的部分内容蔡某只是曾经听肖立所讲，没有证据证明。①

根据36份法学生的有效问卷结果，对蔡某行为构成"捏造事实"的模糊子集隶属度

---

① 该案例改编自蔡某犯诽谤案，广东省湛江市赤坎区人民法院（2015）湛赤法刑初字第32号一审刑事判决书。

为 0.75、"诽谤他人"的模糊子集隶属度为 0.67、"情节严重"的模糊子集隶属度为 0.63，最终"是否应当被追究刑责"的模糊子集隶属度为 0.61。根据上述的基于模糊隶属度的规则判定，国民认知中普遍认为蔡某行为构成"捏造事实""诽谤他人"；倾向于认为蔡某行为"情节严重"，应当被追究刑事责任。模糊数学对程度的判断并没有完全从司法解释"点击数超过 5000 次"作形式理解，而是从实质解释出发，从公众对法益侵害性程度的感知进行判断。法官在审查时，对于国民认知达成共识的捏造事实、诽谤他人原则上应当作出相同判断，对于情节严重性可以参考国民认知。事实上，该案办理过程中，审判机关在审查时，也认为"这些信息内容在网上散布的时间长，被点击次数超过五千次以上，足以对庞某某造成人格的损害和名誉的破坏，其行为已构成诽谤罪"。但是文章"部分内容有一定的事实依据"，被害人"本身也存在一定的过错"，经审判委员会讨论研究认为蔡某的犯罪情节轻微，最后判决被告人蔡某犯诽谤罪，免予刑事处罚。对于国民认知为达成普遍共识而是"倾向于"的，可以通过刑罚上从重（国民认知倾向于构成）或从轻（国民认知倾向于不构成）予以积极回应。

模糊数学的引入实际上以现代立法对司法"自由裁量权的有限肯定"为前提，这种方式消除了法律定性灵活性和法律定量确定性之间的内在矛盾冲突，从而扩展了计算思维在立法、司法、执法等法律活动中的生存空间。① 特别是可以将一些边界不清、不易量化的因素进行数学化处理，从而使模糊领域也可以相对科学客观地进行综合分析。② 法律追求确定性，通过模糊数学的方式可以将具体案件中犯罪构成要件中的疑难复杂部分，确定一个模糊等级，作为司法适用中的一种新的技术路径或技术手段，在无法准确定量的前提下，辅助法官进行定性，这种方式或可成为裁判公正的另一个研究进路。对刑法学而言，犯罪构成的模糊性，是犯罪构成复杂性和多样性的一种表现。利用模糊数学这一自然科学成果，来解释情节犯问题，可以把犯罪情节看作是"犯罪构成要件的结合方式，而不是犯罪构成的一个要件"，也为刑法学界对犯罪构成要件的研究开拓了新的视野。③ 但无论从其功能、价值还是模糊数学本身的成熟性而言，模糊数学的应用前景虽十分广阔，但是应用范围和位阶则需要进行必要限缩和后置。主要作为质性研究和确定性的经典数学量化研究之后的辅助手段，否则"如果抛开法与裁判所具有的质而谈其模糊性，就将'模糊'变成了'混乱'"，④ 不仅无法起到对现有犯罪构成要件理论的弥合作用，相反会导致犯罪

---

① 参见徐亚文、高一飞：《立法中的"数字理性"问题研究》，载《华东政法大学学报》2017 年第 4 期，第 67－72 页。
② 参见黄学里、谢晓晓：《强制医疗程序中精神病人人身危险性的评估体系构建——以模糊综合评价为视角》，载《时代法学》2020 年第 4 期，第 41－49 页。
③ 储槐植：《有中国特色的刑法理论的新发展——评〈刑法教科书〉》，载《政法论坛》1998 年第 3 期，第 126－128 页。
④ 梁玉霞：《裁判思维模块化探析——裁判公正的另一个研究进路》，载《甘肃政法学院学报》2014 年第 4 期，第 26－26 页。

论构成要件认定的失序问题,从而侵蚀刑法的安定性。模糊数学的另一个积极价值在于,我们不能追求在要件判断上达到罗尔斯"社会全体一致同意"的标准,但是可以追求和提倡案件办理中国民认知应当达到相对一致的标准,以在个案办理中实现法律效果、社会效果、政治效果"三个效果"和刑事审判天理国法人情的有机统一。

五、结论

信息革命的到来,为法学方法论在内的法学知识谱系更新提供了全新机遇。理论逻辑需要在传承的基础上进一步深化,拓展新型解释方法以提升解释力,而不能仅局限于文义解释、扩大解释、限缩解释、历史解释、目的解释等有限的传统解释方法。不管研究者在认识论层面对数据和计算的好恶如何,网络社会、智能社会的发展本身就蕴含着计算逻辑,既有的工业时代产生的法律解释方法已经难以完全应对信息时代的解释需要。① 在方法论层面,量化分析具有质性分析不可替代的功能与作用正在成为共识,其本身也是法学研究的一种"范式革命"。计算思维的引入可以将部分认知不一致问题分解为相对客观的计量问题,有利于防止价值分歧和法官过度的自由裁量。特别是在网络犯罪的等约计量中,进一步探索将模糊数学、灰色理论、概率论等引进刑事法学和司法实践更具有特殊工具价值。② 但是也应当看到计算法学的探索在较长时期仍然处于初级阶段,其定位应当是作为规范法学参考辅助的研究范式和分析工具,而非"好高骛远"的替代性方式。计算思维融入部门法学之中也需要一个漫长的演化融合和发展过程,需要在不断批评和改进中成长成熟。

计算法学视域下网络诽谤犯罪的审查方式,系该领域进行的一次探索性尝试,其方式方法弥补了早期计量法学将研究重点单纯应用于法律中显性罪量要素数量关系的统计和计算,丰富或拓展了构成要件的审查方法,为刑法客观主义立场提供了方法论的部分支持。③ 融合计算法学方法后的犯罪客观构成要件的审查方式具有一定的积极价值,特别是针对新型犯罪概念界定不明、审查标准不明确等问题,在缺乏明确司法解释的情况下,作为次优选择,计算法学方法通过对大量罪量要素的量化提炼和分析,有利于将不同情节的案件进行比较,从而为解决"类案类判"问题提供量化标准;并且相关要素的提炼和应用,经过检验后可以被吸收入司法解释之中,从而发挥规范指引作用,以便统一法律适用。需要说明的是,计算法学在各罪研究中要特别注重问题思维、体系思维和计算思维在部门法学内的有机融合。问题思维是计算刑法研究的着力点,规范刑法学或教义刑法学已经妥善解决的法律问题,不需要计算法学的过多介入,而传统刑法学解决不了或解决不好

---

① 参见马长山:《面向智慧社会的法学转型》,载《中国大学教学》2018年第9期,第33-39页。
② 参见罗猛、邓超:《从精确计量到等约计量:犯罪对象海量化下数额认定的困境及因应》,载《预防青少年犯罪研究》2016年第2期,第36-43页。
③ 参见何勤华:《计量法律学》,载《法学》1985年第10期,第38页。

的问题，才是需要计算法学融入的前沿交叉领域重点。体系思维是指计算刑法学的分析范式需要与规范刑法学的分析范式紧密结合，但两者还存在一个位阶关系，即首先应当采取规范刑法学方法，通过文义解释和论理解释在刑法各罪研究中区分"罪与非罪"；在此基础上再对通过教义学解释方法无法较好解释或把握的问题，探索是否可以通过计算法学方法予以解决或者辅助解决。计算思维是计算刑法研究的实质，在人类社会和各科学领域中，人们所遇到的"量"分为确定性的量和不确定性量两类，经典数学以精准性为特征，辅助刑法学家和司法人员对确定性的量（例如刑法中的数额、次数）进行分析；不确定性的量又分为随机性量和模糊性量，对于随机性的量由概率学分析（例如刑法中"盖然性"的判断），对于模糊性的量由模糊数学分析（例如刑法中的"情节"程度）。① 部分学者对此也进行了相近研究，如有的采用模糊数学中的模糊判别方法，将各个原因计量后构造"近因"识别分析模型，对刑法学中"多因一果"问题解决也有一定的借鉴意义。②

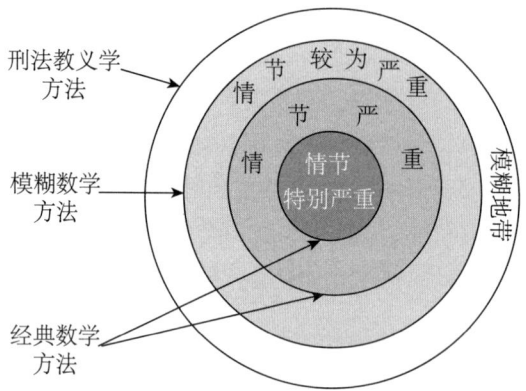

计算法学方法在本质上是将一个法律研究问题的部分形式化为可以计算的变量并提供判定规则的问题，因此其发端于量化分析但又不限于量化分析，在实证分析与规范法学之间起到连接和整合作用，"是区别于逻辑思维和实证思维的第三种思维模式"。③ 但是在将该方式应用于犯罪构成要件之中，也存在许多不足和欠缺。比如，在科学性方面，对犯罪构成要件的指标提炼需要较为慎重，指标应当能充分证实反映犯罪行为的内在规律性和外在社会危害性，如果指标选择不当或指标计算方式不当，相反可能误导司法人员的判断，甚至导致机械办案。从实践看，量化分析中在计算指标的选取方面仍很难避免"拍脑袋决策"问题，对追求确定性可能事与愿违，应当尽可能找到社会科学的实证依据。在可行性方面，部分指标数据虽然不再是传统规范刑法学中非此即彼"定类变量"，但很多仍属于

---

① 参见谢季坚，刘承平：《模糊数学方法及其应用（第三版）》，华中科技大学出版社2006年版，第2页。
② 参见陆玉、傅廷中：《基于模糊判别模式的近因识别》，载《河北法学》2016年第9期，第172-180页。
③ 邓矜婷、张建悦：《计算法学：作为一种新的法学研究方法》，载《法学》2019年第4期，第104-122页。

定序变量、定距变量，不同变量本身的计算和变量之间的计算也存在较大难度。模糊数学在刑事司法的应用场景和方法仍不明晰。此外，其他罪名是否也可以采取类似方法进行分析仍然有待后续研究的检验。但总体上，计算法学的发展是大势所趋，计算法学视域下的刑法犯罪构成要件审查方式优化，其基本目的是作为新的范式辅助司法实务和法学研究，其最高目的在于计算智能的算法生成，通过计算法学运用巨量数据经验和自动化算法帮助研究者摆脱个体经验与价值观念的局限，缓和法学研究中价值判断的难题，① 进而测量法律适用的可能性、法律个体的行动逻辑和法律社会的运行规律。② 希望本文能抛砖引玉，促进有更多研究者共同探索计算思维融入犯罪构成要件的基础研究和应用研究，探索未来法学的研究范式新路。③

（编辑：吕玉赞）

---

① 参见辛巧巧：《论人工智能时代的计算法学方法》，载《人民论坛·学术前沿》2020年第18期，第120–123页。

② 参见钱宁峰：《走向"计算法学"：大数据时代法学研究的选择》，载《东南大学学报（哲学社会科学版）》2017年第2期，第43–50页。

③ 实务界期冀十通过研发更高水平的智能辅助办案系统，"找准人工智能要素式提取和类型案件要件式解构结合点"，"使法官检察官能够从大量的重复性劳动中解放出来"，实现司法效率司法公正"双提升"的司法运行新模式地不懈追寻。刑法个罪的计算机算法生成需要理论界解决的主要是从"法条"到"算法"的中间环节，中间环节又可以细分为两个部分，法学家负责从"法条"到"业务规则"的转化，业务规则应是可操作、可执行，最好具有指标化、公式化；计算机工程人员负责从"业务规则"到"技术规则"的抽象和转化，最终形成"算法"。参见孟建柱：《全面深化司法体制改革 努力创造更高水平的社会主义司法文明》，载《求是》2017年第20期，第5–9页。

滥用职权罪的结果归责的构造

蒋太珂*

摘　要　滥用职权罪的结果归责的模式的选择，与"重大损失"在滥用职权罪中的属性密切相关。"重大损失"不属于客观处罚条件，因此，不应当将缓和的结果归责作为滥用职权罪的归责标准。将"重大损失"视为滥用职权罪的犯罪故意的对象，难以解释滥用职权罪未遂不处罚的根据，同时也不能实现滥用职权罪和玩忽职守罪刑事责任的协调。将"重大损失"视为滥用职权罪的加重结果，会过度限制滥用职权罪因果关系的范围，无法将间接因果关系纳入归责评价范围。只有滥用职权罪被当被视为过失犯罪，才能克服前述缺陷。无论是单独的滥用职权还是复数滥用职权引发的结果，只有在"重大损失"处于正当履行职责的防止范围内时，才可以将"重大损失"归责于滥用职权行为。

关键词　滥用职权　重大损失　客观处罚条件　规范保护目的

一、问题的提出

在《刑法》第397条第1款中，立法者将渎职行为致"公共财产、国家和人民利益遭受重大损失"（以下简称"重大损失"），作为滥用职权罪、玩忽职守罪的成立要件。尽管对采取何种因果关系理论诠释该款规定尚未形成共识，但司法实践、学说倾向于滥用职权罪、玩忽职守罪分享共同的结果归责标准的立场。

在司法实践中，对魏永斌滥用职权案[①]和李婷婷玩忽职守案[②]，司法裁判采取了必然

---

* 蒋太珂，男，山东临沂人，华东政法大学科学研究院副研究员，主要研究方向为刑法学。
① 甘肃省兰州市中级人民法院（2020）甘01刑终38号刑事裁定书。
② 山西省太原市中级人民法院（2019）晋01刑终990号刑事裁定书。

因果关系的立场；对杨中伟玩忽职守案①和汪林滥用职权案，②相当因果关系被作为判断标准。此外，也有部分涉及滥用职权③和玩忽职守罪④的司法判决，在综合考虑介入因素异常性、介入因素对结果贡献程度的基础上，确定归责评价结论。正如检8指导案例显示出来的那样，司法实践其实是在"渎职犯罪因果关系的认定"视角下，统一阐释适用于所有渎职犯罪的因果关系的一般内涵。在学界，学者并不刻意区分滥用职权罪和玩忽职守罪的因果关系问题，多在渎职罪视角下讨论适用于所有渎职类犯罪的结果归责标准。⑤ 总之，尽管滥用职权罪和玩忽职守罪分属故意犯罪和过失犯罪，主流立场仍倾向于认为，两者的结果归责标准具有同一性。（以下简称"同一说"）

最近，因对"重大损失"要件在渎职类犯罪中的体系地位及其功能的不同理解，不区别两罪结果归责标准的立场受到挑战。理论界和实务界对"重大损失"属于犯罪成立要件的定位，基本上没有疑问；只是对其理论定位仍然存在一些争议。传统见解将之视为构成要件要素，但也有反对意见指出，在滥用职权罪中，"重大损失"应属于客观处罚条件。⑥ 当然，早期的反对意见只是指出作为客观处罚条件的"重大损失"不属于滥用职权罪的犯罪故意的认识对象，并未进一步将其意义拓展至结果归责领域。⑦ 最近，则有学者明确指出，作为滥用职权罪客观处罚条件的"重大损失"同样对滥用职权罪的客观归责标准产生影响。亦即，相较于玩忽职守罪采取限定处罚范围的通常结果归属标准，在滥用职权罪的结果归责问题上，只要滥用职权行为和"重大损失"之间具有条件关系即可肯定滥用职权罪，"不要求他人的死亡结果与滥用职权的行为之间具备通常的结果归属条件"。⑧（以下简称"区别说"）

如果区别说的见解是正当的，至少对于滥用职权罪的因果关系的判断标准，最近出现的由必然因果关系说向偶然因果关系说转变的司法实践立场，应当获得赞同。至于通过相当因果关系或者分析介入因素的因果力等各种归责的方式，限定滥用职权罪因果关系的理论进路或者司法实践，因不契合滥用职权罪的构造，难以获得支持。但是，即使统同一性的立场可行，也面临着究竟采何种标准的问题。以下将指出，对于滥用职权罪的结果归责方式，很大程度上取决于"重大损失"在滥用职权罪中的体系定位。

---

① 海南省琼中黎族苗族自治县人民法院（2016）琼9030刑初144号刑事判决书。
② 湖北省荆门市中级人民法院（2019）鄂08刑终75号刑事裁定书。
③ 云南省怒江傈僳族自治州中级人民法院（2018）云33刑终31号刑事裁定书。
④ 北京市人民检察院编：《刑事疑难案件参阅——妨害社会管理秩序罪 贪污贿赂罪 渎职罪（含程序法案例）》，中国检察出版社2015年版，第218-219页。
⑤ 周光权：《渎职犯罪疑难问题研究》，载《人民检察》2011年第19期，第16-17页；卢海霞、张伟珂、王聚强、王新光：《渎职罪规范研究》，中国检察出版社2013年版，第169-181页。
⑥ 参见李洁：《论滥用职权罪的罪过形式》，载《法学家》1998年第4期，第30页。
⑦ 例如陈兴良教授虽然认为"重大损失"属于不需要认识的"罪量"要素（陈兴良：《口述刑法学》，中国人民大学出版社2007年版，第790页），但认定滥用职权罪因果关系时，仍采取相当因果关系说（陈兴良：《判例刑法学》，中国人民大学出版社2009年版，第630页）。
⑧ 张明楷：《论缓和的结果归属》，载《中国法学》2021年第1期，第278页。

二、区分说立场的根据及其反思

将"重大损失"视为滥用职权罪的客观处罚条件,是区别滥用职权罪和玩忽职守罪结果归责标准当然前提。但在理论逻辑上,将"重大损失"视为滥用职权罪的客观处罚条件观点,在相当程度上从属于滥用职权罪的故意犯罪的属性定位。在坚持滥用职权罪是故意犯罪的前提下,为了合理解释"重大损失"作为犯罪成立要件的根据,并避免刑事可罚性漏洞,将"重大损失"视为滥用职权罪的客观处罚条件的立场应运而生。当然,正如下文即将指出的那样,将"重大损失"视为客观处罚条件的理论构成模式不能成立。同样地,对滥用职权罪的结果归责问题,以之为前提的区别说的见解也不能成立。

(一)区分说立场的根据

将"重大损失"视为滥用职权罪的客观处罚条件的观点,与滥用职权罪和玩忽职守罪的区分问题密切相关。传统观点强调前者是作为犯罪后者属于不作为犯罪。[①] 在现实司法实践中既存在故意的不作为的渎职也存在过失的作为式的渎职,两罪既可以由作为实施也可以通过不作为实施。[②] 在这种认识下,最近主流的立场倾向于认为"两者的界限在于主观方面,客观上是作为还是不作为对于区分两罪并不重要"。[③] 亦即两者的区别在于,滥用职权罪是故意犯罪而玩忽职守罪是过失犯罪。在滥用职权罪被归属为故意犯罪的前提之下,将"重大损失"视为滥用职权罪的客观处罚条件,具有如下实践意义:

第一,合理解释不处罚滥用职权罪的未遂的需要。"重大损失"是滥用职权罪、玩忽职守罪的成立要件的功能定位决定了,单纯滥用职权或者玩忽职守但并未导致"重大损失"的未遂行为不构成犯罪。如果将"重大损失"视为构成要件要素的立场,虽然能够说明玩忽职守罪的不受处罚的理由,但将无法解释为何滥用职权罪的未遂不受处罚。因为,我国刑法总则只针对故意犯罪规定了犯罪的未完成形态。通说认为刑法分则规定的是以单独犯的犯罪既遂为模式的基本的犯罪构成,而刑法总则规定的犯罪未完成形态、共犯形态属于修正的犯罪构成。在两者的关系上,基本的犯罪构成属于本来的处罚事由,而修正的犯罪构成属于扩张的处罚事由。作为扩张处罚事由的修正构成要件,属于不利于行为人的事由。受制于罪刑法定原则有利于行为人的精神诉求,刑法针对故意犯罪规定的犯罪未遂等扩张处罚事由,不能被类推适用于过失犯罪。亦即,在"重大损失"属于渎职类犯罪的构成要件要素的前提下,虽然作为过失犯的玩忽职守罪的未遂形态不具有刑事可罚

[①] 李永鑫、吴步钦:《滥用职权罪散论》,载《人民检察》1998年第3期,第7页;最近仍支持该主张的,参见马克昌主编:《百罪通论(下)》,北京大学出版社2014年版,第1127页。

[②] 高铭暄、马克昌:《刑法学》,北京大学出版社、高等教育出版社2019年版,第645页、646页;陈兴良:《判例刑法学(下卷)》,中国人民大学出版社2009年版,第622页。

[③] 陈兴良主编:《刑法各论精释(下)》,人民法院出版社2015年版,第1263页。

性，但作为故意犯罪的滥用职权罪的未遂形态应当具有刑事可罚性。① 显然，如果我们将"重大损失"视为滥用职权罪的构成要件要素，在"重大损失"未出现的犯罪未遂情形下，将面临着与"重大损失"被视为滥用职权罪成立要件的前提的冲突。

当然，在逻辑上，《刑法》第397条第1款的规定可被视为刑法总则处罚故意犯罪未遂规定的例外。可是"不以解释论为媒介的裸的刑事政策，不具有解释论上的说服力"，② 鉴于犯罪论体系是决定行为是否构成犯罪的唯一根据，即使将《刑法》第397条第1款关于滥用职权罪的规定视为刑法总则处罚故意犯罪未遂规定的例外，亦需在犯罪论体系中说明其存在根据。将"重大损失"视为滥用职权罪的客观处罚条件是一个可行的方式。一方面，由于作为客观处罚条件的"重大损失"不属于滥用职权罪的构成要件结果，未出现相应结果的滥用职权行为也就不会被评价为滥用职权罪的犯罪未遂行为，这就可以解释为何滥用职权罪的未遂不适用刑法总则关于犯罪未遂的规定理由；另一方面，在将"重大损失"视为客观处罚条件的情况下，"重大损失"是滥用职权罪成立要件的主张，可以在犯罪论体系内部获得体系论上支持。

第二，合理划定滥用职权罪处罚范围的需要。我国刑事立法和学界通说均将危害结果视为主观归责的对象。如果将"重大损失"视为滥用职权罪的构成要件结果，则意味着行为主体必须对"重大损失"持放任或者希望的态度。在违规变更房屋权属登记，③ 违规为停运车辆通过年审④等涉及资格审查的事例中，由于相应资格与一定的经济利益存在互为表里的关系，行为主体只要具有滥用职权的行为故意，即可直接肯定其对"重大损失"结果具有故意。但在现实的司法实践中，滥用职权行为通常是通过各种介入因素引起的因果流程间接导致"重大损失"。⑤ 在间接因果关系的情形下，由于对行为的故意和对结果的故意之间不存在互为表里的关系，我们很难期待行为人因为具有行为故意，从而肯定其对"重大损失"结果具有故意。但是，在现实司法实践中，对于前述间接因果流程惹起的结果，只要行为主体对法益损害后果具有预见可能性，一般仍然按照滥用职权罪处罚这类行为。例如，根据《交通警察道路执勤执法工作规范》第11条和第12条的规定，除了针对一些特殊情形，交通警察原则上不得在"行车道上拦截、检察车辆或者处罚交通违法行为"。但在现实司法实践中，交通警察越权追赶交通违法行为由此导致了违章者的交通肇事的事件并不罕见。⑥ 很显然，对于这些事例，一般交通警察对于交通肇事并不存在故意。如果严格按照前述的将"重大损失"视为构成要件要素的立场。这些滥用职权行为将无法被追究刑事责任。

---

① 参见王琦：《渎职罪犯罪未遂状态及其处罚》，载《人民检察》2007年3月16日第4版。
② ［日］山中敬一：《犯罪論の機能と構造》，成文堂2010年版，第41页。
③ 重庆市第一中级人民法院（2013）渝一中法刑终字第338号刑事判决书。
④ 广西壮族自治区钦州市中级人民法院（2016）桂07刑终101号刑事判决书。
⑤ 李忠诚：《渎职罪因果关系认定实践问题分析》，载《中国检察官》2017年第7期，第19页。
⑥ （2019）豫09刑再3号刑事裁定书。

为了避免将"重大损失"视为构成要件结果导致的刑事可罚漏洞，一些学者突破一个罪名一种罪过的传统理解方式，主张滥用职权罪的行为主体对"重大损失"既可以持故意的态度也可以持过失的态度。① 在行为主体对结果具有过失的情况下，仍然可以按照滥用职权罪予以处罚。然而，滥用职权罪的主观方面"'既可以是故意也可以是过失'这一立场，在一定程度上放低了责任主义的要求"。② 因为，根据罪责刑相适应原则的要求，针对同一犯罪对象的故意犯罪的刑事责任重于过失犯罪的刑事责任。《刑法》第 397 条第 1款为滥用职权罪和玩忽职守罪设定了同样的犯罪成立要件和同样的法定刑，复合罪过说的见解显然无法正当化前述立法。在不承认复合罪过的情况下，如果将"重大损失"视为滥用职权罪的客观处罚条件则可以避免前述处罚漏洞的出现。因为，客观处罚条件与不法无关，不属于犯罪故意认识的对象。正是基于这种考虑，一些学者将滥用职权罪的结果进一步区分为"国家机关公务的合法公正有效执法及国民对此的信赖"和"重大损失"，只有前一个结果才是滥用职权罪主观故意的对象。③ 这样一来，只要行为主体认识到该结果，且滥用职权行为客观上导致"重大损失"，即可构成滥用职权罪。

（二）对区分说立场的反思

首先，在理论逻辑上，客观处罚条件与因果关系理论并无内在关联。在"重大损失"被视为客观处罚的理论设定下，构成滥用职权罪并不需要滥用职权行为和"重大损失"之间具有因果关系。在德国和日本刑法理论体系中，客观处罚条件一般被认为是独立于构成要件该当性违法性和有责性的影响犯罪成立的要件。我国学者虽然使用罪量要素或者客观超过要素的概念，但一般也赞同前述主张。因为，不法和责任的评价对象分别对应因果行为论所描述的客观因果关系和主观因果关联，客观处罚条件与不法和责任无关的教义，意味着至少在不法层面，客观处罚条件的成立，毋须以与不法行为存在因果关系为前提。例如，亲属盗窃的亲属身份以及婚内强奸之中的婚姻关系不正常等客观处罚条件都存在于不法行为之前。即使在丢失枪支不报罪中，作为客观处罚条件的"严重后果"也不需要与"未及时报告"的不作为存在条件关系。因为，在很多情形下，即使丢失枪支者及时报告也不能回避相应损害后果之出现。④ 因此，在理论逻辑层面，客观处罚条件只有存在与否的问题。与之相应，如果将"重大损失"视为滥用职权罪的客观处罚条件，"只要客观上出现'重大损失'，行为人便构成滥用职权罪，无需探讨滥用职权行为与重大损失之间是

---

① 储槐植、杨书文：《复合罪过形式探析——刑法理论对现行刑法内含的新法律现象之解读》，载《法商研究》1999 年第 1 期，第 15 页。
② 王华伟：《要素分析模式之提倡—罪过形式难题新应》，载《当代法学》2017 年第 5 期，第 70 页。
③ 张明楷：《刑法学》，法律出版社 2016 年版，第 1246 页。
④ 柏浪涛：《构成要件符合性与客观处罚条件的判断》，载《法学研究》2012 年第 6 期，第 140 页。

否具有刑法因果关系的问题"。① 正因如此,一些学者明确指出,由于《刑法》第397条第1款要求滥用职权行为和"重大损失"之间必须具有因果关系,"重大损失"不应被视为客观处罚条件。②

其次,在法政策层面,将"重大损失"视为滥用职权罪的客观处罚条件,不具有妥当性。其一,从"重大损失"功能上看,其属于能为滥用职权罪的违法性提供实质根据的违法性要素。一些学者指出,立法者将"重大损失"视为滥用职权罪的客观处罚条件,是为了限制刑事处罚范围。这种立场显然忽视了,在逻辑上,并非任何能发挥限制处罚范围功能的要件都属于客观处罚条件,原则上只有那些不能奠定刑事不法的要素才可能属于客观处罚条件。立法者将"重大损失"作为限制滥用职权罪处罚范围的根据在于,"滥用职权行为在多数情况下属于行政责任范畴,而只有极少数情节很严重或造成严重危害后果的情况下,才可以采取刑事制裁措施",③ 未导致"重大损失"的滥用职权行为属于行政不法或者违反党纪的行为,只"应给予必要的党纪、政纪处分"④ 即可。换言之,发挥着合理区分行政不法和刑事不法的功能的"重大损失"要件,不是与刑事不法评价无关的要素。其二,从禁止滥用职权行为的目的上看,避免"重大损失"处于滥用职权罪保护的法益范围之内。或许会有观点指出,在刑法中同样存在影响刑事不法和行政不法区分的客观处罚条件。客观处罚条件是影响制裁规范的要素,而不法要素则与行为规范密切相关,其属于刑法通过行为规范所以保护的对象。⑤ 前述可能的质疑忽视了渎职罪的保护法益和"重大损失"所表征的法益之间的内在关联。渎职类犯罪保护的直接法益是职务的公正性或者说国家正常的管理秩序。职务行为通常是与一定的公共利益或者个人利益密切关联在一起。"渎职犯罪的核心是'职务',而职务行为是一种管理行为,其本身不会直接导致向对方发生危害结果,但正确履行职责确实避免危害结果发生的重要屏障。因此,在法律意义上,渎职因为使职务行为丧失了这种秩序维护、防范风险的功能而被视为危害结果发生的'原因'"。⑥ 可见,禁止渎职行为表面上看是为了防止职务公正法益被侵害,但实质上是为了避免渎职行为造成公共法益或者个人法益的损害危险。例如,行政法规范禁止公路中追击相应的违章者,本身就是为了防止因追击行为导致交通肇事。因此,公共财产、国家和个人利益同样属于渎职类犯罪的保护法益。正因为如此,检8指导性案例,才强调"如果负有监管职责的国家机关工作人员没有认真履行其监管职责,从而未能有效防止危害结果发生,那么,这些对危害结果具有'原因力'的渎职行为,应认定与危害结果之间具有

---

① 劳东燕:《滥用职权罪客观要件的教义学解读——兼论故意·过失的混合犯罪类型》,载《法律科学》2019年第4期,第64页。
② 谷笋:《同一罪名下的不同罪过形式》,载《人民检察》2014年第21期,第67页。
③ 廖增昀:《滥用职权罪与共鸣权利保障》,载《政法论坛》1996年第4期,第36页。
④ 贾宇主编:《刑法学》,中国政法大学出版社2009年版,第559页。
⑤ 周光权:《论内在的客观处罚条件》,载《法学研究》2010年第6期,第127页。
⑥ 魏颖华:《渎职罪定罪事实暨证据研究》,中国公安大学出版社2011年版,第191页。

刑法意义上的因果关系"①。亦即，"重大损失"这一法益损害后果，本身就是禁止渎职行为所要防范的后果。反过来说，"公共财产、国家和人民利益"本身就是禁止渎职的刑法规范所拟保护的法益。其三，将"重大损失"视为客观处罚条件，也与立法者限制滥用职权罪处罚范围的立法意图不符。"重大损失"要件的最大功能是限定刑罚处罚范围。但是，由于客观处罚条件只有存在与否的问题，并不需要与不法行为之间具有因果关系，即使有因果关系，在很多情况下也是一种极为偶然的因果关系。例如，在司法实践中，对一些引起上访或者其他社会影响的渎职行为，即使尚未调查清楚导致结果的具体原因，就轻易肯定刑法上的因果关系或者通过强调因果关系的拟制属性肯定刑法上的因果关系。②因此，如果认可"重大损失"属于客观处罚条件，很容易导致只要出现了"重大损失"即轻易肯定刑事可罚性的结论。只有在将"重大损失"理解为客观不法要素，才能通过合理限制因果关系范围的方式，合理限制刑罚发动。

最后，从体系解读的角度看，将"重大损失"视为滥用职权罪的客观处罚条件，难以实现与玩忽职守罪在构造上的协调。主流观点认为，滥用职权罪和玩忽职守罪的主要区别在于犯罪的主观方面。事实上，97年刑法制定之前，学界和司法实践积极推动滥用职权罪立法的一个重要原因就是滥用职权属于故意犯罪而玩忽职守属于过失犯罪。在坚持故意形态犯罪和过失形态犯罪属于排斥关系的情况下，只能通过立法的方式化解处罚漏洞。但是，不可否认的是，由于79年刑法允许类推，在97年刑法通过之前，司法实践通常是通过类推适用玩忽职守罪的方式，避免相应的处罚漏洞。这反映出玩忽职守罪和滥用职权罪在客观不法层面并无实质的区别。既然如此，"重大损失"在玩忽职守罪中属于不法要素，在滥用职权罪中也应当是不法要素，亦即构成要件要素。张明楷教授一方面主张"重大损失"属于滥用职权罪中的客观处罚条件，另一方面又认为"重大损失"属于玩忽职守罪中的法益损害后果。③显然，这种理解方式，难以被正当化。

当然，如果坚持"重大损失"属于滥用职权罪的客观处罚条件，为了维持玩忽职守罪、滥用职权罪在客观不法层面的均衡性，同样应当认为"重大损失"也属于玩忽职守罪的客观处罚条件。但这种理解方式存在如下问题：其一，这种理解方式与传统的结果犯的理解方式并不相同。刑法的目的是保护法益，没有法益侵害就没有犯罪，因此，着眼于法益侵害的角度看，任何犯罪都属于结果犯。但是，结果犯意义上的结果并非法益侵害意义上的结果。作为与行为犯和危险犯相区分的结果犯，其结果属于与行为存在一定为空间和时间间隔的物质性损害结果。其二，这种理解方式导致了过失犯不再是结果犯而成为行为犯。行为犯和结果犯是对极的概念。行为犯的典型特征是，行为人实施相应行为即侵害到

---

① https://www.spp.gov.cn/flfg/gfwj/201212/t20121228_52199.shtml.
② 国家法官学院案例开发研究中心编：《中国法院2018年度案例刑事案例四》，中国法制出版社2018年版，第260–261页。
③ 张明楷：《刑法学》，法律出版社2016年版，第1248页。

相应的法益。这在滥用职权罪的情况下最为明显。如果认为"重大损失"同样属于玩忽职守罪的客观处罚条件,意味着该要件原则上也不属于行为人需要认识的对象。作为行为人需要预见的对象是其玩忽职守行为会导致职务公正性受到影响的事实。由于渎职行为一实施,职务公正性就受到影响。因此,如果将"重大损失"视为玩忽职守罪的客观处罚条件,玩忽职守罪将成为行为犯。但是,这显然与过失犯是结果犯的一般认识不符。

三、同一说立场的理论进路及其问题所在

基于维持过失和故意的不法的要素的同一的立场。"重大损失"要件不但在玩忽职守罪中属于不法要素,在滥用职权罪中同样应当属于不法要素。但成为问题的是,在坚持滥用职权罪是故意犯罪的前提下,"重大损失"在滥用职权罪中究竟具有何种意义。

(一) 将"重大损失"视为滥用职权罪犯罪故意对象的理论进路

第一种理论进路将"重大损失"视为滥用职权罪的认识对象。例如,黎宏教授指出滥用职权罪的故意是指"行为人明知自己滥用职权的行为会导致公共财产、国家和人民利益遭受重大损害的结果,并且希望或者放任这种结果发生"。① 周光权教授认为,"行为人对自己职权的不当行使可能损害公共财产、国家或个人利益有所认识,而追求或者放任这种结果发生"② 就存在滥用职权罪的故意。在司法实践中,持有此种立场的司法裁判并不少见,例如,在占建平滥用职权案中,裁判理由解说指出,"占建平明知在寒冷的冬天将身着单薄的杨泽富弄上车会造成冻伤的后果,但却放任这种结果的发生,应认为其主观上是间接故意"。③ 那些涉及拆迁资格认证或者退税资格认证的滥用职权的司法裁判实质上也多采取这种立场。因为,相应的资格本身就与一定的经济利益绑定在一起,滥用资格虽然是对于行为产生故意,但同时也是对法益损害后果具有故意。事实上,这种观点并非是最近才出现的结论,在相应的犯罪的制定之前的,很多学者就指出,滥用职权罪针对的法益损害后果是重大。

如前所论,如果将"重大损失"视为滥用职权罪的认识对象,在很多间接因果关系的情况下,将难以按照滥用职权罪处罚相关行为。但是,只要承认故意犯罪和过失犯罪在规范评价上存在递进关系,对于前述情形,完全可以按照玩忽职守罪处罚,并不会产生刑事可罚性漏洞的问题。尽管如此,将"重大损失"为是滥用职权罪的认识对象,仍然面临着两个难题。第一个难题是,滥用职权罪的未遂的处罚问题。如果将"重大损失"视为滥用职权罪的认识对象,这意味着"重大损失"属于构成要件要素,滥用职权罪因而属于结果

---

① 黎宏:《刑法学各论》,法律出版社 2016 年版,第 548 页。
② 周光权:《刑法各论》,中国人民大学出版社 2016 年版,第 498 页。
③ 最高人民法院中国应用法学研究所编:《人民法院案例选刑事卷8》,人民法院出版社 2017 年版,第 4104 页。

犯。对于结果犯而言，即使没有出现相应的法定损害结果，仍然存在按照未遂犯加以处罚的余地。显然，由于"重大损失"属于滥用职权罪的成立要件，"在没有危害结果发生的情况下，根本不应当成立滥用职权罪",① 更何况处罚滥用职权罪的未遂状态。第二个问题是，难以解释滥用职权罪的法定刑和玩忽职守罪的法定刑相同的问题。法定刑的设定与行为人的刑事责任密切相关，原则上故意犯罪的刑事责任终于过失犯罪的刑事责任。例如故意杀人罪的刑事责任远重于过失致人死亡的刑事责任。将"重大损失"视为滥用职权罪的认识对象，将难以解释相关立法规定。有学者指出"完全是立法的技术问题，甚至可以说是立法的疏漏"。② 至少在于罪责刑相适应原则是刑法的基本原则，并且对故意犯罪的法定刑重于过失犯罪是一般的常态立法的前提下，认为这种情况下立法者的失误确实是难以理解的问题。因此，更为合理的解释未必是立法者失误的问题，而是解释者基于固有成见未能妥当的诠释相应的问题。

（二）将"重大损失"视为滥用职权罪复合罪过对象之一的理论进路

第二种理论进路，仍然坚持认为"重大损失"属于滥用职权罪的构成要件要素。但不再将之视为滥用职权罪的犯罪故意的认识对象。该观点以滥用职权罪属于复合罪过形态为前提。与传统的复合罪过形态理论不同的是，该观点认为故意形态和过失形态分别对应不同的犯罪结果。传统的复合罪过形态理论认为，滥用职权罪既是故意犯罪也是过失犯罪，无论是故意还是过失其主观认识和预见对象针对的都是"重大损失"。但最新的复合罪过理论则区分了滥用职权罪中不同主观罪过形式对象的不同归责对象。滥用职权罪的主观过错不再是故意或过失的问题而是故意+过失的问题。亦即，滥用职权罪的故意认识的对象是明知自己滥用职权的行为会发生危害职务公正性的结果仍然希望或者放任该结果。这种构成模式在客观不法层面其实是区分滥用职权罪的基本结果和加重结果。其中，职务公正性属于基本结果而"重大损失"属于加重结果。而作为加重结果的"重大损失"不在滥用职权罪基本行为的故意所涵盖的范围之内，基于责任主义原则的要求，行为主体最多对"重大损失"具有过失即可。

这种论证路径虽然可以有效回避处罚漏洞的质疑，但在滥用职权行为与"重大损失"的因果关系认定上，则存在问题。一般认为，在结果加重犯中，基本行为和加重结果之间的因果关系要严格于是普通的结果犯的因果关系。例如，对于故意伤害罪的结果加重犯而言，必须要求"暴行行为和加重结果之间具有客观上的直接性关系"。③ 因此，这种复合罪过说能为司法实践中必然因果关系说和直接因果关系说提供依据。但是，在现实的司法

---

① 卢海霞、张伟珂、王聚强、王新光：《渎职罪规范研究》，中国检察出版社2013年，第186页。
② 邓艾莉：《〈刑法〉第397条"重大损失"在滥用职权罪中的地位》，载《政治与法律》2006年第1期，第148页。
③ 周光权：《刑法各论》，中国人民大学出版社2016年版，第22页。

实践中，除了一些涉及与拆迁相关的户籍办理或者退税资格认定等少数滥用职权行为外，大多数的滥用职权行为与"重大损失"结果之间并不存在直接的或者必然的因果关系。因此，只要肯定滥用职权行为与"重大损失"之间的因果关系不应当局限于直接的或者必然的因果关系，那么，将"重大损失"视为滥用职权罪的加重结果的理论构成模式，必然存在实践上的局限性。

(三) 实质问题所在以及可能的解决方案

通过对前述问题步检讨，我们获得了"重大损失"属于滥用职权罪的不法构成要素的结论。这意味着，在滥用职权罪的结果归责立场上，条件说或者偶然因果关系说等都不应获得支持。然而，在坚持这一前提的情况下，我们仍然面临的问题是：在解释论上如何在合理说明滥用职权罪和玩忽职守罪的区别同时，合理说明对滥用职权行为与玩忽职守行为同样处罚的根据，以及对滥用职权的未遂行为不予处罚的根据。此外，还要合理说明在"滥用职权罪"中，应当承认间接因果关系的根据及其界限。为了合理说明前述问题，我们应当认为，同玩忽职守罪一样，滥用职权罪也是过失犯罪。

四、滥用职权罪的构造及其归责构造

(一) 滥用职权罪应当属于过失犯罪

首先，将滥用职权罪视为过失犯罪可以避免将之视为故意犯罪所导致的一系列难题。如前所论，"重大损失"在滥用职权罪中的体系定位，直接影响到滥用职权罪和玩忽职守罪在客观不法层面的均衡问题，以及由此衍生出来的滥用职权罪未遂的可罚性、罪责刑的均衡性以及相应处罚漏洞的弥补的问题。传统立场之所以难以有效协调这三者的关系，根本的原因在于，传统立场始终将滥用职权罪视为故意犯罪。如果将滥用职权罪视为过失犯罪，"重大损失"作为过失犯的结果，前述问题将迎刃而解。一方面，过失犯的未遂本身就不受处罚；另一方面，将之视为过失犯也能维持和玩忽职守罪法定刑相同做出合理解释。再者，早期从玩忽职守罪中区分出滥用职权罪的最重要原因是，滥用职权是一种故意行为，与玩忽职守罪的主观表现存在不同。但是，在承认故意和过失在规范层面是递进关系的前提下，将滥用职权罪解释为故意犯罪的实践优势也不存在了。

其次，传统的观点实质上承认了滥用职权罪属于过失犯罪。事实上，立法者并未明确承认滥用职权罪是故意犯罪。"滥用职权行为和玩忽职守行为是渎职罪中最典型的两种行为，两种行为的构成要件，除客观方面不一样以外，其他都相同"。[①] 在司法实践中，很多意见也指出"行为人滥用职权行为本身往往是故意，但对损害结果，则是过失"。[②] 事

[①] 郎胜主编：《中华人民共和国刑法释义》，法律出版社2011年版，第675页。
[②] 张军主编：《刑法分则及其配套规定新释新解（第9版）》，人民法院出版社2016年版，第2042页。

实上，为了合理化解滥用职权罪的故意犯罪定位可能矛盾的复合罪过说，本质上也是承认滥用职权罪是过失犯罪的。其一，刑法中的犯罪故意的指涉对象是危害结果。但是，正如前文指出的那样，未导致"重大损失"的滥用职权行为只是行政不法行为，其引起的结果并非是刑法意义上的危害结果。既然如此，对于作为行政不法的滥用职权行为的故意并非是刑法意义上的故意。只有能够提升或者决定滥用职权罪的刑事不法的"重大损失"才是滥用职权罪主观归责的对象。其二，复合罪过的观点消解了滥用职权罪故意不法的意义。复合罪过的观点强调滥用职权罪是"故意"+"过失"的犯罪。但是，其仍然维持滥用职权罪和玩忽职守罪刑事责任相同的立法，这意味着，在持复合罪过的学者眼中，针对第一结果的故意其实根本就不决定影响滥用职权罪的刑事责任，换言之，实质影响滥用职权罪的刑事责任的不法和责任要素，是"重大损失"以及对"重大损失"的过失。

最后，相应的反驳理由也不成立。一些学者认为，将滥用职权罪视为过失犯罪在语感上存在问题。因为在语感上，滥用意味着故意实施某种行为。但是，"就词义而言，滥用职权的滥用是指'胡乱地或者过度地'使用，玩忽职守是指'不严肃认真地对待'，实际上'滥用'与'玩忽'均与职权相联系，与损害后果并无瓜葛"。① 也就是说滥用职权和玩忽职守针对的都是对于职责行使的态度，而非指向职责行使所可能产生的后果。对于其职责不当行使引起的后果，无论是滥用职权罪还是玩忽职守罪都可能是过失。就像交通肇事罪一样，行为人既可能是故意违反交通规制也可能是过失违反交通规制，但是，无论其对违章的态度是故意还是过失，都不决定交通肇事罪的性质，起到决定作用的是行为人对肇事结果的态度。如果是对结果持反对态度就是交通肇事，如果持放任态度则可能是故意杀人或者以危险方法危害公共安全罪。还有质疑观点指出，在我国刑法中以处罚故意为原则以处罚过失为例外，因此，对于如果认定滥用职权罪和玩忽职守罪都是过失犯罪，那么就不存在与之相对应的故意形态的犯罪。但是，对于滥用职权罪而言，由于滥用职权的后果属于针对国家法益、集体法益或者他人法益的损害。因此，如果对于相应结果存在故意，直接按照相应的故意犯罪论处即可，似没有必要再设定其故意形态的犯罪。

（二）滥用职权罪的结果归责的标准

基于以上的考虑，我们应当认为，滥用职权罪和玩忽职守罪都属于过失犯罪，两者的区别只在于行为人对于滥用职权的态度。对于滥用职权罪的因果关系，应当承认其因果关系不限于直接的因果关系，还包括间接的因果关系。但成为问题的是间接的因果关系的范围。

一些学者认为，应当通过相当因果关系理论确定间接的因果关系的范围。② 但在一些

---

① 刘为波主编：《刑事案例诉辩审评——渎职罪》，中国检察出版社2014年版，第13页。
② 陈兴良：《判例刑法学》，中国人民大学出版社2009年版，第630页。

应当肯定或者否定结果归责的情形，相当因果关系说难以推导出妥当结论。第一种情形是应当肯定结果归责，但根据相当因果关系难以肯定结果归责的情形。例如，"某粮库负责人夏某违规将国家储备粮借给私营企业用作抵押向银行贷款，后因市场行情不好，银行贷款无法偿还，给国家造成重大经济损失"。在该案中，夏某"之前违规借过对此，企业都按期归还贷款"。① 对于该案如果基于既有经验很难肯定相当因果关系。再如，对于司法实践中的介入第三人故意或者重大过失行为的，理应当否定相当因果关系。但是，在很多时候这并不妥当。例如，在甲明知其违法查封他人财产，而乙也明知其执行程序前一环节有问题，仍然对房屋进行拍卖的事例中，虽然介入了第三人的故意行为，也不应当否定结果归责。② 此外在司法实践中，还有观点基于实行行为危险性、介入因素异常性，以及介入因素对于结果的贡献的角度，划定间接因果关系的范围。③ 但是，这种观点本身并不妥当。其一，这种判断标准主要适用于直接的危险现实化的事例。而滥用职权罪中大部分属于间接的危险现实化的事例，不应当适用该判断标准。其二，在间接的危险现实化中，多数情况下导致法益损害后果的主要是介入因素，因此，比较实行行为和介入因素对法益损害结果贡献的理论标准，几乎没用适用余地。

对于滥用职权罪的结果归责，应当从职权的角度确定其归责范围。因为，滥用职权虽然不能直接导致一定的法益损害后果，但是，正如前文指出的那样，"渎职犯罪的核心是'职务'，而职务行为是一种管理行为，其本身不会直接导致向对方发生危害结果，但正确履行职责确实避免危害结果发生的重要屏障。因此，在法律意义上，渎职因为使职务行为丧失了这种秩序维护、防范风险的功能而被视为危害结果发生的'原因'"。④ 正因如此，检8指导性案例，才强调"如果负有监管职责的国家机关工作人员没有认真履行其监管职责，从而未能有效防止危害结果发生，那么，这些对危害结果具有'原因力'的渎职行为，应认定与危害结果之间具有刑法意义上的因果关系"⑤ 因此，在划定间接因果关系的范围时，问题的关键不在于是否存在介入因素，是否存在相当因果关系，而在于相应的损害后果是否属于滥用职权罪所拟防止的风险。也就是说应当从规范保护目的的角度，判断现实发生的法益损害后果是否仍然处于禁止滥用职权的规范保护目的范围之内。

(三) 滥用职权罪结果归责评价的具体类型

首先，判断在结果中现实化的风险是否属于禁止滥用职权行为所拟防范的风险。例如，在朱兴荣滥用职权案中，朱兴荣驾驶警车追赶违章的陆建兴，陆建兴继续违章加速行

---

① 武飞、朱丹丹：《渎职侵权犯罪因果关系之认定》，载《人民检察》2016年第18期，第39页。
② 周光权：《渎职犯罪疑难问题研究》，载《人民检察》2011年第19期，第17页。
③ 云南省怒江傈僳族自治州中级人民法院 (2018) 云33刑终31号刑事裁定书。
④ 魏颖华：《渎职罪定罪事实暨证据研究》，中国公安大学出版社2011年版，第191页。
⑤ https://www.spp.gov.cn/flfg/gfwj/201212/t20121228_52199.shtml.

使,在交叉路口违章左转弯,由于车速较快导致翻车将行人周传义撞倒致伤,抢救无效死亡。对于该案,司法裁判认为存在偶然因果关系,从而肯定结果归责。① 在王刚强、王鹏飞滥用职权案中,裁判理由则认为"作为执法的公路稽查人员对于逃避检察的逃逸车辆就不能'追赶',因为法律、法规没有授权拟'追赶',如果'追赶'就是超越职权的滥用职权行为"。② 对于该案,原则上不应当肯定归责。因为,根据《交通警察道路执勤执法工作规范》第11条和第12条的规定,除了针对一些特殊情形,交通警察原则上不得在"行车道上拦截、检察车辆或者处罚交通违法行为",其规范目的是"交通警察在道路上执勤执法时应当严格执行安全防护规定,注意自身安全。"可见,此处的规范保护目的是防护民警自身安全,而非其他人的而安全,因此,此处的法益损害后果,并非处于规范保护目的范围之内。

其次,在复数滥用职权行为与结果都有关联时的归责分配。对于这种情况,在学说上有的观点认为可以对复数主体都进行结果归责,但在司法实践中,有的司法裁判认为应当由异常的介入因素对于该结果负责。例如,在甘某受贿案中,甘某明知某公司申请材料中的发票不符合规定而未予把关直接通过,某公司随后用这些材料申请财政补贴。财专办发现材料做假后,决定取消财政补贴。甘某获知后应某某公司请托,向财专办出具经过重新审核的材料,删除不真实部分,确认最终补贴数额,导致某公司骗取国家专项补贴资金361万元。对于该案,法院认为"在第二阶段发展到属于其他相关部门的责任领域时,介入了有义务防止危险现实化的相关部门的行为,相关部门已经发现危险且能够防止但没有防止危险……应当认定为介入行为与结果之间具有因果关系"。③ 又如在"巩晓玩忽职守案"中,司法裁判也采取了类似的立场,龚晓收到蒋明凡的《机动车驾驶证申请表》后,在既未对蒋明凡进行体检,也未要求蒋明凡到指定的医院体检的情况下,违反规定自行在其《机动车驾驶证申请表》上的"视力"栏中填写上"5.2",在"有无妨碍驾驶疾病及生理缺陷"栏中填上"无",致使自1995年左眼视力即已失明的蒋明凡换领了准驾B型车辆的驾驶证。此后,在2000年、2001年及2002年的年度审验中,蒋明凡都通过了彭水县公安局交通警察大队的年度审验。2002年8月20日,蒋明凡驾驶一辆中型客车违章超载30人(核载19座)从长滩乡驶向彭水县城,途中客车翻覆,造成乘客26人死亡、4人受伤和车辆报废的特大交通事故,蒋明凡本人也在此次事故中死亡。对于该案,法院认为"被告人龚晓在蒋明凡申请换证时,未能正确履行职责,致使蒋明凡驾驶证换证手续得以办理,但其效力仅及于当年,此后年审均在彭水县交警大队办理,且现有证据不能确定发生车祸的具体原因,被告人龚晓的行为不构成玩忽职守罪"。

---

① 最高人民法院中国应用法学研究所编:《人民法院案例选刑事卷8》,人民法院出版社2017年版,第4114页。
② 何帆:《最高人民法院法院司法观点集成刑事卷IV》,中国法制出版社2017年版,第2426页。
③ 湖南省长沙市开福区人民法院(2016)湘0105刑初第364号刑事判决书。

第一裁判建立在后一阶段的职务行为本身是防止前一阶段的职务行为可能产生的风险之上。如果第二个滥用职权行为本身原则上并不具有阻止前一个滥用职权行为的危险，那么，原则上应当承认对于结果，复数主体之间都应当负责。这是因为，在后一阶段具有防止义务和不具有防止义务的情况下，介入因素的自我答责程度和对于法益保护的一般预防的强化效果上并不一样。首先，在后一阶段不具有防止义务的情况下，或者说只具有形式审查的情况下，前一阶段到后一阶段导致结果，很容易被视为前一阶段滥用职权行为的危险的现实化；其次，只有同时加强对于前一阶段和后一阶段的滥用职权行为的制裁，才能更好地服务于法益保护的目的。但是，在前一阶段和后一阶段存在结果防止义务的情况下，后一阶段滥用职权不履行义务的情形，一般是异常情形，不应当被视为前一阶段的危险的现实化。再者，如果不强化对于后一阶段者的制裁，将会导致对于法益保护的制度行为约束沦为形式。但是，存在的例外是，第二个案例的情形。在第二个裁判中，介入的后续的滥用职权或者玩忽职守行为的本来职责并不是防范前一个滥用职权或者玩忽职守行为的风险。按道理说，在该案中可以同时对复数主体归责，但是，由于根据相关的《机动车驾驶证管理办法》对持有准驾车型 A、B、N、P 驾驶证的……每年审验一次"，"审验时进行身体检查"。因此，第一个滥用职权行为规范效力仅及于当年度内。在下一年度内的风险不应当再视为其行为造成的风险的现实化。

（编辑：戴津伟）

宪法解释与实践客观性

杨 陈[*]

> **摘 要** 依宪治国的法治理想要求宪法应被客观地而非恣意地加以解释。然而，宪法解释所涉及的客观性并非经验科学领域以因果关系为中心的客观性，而是指向公共领域行动主体之间的主体间性，因此是一种实践客观性。康德以及罗尔斯的建构主义方法不仅揭示了实践客观性的存在，同时还阐明了其运作的机理，运用实践客观性原理可以解决"明希豪森困境"等宪法解释领域的难题。
>
> **关键词** 宪法解释 建构主义 实践客观性 主体间性

如果说依宪治国意味着宪法在立法、行政、司法等一切国家活动中被当作具有最高效力的法源，而该命题得以成立的前提条件在于宪法文本能够被客观而非恣意地加以解释。然而，宪法解释中的客观性却在很大程度上不同于经验科学中的客观性[①]，尽管不少法学学者意识到了这一点，但对于这种区别于经验科学的因果性的客观性到底是什么却一直莫衷一是。为了对这种客观性有一个较为清楚的认识，有必要对当代法律解释以及宪法解释理论中有关客观性的学说加以梳理，并在此基础上得出自己的见解。

一、当代法理学中的客观性问题

法律解释的客观性在当今法学界，尤其是法理学领域受到很大的怀疑，在很大程度上与传统自然主义的符合论真理观遭到削弱有关。事实上，包括宪法解释在内的传统法律解释当然地预设了一个不以解释主体的意志为转移的解释对象的存在，解释的任务就是要将

---

[*] 杨陈，华东政法大学科学研究院，助理研究员。本文系 2016 年度教育部人文社会科学青年项目"宪法中的国家所有权问题研究"（项目批准号 16YJC820039），华东政法大学 2015 年度校级科研项目（项目批准号 15HZK009）的阶段性成果。

[①] 参见林来梵、翟国强：《有关社会科学方法论的反思——来自法学立场的发言》，载《浙江社会科学》2006 年第 9 期，第 10–18 页。

这一对象揭示出来，解释的客观性在于解释与这一对象本身的符合程度。这种符合论的真理观与现代自然科学所预设的真理观并无二致，20世纪早期就开始流行的逻辑实证主义是这种真理观的极端体现。对于逻辑实证主义者而言，所有的命题都可以还原成描述性的命题，而这一命题的真实与否可以通过外在经验事实来判定，通过理性所建构起来的知识体系是对于这个世界的真实反映①。

传统的解释方法在其根本上依赖着这样的真理观：语义解释的客观性依赖着相关语词在其使用中所体现出来的客观意义，而这种客观意义可以通过查阅辞书或者历史考察而获得；历史解释则依靠着对于历史中的制宪者以及立法者的原初意图的揭示；目的解释则是要揭示出内在于法律体系的客观目的；体系解释则被认为是用以揭示出文本的客观意义的方法。然而，正如自然科学中符合论的真理观在当代遭遇危机那样，法律解释领域中那种朴素的符合论真理观同样遭到质疑，语义解释的困难之处在于完全复原制宪时的语言环境是不可能的，原意——历史解释的尴尬之处在于，根本不存在一个能够清楚表达自身意志的制宪者或者立法者，而目的解释则往往由于缺乏明确的文本上的支持而被指责缺乏足够的客观性。

不过，当代主流法理学以及法律解释理论中的相当一部分依然抱持着传统符合论真理观。比如说，传统的实证主义的法律理论就一直预设了客观存在的主权者的意图，尽管当前的实证主义已经与奥斯丁时代有了极大的不同，但却仍然预设了某些外在的事实性的因素作为客观性的保证，哈特的学说便是其中代表。在哈特那里，他将法律规则分为了初级规则与次级规则，初级规则设定义务，次级规则授予权力（包括公权力与私权力）。次级规则具体规定了初级规则如何被确定、引入、取消、改变以及违反了这些规则的事实如何被决定的方式，其包含了承认规则、改变规则以及审判规则三个层次。在哈特看来，对于一个法律体系而言，最为重要的在于承认规则，因为它为识别初级规则和其他次要规则提供了一个标准，而承认规则的内容最终是由一些制度事实所决定，而是否能够正确地适用与解释法律最终取决于是否能够正确的认识到到上述那些制度性的事实②。

哈特之后的法律实证主义代表人物拉兹非常准确地描述了哈特与早期实证主义之间的关系。在他看来，"法律实证主义者的共同基础是：主张法律具有社会渊源，也就是说，法律内容以及对其存在的确认取决于社会事实，而无需依赖道德因素。这种观点使得早期实证主义者……成为法律陈述上的还原论者。他们认为法律陈述可以这样表达：法律是特定主体的命令或决定，关乎某人遭受侵害的可能性，法律是法官作出判决的可能性"③，尽管哈特力图像凯尔森那样对抗还原主义的法律观，但事实上，哈特的学说最终还是要奠

---

① 参见陈坤：《论价值领域内智识可能性》，载《学术月刊》2007年第9期，第45—51页。
② 哈特关于初级规则与次级规则的学说，参见［英］哈特：《法律的概念》，张文显等译，大百科全书出版社1996年版，第81—100页。
③ ［英］拉兹：《法律的权威：法律与道德论文集》，朱峰译，法律出版社2005年版，第46页。

基于某种社会事实之上,对于法律客观性的理解依然源自对于事实的认知①。

美国学者帕特森对哈特以降的法律实证主义做了一个总体性的批评,在他看来,所有社会事实都只在特定的理解框架之内才有意义,就此而言,法律命题本身的客观性不能由这些社会事实所保证,后者只不过是法律实践的参与者们在特定的理解框架下加以阐释的结果②。与此同时,帕特森更加不能接受以摩尔(Michael S. Moore)为代表的道德实在论的立场③。在摩尔那里,一方面认为存在着独立于主体之外的客观的道德事实,道德命题的真理性源自对这些事实的符合,另一方面,一个法律命题的真理性则来自对以上道德命题的符合④。就此而言,摩尔教授的理论在很大程度上与古代的自然法理论相似,而与近代自然法学说差距较大。这种道德实在论在帕特森看来,一来过于极端地坚持约定论与实在论之间的区分,而所谓的客观事实却是由经验观察以及人为约定的观念共同构成。比如说,对于水温的描述,一则需要对于经验现象的观察,而另一则需要人为约定的温度体系。二来则在于,我们所处的经验世界本身并不可能向我们提供一个规范性的标准去检验我们将之当作经验事实的东西⑤。

不仅如此,帕特森甚至认为,那些非实在论性质的解释理论都也暗含着符合论的真理观。对于德沃金而言,一个法律命题的真实性源自理想中的法官赫拉克勒斯认为它是真的,而对于菲什而言,法律解释的客观性源于具有某些共同背景的解释者共同体的共同信念⑥。最终,帕特森得出了自己的客观性理论,法律解释的客观性源自一种理性论证的过程,在这一过程中,当诸种不同的解释及其论证形式发生碰撞时,对于整个理论体系伤害最小则被认为是最为适当的,而这种客观性最终来自使得达成一致成为可能的规范性—主体间性的语言实践⑦。

与帕特森高度学理性的讨论不同,波斯纳以一种较为浅近的方式讨论客观性问题。在他看来,不仅"本体论上的客观性(客观被理解为与外部实体相符)"是不可能的,而且"一种较弱意义上即科学的意义上使用'客观',强调可复现性(replicable)"也是不可能的,尽管后一种"客观性"就其意义而言已经很弱,但是在法律领域依然不可能,这是因为"对于法律来说,问题在于,意识形态相左的探讨者很少能对疑难问题有一致的答案"。

---

① 拉兹对于法律实证主义以及哈特学说的评价,参见〔英〕拉兹:《法律的权威》,第46-47页。
② 参见〔美〕帕特森:《法律与真理》,陈锐译,中国法制出版社2007年版,第85-102页。
③ 参见〔美〕帕特森:《法律与真理》,第61-84页。
④ 摩尔教授的学说see Michael S. Moore: A Natural Law Theory of Interpretation, *Southern California Law Review*, 1985, vol. 58; The Interpretative Turn in Modern Theory: A Turn of the Worse?, *Stanford Law Review*, 1989, vol. 41, etc。
⑤ 参见〔美〕帕特森:《法律与真理》,第62-71页。
⑥ 德沃金、菲什各自观点以及帕特森的批评, see Ronald Dworkin, *Law's Empire*, London: Fontana Press, 1986, pp. 239-240; Stanley Fish, *Doing What Comes Naturally: Change, Rhetoric, and the Practice of Theory in Literary & Legal Studies*, Duke University Press, 1989, pp. 342-355;帕特森:《法律与真理》,第103-171页。
⑦ 参见〔美〕帕特森:《法律与真理》,第227-229、240页。

在波斯纳看来："只有当我们满足第三种意义上（我有时将其称为'交谈'意义）界定'客观'时，即仅仅将其界定为合乎情理（reasonableness），我们才有可能在自然法和法律虚无主义之间，就法律疑难问题，找到一个中间立场。而所谓合乎情理，就是不任性、不个人化和不（狭义的）政治化，就是既非完全的不确定，也不要求本体论或者科学意义上的确定，而是只要有说服力的，尽管不必然是令人信服的解释，并总是伴随有这种解释，就可以修改答案"①。

从以上波斯纳的论述或许可以看出当代法律人对于客观性问题的普遍看法。首先，他们已经不再相信传统自然法理论对于整全性的同时又是客观性的世界秩序的描述，在这种学说，人类社会的道德规范以及法律规范都要努力反映这种秩序，它是这些规范的客观性以及正当性的最终保障。其次，他们同样并不相信对于法律问题的认识可以达到自然科学领域的那种客观性与精确性，这在很大程度上源于认识对象的特殊。再次，他们也反对所谓法律只不过是法官个人主观信念的表达的说法，认为法律必须要有最低程度上的确定性及可预测性。最后，与上述帕特森教授的观点类似的是，波斯纳同样认为法律的客观性最终与人类的交往活动相关联，其表现为对话过程中的合理性。由此可见，波斯纳的立场类似于亚里士多德实践哲学所倡导的审慎或者中庸，而这正是法律人阶层所表现出来的特征，既不过度迷信某个教条，同时也不过度地持一种怀疑主义的态度。波斯纳对于客观性的这种理解在很大程度上源于罗蒂等人实用主义的哲学观②，不过由于波斯纳对诸如法经济学之类的社会科学方法使用，使其关于这种交谈意义上的客观性的看法并没有能保持如一，而多少向着实证主义的还原论立场转移。

二、建构主义方法与实践客观性

就以上两位学者对于客观性问题的论述而言，波斯纳的观点尽管贴合实际，但却失之粗糙。而帕特森的理论更多地来自英美语言哲学以及与英美语言哲学关系甚密的实证主义，尽管从黑尔以来，语言哲学已经在伦理学领域有了长足的进展③，但就整体而言，对于需要提出实质性正当理论的实践领域，以描述与分析为己任的英美语言哲学多少可能有些隔靴搔痒。正因为上文已经充分说明了法律的理解与适用是一种实践活动④，而法学就其本质而言也是一门实践科学，那么就有必要从实践哲学的角度，对实践领域中的客观性

---

① 波斯纳关于法律领域中的客观性的论述，可参见［美］波斯纳：《法理学问题》，苏力译，中国政法大学出版社 2002 年版，第 9 页。

② 波斯纳与实用主义的关联，see Michel Rosenfeld, Pragmatism, Pluralism, and Legal Interpretation: Posner's and Rorty's Justice without Metaphysics Meets Hate Speech, *Cardozo Law Review*, vol. 18, 1997; Stanley Fish, *Almost Pragmatism: Richard Posner's Jurisprudence*, The University of Chicago Law Review, vol. 57, 1990。

③ 黑尔的《道德语言》一书在现代西方伦理学尤其在元伦理学方面有着极为重要的之影响，具体可参见［英］黑尔：《道德语言》，万俊仁译，商务印书馆 1999 年版。

④ 参见杨陈：《宪法解释的客观性基础》，2014 年清华大学博士论文，第 62 - 72 页。

问题加以阐释。首先，我们会讨论罗尔斯有关政治领域客观性的理论①，接下来，我们会顺着罗尔斯的理路重新回到康德。

在罗尔斯看来，之所以在实践领域需要客观性是因为：我们必须和他人一起进入一个公共的世界，并准备提出或者接受这个世界对于公平正义的原则加以具体规定的那些理性原则，但是在接受以及说服他人接受的过程中，我们必须对这些原则加以评价，而唯有一种客观性的观念能够给予我们一种思考与判断的框架。在其看来，某种观念或者学说被认为是客观的则必须具有以下六个要素：（1）某种客观性观念必须能够为与主观想象想区别的理性推理与判断提供一个思想框架；（2）可以通过上述框架，作出明确的判断，即一种被合适程序所给出的理由所支持的判断；（3）一种客观性的观念还需要给出一种由理性原则与标准所构成的理由秩序，而且这种理由秩序会在具体情境中成为行动者权衡的指南，并不管这些理由是否能成为行动者的主观动机；（4）客观性必须把客观的观点和任何一个特殊的主体在任何特殊情境下做出的观点区别开来，无论是个体的还是联合性的主体都不可能绝对的正确；（5）客观性观念必须要对其所认为的主体间的一致性做出说明，也就是说，客观性乃是一种主体间的普遍认同，然而这种普遍认同源自何处这一观念必须加以说明；（6）与第5点类似的是，某种客观性观念必须对各种判断之间的分歧加以说明，既然该观念提供了一种普遍原理，为什么诸主体在同样的情况下会作出不同的结论则是一个需要解释的问题②。

对罗尔斯而言，道德直觉主义学说、康德的道德建构主义以及其自身的政治建构主义在一定程度上都能满足以上六个要素的要求。但其之所以拒斥道德直觉主义，在于其不能证明也不能证伪一个客观性的道德价值秩序的存在，更重要的是对于政治的建构主义而言没有必要去陷入证明某种客观价值秩序的泥潭③。对于康德的道德建构主义，罗尔斯持另外一种不同的态度，其在伦理学上一直同意并坚持康德关于道德自主的理论，并试图从这一点出发建构一种公平正义的政治秩序。但问题在于，政治领域是一个外在地规定主体行为的领域，因此在这个领域之中，行为的规范并不需要成为主体的意志准则，要对这个领域加以规范可能在某种程度上会与纯粹的道德行为的领域有所差异。与此同时，在罗尔斯看来，即便承认康德指明了一种形式性的以及程序性的方式来让我们发现道德的法则，但这种方法论在加以应用的过程中仍然不免歧见的产生。而对于罗尔斯而言，公平正义的政治秩序毋庸置言必须是一个和平秩序，由此就必须避免由道德判断上的歧见所引发的那些纷争，并在政治领域搁置关于什么是善的判断。而对于罗尔斯而言，政治领域的客观性存在于以下结构之中，我们从某种具体的实践之中，通过推论能力获知了一些实践的原理或

---

① 罗尔斯关于政治领域客观性的讨论，均参见［美］罗尔斯：《政治自由主义》，万俊仁译，译林出版社2000年版，第116－133页。

② 参见［美］罗尔斯：《政治自由主义》，万俊人译，译林出版社2000年版，第116－119页。

③ 参见［美］罗尔斯：《政治自由主义》，第83－89页。

者原则,而这些原理或者原则能够使得诸理性主体就政治问题取得一致性的意见或者缩小他们之间观点上的差异。

不过,康德道德建构主义和罗尔斯自身的政治建构主义对于何为客观的仍然有着相似之处,在这两者眼中,客观的观点乃是"理性的和合理的个人恰当具体化了的观点",而这种观点必定总是由于实践理性的要求,从某个出发点开始被建构起来的,而并不存在所谓自在的实践理性的观点①。同样要指出的,以上两种建构性的方法提出的客观性证据并不类似于我们所想象的客观性的证明。如果像传统的证明那样,为了证明 A 就得提出一个理由 B,而这个理由 B 则需要进一步的理由 C 来保证,如果这样无限追问的话,就会形成一个无限的坏循环。康德与罗尔斯在实践领域所提出的论证却类似于一种循环论证,这意味着如果需要论证或者构建正义的秩序,就必须指明正义秩序得以可能的条件,而这种被阐明出来的条件保证了被构建出来的秩序的正义性,然而这种正义秩序的可能甚至我们对于这种秩序的确信却又同样保证了这些先在条件的可能性。

以上论证在逻辑学中完全是一个糟糕的论证,然而在康德与罗尔斯那里却很正常,其中的道理在于,"康德想要表明(包括理论理性与实践理性)与理性自身的连贯性和统一性;并认为,理性是我们所能诉求的最终法庭;是唯一能够确定它自身权威之范围与限度的力量;也是唯一能够将其有效性原则和原理具体化的力量;这些正是康德的观点之所在。我们无法把这些原则和原理建立在某种外在于理性的东西之上"②。由于不能在理性自身之外提出其他的理据来保证理性本身是客观存在的,而唯有一种互相支持的循环论证结构能够自我阐明。

就以上论述可知,康德道德建构主义的方法以及对客观性的认识构成了罗尔斯政治理论的出发点,为了更加深入地认识实践领域的客观性,有必要回溯到康德的理论。在康德那里,尽管理论理性与实践理性最终是同一个理性,但其整个哲学体系却是建立在这种区分之上的。首先,要加以阐明的是理论领域的客观性,也就是以经验现象为认识对象的科学知识的客观性。在《纯粹理性批判》的结尾康德同样讨论了客观性问题,在康德看来,将某物当作真的,不仅要有客观上的根据,同样也要具有主观上的原因。如果仅在个别个体的主观上有其根据只不过是一种置信,因而只不过是一种幻相,而如果对每个理性的个体都是有效的,那么其就是一种确信。由此可见,区分确信与置信的标准在外于普遍的可传达性,即普遍的理性主体主观上的一致就构成了客观③。康德的这一看法与其知识论立场有关,在认识论方面,康德进行了一场"哥白尼式的革命",在其看来,认识不仅是对于外在客观对象的符合,更重要的是,这一外在的客观对象是我们主体自身所建立起来的,一方面我们人类具有先天的感性能力,这种主观的能力使得我们能够接受外界杂多的

---

① 参见[美]罗尔斯:《政治自由主义》,第112页。
② 参见[美]罗尔斯:《政治自由主义》,第127-128页。
③ 参见[德]康德:《纯粹理性批判》,邓晓芒译,杨祖陶校,人民出版社2004年版,第621-623页。

经验性材料，而另一方面则由于人类使用先天的知性范畴对于外在的经验材料加以构造使之成为可认识的对象。就此而言，就任何认知行为都有其先天的主体（主观）根源，因此认为认识就是使主观符合外在客观对象的看法是站不住的。不仅在理论领域，同样在实践理论，所谓客观性同样意味着主体之间的，亦即存在与诸主观状态之间的普遍一致性。

与此同时，康德曾经在《实践理性批判》中讨论过区别于理论知识（自然科学知识）的实践的客观性。在康德看来，在实践领域（道德与法的领域），"于是就有与思辨理性相比较只是主观的认其为真（Fürwahrhalten）的根据，而这根据毕竟对某种同样纯粹的，但却是实践的理性而言却是客观有效的；因而就通过自由的概念使上帝和不朽的理念获得了客观的实在性和权限，甚至获得了假定它们的主观必要性（纯粹理性的需要），而理性却没有借此在理论的知识中有所扩展，到只是这种原先不过是问题、而这里成了断言的可能性被给予了"，"实践理性自身现在就独立地、未与那个思辨理性相约定地，使因果性范畴的某种超感官的对象，也就是自由，获得了实在性（尽管是作为实践的概念、也只是为了实践的应用）"①。这种实践上的客观性表现为一种主观上的普遍性，用现代哲学上的话来讲就是主体间性（inter-subjectivity）。

不过在当代的批评者看来，康德所说的理论领域的客观性和实践领域的客观性并没有多大的不同，即便在理论领域，所谓客观性也不是对于外在对象的符合，而在于知性范畴以及先天的时空观念的普遍性，同样是一种主体间的普遍性②。不过值得指出的是，即便如此，实践的客观性还是不同于理论上的客观性，前者源于自由的原因，而后者则源于自然的原因。进而言之，在认识过程中依然存在经验性的杂多这种纯然被动之物，而在实践领域，实践理性因其自身就具有了行动的能力，而意志可以通过概念的表象进行自我规定。就以上论述而言，实践领域是一个应然的领域，不管在经验条件上是否可能，当事情只取决于意愿时，理性总是可以给出意志的规定性根据，而且这些根据总是有其客观实在性③。

与此同时，美国学者鲍斯特玛对于实践领域的客观性也值得参考。在其看来，我们实践生活领域自身需要客观性，这是因为在道德与法律领域，我们可能面临着同样的问题，但是每个人就该问题都能有不同的看法，而在我们的判断受到质疑的时候，我们需要通过各种方式对于我们的观点加以证明，而我们同样希望在道德以及法律推理的过程中，具有一种恒常的理性结构，而非只是一种个人或者群体偏见的装饰。在鲍斯特玛看来，所谓客观性应该被分为两类，一者为"类型客观性"，另一者则为"特定客观性"。前者是指某个特定判断所属的判断体系、话语场域以及产生该判断的研究模式是否具有客观性。比如

---

① 参见［德］康德：《事件理性批判》，邓晓芒译，杨祖陶校，人民出版社2003年版，第3-5页。
② 参见［美］鲍斯特玛：《适于法律的客观性》，杜洪波译，载莱特主编：《法律和道德领域的客观性》，高中、杜洪波等译，中国政法大学出版社2007年版，第117-121页。
③ 参见［德］康德：《实践理性批判》，邓晓芒译，杨祖陶校，人民出版社2003年版，第16-17页。

说，如果我们谈的是关于美食的评鉴问题，那么相关领域就根本无所谓客观不客观，而后者则是指某个特定的判断作为某个体系的一员，是否能够满足该体系中对作出判断的诸种要求①。同时，由于诸种实践性的理由，使得我们在法律领域需要有客观性的存在②。鲍斯特玛将法律领域的客观性定位为一种"作为公共性的客观性"。而这就意味着"如果一个判断有充足的理由支持，并且这些理由得到了（或者可能得到了）清晰的表达和公开的评价，那么这个判断就具有客观性"，这一对于法律客观性的表述同时包含着两层意思：一者是正确性的要求，也即在规范性判断以及用以支持该判断的理由之间必须具有关联性；二者是"为某些判断提供论据和评价论据的过程实际上应被视为一个公开的过程，应该在人与人之间进行"③。而法律活动作为一种实践活动有以上诸种要素包含在内，由此也就有了客观的解释与适用法律的可能性。

另外值得一提的是，我国学者李桂林教授也曾经探讨过作为实践理性的法律其客观性之所在的问题。在其看来，将诸种法律价值加以排序并制造出一个客观性的价值秩序是不可能的。因为即便从抽象的角度可以厘定一个价值秩序，然而这种秩序却很难适用于具体案件，其中的原因在于，往往是那些在抽象意义位阶较低且看上去不够根本的价值，在具体案件中却具有更高的现实必要性。而在李桂林教授看来，唯一可能的客观性在于商谈意义上的可普遍化，具体言之，也就是逻辑上的一致性和价值上的一贯性。前者意味着法秩序的内在统一，而后者则意味着诸种法律价值之间的融贯性④。李教授的这一看法与本文的论证思路基本一致，但可惜的是，其未对其论点加以充分展开。

三、实践客观性与宪法解释

运用上述实践客观性的原理，或可对有关宪法解释的诸观点加以逐一澄清。首先需要指出的是，宪法解释活动是一种实践行为而非理论性的认知行为。就此而言，其一方面涉及当下的行动，因此就具有了时间上的迫切性。这种迫切性意味着没有充分的时间给予解释者来求得一个最佳的答案，同时也没有充分的时间给予对某个宪法问题进行论辩的各方以求得普遍的同意，而最终需要一个实证意义上的权威对该问题进行决断。另一方面，解释活动又有涉及行动理由的给出，尽管解释行为最终在实质上同样是一个意志行为，但是却并非不需要给出理由。尽管一个实证性权力机关所作出的解释因其具有形式上的权威而具有了较大的权重，但却绝非是绝对的。

其次，传统意义上的宪法解释与适用的理论都将宪法解释过程当作一个三段论的涵摄过程，这种说法未必错误但却并没有反映宪法解释作为实践活动的实质，宪法解释作为一

---

① 参见［美］鲍斯特玛：《适于法律的客观性》，第119－120页。
② 参见［美］鲍斯特玛：《适于法律的客观性》，第121－125页。
③ 参见［美］鲍斯特玛：《适于法律的客观性》，第126页。
④ 参见李桂林：《作为实践理性的法律》，载《现代法学》2004年第6期，第26－30页。

个给出观点并加以论证的过程，那么三段论在其中发挥的作用并不是生产性的，而是论证性的。也就是说，并不是通过大前提与小前提得出一个结论，而是由结论和小前提回溯到一个大前提，由大前提来保证结论的客观性或者正当性。如果这个大前提依然不能说明结论的正当性，那么要么修改结论，要么重新寻找合适的理由作为大前提。

再次，在宪法解释过程中并不存在所谓的"明希豪森困境"。在理论知识的领域可能存在这样的疑问，如果要证明 A，则需提出其原因 B，而要证明 B，则需提出原因 C，然而在经验世界，这个过程是无穷。就此而言，我们要么去忍受这种无限延伸的因果链条，要么将之推到一个具有无限权能的超验的上帝的身上。然而，这个超验的上帝在经验世界中是不存在的，因而这也就不能构成经验科学领域的有效证明。但是在宪法解释领域，所有命题的正当性最终都可以追溯到作为法权原则的"人的尊严"。作为法权原则的"人的尊严"的最终根据在于人的本体性的自由，而这种本体性的自由的认识理由在于实践领域普遍性的道德律的存在，而普遍性的道德律之所以存在可能又在于这种本体自由的实在性。以上这种相互支持的循环论证构成了法权领域的最终根据。如果我们在经验科学领域提出"人的尊严"或者本体性的理由这种证据是一种科学上的谵妄的话，那么在法的领域提出这种理由在很大程度上却是一种本分。如果缺少这样的理由，那么所谓的法律规范也只不过是一种权力者的命令而已，而国家以及作为国家运行机制的宪制本身也难以回答奥古斯丁城邦与匪帮区别之问。

最后，由以上论述可知，宪法领域的那些原理与原则就其根本属于法的领域，正如罗尔斯对于政治领域的那些事物所作的诸种说明那样，由于在法与政治的领域存在着不可避免的强制性，因此，就不能将道德原则直接应用到法的领域，而像德沃金那样试图将道德原则直接应用到法律解释以及宪法解释领域可能并不可行。需要指明的是，通过实践论辩保证解释的客观性并非不正确，然而实践论辩所针对对象的不同，就意味着在论辩过程中可能适用不同的评价标准。正如我们所见的，在道德论辩中，我们所追求的普遍意义上的善，而且总是以行动者的主观准则（与动机有关）为评价对象，而在关于政治的论辩中，我们所论辩的是某种外在的行动是否具有充分的理由，同时也能不试图在政治领域践行某种道德原则，因为将自律的道德原则转入政治领域，导致的结果就是用他律的方式实现自律，其结果就是从根本上取消作为自律的道德原则。同时，在这一领域仍然需要一个实证性的权威，就构成该社会的诸个体在政治问题上的歧见作出一个暂时的决断。而这一实证性的权威必须在诸个体各自的价值信念之前保持中立性，但是这种中立性却不意味着可以包容任何从根本上取消自由民主的政治秩序的主张。这种中立性意味着要保障每个平等个体表达自身意见的机会，但是如果某个主张反对诸个体之间平等性以及试图破坏这种意见表达与公意形成的框架，那么就不能得到中立性的对待。

而在法的领域，不仅要考虑诸种理由其自身的正当性，而且还要考虑实证性的权威所制定的规范在法律论辩过程中所具有的独特分量。这也就是说，在法律论辩中，形式性的理由可能会具有较大的权重,而这一点早就由拉德布鲁赫公式所揭示。同时,由于在法的领域存在着外在的强制,而这种强制先在地、综合性地包含于法的诸种目的与原则之中,因此关于规范的实效问题同样要被纳入了关于法律问题的论辩问题之中。因此,在法律领域就存在着两种客观性:一者为经验的客观性,也就是特定法律手段是否能实现一定的法上的目的;而另一者则为实践的客观性,法律体系中那些多以法律原则形式存在的基本权利很大程度上并非实现某种目的的手段,而是作为纯然的目的存在,它们自身的客观性以及对于它们的解释所需要的客观性就并非因果论性质的、而是实践论性质的。但仍然有论者提出,在法律领域区分目的和手段并不容易,事实上,往往同一个规范 A,对于规范 B 而言其构成了目的,而对于规范 C 而言则又构成了手段。不过,尽管在整个法秩序内部存在着一系列的目的——手段链条,尤其在部门法领域,纯然作为目的存在的权利并不多见。但在宪法领域,只要不过度纠缠于细节,哪些宪法权利在法律体系内部可以作为纯粹的目的存在基本上是一望即知的。

更需指出的是,确定目的与手段联系更多的是立法(政治过程)的任务,如果在立法过程中已经明确指出了应该用某种手段去实现某种基本权利,那么此种规定对于该基本权利的解释与适用就构成较大程度上的约束力,在违宪审查过程中,除非有特别强烈的理由否则并不能推翻立法机关所作的此种关联。反倒是在具体的宪法适用过程中,宪法解释或者审查机关却可以较为自由地权衡诸种相互冲突的基本权利各自在具体个案中的实现程度。

(编辑:杨知文)

行政机关负责人出庭应诉主体的规范构造[*]

李店标[**]

摘　要　行政机关负责人出庭应诉制度的目的能否实现，很大程度上取决于其主体在规范构造上的澄清，即行政机关负责人、相应的工作人员和诉讼代理人三类基本主体的认定及其关系。其中，行政机关负责人的范围呈现不断扩大的态势，而且关于基本概念、具体类型和出庭人数等问题都需要精细分析。目前，行政机关负责人分为正职、副职负责人、参与分管被诉行政行为实施工作的副职级别的负责人以及其他参与分管的负责人四种具体类型。相应的工作人员和诉讼代理人的认定也十分必要，这两类主体与行政机关负责人搭配可以形成二元主体和三元主体两种模式。从该制度的主体构造来看，行政机关负责人是主导主体，相应的工作人员是起到衔接作用的参与主体，诉讼代理人是起到保障作用的参与主体。

关键词　行政机关负责人　出庭应诉　相应的工作人员　诉讼代理人

行政机关负责人出庭应诉是2014年修订通过的《行政诉讼法》在第3条第3款所确立的一项重要诉讼制度。该制度是我国行政审判实践经验上升为国家立法的典型代表，是深化司法体制综合配套改革的重要举措，也是彰显本土经验、法治力量和司法智慧的中国特色社会主义制度。事实上，该制度在我国经历了地方先行试验、中央政策倡导、国家立法确认和司法解释细化的演进脉络，自20世纪90年代的萌芽至如今的成型，历经了20多年的理论探索和实践检验。近年来，行政机关负责人出庭应诉制度再度成为理论界研究的热点问题，这既与政策导向、国家立法和司法解释直接相关，也与各地取得的显著实效

---

[*] 基金项目：本文系国家社科基金一般项目"法治语境中的司法审判与公民参与良性互动机制研究"（项目编号：19BFX010）的阶段性研究成果。

[**] 李店标，男，安徽濉溪人，黑龙江省社会科学院法学研究所副研究员，法学博士，研究方向为立法学。

密不可分。理论界关于行政机关负责人出庭应诉制度的态度呈现两种观点：一种观点认为该制度以保障当事人诉讼权利、破解行政诉讼"三难"问题和助力法治政府建设为价值取向，是"执政为民的试金石、法治政府建设的风向标、社会矛盾化解的大智慧、政府自身建设的好抓手"；① 另一种观点认为该制度因带有人治色彩而偏离依法行政的本意，在实践中对于提高依法行政水平的作用有限。② 总体而言，肯定论观点占据主导地位，但同时认为该制度仍存在需要完善之处。

从国家层面来看，关于行政机关负责人出庭应诉的规定，除了《行政诉讼法》以外，主要体现为四部重要文件。一是 2015 年施行并于 2018 年被废止的《最高人民法院关于适用〈中华人民共和国行政诉讼法〉若干问题的解释》（法释〔2015〕9 号，以下简称《行诉若干解释》），二是 2016 年出台的《最高人民法院关于行政诉讼应诉若干问题的通知》（法〔2016〕260 号，以下简称《行诉应诉通知》），三是 2018 年施行的《最高人民法院关于适用〈中华人民共和国行政诉讼法〉的解释》（法释〔2018〕1 号，以下简称《行诉解释》），四是 2020 年施行的《最高人民法院关于行政机关负责人出庭应诉若干问题的规定》（法释〔2020〕3 号，以下简称《负责人出庭应诉规定》）。其中，《行诉应诉通知》是司法解释性质文件，《行诉若干解释》《行诉解释》和《负责人出庭应诉规定》是司法解释。从地方层面来看，在"北大法宝"平台仅以"行政机关负责人"为标题的检索结果就显示，截至 2021 年 1 月 15 日，省、市、县三级相关机关出台的关于行政机关负责人出庭应诉的政府规章、规范性文件、司法文件和工作文件多达 134 部。通过文本分析发现，现有各类规范对行政机关负责人出庭应诉的主体大都进行了规定，但也存在主体范围、主体数量、出庭顺序、搭配情形等尚需进一步明确的问题；加之，实践中行政机关负责人出庭应诉活动并不规范，导致该制度的实施效果有待提升。"目的是全部法律的创造者，每条法律规则的产生都源于一种目的，即一种事实上的动机。"③ 笔者认为，该制度的目的能否实现，很大程度上取决于行政机关负责人出庭应诉主体在规范构造上澄清，即行政机关负责人、相应的工作人员、诉讼代理人三类基本主体的认定及其关系。"法律本身存在的双重应然与实然的关系，决定了规范分析方法必然在两个层面上展开。一个层面针对规范的内部结构及其背后的支配力量，这是传统分析法学的主攻方向；另一个层面则针对规范运行的司法效果，这正是法律方法展示力量的地方。"④ 因此，本文尝试从规范分析的视角，探讨行政机关负责人出庭应诉的主体构造问题，以期释放制度活力、消解理论争议和指导司法实践。

---

① 章志远：《行政机关负责人出庭应诉制度的法治意义解读》，载《中国法律评论》2014 年第 12 期，第 148 页。
② 参见高春燕：《行政首长出庭应诉：价值重估与技术改良》，载《行政法学研究》2015 年第 2 期，第 102 页。
③ ［美］博登海默：《法理学：法律哲学与法律方法》，邓正来译，中国政法大学出版社 1999 年版，第 109 页。
④ 谢晖：《论规范分析方法》，载《中国法学》2009 年第 2 期，第 44 页。

一、行政机关负责人的范围厘定

行政机关负责人出庭应诉的主体可以分为两个层面：一是主导主体，即行政机关负责人；二是参与主体，即相应的工作人员和诉讼代理人。其中，作为主导主体的行政机关负责人的范围界定至关重要，这不仅在形式上决定着能否与"行政机关负责人出庭应诉"的概念相契合，而且在实质上影响着行政机关负责人出庭应诉制度的价值彰显。

（一）行政机关负责人范围的文本规定

《行政诉讼法》在第3条第3款使用了"行政机关负责人"这一概念表述，但没有对范围进行界定，而《行诉若干解释》在第5条将其范围限定为行政机关的正职和副职负责人两类，《行诉应诉通知》和《行诉解释》则将范围扩大为行政机关的正职（负责人）、副职负责人以及其他参与分管的负责人三类，《负责人出庭应诉规定》第2条又将其范围明确为行政机关的正职、副职负责人、参与分管被诉行政行为实施工作的副职级别的负责人以及其他参与分管的负责人四类（参见表一：行政机关负责人范围的文本规定）。从上述国家层面的文本规定来看，行政机关负责人的范围经历了从无到有并逐步扩大的过程，虽然理论界鲜有直接的原因探讨，但显而易见是为了增加行政机关负责人出庭应诉的机会，提高行政机关负责人出庭应诉制度的实效。如相关报道显示，2020年河北省多地行政机关负责人出庭应诉率超60%，唐山、保定、石家庄行政机关负责人出庭应诉率分别达到92.86%、83.17%、78.57%；① 2019年黑龙江省全省行政机关负责人出庭应诉率达到100%，② 2017年至2019年牡丹江市行政机关负责人出庭应诉率一直保持在100%，行政机关正职2019年出庭应诉率增长至19.36%。③

表一 行政机关负责人范围的文本规定

名称	时间	负责人范围	性质
行政诉讼法	2014年11月1日修订	无	立法
行诉若干解释	2015年4月20日公布 2018年2月8日废止	正职、副职负责人	司法解释
行诉应诉通知	2016年7月28日发布	正职负责人、副职负责人、其他参与分管的负责人	司法解释性质文件

---

① 参见张世杰：《行政机关负责人出庭应诉 出庭又"出声"》，载《河北法制报》2021年3月11日，第5版。
② 参见崔东凯、张冲：《黑龙江行政机关负责人出庭应诉率100%》，载《法制日报》2020年1月24日，第3版。
③ 参见段春山：《牡丹江行政机关负责人出庭应诉率连续三年100%》，载《人民法院报》2020年7月11日，第1版。

续表

名称	时间	负责人范围	性质
行诉解释	2018年2月6日公布	正职、副职负责人、其他参与分管的负责人	司法解释
负责人出庭应诉规定	2020年6月23日发布	正职、副职负责人、参与分管被诉行政行为实施工作的副职级别的负责人、其他参与分管的负责人	司法解释

由于国家层面的规定较为宏观,各地方在此指导下分别出台了适合本地情况的文件。但从各地的相关文件来看,关于行政机关负责人的具体类型表述和界定也是五花八门。笔者对上述检索到的134部行政机关负责人出庭应诉的地方文件进行筛选后,选择了2部地方政府规章和83部地方规范性文件进行了分析。结果显示,关于行政机关负责人范围的相关概念存在14种表述:正职、副职负责人、主持工作的负责人、主要负责人、其他负责人、有关负责人、法定代表人、分管负责人、分管业务的负责人、业务分管负责人、分管具体行政业务的负责人、分管法制业务的负责人、分管具体工作的副职负责人、主管被诉行政行为所涉及工作的副职负责人。而且,由于《负责人出庭应诉规定》又增加了"副职级别的负责人"这一概念,导致此后上海、江西、天津和长春出台相关规范性文件也跟进使用。甚至,为界定行政机关负责人的范围,这些概念之间往往并列使用,如正职或副职负责人,正职、副职负责人以及其他负责人,法定代表人或主持工作的负责人和分管负责人等等,不仅导致了司法实践中行政机关负责人范围的界定难度越来越大,也说明了国家层面的司法解释上有必要进一步厘清相关概念的外延,"逐步实现由市到省的统一、最终国家层面的一致"。①

(二)行政机关负责人范围的理论争议

在起草《行诉若干解释》的过程中,关于行政机关负责人的范围就存在四种观点:一是最狭义的理解,即行政机关的法定代表人,包括正职和主持工作的副职负责人;二是狭义的理解,即行政机关的正职和副职负责人;三是最广义的理解,即行政机关的法定代表人、副职负责人和其他领导班子成员,但当被诉行政机关是人民政府的情况下,也包括法制部门的负责人、人民政府的秘书长和副秘书长;四是广义的理解,即行政机关的法定代表人、副职负责人和其他领导班子成员,包括正职负责人、副职负责人、分管副职负责人和其他领导班子成员。② 第一种观点明确行政机关负责人范围的一元性,但包括主持工作

---

① 李蕊:《完善行政负责人应诉制度机制的理性思考》,载《法学论坛》2017年第1期,第51页。
② 参见江必新、梁凤云:《最高人民法院新行政诉讼法司法解释理解与适用》,中国法制出版社2015年版,第59页。

的副职负责人,比"行政首长"这一概念的范围宽泛。但主持工作的副职负责人是不是法定代表人呢?由于《行政诉讼法》中没有出现"法定代表人"这一概念,因此相关司法解释也没有提及。笔者认为,可以参照《最高人民法院关于适用〈中华人民共和国民事诉讼法〉若干问题的解释》(法释〔2015〕5号)的相关规定处理,即"依法不需要办理登记的法人,以其正职负责人为法定代表人;没有正职负责人的,以其主持工作的副职负责人为法定代表人。"第二种观点是当时占据主导地位的观点,也是被《行诉若干解释》采纳的观点,即行政机关负责人包括行政机关的正职和副职负责人;第三种观点明确行政机关负责人范围确定的两种情形,即一般情况下范围的三元性和特殊情况下范围的五元性;第四种观点除了明确行政机关负责人范围的三元性,还将副职负责人分为一般副职负责人和分管副职负责人两种类型。当时有学者指出,这一司法解释实际上偏离了立法宗旨,不利于正职领导的出庭,应将"负责人"界定为"正职",根据具体情形可能是法定代表人、主持工作的副职或者临时副职的领导,但必须是能够在决策中拍板定案的人。①

在《行诉若干解释》施行一年后出台的《行诉应诉通知》将行政机关负责人的范围由两类扩大至三类,即增加了"其他参与分管的负责人"的表述。《行诉应诉通知》一方面明确了"准确理解行政诉讼法和相关司法解释的有关规定",另一方面规定了"出庭应诉的行政机关负责人,既包括正职负责人,也包括副职负责人以及其他参与分管的负责人。"那么,关于行政机关负责人的范围,《行诉应诉通知》是否做到了准确理解《行诉若干解释》这一司法解释的有关规定呢?笔者对此持有怀疑态度。在《行诉若干解释》与《行诉应诉通知》的基础上,2018年出台的《行诉解释》则将行政机关负责人的范围限定为正职、副职负责人以及其他参与分管的负责人。这一规定,可以说是延续《行诉若干解释》的规定,并新增了其他参与分管的负责人这一表述;也可以说是对《行诉应诉通知》内容的直接吸收。上述三个文件对行政负责人出庭应诉的规定因文本容量限制而较为零散,但2020年出台的《负责人出庭应诉规定》则改变了这一状况,以15条内容集中对行政机关负责人出庭应诉制度进行了系统规定。而且,"为了进一步推进负责人出庭应诉工作,适度扩大负责人范围",② 在《行诉解释》的基础上将"参与分管被诉行政行为实施工作的副职级别的负责人"纳入行政机关负责人的范围,实现了主体范围的再次扩大。

(三)行政机关负责人范围的冲突解决

新旧司法解释规定不一致性的解决较为容易,一般以新规定为准,如《行诉解释》就不仅明确"最高人民法院以前发布的司法解释与本解释不一致的,不再适用",而且明确废止了《行诉若干解释》。"新法优于旧法解释规则是建立在立法者有意用新制定的法律

---

① 参见王春业:《新行政诉讼法修改评析》,中国法制出版社2015年版,第13页。
② 黄永维、梁凤云、章文英:《〈最高人民法院关于行政机关负责人出庭应诉若干问题的规定〉的理解与适用》,载《人民法院报》2020年6月25日,第5版。

规范废止旧的法律规范的假设之上,因此,新法更多地被认为是'更加正确的'法。"① 但需要注意的是,上文所谈及的《行诉若干解释》与《行诉应诉通知》关于行政机关负责人范围规定的不一致性及其效力区分,学界尚缺乏深入的研究。尽管《行诉解释》的出台和《行诉若干解释》的被废止从结果上规避了这一问题的讨论,但却是一个值得反思的问题,因为在《行诉解释》出台前至少造成了实践中三年多的困扰,影响了行政机关负责人范围的认定。此外,《负责人出庭应诉规定》也没有明确其与《行诉解释》关于行政机关负责人范围的冲突解决问题,但从司法理论和实践上来看,仍然适用新规定优于旧规定的原则。

学界将包括通知、会议纪要、(指导)意见等在内的带有司法解释性质的规范性文件称为司法文件、法院审判业务指导文件或者司法解释性质文件。如 2012 年 8 月 21 日发布的《最高人民法院关于废止 1979 年底以前发布的部分司法解释和司法解释性质文件(第八批)的决定》不仅明确了这类文件的名称为"司法解释性质文件",而且将其与"司法解释"进行了概念使用上的区分。有学者指出,以通知等形式出现的司法解释性质文件具有承载政治意图、执行公共政策和接轨国家机关的外部作用,以及型塑裁判理念、规范漏洞补充和统一裁判标准的内部作用,但由于没有获得全国人大的授权容易出现僭越司法权、影响法院审判独立性、规避法官自身风险等问题。② 同时,根据 2009 年 11 月 4 日起施行的《最高人民法院关于裁判文书引用法律、法规等规范性法律文件的规定》,裁判文书应当引用的规范性法律文件包括法律及法律解释、行政法规、地方性法规、自治条例或者单行条例、司法解释。由此可见,《行诉应诉通知》作为司法解释性质文件,虽然属于规范性文件,但不是规范性法律文件,因为其不是出自立法机关也没有经过全国人大授权,也不应当是裁判文书引用的对象。正如有学者所言,"由于缺少制度化基础,司法解释性质文件不具有正式法源的地位。"③ 因此,笔者认为司法解释性质文件在司法裁判中的效力低于司法解释,《行诉若干解释》与《行诉应诉通知》关于行政机关负责人范围的冲突解决应当以适用前者为标准。

二、行政机关负责人的类型认定

国家层面的上述规范虽然明确了行政机关负责人的范围,但行政机关负责人的基本概念、具体类型、出庭人数等问题尚没有解决,需要在范围界定的基础上进一步分析。基于此,笔者从论证和阐述的逻辑需要出发,将行政机关负责人的范围分析看作是第一步,即

---

① 杨铜铜:《论体系解释规则的运用展开》,载《法律方法》2020 年第 2 期,研究出版社 2020 年版,第 203 页。
② 参见彭中礼:《最高人民法院司法解释性质文件的法律地位探究》,载《法律科学(西北政法大学学报)》2018 年第 3 期,第 21-28 页。
③ 聂友伦:《司法解释性质文件的法源地位、规范效果与法治调控》,载《法制与社会发展》2020 年第 4 期,第 211 页。

中观层面的范围限定；将行政机关负责人的类型分析看作是第二步，即微观层面的类型界定。当然，要对行政机关负责人的具体类型进行界定，应当从行政机关负责人的基本概念界定入手，并兼顾行政机关负责人出庭人数问题的分析。

（一）行政机关负责人的基本概念

"法律人的思维方式包含有一套完整的概念体系。任何思维都离不开概念，概念是逻辑思维的起点和最小的细胞。"① 由于《行政诉讼法》没有对行政机关负责人的概念进行界定，一定时期内给司法实践操作带来了很大困惑。当时大多数人认为，行政机关负责人就是行政机关的法定代表人（或者行政首长），但同时意识到这一强制性要求很难落实。也有学者认为，新《行政诉讼法》创设了"行政机关负责人"这一概念，意味着行政机关负责人不等同于行政机关的法定代表人。② 笔者认为，除了行政机关法定代表人职务行为繁忙外，还有一个重要原因就是会存在法定代表人缺位的情况。根据《地方各级人民代表大会和地方各级人民政府组织法》第8条和第9条的规定，人民政府的法定代表人由本级人大选举产生。那么，当被诉行政机关是人民政府且其法定代表人存在调离、死亡或者被查处等特定情形，同级人大因会期原因没有选举产生新的人民政府法定代表人时，则会出现行政机关负责人的缺位；根据该法第44条的规定，县级以上人民政府的部门负责人由同级人大常委会决定产生，基于上述特定情形也会存在缺位的情形。

事实上，在《行政诉讼法》确立行政机关负责人出庭应诉制度之前，各地的文本规定中还出现了行政机关首长、行政首长、行政机关领导、行政机关法定代表人、行政机关主要负责人等概念，而且相关概念的界定也较为模糊或者缺失。《行政诉讼法》的修订实现了"行政机关负责人"概念使用的统一化，后续各地制定的相关规范性文件大都与其保持了一致。同时，在《行政诉讼法》中还使用了3个与"行政机关负责人"相关的概念，即第51条第4款和第96条第5项中的"直接负责的主管人员"、第59条第2款和第66条第2款中的"主要负责人"、第66条第1款中的"主管人员"。笔者认为，这些概念与行政机关负责人的概念并不存在冲突，而且在内涵上保持了相对一致性。"体系解释方法是对于人们选定的一般规范进行体系性的逻辑审视。"③ 因此，从规范的体系解释方法来看，行政机关负责人这一概念基本实现了逻辑自洽。诚如有学者所言，"行政机关负责人"是2015年新《行政诉讼法》所创设的一个概念，既不同于"行政机关法定代表人"这一传统性法律概念，也不同于"行政机关首长"这一实践性政治概念，而是一个具有更强包容

---

① 焦宝乾：《也论法律人思维的独特性》，载《法律方法》2017年第2期，第109页。
② 参见袁杰主编：《中华人民共和国行政诉讼法解读》，中国法制出版社2014年版，第14页。
③ 陈金钊：《体系思维的姿态及体系解释方法的运用》，载《山东大学学报（社会科学版）》2018年第2期，第71页。

性的概念，赋予了该制度的灵活性和适用空间。①

但需要指出的是，本文中的三个司法解释均没有明确行政机关负责人的内涵，《负责人出庭应诉规定》在第 1 条第 2 款仅是明确了"出庭应诉"的内涵，即"在第一审、第二审、再审等诉讼程序中出庭参加诉讼，行使诉讼权利，履行诉讼义务"；第 2 条从正向列举和反向排除的方式明确了行政机关负责人的外延，即包括"行政机关的正职、副职负责人、参与分管被诉行政行为实施工作的副职级别的负责人以及其他参与分管的负责人"，不包括"行政机关委托的组织或者下级行政机关的负责人"。任何一个严谨的概念在逻辑结构上都应当包括内涵和外延两个层面，但现有的立法、司法解释、司法解释性质文件都仅列举了行政机关负责人的外延，并未对其内涵进行界定。笔者认为，这与其说是一个很大的遗憾，不如说是规范制定技术的使然。以立法为例，立法中有时刻意制造模糊语言，是基于时间、灵活性和建设性的需要。② 针对行政机关负责人的基本概念而言，以模糊语言保持概念的相对开放性，不仅能够解决制定法律和解释法律时无法达成一致的困境，而且能够适应司法实践不断发展的需要，从行政机关负责人范围的不断扩大也能够看出这一点。诚如有学者所言，基本法律概念如果满足于经验性的归纳，则难以摆脱偶然性的缺陷；如果滞留于逻辑性的构建，则难以克服形式化、抽象化的弊端。③ 此外，从这一制度的设计目的来看，实质性化解行政争议是具有稳定性的核心目标，基本概念界定是作为达致目标的灵活手段，将概念内涵限定过严、过死反而不利于制度实施。"实质性解决行政争议是我国《行政诉讼法》的立法目的，行政机关负责人出庭应诉发挥作用的空间和实际效果也有赖于此。"④

（二）行政机关负责人的具体类型

根据上文《行诉若干解释》起草过程中行政机关负责人范围的争议介绍和评析，行政机关正职和副职负责人相对容易理解。首先，根据我国《宪法》第 86 条、第 105 条，《国务院组织法》第 2 条、第 9 条和《地方各级人民代表大会和地方各级人民政府组织法》第 62 条的规定，国务院实行总理负责制，地方各级人民政府实行省长、市长、县长、区长、乡长、镇长负责制，国务院各部、各委员会实行部长、主任负责制，地方各级人民政府部门也是参照国务院各部门实行部门首长负责制。因此，行政机关正职包括行政机关的法定代表人和主持工作的副职负责人两种具体类型，如县长和主持工作的副县长、局长和主持工作的副局长。需要注意的是，《行诉应诉通知》使用的"正职负责人"这一概念是不科学的，行政机关正职的职责都是"主持全面工作"和"主管 XX 单位"，也不会存在一个

---

① 参见程琥：《新行政诉讼法疑难问题解析与实务指引》，中国法制出版社 2019 年版，第 131 页。
② 参见刘晗：《想点大事：法律是种思维方式》，上海交通大学出版社 2020 年版，第 106-112 页。
③ 参见刘杨：《基本法律概念的构建与诠释》，载《中国社会科学》2018 年第 9 期，第 132-133 页。
④ 王敬波：《推进行政机关负责人出庭应诉制度化》，载《学习时报》2020 年 7 月 29 日，第 2 版。

行政机关多个正职的情形，因此三个司法解释使用的"正职"是较为科学的。其次，关于行政机关的副职负责人，要明确的是，不仅是"副职"还必须是"负责人"。从我国行政体制的实践来看，无论是政府还是政府部门，都有若干个副职，每个副职都有相应的职责分工，如H省及其所属的D市的人民政府副职，其职责均列明为"负责××工作""分管××单位"和"联系××单位"，而"负责××工作"即对应的是行政机关负责人中的副职负责人。

关于参与分管的负责人的认定难度较大，不仅因为其存在特定分管负责人和其他分管负责人两种类型，而且关于后者的争议较大。对于《负责人出庭应诉规定》新增的"参与分管被诉行政行为实施工作的副职级别的负责人"这一主体，应当认识到其强调的不是负责人的职务而是职级。根据2019年中央办公厅印发的《公务员职务与职级并行规定》和2020年中组部发布的《公务员职务、职级与级别管理办法》的规定，领导类公务员采用职务和职级并行模式，综合管理类公务员采用职级模式。如作为公务员领导职务层次的县处级副职是二十级至十四级，那么与此对应的综合管理类公务员的职级是四级调研员。这一方面表明，参与分管的具有相应副职级别的非领导职务人员也被纳入了行政机关负责人的范围；另一方面意味着，其他参与分管的负责人在级别上要比其更低。如在政府部门中存在着总会计师、总规划师、巡视员、调研员等与部门副职具有同等职级的人员，只要参与分管具体行政执法业务就可以作为行政机关负责人出庭应诉。如H省人民政府S厅的领导中，除了厅长、副厅长外，还包括与副厅级副职相对应的二级巡视员，该巡视员的职责中也明确了参与分管相应的行政执法业务，这就是副职级别负责人的典型例证。

关于其他参与分管的负责人的类型，学界争议较大。有学者认为，其应为行政机关的班子成员，是参与所在单位决策的负责人，同时也是分管所诉行政行为或者分管法制工作的相应级别的负责人。① 也有学者认为，当地方人民政府为被告时，其包括地方人民政府的秘书长、行政机关的党组成员等。② 由于其他参与分管的负责人的范围尚未达成共识，有必要在司法解释中进行准确界定，并坚持与行政机关正职、副职负责人、副职级别负责人的范围区分以及与"相应的工作人员"的性质区分原则。笔者认为，有些地方政府及其部门领导班子中有既无相应职务也无相应级别的成员，但却履行协助正职或者副职负责人分管行政执法工作的职责，如人民政府的秘书长和副秘书长、机关党组成员，政府部门的政治部主任、派驻纪检组组长、纪检委书记等。基于此，可以将其他参与分管的负责人限定为正职、副职负责人和副职级别负责人以外的其他领导班子成员，并应当符合"参与分管"的法定要求。

---

① 参见曹奕阳：《行政机关负责人出庭应诉制度相关认定问题研究》，载《湖北社会科学》2019年第3期，第150页。

② 参见江必新：《行政诉讼法司法解释实务指南与疑难解答》，中国法制出版社2018年版，第455页。

（三）行政机关负责人的出庭人数

《行政诉讼法》《行诉若干解释》《行诉应诉通知》《行诉解释》《负责人出庭应诉规定》对此都没有明确，实践中也会出现两名以上负责人出庭应诉的情况。其主要原因之一是，各地出台的相关文件中有出庭次数比例和最低出庭率的规定，前者如1/4、3/5的案件出庭比例，后者如不少于40%的出庭比例。① 各地的这一刚性要求虽然满足了行政机关负责人出庭考核的要求，但出庭的被动性较为明显，一定程度上会导致出庭形式与出庭目的发生背离。当然，也不排除被诉行政机关对案件高度重视的情况，但面对大量的行政诉讼案件，多名负责人出庭应诉势必会造成诉讼成本的增加和行政资源的浪费。笔者认为，《负责人出庭应诉规定》明确的仅是行政机关负责人的四种具体类型，并没有直接否定或者肯定多名行政机关负责人出庭应诉的情形，也是赋予该制度在实践中以灵活性，这一点在合法性上不存在问题。但从提高行政效率的合理性角度来看，由于有相应的工作人员或者诉讼代理人的参与，建议由一名负责人出庭应诉即可。此外，从规范的当然解释方法来看，由一名负责人出庭应诉也是符合逻辑要求的，否则要么由谁来拍板决定成为问题，要么其他出庭的负责人将会形同虚设。因为在司法实践中，"当然解释的进行不但受到既定前提条件的制约，而且必须遵守严格的应用条件，更要遵循以'事物本质'为中介的对应性结构这一思维路径的规训"。②

行政机关负责人出庭人数被限定为一名，接下来就会产生另外一个问题，即四类负责人的出庭顺序如何安排。从《负责人出庭应诉规定》的规定来看，虽然表述上四类主体的排列顺序是按照职务和职级的高低进行，但这却意味着实践中行政机关负责人在出庭应诉时也应当遵循这一顺序，坚持高位优于低位、低位递补高位的原则。即首先是行政机关正职，正职不能出庭的应当由副职负责人递补，如果副职负责人再不能出庭的则由参与分管被诉行政行为实施工作的副职级别的负责人递补，上述三类负责人均不能出庭的才由其他参与分管的负责人承担这项职责。有学者指出，《行政诉讼法》规定的"被诉行政机关负责人应当出庭应诉"既是强制性的要求，又是对正职负责人出庭应诉的鼓励。③ 但从法律解释的角度来看，目的解释有助于克服形式法学解释的僵化，"因为目的有时是相互冲突的，法官、律师等对各种目的都会有不同的看法。用制定法表述出来的目的的本身就是妥协和交易的结果。"④ 事实上，由于行政机关正职负责人要总揽本单位的行政事务全局，如果所有行政案件都要求其出庭应诉，不仅会严重影响其本职工作，也有违立法本意；而允许其他三种类型的负责人顺位递补则体现了从实际出发和利于制度推行的原则，这一土

---

① 参见洪泉寿：《行政机关负责人出庭应诉之困境及其应对》，载《法治社会》2017年第1期，第78页。
② 魏治勋：《当然解释的思维机理及操作规则》，载《法商研究》2018年第3期，第114页。
③ 参见梁凤云：《〈行诉解释〉重点条文理解与适用》，载《法律适用》2018年第11期，第8页。
④ 陈金钊：《目的解释方法及其意义》，载《法律科学（西北政法学院学报）》2004年第5期，第41页。

体范围的适当扩张也符合规范的目的解释方法。

三、参与主体的认定及搭配情形

"关于解决纠纷和审判程序的研究尤其要着眼于主体的侧面,特别是程序参加者的相互作用。"① 除了行政机关负责人这一主导主体,相应的工作人员和诉讼代理人是行政机关负责人出庭应诉的参与主体,这在《行政诉讼法》《行诉应诉通知》《行诉解释》《负责人出庭应诉规定》中都有规定。参与主体的内部关系也较为复杂,尤其是这两类主体的认定及其与行政机关负责人的搭配情形,是值得认真研究的问题。

(一)相应的工作人员的认定

《行政诉讼法》中关于"工作人员"的规定体现为七处,分别为第 2 条和第 13 条第 3 项的"行政机关工作人员"、第 3 条的"行政机关及其工作人员"和"行政机关相应的工作人员",第 31 条第 2 款第 3 项的"工作人员"、第 59 条第 1 款第 6 项的"人民法院工作人员"和第 7 项的"其他工作人员"。结合《行政诉讼法》具体条文内容来看,工作人员主要分为三类:行政机关的工作人员、授权组织的工作人员和人民法院的工作人员。"当通过限缩解释限缩法律的外延时,必须关注法律的语境问题","这里的语境包括被解释的法律条文、法律词汇和其上下文之间、前后词汇之间的内在逻辑关系,也可称之为法律规范内部的语境问题"。② 可以看出,"相应的工作人员"是《行政诉讼法》首次和唯一出现的一个概念,属于"行政机关的工作人员"的下位概念,也是针对行政机关负责人出庭应诉制度所设定的专门概念。

根据《行政诉讼法》第 3 条第 3 款的规定,行政机关负责人不能出庭应诉的,应当委托相应的工作人员出庭。事实上,这一规定的出现是有其背景的。在《行政诉讼法》修订过程中,当时法律委员会的建议是"不能出庭的,也可以委托相应的工作人员出庭。"对此,有人建议将其中的"也"删去,否则规定没有力度;也有人认为应当整句话都删去,以增强制度的刚性;还有人认为,全部行政案件都要求行政机关负责人出庭在实践中难以实现,不具有可操作性,应当允许委托行政机关负责人以外的工作人员出庭。③ 最终立法机关综合各方面的意见,把原方案中的"也可以"修改为"应当"。有学者认为,这一规定符合实际需要,因为"行政机关负责人往往需要面对大量复杂的行政事务,有时可能分身无术,在这种状况下,行政机关负责人必须委托该行政机关相应的工作人员出庭应诉"。④ 也有学者认为,这一规定"大大淡化了行政机关负责人出庭应诉的法定义务,也

---

① 季卫东:《法治秩序的建构》,商务印书馆 2014 年版,第 467 页。
② 谢晖:《文义解释与法律模糊的释明》,载《学习与探索》2008 年第 6 期,第 117 页。
③ 参见江必新等:《行政诉讼法修改资料汇编》,中国法制出版社 2015 年版,第 4-5 页。
④ 参见马怀德主编:《新编中华人民共和国行政诉讼法释义》,中国法制出版社 2014 年版,第 16 页。

可以理解为,是否出庭应诉的主动权掌握在行政机关负责人手中,显然是与立法原意相悖"。① 这里所涉及的问题是,《行政诉讼法》的这一规定是强制性条款还是倡导性条款? 笔者认为,如果从整条内容来看,针对行政机关负责人出庭问题应属于倡导性条款,因为有相应的工作人员出庭作为承接,行政机关负责人出庭已不是必要条件;如果从该条的第二句话来看,对于"委托"行为则属于强制性条款,行政机关负责人不能出庭应诉的情形下,必须委托相应的工作人员出庭才符合法定要求。

在《行诉应诉通知》和《行诉解释》出台之前,有学者专门对"应当委托相应的工作人员出庭"进行了三层含义的解释:(1)"工作人员"是指行政机关的工作人员,包括正式的、临时的、聘用的法制或者执法工作人员;(2)"相应"意味着行政机关的工作人员应是具有相应的职级的工作人员;(3)"委托"是指以行政机关的名义委派,在授权范围内代为诉讼行为的人。② 由于立法上对行政机关负责人的概念和范围没有明确,不少人认为行政机关正职可以委派副职负责人出庭应诉,从而导致了实践中操作方式不一。为了弥补立法上对"相应的工作人员"界定缺位,《行诉应诉通知》和《行诉解释》分两个层次对此予以了明确:一方面,在内涵界定上明确这类工作人员必须具有国家行政编制身份和依法履行公职;另一方面,在外延列举上针对地方人民政府为被告的情形,将法制工作机构工作人员和具体承办机关工作人员视为相应的工作人员。《行诉应诉通知》和《行诉解释》关于此问题规定的区别仅仅在于前者表述的是"人民政府",后者表述的是"地方人民政府"。《负责人出庭应诉规定》在第10条通过两款内容对相应的工作人员进行明确:一是"被诉行政机关中具体行使行政职权的工作人员",即用"是指"一词表示一般主体,以具体行使行政职权而非纳入行政编制为判断标准;二是"行政机关委托行使行政职权的组织或者下级行政机关的工作人员",即用"视为"一词表示拟制主体,以接受委托行使行政职权为判断标准。"在规范构造上,法律拟制不同于类型化的立法,其并非将两个不同案件事实等同视之,而是将两个不同的构成事实在规范上等同视之,并赋予它们相同的法律效果。"③"法律拟制的目标通常在于:将针对一构成要件(T1)所做的规定,适用于另一构成要件(T2)。"④ 这表明,一般主体存在于所有行政诉讼,而拟制主体只存在于委托行使职权情形下的行政诉讼。

(二) 诉讼代理人的认定

《负责人出庭应诉规定》对诉讼代理人问题没有进行规定,但根据《行政诉讼法》和《行诉解释》的规定,行政机关负责人出庭应诉的,可以另行委托一至二人作为诉讼代理

---

① 梁凤云:《新行政诉讼法逐条注解》,中国法制出版社2017年版,第16页。
② 参见江必新主编:《新行政诉讼法专题讲座》,中国法制出版社2015年版,第38页。
③ 赵春玉:《法律拟制的语义内涵及规范构造》,载《思想战线》2016年第5期,第172页。
④ [德]拉伦茨:《法学方法论》,陈爱娥译,商务印书馆2003年版,第142页。

人；不能出庭的，应当委托行政机关相应的工作人员出庭，但不得仅委托律师出庭。同时，根据《行政诉讼法》第 31 条的规定，诉讼代理人包括"本行政机关的工作人员"，为此针对相应的工作人员而言，一般主体可以作为诉讼代理人，拟制主体则被排除（为了便于表述，下文中的相应的工作人员仅指一般主体）。这表明：一方面，诉讼代理人的出现不以行政机关负责人出庭为必要条件；另一方面，相应的工作人员作为诉讼代理人不仅占据着一名诉讼代理人名额，而且是行政机关负责人不出庭时其他诉讼代理人出现的前提。基于此，诉讼代理人的认定主要涉及范围和数量两个问题。

一是诉讼代理人的范围。《行政诉讼法》第 31 条规定行政机关的诉讼代理人主要分为律师、基层法律服务工作者和本行政机关的工作人员三类。由于相应的工作人员本身就是诉讼代理人，为了便于区分，可以将诉讼代理人划分为相应的工作人员和其他诉讼代理人。同时，其他诉讼代理人又可以进一步修正为以下三类：第一类是律师，包括作为行政机关法律顾问的律师、行政机关非法律顾问的律师，也包括本单位的公职律师。因为根据《公职律师管理办法》第 14 条第 2 款的规定，公职律师不得以律师身份办理所在单位以外的诉讼事务，而且因其不具体行使行政职权，不应纳入相应的工作人员的范围。如《上海市行政应诉工作规定》第 7 条就将委托律师分为社会律师和公职律师两类，并"鼓励公职律师代理本机关的行政诉讼案件"。第二类是基层法律服务工作者。根据《基层法律服务工作者管理办法》第 26 条第 2 项和第 27 条第 1 款的规定，基层法律服务工作者可以代理从事行政诉讼活动，但行政机关的住所应当位于其执业的基层法律服务所所在的县级行政区划辖区或者直辖市的区（县）行政区划辖区内，或者案件一审由上述辖区内的基层人民法院审理。第三类是行政机关代理工作人员，即行政机关工作人员中除了"相应的工作人员"以外的其他工作人员。需要说明的是，行政机关负责人出庭的，行政机关的工作人员是具有可选择性的诉讼辅助人员；如果行政机关负责人不出庭的，相应的工作人员是不可或缺的诉讼替代人员，而行政机关代理工作人员则是可选择性的诉讼辅助人员。

二是诉讼代理人的数量。《行政诉讼法》和《行诉解释》规定的诉讼代理人的数量是一至二人，但不能仅仅委托行政机关之外的律师出庭，这是恪守法律规定底线的要求。[①] 这里需要注意的是，诉讼代理人的数量最多为二人，但如何分配人员数量确是一个问题。笔者认为，从理论上来看，可以分两种情形看待：一是行政机关负责人出庭应诉的情况。理论上一般分为五种情形，诉讼代理人可以是行政机关的工作人员一或者两名、律师一或者两名、行政机关的工作人员和律师各一名。事实上，这忽视了委托基层法律服务工作者作为诉讼代理人的情形，但《行政诉讼法》已经明确律师和基层法律服务工作者是两类不同的主体。笔者认为，符合条件的基层法律服务工作者也应当纳入诉讼代理人的范围，为

[①] 参见何海波：《一次修法能有多少进步》，载《清华大学学报（哲学社会科学版）》2018 年第 3 期，第 35 页。

此又增加了四种理论情形，即基层法律服务工作者一或者两名、基层法律服务工作者和行政机关的工作人员各一名，基层法律服务工作者和律师各一名。二是行政机关负责人不能出庭的情况。相应的工作人员已经接受委托占据一个诉讼代理人名额，因此最多剩余一个名额，可以分为三种情形，即行政机关代理工作人员一名、律师一名或者基层法律服务工作者一名。需要注意的是，行政机关负责人出庭应诉时，诉讼代理人是"可以另行委托"，因此也不能排除无诉讼代理人的情形出现。

（三）参与主体搭配情形的认定

从理论上看，行政机关负责人出庭应诉可以分为一元主体模式、二元主体模式和三元主体模式。一元主体模式包括行政机关负责人单独出庭应诉和相应的工作人员单独出庭应诉，并不涉及主体搭配的问题。有学者指出，实践中比较常见的是三元主体模式，也被称为"1+1+1"模式，即"行政机关负责人+行政行为主办人+律师"，三者分别把好拍板关、事实关、法律关，体现了行政管理、事实调查、法律适用的最佳结合，实践效果也较为明显。① 也有学者根据《行政诉讼法》的规定，将诉讼代理人出庭的情形分为四类：（1）行政机关负责人一名+代理工作人员一名+律师等其他代理人一名；（2）行政机关负责人一名+代理工作人员一或者两名；（3）行政机关负责人一名+律师等其他代理人一或者两名；（4）相应的工作人员一名+代理工作人员或者律师等其他代理人组合一或者两名。②

本文所言的主体搭配情形，是针对二元主体模式和三元主体模式，体现为参与主体和主导主体的外部搭配，以及参与主体的内部搭配两种基本情形。由于行政机关负责人出庭应诉主体涉及三种基本类型、多个概念，为了便于实践操作，需要通过清晰和细致的图表予以展示。但为了避免情形列举过于繁杂，本部分对行政机关负责人和相应的工作人员的类型不再详细划分，而是增设了其他诉讼代理人的概念，涵盖行政机关代理工作人员、律师、基层法律服务工作者三类主体。从组合上来看，二元主体模式的具体搭配情形为行政机关负责人+相应的工作人员、行政机关负责人+其他诉讼代理人、相应的工作人员+其他诉讼代理人；二元主体模式的具体搭配情形为行政机关负责人+相应的工作人员+其他诉讼代理人。基于此，笔者从模式、组合、人员和人数四个方面建构了行政机关负责人出庭应诉主体的搭配情形（详见表二：行政机关负责人出庭应诉主体的搭配情形）。

---

① 参见谷强：《从规则到互动：行政机关负责人出庭应诉的法律规制和路径选择》，载《第九届法治河北论坛文集》2018 年，第 81 页。

② 参见李淮：《行政机关负责人出庭应诉制度运行省思》，载《北京行政学院学报》2019 年第 5 期，第 100 页。

表二 行政机关负责人出庭应诉主体的搭配情形

模式	组合	人员	人数
二元主体	行政机关负责人+相应的工作人员	行政机关负责人+相应的工作人员	2-3
二元主体	行政机关负责人+相应的工作人员	行政机关负责人+行政机关代理工作人员	2-3
二元主体	行政机关负责人+其他诉讼代理人	行政机关负责人+律师	2-3
二元主体	行政机关负责人+其他诉讼代理人	行政机关负责人+基层法律服务工作者	2-3
二元主体	行政机关负责人+其他诉讼代理人	行政机关负责人+行政机关代理工作人员+律师	3
二元主体	行政机关负责人+其他诉讼代理人	行政机关负责人+行政机关代理工作人员+基层法律服务工作者	3
二元主体	行政机关负责人+其他诉讼代理人	行政机关负责人+律师+基层法律服务工作者	3
二元主体	相应的工作人员+其他诉讼代理人	相应的工作人员+行政机关代理工作人员	2
二元主体	相应的工作人员+其他诉讼代理人	相应的工作人员+律师	2
二元主体	相应的工作人员+其他诉讼代理人	相应的工作人员+基层法律服务工作者	2
三元主体	行政机关负责人+相应的工作人员+其他诉讼代理人	行政机关负责人+相应的工作人员+行政机关代理工作人员	3
三元主体	行政机关负责人+相应的工作人员+其他诉讼代理人	行政机关负责人+相应的工作人员+律师	3
三元主体	行政机关负责人+相应的工作人员+其他诉讼代理人	行政机关负责人+相应的工作人员+基层法律服务工作者	3

四、结语

行政机关负责人出庭应诉作为我国行政审判模式改革的一项重要举措，在司法实践中发挥的作用被越来越多的人所认可，并呈现出越来越明显的纵深发展趋势。但在各地大力推行和广泛宣传的同时，关于主体构造的理论争议并未因司法解释的相继出台而达成共识。通过上述对行政机关负责人出庭应诉主体规范构造的分析，笔者认为行政机关负责人是主导主体，相应的工作人员作为参与主体起到的是衔接作用，诉讼代理人作为参与主体起到的是保障作用。如果行政机关负责人不出庭应诉，那么该制度的价值和效果将大打折扣，因此这一主体起着关键的主导作用；相应的工作人员作为诉讼代理人的一种，一方面在行政机关负责人出庭时加以辅助，另一面在行政机关负责人不出庭时予以替代，因此这一主体起着重要的衔接作用；诉讼代理人要么具有诉讼经验，要么具有执法经验，抑或是二者的结合，因此这一主体在诉讼过程中起着重要的保障作用。总之，行政机关负责人出庭应诉的主体构造是该制度的核心要素，也是该制度价值彰显、规范完善和有效实施的着力点。

（编辑：吕玉赞）

中国古代司法论证中儒家价值的理由类型及适用*

杜军强**

摘　要　儒家思想所包含的价值自汉以来对中国古代法律形成了全方位的影响，虽最终形成了瞩目的儒家化法典，但也自始直接对司法裁判产生了深刻影响。从论证理由的权威和结构角度对儒家价值在不同阶段司法裁判中的地位进行分析可知，儒家价值基于法律框架的差异呈现为不同类型的理由，即从非实定的法律原则最终转变为实定的法律原则，儒家价值的优先适用也由引发法律价值变革转向进行具体的价值重申或补充。从法律方法角度来看，儒家价值在与律令、律例的规范冲突中，其权威形式的差异使论证优先适用的权衡论辩或不存在，或频繁使用，因而对传统法律的变迁也具有明显的利弊。对儒家价值参与司法论证的模式进行总结反思，应可为当代核心价值观融入司法的实践提供历史启示。

关键词　儒家价值　司法论证　权威　法律原则　权衡

全面依法治国强调社会主义核心价值观要融入法治，而在司法方面则更为具体地提出以符合法律精神的方法将社会主义核心价值观融入释法说理中。在这一重大司法实践的发展中，历史经验的重要的参考价值自然不能忽略。中国古代司法中价值融入司法的实践颇为丰富，具体分为两个方面：第一，何种价值融入司法中；第二价值如何融入司法中。关于第一个问题可谓着墨者众多。中国传统法律因被称为有"伦理法"，[①] 即比之于当代或域外的法律，传统法律中当然也包括司法中充满了儒家的伦理价值。需要指出的是，儒家

---

* 本文系国家社科基金青年项目《清代司法衡平"情理法"的法律方法研究》（18CFX009）的阶段性成果。
** 杜军强，男，陕西蒲城人，法学博士，西安交通大学法学院副教授，主要研究方向为法史学、法理学。
① 参见俞荣根：《儒家法思想通论（修订本）》，商务印书馆2018年版，第143－168页，又见李栋、王世柱：《中国传统伦理法向现代法的范式转换》，载《法学》2019年第5期，51－52页。

伦理融入法律是指包含着对法律应当保护何种价值的强调，而非对作为规范的法律应当具备何种构造与特征的期待。① 因而，此处所指当是传统法律在价值立场上接纳儒家价值，也即法律儒家化。② 与此相比，在发掘价值观融入司法的方式这一历史经验的大背景下，儒家价值融入司法的方式显然需要更多关注。众所周知，法律儒家化的发端便是以春秋决狱或经义决狱的司法形式展开，其在具体司法裁判中融入儒家价值的方式显然具有代表性；而在大量儒家价值获得法典的权威形式后，儒家价值融入司法的制度条件、理由形态等都发生了变化，对其引发的融入方式变迁也需要高度关注。通过对不同历史阶段儒家价值融入司法的方式进行法律方法的分析，我们可以获得的儒家价值融入司法的类型，继而对儒家价值融入古代司法的方式及其对法律变迁的作用进行理论总结，以便与当下的法律方法实践及其理论对话，③ 从而为当代核心价值观融入司法提供历史镜鉴。

一、儒家价值法典化之前在司法论证中的地位及适用

儒家价值在法典化之前，对司法论证的影响主要体现在春秋决狱或经义决狱这一类型的司法活动中。虽然有众多研究将表达儒家价值的经义视为等于或高于当时法律的裁判依据，但汉律及发生经义决狱其他朝代的法律中，是否对其有所宣示，又或者是否能依据当时的法律推论得出，却缺乏回答，也就无法完成对其进行地位界定，从而也难以对这一儒家价值融入司法方式形成理论总结。因此，本部分仍以春秋决狱作为分析对象，从儒家价值与相关时代律令的关系中探讨其在这一类型司法中的理由类型，进而考察其适用方法。

---

① 儒家伦理思想并不从如富勒所谓法的内在道德角度进行探讨，关于法律的内在道德，参见富勒：《法律的道德性》，郑戈译，商务印书馆2005年版，第40-111页。

② 当然，法律儒家化是指相对于之前的法律更为儒家化，即便在作为儒家化典范的《唐律》中也无法达到悉数以儒家之价值立场进行调整，参见徐永康等：《法典之王——〈唐律疏议〉与中国文化》，河南大学出版社2005年版，第五部分"《唐律疏议》与法家文化"，第113-124页。

③ 这里常常引起困惑的是，现代的法律方法理论能否成为分析古代司法论证的理论工具？这一问题拆解开了主要关注两个方面：第一，作为分析工具的法律方法理论是否具有普遍性？或者说面对特殊的中国古代司法实践，法律方法理论能够能否形成有效分析？第二，是否存在以现代法律方法理论文饰中国古代司法论证的风险？第一个问题是关于理论工具的普遍性的问题。法律方法本身虽然具有一个极长的西方传统，但不仅仅是附着于西方法律框架的方法性经验，而是经过知识性的反思或理论凝结，超越了其原本的生成环境具有普遍性。若无此属性，则迥异环境下生成的异域理论便不能妥当地分析作为案例的当下中国法律，更遑论在此基础上进一步发展中国的法律方法理论。既然不同时空的司法实践都可以从法律方法理论视角进行分析，那么中国古代司法也可以成为分析对象。第二个问题其实是能否保持中立的研究立场或研究伦理的问题。用法律方法理论来分析中国古代司法论证，并非是在古代司法所缺之处用法律方法理论强行打补丁，从而对古代司法论证进行修辞以便再次兜售，而是以古时未有的视角来重新透视，以期从全新的视角形成认识或反思，以加深对古代司法问题的认识。综之，虽然在"今非昔比"的语境下以现代方法研究古代问题难免有"以今饰古"之忧，但我们的研究不可避免地要从当下提出命题和方法去理解、观察、分析古代，才能汲取有益的经验，并进一步反思作为我们出发点的命题、展开分析所用的方法等，形成更进一步的理论提升。因此，以具有知识上普遍性的法律方法理论来分析古代司法论证，形成利弊互现的理论总结，并与当前法律语境下的法律方法进行对比，是具有合理性与可行性的。

(一) 儒家价值作为非实定的法律原则

在汉代的春秋决狱中,常常看到决狱原文中多强调"春秋之义",① 切实参与到判决论证当中,影响了判决的做出。除了"春秋之义",我们在董仲舒以及两汉其他的春秋决狱中,还能看到汉代律令的表现,如董仲舒决狱中的"殴父""私为人妻"等,两汉其他决狱中的"大不敬""不道""杀母而以逆论""矫制大害""监临盗所主守""大逆无道"等。② 这些汉代律令从判决论证的法源角度来看,皆具有制定法的权威和比较明确的结构。若从法律规则的权威和结构观之,这些律令显然具有法律规则的属性。当然,律令除了具有法律规则的形式权威性,其内容或价值上具有被立法接受的合理性或正当性,故在司法上可称之为复合理由。③ 律令内容上被立法视为具有合理性的价值立场并非来自儒家价值,唯如此才有儒家化的可能与必要。

"春秋之义"在汉代司法中并不具备复合理由的特征。从形式上来说,"春秋之义"当时并没有获得汉代律令形式意义上的权威,即仅通过检索其是否具有制定法身份及等级而不彰显其内容合理性,则无法适用。在董仲舒关于隐匿的春秋决狱中,所引"春秋之义"意在表达父亲可以隐匿有罪之子,养父亦同。但汉武帝时其实禁止任何人隐匿罪犯,还发生过因为隐匿罪犯而被处罚的案件。④ 直到汉宣帝时期,一个不完全的隐匿法令才得以发布,"自今,子首匿父母、妻匿夫、孙匿大父母,皆勿坐。其父母匿子、夫匿妻、大父母匿孙,罪殊死,皆上请廷尉以闻"。⑤ 虽然已经开始强调父子之间的关系应当不同于常人,但却不等于完全承认父(含养父)和子之间可以"子为父隐、父为子隐"的关系。⑥ 由此可见,武帝时期父子关系在隐匿方面应当异于常人的价值立场并不被汉律肯定。由此并基于春秋决狱对法律进行儒家化变革的语境,可以推知当时的汉律令对其他的春秋决狱所引的"春秋之义"亦不被承认。关于这一点,还可以从"春秋之义"的参与判决论证的具体过程来印证,诸多春秋决狱中引入"春秋之义"多要通过简短的表述来宣示其合理性;但却在引"春秋之义"时却未强调其被律令赋予的权威身份这一情形。因此,汉代春秋决狱中的"春秋之义"并不具备制定法意义上的权威。

从结构上来看,春秋之义也不具备法律规则意义上的构造。法律规则本身是立法就某

---

① 也有不强调"春秋之义"而直接引入相关内容,如董仲舒所决的"盗武库兵"中直接引入论语内容,又如"大夫纵麑"中直接引入《礼记》相关内容,但都与"春秋之义"具备了具体的价值立场和表达儒家教义的共同特点。
② 参见程树德:《九朝律考》,商务印书馆2010年版,第212-219页。
③ 关于法律规则作为兼具实质性与形式性的复合理由,参见雷磊:《法律规范的同位阶冲突及解决——以法律规则与法律原则的关系为出发点》,载《台大法学论丛》第38卷,2009年第4期,第21页。
④ 汉武帝元朔五年临汝侯灌贤坐子伤人首匿案,参见《汉书·高惠高后文功臣表》。
⑤ 《汉书·宣帝纪》。
⑥ 《论语·子路》。

一价值立场在特定情境下当为/不当为做出了选择,① 具有明确的行为模式与逻辑后果。但汉代春秋决狱中所援引的"春秋之义"只是普遍地表达一种立场,并不包含具体情境下应当如何去做的抉择,也就无法形成行为模式与逻辑后果的构造,如汉代众多春秋决狱中所引,"《春秋》之义,父为子隐""春秋之义,许止父病,进药于父而卒,君子原心,赦而不诛""春秋之义,善善及子孙,恶恶止其身""春秋之义,诸侯不得专地"等,② 旨在主张在隐匿犯罪、救父而误伤等问题上父子应被特别对待,无佐证的前提下株连应当被禁止,在土地问题、政治秩序问题上要尊重天子权威等,并无完整的行为模式与逻辑后果结构,只是在表达相应的儒家价值立场。

可以说,汉代春秋决狱中所引入的代表儒家价值的"春秋之义"既不具备律令意义上的法律权威,也就不具实定性;亦不具备法律规则意义上的规范构造,只能从表达特定价值立场及其评价的角度去理解,具有法律原则的特性。因此,代表儒家价值的"春秋之义"在法源上可被视作非实定的法律原则。

此外,通过春秋决狱所改变的司法价值立场在魏晋南北朝时期已经有部分转化为律令规则,如曹魏律的"正杀继母,与亲母同,防继假之隙也……欧兄姊加至五岁刑,以明教化也"以及晋律的"准五服以制罪",③ 又北魏《斗律》:"祖父母、父母忿怒,以兵刃杀子孙者五岁刑,殴杀者四岁刑,若心有爱憎而故杀者,各加一等"中异于常人的处罚,④ 其若在司法中被援引便只需要表明其通过立法获得的权威身份,而不需要做进一步的合理性说明。但后续时代的法律中仍有大量未变,⑤ 虽有对春秋决狱之类司法又建议禁止之声,⑥ 但春秋决狱之风却仍在延续,如曹魏时在曹爽谋反案中所引,"春秋之义,君亲无将,将而必诛";⑦ 晋时在王浚行军不受节度案中所引,"春秋之义,大夫出疆,由有专辄";⑧ 法律更为儒家化的北魏时期在无确据的牵连案件中所引,"春秋之义,不幸而失,宁僭不滥竽充"等。⑨ 可见在这一类春秋决狱中,儒家价值仍需通过春秋教义的方式进入到法秩序当中,却并未获得当时立法上的权威。因而,在司法论证的理由上仍须从非实定法律原则角度视之。

---

① 参见雷磊:《规范理论与法律论证》,中国政法大学出版社2012年版,第76–77页。
② 程树德:《九朝律考》,商务印书馆2010年版,第212–219页。
③ 《晋书·刑法志》。
④ 《魏书·刑罚志》。
⑤ 即便在"准五服以制罪"的晋律中,亲母、继母杀子并无异于常人的条款,参见程树德:《九朝律考》,商务印书馆2010年版,第349页。
⑥ 《晋书·刑法志》载有西晋三公尚书刘颂的建议,"律法断罪,皆当以法律令正文,若无正文,依附名例断之,其正文名例所不及,皆勿论"。
⑦ 《三国志·魏书·诸夏侯曹传》。
⑧ 《晋书·列传第二十》。
⑨ 《魏书·列传第六十五》。

(二) 原则的优先适用与价值替代

法律原则的适用在法律方法理论中已经有比较明确的界定,"(从权威形式上)法律原则分为'非实定的法律原则'和'实定的法律原则'……从本质上看,非实定的法律原则和实定的法律原则在内容上或许没有根本的不同,实定原则就是非实定原则的法律化,是上升为法律规定的法律原则"。① 在法律原则的适用上,基于法律安定性和权威的要求,实定的法律原则比之于非实定的法律原则仍需优先适用,而非一开始即在实在法之外寻找其他根据。春秋经义作为儒家价值的代表系非实定法律原则,本应按照先法律规则、再实定法律原则、最后非实定法律原则的顺序展开实用。但从历史文献中遗留下来的春秋决狱来看,虽然原本存在相应的律令规则可供适用,但这些非实定法律原则在司法实践中都优先于这些律令规则得到了适用,也就当然地优先于实定的法律原则得到适用。

法律原则理论认为,法律原则相对于法律规则的优先适用发生于同位阶的规范冲突情形中,其中法律规则与实定法律原则的冲突比较常见,而法律规则与非实定的法律原则的冲突则极为罕见。② 作为非实定法律原则的春秋经义在春秋决狱中恰处于后一种规范冲突的情形之中。根据解决法律原则与法律规则冲突的方法规则,法律原则欲替代法律规则适用,必须在重要性或分量的意义上大于证立法律规则的实质合理性原则与形式权威性原则之和,才能为法律规则创造出例外或指向具有例外意义的法律规则。③ 显然,我们从春秋决狱中看不到关于春秋之义优先适用的论辩,其在处理春秋经义优先适用的方法上过于简陋。因而,虽然春秋经义所代表的儒家价值比较方便地参与到司法实践中,但因并无限制司法恣意或权力干预的论证标准或论证结构,④ 也就难以避免法的安定性问题。

在这一点上历代不乏批评之声,"盖汉人专务以春秋决狱,陋儒酷吏遂得因缘假饰",⑤ 春秋决狱"失掉了法律必不可少的两个要素——即'公平'与'确定'"(杨鸿烈中国法律思想史)。⑥ 虽然存在诸多弊端,但也不可谓这一方法简陋的装置全无益处,春秋决狱作为法律儒家化的开端显然具有重要意义,其通过对引入的儒家价值置于优先适用地位,并创造出体现儒家价值的例外规则,或以另外的律令规则裁判案件以体现儒家价值的主导作用,从而实现当时律令条件下的司法价值更新。这一价值更新显然是指针对之前汉律所秉价值的更新。较为明确的是,汉承秦律而秦律以法家价值为本,汉初律法强调黄

---

① 舒国滢:《法律原则适用的困境——方法论视角的四个追问》,载《苏州大学学报(哲学社会科学版)》2005年第1期,第28页。
② 参见雷磊:《法律规范的同位阶冲突及解决——以法律规则与法律原则的关系为出发点》,载《台大法学论丛》第38卷,2009年第4期,第55页。
③ 参见王鹏翔:《论基本权的规范结构》,载《台大法学论丛》第34卷,2005年第2期,第20-21页。
④ 参见杜军强:《汉代春秋决狱的法理构造——以"春秋之义"的法源地位分析为中心》,载《清华法学》2021年第1期,第206-207页。
⑤ 《文献通考·经籍考九(卷一八二)》。
⑥ 杨鸿烈:《中国法律思想史》,范忠信等校勘,中国政法大学出版社2004年版,第144页。

老为本，而黄老本自法家，① 汉律的基本价值观来自法家当属无疑。因此，对汉律的既有价值进行更新显然是就其法家的价值体系而言，春秋决狱显然成了引发价值变动的制度装置。通过对春秋决狱中春秋经义的优先适用以替代法家价值进行分析，我们也可以一窥法律儒家化在司法论证上的微观结构。

春秋决狱式的司法显然带动了立法上的变化，如汉宣帝时发布关于直系亲属之间隐匿免罪的诏令，曹魏变革汉之旧律为"大逆无道，腰斩，家属从坐，不及祖父母、孙……正杀继母，与亲母同，防继假之隙也"等，晋律的"准五服以制罪"，② 北魏律中的儒家价值则更明显地体现在驸马刘辉"殴主伤胎案"适用依据的争论中。③ 但是汉律以及后世魏晋南北朝时期的律令中法家价值仍然具有基本的地位，④ 这也是春秋决狱得以延续活跃的前提。只有到了儒家价值已经尽可能地通过立法达到法典化之后，并以"断罪引律令"与"出入人罪"等制度加以约束时，春秋决狱式的儒家价值影响司法论证才告终结。

二、儒家价值法典化之后在司法论证中的地位与方法

自春秋决狱启动了法律儒家化以后，立法上的法律儒家化亦在逐步加深，发展至唐律则已经最大限度地实现了儒家价值法典化。在唐律中，儒家价值已经非常广泛地具化为律令条文，这一法典化程度在其律疏中被称之为，"德礼为政教之本、刑罚为政教之用，犹昏晓阳秋相须而成者也"。⑤ 唐律作为儒家价值法典化的优秀作品，被誉为"实为华夏刑律不祧之正统"。⑥ 儒家价值法典化之后，其价值立场已经得到规则化的表达，因而在司法中毋需再去主张其合理性，一般情况下仅指出其为法典中的规则这一权威身份即可。但是，如果我们承认预先的立法存在违反法计划的不圆满性，⑦ 不以儒家价值法典化而成的规则为全能立法，则必然在稳定性之外面临正当性的挑战，那么，儒家价值对于疑难个案司法论证的影响将无法避免。然而，不同于具化为律令规则的儒家价值，此种情形下需要考察的是，一般的儒家价值又以何种形态，何种方法对司法论证发生影响。

---

① 汉初的政治法律指导思想虽为黄老思想，然余英时指出，黄老与法家，其名虽异，其实则一，参见余英时：《文化传统与文化重建》，生活·读书·新知三联书店2004年版，第191页。

② 《晋书·刑法志》。

③ 关于其争论及分析，见李贞德：《公主之死——你所不知道的中国法律史》，生活·读书·新知三联书店2008年版，第16-25页。

④ 这里需要辩明的是，律法中提及忠孝并不一定即为儒家，因为忠孝背后各有不同的价值观支持，史学家总祝斌先生即指出，"秦简还规定了不孝罪处死刑，刑法极重，然它与儒家思想貌合神离，立法意图并不相同"，以之辨析春秋决狱时代的立法，亦不会相去太远，参见祝总斌：《略论晋律之"儒家化"》，载《材不材斋文集——祝总斌学术研究论文集》，三秦出版社2006年版，第397页。

⑤ 《唐律疏议》，刘俊文点校，中华书局1983年版，第3页。

⑥ 陈寅恪：《隋唐制度渊源略论稿 唐代政治史述论高》，生活·读书·新知三联书店2001年版，第112页。

⑦ 参见［德］拉伦茨：《法学方法论》，陈爱娥译，商务印书馆2003年版，第134-137页。

(一) 儒家法典化背景下儒家价值的地位变动

在以汉代为典范的春秋决狱时代,儒家价值缺乏律令的权威性地位,法典中的价值以法家立场为本,但儒家价值在政治力量的推动下又要参与到司法实践中发挥作用,便只能以非实定的法律原则这一形态出现。而在儒家价值法典化之后,儒家价值已然渗入到具体的律令规则而成为法典的构成部分,儒家价值也因而成为对出现适用问题的律令、律例规则进行解释、修正的基准。在明清时期,作为儒家价值的情理甚至被高度的肯定与宣示,情理在明律制定者的总结中被表达为,"上稽天理,下揆人情,成此百代之准绳",① 并被至于法典之中;而在清律御制序言中则被表达为,"揆诸天理,准诸人情,一本于至公,而归于至当"。② 因为情理这一表述内涵极负弹性,又具有儒家学说这一纵深背景,在丧服制度成为理解儒家化法典的密码之后,为成文法典所宣示的情理几乎可以关联或吸收所有涉及身份秩序及身份义务的价值立场。显然,表达儒家价值的情理是可以被作为实定的法律原则来对待的。由此我们可以说,在儒家法典化的背景下,儒家价值已经获得制定法的权威认可,当从实定法律原则角度进行考察。

当然,并不是所有需要儒家价值回答的问题都已然列为明文,因为问题往往出现于规则制定之后;而有些问题则过于个案化而无法列为明文,儒家价值因其具有法律原则的构造便成为求解的出路。作为实定法律原则的情理,便是具有这一构造的典型,在司法论证中发挥着不同于律例规则的作用。③ 从情理的结构上可以看出,情理中并不包含具体的事态或构成要件,而重在对具体的事态或构成要件进行妥当性的评价,因而我们常会在司法中看到"揆诸情理,实未允协""揆之情理,实未平允""于天理、人情实未允协""揆之天理、人情均未允当""酌理准情"之类颇具准则性评价的表述。

这里需要注意并区分的是,就情理这一表述而言,同时存在价值维度、事实维度、方法维度的涵义。④ 作为表达儒家价值的情理此处所关注的是情理的价值维度。所以,基于其他维度尤其是事实维度的情理现象并不属于作为儒家价值的情理。这一表达儒家价值的情理,被滋贺秀三笼统地称为"一种社会生活中健全的价值判断,特别是一种衡平感

---

① 《大明律》,"进大明律表",怀效锋点校,法律出版社1998年版,第2页。
② 《大清律例》,田涛、郑秦点校,法律出版社1999年,第4页。
③ 情理被学界从多个角度解读,但以司法论证的理由及其方法的角度来看,称之为法律原则更为妥当,若称之为法感,则对其为法律适用提供论辩理由的过程将无法展开解读。关于指出情理在法感发生中的作用的研究,参见李德嘉:《允执厥中:情理在古代法官法律发现过程中的作用》,载《人大法律评论》2018年第3期;以情理作为法律原则的研究,参见杜军强:《法律原则、修辞论证与情理——对清代司法判决中"情理"的一种解释》,载《华东政法大学学报》2014年第6期。
④ 以清代为例,情理在司法中存在事实、价值与方法的三重维度,参见杜军强:《情理在清代司法中的三重维度》,载《中国社会科学报》2020年7月1日第4版。

觉"。① 更具体地说，情理首先关注的是基于身份的应然秩序，不论是基于血缘、宗族的身份，还是基于婚姻的身份，即给每个身份应有的对待；再者是关于身份义务的履行，即何种身份应负担或履行何种义务。

总之，在儒家价值通过法典具化为律令规则之后，关照法典整体的一般儒家价值则因其权威形式和内部构造，成为实定的法律原则，情理法律原则即为其典型代表。

（二）原则优先适用中的价值重申与补充

作为具有制定法权威并承载着儒家价值的法律原则，其必然在司法适用中发挥着与非实定法律原则不同的作用。根据法律原则理论，因为法律规则具有更强的"初显性特征"，② 其优先适用性一般不受挑战，而且法律规则作为复合理由，其本身在实质合理性方面就体现了具体的价值立场。法律原则若要优先于法律规则适用，前提必须是在给定情形下与法律规则发生冲突，且具有适用于案件的更强理由，即要求法律原则要优于规则背后的实质合理性原则及形式权威性原则。③ 承载儒家价值的法律原则即便具备适用的前提条件，也必须通过权衡在分量上超过具有初显性特征的规则被证立的理由或原则。但儒家价值作为法律原则仍然必须创造出一个具体的规则、即为当前规则创造出一个例外，或者指向符合该原则的其他律令、律例规则。

再以具有典型性的情理法律原则为例，其适用的前提必须是与具有初显性特征的律例规则发生冲突，而其优先适用的权衡标准，以情理是否超越了支持律例规则的实质合理性与形式权威性为准，具体表现为裁判结果是否允协、允当。当然，除了法律原则适用的要求外，情理本身在内涵上极富弹性的特点，也要求其在个案中获得权衡优势以优先适用时，同样必须具体化为一个具体的裁判规则，即为既有律例规则创造出例外规则，或者指出更符合情理原则的律例条文。

更进一步来说，当拟适用的律例规则在司法适用中存在价值上的问题时，便已经与情理这一法律原则发生了冲突。情理获得优先适用的一种情形便是支持另一个在个案中更加符合情理价值立场的律例规则。情理原则因重申儒家身份秩序及其义务秩序这一价值立场，而对具有初显性特征的律例规则予以否定，因此转向其他符合情理价值立场的律例规则。这在传统命盗重案与细故案中都有体现，④ 如"杀死伊母奸夫致父母自尽"案中，针

---

① ［日］滋贺秀三：《清代诉讼制度之民事法源的概括性考察——情、理、法》，载王亚新、梁治平编：《明清时期的民事审判与民间契约》，法律出版社1998年版，第34页。

② 参见［德］阿列克西：《论法律原则的概念》，阿列克西：《法 理性 商谈——法哲学研究》，朱光、雷磊译，中国法制出版社2011年版，第195-196页。

③ 参见陈林林：《基于法律原则的裁判》，载《法学研究》2006年第3期，第8-9页。

④ 这里需要说明的是，时代跨度之大、案例之多自不待言，从统计上看，未有足够之案例，便不足以言典型性；但从法律适用上来看，案例若能在法律适用的限制性规定、所援引法源类型的构成、服制身份引导司法的价值立场方面具有代表性，也便具有作为分析对象的典型性。

对案犯非奸所杀死其母奸夫致父母羞愤自尽，杀伤行为诱发父母自尽却成为需要评价的重要案件事实，① 故而以杀伤人命复致父母先后服毒自尽之例拟绞立决。但从情理原则上来看，"此案情在为子者杀死奸夫实系情切天伦，事关义忿。推其身罹重辟，皆缘伊母之败名丧节相激而成，并非自作罪恶"。② 也就是说，即便在尊卑有别的传统法律世界里，置为其所当为的价值秩序于不顾，显然违背了情理原则。因而上文所提之例不再具备适用的条件，转向适用就此案情形而言具有例外性质的"罪人不拒捕而擅杀"例。又如在"拒奸误杀本夫"案中，妻子在夜间拒绝丈夫诱其与他人通奸时误毙本夫，原拟用妻殴夫致死律处斩决，但"将拒奸贞节之妇与寻常殴毙本夫者一体科罪。揆诸情理，实未允协"，③ 显然这一律条的适用与情理的价值立场相冲突，终在情理所代表的价值基础上转适斗杀律。还有如在民间细故案中，男方订婚后因逃难而对女方七年不问，男方在女方改嫁有子的七年后要求女方履婚约，到底是依争娶则先聘者得妻例，还是逃荒三年不问即许女方改嫁例，终以情理原则的价值立场为准，因先聘者未尽到义务便应由女方自择新聘，肯定了女方改嫁例的适用。④

另一种情形则是为案件在拟适用律例的基础上创造例外规则，即情理原则在新问题上通过规则的续造，对法典中的身份及其义务的价值体系进行补充。如在"毒死继母之母"案中，⑤ 案犯因嫌隙毒死继母之母，便存在将继母之母适用普通人规范还是适用外祖母身份规范的难题。因为按照当时服制设定的身份秩序来看，继父母、子女之间的身份关系在丧服秩序里确有明文，但继子与继母之母之间的服制关系却未有明文——也许丧葬习俗上确实存在，但在法典规范因而价值立场上并无表示。径直以凡人谋杀罪处刑显然违背了以身份秩序为价值基准的情理原则，情理原则因而得以优先适用。然而情理并不能直接裁判，只能进行法的续造以填补这一漏洞，终为继母之母创造出小功尊属的身份规范，从而适用续造的谋杀小功尊属斩立决规则处刑，并撰为新例。又如"图财谋杀卑幼"案中，小功堂叔因图堂侄银饰将其谋杀，虽有符合服制定罪又严丝合缝的"故杀小功堂侄律"可用，但如此则显然既未顾及堂侄遭遇的尊长"攫其财而戕其命"，更未重视小功堂叔的"蔑视伦纪，忍心害理"，与表达儒家价值立场的情理原则相冲突，因而只能在情理原则的基础上续造"图财谋杀卑幼以凡论斩决"的例外规则，以补允其价值缺失，并将其定为新例。⑥

---

① 关于案件事实的形成，参见［德］拉伦茨：《法学方法论》，陈爱娥译，商务印书馆2003年版，第160－163页。
② 全士潮等纂辑：《驳案汇编》，何勤华等校，法律出版社2009年版，第265页。
③ 同上注，全士潮书，第272页。
④ 樊增祥：《樊山政书》，"批商州张护牧家骥禀"，中华书局2007年版，第113页。
⑤ 参见全士潮等纂辑：《驳案汇编》，何勤华等校，法律出版社2009年版，第414－417页。
⑥ 参见上注，全士潮书，第443－444页。另外，虽然服制身份规范本身代表价值秩序，但难免字面违背目的，关于舍弃服制身份规范的司法传统在宋时便有"义胜于服，则舍服取义"（傅霖：《刑统赋》）的成熟总结，亦可由此看到其传统延续。

通过对情理这一表达儒家价值的典型法律原则进行分析可知，儒家价值在法典化之后作为法律原则，在法源类型上显然已经是实定的原则型法源，其本身的合法性已经得到法典权威的认可。在此基础上，代表儒家价值的法律原则因为规范冲突而获得优先适用时，其发挥着具体儒家价值的重申或补充工作，最终通过例外性的律例规则或续造新的裁判规则以完成司法裁判。

三、儒家价值参与古代司法论证的法律方法及其反思

儒家价值在中国古代不同阶段的司法论证中表现为不同类型的法律原则，这显然受到彼时总体法律框架这一权威性因素的影响，相应地，其适用的前提条件、适用方式以及适用中的权衡问题必然受到理由类型的影响。通过对这些特征的分析和总结，我们也就可以对儒家价值参与司法裁判的方式进行理论化描述，进而对其在传统法律变迁中发挥作用的方式及其优劣进行评价。最后，在评价总结的基础上，形成儒家价值融入司法的反思性认识，以期为新时期社会主义核心价值观融入司法的实践提供启示。

（一）儒家价值参与司法论证的法律方法特征

儒家价值参与司法论证虽然在不同历史条件下具有不同的特征，但其仍然具有重要的共同之处，这也就为从一般意义上描述其法律方法特征提供了可能。首先需要关注的是儒家价值作为司法论证的理由在形态上表现为非实定法律原则和实定法律原则，其影响因素主要是与作为权威代表的律令或律例的关系。在法律方法论中，权威是影响法源存在形态的重要要素，"独立于内容的理由……是些什么无关紧要，理由的来源赋予它力量……在法律中，权威的概念经常与法律渊源联系在一起"，[1] 而在司法论证中获得立法肯定的"法律渊源是最重要的权威理由"。[2] 因此，立法所赋予的权威成为特定理由依赖身份而非依赖特定立场的判准。当然，政治肯定与立法肯定并不能完全等同，不能因为政治上对特定价值立场、思想体系的肯定或提倡而直接将之等同于立法权威的赋予，否则便模糊了立法的界限。具体到春秋决狱类型中，汉武帝时提倡"罢黜百家，独尊儒术"，却不能直接得出儒家教义即获得了立法承认，即便到了儒家价值被立法接纳较多的晋代，春秋决狱由于政治上的原因仍然颇为流行，但对于未被接纳者，仍有刘颂保持严格区分、杜绝滥用的建议，[3] 亦足见其界限并未被否定。所以，对儒家价值参与司法论证进行法律方法上的总结，基于立法权威的区分尤为必要。

---

[1] ［美］肖尔：《像法律人那样思考——法律推理新论》，雷磊译，中国法制出版社2016年版，第71、73页。

[2] 雷磊：《法律论证中的权威与正确性——兼论我国指导案例的效力》，载《法律科学》2014年第2期，第40页。

[3] 参见《晋书·刑法志》。

儒家价值在古代司法论证中必然要与其他司法中的理由运用发生联系。从其影响司法的后果来看，儒家价值显然与原拟适用的律条发生了规范冲突。当然，这种冲突指的是在空间、时间以及逻辑上同时处于相同位阶的规范理由所产生的冲突。不同于依赖法律的时间先后、等级高低、范围差别等来解决异位阶的法律规范冲突，同位阶的法律规范冲突则需要结合特定案件事实才能作出。① 儒家价值观以不同形态的法律原则与既有的律令、律例规则发生冲突，其适用的条件才得以具备。也就是说，儒家价值参与古代司法论证发生于同位阶规范冲突的条件下。

从儒家价值观参与古代司法论证的历史来看，无论其作为何种形态原则都表现出了优先适用性。如果不将儒家价值作为法律原则的优先适用仅归结为司法者的自由裁量甚至任意，那就必须追问其优先性得以实现的标准。我们都知道，不论何种形态的法律原则，若欲优先于具有初显性特征的法律规则，必须要与证立法律规则的实质合理性原则及形式权威性原则展开权衡。② 儒家价值在作为非实定法律原则的情形下，以之与证立律令规则的原则进行衡量，因为其肯定的价值并不被立法所接纳，从法理论的标准上看当然需要更多的权衡比重。但实际的案例反而是一旦引进便要优先适用，相比于司法者的缺陷，关于权衡的论辩标准和结构对此造成影响更为根本。③ 因此之故，这一情形下儒家价值被引入司法论证就缺少足够的制约，无法避免恣意。

儒家价值在作为实定的法律原则的情形下，以之与证立律例规则的原则进行权衡，是以法典所肯定的整体儒家价值与律例规则在具体案件中的重要性进行比较。也就是说，具备实定法律原则身份的儒家价值首先解决了立法对其是否接纳的问题。而在权衡中，实定法律原则代表了法典所肯定的儒家整体价值在个案中的实现，比具体律例规则的适用更为重要。因为适用规则显然不能符合儒家价值的立场，而适用儒家价值则符合律例规则所在法典的整体儒家立场；而基于儒家价值指引的其他既有规则不必说，即便续造的新裁判规则也是在法典价值立场和规则体系基础上发展衍生。作为实定法律原则的儒家价值在优先适用时，主要是从合理性角度进行衡量，但在续造新规则时也并非全然置法典的体系性于不顾。

综上可知，儒家价值都以法律原则的形态融入古代司法论证中，但其权威性分为实定法律原则和非实定法律原则，其价值立场也当然分为法典未承认和已承认两种类型。这一差异对儒家价值在规范冲突中优先适用的权衡具有重要意义。在司法论证要兼顾权威与正确性的前提下我们发现，儒家价值作为非实定法律原则时其权衡中缺乏论辩形式与结构，

---

① 参见雷磊：《规范理论与法律论证》，中国政法大学出版社2012年版，第2-5页。
② 参见雷磊：《法律规范的同位阶冲突及解决——以法律规则与法律原则的关系为出发点》，载《台大法学论丛》第38卷，2009年第4期，第25-46页。
③ 参见杜军强：《汉代春秋决狱的法理构造——以"春秋之义"的法源地位分析为中心》，载《清华法学》2021年第1期，第207页。

而作为实定法律原则在其权衡中则顾及合理性与一定程度上法典的体系性。由此可知，儒家价值参与古代司法论证的发展历程即为从非实定法律原则优先适用的论证模式向实定法律原则优先适用的论证模式转变。

（二）儒家价值参与司法论证的模式对传统法律变迁的作用

儒家价值在司法论证中优先适用的实现与各自的权衡模式密切相关，这两种权衡模式在传统法律的变迁中，既发挥了变革法律或修正法律的作用，也不可避免地存在法律的稳定性或僵化的问题，因而需要对其进行全面评价。

儒家价值作为非实定的法律原则参与到司法论证中，正好发生在"法律儒家化"启动与定型之间的阶段。汉承秦制，因而汉律所秉持的还是法家的价值立场，虽然汉初看似宣扬黄老思想价值体系，但本质上并无太多差异，尤其在于儒家价值相对的意义上更是如此。[1] 儒家价值以非实定法律原则优先适用方式，在具体个案中以儒家价值立场代替原有的价值立场，逐步推动了汉时法秩序的变动。显然，在汉代立法并未变动的情形下，法律儒家化正是借助这一机制得以展开。因此可以说，这一儒家价值参与司法论证的方式拉开了传统法律儒家化改革的大幕。魏晋南北朝时期的儒家化立法与这一儒家价值参与司法论证的方式并存，虽然存在刘颂所担忧的问题，却也极大地推进了法律改革。直至唐代法典形成，标志着这一巨大改革的完成。

当然，这一改革中，虽然儒家思想价值体系相对于法律原有的价值体系因其"主智"而具有合理性，[2] 易于为人们所接受，但其弊病所引发的法律不稳定性乃至混乱却无法让人忽视。众所周知，法律需要保持稳定从而为人们所预期，但儒家价值以非实定法律原则参与司法的形式具有不可避免的漏洞——在论证儒家价值优先适用的论辩结构和形式上存在重大缺陷，容易引发法律的不稳定性问题。这也是迄今为止对于春秋决狱式的价值融入司法进行批判的原因所在，即在当时的法律语境下主要是司法构造漏洞造成的法律不稳定性难题，而非价值不具有重要性或不合理问题。

儒家价值作为实定的法律原则参与到司法论证中，发生在儒家价值观法典化之后的时期。作为典范的唐律已经尽最大可能地接受了儒家包含身份和身份义务的价值秩序，在明、清律中更是通过将丧服图形式置于法典之首的形式，肯定了这一价值秩序。绝大部分儒家价值已经非常具体地体现在律例规则当中，因而一般情形之下只需要适用律令、例这一具有复合性理由的规则，不再单独需要儒家价值出场。但是仍难免出现案件存在疑难，适用既有的规则会严重违背儒家价值，或儒家价值并未通过具体的规定对特定问题进行回答，也即存在违反法的计划不圆满性，因而需要对儒家价值进行重申以修正法律，或在具

---

[1] 参见余英时：《文化传统与文化重建》，生活·读书·新知三联书店2004年版，第191页。
[2] 参见余英时：《文化传统与文化重建》，生活·读书·新知三联书店2004年版，第153–159页。

体情境下依照儒家价值对法律进行法律补充。① 当然，在这一情形下，儒家价值作为实定的法律原则，不再需要面对向整个法体系证明自身合法性的难题，通过法律修正和法律补充的方式使儒家价值融入具体司法论证中。

这一儒家价值融入司法的方式，在法律稳定方面遇到的挑战性要小得多，而在妥当性方面则发挥了重要的作用。这也是以情理司法为代表的司法模式在一定意义上被认为具有优秀传统法文化特征的原因所在。然问题在于，以明清律为例，缺乏抽象性的近乎例举式的立法思维与丧服制度所表达的具有法律意义的多种身份紧密结合，② 形成了被称之为"客观具体化"的复杂而具体的律例规则，③ 极容易造成律例不适用于案件的情形。这当然有利于达到限制司法者随意抛开制定法的目标，④ 但对实现司法的合理与妥当这一目标却造成了挑战。为了最终能够符合法典的整体价值观，所以具有终审权的司法者就不得不在案件中频繁启用情理这一资源进行法律修正或法律补充。⑤ 当然，因为要继续在"客观具体化"的氛围下限制司法官员的解释权，很多法律补充就很快形成了新的条例，造成了条例的堆积。在新的案件中需要法律修正和法律补充时，基于情理的补充或创造便存在需要兼顾未体系化的大量相关条例这一负担。法律原则理论指出，法律原则的适用必然面临约束其自由裁量的问题，因而有必要进行对其附加法律的体系化约束，⑥ 但情理频繁参与个案的情形之下，续造所形成的大量条例本身就构成了体系化的障碍，因而约束情理的体系化程度自然有所不及。

通过对儒家价值融入司法的历史实践进行类型化分析可知，以儒家化法典的唐律为界，存在儒家价值融入司法的两种类型：一是以非实定法律原则的优先适用进行法律的价值变革，另一是以实定法律原则的优先适用进行法律的价值补充或重申。从其法律方法特征来看，儒家价值观因为与制定法的关系不同，因而在权威上表现为不同类型的原则，在关于优先适用的权衡方面则发挥了不同的作用：儒家价值作为非实定法律原则时缺少关于优先性发挥的论辩形式与结构，虽然有利于儒家化的法律变革，但引发了严重的法律稳定性问题；而儒家价值观作为实定的法律原则时，存在一定的权衡论辩以应对法律的稳定性

---

① 关于对基于法律原则进行的法律修正与法律补充进行的理论分析，参见雷磊：《论依据一般法律原则的法律修正——以台湾地区"司法院大法官会议"释字 362 号为例》，载《华东政法大学学报》2014 年第 6 期，第 5 页。

② 关于立法思维上的个案例举式、抽象概括式和指令准则式，见[德]拉伦茨：《德国民法通论（上册）》，王晓晔等译，法律出版社 2013 年版，第 32—36 页；有关于德国《萨克森宝鉴》的规范研究亦指出其具有的举例式思维方式，参见陈惠馨：《德国法制史——从日耳曼到近代》，中国政法大学出版社 2011 年版，第 179 页。

③ 参见陈新宇：《从比附援引到罪刑法定》，北京大学出版社 2007 年版，第 50 页。

④ 参见杜军强：《清代司法修辞的形态与结构》，载陈金钊、谢晖主编：《法律方法》（第 22 卷），第 283—285 页。

⑤ 以清代为例，我们很容易在自理类型案件中看到地方官员运用情理，而在命盗重案中看到刑部乃至更高权力运用情理，这也是关于明清时期的情理司法研究多表现为研究地方官员判牍集和刑部案件汇编。

⑥ 陈景辉：《原则、自由裁量与依法裁判》，载《法学研究》2006 年第 5 期，第 136 页。

问题，但因为客观具体化的法律形式使儒家价值频繁出场进行法律修正或补充，并迅速将这些裁判规则立法化，反而加剧了客观具体化带来的法律问题。

四、结语

通过对儒家价值融入古代司法的两种模式进行分析并总结其方法特征，我们不难发现，非实定法律原则优先适用的司法方式虽然有利于法律整体的价值改革，但却无法应对引发的法律稳定性危机。因而对这一模式进行创造性转化必须注意的是，如何解决法律稳定性的问题。当然还需要回答的是，当法律内价值不需要完全变革时，如何对待不同的外在价值融入。实定法律原则优先适用的古代司法方式，典型如情理司法方式，相对较好地解决了司法的稳定性与妥当性的问题，有其一定的现代价值。但需注意的是，现代司法欲对其进行借鉴，需明确古代例举式立法与当代抽象式立法、古代情理式价值与当代情理式价值的异同，以及古今司法者法律解释权的差异等难题。只有在此基础上，这一实定法律原则优先适用的传统情理司法方式才有创造性转化的可能与空间。

儒家价值融入古代司法的研究，注重从法源及其参与司法论证方式的法律方法角度进行研究，是从规范视角对法律史现象展开研究。这一进路主张回到当时的法律框架当中去，以类似于当代法学规范分析所强调的内在视角去分析这些司法活动，并解读其所具有的形式结构，进而总结评价其特点。比之于仅直接以后来者视角分类叙述其制度或司法活动，规范视角的研究更能体现当时法律运转的内部情形；而比之于忽视或击碎所有古代法律规范权威约束的功能或利益衡量角度的解读，则更能保留古代司法运用多种渊源展开论证的思维特色。我们也只有在研究中尽可能保留古代法律思维特色并与现代法学对话，才能在充分把握的基础上对其进行创造性转化。

（编辑：杨铜铜）

离婚经济帮助制度的规范目的及其适用规则[*]

王玮玲[**]

> **摘 要** 《民法典》第 1090 条在延续《婚姻法》离婚经济帮助制度的同时删除了帮助形式的列举，新出台的司法解释对之前司法解释"绝对困难"的帮助标准也未提及。对帮助标准、帮助形式的争议源自对离婚经济帮助规范目的的不同定位。随着社会保障体系的完善及婚姻契约属性的认可，离婚后经济帮助制度在功能上由社会保障的补充转向婚姻期待利益的补偿。我国以往离婚经济帮助制度由于社会保障补充的定位遭遇了利用率低的适用困境，虽然《民法典》规定了离婚补偿制度来认可家务劳动的价值，对婚姻期待利益的补偿仍能由离婚经济帮助实现。应在综合衡量配偶双方对婚姻投入与收益的基础上，以离婚对夫妻双方生活水平的影响来确定离婚经济帮助的标准、形式等。
>
> **关键词** 离婚经济帮助 规范目的 社会保障 婚姻契约 婚姻期待利益

一、问题的提出

《中华人民共和国民法典》（以下简称《民法典》）第 1090 条规定，"离婚时，如果一方生活困难，有负担能力的另一方应当给予适当帮助。具体办法由双方协议；协议不成的，由人民法院判决"，此即学界通称之离婚经济帮助制度。新中国成立后的第一部《中华人民共和国婚姻法》（1950 年）（以下简称《婚姻法》）便明确规定了离婚经济帮助制度，之后的 1980 年《婚姻法》及 2001 年《婚姻法》也都延续此传统。然而，规则的延续

---

[*] 本文为江苏省社会科学基金项目"离婚财产分割的家庭建设功能研究"（17FXC009）、中央高校基本科研业务费项目"生前预嘱法律制度研究"（2242021S20012）的阶段性成果。

[**] 王玮玲，女，山东威海人，东南大学法学院讲师，法学博士。

并未使得对该条的争议有所减少。

第一，《民法典》的规定相对于2001年《婚姻法》第42条，存在着两处删改：一是对帮助者附加了"有负担能力"的要件；二是在帮助形式上删除了"从其住房等个人财产中给予适当帮助"的列举。对此变化，一般认为，"有负担能力"的增加更为科学化，使法律条文的逻辑表述与具体适用更加严谨；对帮助形式的删除使得经济帮助的内容与形式更加丰富。① 然而，如何界定"有负担能力"，经济帮助的具体形式又包括哪些，值得探讨。

第二，2001年通过的《最高人民法院关于适用〈中华人民共和国婚姻法〉若干问题的解释（一）》（以下简称"原《司法解释（一）》"）第27条将原《婚姻法》第42条所称之"一方生活困难"明确解释为"是指依靠个人财产和离婚时分得的财产无法维持当地基本生活水平"，即采"绝对困难"标准。对此标准，学界历来争议巨大，特别是随着社会保障体系的完善，越来越多地学者主张从"绝对标准"转变为离婚后一方生活水平与婚姻期间相比显著降低的"相对标准"。② 在法典编纂过程中对此一直存有争议，而最终出台的《民法典》却并未明确规定，新出台的司法解释也未涉及此。第1090条的"生活困难"是否依然参照之前的标准，尚待明晰。

对帮助形式、适用标准等的争议事实上源自对该条规范目的的不同理解。从制度功能上来说，1950年《婚姻法》制定于建国初期女性刚从男尊女卑的封建压迫中解放出来，尚未完全实现经济独立的背景之下，离婚经济帮助制度旨在保护离婚后女性的基本生存，以夫妻间强者对弱者的扶助与救济为理念，属于救助性扶养。在女性经济能力和社会地位逐步提升，社会保障系统逐步完善的当下，是否依然以救助性作为其正当性基础，值得商榷——如果依然以此为目的，当然应采"绝对困难"标准，③ 甚至在婚姻契约理念贯彻的现实下，制度本身的存废都值得思考；随着对婚姻认识的转变，更多的学者还是倾向于实现离婚经济帮助制度的功能转变，改采"相对标准"；④ 另还有学者从理论与实践两方面

---

① 参见夏吟兰、夏江皓：《〈民法典〉视野下残疾妇女离婚经济帮助权利的实现》，载《人权》2020年第5期，第63页。

② 参见陈苇、何文骏：《我国离婚救济制度司法实践之实证调查研究——以重庆市某基层人民法院2010 - 2012年被抽样调查的离婚案件为对象》，载《河北法学》2014年第7期，第31页；王歌雅：《离婚救济的实践隐忧与功能建构》，载《法学杂志》2014年第10期，第82页；夏吟兰：《民法分则婚姻家庭编立法研究》，载《中国法学》2017年第3期，第85页等。

③ 例如，孙若军教授将我国婚姻法中规定的三项离婚救济制度的功能定位为：离婚经济补偿是对家务贡献者的补偿，离婚损害赔偿是对权益受损者的救济，离婚经济帮助是对生活困难者的帮助，因此，离婚经济帮助属于道义性责任，应采"绝对困难"标准。参见孙若军：《离婚救济制度立法研究》，载《法学家》2018年第6期，第165 - 171页。

④ 更多地学者倾向于将离婚经济帮助定位为实现婚姻自由，对一方保持婚姻不被破坏之期待利益的填补，而且实践中苛刻的适用条件导致受助者范围狭窄，因此应采"相对标准"。参见夏吟兰：《民法分则婚姻家庭编立法研究》，载《中国法学》2017年第3期，第85页；马忆南：《民法典时代妇女权益保障的进展与挑战》，载《中华女子学院学报》2021年第1期，第15页；陈苇、何文骏：《我国离婚救济制度司法实践之实证调查研究——以重庆市某基层人民法院2010 - 2012年被抽样调查的离婚案件为对象》，载《河北法学》2014年第7期，第31页。

出发，认为"绝对标准"和"相对标准"各有利弊。①

由此，本文拟从离婚后经济帮助的规范目的嬗变入手，确定《民法典》第 1090 条所规定之离婚经济帮助制度的功能，并在此基础上展开具体的适用规则。

二、离婚后经济帮助制度的规范目的

（一）离婚经济帮助制度的规范目的的变迁

1. 早期功能：社会保障的补充

现代各国的离婚财产清算体系之中几乎都规定有离婚后的扶养制度，只是该制度在各国婚姻立法中的称谓十分不同，如美国习惯将其称作"赡养费"（Alimony）、英国则称为"扶养费"（Maintenance），但不论具体称谓有何不同，其本质都是夫妻一方在离婚后陷入经济困境而对方又有援助能力时，后者具有救助前者的义务，② 我国称之为"离婚后的经济帮助"。纵观整个离婚救济制度，离婚后一方对另一方配偶的救助义务产生较早，在夫妻别体的夫妻财产分割制度产生之前，离婚后的扶养主要作为桌床离异的别居制度的附随性变通处理方式而存在，丈夫对自己分居的妻子负有扶养的法定与传统义务；③ 在过错离婚盛行之时，由于此时的女性并未参与市场劳动，离婚后的妇女完全无收入来源，离婚后的扶养更多地体现为与过错赔偿制度结合而成的对离婚后女性的公平对待。

进入无过错离婚主义后的早期，特别是随着女性在婚姻中独立性的凸显，各国几乎都以社会保障的补充作为离婚后救助性扶养的正当性基础。④ 所谓社会保障的补充，是指离婚后陷入经济困难而需要从他人处寻求经济救助的一方对国家救济的申请具有前置条件，即其必须首先寻求与其曾经具有密切关系的原配偶的帮助，只有在无法从原配偶处获得帮助或所获得的扶养费不足以维持基本的生存需要时，才能以社会保障的形式从国家获得救济。⑤ 以社会保障的补充作为离婚后扶养的请求权基础的背后事实上隐藏着公众应在多大程度上对个体婚姻破裂的灾难承担责任这一关键性问题。⑥ 事实上，将离婚后扶养的正当性基础认定为社会保障的补充实际上是承认了承担救助义务一方负担了国家本应承担的义务，上述观点更多地属于政策论而难以被认定为法律论。

---

① 参见薛宁兰：《民法典离婚救济制度的功能定位与理解适用》，载《妇女研究论丛》2020 年第 4 期，第 93 页。
② Ira Mark Ellman, The Theory of Alimony, 77 *California Law Review*, 1989.
③ Ira Mark Ellman, The Theory of Alimony, 77 *California Law Review*, 1989.
④ 有关现代各国的离婚后扶养的正当性基础的论述，可参见张学军：《论离婚后的扶养立法》，法律出版社 2004 年版，第 234－237 页。
⑤ 参见［日］大村敦志：《家族法》，有斐阁 2002 年版，第 156 页，转引自张学军：《论离婚后的扶养立法》，法律出版社 2004 年版。
⑥ Brenda M. Hoggett, David S. Pearl, *Family, Law and Society: Cases and Materials*, Butterworth Press, 1987, p. 188.

2. 婚姻契约属性下的期待利益补偿

如果仅将离婚经济帮助制度的功能定位为社会保障的补充，则在各国社会保障系统逐步完善的当下，离婚后的经济帮助理应逐步退出历史舞台；但事实却是，离婚经济帮助制度被赋予了新的使命，其功能随着对婚姻关系认识的进一步加深而悄然发生着转变。

自19世纪以来，越来越多的国家和地区的婚姻立法明文规定婚姻的民事契约性质，对于此种转变，法学家将其视为"从身份到契约"这一民法整体性范式转变的表现之一。[①] 婚姻契约理念切中了现代婚姻关系的最根本特点——将双方当事人视为彼此独立的平等个体。根据婚姻契约理念，婚姻是具有平等地位的当事人通过达成合意的方式缔结的民事契约，婚姻家庭的建立不再意味着夫妻人格的混同，夫妻双方不仅在婚姻存续过程中处于彼此独立的地位；一旦婚姻关系解除，在财产清算之后，夫妻双方更是成为两个彼此不再相关联的个体。此理念的形成发展与婚姻中的性别角色分工的转变彼此适应。在女性大规模参与市场劳动以前，由于只有男性可以通过劳动从市场中赚取收入，作为男性的丈夫理所当然地成为家庭中唯一的市场劳动者与扶养人，从而也是家庭财产的唯一支配者；女性没有自己的财产与事业，其通过从事家庭内部劳动产生的价值完全被作为家长的丈夫无偿占据。在这种背景下，丈夫对妻子负有终身扶养的法定与道德义务，即使离婚，妻子也只能依靠丈夫的扶养才能生存。然而，机械化大生产带来的妇女市场劳动的发展彻底打破了丈夫作为家庭中唯一劳动者与支配者的地位，婚姻由此成为双方民事主体为了共同利益而自愿结合在一起的，双方互为伴侣，彼此提供性满足及生儿育女，彼此在经济上、生活上相互扶助的契约。

婚姻契约理念的发展进一步影响到对离婚后经济帮助的正当性基础的认识，部分学者与实践提出废除配偶离婚后的经济帮助，例如，美国爱达荷州最高法院谢帕德法官（Shepard）即在奥尔森诉奥尔森（Olsen v. Olsen）一案的判决中指出，"仅仅因为原被告双方曾经有过婚姻关系就责令被告承担离婚后对原告的扶养义务是对公民个体生活无根据的、毫无必要的、不合理的侵犯"[②]。但更多地是对其功能的再塑，在婚姻的合同特性彰显的情形下，有立法开始类推适用关系合同制度，将离婚后扶养的正当性基础解释为一方应承担的违约责任。如英国在20世纪70年代之前便以合同理论作为给付扶养费的正当性基础。英国王室法律委员会指出，离婚后扶养费非常类似于违约责任（liability for breach of contract）的原理：违反合同的丈夫要对妻子加以赔偿，使其保持假定合同继续适当履行所能享有的生活水平及地位。[③] 还有学者开始用经济学的方法对婚姻行为进行分析，在

[①] 目前，在全球范围内，不论学理还是立法，将婚姻视为终身制身份关系的传统婚姻观已被婚姻契约理论所取代，婚姻越来越被视为暂时性的契约关系。See Henry H. Foster, Doris Jonas Freed, Marital Property Reform in New York: Partnership of Co-Equals?, 8 Family Law Quarterly, 1974。

[②] Walter Wadlington, *Cases and Materials on Domestic Relations*, The Foundation Press 1995, p. 1044.

[③] S. M. Cretney, J. M. Masson, *Principles of Family Law*, Sweet & Maxwell 1997, pp. 423-424.

婚姻关系存续过程中将家庭视为夫妻双方共同努力的生产单位；在离婚时则将原婚姻当事人视为各自独立的个体，认为应该按照双方的贡献对婚姻收益进行分割。正是在这一意义上，法经济学大师波斯纳认为离婚后的扶养费除了可以是对违反婚姻契约的损害赔偿外，更重要的表现有二：一是一种向传统婚姻中负担更多家务劳动的妻子偿付的婚姻合伙财产份额的方式。在传统家庭中，妻子通过家务劳动或市场劳动对家庭所做的最大贡献可能就是丈夫收入能力的形成，对于此种财产份额，丈夫通常难以采取一次性付清的方式从妻子处买回她对婚姻的贡献，而只能通过人力资本产生的收入逐渐向妻子支付；二是向妻子提供的离职金或失业补助。波斯纳将传统婚姻中主要从事家务劳动及生育主要责任的妻子的工作视为风险极大的行业，因为其在婚姻解除后很难再找到与前一次婚姻契约中"报酬"相当的"工作"。①

（二）我国离婚经济帮助制度的规范目的

我国首部《婚姻法》即规定了离婚经济帮助制度，在功能上采取社会保障补充的立场。有学者指出，"我国1950年《婚姻法》基于中华人民共和国成立前大多数女性没有独立的人格和财产，离婚后无法维持其基本生活而设立了离婚经济帮助制度"。② 之后2001的《婚姻法》在维持离婚经济帮助制度的基础上，增加了离婚补偿与离婚损害赔偿两项救济措施；其中，对离婚经济帮助在功能上基本维持不变，原《司法解释（一）》第27条将离婚经济帮助中的"一方生活困难"界定为"依靠个人财产和离婚时分得的财产无法维持当地基本生活水平"，采"绝对困难"标准。官方对采纳此标准的原因解释为，离婚后的生活困难应由社会救济和保障机制加以解决，但在社会保障机制尚不健全的情况下，需要由原配偶负担一定的责任，但此责任应该仅以维持最基本正常生活为标准。③

然而，随着婚姻契约属性及家庭劳动价值在我国逐渐被认可，很多学者都提出离婚经济帮助制度的"绝对困难"的适用条件过于苛刻，未能体现我国婚姻立法对男女双方家庭贡献的认可。学者们或从女性权益保障的角度出发，认为此标准"忽略了女性离婚前后生活落差导致的相对生活困难"；④ 或者从夫妻双方对婚姻贡献的研究出发，认为采用"绝对困难"标准将该制度的价值功能仅局限于对当事人生存权的保护，没有考虑到女方在婚姻关系存续期间为丈夫或家庭所做的贡献或职业晋升上的损失，⑤ 以此建议将离婚经济帮

---

① 波斯纳的研究主要侧重于由妻子承担主要家务劳动的传统家庭，因此其经常用妻子指代主要从事家务劳动一方；用丈夫指称市场人力资本的占有者。参见［美］理查德·A. 波斯纳：《法律的经济分析》（上），蒋兆康译，中国大百科全书出版社1997年版，第190－192页。
② 夏吟兰：《婚姻家庭编的创新和发展》，载《中国法学》2020年第4期，第77页。
③ 参见最高人民法院民事审判第一庭编著：《婚姻法司法解释的理解与适用》，人民法院出版社2002年版，第94－97页。
④ 王歌雅：《排挤与救济：女性的离婚权益》，载《学术交流》2011年第9期，第77页。
⑤ 夏吟兰：《离婚自由与限制论》，中国政法大学出版社2007年版，第250页。

助的适用条件由"最基本正常生活需要"的绝对标准改为"合理生活需要"的相对标准,而合理生活需要则参考婚姻存续期间的生活水平加以确定。

如前所述,比较法上,多数认可婚姻契约属性的国家都通过离婚后的扶养来平衡夫妻双方对家庭的贡献和对婚姻的期待利益;而我国在离婚经济帮助制度外还规定有离婚补偿制度。2001 年《婚姻法》第 40 条明确规定,在夫妻分别财产制下,如果一方因抚育子女、照料老人、协助另一方工作等付出较多义务的,有权在离婚时请求另一方补偿。在婚姻契约理念得到广泛认可之下,婚姻法规定的离婚经济帮助制度、离婚补偿制度与比较法上的离婚后扶养之间是何种关系,如何通过对两种制度的处置充分认可夫妻双方对婚姻家庭的付出,以期实现婚姻法公平与正义的目的,由于立法未明确规定,在《民法典》编纂之际,学界出现了许多不同的观点与意见——有学者认为应该整合离婚经济帮助和离婚经济补偿,以离婚扶养制度代替;① 有学者提出在保存两项制度的前提下,将离婚经济补偿扩展至夫妻共同财产制,将离婚经济帮助提高至相对标准,② 事实上仍是共同发挥离婚后扶养的作用;还有学者提出在保留两者的前提下,由离婚经济补偿发挥离婚后扶养的功能,离婚经济帮助仍然作为社会保障的补充。③ 最终出台的《民法典》仍保留了两者,同时将离婚经济补偿扩展至夫妻共同财产制,但问题是,离婚经济帮助究竟是仅作为社会保障的补充,还是仍要发挥离婚后扶养的功能并没有明确规定。对于放宽离婚经济帮助适用条件至离婚后一方生活水平与婚姻期间相比显著降低的情形,最终通过的《民法典》并未对此作出明确规定,仍使用"生活困难"的模糊说法。同时,随着《婚姻法》的废止,原司法解释的"绝对标准"也失去了效力,之后离婚经济帮助制度的理解与适用,需在明晰制度功能的基础上展开,特别需要解决的是其与离婚经济补偿制度的关系。

三、我国离婚经济帮助制度规范目的的更新

(一)社会保障补充说的缺陷

首先,在客观上,社会保障补充说将导致条文成为"僵尸条款"。随着我国经济快速发展及社会保障制度的完善,离婚经济帮助作为社会保障补充的定位使得该制度在实践中遭遇了低适用的问题。根据夏吟兰教授领导的课题组对北京、哈尔滨及厦门三地 2001 年至 2002 年审结的离婚案件中离婚经济帮助制度的适用情况的调查显示,北京市二中院、哈尔滨市中院及厦门市某区法院在 2001 年至 2002 年审结的离婚案件中,涉及离婚经济帮助的案件占调查案件的比例分别为 7.3%、5.46% 及 2.5%。同时,课题组调查发现,在司法实践中,如果当事人已经获得了城乡居民最低生活保障,则法院一般会认定其不满足

---

① 参见马忆南:《离婚救济制度的评价与选择》,载《中外法学》2005 年第 2 期,第 235 页。
② 参见夏吟兰:《民法分则婚姻家庭编立法研究》,载《中国法学》2017 年第 3 期,第 84 - 86 页。
③ 参见孙若军:《离婚救济制度立法研究》,载《法学家》2018 年第 6 期,第 165、170 页。

无法维持当地基本生活水平的要求，从而不具备适用离婚经济帮助制度的条件。① 陈苇教授对重庆市某基层人民法院2010—2012年审结的离婚案件的调查显示，在被抽样的360件案件中，以家务劳动贡献、协助对方工作、生活困难为由请求离婚经济帮助的只有11件，最终得到支持的仅有1件，且当事人请求的5.3万元仅酌情支持6千元。② 可以预见，在2020年我国覆盖城乡居民的社会保障体系基本建立之后，如果离婚经济帮助制度仍然贯彻"绝对困难"标准，则该制度很可能会成为"僵尸条款"，名存实亡。

其次，在政策层面，将国家责任转嫁给个人的社会保障补充说不具有正当性。如前所述，将离婚经济帮助制度的规范目的确立为社会保障的补充，更多地是在社会保障机制不健全的情况下将国家责任转嫁于个体承担的政策性需要。也就是说，社会保障补充说事实上是特定社会阶段下的产物，随着社会保障制度的完善，此功能应逐步退出历史舞台，这也是比较法上离婚经济帮助制度功能转向的重要原因。观之我国，离婚经济帮助制度首次规定于1950年《婚姻法》，除了发挥社会保障补充功能之外，作为中华人民共和国成立之后通过的第一部法律，此部法律还承担着确立与揭示社会主义国家基本价值观念的政策性作用。③ 因此，学者对离婚经济帮助的立法目的通常总结为一方面基于我国社会保障制度不健全的现实，另一方面具有保障生活困难一方的离婚自由的功能。④ 然而，一方面，中华人民共和国成立后，经历了70多年的发展，我国的整体环境，不论是居民生活水平、社会救济制度还是对婚姻的社会观念都经历了翻天覆地的变化，社会保障体系基本建成，已无将国家责任转嫁个人的需要；另一方面，我国社会主义法律体系逐步完善，私法的政策性功能应该逐渐淡化。民法作为调整私人关系的意思自治法，其分配社会资源的功能越淡薄，就越可远离多元多变的利益团体，从而维持其持久性，⑤ 特别是随着《民法典》的通过，作为我国第一部以法典命名的法律，应尽可能通过规范性解释维持其持久性。如果说在中华人民共和国成立之初的《婚姻法》还发挥着政策性作用的话，在现阶段，通过民法实现这一政策性需要的必要性已经不复存在了。

最后，在法理上，社会保障补充说与婚姻契约关系龃龉。如果说在社会保障不完备情况下由个体承担救济职能是政策所需，该政策还面临的一个质疑在于，为何将这一功能赋予离婚经济帮助制度？即，在无过错离婚下，婚姻已从永久性身份关系转变为暂时性契约关系，离婚后配偶陷于经济困难时为什么是其前配偶给予经济帮助，而不是由她的父母、

---

① 参见夏吟兰：《离婚救济制度之实证研究》，载《政法论坛》2003年第6期，第151-152页。
② 参见陈苇、何文骏：《我国离婚救济制度司法实践之实证调查研究——以重庆市某基层人民法院2010-2012年被抽样调查的离婚案件为对象》，载《河北法学》2014年第7期，第26-27页。
③ 中华人民共和国成立之初的立法通常都承担着揭示价值的功能，例如，在资本主义社会建立之初，欧洲大陆通过民法典、北美洲通过宪法揭示其个人主义的价值秩序，参见苏永钦：《寻找新民法》，北京大学出版社2012年版，第3页。
④ 参见余延满：《亲属法原论》，法律出版社2007年版，第359页。
⑤ 参见苏永钦：《寻找新民法》，北京大学出版社2012年版，第9页。

孩子或者其他个体承担扶养责任？对此，日本著名民法学家我妻荣先生认为，从婚姻的目的来说，婚姻不仅承担着满足肉体与精神需要的功能，还是夫妻双方共同组建的经济共同体。人们试图通过缔结永久性的婚姻关系来实现生活水平的提高、实现生活的安定富足。婚姻关系破裂之后，原夫妻一方对陷入生活困境的另一方配偶所承担的扶养义务并非道义上的责任，而是婚姻的事后效力。只是在社会保障完备的国家中，所有国民的生存责任都应由国家来负担，在这种情况下离婚后的扶养义务就无存在之必要了。但是在国家的社会保障制度完备之前，法律要求由前配偶来承担保证个体生存的义务很可能还是最为妥当的。①林秀雄先生与我妻荣先生的观点基本一致，其认为，在核家族的社会中充斥着个体主义色彩，女性在结婚之后与娘家的联系便比较薄弱了。对于专门从事家务劳动的妇女来说，其在离婚之后无法或很难通过从事市场劳动赚取收入，很可能会陷入经济困境。在社会保障完备的社会中，国家自会承担无法维持基本生活个体的扶养义务，但在社会保障并不完备的社会中，离婚后陷入经济困难的当事人的生活只能依仗于私人扶养。②

从另一角度说，上述观点在认定离婚经济帮助社会保障补充功能的同时，事实上是承认此种功能与婚姻契约属性的不相容，将此救济功能赋予前配偶一方面源于法政策上的无奈之举，另一方面也因应于离婚率低下时双方对婚姻永久性期待的社会现实。然而，现代社会中，随着婚姻契约观念的深入，离婚率居高不下，闪婚闪离现象突出，对相当大一部分人来说，婚姻不再是终生依托，离婚逐渐被视为一种常态的生活方式或家庭结构。婚姻契约理念下仍然将社会保障补充的责任赋予原配偶在法理上难以证成。

（二）婚姻期待利益补偿说的证成

首先，将对婚姻期待利益的补偿，作为离婚经济帮助制度的规范目的，具有实践上的必要性。我国1980年《婚姻法》将破裂主义确定为法定离婚理由，虽然之后司法实践中对此规定的理解有过反复，2001年《婚姻法》修订时依然顺应社会现实，延续离婚自由主义；十几年来离婚率持续上升，离婚率已从2002年的1.05‰上升至2019年的3.4‰，③婚姻契约理念逐步凸显。《民法典》虽然并未明文规定婚姻的民事契约性质，但对于婚姻自由、夫妻关系的规定客观上与婚姻契约理念所蕴含的自由价值相契合。④婚姻越来越被视为夫妻双方为共同利益而努力的伙伴关系，夫妻双方投资婚姻的原因在于婚姻立法有关

---

① 参见［日］我妻荣：《亲族法》，有斐阁1961年版，第155页。转引自张学军：《论离婚后的扶养立法》，法律出版社2004年版。
② 参见林秀雄：《家族法论集（二）》，台北三民书局1987年版，第131页。
③ 参见民政部社会服务发展统计公报，可见http：//www.mca.gov.cn/article/sj/tjgb/。
④ 例如，《民法典》有关身份协议可以根据其性质参照适用合同编的规定，对夫妻共同债务"共债共签"的规定都从侧面体现了夫妻人格相对独立的婚姻契约属性。

夫妻财产的规定使婚姻者确信自己可以分享对方未来获得的成果及经济利益。① 夫妻共享婚姻投入的期待被离婚打破后，需要通过离婚后的扶养来实现救济。

如前所述，一般认为我国的离婚经济补偿和离婚经济帮助共同发挥着比较法上离婚后扶养的功能。虽然《民法典》在文义上并未具体明确离婚经济帮助制度的规范意旨，我们却可以通过对比婚姻契约主义下离婚后扶养与我国离婚经济补偿制度的功能来确定。《民法典》第1088条规定，"夫妻一方因抚育子女、照料老年人、协助另一方工作等负担较多义务的，离婚时有权向另一方请求补偿，另一方应当给予补偿。具体办法由双方协议；协议不成，由人民法院判决。"由此条文可以看出，配偶获得补偿的前提是其在婚姻中的义务性付出，该制度所发挥的更多地是离婚后扶养中家务劳动补偿的功能，即波斯纳所总结之离婚后扶养的第一种功能。也正在这一意义上，离婚经济补偿制度通常被认定为我国婚姻立法承认家务劳动价值的条款。在最高人民法院有关离婚经济补偿的适用条件上，认为应以"负担了较多家庭义务"作为前提。② 在此种理解下，对于婚姻的期待利益、沉没成本的补偿便无法通过离婚经济补偿制度实现，相关功能只能赋予离婚经济帮助制度。

其次，将对婚姻期待利益的补偿，作为离婚经济帮助制度的规范目的，具有理论上的正当性。夫妻双方在婚姻中成本与收益的不均衡为通过离婚经济帮助补偿婚姻期待利益提供了正当性基础。婚姻存续过程中有关夫妻双方行为的成本与收益，存在两方面的问题：一是成本、收益的异位。夫妻一方行为的收益可能并不归行为人所有，而是由另一方或其他家庭成员获得了前者行为的收益；二是成本、收益的异步。成本与收益通常不会同时显现，一般是在要获得收益之前便付出成本。③

现实中，一方面，由于市场劳动对女性的歧视或出于传统思维惯性，一般是妻子投入更多的时间或精力于家庭之中，放弃自己市场劳动能力的提升来生育子女、承担家务，对丈夫的成就和地位进行投资。这就导致夫妻双方婚姻收益不均衡的产生——妻子在婚姻早期即付出大量婚姻成本，特别是在生育孩子的情况下，而其婚姻收益则在婚姻后期逐渐得到实现；而丈夫在婚姻早期则是通过人力资本的不断增长获得婚姻收益，其婚姻成本的付出则随着人力资本的增长不断增加。另一方面，由于对妻子、丈夫的角色和功能的不同期待，男女两性在婚姻市场中的价值特别是在再婚市场中的价值会随着年龄的增长及能力的培养向不同方向发生变化。通常来说，女性一般在青少年中期至晚期便具备了传统婚姻所要求妻子掌握的从事家务的技能和生育能力，属于婚姻市场中价值最高的阶段；而男性作为丈夫的经济状况与经济能力的满足则通常需要更多的时间才能逐步具备。在婚姻缔结

---

① 参见夏吟兰：《在国际人权框架下审视中国离婚财产分割方法》，载《环球法律评论》2005年第1期，第48页。
② 参见最高人民法院民法典贯彻实施工作领导小组主编：《中华人民共和国民法典婚姻家庭编继承编理解与适用》，人民法院出版社2020年版，第312–317页。
③ 参见［美］艾伦·M.帕克曼："协议离婚"，载安东尼·W.丹尼斯、罗伯特·罗森编：《结婚与离婚的法经济学分析》，王世贤译，法律出版社2005年版，第69页。

后,男女人力资本的不一致性才开始逐渐消除。从某种程度上说,婚姻可谓男女双方经由生育而进行的长期投资,但女性和男性满足对方需要的能力却将随着年龄的增长以相反的方向发生变化——生育大多发生于婚姻早期,随着生育的完成及年龄的增长,女性满足丈夫需要的能力便会逐年下降;而对于男性来说,随着年龄的增长及工作经验的积累,其通常在婚姻持续多年后逐渐获得了扶养妻子和后代的更好的经济条件。也就是说,随着年龄的增长,男女两性对异性吸引力的变化方向和速度截然相反。在这种现实背景下,女性在缔结婚姻时隐藏着对婚姻这一长期契约的期待利益,期待通过这种沉没成本的投入而在婚姻后期获得男性配偶的对待给付。而在婚姻关系破裂时则只能通过离婚经济帮助制度实现对婚姻期待利益的补偿。

最后,将对婚姻期待利益的补偿,作为离婚经济帮助制度的规范目的,具有现实可行性。婚姻期待利益并非确定性概念,在实践中存在着个体差异、价值难以计算等问题,而离婚经济帮助中对生活标准的认定恰恰为期待利益的确定提供了依据。所谓对婚姻的期待,在经济层面上更多地体现为夫妻双方通过婚姻的缔结结成了最基本的劳动单位,在婚姻关系存续期间,双方将劳动和时间投入家庭生产,而婚姻的收益由双方共享。即便夫妻对婚姻的成本与收益存在着异位、异时的不均衡,只要夫妻关系存续,婚姻收益仍可保证由双方共享,而双方收益共享的方式某种程度上体现为双方共享相同的生活水准。然而,无过错离婚使得婚姻客观上成了可以任意解除的合伙,从而打破了收益共享的预设,双方的生活水平可能由于离婚产生巨大差异。由此,虽然婚姻期待利益特别是情感性期待客观上难以计算,但基本上可以通过维持一定时期内相同的生活标准来实现。这也正是波斯纳所述之离婚后扶养费的第二重功能。

四、我国离婚经济帮助制度的具体适用规则

(一) 适用前提

基于离婚经济帮助制度补偿婚姻期待利益的功能,其在适用条件上就不应再如社会保障补充那样以维持最低生活水平作为标准,而应该在综合衡量配偶双方对婚姻投入与收益的基础上,以离婚对夫妻双方的生活水平的影响来确定是否适用离婚经济帮助。具体来说,根据《民法典》第1090条的规定,离婚经济帮助的适用条件可以总结为离婚时一方生活困难、另一方有负担能力两个方面。

第一,对于一方离婚时生活困难的认定,需考虑生活困难的认定标准及生活困难的时间两方面。对于生活困难的标准,《民法典》并未给出明确的规定,全国人大法工委对"生活困难"的释义为"若一方离婚后分得的财产不足以维持其合理的生活需要,或者不能通过从事适当的工作维持其生活需要等"。[①] 此处的"合理的生活需要"不应再采取

---

① 黄薇主编:《中华人民共和国民法典婚姻家庭编解读》,中国法制出版社2020年版,第233页。

《婚姻法》时期的"当地基本生活水平"的绝对标准,否则将影响该制度补偿配偶婚姻期待利益功能的发挥,在社会保障体系基本建成的情况下,也会在客观上导致该条成为僵尸条款。对合理生活需要的认定应综合衡量双方离婚前后生活水平的变化,如离婚后一方的生活水平与婚姻期间相比显著下降、离婚后另一方在可预见的短期内依靠自身收入生活水平得以显著提高等,都可能成为离婚经济帮助的前提,法官可以根据个案的实际情况作出判决。对于生活困难的时间截点,第1090年所称之"离婚时",不宜理解过于机械:一方面,其作为生活困难的判断时点,不仅仅是指离婚前后的生活水平变化,在可预见的短期内的生活水平变化也应纳入衡量范畴;另一方面,其并非指离婚经济帮助必须在离婚时提出,与离婚损害赔偿请求权相同,离婚经济帮助请求权也可以独立行使,除非受帮助方放弃。

第二,对于另一方有负担能力的认定,一方面,在将生活困难确定为相对标准后,相应的,对扶养方"有负担能力"的认定也应该提高为有能力维持双方合理生活需要的标准。另一方面,负担能力不能仅仅以现有财力作为认定基准,离婚后人力资本的转化也纳入负担能力的衡量范畴;作为婚姻扶养义务的延续,只要一方依靠其自身经济收入可以维持双方离婚后一段时期的生活水平,都应该视为有负担能力。

(二) 经济帮助的适用与终止

根据第1090条的规定,离婚经济帮助的办法可以由双方协议,作为双方意思自治的结果,其帮助形式当然可以是多种多样的,不论是一次性帮助、分期给付扶养费,抑或是根据《民法典》的规定设定居住权都可以采用。关键问题在于,如果双方协议后,一方反悔,是否还可以就离婚经济帮助提起诉讼?对此,宜将离婚经济帮助的协议的订立认定为一般民事法律行为,除非存在欺诈、胁迫等可撤销原因或者无效原因,否则即为有效协议,可以请求强制履行。对于离婚经济帮助的帮助形式与终止方面,更加需要明确的诉讼中的适用问题。

第一,帮助时间与帮助形式的确定。法院判决的离婚经济帮助一般以一次性帮助为主,即一次性确定经济帮助的标准、数额、时间等,可以一次性履行,也可以分期履行,但需注意的是,即使分期给付,仍属于一次性帮助。帮助形式上,可以根据当事人的实际情况,判决采取现金、劳务或者实物帮助等方式,一般以现金帮助为主。2001年《婚姻法》规定了住房的形式,相关司法解释进一步明确为"可以是房屋的居住权或者房屋的所有权";《民法典》第1090条虽然删除了帮助形式的列举,但在法院认为确无其他帮助形式或者其他帮助形式无法实现帮助目的时,仍可通过裁判设定一定期限的居住权的方式,只是此种方式的采用需符合《民法典》物权编中有关居住权的规定。此外,为实现离婚经济帮助的功能,法院在判决离婚经济帮助时间、数额时应综合衡量下列因素:双方当事人的年龄、身体和精神状况;双方婚姻存续时间长短;双方共同子女数量;双方在婚前、婚后的就业能力及其变化;双方现有的和可预见的将来的财产收益;受帮助方寻求合适的职业所需的教育或者训练的必要费用及时间等。

第二,离婚经济帮助的终止。在法院通过判决确定离婚经济帮助的帮助形式、帮助时间后,一般情况下,在相关财务帮助履行完毕后离婚经济帮助即自动终止。但除此之外,实践中还可能出现其他导致离婚帮助终止的原因,主要包括:扶养方或者受扶养方死亡;受扶养方再婚或者与他人同居;受扶养方因经济收入提高而摆脱"生活困难";扶养方因经济收入减少而丧失负担能力等。

五、结语

究竟应当如何理解和适用《民法典》第1090条规定的离婚经济帮助制度,在很大程度上取决于该制度的规范目的。将之视为是社会保障的补充的立场,固然具有一定的正当性,但是,这种正当性建立在社会保障不健全这一历史事实之上。随着社会保障制度的健全,继续将之视为社会保障的补充的立场,将难以说明离婚经济帮助制度存在价值。并且社会保障的补充的立场,实际上将本应当由国家承担的社会给付义务转嫁于个人承担,这本身就欠缺正当性。不如说,基于婚姻的契约性质,婚姻应被视为夫妻双方为共同利益而努力的伙伴关系,夫妻双方投资婚姻的原因在于婚姻立法有关夫妻财产的规定使婚姻者确信自己可以分享对方未来获得的成果及经济利益。离婚经济帮助制度就是对这种期待利益的一种保护。

(编辑:蒋太珂)

电子数据分析证据的审查与运用*
——对法官"认知—决策"经验的理性分析

杨 林**

> **摘 要** 法官对电子数据分析证据审查运用的"认知-决策"经验表明：在采信证据时，由于专业知识壁垒，法官倾向于以对主体资质能力、取证程序、是否鉴定意见等方面的形式审查和可理解证据间的相互印证，替代对分析方法的实质审查；在事实认定运用时，基于确信程度差异，在构建直接证据式和间接证据式证明体系时，赋予该类证据不同价值权重。这一定程度上缓解了法官对分析方法的实质审查压力，但基于行为决策科学的理性标准分析，其存在高估或低估该类证据证明价值、不完整分析决策情境的备选方案及可能后果、印证锚定不当与调整不足等非理性风险。为提升运用该类证据认定事实的科学理性，法官应当遵循全面考量决策情境方案及后果的理性标准，通过技术标准规范化、专业知识培训交流、引入审判专技人员等方式强化实质审查能力。
>
> **关键词** 电子数据分析证据 法官经验 理性决策 内心确信 印证证明

一、问题提出与研究回顾

2019 年 11 月最高人民法院发布《司法大数据专题报告之网络犯罪特点和趋势》，对 2016 年至 2018 年全国法院审理的网络犯罪案件分析显示，2016 年至 2018 年网络犯罪案件已结 4.8 万余件，案件量及在刑事案件总量中占比，均呈逐年上升趋势，2018 年案件量显

---

* 本文系北京师范大学学科交叉基金项目（BNUXKJC1913）研究成果。
** 杨林，男，江苏淮安人，北京师范大学刑事法律科学研究院博士研究生，研究方向诉讼法学、证据法学。

著增加，同比升幅为 50.91%。① 伴随着网络犯罪高发态势，电子数据证据被广泛运用于司法证明。2016 年至 2019 年，运用电子数据证据的一审刑事案件在各年度刑事案件总量中占比逐年攀升，分别为 2016：1.14%，2017：1.85%，2018：2.89%，2019：3.86%。② 从各罪刑事案件运用电子数据证据的比例看，其中提供侵入、非法控制计算机信息系统程序、工具罪（66%）、非法获取计算机信息系统数据、非法控制计算机信息系统罪（56%）、侵犯公民个人信息罪（56%）、非法利用信息网络罪（46%）、破坏计算机信息系统罪（45%）位列前五。③ 这意味着电子数据证据在刑事审判中发挥着愈发重要的作用，且其涉及的犯罪类型亦愈发复杂。是故电子数据不仅以惯常理解的电子邮件、手机短信、用户注册信息、文档、图片、音视频、数字证书、计算机程序等单个数据形态证明案件事实，越来越多的案件事实需要运用多种电子数据综合分析、运算形成的具有一定规律性结论的分析报告来证明。本文将该类分析性报告界定为电子数据分析证据，即指对大量电子数据（如邮件、通讯记录、资金流水、人员信息、地理位置记录、视频、文件等）进行技术分析（如统计分析、提炼筛选分析、功能分析、行为模型分析、算法智能分析等）而形成的指向案件事实的报告性材料。

当前刑事法领域对于电子数据的研究关注于单个数据形态的电子数据证据的研究较多，关注于多电子数据样态综合分析类证据的研究较少。对于电子数据综合分析运用的研究聚焦于以下三个方面：一是关注于侦查阶段如何运用电子数据分析获取侦查线索、划定侦查范围方向、提取关键证据材料以及共享情报信息实现预测预警。④ 二是关注于大数据证据的概念、理论基础、法律地位等基础理论。概念界定方式较为典型的有"材料说""报告说"、基于数据量的"三类说"，以及基于证据运用方式的"四类说"；从"价值论"看，大数据证据因内含案件主要事实，其价值高于一般电子数据，从"方法论"看，大数据对规律的揭示的"增值价值"必须基于某种有效的处理方法；大数据证据的法定种类归属目前存在鉴定意见说、专家意见说、证人证言说以及独立证据说等。⑤ 三是关注于大数据证据的证据规则、法庭质证、对数据技术标准审查等程序规则。对于大数据证据规则，

---

① 参见《最高法发布网络犯罪大数据报告以及电信网络诈骗犯罪典型案例》，载中国法院网 https://www.chinacourt.org/article/detail/2019/11/id/4644045.shtml，最后访问日期：2021 年 2 月 20 日。

② 此处基于"威科先行"数据库，检索得到 2001 年至 2020 年数据库中各年度一审刑事案件判决书与涉电子数据证据（检索关键词："电子数据 or 电子证据 or 大数据证据 or 数据分析报告"）一审刑事案件判决书（检索时间：2020 年 6 月 5 日），由此计算得到各年度涉电子数据证据刑事案件占比。

③ 数据来源同上，对涉电子数据证据刑事案件按各罪分别计算其占该各罪刑事案件总体比例。

④ 参见孔璋等：《涉互联网非法集资类犯罪证据中大数据的运用》，载《人民检察》2019 年第 9 期，第 17 - 18 页；丁海江等：《互联网金融犯罪领域大数据证据的定位与运用》，载《检察调研与指导》2019 年第 5 辑，第 96 页。

⑤ 参见徐惠、李晓东：《大数据证据之可行性研究》，载《山东警察学院学报》2019 年第 6 期，第 71 页；刘品新：《论大数据证据》，载《环球法律评论》2019 年第 1 期，第 25 页以下；罗文华：《大数据证据之实践与思考》，载《中国刑事警察》2019 年第 5 期，第 18 页；谢君泽：《论大数据证明》，载《中国刑事法杂志》2020 年第 2 期，第 126 页。

学界提出基于大数据挖掘信息隐私性、证据有效性和可靠性标准的可采性规则与最佳证据规则例外等规范证据能力的规则,以及以"大"真实性为主、兼涉"小"真实性的真实性规则与基于数据载体、数据内容与分析内容的关联性规则等规范证明力的规则;对于大数据证据的法庭质证焦点多是大数据分析的结果数据或分析结论,以及包含或随附的证据来源信息、提取固定程序等,受限于举证形式和质证权保障,辩方质证效果不佳;而由于大数据"算法黑箱"的存在,有学者指出法官对大数据技术的审查判断只是形式审查,未能涉及技术标准的实质审查。[①]

可见,电子数据综合分析在侦查阶段运用的研究,为深入理解电子数据分析证据提供了实践基础,但其是否能作为指控犯罪的证据以及如何在庭审中规范运用并不明晰;对大数据证据及其证明的理论研究,肯定电子数据分析证据在司法裁判中证据资格和证明价值,但或与实践经验不甚相符。法官如何看待该类证据以及如何运用该类证据未有经验研究。是故本研究基于法官"认知-决策"经验,主要对以下两个问题作出回应:第一,法官如何审查采信电子数据分析证据?第二,事实认定中,法官如何运用该类证据构建案件事实证明体系?只有解决这些问题,才能发现法官决策经验中的非理性因素,为规范该类证据的审查判断与事实认定运用提出完善思路,助益案件事实准确认定。

二、研究方法与资料收集

作为一项质性研究,本研究以研究对象自身经验为立足点,尽量悬置研究者原有的经验、理论和偏见,保持旁观者姿态收集资料,以建构主义为研究范式,对资料进行誊录编码、整理归纳,使用类属分析和情境分析对法官审查与运用电子数据分析证据的"认知-决策"经验进行定性研究。[②] 常用质性资料收集方法包括观察法、实物收集法和访谈法,但鉴于法官主观认知与决策经验难以通过观察庭审过程表象直接提取,故主要采用实物收集法和访谈法收集经验数据。

首先,对于实物资料的筛选需要满足两个基本要求:一是具有一定数量且直接指向电子数据分析证据本身的法官经验资料,以保证定性归纳的效度;二是适用的案件类型应当多样化,应当涵盖不同犯罪类型样本资料以保证定性归纳的信度。不同类型案件裁判文书

[①] 参见刘建华:《大数据时代挖掘隐私证据的可采性原则研究》,载《江西社会科学》2017年第9期,第200页;李茜:《大数据时代司法裁判的路径探索——以大数据分析证明方式的提出与规范为视角》,载《财经法学》2019年第2期,第40页以下;谢君泽:《论大数据证明》,载《中国刑事法杂志》2020年第2期,第134-136页;刘品新:《论大数据证据》,载《环球法律评论》2019年第1期,第31-32页;童飞霜、向培权:《大数据分析报告作为刑事证据的可能与限度——以权利保护为中心的制度回应及规则探求》,载胡云腾主编:《司法体制综合配套改革与刑事审判问题研究——全国法院第30届学术讨论会获奖论文集(下)》,人民法院出版社2019年版,第1759页。

[②] 之所以选择质性研究方法,是因为自然情境下对社会现象进行整体性探究,具有描述性、解释性和建构性,有助于对其行为和意义建构获得解释性理解。参见陈向明:《质的研究方法和社会科学研究》,教育科学出版社2000年版,第12页。

中记载的电子数据分析证据的类型划分、辩方对该类证据质证意见,以及法官回应观点或综合认定案件事实的结论性意见,恰好能够满足上述要求。故本研究以"电子数据分析"为关键词检索得到刑事一审裁判文书172份,刑事二审裁判文书36份,其中基层法院审理案件占比较高(见图1)。经人工阅读筛选得到运用本研究所指涉的电子数据分析证据的一审裁判文书98份、二审裁判文书21份,主要涉及破坏广播电视设施、公用电信设施,涉网诈骗,涉网传销,侵犯公民人身权利、民主权利,扰乱无线电通信管理秩序,破坏计算机信息系统等案件类型。①

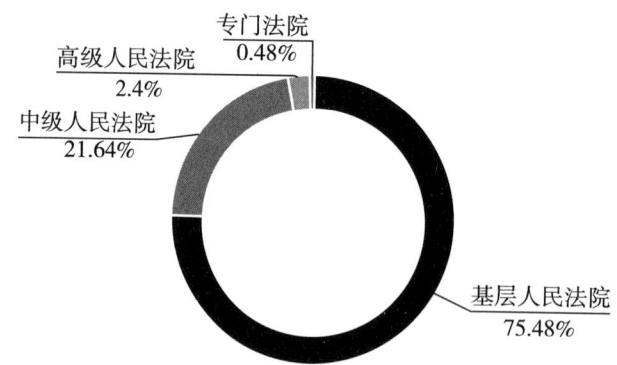

图1 涉电子数据分析类证据的不同法院级别占比

其次,由于公开裁判文书记载内容可能存在不完整、被修饰等局限性,故本研究基于刑事法官办案经验收集其对该类证据主观认知经验数据,与裁判文书反映之经验数据进行交叉检验,以得出更具推广意义的共性经验规律。访谈采取问卷调查、电话访谈、视频会议等方式展开,访谈问题主要包括"该类证据以何种证据形式进入法庭?""如何看待该类证据法定资格?""裁判中如何审查及审查重点是什么?""专业性知识、科学原理对审查运用该类证据的影响?""事实认定运用中该类证据权重如何评价?"等相关问题。由于电子数据分析证据主要运用于网络犯罪案件证明中,而该类案件主要发生在经济社会发展水平相对较高的省市,故本研究选取北京、江苏、四川等地的审判经验丰富且审查过电子数据分析证据的承办法官作为访谈对象,提取主观认知与实务经验方面的数据。(见表1)

表1 访谈记录与资料编号

资料收集方法	访谈对象	资料编号
问卷填写+电话访谈	A(中级人民法院10年以上刑事审判经验)	20200513BZ
视频会议	B(高级人民法院10年以上刑事审判经验)	20200525BG

---

① 此处数据来源于"威科先行"裁判文书数据库中检索相关刑事案件裁判文书,检索时间:2021年3月30日。

续表

资料收集方法	访谈对象	资料编号
电话访谈	C（基层人民法院5年以上刑事审判经验）	20200614CJ
问卷填写+电话访谈	D（中级人民法院8年以上刑事审判经验）	20200614HZ
电话访谈	E（基层人民法院5年以上刑事审判经验）	20200614HJ

需要指出的是，质性研究代表性不足的局限性在本研究中同样不可避免：一方面，由于样本量有限，相关经验做法的代表性有待进一步加强；另一方面，研究方法的效果受制于裁判文书对该类的证据的记录完整性和针对性、职业法官的实践经验和归纳能力等限制，研究资料饱和性或有欠缺。但作为一项探索性研究，本研究至少可以为后续理论研究提供经验素材，管窥司法实践中经验做法存在的非理性因素，为电子数据分析证据的审查运用提供规制思路。

三、资料分析与研究结果："认知—决策"经验模式

基于上述质性资料可以发现法官对于电子数据分析证据的"认知—决策"经验模式呈现出三个基本特征：第一，对该类证据的证据资格一般不加限制，将其作为电子数据的"衍生物"或纳入鉴定意见、检验报告范畴，认可其证据能力；第二，由于对该类证据分析方法的科学可靠性缺乏审查标准且法官理解能力存在个体差异，对此类证据采用以对电子数据客观方面的形式审查为主和以对电子数据分析方法的实质审查为辅的经验模式；第三，在运用该类证据证明案件事实时，法官为降低专业知识短板对事实认定的不利影响而过度依赖印证证明模式，尤其是对证据本身可靠性难以基于知识经验形成确信时，倾向于寻找更多的证据佐证以补强待证事实。如此经验模式将使得法官在审查判断该类证据或将之运用于事实认定时存在审查判断便宜化、实质审查缺位、依赖印证错估证据价值权重等不利证据采信和事实认定的决策风险。

（一）电子数据分析证据的分类

如前所述，理论界对电子数据分析证据的法定证据种类归属问题存在争议，但鉴定意见被认为是当前法律框架内的"便宜选择"。① 鉴定意见的审查判断规则相对完善，且实践适用较多，法官参照鉴定意见相关规则审查电子数据分析证据具有先天条件。但由于电子数据分析证据本身有其特殊性，且具有电子数据鉴定资质的鉴定机构或鉴定人数量有限，尤其是部分证据的技术分析对鉴定能力要求相对较高，仍有相当部分的该类证据非以鉴定意见形式提交法庭。故当前审判实践中，该类证据在裁判文书中的分类主要有鉴定意

---

① 参见刘品新：《论大数据证据》，载《环球法律评论》2019年第1期，第28页。

见、电子数据、勘验检查笔录、独立分析报告等。① 裁判文书中的分类方式与受访法官的实务经验基本一致,受访者指出该类证据一般以公安机关鉴定机构出具的鉴定意见或者网监部门出具的"远程勘验报告"形式入卷(20200513BZ、20200614HZ)。

对于该类证据的证据资格,受访者提到实务中并不会因为立法是否将该类证据明确为法定证据种类而否定其证据资格:一是因为其作为电子数据的"衍生物",具有当然的证据资格;二是是否为法定证据种类已经审前程序审查,法官不会过多关注是否属于法定证据种类;三是是否明确为法定证据种类可能的影响在于裁判文书中证据部分是否列举以及列举顺序位置,并不会阻止其进入法庭进而影响法官心证(20200614HZ)。因此,在理论界看来存在争议的电子数据分析证据的法律地位问题,在实务中似乎并不存在问题。但理论界对该问题争论的意义在于以何种标准或者规则来对该类证据进行审查判断。而不区分法定证据种类则可能导致证据审查判断失范与便宜化,这恰是被实务所忽视的。

(二)电子数据分析证据的审查采信

当前立法规范对电子数据分析证据的审查判断规则基本上是对电子数据的鉴真,对于分析方法的科学可靠性的审查判断规则采用较为笼统的援引式规定。电子数据的审查判断相关规定聚焦于电子数据的收集提取过程,对该类数据本身的真实性、完整性、合法性以及身份统一性等方面规定了详实的审查判断规则。② 但对于技术分析方法的规范仅在合法性规则中规定"取证方法是否符合相关技术标准",或对检查、检验、鉴定等具体取证方法采用"相关技术标准""科学方法"的援引性表述。③ 然而,当前电子数据技术标准大部分旨在规范单个电子证据的审查判断,而在分析方法方面的技术标准不尽完备。④ 对于具体检材的分析标准目前也仅有软件程序功能、手机存储数据、即时通信数据、电子邮件数据的检验鉴定分析有较为具体的技术标准;而对绝大部分包括但不限于大数据统计分析、行为模型分析等能够直接得出指向案件事实的分析证据的技术分析方法,尚无技术标准可参照适用。因此,司法实践中,对此类证据的审查判断呈现出以对电子数据客观方面的形式审查为主,以对电子数据分析方法的实质审查为辅的经验模式。

形式审查方面。对于该类分析证据的审查判断主要是对电子数据来源、载体、提取、

---

① 参见安徽省定远县人民法院(2016)皖 1125 刑初 17 号刑事判决书,湖北省咸宁市中级人民法院(2017)鄂 12 刑终 184 号刑事判决书,浙江省杭州市滨江区人民法院(2014)杭滨刑初字第 148 号刑事判决书。

② 参见《最高人民法院最高人民检察院公安部关于办理刑事案件收集提取和审查判断电子数据若干问题的规定》(法发〔2016〕22 号)第 22 - 28 条。

③ 参见《最高人民法院最高人民检察院公安部关于办理刑事案件收集提取和审查判断电子数据若干问题的规定》(法发〔2016〕22 号)第 24 条、《公安机关办理刑事案件电子数据取证规则》(公通字〔2018〕41 号)第 45、58 条。

④ 目前,涉及电子数据取证的国家标准仅有 4 个,公安部发布的行业标准主要有 8 个,司法部司法鉴定技术规范有 13 部。参见郭弘等:《电子数据取证鉴定标准化建设工作的实践与思考》,载《中国信息安全》2019 年第 5 期,第 56 - 57 页。

固定、移送、保全等程序性事项的形式审查，如以鉴定意见提出则参照鉴定意见的审查判断规则对鉴定机构及鉴定人的资质、鉴定程序的规范性、合法性以及是否明确鉴定标准、是否具有明确的结论性意见等形式方面进行审查（20200614CJ）。对于辩方无异议的分析证据一般采信，形式审查也相对简化；当辩方存在异议时，形式审查才会通过质证、认证的方式动态进行（20200513BZ）。进一步对二审中针对该类证据的辩方质证意见与法官说理考察发现，争议焦点也主要集中于形式审查层面。如一起案件中，辩方对分析报告主体资格提出异议，突出电子数据鉴定资质与电子数据分析资质的差异，提出"H省鉴真司法鉴定中心并不具备电子数据分析资质"，而法官只对是否具备电子数据资质回应。① 这表明法官观念上未能考虑技术分析的复杂性，以致于在决定是否采信时未将电子数据与电子数据分析证据的鉴定加以区分。

实质审查方面。受访者指出，公安、检察机关在电子数据取证中具有专业优势，对于该类证据审查都会按照相关法定程序进行，可靠性值得信赖，法官一般不主动审查技术分析方法的可靠性（20200614HJ）。只在少数情况下，采用庭外主动学习、重新鉴定、鉴定人或有专门知识的人出庭的方式对专业性较强的电子数据分析证据的分析方法进行实质审查（20200513BZ）。故实务中，当分析方法及由此产生的结果成为控辩质证焦点时，法官对此回应说理有所不足，考察裁判文书中辩方意见与裁判说理发现，法官一般会采用以下两种便宜方式回应技术分析方法方面的质证意见：

一是强化对电子数据客观方面的形式审查。如一起传销案中，法官对于"涉案犯罪金额、发展下线会员人数及下线层级数错误"的辩护意见回应称，"其涉案金额等相关数据均是侦查机关依法定程序调取A公司网站电子数据显示的会员信息所得，可作为定案依据"。② 这表明法官认为电子数据的来源、提取合法依规，基于形式合法性认可统计分析方法及其结果的可靠性。此外，法官审查采信证据时的证据提交主体依赖与鉴定意见形式依赖，导致其对公安机关提交的鉴定意见的过度依赖以及审查"惰性"，如果辩方无异议则不再审查，即使有异议可能也是以形式审查来代替实质审查。

二是通过印证综合认定。法官对于分析方法的质证意见回应倾向于依托电子数据分析证据与其他证据的印证。如一起传销案中，辩方对鉴定意见统计方法提出异议，认为鉴定意见所确认的涉案人数虚高，下线人数、涉案金额与事实不符，不能真实体现直接或间接推荐的会员人数和金额。法官回应称，"结合传销人员关系图、互联网电子数据、鉴定意见等证据，综合认定参与传销人员的人数、层级数等犯罪事实符合法律规定"。③ 另外，被告人供认对分析方法可靠性的印证作用为多数受访法官所倚重，如果被告人认可分析结论，法官将会省略对复杂技术分析方法的审查而直接采信。

---

① 参见广东省佛山市中级人民法院（2018）粤06刑终684号刑事裁定书。
② 参见山东省泰安市中级人民法院（2015）泰刑三终字第18号刑事裁定书。
③ 参见湖南省常德市中级人民法院（2018）湘07刑终226号刑事判决书。

由此可见，就电子数据分析证据审查而言，法官由于缺乏理解能力，对分析方法往往依赖专业人员权威意见未能对其进行实质审查。而是通过电子数据鉴真、主体资质与报告形式以及与其他证据印证关系对分析方法的实质审查进行补强。如此便宜做法有其合理性：一是满足形式审查条件的电子数据分析证据，其分析方法一般也具有相当的科学可靠性；二是在司法资源有限和法官实质审查能力不足的情境下，控辩双方对技术分析方法不存在争议点，法官不再进行深入实质审查符合其中立被动的职能定位；三是共同指向同一证据事实的印证证据，一定程度上提高了法官对电子数据分析证据科学可靠的确信，有助于降低误判风险。但如此审查方式的问题在于：即使采信该类证据，对其科学可靠性的确信程度仍受制于法官自身对技术方法的理解能力而呈现出个案上的差异。访谈发现，如果法官长期从事该类证据审查判断，比如侵犯计算机信息系统案件中针对 DDOS 攻击的鉴定意见的审查判断，那么他更能够理解鉴定意见中的攻击载体、方法、损失等方面的专业性知识，审查之后对该类证据的科学可靠性更加确信；反之，对于未曾审查过该类证据且自身不具备专业知识，又未对其中分析方法进行实质审查，即使法官形式上采信，对证据本身的科学可靠性也可能确信不足（20200614CJ）。而该类证据科学可靠性上确信差异，对于法官在事实认定中如何运用该类证据具有重要影响。

（三）电子数据分析证据之于事实认定

法官对于电子数据分析证据的形式审查与实质审查中的经验模式，反映出了电子数据分析方法类技术标准欠缺情境下，法官因缺乏专业知识在采信该类证据时的经验法则"失灵"。但实务中法官并非被动接纳，而是通过电子数据客观形式审查与可理解证据印证弥补对分析方法的实质审查不足。同样，在运用该类证据证明案件事实时，法官亦有其便宜做法来降低专业知识短板对事实认定的不利影响。为此，有必要考察法官运用该类证据认定案件事实的认知与决策经验，并可根据电子数据分析证据与案件主要事实的关系将其划分为"直接证据式"与"间接证据式"两种经验模式。

第一，直接证据式。该模式中单个电子数据分析证据能够证明案件主要事实，对于案件全部事实的证成起决定性作用，其他在案证据作为印证证据一同对全案事实发挥证明作用。实务中，该模式代表性应用场景即是破坏计算机信息系统案件。由于大部分证据都是电子数据，对"破坏"行为的认定，往往依赖于电子数据分析证据对犯罪行为的整体鉴定意见。如果针对犯罪行为整体的鉴定意见或者检验报告的证据能力和证明力得到依法确认，其将成为法官心证的主要依据，其他证据都是对该直接证据的印证证据。如一起破坏计算机信息系统案件二审中，电子数据分析证据以鉴定意见提交法庭，鉴定意见书证明："可确定'cheat'病毒为电脑持有人原创；该病毒程序会对用户主机中存储的数据进行加密，为未授权地修改、干扰，故为破坏性程序；该病毒具有通过监控用户键鼠操作来获取用户网络账号、密码信息的功能；该病毒感染电脑主机数量为27939台，记录键盘鼠标操作记录有21546条。"由于破坏行为主要在互联网空间实施,该证据可以证明"破坏"行为系被告人所为的案件主要事实。原审法官以"现场勘验材料,物证金色VIVO手机,鉴定意见书,电子数据,扫二维码付款截图、微信注册资料及交易记录等书证,证人证言、被害人陈述以及被告人供述"等证据补充印证证成全案事实。① 访谈发现,受限于法官自身科学专业知识、案件证据素材,法官会采用一些便宜做法降低该类直接证据的分析方法可靠性对事实认定的不利影响(20200525BG、20200614CJ):其一,如果法官对于电子数据分析证据的专业性知识有所认知,其更容易形成对该证据可靠性的确定性认识,则更倾向于以此为核心构建证明体系,反之,法官则倾向于减少对该证据的依赖,将确信建立在那些更容易理解的证据上,比如被告人供述等言词证据;其二,如果全案尚无其他直接证据只有间接证据,则法官亦倾向围绕该直接证据构建证明体系,反之,尚有其他直接证据可用于证立犯罪构成要件事实时,法官倾向于弱化该证据对案件事实的证明作用,以其他证据替代认定全案事实。

第二,间接证据式。该模式中电子数据分析证据只能证明部分、片段的待证事实,对于全案事实的认定需要依赖其他直接证据或者间接证据相互印证。实务中多数电子数据分析证据以此方式发挥证明作用,包括证明主观故意、犯罪结果、犯罪工具功能、手段方法等部分待证事实或者证明其他证据的真实性。如对被告人手机浏览器搜索记录数据分析证明被告人主观故意,对行贿受贿双方的通讯数据分析证明关系人往来情况,对电脑手机存储数据分析证明淫秽制品数量,对软件代码数据分析证明软件具有篡改其他程序功能的破坏性。② 这类电子数据分析证据由于只对部分片段待证事实具有证明作用,其必须与其他证据一并证明待证事实以及全案事实。该模式中电子数据分析证据是间接证据,对于特定待证事实或者案件主要事实多由其他间接证据或者直接证据印证证明,故其对全案事实认定的证明作用要弱于直接证据式。访谈发现,法官在不能确信该类证据的真实性时,倾向于弱化对该类证据的参考,而依托其他直接证据或者间接证据印证证明全案事实(20200614CJ);但对于特定待证事实(如部分构成要件事实)的证明中,可能出现与直接证据式中相似的情形,即以该证据与其他证据印证证明该待证事实,避免依靠该证据单独认定待证事实可能导致的误判(20200614HZ)。

该两种模式反映出法官对印证证明模式的依赖,尤其是对证据本身可靠性不能完全理解难以基于知识经验形成确信时,倾向于寻找更多的证据佐证或者补强待证事实。电子数据分析证据在两种模式中的证明价值权重有较大差异,该权重与法官个人对电子数据分析证据的确信程度有关。直接证据式中,由于该类证据作出主体权威性以及对鉴定意见形式

---

① 参见广东省东莞市中级人民法院(2019)粤19刑终1113号刑事裁定书。
② 参见山东省德州市中级人民法院(2020)鲁14刑终105号刑事裁定书,浙江省杭州市拱墅区人民法院(2016)浙0105刑初343号刑事判决书,广东省茂名市中级人民法院(2018)粤09刑终403号刑事裁定书,上海市第一中级人民法院(2019)沪01刑终1632号刑事裁定书。

的信赖，法官主观上倾向于对该证据赋予更高权重，其他证据以此为核心构建证明体系；而间接证据式中，由于该类证据本身的证明价值相对较小，且有其他证据可以印证甚至替代，其在法官心证中的权重不高。基于证明价值被高估的证据构建证明体系则可能由证据本身不可靠导致错案；而低估该证据证明价值，以替代该类证据对案件的证明作用，将导致司法资源浪费，不利于全案证据证明效益最大化。

四、"认知-决策"经验模式的理性分析

法官审查采信、运用电子数据分析证据的经验模式，虽然降低了该类证据分析方法可靠性不足对待证事实的错误指向风险，但存在高估或低估该类证据之于待证事实的证明价值而导致错案风险或司法资源浪费。法官"认知-决策"经验模式反映的是法官在不具备专业知识情况下的权宜策略。某种程度上也是实务中法官在全案证据不十分充分，为了认定案件事实，不得不运用该类证据进行裁判的一种"妥协性"决策。因此，该经验模式很难说是一种理性选择，故有必要在理性标准之下对其中非理性因素加以甄别辨析。本研究基于行为决策科学的理性决策理论，对上述法官经验模式中存在的证据制作主体依赖、鉴定依赖、客观形式依赖、印证依赖等评估策略中的非理性因素加以剖析。只有从法官个体认知决策层面了解法官决策是否存在以及存在何种非理性因素，才有可能改进法官的决策，为该类证据在司法运用中发挥更大价值提供经验和理论支撑。

（一）理性决策的标准与期望效用原则

雷德·海斯蒂和罗宾·道斯指出，"人们会根据决策的结果、结果的概率以及结果在决策当下对决策者的价值来判断某一决策明智与否"，进而提出理性选择（决策）需要满足四条标准：（1）基于决策者目前的资产（包括金钱、生理状态、心理能力、社会关系和感觉）；（2）基于选择的可能结果；（3）当选择结果不确定时，可用概率论的基本原理去评价结果的可能性；（4）在与每一个选择的可能结果相联系的概率、价值和满意度约束之下，理性的选择应具有适应性。① 但受到习惯、启发式认知、一致性以及特定的宗教文化背景等因素的影响，日常决策程序常常与该标准相悖。该标准为判断决策是否理性提供了框架模型，即发生在特定情境下的决策行为的理性与否与决策者自身因素、对情境中可能结果的关注及其对每一个不确定结果的概率与价值的主观评估有关。

理性决策理论的期望效用原则由冯·诺依曼和摩根斯特恩根据期望效用（expected utility）最大化原则提出。② 理性决策理论基于决策者是否根据选项的最大期望效用来决策，

---

① 参见［美］雷德·海斯蒂、罗宾·道斯著：《不确定世界的理性选择——判断与决策心理学》，谢晓非、李纾译，人民邮电出版社2013年版，第16-17页。

② See Von N. J. & Morgenstern O. , *Theory of games and economic behavior*, Princeton University Press, 1944, p. 9.

评价决策是否理性。如让决策者在以下两组选项中决策：（1）有20%的概率赢得45美元，否则一无所有；25%的概率赢得30美元，否则一无所有。（2）有80%的概率赢得45美元，否则什么都得不到；确定赢得30美元。① 如果决策者在第一组选项中基于效用最大化原则选择前者而在第二组选项中基于确定性概率选择后者，那么两个选择在逻辑上是矛盾的。② 期望效用原则的前提即是理性决策的四条标准，违背理性决策标准同样违背期望效用原则。该理论虽未说明各种结果的效用是什么，但却暗示了决策者选择和偏好之间的较强关联。这就为判断决策者在同一决策情境下是否基于自身偏好（包括可能后果的概率与价值的主观评估）作出效用最大化的决策选择提供了可能。

基于上述理性决策的理论模型，对多选择的决策情境，可以通过计算得到哪些决策可以带来最高的预期效用，即对情境中的每一个备选方案都需要考量其所有组分发生的概率，并为其潜在后果赋予价值权重，再将所有组分相加得出该备选项的期望效用，其公式化表述为：效用 = $\sum$（概率$_i$ × 价值$_i$）。该理性决策的理论模型可以作为评价法官审查判断、运用电子数据分析证据经验模式的有益参照。由此，本研究将对法官审查采信该类证据与将该类证据运用于事实认定两种情境下的决策选择进行理性分析，以发现潜藏的非理性因素。

（二）审查采信情境的理性分析

根据理性决策的理论模型，电子数据分析证据采信情境下存在以下基本的备选方案和与备选方案相联系的可能后果（见下图2）。具体而言，法官面对电子数据分析证据时，存在采信或者不采信的选择方案；两种选择方案之后都存在证据本身是否实际科学可靠的可能后果；不同后果的发生概率（P）以及价值权重（N）与法官对该证据理解能力有关，即经过形式审查或实质审查之后，法官基于证据的客观形式、技术分析方法科学性以及自身知识经验等因素作出的不同概率、价值评估；不同概率、价值量化评估标准在同一决策情境中是相近的，可以据此测算备选方案的效用（U）并比较何种备选方案的效用最大，在该决策情境下效用最大的方案即为该法官的理性选择。③ 公式化表达：$U_{采信}$ = P1 × 100 + P2 × N1；$U_{不采信}$ = P3 × N2 + P3 × 100。当且仅当 $U_{采信}$ > $U_{不采信}$，采信证据是理性的；反之，非理性。

---

① 参见［美］雷德·海斯蒂、罗宾·道斯著：《不确定世界的理性选择——判断与决策心理学》，谢晓非、李纾译，人民邮电出版社2013年版，第18－19页。

② 第一组两个选项的效用值分别为9（=45×20%）、7.5（=30×25%）；第二组两个选项的效用值分别为36（=45×80%）、30。

③ 实务中法官基于证据三性即真实性、合法性、关联性作出是否采信电子数据分析证据的选择，但即使声称符合三性审查判断的该类证据也存在着本身是否实际科学可靠的可能后果，只是不同法官在不同个案中对此关注不足或者主观评估发生概率存在差异，且对不同后果赋予的价值权重存在差异。为便于后续讨论，做以下标识：如果采信科学可靠的证据则该后果的价值权重最高（本研究中标识为100），如果未采信不科学可靠的证据则该后果的价值权重也最高（同样标识为100），采信不科学可靠证据与不采信科学可靠证据价值权重分别标识为N1、N2；各可能后果发生的概率标识为P1、P2、P3、P4。

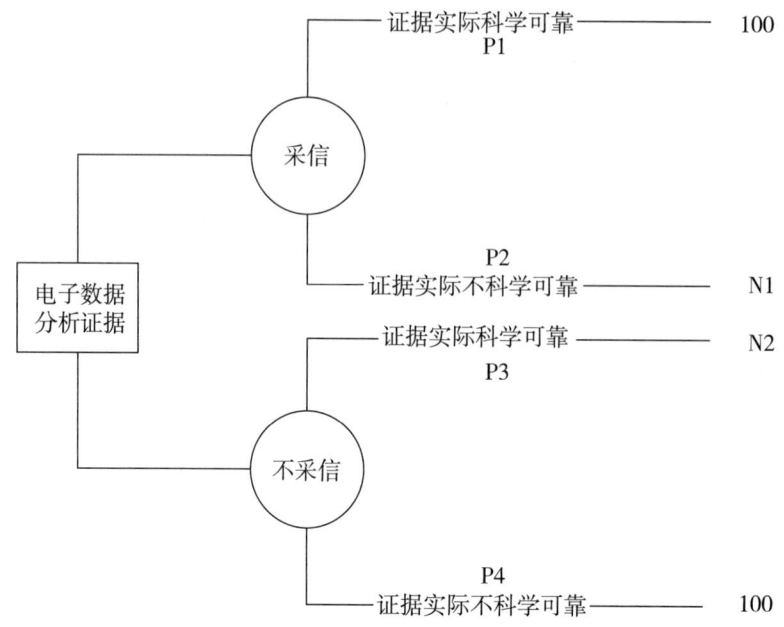

图 2　采信决策情境树状图

然而，法官在该情境下的经验模式普遍存在着对证据制作主体、客观形式以及鉴定意见的依赖倾向。基于上述理性决策模型，这些依赖倾向可能产生三种非理性决策风险：

第一，过度关注具有吸引力的备选方案，忽视其他备选方案。该决策的非理性风险来源于未能充分关注情境多种备选方案。如长期的审判经验中，法官对于公安机关网安部门出具电子数据分析报告或鉴定意见一般都是采信的，此时法官在审查判断中更多地会关注采信该证据可能的结果。因为没有备选方案的效用参照，法官只关注到采信方案的收益（证据实际科学可靠）和损失（证据实际不科学可靠），而未能关注到不采信方案中收益（证据实际不科学可靠）和损失（证据实际科学可靠）。因此，未能充分考量多种备选方案，无从进行效用最大化比较，易受确证偏见（confirmatory bias）[①] 影响，存在非理性。

第二，过度关注凸显后果概率，对非凸显后果关注不足。该非理性风险来源于未能充分关注各选择方案的可能后果。如通常情况下公安机关提交的鉴定意见都是科学可靠的，当电子数据分析证据以鉴定意见形式固定并提交法庭时，法官决定是否采信时更多地会关注该证据实际科学可靠的概率，而忽视其他后果的概率。此时法官的主观效用评估只关注 $U_{采信} = P1 \times 100$ 与 $U_{不采信} = P3 \times N2$ 之间的关系。根据经验，具有形式符合性的证据科学可靠的概率一般大于该证据不科学可靠的概率，亦即 $P1 > P3$，且法官对不采信实际科学可靠证据的价值评估必然存在负向评价，则 $N2 < 100$。因此，对凸显后果概率及其后果的过

---

① 确证偏见，即决策者围绕其内心既存的信念、期望或假设来寻找或者解释证据。See Carl M., Confirmation Bias: A Ubiquitous Phenomenon in Many Guises, *Professional Safety*, vol. 58, 2013, p. 44.

度关注很容易作出 $U_{采信} > U_{不采信}$ 的不完整评估，如此决策亦为非理性。

第三，对可能后果的发生概率的评估与实际不符。如此决策虽然考虑了电子数据分析证据采信情境下所有备选方案及其可能后果，但法官主观评估的概率与实际事件发生概率不符。原因在于法官在判断电子数据分析证据的科学可靠性时受到代表性思维的影响。代表性思维体现为决策者根据待判断个案特征与其自身存储的类别特征进行匹配，基于相似性匹配估计某个案属于某类别的可能性。① 代表性思维的非理性在于决策者存取的特征匹配图式并不总能反映情境中的统计学因果关系，因其违反了比例原则。比例原则表明，属于 B 的事物具备 A 特征的概率 $P(A|B)$ 与具备 A 特征的事物属于 B 的概率 $P(B|A)$ 不能直接等同，而是要考虑 A 和 B 发生的基准概率，即事件 A 在事件 B 发生情况下发生的概率 $P(A|B)$ 与事件 B 在事件 A 发生情况下发生的概率 $P(B|A)$ 的比值等于事件 A 发生概率 $P(A)$ 与事件 B 发生的概率 $P(B)$ 的比值（$P(A|B)/P(B|A) = P(A)/P(B)$）。② 法官在采信电子数据分析证据情境中同样存在该思维局限，如法官的审判经验使其认为科学可靠的电子数据分析证据（事件 B）一般是具备检验分析资质能力的主体经过合法程序作出的（事件 A）；当提交法庭的电子数据分析证据是公安机关依法收集、检验得出的分析报告（事件 A），基于代表性思维的特征匹配图式，法官判断该证据是科学可靠的（事件 B）。法官在上述判断中将 $P(A|B)$ 与 $P(B|A)$ 错误等同，忽略基准概率 $P(A)$ 和 $P(B)$ 的比例关系，那么对于上述方案的可能后果发生概率的判断则可能存在依赖形式审查或主体资质等因素作出过高或过低的估计。

（三）运用于事实认定情境的理性分析

需要指出的是，法官采信电子数据分析证据与法官将该类证据运用于事实认定中是两个层面的问题，从证据采信到在事实认定中运用，之间潜藏着法官对科学可靠性确信程度的影响。上述研究已经表明，即使法官采信该类证据，其对该类证据科学可靠性的确信程度也有所不同。由于法官对电子数据分析证据科学可靠性存在确信差异，其在印证证明中运用该类证据认定事实时会采取不同的评估决策策略赋予其差异化证明价值权重。如此经验模式的非理性，一方面体现在作出是否运用该证据时未能充分考量理性决策情境，难以做出期望效用最大化的理性决策；另一方面体现在该类证据运用于印证证明模式时的非理性风险。

首先，基于理性决策模型，与证据采信情境类似，运用证据情境下的非理性风险体现为以下三个方面（见下图3）：其一，受到对电子数据分析证据科学可靠性确信程度差异

---

① 参见陈林林、何雪锋：《司法过程中的经验推定与认知偏差》，载《浙江社会科学》2015 年第 8 期，第 29 页。

② 参见 [美] 雷德·海斯蒂、罗宾·道斯著：《不确定世界的理性选择——判断与决策心理学》，谢晓非、李纾译，人民邮电出版社 2013 年版，第 110 页。

的影响，法官或基于较强确信倾向于运用该证据，或确信不足而倾向于弱化或寻找替代证据。二者均存在过度关注具有吸引力方案，忽略备选方案的风险。其二，同样基于内心确信程度，法官在评估方案可能后果时，存在过度关注与其确信程度相符的凸显的后果，而对其他后果关注不足。其三，由于对证据科学可靠性的确信程度差异，对该证据指向的待证事实是否实际发生概率评估往往与实际不符。较强确信倾向于高估该事实实际发生的概率，较弱确信倾向于低估该事实实际发生的概率。由于对该类证据科学可靠性确信程度存在差异，法官未能充分考量该类证据运用情境中备选方案及其可能后果与发生概率，则难以基于期望效用最大化原则作出如何运用的理性决策。

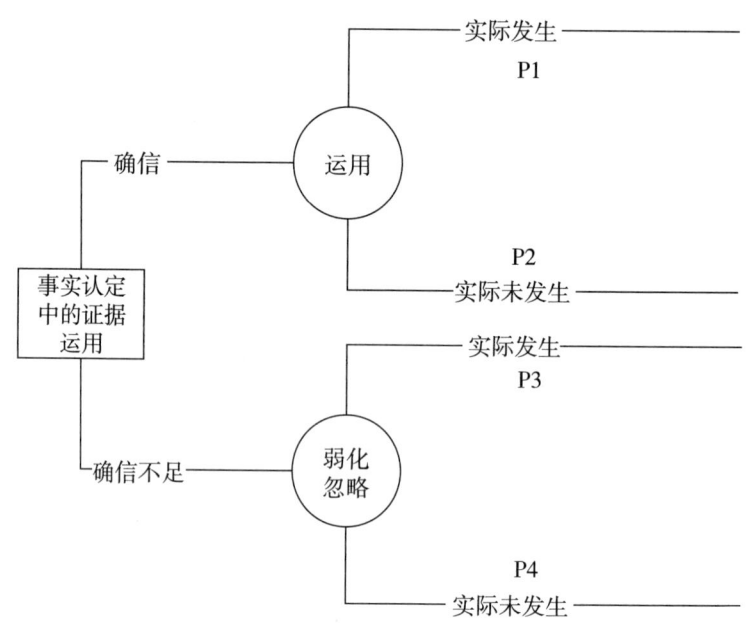

图3　事实认定情境决策树状图

其次，一旦做出如何运用该类证据的选择之后，将其运用于直接证据式或者间接证据式的印证证明时，理性分析需要考虑两个因素：一是印证证明模式本身是否理性；二是将该类证据运用于印证证明模式认定事实时存在的非理性风险。

第一，有必要对印证证明模式的合理性进行概率分析。对此，刘品新教授和栗峥教授通过"概率叠列"方式论证了多独立来源证据的印证证明模式可以降低共同指向的证据事实不发生的概率，或者说降低单个证据指向的事实发生的偶然性。① 但未回应多独立来源证据存在时共同指向的证据事实发生的概率是否增大，对此可以通过条件概率理论对印证

---

① 参见刘品新：《印证与概率：电子证据的客观化采信》，载《环球法律评论》2017年第4期，第122页；栗峥：《印证的证明原理与理论塑造》，载《中国法学》2019年第1期，第269页。

证明模式的合理性进行检验，检验如下：①

情境条件

根据司法经验设定事件 A、B、C。事件 A：一个人的毛发出现在犯罪现场；事件 B：该人的血液出现在犯罪现场；事件 C：该人没有去过犯罪现场。其中事件 A、B 为独立事件；A（B）与 C 不具有独立性，A（B）发生情况下会降低 C 发生的概率或提高 $\bar{C}$ 发生的概率。

（1）该人的毛发出现在犯罪现场且血液未出现在犯罪现场（$\bar{B}$）时，该人没有去过犯罪现场的概率记为 p（C | A $\bar{B}$），该人的毛发和血液都出现在犯罪现场时，该人没有去过犯罪现场的概率记为 p（C | AB）；

（2）该人的毛发出现在犯罪现场且血液未出现在犯罪现场时，该人去过犯罪现场（$\bar{C}$）的概率记为 p（$\bar{C}$ | A $\bar{B}$），该人毛发和血液都在现场时，该人去过现场的概率记为 p（$\bar{C}$ | AB）。

求证

（1）独立来源证据印证可以降低该人不在现场的概率，即证明 p（C | AB）小于 p（C | A $\bar{B}$），则表明；

（2）独立来源证据印证可以升高该人在现场的概率，即 p（$\bar{C}$ | AB）大于 p（$\bar{C}$ | A $\bar{B}$）。

推导②

$$1\text{式}: p(C|AB) = \frac{p(ABC)}{p(AB)} = \frac{p(ABC)}{p(A) \times p(B)}$$

注 $\because$ A 与 B 独立，$\therefore p(AB) = p(A) \times p(B)$

$$2\text{式}: p(C|A\bar{B}) = \frac{p(A\bar{B}C)}{p(A\bar{B})} = \frac{p(A\bar{B}C)}{p(A) \times p(\bar{B})} = \frac{p(AC) - p(ABC)}{p(A) \times [1 - p(B)]}$$

注 $\because A\bar{B}C$ 与 ABC 互斥，$\therefore p(A\bar{B}C) = p(AC) - p(ABC)$；

又 $\because$ B 与 $\bar{B}$ 互斥，$\therefore p(\bar{B}) = 1 - p(B)$。

1 式与 2 式相除 $= \left(\dfrac{1}{p(B)} - 1\right) - \left(\dfrac{p(AC)}{p(ABC)} - 1\right)$

---

① 条件概率是指一个事件（a）在另一个事件（b）已经发生时可能发生的概率。计算公式为：p（a | b）= p（ab）/p（b）。印证证明模式可以简化为：多个独立来源证据指向同一证据事实时，该证据事实发生的概率增大。要证明印证证明的合理性，即是要证明印证证明时某一待证事实为真的概率大于只有一个证据指向时该待证事实为真的概率，或者印证证明时某一待证事实为假的概率小于只有一个证据指向时该待证事实为假的概率。

② 根据司法经验，一般情况下上述事件的概率值 p 满足 0＜p＜1，故可根据概率论基本原则进行运算推导。参见 [美] 雷德·海斯蒂、罗宾·道斯：《不确定世界的理性选择——判断与决策心理学》，谢晓非、李纾译，人民邮电出版社 2013 年版，第 346－358 页。通过全概率和做差算法加以检验，结论一致。

那么比较二者大小即是比较 $\dfrac{1}{p(B)}$ 与 $\dfrac{p(AC)}{P(ABC)}$

亦即比较 $p(ABC)$ 与 $p(AC) \times p(B)$ 的大小。

又 A、B 独立，B 发生时 C 发生的概率会降低，

那么 B 发生时 A、C 同时发生的概率也会降低，

则 $p(AC|B) < p(AC)$

又 $\because p(ABC) = p(AC|B) \times p(B)$，

$\therefore p(ABC) < p(AC) \times p(B)$，

$\therefore p(C|AB) < p(C|A\bar{B})$，即独立来源证据印证可以降低

该人不在现场的概率。

同样推导可以得出 $p(\bar{C}|AB)$ 与 $p(\bar{C}|A\bar{B})$ 的大小，

即是要比较 $p(AB\bar{C})$ 与 $p(A\bar{C}) \times p(B)$ 的大小。

又 A、B 独立，B 发生时 $\bar{C}$ 发生的概率会升高，

那么 B 发生时 A、$\bar{C}$ 同时发生的概率也会升高，

则 $p(A\bar{C}|B) > p(A\bar{C})$

又 $\because p(AB\bar{C}) = p(A\bar{C}|B) \times p(B)$，

$\therefore p(AB\bar{C}) > p(A\bar{C}) \times p(B)$，

$\therefore p(\bar{C}|AB) > p(\bar{C}|A\bar{B})$，即独立来源证据印证可以升高

该人在现场的概率。

因此，通过对上述印证案例根据概率论基本原则进行条件概率推导，可以得出多独立来源证据相互印证，不仅可以降低共同指向证据事实不发生的概率，亦可以提高其发生的概率。故可以说，根据条件概率论原理，印证证明模式本身是理性的。

第二，有必要进一步分析将该类证据运用于印证证明认定事实时是否理性。由于法官基于电子数据分析证据科学可靠性的不同确信程度，将该证据与其他证据相印证证明案件事实的过程存在锚定（anchor）与调整不足（underadjust）的非理性风险。[①] 一方面，如果法官基于形式审查产生的片面依赖或者基于自身既有专业知识经验认为电子数据分析证据具有较高的科学可靠性，则将事实锚定在该证据指向的证据事实之上，而该证据本身的科学可靠性并没有得到实质审查，有可能错误或不当认定事实，之后由于否定该事实的证

[①] 锚定与调整是一种基本判断策略，人们会根据现状中"锚"对自己的评估进行调整，但估计结果不会离"锚"太远，以此方法整合信息时，通常会出现"调整不足"的现象。参见［美］雷德·海斯蒂、罗宾·道斯著:《不确定世界的理性选择——判断与决策心理学》，谢晓非、李纾译，人民邮电出版社2013年版，第74-77页。

据不被关注，印证证据的调整能力有限；另一方面，如果法官不能理解电子数据分析证据，对其科学可靠性确信不足，即使该证据具有良好证据价值，且指向的案件事实实际发生，法官也会将事实锚定在其他证据指向的证据事实上，电子数据分析证据由于不被理解，其对锚定事实的调整能力被弱化甚至忽视。在后一种情况下，如果电子数据分析证据科学可靠性确有疑问，那么这种锚定－调整可以避开不可靠证据对事实认定的误导，但如果该证据确有证据价值，只是法官没有尽到实质审查义务，基于有其他证据证明案件事实而有意回避该证据的科学可靠性，那么这不仅是对司法资源的浪费，也可能产生不当锚定与调整不足的事实认定错误。

五、结论与讨论：作为科学证据"守门人"的法官

学界关于相关性、真实性和合法性的证据评价基本要素和证据能力和证明力的结构属性并重的证据规则体系建构，有助于法官更加明确地认识证据的自然属性和法律属性，体系化地评价单个证据。① 但回归到司法证明过程的分析框架中，某一证据将争议事实证明到何种程度，抑或赋予此项证据多大分量，仍受到事实裁判者的"逻辑与一般经验"支配。② 从全案证据到案件事实的最终认定，需要法官经验和逻辑参与，尤其是对科学证据的审查运用，法官的认知能力和决策习惯或偏好决定了案件事实能否根据全案证据得到准确认定。因此，案件事实的认定不仅依赖于证据规则对证据评价的体系化引导，更需要直面联结"科学证据"与"待证事实"的法官"认知－决策"这一复杂系统。本研究基于法官对电子数据分析证据的"认知－决策"经验对此加以回应。

首先，对于具有相当专业知识门槛的科学证据，待证事实能否得到证明不仅取决于证据本身的科学性，更取决于法官对于该证据科学可靠性的认知理解能力。不能被法官所理解的证据，其证据分量可能被错估，不利于证据采信与事实的准确认定。法官作为科学证据"守门人"，应当具备审判判断科学证据的能力，至少包括排除不相关、不可靠证据的能力和在互相冲突的专家意见之间的选择能力。③

其次，法官对于科学证据的理解不仅限于程序合法的形式层面，更在于对证据本身所依托的技术分析方法的科学可靠性的理解。域外经验同样表明，由于科学的不确定性可能导致科学证据不当使用以及对事实裁判者产生不当影响，科学证据的可采性标准经历了"普遍接受"的 Frye 规则到加入"可检验性"的 Daubert 规则，对于科学证据审查实现了从"专家资格""专家证言内容形式"的形式标准到"专家证言实质内容"实质标准的转

---

① 参见郑飞：《证据属性层次论——基于证据规则结构体系的理论反思》，载《法学研究》2021 年第 2 期，第 123 页。
② 参见吴洪淇：《证据法的理论面孔》，法律出版社 2018 年版，第 226 页。
③ 参见张保生、王旭：《中国证据法治前进步伐（2017－2018 年）》，载《证据科学》2020 年第 1 期，第 19 页。

变。① 这意味着法官要在科学证据实质审查中承担更多义务。我国法官"以形式审查为主，实质审查为辅"的审查判断策略亟需反思与借鉴。

最后，科学证据的审查采信情境与运用于事实认定情境下，法官决策的非理性风险的根源在于实质审查缺位导致的科学可靠性确信偏差。由于法官对技术分析方法的知识短板、相关技术标准缺失以及实质审查程序不完善，法官难以在决策时完整考虑采信情境下的方案及后果，进而造成事实认定运用时决策信息不完整以及印证中不当锚定和调整不足。为此，应从调整法官决策理念和提高法官实质审查能力入手，尽可能克服"认知－决策"中的非理性因素，有效运用科学证据助益案件事实的准确认定：

其一，正如 Daubert 规则要求事实裁判者考虑潜在错误率一样，我国法官在决策理念层面应有意识克服一些不恰当的主观依赖：在采信该类证据时，即使满足了主体资质、取证程序的形式条件，也应当有意识关注是否存在证据不可靠的可能后果；将该类证据运用于事实认定时，即使对电子数据分析证据指向的证据事实形成较强确信，也需要考虑该事实实际不发生的概率，在未能形成较强确信时，依旧要对该证据事实发生的概率加以考虑，以此摆脱印证模式中锚定与调整不足的非理性。

其二，完善电子数据分析证据技术标准体系，将那些专业性较强的技术标准化，降低法官实质审查难度。尤其对于那些运用特定算法的分析方法（如行为模式识别算法、机器自主学习算法等）形成的电子数据分析证据，对其技术标准的规范应当集结行业智慧，司法人员与专家共同制定实质审查标准。但也要合理处理技术秘密和标准公开化的关系，将那些技术成熟、公开化的分析方法作为实质审查的标准。

其三，提高法官理解科学证据内在技术分析原理、方法的能力，加强电子数据分析证据的专业培训与交流。域外学者根据法官对数字证据（digital evidence）认知经验知识匮乏问题，设计了专门用于提高法官对相关专业术语、技术等认知水平的培训指南，内容涉及计算机、硬件驱动、应用软件等信息技术基础（basics of ICT），数字证据的识别、保存、获取、审查、分析等计算机取证过程（computer forensics process）以及数字取证检验分析工具和方法的基本工作原理等。② 对此，我国亦可借鉴，通过在司法培训中增设科学证据课程、编制科学证据手册，加强电子数据分析的常见技术方法、基本原理、结论可靠性以及由此产生的错误风险等方面的培训。

其四，引入技术专家力量，培养组建技术审查团队。如借鉴域外经验，审判法官指定技术专家作为法院专家或者任命专家担任特别主事官（special master），以提高法官理解

---

① 参见张斌：《英美法国家科学证据的历史沿革评述》，载《证据科学》2010 年第 4 期，第 484 页。
② Gary C. K. & Nova Southeastern University, Computing Technology in Education, Judges' Awareness, Understanding, and Application of Digital Evidence, Dissertation Abstracts International, 2010, 71 – 12A. Web.

专家信息的能力。① 又如借鉴知识产权审判中的技术调查官制度，在法院内部设立中立的技术审查团队作为个案审判中法官的技术助理，对相关专业分析方法形成实质审查报告，并适时参与到庭审质证、案件评议工作中，利用中立技术审查团队补足法官的专业知识短板。② 或在合议庭组成上对于涉及相对复杂的电子数据分析证据审查的案件，可以适当配备具有该专业领域审判经验的适格法官。

六、结语

建基于法官对电子数据分析证据的"认知—决策"经验考察，我们可以发现法官在面临超出自身知识经验能力的证据时，采信与运用该类证据的便宜做法及其可能存在的非理性。如此经验模式可以适用于更加广泛的证据及证明领域，如性侵案件中未成年被害人证言、区块链证据等。由于法官自身知识经验难以满足审查该类证据的需要或者证据本身存在的"天然"不可靠性，法官对于证据的相关性、真实性常有疑问。这种疑问并不总能体现为采信与不采信的决策中，而是隐藏在采信之后法官的内心确信中，体现在事实认定的锚定与调整决策中。

"为了使科学证据真正地对裁判发挥有益性，防止伪科学的主张成为新的误判原因，首先刑事司法中法律专家必须对各科学证据有深入的理解。"③ 犯罪的科技化与隐蔽化推动事实认定的科学化，司法实践中将会越来越多遇到法官难以借助自身知识经验理解的证据。对于此类运用较少但不断涌现的新型证据，法官并不比普通人更了解，他们应当认识到具备一般专业知识对于辨别律师和专家论证观点具有重要意义，"法官不需要什么都懂"的观念需要被重新审视。当前"认知—决策"经验模式只是"权宜之计"，司法实践应当为该类证据广泛适用做好准备。

另外，法官强迫自己采信和运用难以理解的证据本身就带有非理性、被操控的意味。如果法官对电子数据分析证据的技术分析方法毫无认知，那么该如何做出采信和运用的决策呢？因此，务实的做法则是面对挑战，将那些在实践中广泛存在的证据形态的审查判断标准规范化、客观化，同时提高法官对这些新型证据科学可靠性的理解能力，才有条件对证据采信与事实认定运用的决策情境进行更加全面完整分析评估。由此，法官基于可以理解的证据做出裁判时内心才能更加确信，这样的裁判也才具有正当性。

（编辑：宋保振）

---

① 参见［美］Edward J. Imwinkelried：《论表象时代的终结》，王进喜译，载《证据科学》2011 年第 4 期，第 477–478 页。

② 如知识产权案件中，"人民法院可以设置技术调查室，负责技术调查官的日常管理，指派技术调查官参与知识产权案件诉讼活动、提供技术咨询"，参见《最高人民法院关于技术调查官参与知识产权案件诉讼活动的若干规定》（法释［2019］2 号）第 2 条。

③ 参见田渊浩二、肖萍：《科学证据的诸问题：日本讨论的动向》，载《中国司法鉴定》2019 年第 3 期，第 5 页。

国际法向国内法的"变形规则"是"基础规范"吗
——对凯尔森"一元论"的检讨

吴倚汐*

摘　要　凯尔森的一元论认为，国际法－国内法都具有规范性，位于同一法律规范秩序体系中，并且国际法效力优于国内法。然而，这一国际法优先的一元论却不可避免存在困境，一方面，"一元论"下国际法与国内法之间的关系明显是与实际情况相背离的；另一方面，"一元论"下基础规范的定性也存在困难。在这种情况下，我们需要对实践中国际法向国内法的"变形规则"进行理论检讨。发现"变形规则"具有丰富的内涵，它表现形式多样，既有可能是规范，也有可能是某一价值；它既有沟通事实与规范的工具价值，也又沟通规范与规范的工具价值。既然规范与规范之间也存在变形的需要，那么"一元论"下国际法向国内法的也必然存在转换变形的必要，在这种情况下，"一元论"中也具有了引入变形规则的必要性，从而形成新的基础规范－国际法－变形规则－国内法的效力结构形式。在这一新的规范效力结构中，基础规范和变形规则明显被区分开了。这里的变形规则可以表现为多种形式，它既有可能是一国宪法（该国宪法中明确规定了国际法可以直接适用于该国），也有可能是其他授权可以就国际法的内容进行立法的其他制定法规范；这里的基础规范则可以被解释为"人类命运共同体"这一具有普世价值的观念。

关键词　变形规则　基础规范　凯尔森　国际法　国内法

---

* 吴倚汐，女，海南海口人，中国海洋大学2018级国际法学硕士研究生，研究方向：国际公法、国际经济法、海洋法。

一、引言

在凯尔森的纯粹法理论中，我们完全可以把"基础规范"视为一种沟通事实界与规范界的变形规则。凯尔森提出了"规范命题"，亦即法律只是规范的集合，而不是一系列的事实，规范与事实是严格区分的。借助于严格的方法论二元论，即，一方面，反对认知方法的调和论，坚持认知方法的纯化，另一方面，反对同一个对象可以是不同认知方法的焦点，更加严格地坚持认知的方法论二元论，认为"是"所代表的外部的、物理的世界与"应当"所代表的规范的领域，在认识论上是完全独立的，必须运用不同的认知方法进行研究。凯尔森纯化了德国传统法律科学中的自然主义因素和心理主义因素，也就是事实因素。因此，凯尔森完全彻底地接受了一个规范性的框架，即在事实领域和规范领域之间、在自然人和拟制的法人之间不可能有系统的联系。但是，在这个理论下二律背反不可避免：一方面，法律理论家必须承认现实的秩序和价值的秩序，"这两个秩序在内容上必须有联系"，尤其是这个内容的联系是由法律义务为标志，因为"法律义务的内容……只能是人之行为"；另一方面，以严格的方法论二元论为前提的法律理论家必须承认在这两个秩序之间根本不可能有任何的联系。既要明确划分出纯粹法律规范的范畴，并且明确在这个纯粹法律体系内规范的效力来源，又要在一定程度上保持规范界和事实界之间的联系，基础规范就应运而生了。它不仅可以解决纯粹法律体系内上位规范的授权从何而来，最终也就是法律体系中规范的效力来源问题，也可以在必要的时候，起到将一定的事实纳入规范范畴，从而达到事实与规范之间沟通的目的。由此，我们完全可以主张，"基础规范"就是"变形规则"，而且是作为沟通事实界与规范界的变形规则。

与此同时，我们发现，在另一种情况下"变形规则"也被广泛运用着，那就是在国际法向国内法转化适用的过程中，我们不可避免需要寻求一种介质（在实践中，这种介质往往表现为国内的某一法律规范）来实现这种转化，这种促使国际法向国内法转化的介质也可以被称为"变形规则"。那么，我们能够由此倒推，国际法向国内法转化的"变形规则"就是"基础规范"吗？事实上，这种国际法向国内法转换需要借助变形规则来实现，暗含的一个理论基础是国际法－国内法的二元论，即国际法和国内法处于不同的领域，二者之间没有任何内容或效力上的联系，也不可能来自同一发端。但是，凯尔森在此问题上持有的却是国际法－国内法一元论的观点，即国际法与国内法处于同一个规范体系，国际法效力优先于国内法。在"一元论"中，国际法和国内法之间本身就存在着规范逻辑，从国际法到国内法根本无需"变形规则"。但这明显是与实际情况不符合的，国际法无法直接适用于国内法已经是世界范围内普遍认可的事实。那么，我们如何对凯尔森的"一元论"进行理论重构以弥补该理论与实践之间的背离，这是本文将要着重探讨的问题。通过对凯尔森"一元论"困境的解决，我们最终可以对实践中国际法到国内法的"变形规则"是否是"基础规范"作出解答。

二、"一元论"及其面临的困境

一直以来,学界对于对国际法与国内法之间的关系都存在二元论①和一元论的争议。持二元论者主张:第一,国内法追溯至单个国家的意志,而国际法追溯至若干国家的联合意志;第二,国内法是对内的,而国际法却是对外的;第三,国内法调整个人行为,而国际法调整国家行为;第四,国际法和国内法之间存在不可调和的矛盾。据此,国际法与国内法相互间既不可能以彼从属或通约于此,也无法溯源至同一发端。故国际法与国内法实属二元。与之相反,凯尔森在对待国际法与国内法的关系上,却坚持一元论,即国际法与国内法其实是具有同一发端的,完全可以被统摄于同一法律秩序中。本部分主要对凯尔森"一元论"的核心观点进行介绍,重点分析"一元论"中国际法的规范性质、国际法与国内法的效力结构,并提出这个理论可能造成的困境。为了更为深入地理解凯尔森的"一元论",本部分的论证会加入"二元论"的内容,以与"一元论"形成对比,从而有助于对"一元论"进行更为精确地阐释。

(一)"一元论"中国际法的规范性质

在"二元论"中,国际法并不是被视为法律规范而存在的,若借用凯尔森纯粹法理论中的概念,我们可以说,"二元论"中的国际法是处于事实领域的,而不属于规范领域。但是在"一元论"中,国际法是法律,是规范,这是它可以与国内法同处于一个法律规范体系的前提。

凯尔森之所以主张国际法与国内法都属于法律规范的范畴,主要是基于以下原因:第一,国际社会无论在价值判断上还是在实践行为中都并非完全由弱肉强食的丛林法则所支配,因此,国际法规范就不是单纯事实的聚积,因而不属于实然范畴,而是表达着事实的意义,这就意味着它属于应然范畴;第二,国际法所表达的事实的意义并非只是主观意义,同时也是客观意义,即对所有国际法主体都显现着有效的同一内容。因此,国际法是规范的集合。同时这种规范具有法律的强制性与逻辑结构,即它完全满足作为条件的不法行为加作为后果的制裁这一逻辑结构形式。只不过国际法上的制裁与国内法上的制裁存在差异:国际法上的制裁是以报复或战争等形态呈现的。当然,国际法与国内法的差异并不仅仅体现在制裁形态上,还有其他方面。但在凯尔森看来这些其他方面的差异只是法律发展的阶段性差异,而非关乎是否具备法律性质的差异。在凯尔森看来,国内法就是一种文明程度相当高的规范秩序,因为国内法的规范创制与适用的权力由国家机构垄断行使,通常适用个人责任与过错责任,并且规范中有相当数量是对行为人直接赋予权利和课予义务

---

① [奥]汉斯·凯尔森:《法与国家的一般理论》,沈宗灵译,中国大百科全书出版社2003年版,第382页。

的"完全规范"。而国际法则被凯尔森视为了一种相对原始的规范秩序（尤其是在凯尔森所处及其之前的时代这种观念极其强烈），这是因为国际法的规范创制与适用的权力并非像国内法那样集中于某个或某数个机构而是分散于各国际法主体、通常适用集体责任与严格责任；① 并且规范中有相当数量是以国内法律秩序为媒介而间接设定行为人权利义务的不完全规范，②"没有国内法律秩序，国际法律秩序就会是法律秩序的不能适用的片断"。③

（二）"一元论"中国际法与国内法的效力结构

上文对"一元论"中国际法的规范性质进行了解释，即"一元论"中的国际法是与国内法在本质上并无二致的法律规范秩序。既然确认了国际法作为法律秩序的属性，根据凯尔森的法律认知理论，"法律认知之使命也如自然科学一般，乃是将其对象描述为统一体"，④ 因此，既然国际法的法律"身份"已获确认，则其与国内法必然作为统一体而被认知。那么，按照纯粹法学在规范效力、规范创制和规范秩序统一体三个核心层面的根本观点，如果追溯规范效力的最终理由则必然指向一个基础规范，如果存在规范生成的动态层级系统则该系统必然最终发端于一个基础规范，如果存在某个统一的规范体系则该体系必然最终统摄于一个基础规范。⑤ 在这种情况下，国际法与国内法必然处于一个由统一的基础规范的效力统摄之下的法律秩序之中。

既然凯尔森已经论证，国际法—国内法处于统一的法律秩序内，那么，接下来就将考察，国际法与国内法是以何种形式统一于一个法律秩序中的。从逻辑上说，二者的关系只有如下两种可能：国际法—国内法同位说与国际法－国内法从属说。而从属说依照何者处于上位又有两种可能：国内法优位说，国际法优位说。凯尔森首先排除了国际法—国内法同位说。如果国际法与国内法同位，那么就意味着国际法与国内法位阶相平而效力范围有别，并且共同从属于某个更高的法律秩序。但这与现实不符，因为国际法与国内法实际上存在效力范围的重叠，并且在二者之上也并无第三个法律秩序。接着，凯尔森排除了国内法优位说。如果国内法的效力层级高于国际法，那么就意味着国际法须经某国承认方对该国具有法律约束力，乃至其他国家也须经该国承认方为国家。这种主张无异于将国际法和他国法都视作某一特定国家法律之一部，该国国内法作为国际法和他国法的效力依据，

---

① 国内法在制裁上适用个人责任与过错责任、国际法在制裁上适用集体责任与严格责任，也只是"通常"情况，不排除国内法适用集体责任和严格责任的例外情形，也不排除国际法适用个人责任与过错责任的例外情形。参见［奥］汉斯·凯尔森：《国际法原理》，王铁崖译，华夏出版社 1989 年版，第 333 页。
② 但也不排除直接对行为人设定权利义务的国际法规范，参见［奥］汉斯·凯尔森：《法与国家的一般理论》，沈宗灵译，中国大百科全书出版社 2003 年版，第 378 －382 页。
③ ［奥］汉斯·凯尔森：《法与国家的一般理论》，沈宗灵译，中国大百科全书出版社 2003 年版，第 335 页。
④ ［奥］汉斯·凯尔森：《纯粹法理论》，张书友译，中国法制出版社 2008 年版，第 126 页。
⑤ 参见吴国邦：《是否存在一种不可替代的'规范逻辑'？——凯尔森纯粹法理论的基础性反思》，载《人大法律评论》2019 年第 1 期。

并以自身为起点建立了一个国际范围内的委任链条。这显然严重有悖于现代国际社会公认的"国家平等独立"则。于是,国际法优位说就脱颖而出。在凯尔森看来,在国际法－国内法共同所在的同一规范秩序内,国际法的效力是优先于国内法的,基础规范位于国际法之上,这才是基本的效力结构。在这样一个效力结构中,国际社会中所有国家的国内法规范秩序最终都被统摄于国际法规范秩序下:

一方面,为本国"宪法之父"之制宪行为赋予规范性的国家法意义上的基础规范,①是每个国家都各有的作为本国法效力顶点之基础规范,但在国际法视野中,各个国家的国内法基础规范处于同一位阶。否则,若甲国基础规范是乙国基础规范的上位规范,则无异于说乙国乃甲国之附庸,则沦入国内法优位论之路数。各个国家的国内法基础规范要上溯至最终唯一的基础规范——国际法的基础规范。国际法基础规范为各个国内法基础规范提供效力理由,进而为各个国内法律规范秩序提供效力理由。此外,不同国家之间签署的条约或公认的习惯,其效力也最终来源于国际法基础规范。

另一方面,国际法基础规范不仅是追问效力的逻辑终点,也是规范委任创制的逻辑起点,它授予各个国家创制宪法之权威,继之延伸到一般规范乃至个别规范的委任创制。此外,国际法基础规范也是国家之间条约和习惯创制之委任链条初始环节。

(三)"一元论"面临的困境

凯尔森的"一元论"构建了国际法与国内法统一的规范秩序,在这个秩序中,国内法的效力优先于国内法。但是,这一理论仍然不可避免面临以下困境:

一方面,"一元论"下国际法与国内法之间的关系明显是与实际情况相背离的。按照"一元论",若国际法与国内法都是规范,并且国际法的效力层级高于国内法,那么是无需作为沟通事实与规范的"变形规则"来实现二者的转化的,国际法直接适用于国内法也并非不可能。但实际情况明显不是如此,国际法必须要经过转化才能够适用到国内法中。

另一方面,"一元论"下"基础规范"的定性存在困难。在"一元论"中,事实上存在两个基础规范。第一个基础规范是位于国际法－国内法统一规范秩序内效力层级顶点的基础规范,也就是国际法的基础规范,是这一基础规范赋予了国际法规范效力;第二个基础规范是国内法的基础规范,这一基础规范来源于国际法,事实上,在这种情况下,这一基础规范已经不再是凯尔森纯粹法理论中真正的"基础规范"了,因为它并不是这一规范秩序中所有规范的效力层级的来源。在"一元论"中,基础规范到底是什么(此处的基础规范指的是第一个基础规范,即作为国际法效力来源的基础规范)?凯尔森说,基础规范是历史上的第一部宪法。但是一般而言,宪法往往都是与主权国家联系在一起的,它是

---

① 也被凯尔森称为相对意义上的基础规范,参见[奥]汉斯·凯尔森:《法与国家的一般理论》,沈宗灵译,中国大百科全书出版社2003年版,第402页。

一国之内的最高权威,无论它是否为历史上第一部宪法都是如此。那么,这个一国之内的最高权威如何能够成为国际法之上的最高造法权威?

三、变形规则的内涵

从本质上讲,变形规则来源于变形的必要性。在什么情况下需要变形呢?一般而言,当 P 具有必须要过渡到 Q 的必要性但却无法直接过渡到 Q 的时候,那么 P 就具有了变形的必要,以此才能实现 P 到 Q 的过渡的证成。在这种情况下,变形规则 R 就是必要的,因为 P 到 Q 的变形过渡必须要借助于变形规则 R 才能完成。[①] 以"二元论"中国际法到国内法的变形为例(在这里,我们暂时忘掉凯尔森"一元论"中国际法与国内法的关系,因为在"一元论"之下,国际法向国内法的适用是否需要变形,也即国际法向国内法转换的变形规则在"一元论"中是否有存在的必要这一问题是存有疑义的,后文将对此展开论述),在"二元论"中,国际法与国内法并不在同一个秩序规则体系内,国际法可以适用于某一国家并且能在该国法律体系内产生实效的前提是,国际法能够实现向国内法的转换。国际法如何能够实现向国内法的转换呢?这就需要变形规则了。在实践中,国际法向国内法转换并在国内法律体系内发生实效的变形规则可以表现为以下几种形式:第一,国内法关于国际法在本国范围内自动发生效力的规定,在这种变形规则的指引下,国际法自被签署生效时起就在其签署国范围内生效;第二,国内法针对某一签署的国际法专门立法,承认该国际法在国内法的效力;第三,国内法通过修改本国已有立法的方式,吸收国际法的内容,使国际法在一国范围内生效。在"二元论"中,国际法向国内法的转换和适用必须要借助于变形规则才可以实现。那么,我们到底应当如何理解变形规则的内涵和功能价值?在本部分将对变形规则进行阐述说明。事实上,变形规则本身蕴含有丰富的内涵,它也具有广泛的功能。变形规则可能表现为一种规范,也有可能不是一种规范,它可以作为沟通事实与规范的工具,它也可以作为沟通规范与规范的工具。

(一)作为沟通事实与规范的工具的变形规则

变形规则可以作为沟通事实与规范的工具。在纯粹法理论下,规范和事实是完全不能等同的,二者之间有一道不可直接跨越的鸿沟。法律规范是一种意义,是一种有别于经验性存在的自然事实和其他心理学、伦理学对象。规范就是规范,而不是其他什么的东西,故其存在不能被划约为经验性事实或某种心理状态。纯粹法之纯粹在使法律规范独立于自然科学所关注的经验事实和伦理学所关注的价值等对象,从而使法律科学能作为一门独立的体系并使关于法律的探讨避免沦为政治争吵或价值混战。凯尔森指出,"纯粹法理论所

[①] 参见[芬兰]奥利斯·阿尔尼奥、[德]罗伯特·阿列克西、[瑞典]亚历山大·佩彻尼克:《法律论证的基础》,冯威译,载《法理——法哲学、法学方法论与人工智能》(原《法学方法论论丛》)2014年刊,第11页。

以自命为'纯粹'则在于其唯求认知法律,而将不属于其认知对象者皆摒除在外。换言之,纯粹法理论欲使法律科学免受一切异质因素之干扰,此乃本理论在方法论上之根本"。① 法律在本质上就是规范,因此是应然性的而非实然性的。而规范的存在形式在于其具有效力。一个规范之所以有效是因为,在其之上还有一个有效的规范通过授权的方式使其具有效力。基于这种授权关系和效力链条,规范之间构成了一个层级结构,而这种效力的链条可以一直追溯到历史上的第一部宪法。在此历史上第一部宪法之上的,是被预设为有效的基础规范,基础规范作为规范层级结构的最顶端,是效力链条的源头。② 可见,在纯粹法理论中,法的实证性和纯粹性全系于基础规范之成立与否,基础规范一头连接着规范体系,另一头连接着事实领域,来自后者的内容经过基础规范进入前者中成为规范体系的一部分。这里的基础规范,事实上就是变形规则。

那么,变形规则到底是如何沟通事实与规范的呢?在这里,必须要采取一种非自然主义的认知理论。非自然主义的基本观点是,行动理由是镶嵌在命题里的,当命题为真即表明相应的规范性事实存在。因此,人们通过理解一个为真的命题来认知到一个规范性事实的存在。同时,在非自然主义看来,规制或促使人们做出特定行动的理由是独立于行动者的精神或心理状态的,而这些理由与构成规范性理由的事实是一致的。③ 举个例子,我们从小到大都被告知,坐公交车的时候要主动给老人和小孩让座,而我们之所以认为应当这么做并且最后也确实这样去做了,其原因并非在于我们任何主观的、心理的、情感的偏好,而是在于我们明白并且也确实理解到了"尊老爱幼"其实是一个客观为真的命题。一方面,这表明人们通过理解一个应然命题认知到了一个规范性事实以构成自己行动的理由;另一方面,这也指出了在我们的认知活动中,特定行为对应了一个特定的命题,该命题所指向的规范性事实确保了规范是一种客观意义。在这里,"尊老爱幼"这样一个客观为真的应然命题就成为沟通事实和规范的变形规则。变形规则位于事实和规范接壤地带,它的首要任务就是实现从实然到应然的范畴转换,即"将特定的事实解释为创设法律的事实"。④ 在康德的术语中,"先验"指的是使经验认知得以可能的必要条件,所以,我们完全可以将变形规则也称为一种"先验逻辑预设",⑤ 以表明变形规则是对法律效力和法律应然进行认知得以可能的必要条件。在这里,我们将特定行为作为待解释的对象,通过一种认知论的进路,就可以从这些特定的事实中获得客观意义。此外,我们还可以借鉴新康

---

① [奥]汉斯·凯尔森:《纯粹法理论》,张书友译,中国政法大学出版社2008年版,第37-38页。
② [奥]汉斯·凯尔森:《纯粹法理论》,张书友译,中国政法大学出版社2008年版,第88-89页。
③ See George Pavlakos, "Non - naturalism, Normativity and the Meaning of Ought", Accessed October 2, 2015. https://www.researchgate.net/publication/256036581_ Non - Naturalism_ Normativity_ and_ the_ Meaning_ of_ %270ught%27, pp. 5 - 7.
④ [德]罗伯特·阿列克西:《法概念与法效力》,王鹏翔译,商务印书馆2015年版,第112页。
⑤ 值得一提的是,凯尔森也将其"基础规范"称为"先验逻辑预设",其缘由恰恰就在于,凯尔森的基础规范事实上也充当着此处所论证的变形规则的功能作用,即实现事实与规范之间的沟通。

德主义另一位代表人物李凯尔特关于判断和效力的思想,即"一个判断的意涵是客观的,独立于单个的主观判断行为,当且仅当它有效,它就是真的。据此,判断具有效力……指向特定的规范"。① 通过新康德主义哲学中的效力概念,实然与应然之间的关系进一步被确定为事实与意义两个世界的关系。详言之,实然的世界中"既可以发现物理也可以发现心理",应然的世界"则由意义内涵构成"。② 而在后者中,既有规范性的意义内涵也有非规范性的意义内涵,规范性的意义内涵里又有法律的意义内涵和非法律的意义内涵。正是在应然的世界里,变形规则才有了存在的空间,它可以实现意义内涵之间的转换。

(二) 作为沟通规范与规范的工具的变形规则

前文的探讨表明,当一项事实或者是非法律的价值要具有法律效力,那么必须要借助于变形规则实现事实向规范的转换。但在另一种情况下,也存在变形的必要,那就是当想要赋予一项较低层级的法律渊源、不成文的但是却有效的法律规则或法律原则以及其他表述"法律应然"的具体命题以法律效力的时候。在这种情况下,变形规则就成为沟通规范与规范的工具。规范与规范之间可能由于规范的强度不同、规范的价值不同,也需要变形规则来促进二者之间的转化。规范向规范的变形可以表现为以下三种形式:③

第一种是法律渊源的变形,在这种情况下,探讨的是如何赋予初级法律渊源以法律效力,即如何实现初级法律渊源向次级法律渊源变形的问题。所谓初级法律渊源,是指不需要借助于其他法律渊源就可以通过论证而得以被识别进而被赋予法律效力的规范。我们通常所谓的学说就是典型的初级法律渊源。所谓次级法律渊源,是指必须要借助于其他法律渊源才可以通过论证将其识别并进而赋予其法律效力的规范。大多数的制定法都可以被作为次级法律渊源,例如民法、刑法,等等,因为无论是民法还是刑法,他们的法律效力都必须要借助于宪法这一另一法律渊源的论证而被识别。从初级法律渊源到次级法律渊源的转换的过程,就是一个变形的过程。以学说为例,我们如何赋予学说以法律效力?显然,其效力不能通过借助于宪法、民法、刑法等次级法律渊源的论证而推导出来,而只能通过法官的思维论证将这一学说援引进案例中,如此以赋予该学说以法律效力。在这种情况下,初级的法律规范向具有法律效力的规范的变形是通过法官所应用的变形规则而得以实现的。在这种情况下的变形规则,可能是一种价值指引、也可能就是宪法本身。

---

① 张龑:《凯尔森法学思想中的新康德主义探源》,载《环球法律评论》2012 年第 2 期。
② [美] 斯坦利·鲍尔森:《汉斯·凯尔森的规范主义》,载张龑编译:《法治国作为中道——汉斯·凯尔森法哲学与公法学论集》,中国法制出版社 2017 年版,第 148 页。
③ 在《法律论证的基础》一文中,作者提出了法律内变形的三种形式,事实上,此处的规范向规范的变形就是《法律论证的基础》一文中法律内的变形。这三种具体的形式是:法律渊源 – 变形、法律规范 – 变形、裁判 – 变形。参见 [芬兰] 奥利斯·阿尔尼奥、[德] 罗伯特·阿列克西、[瑞典] 亚历山大·佩彻尼克:《法律论证的基础》,冯威译,载《法理——法哲学、法学方法论与人工智能》(原《法学方法论论丛》) 2014 年刊,第 24 – 28 页。

第二种是法律规范的变形,在这种情况下,探讨的是次级法律渊源如何具有法律效力的问题。法律规范的变形可以具体表现为两种形式。第一种法律规范的变形是一般规范如何实现向特别规范的变形。这种情况一般发生在对一般的制定法进行解释使其适用于具体案件时。这种情况下的变形规则,可以表现为任一指引法律解释的规则、原则或者价值。第二种法律规范的变形是如何从一个次级法律渊源实现向另一个次级法律渊源的变形的问题。这种情况一般发生在需要对某一制定法的效力来源进行追溯从而对正当性进行判断时。这种情况下的变形规则,就是法律规范的效力递导规则。

第三种是判例的变形,在这种情况下,探讨的是判例如何具有法律效力的问题。一般而言,裁判如何具有法律效力并不能够从法律渊源、既有的制定法中运用逻辑推理的方式推导出来,而是需要法律人基于自身的法律素养和判断,从众多的判例中选择出最具有代表性、典型性、可以具有"法律应然"意蕴的判例。通过这种方式,就可以实现判例向规范(这里的规范是指具有强制性的、逻辑结构的规范)的变形。这种情况下的变形规则,可能就是指引法律人进行价值判断的原则、规则等等内容。

四、"变形规则"对"一元论"的重塑

上文对变形规则的内涵进行了界定,表明变形规则不仅可以适用于事实与规范之间以达到事实向规范的转化目的,也可以适用于规范与规范之间,以实现规范与规范之间的沟通。在国际法-国内法的"二元论"中,国际法向国内法的转换需要变形规则,这是没有疑义的。那么,这是否意味着在"一元论"之下,国际法向国内法之间的转换就不需要变形规则了呢?答案显然是否定的。无论是作为事实的国际法,还是作为规范的国际法,它都不可避免存在和国内法的不同之处,只要存在差异(无论这种差异是大还是小),那么就意味着它具有向国内法变形的可能性。在本部分,将尝试在"一元论"中引入"变形规则",并对"一元论"进行重塑,重构"一元论"之下国际法-国内法之间的效力规范结构。

(一)"一元论"中引入"变形规则"的可能性

"一元论"认为,国际法和国内法都具有规范性质,但是这并不意味着,国际法就可以直接适用到国内法中。尽管国际法在"一元论"中也是法律、具有规范性,但它毕竟和国内法有很大的不同,可能存在强度上的不同、价值上的不同等等,诸多原因导致作为规范的国际法也无法直接适用到国内法。在这种情况下,引入作为规范与规范之间沟通工具的变形规则就具有可能性。前文对变形规则的论述表明,在法律规范体系内,规范到规范之间的变形呈现出三种形态:法律渊源的变形、法律规范的变形、判例的变形。在"一元论"的国际法-国内法关系中,国际法向国内法的转换,即其如何获得法律效力在国内法中适用的问题,其实就是表现为一种规范到规范的变形中的法律规范的变形形式。以国际

条约为例,从世界各国来看,当前国际条约向国内法的转换,主要表现为以下两种模式:

一是个别转换(individualtransformation)方式,这种方式是指国际条约在国内发生效力的前提是国际条约在本质上是不能直接在国内适用的,必须由国家通过个别立法来实施国际条约,这种立法活动可能是立法行为,也可能是国际条约颁布或其他宪法程序。采用这一方式的国家主要有英国、英联邦国家、爱尔兰及北欧国家等。

二是自动纳入(automaticincorporating)方式,即国家一旦缔结或加入某一国际条约,该国际条约便自动地成为国内法的一部分,从而无需转化即可在国内法中直接适用。采用这一方式的国家通常是在宪法中予以明确规定,如美国、奥地利、法国、荷兰、日本等。而在采用自动纳入方式的一些国家中,国际条约又常常被分为自动执行国际条约(self-executingtreaty)和非自动执行国际条约(non-self-executingtreaty)两种类型。自动执行国际条约是指可以在国内法体系中无需求助于国内立法即可实施的国际条约;非自动执行国际条约是指在国内发生效力之前要求制定使其能够实施的法令的国际条约。

有学者将个别转换模式下国内法与国际法的关系界定为一种"二元论"的关系,而将自动纳入模式下国际法与国内法的关系界定为了一种"一元论"的关系。但事实上,我们完全可以将这两种模式都纳入"一元论"的体系下进行考量。我们可以发现,无论是个别转换还是自动纳入,国际法向国内法的转换都需要借助于国内既有的次级法律渊源来完成。在个别转换方式中,国际条约在国内的适用必须要通过个别立法来实现,在这种情况下,国际法向国内法的转换其实就是表现为一种次级法律渊源向次级法律渊源转换的形式,而此处需要遵循的变形规则就是那个授权国家可以通过立法来吸纳该国际条约内容使其具有国内法效力的既存的某一制定法规范(即既存的次级法律渊源)。对于自动纳入的方式下国际法向国内法的转换,事实上也是一种次级法律渊源向次级法律渊源转换的变形。在这里,我们不能被"自动纳入"这个概念表象所迷惑,继而将得出这种情况下国际法向国内法的适用无需变形的结论。我们可以发现,在这种情况下,国际法能够获得国内法效力,其实是存在前提的,而这一前提恰恰就是宪法中关于国际条约可以直接适用于国内法的规定。也就是说,国际条约之所以直接具有国内法律效力,必须要借助于宪法的相关规定才能够推导出。而这,不正是一种次级法律渊源向次级法律渊源的变形方式吗?

由此可知,在"一元论"之下,国际法也并不是真正直接就具有了国内法的效力,它仍然需要经过变形,才能转换为国内法,从而被适用。

(二)重构包含变形规则的"一元论"规范效力结构

原本的"一元论"规范效力结构是一个基础规范位于顶点,其次是国际法,再次是国内法的这样一个规范效力层级。凯尔森提出"一元论"的主张,极大原因来自他个人的

"世界国家"的政治偏好。① 他的和平世界的主张在"一元论"中展露无遗。他强调，国际法决定国内法的效力范围对国内法律秩序的属地、属人、属时和属物效力范围加以限制的，惟有国际法。国际法决定国内法的效力如何被限制于一定空间以及这个空间的界限。依据一般国际法，各国在原则上有权调整本国领土范围内的一切事项，但只有当国际法对特定事项不作调整时，各国才保有这种权力。② 因此，国际法体系通过在效力范围上决定国内法体系，国际法优先于国内法，各国共存只有在一个体系内才变得可能。但是，法律的效力和法律实效是有所区别的。在国际法－国内法一元论的体系下，凯尔森出于构建一个世界国家的需要，他关注于实效的问题，而没有对国际法与国内法之间的法律效力，尤其是二者之间的法律效力递导关系作出解释。事实上，我们通过前文对规范到规范之间的变形规则的内涵和功能价值的分析可知，在这里，无论凯尔森有没有明确提出一元论下国际法向国内法之间的效力递导如何进行，我们都不可避免需要借助于变形规则来对国际法这一效力位阶较高的规范到底是如何获得它在国内法中的法律效力而作出解释。在这种情况下，凯尔森原本较为含糊的缺乏"变形规则"的"一元论"效力结构可以通过引入变形规则而变得清晰明朗，形成"基础规范——国际法——变形规则——国内法"这样一个新的规范效力层级。

无论是从理论上还是从实践上看，在原本的"一元论"国际法—国内法规范效力结构中引入变形规则都是有必要性的。从理论上看，这是出于更好的分析解释作为规范的国际法到底是如何获得其国内法的法律效力的需要。因为无论是在从事实进入到法律领域内，还是在法律规范体系内部，所有的事实、价值或者是规范，只要涉及对其法律效力来源的探索，那么就不可避免需要借助于变形规则。从实践上看，国际法到国内法的适用确实并不是直接的，它需要借助于变形规则才可以实现变形。

至此，我们完全可以构建一个"一元论"之下的"基础规范——国际法——变形规则——国内法"这样一个新的规范效力层级。而这其中的变形规则，我们在前文其实已经论证过了，它既有可能是一国宪法（该国宪法中明确规定了国际法可以直接适用于该国），也有可能是其他授权可以就国际法的内容进行立法的其他制定法规范。

（三）重构位于国际法与国内法之上的基础规范内涵

前文已经论述了在"一元论"中引入"变形规则"这一概念的必要性，并且重构了"一元论"下"基础规范——国际法——变形规则——国内法"这样一个效力层级，我们也对其中的变形规则的可能形式进行了论述。在这里，就还剩下最后一个未决问题，即如何对这里"基础规范"的内涵进行解释？

---

① 参见董静姝：《论凯尔森国际法思想及其实践意义》，载《金陵法律评论》2017年春季卷，第98页。
② Hans Kelsen, *Principles of International Law*, New York: Rinehart&Company, Inc. 1952, p. 241.

"基础规范"作为凯尔森纯粹法理论的核心概念，它的作用非同一般。在一个纯粹的法律规范体系内，探求一个规范的效力理由不能从现实中寻找，而应回到由此引出该规范的另一个规范，依此类推并层层上推，最终当一个规范的效力无法再从一个更高的规范中得来自己的效力时，我们就可以将这一规范称为"基础规范"。①"基础（法律）规范"是凯尔森进行动态体系规范效力推演及其层级定位的理论预设，其本身的合法性无需证明。如果把凯尔森不同时期的理论进行整合，可以发现，凯尔森对"基础规范"的性质存在两种界定方式。第一种，在《法与国家的一般理论》中，凯尔森将"基础规范"界定为"先验的逻辑预设"（transcendental - logical presupposition），在这种情况下，基础规范是我们可以认识法律的原则或者价值。第二种，在《纯粹法理论（第二版）》合《规范的一般理论》中，凯尔森将"基础规范"界定为"拟制"，即"拟制的最高规范"或者"拟制的法律权威"。② 拟制是人们用事实材料难以达致其认知性目标时所采用的一种认知性工具。基础规范的认知性目标就是为形成一个实在的道德或法律秩序的诸规范的效力提供根据。这个目标仅仅能够通过一个拟制来达到。在"一元论"之下，我们可能很难将"基础规范"界定为"拟制的最高规范"或者"拟制的法律权威"。因为我们很难设想，在国际法之上还存在一部世界国家的宪法可以成为国际法效力的来源，从而进一步成为国内法效力的来源。但我们仍然可以采用凯尔森将基础规范界定为"先验逻辑预设"的观念，将基础规范界定为一种有助于我们发现国际法并进而递导出国内法的世界价值。

在当今这个多元化的世界，我们完全可以将"人类命运共同体"这一普世价值作为国际法—国内法一元论下的"基础规范"。"人类命运共同体"事实上主张的是一种以多元化的、包容的思维方式处理差异性、多元化、统一性之间关系的观念，它有助于我们理顺共同体成员的多样性需求，以人类历史和社会现实为基础，增进异质文化间的沟通与交流，从共同的价值本性、共享的价值客体、共同的价值形式等多个角度寻找可以适用于世界范围的"法律应然性命题"，在多元基础上凝练出为价值选择提供统一参照的共同价值，有助于形成一个世界范围内的统一的法律秩序。只有那些符合"人类命运共同体"观念下全人类共同善、有益于全人类共同发展的客观应然命题，才能够被纳入国际法—国内法"一元论"的统一法律规范秩序内。

五、结论

传统观念认为，只有在国际法 - 国内法二元论下，国际法向国内法的适用才需要转换，只有在这种情况下，国际法向国内法的变形才是必要的，变形规则的存在才是必要的。然而，无论是从理论上看还是从实践上看，就算是在国际法 - 国内法的一元论下，国

---

① Hans Kelsen&Albert A. Ehrenzweig, Professor Stone and the Pure Theory of Law, 17 *Stan. L. Rev.* 1141 - 51, 1965.

② 参见吴国邦：《凯尔森规范逻辑理论的解读与批判》，哈尔滨工程大学 2016 年学士学位论文，第 19 页。

际法向国内法的适用仍然也需要变形规则。在这种情况下，我们可以在原本一元论的规范效力结构中引入变形规则，使变形规则成为弥补"一元论"理论缺陷的工具对"一元论"理论进行重构。重构后的"一元论"效力结构表现为：基础规范－国际法－变形规则－国内法。在这种情况下，变形规则明显处于与基础规范完全不同的效力位阶层，在这个效力结构中，基础规范就不再具有变形规则的功能了，变形规则成为位于国际法与国内法之间一个独立的效力层级。在这种情况下，变形规则既有可能是一国宪法（该国宪法中明确规定了国际法可以直接适用于该国），也有可能是其他授权可以就国际法的内容进行立法的其他制定法规范。而基础规范，我们可以将其解释为"人类命运共同体"这一普世价值观念。由此我们可以得出结论，在重构后的凯尔森一元论结构中，国际法向国内法的"变形规则"就不再是"基础规范"。

（编辑：杨知文）

附：《法律方法》稿约

《法律方法》是由华东政法大学法律方法论学科暨法律方法研究院编辑出版，陈金钊、谢晖教授共同主编的定期连续出版物。本刊自2002年创办以来已出版多卷，2007年入选CSSCI来源集刊，并继续入选近年来CSSCI来源集刊。从2019年起，本刊每年拟出版3至4卷。作为我国法律方法论研究的一方重要阵地，本刊诚挚欢迎海内外理论与实务界人士惠赐稿件。

稿件请以法律方法研究为主题（含译文），包括部门法学领域有关法律方法的研究论文。稿件正文应在1万字以上。本刊审稿实行明确的三审制度，对来稿以学术价值与质量为采稿标准，并由编辑委员会集体讨论提出相应的最终用稿意见。本刊已实行独立作者署名的制度。本刊将不断推进实施用稿与编辑质量提升计划。

一、栏目设置

本刊近几卷逐渐形成一些相对固定的栏目，如域外法律方法、法律方法理论、司法方法论、部门法方法论等。当然，也会根据当期稿件情况，相应设置一定的主题研讨栏目。

二、版权问题

为适应我国信息化建设，扩大本刊及作者知识信息交流渠道，本刊已被《中国学术期刊网络出版总库》及CNKI系列数据库收录，其作者文章著作权使用费与本刊稿酬一次性给付。如作者不同意文章被收录，请在来稿时声明，本刊将做适当处理。

三、来稿要求

（1）本刊属于专业研究集刊，只刊登有关法律方法论研究方面的稿件，故请将这方面的作品投稿本刊。

（2）稿件须是未曾在任何别的专著、文集、网络上出版、发表或挂出，否则本刊无法采用。

（3）来稿如是译文，需要提供外文原文和已获得版权的证明（书面或电子版均可）。

（4）来稿请将电子版发到本刊收稿邮箱falvfangfa@163.com即可，不需邮寄纸质稿件。发电子邮件投稿时，请在主题栏注明作者姓名与论文篇名；请用WORD文档投稿，附件WORD文件名也应包括作者姓名和论文篇名。请把作者联系方式（地址、邮编、电话、电子信箱等）注明在文档首页上，以便于联系。

（5）本刊一般在每年的6月和12月前集中审稿，请在此之前投稿。本刊不收任何形式的版面费，稿件一经采用即通知作者，出版后邮寄样刊。

（6）来稿需要有中文摘要（300字左右）、关键词（3-8个）。欢迎在稿件中注明基金项目。作者简介包括：姓名，性别，籍贯，工作（学习）单位与职称、学历和研究方向等。

（7）为方便作者，稿件请采用页下注释，注释符用"1、2、3…"即可，每页重新记序数。非直接引用原文时，注释前需要加"参见"，引用非原始资料时，需要注明"转引自"。每个注释即便是与前面一样，也要标注完整，不可出现"同前注…"、"同上"。正文中注释符的位置，应统一放在引用语句标点之后。

四、注释引用范例

1. 期刊论文

陈金钊：《法治之理的意义诠释》，载《法学》2015年第8期，第20页。

匡爱民、严杨：《论我国案例指导制度的构建》，载《中央民族大学学报（哲学社会科学版）》2009年第6期，第65页。

2. 文集论文

参见焦宝乾：《也论法律人思维的独特性》，载陈金钊、谢晖主编：《法律方法》（第22卷），中国法制出版社2017年版，第119~120页。

3. 专著

参见王泽鉴：《民法思维：请求权基础理论体系》，北京大学出版社2009年版，第165~166页。

4. 译著

[德] 卡尔·拉伦茨：《法学方法论》，陈爱娥译，商务印书馆2005年版，第160页。

5. 教材

张文显主编：《法理学》（第4版），高等教育出版社2011年版，第274页。

6. 报纸文章

葛洪义：《法律论证的"度"：一个制度问题》，载《人民法院报》2005年7月4日，第5版。

7. 学位论文

参见孙光宁：《可接受性：法律方法的一个分析视角》，山东大学2010年博士论文，第182页。

8. 网络文章

赵磊：《商事指导性案例的规范意义》，载中国法学网http://www.iolaw.org.cn/showArticle.aspx?id=5535，最后访问日期：2018年6月21日。

9. 外文文献

See Joseph Raz, "Legal Principles and The Limits of Law", *Yale Law Journal*, vol. 81, 1972, p. 839.

SeeAleksander Peczenik, *On Law and Reason*, Dordrecht/Boston/London: Kluwer Academic Publishers, 1989, p. 114 – 116.

Tom Ginsburg, "East Asian Constitutionalism in Comparative Perspective", in Albert H. Y. Chen, ed., *Constitutionalism in Asia in the Early Twenty – First Century*, Cambridge: Cambridge University Press, 2014, p. 39.

引用英文以外的外文文献请依照其习惯。

《法律方法》编辑部
2021 年 6 月于上海